企业上市解决之道 ②

案例延伸与对策分析

投行小兵 — 著

法律出版社
LAW PRESS · CHINA

序

很高兴看到投行小兵所编著的《企业上市解决之道》一书即将出版发行，投行小兵是加盟广发证券不久的一位投行员工，尽管从业时间算不上很长，但他对于投行理论与实务问题的研究与分析却超过了很多老员工，本人很乐意为他这本书的出版说几句话。

中国资本市场的发展自2010年开始，明显驶上了加速运行的快车道，2010年有三百多家企业在中国境内市场首次公开发行股票并上市，不久前召开的“两会”也提出要加大直接融资的比重，可以预见，未来几年是中国投行业的黄金时期。我们作为证券从业人员，必须做好充分的思想、组织、人才、知识结构方面的准备。

私下里我一直认为，投行岗位是金融证券领域内最有挑战性、最能锻炼人、最能增长见识的工作岗位，由于新兴市场的特殊性和中国相对严格的监管环境，中国境内的投行人员承担了远远大于境外同行的责任与职能。投行人员既要像PE投资经理一样善于发现和挖掘企业的价值，也要像营销人员一样在众多竞争者之间取得企业家的信任与选择；既要和律师一起对企业的种种历史怪象进行深入的调查和严格的规范，也要和会计师一道对企业的报表和经济数据做出合理的解释与分析，在企业上市以后还要参与上市公司的持续督导工作，在某种程度上履行独立董事或董秘的参与高端决策职能。

曾经给投行人员的境界划分过三个层次：

第一个层次，企业招股说明书等法律文件的优秀编写人员和亮点发现者。很多企业家赚钱有道，但他们不太会总结自己的生财之道，这需要投行人员通过不断的访谈与调查，将企业的营利模式、市场定位、核心竞争力、可持续增长潜力等因素概括提炼出来，并能以规范、稳健的措辞将其直白、清晰地表达出来，这个阶段考察的是投行人员的慧眼和说话的能力。

第二个层次,投行项目的优秀项目负责人和解决方案的提供者。由于种种原因,中国的企业家总有这样那样的绕过规则甚至不尊重规则的错误认识,中国的企业在历史发展过程中总会有这样那样的不规范之处,这需要投行人员通过不断沟通与辅导,帮助企业家树立正确的上市观念,包括阳光经营观念、财散人聚的人才观、敬畏规则的观念、规范运作反而利益最大化的观念等;还需要投行人员提供成熟的解决方案,与律师、会计师一起将企业的不规范之处彻底解决。这个阶段考察的是投行人员的沟通协调能力和将法律财务知识综合运用来解决问题的能力。

第三个层次,企业资本运作的重要决策者与投行资源的优秀整合者。投行实务过程中会接触形形色色的机构与信息,不同的企业家、律师、会计师、PE、财经公关、地方政府等,不同的盈利模式、经营理念、管理机制、股权激励手段等,这些形成了资深投行人员的重要资源。资深投行人员的优势在于:“我自己也许不能为你做什么,但我可以找到最合适的资源为你做什么。企业希望资本运作,我来帮你组建班子,组合最适合的中介机构、董秘等职业经理人、PE为企业家服务;企业希望厘清营利模式与业务聚焦,我来帮你找优秀的管理咨询机构与成熟的企业家成为你的外脑;投行的这个客户可能成为另一个客户的善意并购对象;投行某个客户的风险对冲机制可能恰恰是另一个客户希望引进的管理制度。”在这个阶段,资深投行人员实际上承接了企业资本运作决策外包的职能,成为很多企业资本运作战略与计划的决策者之一。

作为一位老员工,我想给包括广发证券投行在内的众多投行人员提一个建议:做任何事一定要循序渐进,抛弃浮躁,保荐代表人制度带来的红利总会结束,为企业切切实实提供增值服务的投行人员才会有更大的职业发展机会。从这个角度讲,小兵的这本书会为我们成为优秀的投行项目负责人有很大的帮助,也会为我们提升成为企业资本运作的重要决策者打下良好的基础。

广发证券总裁

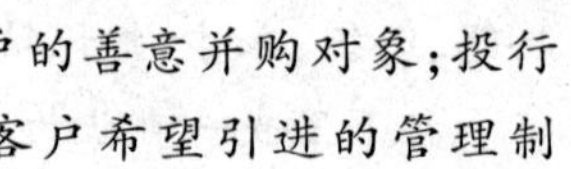

自序

小兵所做之事非大功大业，乃日常工作之积累，且为前辈牛人不屑动手或无暇顾及之事，亦为刚刚入职新鲜同事尚不能完全胜任之事。若已在圈内混迹三年有余且足够勤奋，则小兵所作所为诸位想做到亦非难事。只是，大家不做，小兵做了，并且一直在坚持。

小兵所做之事不为收入更不为虚名，只为更好地工作，做好分内之事。尽职调查、材料制作、意见反馈、发行上市……不一而足，也仅此而已。

小兵所做之事招致批评亦是难免，毕竟天下无一能博天下人欢颜，在此多谢诸君的指正和批评。说内容体系残破或逻辑不清，小兵欣然接受并加倍努力改之，但若说小兵沽名钓誉自顾戚戚，则断然不敢苟同。

小兵所做之事乃个人所必须，乃诸位所必须，甚至乃整个投行所必须。不否认时下社会浮躁乱世横行，但做工作仍要凭本事说话、凭技艺吃饭。诸位一生有十余个项目在身已是业绩光辉，而研习别人之成完全可以成百上千，多看是为多做，多看是为更好多做。

小兵所做之事意欲向前辈请教，与同事切磋，同时也期能对新人略有提携。当然，小兵尚处求索途中，距至臻至善距离遥远，部分观点可能错误甚至有误导之嫌，还请诸位多多批评，同时欢迎与小兵随时交流，共同进步！

大家来自四面八方，术业各有专攻，背景千差万别，兴趣别无二致；大家或相见或从未谋面，能够为同一事业而奉献青春和激情，也是缘分，也是幸事。小兵愿与诸位一起珍惜这段时光，相互分享、相互提高、相互珍重。

小兵研习案例从未敢省力气也不能有遗漏，但为书稿能够多给大家精华，还是多次忍痛删减只留珍珠。小兵所提到的案例仅是与大家交流或者仅是提醒，没有指导甚至要求大家如何行事之意。

尽管小兵一直不敢怠慢和停歇,但毕竟人单力微,能力不足精力也有限。小兵真诚希望诸位在研习本书时,若有更好的思路或案例能够与小兵一起分享,小兵则不胜欢喜。此书只期是个平台,让彼此一起努力完善,成为投行从业之经典。

最后说一句,《企业上市解决之道2》无论内容体系还是逻辑结构均是《企业上市解决之道》的延续、完善和深化。如有方便,某些内容可以相互对照补充研习。

坠灯看文繁,收获一念间,愿君品此味,成就亦当然。

不求虚名累,从未止登攀,彼此多真切,流传在坊间。

投行小兵

目录

第一部分　主体资格

第二部分　规范运行

第一部分　主 体 资 格

【一个健康而又充满希望的企业】

本部分将持续补充为大家介绍以下内容：

◇ 出资是否完备：你的出身是否清白；

◇ 股权是否稳定：你的邻里是否和睦；

◇ 资产是否完整：你的家底是否牢固；

◇ 董事、高管、实际控制人是否合规：你的兄弟是否与你同心协力。

第一章 出资瑕疵

【你的出身是否清白】

□ 这是一个在实务中很典型、躲不过甚至是永恒的话题，在上辑案例中已经与大家分享了一些感受，本辑将继续为大家补充一些内容。

□ 出资瑕疵的解决方式已经比较明确，但是出资瑕疵的存在形式和理解思路却是千差万别，希望小兵的案例能够帮助大家更好地理解这个在项目中既是重点又是难点的问题。

□本部分内容主要有三节，将从三个完全不同的角度来论证出资可能存在的瑕疵：抽逃出资、职务发明和出资延期到位。

■第一节 抽逃出资问题解决之道

【重要提示】

★ 大家普遍认为股东出资问题是衡量股东诚信基础的重要标准，而较之出资不实、出资不能及时到位等出资瑕疵，抽逃出资问题显然犯的错误更加严重，对于股东诚信规范的冲击也最大。

★ 正是因为如此，从法律规范体系来讲，抽逃出资不仅要负民事和行政责任，触犯刑法的情况下还要承担较为严格的刑事责任。从企业首发上市的角度来讲，股东抽逃出资的性质一旦认定，就会成为其上市的一条难以逾越的红线，尤其在对股东诚信和自身规范运行日益关注的当下。

★ 本节所收录的案例中都隐隐约约有“抽逃出资”的影子，但是中介机构在解释该问题时都不约而同地调整了思路，绕着路来解释股东出资的问题，这自然是忌惮“抽逃出资”问题的严重性。

★ 与读者分享这些案例的主要目的是参考成功案例对于该问题的一些处理思路,而并非是鼓励甚至支持股东不规范甚至是违背诚信的出资行为。

【案例情况】

一、恒顺电气(300208):公司边增资边偿还股东借款

截至本招股说明书签署日,清源投资持有本公司2360万股股份,占本次发行前总股本的44.95%。公司控股股东为清源投资。

2009年,清源投资进行了四次增资:2009年2月25日清源投资股东会通过决议,决定将公司注册资本由800万元增加至1860万元;2009年2月26日清源投资股东会通过决议,决定将公司注册资本由1860万元增加至2920万元;2009年2月27日清源投资股东会通过决议,决定将公司注册资本由2920万元增加至3460万元;2009年3月2日清源投资股东会通过决议,决定将公司注册资本由3460万元增加至4000万元。上述增资已经由会计师事务所出具的《验资报告》审验。

(一)第一次反馈:请保荐机构和律师就清源投资股东是否存在抽逃出资行为发表明确意见

2009年清源投资进行了四次增资,具体情况如下:

(1)2009年2月25日清源投资股东会通过决议,决定将公司注册资本由800万元增加至1860万元,其中:贾全臣增资560万元,合计出资1280万元,出资比例为68.82%;贾玉兰增资500万元,合计出资580万元,出资比例为31.18%。上述增资已经由青岛康帮联合会计师事务所于2009年2月25日出具的《验资报告》(青康帮内验字[2009]第15-Y0018号)审验。

(2)2009年2月26日清源投资股东会通过决议,决定将公司注册资本由1860万元增加至2920万元,其中:贾全臣增资560万元,合计出资1840万元,出资比例为63.01%;贾玉兰增资500万元,合计出资1080万元,出资比例为36.99%。上述增资已经由青岛康帮联合会计师事务所于2009年2月26日出具的《验资报告》(青康帮内验字[2009]第62-Y0045号)审验。

(3)2009年2月27日清源投资股东会通过决议,决定将公司注册资本由2920万元增加至3460万元,其中:贾全臣增资270万元,合计出资2110万元,出资比例为60.98%;贾玉兰增资270万元,合计出资1350万元,出资比例为39.02%。上述增资已

经由青岛康帮联合会计师事务所于2009年2月27日出具的《验资报告》(青康帮内验字[2009]第15－Y0020号)审验。

(4)2009年3月2日清源投资股东会通过决议,决定将公司注册资本由3460万元增加至4000万元,其中:贾全臣增资290万元,合计出资2400万元,出资比例为60%;贾玉兰增资250万元,合计出资1600万元,出资比例为40%。上述增资已经由青岛康帮联合会计师事务所于2009年3月2日出具的《验资报告》(青康帮内验字[2009]第15－Y0023号)审验。

根据验资机构出具的验资报告和青岛市工商行政管理局城阳分局出具的证明,发行人律师认为,清源投资股东的增资已经足额缴纳,清源投资股东不存在抽逃出资的情形。

(二)第二次反馈:就清源投资是否存在抽逃出资情形重新进行核查并发表核查意见,重点关注其财务处理是否构成抽逃出资,如果不构成抽逃出资,请说明原因

2009年清源投资进行四次增资的主要原因是:清源投资成立时,注册资本较少,在经营发展过程中无其他融资渠道,主要依靠向股东借入大量资金,截至2008年12月31日,清源投资对股东贾全臣、贾玉兰的其他应付款余额为32,169,174.00元;鉴于当地工商管理部门对于股东直接以债权进行增资在办理工商变更登记手续时存在一定障碍,故清源投资股东采取了以少量资金作为启动资金,先增资后偿还对股东贾全臣和贾玉兰的欠款的滚动增资方式。贾全臣、贾玉兰对清源投资的上述增资已经由验资机构验资出资到位,增资完成后清源投资将资金返还贾全臣、贾玉兰系归还对其借款的还款行为。虽然增资后,清源投资应收关联方南宁恒川大酒店有限公司750万元,但是其发生时间在贾全臣和贾玉兰对公司增资前。

贾全臣和贾玉兰对清源投资增资后,清源投资资本实力大幅增强、资产负债率大幅下降,公司融资能力增强。2010年3月清源投资取得银行贷款4000万元,该部分资金用于代青变集团还款2100万元,并形成了对关联方南宁市恒川高新商务酒店和南宁恒川大酒店有限公司的借款,上述关联方借款与上述增资之间无直接关系。

经核查,发行人律师认为,贾全臣和贾玉兰对清源投资后,清源投资并未以增资资金向其股东及股东的关联方借款,不存在抽逃出资情形。

二、鸿特精密(300176):向股东借款以增资的经典解释

(一)重大事项提示:报告期内发行人存在对股东提供借款的情形

发行人前身肇庆鸿特于2006年5月与当时的股东宇丰喷涂签订借款合同,向其提供无息借款784.26万元,该笔借款折港币737.08万元用于对肇庆鸿特的增资,占当时增资完成后公司注册资本的12.28%。2008年11月,宇丰喷涂将其持有的肇庆鸿特股权转让给曜丰经贸,同时将前述借款合同项下的权利与义务转让给曜丰经贸。该笔借款得到当时肇庆鸿特最高权力机构董事会的同意,2010年6月肇庆鸿特当时的股东对该情形再次予以确认。该笔借款已于2009年6月由曜丰经贸以肇庆鸿特2008年度分配的利润抵减借款金额,抵减金额为784.26万元,至此该笔借款全部偿还。

肇庆鸿特于2009年10月7日召开董事会,审议通过向曜丰经贸收取该笔借款资金占用费的决议。2009年10月7日,肇庆鸿特与曜丰经贸签订《关于计收资金占用费的协议》,约定由曜丰经贸向肇庆鸿特按照资金占用起止时间及同期银行贷款利率支付资金占用费。2010年2月3日,发行人收到曜丰经贸因上述借款而产生应付发行人的资金占用费126.26万元。

保荐机构、发行人律师发表意见认为:宇丰喷涂将该笔借款的权利与义务转让给曜丰经贸后,曜丰经贸清偿了该笔债务,因此并未损害肇庆鸿特的合法权益。该笔借款占肇庆鸿特净资产的比例为9.09%,宇丰喷涂向肇庆鸿特借款用于认购其增资的行为未影响肇庆鸿特对债权人的清偿,未损害债权人的利益。宇丰喷涂以向肇庆鸿特借款认购其增资,其增资款来源存在瑕疵,即如果该笔借款最终因为某种原因未得到清偿,肇庆鸿特的净资产将因此减少,但并不构成《公司法》规定的"出资不实"、"虚假出资"或"抽逃出资",没有违反法律、行政法规的禁止性规定,不属于重大违法、违规行为。该笔债务转让给曜丰经贸后,曜丰经贸已依约归还了借款。因此,宇丰喷涂以借款认购肇庆鸿特增资的瑕疵已经消除,对本次发行上市不构成法律障碍,不存在潜在法律纠纷或风险。

(二)关于借款事项的基本论述

1.公司向宇丰喷涂提供借款的原因

2004年10月及2005年7月,公司分别将注册资本增加至4000万港元及6000万港元,由各股东同比例进行增资。在以上两次增资过程中,宇丰喷涂分四次以人民币折合1425万港元缴足其认缴的出资额,其中的第四次增资人民币784.26万元,折港币

737.08 万元是来源于肇庆鸿特向其提供的免息借款，占以上两次增资后公司注册资本的 12.28%。

肇庆鸿特成立时注册资本仅为 1250 万港元，为持续发展需要增资扩股。宇丰喷涂由于资本实力较弱，其及时、完整缴足认缴注册资本存在很大困难，但如果其无法与其他股东同步增资，其在肇庆鸿特的股权比例将被稀释。考虑到宇丰喷涂是公司设立时最早的三家股东之一，并对公司业务的发展、壮大做出了不可忽视的贡献，公司的其他股东一致同意对宇丰喷涂提供一定的财务资助。肇庆鸿特成立之初资金匮乏，万和集团和南方电缆在将资金借给宇丰喷涂之前为帮助公司发展已经向公司提供了较多借款，当时万和集团和南方电缆向肇庆鸿特提供的借款金额分别达到 1948.80 万元和 1393.60 万元。万和集团和南方电缆考虑到其自身资金周转等问题，在实际执行向宇丰喷涂的借款过程中，经宇丰喷涂同意，公司董事会决定由肇庆鸿特向宇丰喷涂提供免息借款以帮助其缴足对肇庆鸿特增资部分认缴的份额。

2. 借款提供及归还的过程

2006 年 4 月 28 日，肇庆鸿特召开董事会，审议通过向宇丰喷涂提供借款，借款金额不超过 800 万元，借款期限为 3 年。2006 年 5 月，肇庆鸿特与宇丰喷涂签订《借款合同》，合同主要内容如下：宇丰喷涂向肇庆鸿特借款不超过 800 万元，借款期限为三年，自 2006 年 6 月 1 日至 2009 年 5 月 31 日止，若借款付出的实际日期、金额与上述起始日期不一致，则借款起止日期、金额以借款实际付出的起止日期和金额为准。该笔借款为免息借款，借款款项及其他一切相关费用由宇丰喷涂以其所有财产向发行人作为保证。

2006 年 7 月 10 日，公司向宇丰喷涂提供借款 260 万元，2006 年 7 月 12 日，公司向宇丰喷涂提供借款 524.26 万元，合计提供借款 784.26 万元，两次借款款项均被宇丰喷涂用于认缴肇庆鸿特增资。

2006 年 7 月 31 日，广州正德会计师事务所有限公司对公司的注册资本进行审验并出具"正验字 SD[2006]第 014 号"《验资报告》，验证宇丰喷涂以人民币 784.26 万元折港币 737.08 万元用于增资，至此宇丰喷涂已全部缴纳认缴的注册资本。

2008 年 7 月 15 日，宇丰喷涂将其持有肇庆鸿特 30% 的出资额全部转让给曜丰经贸，宇丰喷涂同时将前述对肇庆鸿特的债务转让给曜丰经贸。

肇庆鸿特于 2009 年 6 月 25 日召开董事会，同意全体股东按股权比例分配 2008 年年末的未分配利润 5000 万元，同意曜丰经贸按股权比例分配的利润首先用于归还对肇庆鸿特的借款。当时曜丰经贸持有公司 29.70% 的股份，按其持股比例应获得股利分配 1485 万元。根据曜丰经贸于 2009 年 6 月 26 日出具的《2008 年分配利润抵减借款确认函》，曜丰经贸以肇庆鸿特 2008 年度分配的利润抵减借款金额，抵减金额为 784.26

万元,至此该笔借款全部偿还。

2010年6月,借款发生时的发行人的股东对上述借款事项再次进行了确认。

3.纠正和规范措施

(1)补收资金占用费

宇丰喷涂在以上两次增资过程中存在出资款部分来源于公司借款的不规范行为,为此公司于2009年10月7日召开董事会,审议通过向曜丰经贸收取该笔借款资金占用费的决议。2009年10月7日,发行人与曜丰经贸签订《关于计收资金占用费的协议》,约定由曜丰经贸向发行人按照资金占用起止时间及同期银行贷款利率支付资金占用费。2010年2月3日,公司收到曜丰经贸因上述借款而产生应付公司的资金占用费126.26万元。

(2)为杜绝关联方非经营性占用公司资金情况的发生,公司从内部控制上对关联交易及关联方往来进行了严格规定

公司在《公司章程》、《关联交易管理办法》等规章制度中对公司关联交易及关联方资金往来作了严格的规定,以保障公司及中小股东的利益,除此之外,公司还制定了关联方资金往来的专门制度,以进一步明确公司对关联交易、关联方资金往来的控制内容,明确董事、监事、高级管理人员的责任,将内部核查机制落实到位。

公司于2009年12月26日召开第一届董事会第三次会议,审议通过了《广东鸿特精密技术股份有限公司防范控股股东、实际控制人及其他关联方占用公司资金制度》。

(3)防范关联方以其他形式损害公司利益

公司建立了健全的治理结构和内部审计机构,独立董事对公司的经营管理行为进行监督;审计委员会负责公司的内部审计事务;审计部负责执行公司的内部审计。公司建立了完善的内部控制制度,制定了包括《对外担保管理办法》、《对外投资管理制度》、《内部审计制度》等文件,从各个方面保障了公司、股东、债权人及社会公众的利益,防范关联方以各种形式损害公司利益。

(4)主要关联方承诺不占用发行人资金

万和集团、南方电缆、金岸公司、曜丰经贸、卢楚隆、卢础其、卢楚鹏、林景恩、林结敏均出具了《不占用发行人资金的承诺函》。

4.影响分析

(1)对发行人及股东利益的影响

宇丰喷涂对发行人的非经营性资金占用是基于充实发行人资金、促进发行人进一步发展而产生的行为,亦是基于发行人全体股东的意志而发生的事项。借款行为发生前,发行人董事会已以一致同意的方式通过了对宇丰喷涂提供借款的决议,履行了必要的决策程序。发行人向宇丰喷涂提供借款的资金来源主要是股东向发行人提供的

借款。当时约定该借款为免息借款是基于有限责任公司“人合”的性质,是万和集团、金岸公司、南方电缆对宇丰喷涂的一种支持,反映股东之前利益的一种让渡。

在该财务资助行为发生后,发行人进行了如下的利润分配:

①2007年3月15日,公司召开董事会,审议通过《关于2006年利润分配的决议》,本次利润分配总额为667.90万元,其中,宇丰喷涂按其股权比例应分得利润200.37万元。

②2009年6月25日,公司召开董事会,审议通过《关于对2008年末累计利润进行分配的决议》,本次利润分配总额为5000万元,其中,曜丰经贸(2008年10月,宇丰喷涂将其持有的公司股权全部转让给曜丰经贸)按其股权比例应分得利润1485万元。

2010年1月20日,公司全体股东出具的确认函如下:

①根据《中外合资经营企业法》等有关法律法规的规定,公司按照各股东注册资本的比例进行分红,宇丰喷涂有权按其当时的注册资本比例享受分红,不受其出资时间及增资资金来源的影响。宇丰喷涂将公司股权转让给曜丰经贸后,曜丰经贸亦有权按照其注册资本比例享受分红。全体股东对以上利润分配不存在任何异议。

②公司在2006年7月向当时股东宇丰喷涂提供财务资助的行为系当时全体股东的共同意志,当时的股东万和集团、南方电缆、金岸公司对此表示确认。

③公司当前的其他股东佛山市顺德区中大投资咨询有限公司、香港诺鑫有限公司分别确认:佛山市顺德区中大投资咨询有限公司、香港诺鑫有限公司参股公司时已然知悉上述财务资助的情况,该等行为未对佛山市顺德区中大投资咨询有限公司、香港诺鑫有限公司的利益造成损害。2009年10月7日,公司召开董事会,审议通过向曜丰经贸收取资金占用费的决议。同日,公司与曜丰经贸签订的《关于计收资金占用费的协议》,约定曜丰经贸向发行人按照实际借款起止时间及同期银行贷款利率支付资金占用费。2010年2月3日,曜丰经贸因上述借款而产生应付本公司的资金占用费126.26万元已全部偿付完毕。公司对上述资金占用按银行同期贷款利率补收了资金占用费,充分保障了发行人及新股东的利益。股东曜丰经贸已经及时偿还了该借款,并支付了借款产生的资金占用费,发行人与关联方之间资金占用费的计收公允,不存在对双方显失公平的情形,亦不存在损害发行人及其他非关联股东利益的情形。同时,发行人制订了完善的内控制度,从根本上防范股东非经常性占用发行人资金的行为。

(2)该等行为未损害发行人债权人及社会公众利益

在借款行为发生前,宇丰喷涂已经缴纳了其认缴注册资本1800万港元中的1062.92万港元,该借款涉及的金额占发行人当时注册资本的比例为12.28%;根据立信羊城出具的“[2009]羊查字第17553号”审计报告,截至2006年12月31日,发行人总资产18,360.43万元,净资产为8625.79万元,宇丰喷涂占用的资金占发行人净资产的9.09%。宇丰喷涂占用发行人资金与注册资本及净资产的相对比例较低,并未对发行人资本充足性造成重大影响,亦未对发行人偿付能力构成实质性影响,未损害债权人及社会公众利益。

(3)该等行为不属于重大违法违规行为

宇丰喷涂以向肇庆鸿特借款认购其增资,其增资款来源存在瑕疵,即如果该笔借款最终因为某种原因未得到清偿,肇庆鸿特的净资产将因此减少,但并不构成《公司法》规定的"出资不实"、"虚假出资"或"抽逃出资",没有违反法律、行政法规的禁止性规定,不属于重大违法、违规行为。该笔债务转让给曜丰经贸后,曜丰经贸已依约归还了借款。因此,宇丰喷涂以借款认购肇庆鸿特增资的瑕疵已经消除,不存在潜在法律纠纷或风险。

(三)第一反馈:原股东宇丰喷涂向肇庆鸿特借款784.26万元用于向肇庆鸿特出资,是否构成出资不实、虚假出资或抽逃出资,宇丰喷涂能否参与利润分配。请保荐机构和律师发表意见

1.宇丰喷涂以向肇庆鸿特的借款认购其增资不构成出资不实、虚假出资或抽逃出资

(1)《公司法》第31条规定,有限责任公司成立后,发现作为设立公司出资的非货币财产的实际价额显著低于公司章程所定价额的,应当由交付该出资的股东补足其差额;公司设立时的其他股东承担连带责任。上述规定即公司法规定的"出资不实"。由于宇丰喷涂已将足额货币资金存入肇庆鸿特在银行开设的账户,不涉及非货币财产出资或高估非货币财产出资的情况,因此,不构成《公司法》规定的出资不实。

(2)根据《公司法》第200条和《公司登记管理条例》第70条的规定,所谓"虚假出资"是指公司的发起人、股东未交付或者未按期交付作为出资的货币或者非货币财产。可见"虚假出资"包括未交付和未按期交付出资两种形式。由于宇丰喷涂不存在未交付和未按期交付出资的情况,因此,不构成虚假出资。虽然其出资来源为向肇庆鸿特的借款,但该笔借款已经肇庆鸿特权力机构批准,双方签订了借款合同,且肇庆鸿特对该笔借款进行了正常的财务处理。该笔借款发生后,肇庆鸿特对宇丰喷涂拥有债权,宇丰喷涂负有返还该笔借款的义务。

(3)根据《公司法》第36条、第201条和《公司登记管理条例》第71条的规定,所谓"抽逃出资"是指公司股东或者发起人在履行出资义务后,通过一定方式,再从公司抽回自己出资的财产。宇丰喷涂不存在抽逃出资的故意,宇丰喷涂与肇庆鸿特之间的债

务是真实的，并取得了当时其他股东的同意，当其在2008年7月将所持有的宇丰喷涂的股权转让给曜丰经贸后，与曜丰经贸和肇庆鸿特签订了《合同权利义务转让书》，在肇庆鸿特书面同意的情况下，将该笔债务转让给了曜丰经贸。后曜丰经贸依约履行了还款义务。因此，宇丰喷涂以向肇庆鸿特借款认购其增资的行为亦不构成抽逃出资或以借款为名抽逃出资的情况。

综上，发行人律师认为，宇丰喷涂以向肇庆鸿特借款认购其增资，其增资款来源存在瑕疵，即如果该笔借款最终因为某种原因未得到清偿，肇庆鸿特的净资产将因此减少。但如前所述，不构成"出资不实"、"虚假出资"或"抽逃出资"，没有违反法律、行政法规的禁止性规定。该笔借款占肇庆鸿特当时注册资本的12.28%；根据立信羊城出具的[2009]羊查字第17553号《审计报告》，截至2006年12月31日，肇庆鸿特总资产为18，360.43万元，净资产为8625.79万元，该笔借款占肇庆鸿特当时净资产的9.09%，比例均较小。根据肇庆鸿特的确认并经律师核查，宇丰喷涂向肇庆鸿特借款用于认购其增资的行为未影响肇庆鸿特对债权人的清偿，未损害债权人的利益。该笔债务转让给曜丰经贸后，曜丰经贸已依约归还了借款，并支付了资金占用费。因此，宇丰喷涂以借款认购肇庆鸿特增资的瑕疵已经消除，对本次发行上市不构成法律障碍，不存在潜在法律纠纷或风险。

2. 宇丰喷涂能否参与利润分配

该笔借款发生后，肇庆鸿特共进行了两次利润分配，经肇庆鸿特权力机构董事会批准，宇丰喷涂和曜丰经贸依其股权比例参与了该两次利润分配，具体如下：(1)2007年3月15日，公司董事会通过决议，向全体股东分派现金股利667.90万元(含税)。(2)2009年6月25日，公司董事会通过决议，向全体股东分派现金股利5000万元(含税)。

2010年1月20日，全体股东均出具了确认函，确认对宇丰喷涂及曜丰经贸按其股权比例享受分红没有异议。该笔借款发生时的股东万和集团、金岸公司、南方电缆并确认，对肇庆鸿特向宇丰喷涂借款没有异议。

律师认为，宇丰喷涂及曜丰经贸在该笔借款清偿前依其股权比例参与利润分配没有违反法律、法规或肇庆鸿特章程的禁止性规定，且已经肇庆鸿特权力机构批准、其余股东确认，不存在潜在法律纠纷或风险。

(四)第二次反馈：宇丰喷涂分四次向肇庆鸿特出资，请具体说明哪些出资为宇丰喷涂向发行人借款，宇丰喷涂出资时间是否符合当时的法律规定

肇庆鸿特于2004年10月将注册资本由1250万港元增至4000万港元；于2005年7

月,将注册资本增至6000万港元,在此过程中,宇丰喷涂共计认缴新增注册资本1425万元,先后分四次缴足。

经发行人律师核查,宇丰喷涂的第四期出资784.26万元的资金来源为向肇庆鸿特的借款,出资时间为2006年7月17日。宇丰喷涂、万和集团、金岸公司、南方电缆与肇庆鸿特于2006年4月22日共同签署《确认函》,肇庆鸿特及其当时的其他股东确认:在不违反有关法律、法规的情况下,同意宇丰喷涂不迟于2006年7月22日缴足认缴的注册资本。

2009年11月11日,肇庆市外经局以《关于广东鸿特精密技术股份有限公司增资所涉及的有关问题的复函》,确认增资过程中,肇庆鸿特各股东的出资时间均不存在违反国家法律、法规的情况。

发行人律师认为,宇丰喷涂的上述第四期出资的时间已取得肇庆鸿特及当时的其他股东的同意,并取得了外经贸部门的确认,符合有关法律法规的规定。

(五)第三次反馈:肇庆鸿特在2004年、2005年增资过程中,原股东宇丰喷涂曾向肇庆鸿特借款784.26万元用于其向肇庆鸿特增资,请保荐机构、发行人律师对以下内容发表意见:肇庆鸿特向宇丰喷涂提供借款用于出资是否存在违法、违规的行为;是否损害肇庆鸿特、债权人的合法权益;如属于违法、违规行为,当时的董事是否需承担相应的法律责任

1.宇丰喷涂向肇庆鸿特借款用于其向肇庆鸿特增资不属于重大违法、违规的行为

2004年10月及2005年7月,肇庆鸿特分别将注册资本增加至4000万港元及6000万港元,由各股东同比例进行增资。在以上两次增资过程中,宇丰喷涂分四次以人民币折合1425万港元缴足其认缴的出资额,其中的第四次增资(增资至港币4000万元时的第五期实缴出资及增资至6000万港币时的第三期实缴出资)人民币784.26万元,折港币737.08万元是来源于肇庆鸿特向其提供的借款,占以上两次增资后公司注册资本的12.28%。

2008年7月15日,肇庆鸿特与宇丰喷涂、曜丰经贸签订《合同权利义务转让书》,宇丰喷涂将前述《借款合同》项下的权利与义务转让给曜丰经贸。

肇庆鸿特于2009年6月25日召开董事会,同意全体股东按股权比例分配2008年年末的未分配利润5000万元,同意曜丰经贸按股权比例分配的利润首先用于归还对肇庆鸿特的借款。根据曜丰经贸出具的《2008年度利润分配抵减借款的确认函》、肇庆鸿特出具的汇款单及发行人律师的核查,肇庆鸿特在向曜丰经贸支付2008年度分红款时扣减了该笔债务。

2009年10月7日,肇庆鸿特召开董事会,审议通过向曜丰经贸收取上述借款资金占用费的决议,同意根据同期银行贷款利率向曜丰经贸收取资金占用费,共计126.26万元。2009年10月7日,曜丰经贸与肇庆鸿特签订了《关于计收资金占用费的协议》,曜丰经贸同意向肇庆鸿特支付资金占用费126.26万元。根据发行人提供的银行汇款单,曜丰经贸已于2010年2月3日向发行人支付了上述资金占用费。

发行人律师认为,宇丰喷涂以向肇庆鸿特借款认购其增资,其增资款来源存在瑕疵,即如果该笔借款最终因为某种原因未得到清偿,肇庆鸿特的净资产将因此减少。但并不构成《公司法》规定的"出资不实"、"虚假出资"或"抽逃出资",没有违反法律、行政法规的禁止性规定,不属于重大违法、违规行为。该笔债务转让给曜丰经贸后,曜丰经贸已依约归还了借款。因此,宇丰喷涂以借款认购肇庆鸿特增资的瑕疵已经消除,对本次发行上市不构成法律障碍,不存在潜在法律纠纷或风险。

2. 肇庆鸿特向宇丰喷涂提供借款,未损害肇庆鸿特和债权人的合法利益

(1)肇庆鸿特向宇丰喷涂提供借款并未损害肇庆鸿特的合法权益

经发行人律师核查,该笔借款是真实存在的,宇丰喷涂将其持有的肇庆鸿特股权转让给曜丰经贸后,向曜丰经贸收取了资金占用费;肇庆鸿特2009年6月对2008年进行利润分配,在向曜丰经贸支付2008年度分红款时扣减了该笔债务,该笔借款清偿完毕。发行人律师认为,公司借款给股东,是公司依法享有其财产所有权的体现,股东与公司之间的这种关系属于借贷关系,公司对借出的资金依法享有相应的债权,借款的股东依法承担相应的债务,宇丰喷涂将该笔借款的权利与义务转让给曜丰经贸后,曜丰经贸清偿了该笔债务,因此,并未损害肇庆鸿特的合法权益。

(2)肇庆鸿特向宇丰喷涂提供借款并未损害债权人的合法权益

根据肇庆鸿特的确认并经发行人律师核查,该笔借款折港币737.08万元,占肇庆鸿特当时注册资本6000万港元的比例为12.28%;根据立信羊城出具的[2009]羊查字第17553号《审计报告》,截至2006年12月31日,肇庆鸿特总资产为18,360.43万元,净资产为8625.79万元,该笔借款占肇庆鸿特净资产的比例为9.09%。因此,律师认为,宇丰喷涂以向肇庆鸿特借款用于认购其增资未影响肇庆鸿特对债权人的清偿,未损害债权人的利益。

三、泰胜有限(300129):典型的"转圈出资"的解释

2001年3月19日,柳志成等六名自然人将上海金山嘴工业区投资咨询有限公司的借款800万元划入上海东方会计师事务所有限公司验资专用账户进行验资,验资机构出具了验资报告。次日,该款项自上海泰胜电力工程机械有限公司(以下简称泰胜

有限)的临时账户归还上海金山嘴工业区投资咨询有限公司,形成六名自然人股东对泰胜有限欠款合计800万元(其他应收款科目)。

(一)第一次反馈:请发行人说明泰胜有限设立时注册资本是否足额缴纳并提供依据,柳志成等六名自然人的行为是否构成虚假出资、抽逃出资、将公司资金借贷给他人,是否违反《公司法》、《刑法》的相关规定,是否达到最高人民检察院、公安部《关于经济犯罪案件追诉标准的规定》的追诉标准,董事、高级管理人员是否存在重大违法行为,是否构成本次发行上市的障碍。请保荐机构、发行人律师核查并明确发表意见

1. 泰胜有限设立时资本是否足额缴纳的核查情况

2001年3月19日,上海东方会计师事务所有限公司出具的上东会验字[2001]第B-407号《验资报告》确认:"截至2001年3月19日止,贵公司已收到其股东投入的资本捌佰万元(RMB8,000,000),与上述投入资本相关的资产总额为捌佰万元,均为货币资金"。2001年4月13日,泰胜有限获得了上海市工商行政管理局核发的注册号为3102282020489的《企业法人营业执照》。

经发行人律师核查:泰胜有限设立之初,系由柳志成、黄京明、朱守国、夏权光、张福林、张锦楠六名自然人股东以个人名义,向上海金山嘴工业区投资咨询有限公司借款800万元作为泰胜有限股东所投入的货币出资:依据上海市金山区山阳农村信用合作社出具的相关《贷记凭证》,上海金山嘴工业区投资咨询有限公司于2001年3月19日分别向上述六名泰胜有限股东个人账户汇款(如下表),上海金山嘴工业区投资咨询有限公司和柳志成、黄京明、朱守国、夏权光、张福林、张锦楠之间就此分别形成真实有效的借贷法律关系:

序号	股东名称	借款金额(万元)	贷记凭证编号
1	柳志成	240	AF096966
2	黄京明	160	AF096968
3	朱守国	120	AF096967
4	夏权光	120	AF096969
5	张福林	80	AF096970
6	张锦楠	80	AF096971
	合计	800	—

2001 年 3 月 20 日，依据上海市金山区山阳农村信用合作社出具的编号为 AF096888 的《贷记凭证》，柳志成、黄京明、朱守国、夏权光、张福林、张锦楠并通过泰胜有限向上海金山嘴工业区投资咨询有限公司返还了其各自所借款项共计 800 万元（返还款项金额即各股东所借款项金额）。

发行人正式建账后，柳志成等 6 人确认对泰胜有限形成股东欠款 800 万元。在此后的经营中，柳志成等 6 人以公司的历年分红等形式逐步归还了 800 万元股东欠款，归还情况如下：

序号	归还时间	归还金额（元）	归还性质
1	2003.2.25	181,000.00	代垫的工程款结转
2	2003.3.25	271,500.00	代垫的工程款结转
3	2005.12.16	4,277,106.44	2002 年至 2004 年三年实现的利润分红
4	2006.1.6	3,270,393.56	2005 年实现的利润分红
合计		8,000,000.00	—

2. 柳志成等六名自然人的行为是否构成虚假出资、抽逃出资、将公司资金借贷给他人，是否违反《公司法》的相关规定的核查情况

2009 年 9 月 23 日，上海市金山区山阳镇人民政府出具《关于对上海泰胜电力工程机械有限公司设立情况的说明》对泰胜有限设立时的整个过程进行了说明，并确认泰胜有限设立过程中的不规范行为主要是因为上海金山嘴工业区为加大招商引资力度，加快企业入区进程而提供相关便利服务的历史原因造成的。

2010 年 2 月 20 日，上海市工商行政管理金山分局出具《关于对上海泰胜风能装备股份有限公司原始出资情况处理问题的复函》确认，"经查，在 2007 年虚假出资专项整治之前，你公司对原始出资不规范行为已经自查自纠，不构成重大违法违规行为。按照上海市人民政府办公厅转发市整规办等三部门《关于本市开展整治企业设立中"三虚"行为工作意见的通知》精神，对上海泰胜风能装备股份有限公司原始出资不规范行为，不再追究行政责任。"

发行人律师核查后认为：《公司法》第 36 条规定：公司成立后，股东不得抽逃出资。因此，泰胜有限设立时，柳志成等六名自然人将各自向上海金山嘴工业区投资咨询有限公司的借款作为注册资本，并由泰胜有限返还借款的行为，不符合《公司法》、《公司登记管理条例》等相关法律法规的规定。但是，在泰胜有限设立后，由于柳志成等六名股东已经通过代为垫付资金、以应付利润弥补其向泰胜有限的借款等方式，清偿了其对泰胜有限的 800 万元借款。该垫付资金、以应付利润补足借款行为均已查证属实，因

此,泰胜有限设立时出资不实的情况已经由泰胜有限股东予以主动纠正。另外,作为工商登记主管部门的上海市工商行政管理局金山分局亦已经出具不属重大违法违规行为、不予追究行政责任的书面确认。因此,泰胜有限设立之时六名自然人股东借款出资的行为,并不存在虚假出资和将公司资金借贷给他人的情形,亦并未对泰胜有限造成直接经济损失或实质危害。

3.柳志成等六名自然人的行为是否违反《刑法》的相关规定,是否达到最高人民检察院、公安部《关于经济犯罪案件追诉标准的规定》的追诉标准问题的核查情况

《刑法》第159条规定:公司发起人、股东违反公司法的规定未交付货币、实物或者未转移财产权,虚假出资,或者在公司成立后又抽逃其出资,数额巨大、后果严重或者有其他严重情节的,处五年以下有期徒刑或者拘役,并处或者单处虚假出资金额或者抽逃出资金额百分之二以上百分之十以下罚金。

最高人民检察院、公安部《关于经济犯罪案件追诉标准的规定》第3条针对《刑法》第159条(虚假出资、抽逃出资案)规定:公司发起人、股东违反公司法的规定未交付货币、实物或者未转移财产权,虚假出资,或者在公司成立后又抽逃其出资,涉嫌下列情形之一的,应予追诉:虚假出资、抽逃出资,给公司、股东、债权人造成的直接经济损失累计数额在十万元至五十万元以上的;虽未达到上述数额标准,但具有下列情形之一的:(1)致使公司资不抵债或者无法正常经营的;(2)公司发起人、股东合谋虚假出资、抽逃出资的;(3)因虚假出资、抽逃出资,受过行政处罚二次以上,又虚假出资、抽逃出资的;(4)利用虚假出资、抽逃出资所得资金进行违法活动的。

另外,最高人民检察院、公安部《关于经济犯罪案件追诉标准的规定》附则明确上述规定中"虽未达到上述数额标准"是指接近上述数额标准且已达到该数额的百分之八十以上的。

发行人律师核查后认为:柳志成等六名自然人在泰胜有限设立时的行为虽有法律瑕疵,但在泰胜有限设立后,该六名自然人已经通过代为垫付资金、以应付利润弥补向泰胜有限借款等方式,清偿了其对泰胜有限的800万元借款,自2001年4月泰胜有限设立之时至本补充法律意见书出具之日,并未对泰胜有限或者泰胜有限股东、债权人造成直接经济损失或实质危害。因此,不存在最高人民检察院、公安部《关于经济犯罪案件追诉标准的规定》中所明确的"给公司、股东、债权人造成的直接经济损失累计数额在十万元至五十万元以上的"情况,不存在"造成的直接经济损失累积数额接近上述标准且已达到该数额的百分之八十以上的情况",未达到最高人民检察院、公安部《关于经济犯罪案件追诉标准的规定》中所明确的追诉标准,亦就未达到《刑法》所规定的刑事处罚标准,不存在违反《刑法》所规定的"数额巨大、后果严重或者有其他严重情节"的情况。

4. 发行人董事、高级管理人员是否存在重大违法行为，是否构成本次发行上市的障碍

经发行人律师核查，柳志成等六名自然人在泰胜有限设立时的出资行为，不符合《公司法》、《公司登记管理条例》的相关规定，但是该等不规范行为已经得到有效纠正，且距离发行人本次申请已经超过三年，并经由相关工商主管部门确认不属于“重大违法行为”。因此，属于“发行人及其控股股东、实际控制人最近三年内不存在损害投资者合法权益和社会公共利益的重大违法行为”的情形，对发行人本次发行上市不构成重大法律障碍。

5. 律师核查意见

综上所述，发行人律师核查后认为泰胜有限设立时，柳志成等六名自然人股东的出资行为存在法律瑕疵，违反了《公司法》、《公司登记管理条例》等相关法律法规的规定。但该法律瑕疵并未达到最高人民检察院、公安部《关于经济犯罪案件追诉标准的规定》的追诉标准，不存在违反《刑法》的相关规定的情形。同时，由于该行为未对发行人、发行人股东和发行人债权人造成直接经济损失或实质危害且距离本次发行申请已过三年，相关政府部门也出具文件对此行为做了说明和“不构成重大违法违规行为且不予追究”的确认，因此柳志成等六名自然人的行为对发行人本次发行上市不构成重大法律障碍。

（二）第二次反馈：反馈意见回复第1条，“且上述行为未对泰胜有限造成直接经济损失或实质危害，柳志成等六名自然人的行为不违反《刑法》的相关规定，同时也没有达到最高人民检察院、公安部《关于经济犯罪案件追诉标准的规定》的追诉标准”，因果关系说明倒置，请予调整。请发行人律师逐条对照分析是否达到最高人民检察院、公安部《关于经济犯罪案件追诉标准的规定》的追诉标准，再阐述是否违反《刑法》的相关规定

1. 泰胜有限设立时柳志成等六名自然人的出资行为是否达到最高人民检察院、公安部《关于经济犯罪案件追诉标准的规定》的追诉标准之法律核查

发行人律师核查后认为，泰胜有限设立时柳志成等六名自然人股东出资行为没有达到最高人民检察院、公安部《关于经济犯罪案件追诉标准的规定》的追诉标准，具体分析如下：

首先，泰胜有限设立时柳志成等六名自然人股东的出资行为，自 2001 年 4 月泰胜有限设立之时至本补充律师法律意见书出具之日，并未对泰胜有限、泰胜有限股东、泰

胜有限债权人造成直接经济损失或实质危害;并且,在泰胜有限设立后,柳志成等六名股东已经通过代为垫付资金、以应付利润弥补其向泰胜有限的借款等方式,清偿了其对泰胜有限的800万元借款。该等垫付资金、以应付利润补足借款行为均已查证属实,泰胜有限设立时出资不规范的情况已经由泰胜有限股东予以主动纠正。因此,并不存在最高人民检察院、公安部《关于经济犯罪案件追诉标准的规定》规定的"虚假出资、抽逃出资,给公司、股东、债权人造成的直接经济损失累计数额在十万元至五十万元以上的"情形。

其次,最高人民检察院、公安部《关于经济犯罪案件追诉标准的规定》第3条规定"虽未达到上述数额标准,但具有下列情形之一的"也是应予追诉的情形之一。经发行人律师核查,泰胜有限设立时,柳志成等六名自然人股东的出资行为,并不存在"虽未达到上述数额标准,但具有下列情形之一"中所规定的以下任何情形:

(1)并未致使公司资不抵债或者无法正常经营:泰胜有限设立后,柳志成等六名股东已经通过代为垫付资金、以应付利润弥补其向泰胜有限的借款等方式,清偿了其对泰胜有限800万元借款,泰胜有限存续期间的债务均得到了有效清偿,不存在资不抵债的情形,泰胜有限并通过向股东借款等途径,维持了生产经营的正常秩序,并未出现公司无法经营的情形。

(2)公司发起人、股东并未合谋虚假出资、抽逃出资:依据上海市金山区山阳镇人民政府所出具的《关于对上海泰胜电力工程机械有限公司设立情况的说明》,相关政府部门已经确认泰胜有限设立过程中的出资不规范行为,主要是由于上海金山嘴工业区为加大招商引资力度,加快企业入区进程而提供相关便利服务的历史原因造成的。因此并不存在泰胜有限设立之初股东合谋虚假出资、抽逃出资的情形。

(3)不存在因虚假出资、抽逃出资,受过行政处罚二次以上,又虚假出资、抽逃出资的情况:根据柳志成等六名自然人股东住所地公安机关出具的无违法犯罪证明,以及上海市工商行政管理金山分局出具的《关于对上海泰胜风能装备股份有限公司原始出资情况处理问题的复函》,柳志成等六名自然人股东没有因虚假出资、抽逃出资而受到行政处罚过行政处罚的违法记录,因此不符合"因虚假出资、抽逃出资,受过行政处罚二次以上,又虚假出资、抽逃出资的"情形。

(4)不存在利用虚假出资、抽逃出资所得资金进行违法活动的情况:柳志成等六名自然人股东在泰胜有限设立之后立即通过泰胜有限向上海金山嘴工业区投资咨询有限公司返还了其各自所借款项共计800万元(返还款项金额即各股东所借款项金额),因此泰胜有限设立时柳志成等六名自然人股东的出资行为并未涉及违法活动,不存在"利用虚假出资、抽逃出资所得资金进行违法活动"的情形。

最后,最高人民检察院、公安部《关于经济犯罪案件追诉标准的规定》第3条规定

“虽未达到上述数额标准,但具有下列情形之一的”也是应予追诉的情形之一。其“虽未达到上述数额标准”与“但具有下列情形之一的”是两个并列的发生条件,只有同时具备这两个条件才会产生应予追溯的法律后果。根据最高人民检察院、公安部《关于经济犯罪案件追诉标准的规定》附则对“虽未达到上述数额标准”的明文释义,即“指接近上述数额标准且已达到该数额的百分之八十以上的”情形。如前所述,由于泰胜有限设立时六名股东的出资行为,并未对泰胜有限或泰胜有限的股东及债权人造成直接的经济损失或实质危害,因此不符合“虽未达到上述数额标准”的释义标准。

据此,泰胜有限设立时柳志成等六名股东出资行为没有达到最高人民检察院、公安部《关于经济犯罪案件追诉标准的规定》规定的追诉标准。

2. 结论性意见

综上所述,发行人律师认为,泰胜有限设立时柳志成等六名股东的出资行为,没有达到最高人民检察院、公安部《关于经济犯罪案件追诉标准的规定》的追诉标准。由于最高人民检察院、公安部《关于经济犯罪案件追诉标准的规定》对于虚假出资、抽逃出资案追诉标准的界定,是对《刑法》第159条具体操作的衡量标准,因此泰胜有限设立时柳志成等六名股东的出资行为未达到追诉标准的,亦就不违反《刑法》相关规定,不构成《刑法》第159条规定的虚假出资罪、抽逃出资罪。

(三)第三次反馈:请对泰胜有限原始出资800万元转出后,从何处获得企业经营资金的相关情况进行核查说明

经发行人律师核查,柳志成等六名自然人借款800万元设立泰胜有限,验资后次日即归还,泰胜有限维持后续生产营运,系从以下几个方面获得企业经营资金:

泰胜有限设立前,柳志成等六名自然人以泰胜有限的名义向建筑工程承包商代垫了部分基建款项。2001年3月泰胜有限设立后,于同年4月正式启动基建工程,依据发行人提供的相关凭证,除柳志成等六名自然人在泰胜有限设立前代垫的部分基建款项外,其余的基建款项均由基建承包商先行垫付,泰胜有限再通过投产后的经营盈利逐步予以偿还。

泰胜有限设立后,通过向自然人股东及瑞安泰胜借款,用于正常生产经营活动。经发行人律师核查,2002年至2006年期间,泰胜有限向股东及瑞安泰胜所借款项均已全部清偿完毕。

发行人律师认为,泰胜有限通过其股东代垫基建款项、向其股东和瑞安泰胜借款以及通过投产后的经营所得盈利等方式维持企业经营,能够在泰胜有限设立后维持正常经营,并未实质损害泰胜有限及其债权人的利益,因此泰胜有限设立之初经营资金

的形成方式,对本次发行不构成重大法律障碍。

(四)第四次反馈:就原始股东原始出资相关问题,请进一步明确性质,并落实可能存在的潜在责任。请保荐代表人和律师进一步核查并发表核查意见

1. 泰胜有限设立时柳志成等六名自然人股东的原始出资行为,已经违反了《公司法》等相关法律法规之规定,属于违法违规行为

现行有效的《公司法》第36条已经明确规定:公司成立后,股东不得抽逃出资。现行有效的《公司登记管理条例》第71条则明确规定:公司的发起人、股东在公司成立后,抽逃出资的,由公司登记机关责令改正,处以所抽逃出资金额5%以上15%以下的罚款。

因此,发行人律师认为,泰胜有限设立时,柳志成等六名自然人股东以各自向上海金山嘴工业区投资咨询有限公司的借款作为注册资本,并由泰胜有限返还出借人的行为,已经违反了《公司法》、《公司登记管理条例》等相关法律法规的规定,属于违法违规行为。

2. 泰胜有限设立时柳志成等六名自然人股东的原始出资行为,所涉及潜在责任的消除

首先,依照《公司法》、《公司登记管理条例》所明确之上述规定,泰胜有限设立之时,柳志成等六名自然人股东在原始出资过程中所涉及的违法违规行为,将可能受到公司登记机关的行政处罚,如若该行为对公司、股东、债权人造成经济损失的,利益受损方可以提出民事赔偿要求。

但是,上海市金山区山阳镇人民政府已经就该违法行为的历史形成原因出具相关说明,确认泰胜有限设立过程中的不规范行为,主要是因为上海金山嘴工业区为加大招商引资力度,加快企业入区进程而提供相关便利服务的历史原因造成。

其次,2010年2月20日,上海市工商行政管理金山分局亦已经出具文件确认,"经查,在2007年虚假出资专项整治之前,你公司对原始出资不规范行为已经自查自纠,不构成重大违法违规行为。按照上海市人民政府办公厅转发市整规办等三部门《关于本市开展整治企业设立中"三虚"行为工作意见的通知》精神,对上海泰胜风能装备股份有限公司原始出资不规范行为,不再追究行政责任。"

再次,在泰胜有限设立后,柳志成等六名自然人股东已经通过代为垫付资金、以应付利润弥补其向泰胜有限的借款等方式,清偿了其对泰胜有限的800万元借款。该等垫付资金、以应付利润补足借款行为均已查证属实,泰胜有限设立时出资不实的情况

已经通过该等股东的后续救济行为予以主动纠正。该违法行为，自 2001 年 4 月泰胜有限设立之时至本补充法律意见书出具之日，并未对泰胜有限或者泰胜有限股东、债权人造成直接经济损失或实质危害，更未受到任何民事主体所提出的经济赔偿要求。

最后，为进一步消除对本次发行的不利影响，上述六名自然人股东进一步出具承诺确认：如若上述原始出资问题，受到任何公司登记机关、行政主管部门追诉处罚的，或者受到任何民事主体提出经济赔偿要求的，均由实际控制人共同承担全部法律责任，以保证不影响发行人正常生产经营与持续发展。

3. 律师核查意见

综上所述，发行人律师核查后认为：柳志成等六名自然人股东在出资过程中所涉违法违规行为，不存在受到公司登记机关追诉处罚的情况，不存在受到其他民事主体索赔的情况。该违法违规行为，距今已超三年，不会对发行人本次发行构成实质性法律障碍。

四、维尔利(300190)：向公司借钱支付股权转让价款

(一)基本情况介绍

1. 本次股权转让的背景及常州德泽实业投资有限公司(以下简称常州德泽)收购维尔利有限的原因

WWAG 于 2003 年设立维尔利有限意欲开拓中国垃圾渗滤液处理市场，然而，因缺乏对国内垃圾渗滤液处理市场的深入了解以及 WWAG 的经营理念未能与国内市场的实际情况协调一致，致使维尔利有限成立初期的市场开拓和经营业绩未能达到理想目标，有违于 WWAG 通过设立维尔利有限大力拓展中国业务的初衷，由此导致 WWAG 决定转让维尔利有限的股权。常州德泽当时为李月中、浦燕新、周丽烨、骆建明和朱卫兵五位维尔利有限中方员工组成的内资公司，基于对我国垃圾渗滤液处理领域广阔市场前景的认知，常州德泽在 2007 年 7 月 WWAG 决定转让维尔利有限股权时收购了维尔利有限的全部股权。

2. 本次股权转让履行的程序

2007 年 7 月 2 日，常州德泽环境技术有限公司(已于 2009 年 10 月更名为常州德泽实业投资有限公司)股东会作出决议，决定收购 WWAG 维尔利有限 100% 股权；2007 年 7 月 5 日，WWAG 监事会作出决议，同意将其所持有的维尔利有限 100% 的股权全部转让给常州德泽。

2007 年 7 月 5 日，维尔利有限董事会作出决议，同意唯一投资者 WWAG 将其所持

有的维尔利有限100%的股权全部转让给常州德泽。同日,WWAG与常州德泽签署了《股权转让协议》。

2007年7月24日,常州国家高新技术产业开发区管理委员会核发《关于维尔利环境工程(常州)有限公司股权转让并终止独资企业的批复》,同意维尔利有限股权转让,股权转让后企业类型由外商独资经营企业变更为内资企业,原独资企业同时终止。

2007年8月21日,常州方正会计师事务所有限公司出具了常方会验[2007]第157号《验资报告》并审验确认:截至2007年8月1日,维尔利有限股权转让后的注册资本为204.7536万元(20万欧元按原出资日汇率折合),实收资本204.7536万元。

2007年8月28日,维尔利有限在常州工商行政管理局完成了工商变更登记,领取了注册号为3204002103843的《企业法人营业执照》,变更为法人独资有限公司,法定代表人李月中,注册资本和实收资本均为204.7536万元。此次股权转让完成后,维尔利有限股权结构如下:

股东名称	出资额(万元)	出资比例
常州德泽	204.7536	100.00%
合计	204.7536	100.00%

3.股权转让价款支付情况及资金来源

(1)股权转让价款支付情况

本次股权转让价款600万元的支付由常州德泽代扣代缴WWAG应缴所得税后于2007年10月18日以欧元汇款形式支付给WWAG。

(2)资金来源

本次股权转让过程中,常州德泽向WWAG支付的600万元股权收购款来源于其向维尔利有限的借用资金。

①借款事项是否符合国家相关法律法规

按照《贷款通则》第73条的规定,企业之间不得擅自办理借贷或变相借贷,否则,由中国人民银行对出借方按违规收入处以1倍以上至5倍以下罚款并予以取缔。常州德泽为向WWAG支付股权转让款而从维尔利有限借款的行为不符合《贷款通则》的规定,但由于维尔利有限未就该等借款向常州德泽收取任何利息或资金占用费,因此,维尔利有限不存在因此而受到中国人民银行或其地方分支机构处罚的可能。

常州德泽已于2008年年末前向公司全部偿清该借款,该借款未对公司财务状况和经营成果造成重大影响。同时,公司也已经建立严格的资金管理制度和关联交易决策制度,避免未来再发生资金被关联方非经营性占用的情况。公司控股股东常州德泽和实际控制人李月中先生已于2010年2月出具《承诺函》,承诺此后不再以借款、代偿债务、代垫款项或者其他任何方式对公司的资金进行非经营性占用。此外,公司独立董事已就该借款出具独立核查意见,认为其未对公司生产经营造成重大不利影响,也未对公司及非关联股东利益造成损害。

②借款审批程序是否符合国家相关法律法规及公司内部规范性文件的规定

上述借款发生时,我国《公司法》等相关法律、法规并无关于有限责任公司对外提供借款需要履行的内部决策程序的明确规定,维尔利有限当时有效的《公司章程》等内部规范性文件也无相关规定或限制。因此,维尔利有限于2007年10月借款给常州德泽用于向WWAG支付股权转让款所履行的维尔利有限总经理审议批准的内部程序不违反当时有效的国家相关法律法规的规定及《公司章程》等公司内部规范性文件的规定。此外,由于该借款发生时WWAG已经不是维尔利有限的股东,因此,该借款不需要取得WWAG的同意。

保荐机构国信证券股份有限公司经核查后的结论性意见为:维尔利有限于2007年10月借款给常州德泽,用于其向WWAG支付本次股权转让款,该事项所履行的维尔利有限总经理审议批准的内部程序不违反当时有效的国家相关法律法规的规定及《公司章程》等公司内部规范性文件的规定。此外,上述借款行为不符合《贷款通则》等规章的规定,但由于常州德泽已经全额偿还资金且发行人已经建立严格的制度避免类似情形再发生,因而并不构成本次发行的障碍。

发行人律师北京市君合律师事务所经核查后的结论性意见为:常州德泽为向WWAG支付股权转让款而从发行人借款的行为不符合《贷款通则》等规章的规定,但由于相关资金已经全额偿还且发行人已经建立严格的制度避免类似情形再发生,因而并不构成本次发行的障碍。此外,发行人于2007年10月借款给常州德泽用于向WWAG支付股权转让款所履行的维尔利有限总经理审议批准的内部程序不违反当时有效的国家相关法律法规的规定及《公司章程》等公司内部规范性文件的规定。

4. 常州德泽600万元股权转让款的进出时点,偿还资金的来源和不构成抽逃出资的理由

(1)常州德泽600万元的股权转让款的进出时点

常州德泽在2007年度和2008年度与维尔利有限资金往来累计发生额为1704.38万元,各月末资金往来余额在600万~875万元之间。资金往来月末余额主要为常州德泽支付给WWAG股权转让款600万元,其余为资金统一管理过程中形成的往来余额,且常州德泽已于2008年年末将所有资金往来余额归还完毕。

常州德泽与维尔利有限在2007年度和2008年度发生多次资金往来,主要原因是常州德泽在2007年8月完成收购维尔利有限100%股权后,将全资子公司维尔利有限

的闲置资金集中由其统一管理,以达到提高整体资金使用效率的目的。因此,维尔利有限在经营收到现金并保证日常业务正常运转的前提下将闲置资金集中到常州德泽,需要资金时再由常州德泽划转给维尔利有限使用,导致2007年度和2008年度双方发生多笔资金往来。公司自2009年开始加强规范运作,未再发生控股股东占用公司资金的情况。

(2)常州德泽偿还的资金来源

常州德泽向维尔利有限归还前述资金往来余额的资金来源于其统一管理的资金以及2008年12月向非关联方常州联合锅炉容器有限公司的800万元借款。

维尔利有限于2009年3月2日召开2008年年度股东会议通过决议向全体股东派发现金股利,其中向常州德泽分配997.53万元。常州德泽以该派发的股利于2009年3月向常州联合锅炉容器有限公司归还了前述800万元借款。根据常州联合锅炉容器有限公司于2010年11月16日出具的《确认函》,常州德泽已经向其偿还800万元借款,双方就该借款不存在任何争议或纠纷,且其与发行人、发行人的直接或间接股东、发行人的董事、监事和高级管理人员、为本次发行提供专业服务的保荐机构、会计师事务所和律师事务所及其签字经办人员均不存在关联关系。

(3)此次借款不构成抽逃注册资本

常州德泽向维尔利有限暂借600万元资金后,常州德泽在其财务账目上将该借款作为应付款列明,维尔利有限在其财务账目上作为应收款列明,维尔利有限对常州德泽享有债权,而常州德泽承担债务,该借贷关系虽违反《贷款通则》等相关规定,但维尔利有限并未因此被剥夺对相关财产享有的法律权利,其有权要求常州德泽偿还该笔借款,常州德泽在2008年也全额归还了该笔借款,事实上未损害维尔利有限的利益。

根据《国家工商行政管理总局关于股东借款是否属于抽逃出资行为问题的答复》(商企字[2002]第180号)中"公司借款给股东,是公司依法享有其财产所有权的体现,股东与公司之间的这种关系属于借贷关系,合法的借贷关系受法律保护,公司对合法借出的资金依法享有相应的债权,借款的股东依法承担相应的债务。因此,在没有充分证据的情况下,仅凭股东向公司借款就认定为股东抽逃出资缺乏法律依据"的解释,该借款并不构成常州德泽抽逃维尔利有限的注册资本。同时,江苏省常州工商行政管理局也已经于2010年10月12日就前述借款出具《证明》,确认其不构成抽逃注册资本,也不属于重大违法行为。另外,发行人独立董事已就上述借款出具独立核查意见,认为其未对发行人生产经营造成重大不利影响,也未对发行人及非关联股东利益造成损害。

保荐机构国信证券股份有限公司经核查后的结论性意见:常州德泽在其财务账目上将该借款作为应付款列明,维尔利有限在其财务账目上作为应收款列明,维尔利有限对常州德泽享有债权，而常州德泽承担债务，且常州德泽已经于2008年全部偿还该借款。同时，根据《国家工商行政管理总局关于股东借款是否属于抽逃出资行为问题的答复》(商企字[2002]第180号)等相关规定，以及江苏省常州工商行政管理局出具的《证明》文件等证明，该次借款不构成抽逃出资，也不构成本次发行上市的重大法律障碍。

发行人律师北京市君合律师事务所经核查后的结论性意见为：该次借款不构成抽逃出资，也不构成本次发行上市的重大法律障碍。

(二)第一次反馈：2007年9月常州德泽、蒋国良分别以货币资金469.2464万元、200万元向维尔利有限增资，维尔利有限实收资本增加至874万元，而常州德泽支付给WWAG的股权转让款600万元来源于2007年10月常州德泽向维尔利有限的借款，请发行人说明该项借款及后续还款事项的发生经过，并请保荐机构、发行人律师对于常州德泽向维尔利有限的该借款事项是否存在抽逃注册资本的情形以及是否构成发行人本次发行上市的重大法律障碍发表明确意见

1. 借款事项的背景事实

根据发行人和常州德泽的确认及发行人律师的核查，常州德泽于2007年10月向维尔利有限借款人民币600万元，该借款用于向WWAG支付其收购维尔利有限100%股权的股权转让款；该借款事宜取得了维尔利有限当时的总经理的批准，常州德泽也已经于2008年12月全部偿还该借款。

2. 是否构成抽逃注册资本

根据发行人和常州德泽的确认及发行人律师的核查，上述借款发生后，常州德泽在其财务账目上将该借款作为应付款列明，维尔利有限在其财务账目上作为应收款列明，维尔利有限对常州德泽享有债权，而常州德泽承担债务；并且，常州德泽已经于2008年12月全部偿还该借款。

根据《国家工商行政管理总局关于股东借款是否属于抽逃出资行为问题的答复》(商企字[2002]第180号)等相关规定，我们认为，该借款并不构成常州德泽抽逃维尔利有限的注册资本。

3. 是否构成本次发行上市的重大法律障碍

按照《贷款通则》第73条的规定，企业之间不得擅自办理借贷或变相借贷，否则，由中国人民银行对出借方按违规收入处以1倍以上至5倍以下罚款并予以取缔。上述借款不符合《贷款通则》的前述规定，但由于发行人未就上述资金拆借向常州德泽收取

任何利息或资金占用费,因此,发行人不存在因此而受到中国人民银行或其地方分支机构处罚的可能。就该借款,江苏省常州工商行政管理局也已经于2010年10月12日出具《证明》,确认其不构成抽逃注册资本,也不属于重大违法行为。

另外,发行人独立董事已就上述借款出具独立核查意见,认为其未对发行人生产经营造成重大不利影响,也未对发行人及非关联股东利益造成损害;发行人控股股东常州德泽和实际控制人李月中先生也已于2010年2月出具承诺函,承诺此后不再以借款、代偿债务、代垫款项或者其他任何方式对发行人的资金进行非经营性占用。

综上,我们认为,该次借款不构成抽逃出资,也不构成本次发行上市的重大法律障碍。

【案例评析】

1. 小兵一直认为,企业的出资问题都是有故事的,而故事往往又是不能与大家分享的,而中国审核制度对于历史沿革尤其是出资问题挖地三尺的核查又没有任何回避的余地,是否能够找出可以合理解释的理由就要考验中介机构的"业务能力"了。

2. 综合上述案例,尽管无一家承认企业存在虚假出资或抽逃出资的问题,但是从上述案例我们可以简单总结虚假出资或抽逃出资的几种明确的情形:(1)股东借公司的钱用于增资;(2)股东借公司的钱用于支付股权转让价款;(3)股东借第三方的钱出资然后立即归还。

3. 对于上述情形,会里还是会重点关注的,并且在审核过程中多次出具反馈意见让中介机构补充说明并发表明确意见。总结一下其关注要点是:(1)借款的背景和原因是什么;(2)出资瑕疵是否会对发行人的生产经营产生重大影响;(3)出资瑕疵是否会损害其他股东的利益以及债权人的利益;(4)是否属于出资不实、虚假出资和抽逃出资,是否可能受到行政或刑事处罚;(5)公司的董事和高管是否会受到处罚,是否符合《公司法》的规定。

4. 而对于上述问题,中介机构的解决思路颇有些被逼无奈的意味。不论是对于股东出资背景和事实的解释还是对于上述行为的定性都有些和稀泥的意味,反正就抱定了一个信念:不管会里怎么问,我都是有什么说什么,打死都不能承认是违法违规,因为如果定性就不能翻身了。

5. 其实,通过阅读有关材料可以很明显感受到一些问题的解释浮于表面,但是只要理由合理并合乎逻辑也就不会再去深究。小兵个人认为,对于历史上的出资问题尤其是历史久远的出资问题还是要抱着历史的态度去看,尽管出资是企业发展的基石和保障,但是企业经过多年的发展已经初具规模,显然曾经的出资瑕疵并不能影响公司的持续经营。另外，历史沿革问题与企业的其他硬伤不同，这个是不能通过时间来消化的，因此，如果审核机构一直盯着企业的历史伤疤不放手，或许就有好的企业因为曾经的失误而一辈子不能登陆资本市场，实在是有些遗憾，也确实不公平。

6. 下面分别将案例的典型问题做出分析：

(1)恒顺电气：公司前期规模较小靠股东借款维持经营，因工商局不允许债权转股权的做法，所以只能是一边股东增资一边再偿还股东的借款，也正是因为这样的一个资金流转才让会里产生是否存在股东抽逃出资的怀疑。在第一次反馈中预审员提出该问题，显然中介机构并没有理解会里的意思，只是将增资的过程重新介绍了一遍就下了结论；第二次反馈预审员明确提示从财务处理角度分析，或许会计师的部分有这样的分析，至少从律师的第二次反馈意见来看依旧没有多少改观。小兵觉得比较清晰的处理方式是：①将公司向股东借款的明细列示清楚；②将历次增资的资金明细列示清楚；③将公司偿还股东借款的明细列示清楚；④证明股东的增资款均偿还了借款而没有刻意地抽回，且没有向股东的关联方提供借款；⑤工商局关于债转股政策的证明；⑥中介机构的核查意见。

(2)鸿特精密：属于典型的公司借钱给股东增资的情形，中介机构认为“这的确存在瑕疵，但是如果股东不还钱也仅是公司的净资产减少了，但并不构成《公司法》规定的‘出资不实’、‘虚假出资’或‘抽逃出资’，没有违反法律、行政法规的禁止性规定，不属于重大违法、违规行为”，小兵不能理解这样的判断是出于怎样的逻辑；不过，最后股东及时清偿了借款，瑕疵消除且没有造成不良后果才是真正的解决之道，毕竟结果决定一切。该案例同时给我们提供了这种情形的基本解决思路：①解释公司提供借款的原因；②借款提供以及偿还的过程，要保证程序上的合规，如公司其他股东是否同意提供借款；③该种行为对于发行人、其他股东以及债权人的利益的影响分析，如借钱增资是否能有利润分配权？是否有表决权？如果全体股东确认没有异议的话一般也会通过；④补救措施，包括补收股东的资金占用费、建立有关制度防止再次发生、股东承诺等；⑤由于公司进行了多次增资，会里还关注到底是哪次增资使用了公司借款；⑥关键是中介机构认定这不属于抽逃出资的行为，以及还要关注是否会影响到公司董事、监理事和高层管理人员的任职资格问题。

(3)泰胜有限：个人觉得这种情况较之股东借公司钱出资的行为更加恶劣，这种纯粹拿资金转圈为了出资而出资的行为应当认定为抽逃出资，显然中介机构是不能这样认定的，那就看怎么解决吧。会里对于该案例的关注主要体现在以下几点：①泰胜有限设立时注册资本是否足额缴纳并提供依据；而该行为是否构成虚假出资、抽逃出资？②将公司资金借贷给他人，是否违反《公司法》、《刑法》的相关规定，是否达到最高人民检察院、公安部《关于经济犯罪案件追诉标准的规定》的追诉标准？③董事、高级管理人员是否存在重大违法行为?是否构成本次发行上市的障碍?中介机构的解释是:①根据验资报告发行人出资是足额到位的,只是形成了公司对股东的其他应收款,最后股东拿分配利润补足了出资就解决问题了。将抽逃出资转换为股东对公司的欠款很绝妙,而股东拿分红还清借款又犯了鸿特精密的错误,既然股东出资都有问题是否有权利分红呢?②对于是否是违法行为的思路主要有:政府出文证明这是历史原因造成的、工商部门证明不属于重大违法违规行为不再追究责任、该种行为并没有造成实质性损害。③会里还关注既然股东出资之后就把钱拿走了那么公司是否还有钱进行生产经营呢?会里一共用三次反馈意见来追问该问题,而律师的每一次回答都像是走钢丝一样惊心动魄,很明显尽管很吃力也很难受但是一直坚持着一条底线,那就是不能承认是抽逃出资行为,更不能承认会达到刑法的追诉标准,不然可能上市不成甚至还会有牢狱之灾,那就麻烦大了。会里最后的态度还是将其看做是股东的原罪问题,只要最后把钱还上了且没有造成其他实质性的损害以及潜在纠纷,也就既往不咎了,但是该要说清楚的问题还是要一个一个地说清楚并且中介机构要发表明确意见。值得说明的是,中介机构对于一个问题的解释一定要保持完整且封闭的逻辑关系,只有这样,随着信息披露的逐渐深入审核人员才会逐渐相信你所讲述事实的真实性和合理性。

(4)维尔利:有点典型的“空手套白狼”的意味:2007年外资对企业没有了信心,但是几个境内自然人却是非常有信心,就决定花600万元将这个公司买下来,因为没有钱,就直接从要购买的公司那里借了六百万元来支付股权转让价款,而最后几个自然人又借了一家非关联的公司的600万元还给了企业,结果该公司三年之后成功上市。会里除了关注资金拆借是否违规之外,主要关注自然人股东借款的时间点和支付转让款的时间点从而判断是否构成抽逃出资,这个核查思路是对的,但是中介机构的核查意见完全没有体现出这一点。

【参考法规】

一、国家工商行政管理总局关于股东借款是否属于抽逃出资行为问题的答复(工商企字[2002]第180号)

江苏省工商行政管理局:

你局《关于公司股东以借款形式部分抽回注册资本是否属于抽逃出资行为的请示》(苏工商[2002]91号)收悉。经研究,答复如下:

依照《公司法》的有关规定,公司享有由股东投资形成的全部法人财产权。股东以出资方式将有关财产投入到公司后，该财产的所有权发生转移，成为公司的财产，公司依法对其财产享有占有，使用，收益和处分的权利。公司借款给股东，是公司依法享有其财产所有权的体现，股东与公司之间的这种关系属于借贷关系，合法的借贷关系受法律保护，公司对合法借出的资金依法享有相应的债权，借款的股东依法承担相应的债务。因此，在没有充分证据的情况下，仅凭股东向公司借款就认定为股东抽逃出资缺乏法律依据。如果在借款活动中违反了有关金融管理、财务制度等规定，应由有关部门予以查处。

此前有关答复意见与本意见不一致的，按本意见执行。

二〇〇二年七月二十五日

二、《中华人民共和国刑法》

第一百五十九条第一款　公司发起人、股东违反公司法的规定未交付货币、实物或者未转移财产权，虚假出资，或者在公司成立后又抽逃其出资，数额巨大、后果严重或者有其他严重情节的，处五年以下有期徒刑或者拘役，并处或者单处虚假出资金额或者抽逃出资金额百分之二以上百分之十以下罚金。

三、最高人民检察院、公安部《关于经济犯罪案件追诉标准的规定》

第三条　针对刑法第159条(虚假出资、抽逃出资案)规定：公司发起人、股东违反公司法的规定未交付货币、实物或者未转移财产权，虚假出资，或者在公司成立后又抽逃其出资，涉嫌下列情形之一的，应予追诉：

(1)虚假出资、抽逃出资，给公司、股东、债权人造成的直接经济损失累计数额在十万元至五十万元以上的；

(2)虽未达到上述数额标准，但具有下列情形之一的：①致使公司资不抵债或者无法正常经营的；②公司发起人、股东合谋虚假出资、抽逃出资的；③因虚假出资、抽逃出资，受过行政处罚二次以上，又虚假出资、抽逃出资的；④利用虚假出资、抽逃出资所得资金进行违法活动的。

同时，最高人民检察院、公安部《关于经济犯罪案件追诉标准的规定》附则并明确，上述规定中“虽未达到上述数额标准”是指接近上述数额标准且已达到该数额的百分之八十以上的。

■第二节 职务发明

【重要提示】

★ 职务发明的问题在以前的审核实践中并没有给予太多关注,在创业板出现之后在审核过程中越来越成为一个重点问题,目前中小板对于职务发明的关注仍然没有创业板那么明显。

★ 由于申请创业板上市的企业多数为高新技术企业,那么在经营过程中股东以专利技术等非货币性资产出资的情形也就极为普遍,而出资的资产是否是职务发明也就直接影响股东出资是否充实甚至是否合法合规。

★ 股东出资与职务发明的基础逻辑关系就是:如果是股东拿专利出资,一定要证明这不是职务发明;如果是企业用来申请专利或者从股东处受让的一些研发成果,一定要证明这就是职务发明。

【案例情况】

一、宝德股份(300023)

2004年12月15日,宝德有限公司在创业广场A604召开股东会,同意赵敏新增货币出资33.3万元、以无形资产"石油钻机电传动控制系统"出资941.7万元,同意邢连鲜新增货币出资225万元,宝德有限公司注册资本增至1500万元。

(一)关于此次无形资产出资真实性的说明

1."石油钻机电传动控制系统"无形资产的研发过程及形成

此次用于出资的无形资产"石油钻机电传动控制系统"是由赵敏利用业余时间钻研完成。赵敏毕业于重庆大学自动化专业,硕士研究生学历,曾先后在研究所、企业中长期从事工业自动化研究、设计工作。作为工业自动化行业的专家,赵敏完成了多项技术研究,"石油钻机电传动控制系统"相关技术正是其中之一。

赵敏对于"石油钻机电传动控制系统"的研发最早始于1998年,2001年宝德有限公司设立时赵敏已取得其中大部分研究成果,2003年4月,赵敏就该系统中包含的电动绞车、一体化电动绞车、电动绞车主电动机自动送钻系统申请了 3 项实用新型专利，于 2004 年时，该系统的研发基本成熟，达到了商业化应用的要求。

2004 年 7 月 16 日，西安市科学技术局参照《国家高新技术产品目录》进行审查后批复认定，由赵敏研发的"石油钻机电传动控制系统"属于高新技术产品领域。

鉴于宝德有限公司拟将其业务侧重领域从冶金行业向石油行业方向发展，赵敏决定将"石油钻机电传动控制系统"无形资产作价出资投入宝德有限公司。

2. 关于"石油钻机电传动控制系统"是否为职务发明的问题

赵敏具有独立完成"石油钻机电传动控制系统"的能力。赵敏毕业于重庆大学自动化专业，硕士研究生学历，曾先后在研究所、企业中长期从事工业自动化研究、设计工作，主持过多项国家重点科学技术项目，获得过国家科学技术进步奖，发表过十余篇专业论文，具有很强的研发实力，熟悉电气和机械行业，具有个人完成"石油钻机电传动控制系统"的研发能力。作为工业自动化行业的专家，赵敏完成了多项技术研究，"石油钻机电传动控制系统"相关技术正是其中之一。基于赵敏在自动化控制领域的技术优势，公司几位创始人股东决定利用赵敏相关的技术优势进行产业化的尝试并进行创业。2001 年，公司几位创始股东在取得了相应业务订单的基础上开始组建本公司。

在发行人创立初期，公司主要从事冶金及造纸行业的自动化设备的研发、设计、生产工作，同时，涉足了部分石油领域的业务。由于各方面的物质技术条件有限，公司本身缺乏研发条件，同时，相应的研发人员也相对缺乏，公司设立初期所从事业务的相关技术均来源于赵敏所研发成熟且无偿提供公司使用的相关技术。公司创立初期并不具备相应的研发能力。

随着公司业务的不断发展，公司逐步发现石油钻机电控自动化行业的巨大发展潜力，且赵敏个人研发的"石油钻机电传控制系统"技术不断成熟，可以保证宝德有限公司在该领域中拥有足够的技术基础，公司决定将其业务重点逐渐转向石油钻机电控自动化行业。同时，考虑到公司的长远发展，长期将技术集中于赵敏一人已不利于公司核心竞争能力的培养，公司必须建立公司的技术研发队伍，培养公司的技术研发能力。因此，赵敏决定将"石油钻机电传动控制系统"投入公司。

通过上述无形资产的投入，公司逐步建立起了与石油钻机电控系统相关的研发能力，公司不断研发出引领行业发展的新技术，从而奠定了公司目前的市场地位。

综上所述，"石油钻机电传动控制系统"无形资产的研发工作的开始早于宝德有限公司的成立时间，不是赵敏执行宝德有限公司职务的活动，研发过程中也没有利用宝德有限公司的物质技术条件，所以"石油钻机电传动控制系统"是赵敏个人从事科研活动的研究成果，赵敏本人对该无形资产拥有完全的权利。

3."石油钻机电传动控制系统"无形资产价值的确定

2004年7月12日经西安科信无形资产评估事务所《"石油钻机电传动控制系统"无形资产评估报告书》(科信评报字[2004]第202号)评估,"石油钻机电传动控制系统"无形资产在2004年6月30日的评估值为人民币941.7万元。

2009年4月27日,西安正衡资产评估有限责任公司出具了西正衡评咨字[2009]004号《关于〈"石油钻机电传动控制系统"无形资产评估报告书〉的评估复核报告意见》,对"石油钻机电传动控制系统"无形资产的评估价值进行了复核确认。

4."石油钻机电传动控制系统"无形资产的移交

2004年12月16日,赵敏与宝德有限公司签订《无形资产移交协议》,将"石油钻机电传动控制系统"无形资产整体移交给宝德有限公司,承诺不再自己实施或许可第三方实施该无形资产包含的各项专利或非专利技术,且同意将在"石油钻机电传动控制系统"无形资产基础上后续研发、改进所形成的各项无形资产以及由赵敏本人研发的与宝德有限公司生产经营相关的所有无形资产均归宝德有限公司享有。

协议签订后,赵敏将"石油钻机电传动控制系统"无形资产的技术资料移交给宝德有限公司;后于2009年完成"石油钻机电传动控制系统"所包含的电动绞车、一体化电动绞车、电动绞车主电动机自动送钻系统三项实用新型专利的专利权的过户手续。

(二)关于此次无形资产出资金额占注册资本比例合法性的说明

此次出资中,赵敏用于出资的"石油钻机电传动控制系统"无形资产经评估作价941.7万元,占此次增资后宝德有限公司注册资本总额的62.78%。

根据当时有效的《公司法》及科学技术部、国家工商行政管理局《关于以高新技术成果作价入股有关问题的通知》(国科发政字[1999]351号)的要求,高新技术成果作价金额在人民币500万元以上,且超过公司或企业注册资本35%的,由科学技术部审查认定。

因此,宝德有限公司2004年12月第三次增资时赵敏出资的"石油钻机电传动控制系统"无形资产未经具备相应权限的科技主管部门认定(只是西安市科技局认定为"石油钻机电传动控制系统"属于高新技术产品领域),其作价出资的金额占注册资本的比例不符合当时的有关规定。

但是,2006年1月1日实施的《公司法》及2006年5月23日发布的《关于废止以高新技术成果出资入股有关文件的通知》(国科发政字[2006]150号)废止了上述规定的要求。按照现行《公司法》的规定,全体股东的货币出资金额不得低于有限责任公司注册资本的30%。

同时考虑到以下情形：

(1)此次以“石油钻机电传动控制系统”无形资产出资是真实的，作价金额经过专业评估机构评估与复核，出资行为经过审计机构验资，不存在虚假出资、出资不实的情形。

(2)此次增资时的股东邢连鲜已书面声明，对赵敏“石油钻机电传动控制系统”无形资产作价出资的金额予以认可，且不以其作价出资的金额占注册资本的比例超过当时的有关规定为由向发行人或赵敏主张权利或追究责任。

(3)此次增资至今本公司从未因“石油钻机电传动控制系统”无形资产作价出资的金额占注册资本的比例超过当时的有关规定而与股东、债权人发生任何争议或纠纷，也未因此而受到工商或科技主管部门的调查或处分。

(4)2009年7月21日，西安市工商局高新分局出具《关于西安宝德自动化股份有限公司2004年无形资产出资说明》确认此次“石油钻机电传动控制系统”无形资产出资符合政策规定。

(三)公司的保荐人及本公司聘请的律师的专业意见

宝德有限公司的保荐人及公司的聘请的律师，高度关注此事项，在进行了深入的调查取证、分析研究后一致认为：此次出资中，赵敏用于出资的“石油钻机电传控制系统”无形资产权属明确、价值确定，对本公司的生产经营具有实际价值，投入后产生了实际的积极效果。虽然曾存在无形资产出资金额占比超过规定比例上限的法律瑕疵，但是随着法律环境的变化，该法律瑕疵已自行消除；同时本公司已采取妥善、有效的措施防止争议出现，且有关政府部门已对此次无形资产出资事项予以认可。故此次以无形资产出资的行为不存在争议或潜在纠纷的可能，不构成本公司现在合法存续的障碍，不会对本次股票发行上市构成障碍。

(四)关于赵敏以无形资产“石油钻机电传动控制系统”出资是否符合《首次公开发行股票并在创业板上市管理暂行办法》(以下简称《创业板首发办法》)第11条规定的发行条件的问题

(1)保荐机构通过核查(陕兴验字[2004]3－175号)《验资报告》、(科信评报字[2004]第202号)《“石油钻机电传动控制系统”无形资产评估报告书》、(西正衡评咨字[2009]004号)《关于〈“石油钻机电传动控制系统”无形资产评估报告书〉的评估复核报告意见》、西正衡评报字[2009]076号评估报告书，并调查该等无形资产出资的实际使用情况后发现，西安科信无形资产评估事务所评估认为“石油钻机电传动控制系统”无形资产在评估基准日2004年6月30日表现的市场价值为人民币941.7万元，上述结果经过具有证券业务资产评估资格的西安正衡资产评估有限责任公司的评估复核确认。陕西兴华有限责任会计师事务所对此次出资进行了验资并出具验资结论确认宝德有限公司已于2004年12月18日前收到赵敏的无形资产出资;该无形资产投入后即被运用于生产经营,构成了发行人的核心技术能力,在企业发展过程中为企业创造价值的作用明确。在公司改制设立股份有限公司时,西安正衡资产评估有限责任公司对西安宝德自动化技术有限公司截至2009年3月31日的资产负债情况进行了整体评估,该等评估报告确认本公司无形资产评估价值为1372.23万元,公司无形资产质量十分优良并未发生任何减值情况。

故保荐机构认为注册资本已足额缴纳,符合《公司法》及相关法律法规的规定。

(2)保荐机构通过核查《无形资产移交协议》、“石油钻机电传动控制系统”的技术资料、专利权属证书后发现:此次出资后,赵敏已及时将“石油钻机电传动控制系统”无形资产整体移交发行人,与此相关的资产已属公司所有。虽然公司未能及时将“石油钻机电传动控制系统”无形资产包含的3项专利过户至发行人,但该专利未及时过户的行为不影响赵敏此次用于出资的专有技术“石油钻机电传动控制系统”已交付给发行人的事实。截至目前,上述三项专利已办理完成了过户手续。故保荐机构认为赵敏用作出资的“石油钻机电传动控制系统”无形资产的财产权转移手续已办理完毕。

(3)根据赵敏曾经的工作单位中国重型机械研究院(原西安重型机械研究所,赵敏于1982年至1996年在该所工作,其中1995年至1996年被该所派往德马格冶金设备技术有限公司工作)和西安伟德控制工程有限责任公司(赵敏于1997年至2000年在该公司工作,该公司于2001年经股东决议解散,现已注销)的股东出具的相关证明,赵敏未因执行工作单位的职务或主要利用工作单位的物质技术条件进行“石油钻机电传动控制系统”的研发,与中国重型机械研究院、西安伟德控制工程有限责任公司或其股东均不存在知识产权方面的纠纷。

(4)保荐机构通过访谈发行人的其他股东赵敏、邢连鲜,查阅赵敏公开发表的专业文献后认为:赵敏用于出资的“石油钻机电传动控制系统”系赵敏个人智力劳动成果,不属于职务发明,也不是与他人共同研究的成果;赵敏投入的“石油钻机电传动控制系统”的资产权属明确,未设定其他权利负担,不存在权利纠纷或潜在纠纷。

综上所述,保荐机构认为赵敏以无形资产“石油钻机电传动控制系统”出资已足额缴纳了注册资本,按照法律规定办理了财产权移转手续,出资的财产权属明确、不存在权利纠纷或潜在的纠纷可能,符合《创业板首发办法》第11条规定的发行条件。

针对上述问题,发行人律师发表意见如下:赵敏以无形资产“石油钻机电传动控制系统”出资是足额的。赵敏用作出资的无形资产“石油钻机电传动控制系统”的财产权转移手续现已办理完毕。发行人的无形资产“石油钻机电传动控制系统”不存在重大权属纠纷。综上,发行人律师认为,赵敏 2004 年 12 月以无形资产"石油钻机电传动控制系统"出资符合《创业板首发办法》第 11 条规定的发行条件。

(五)专利管理制度

宝德有限公司作为高科技创新性企业,已制定了全面的专利管理制度。通过专利资产的归口管理、发明创造奖励、职务发明的权利归属、技术核心承诺、专利申请及鉴定、专利权的实施和利用、侵权处理等具体制度措施,对公司经营活动中的各项智力劳动成果的产生、权属界定、权利保护及保密、实施利用等方面做出了严格规范。

二、维尔利(300190)

2007 年 9 月 26 日,维尔利有限通过股东会决议,同意将注册资本由 204.7536 万元增至 1700 万元,新增注册资本中常州德泽以货币出资 469.2464 万元,蒋国良以货币出资 200 万元,李月中以其经评估的实用新型专利"分体式膜生化反应装置"作价 826 万元出资。

(一)本次增资涉及的资产评估情况

江苏五星资产评估有限责任公司对"分体式膜生化反应装置"实用新型专利进行评估,并于 2007 年 9 月 26 日出具苏五星评报字[2007]093 号《维尔利环境工程(常州)有限公司委托评估"分体式膜生化反应装置"专利技术评估报告书》,评估价值为 826 万元,评估基准日为 2007 年 8 月 31 日,评估方法为收益现值法。为了进一步验证该项专利技术价值的公允性,2009 年 12 月,具备从事证券、期货相关业务资格的资产评估机构江苏立信永华资产评估房地产估价有限公司对李月中出资的上述专利技术进行了追溯性评估,出具了立信永华评报字[2009]第 187 号《江苏维尔利环保科技股份有限公司专利技术价值论证项目资产评估报告书》,评估价值为 921 万元,评估基准日为 2007 年 8 月 31 日,评估方法为收益现值法。

(二)关于李月中先生用于出资的专利为非职务发明的情况说明

李月中先生用于增资的"分体式膜生化反应装置"实用新型专利为非职务发明,具体如下:

1. 专利由李月中先生独立研发完成

(1)李月中先生具有独立完成该项专利的能力

李月中先生于 1999 ~ 2002 年留学德国克劳斯塔尔工业大学,专门进行废水处理生化反应器HCR应用研究,获工学博士学位。李月中先生拥有20余年环保专业工作经历,长期从事与废水和垃圾渗滤液处理相关的技术研发,先后开发和参与多项废水和垃圾渗滤液处理的专利和非专利技术,具有很强的研发实力。

(2)专利自主研发过程

李月中先生于1981~1989年就读于上海同济大学,本科和研究生分别学习材料科学与工程专业和水污染控制工程专业,均与环保行业相关,且研究生毕业后李月中先生便进入常州市环境保护研究所工作,为国内最早一批从事与环境工程相关业务的高端专业技术人才,在常州市环境保护研究所的工作经历,使李月中先生对我国废水和垃圾渗滤液处理现状和处理技术、工艺等有了进一步的接触和了解,并开始利用业余时间进行一些相关的研究。随后,李月中先生于1999年开始就读于德国克劳斯塔尔工业大学,并于2001年年末获博士学位。在攻读博士学位期间,李月中先生专门进行废水生化处理反应器HCR及其应用研究,博士毕业论文的核心是高效好氧生化反应器HCR新工艺及相关应用的研究与论述,其研究成果在南宁味精厂的味精废水处理中的应用,获得了2004年广西壮族自治区科技进步二等奖;同时,从技术角度来看,将高效好氧生化反应器HCR与膜技术相结合,即组成节能的分体式膜生化反应装置。因此,分体式膜生化反应装置在博士毕业时该项研究已基本完成。

(3)不属于执行维尔利有限的工作任务

2002年1月,李月中先生进入WWAG,任项目工程师、培训师,主要负责中国垃圾渗滤液处理市场开发和在华子公司的筹建。2003年维尔利有限成立。维尔利有限成立初期公司生产经营规模较小且人员资金实力薄弱,加之自身主要从事的渗滤液处理项目一般均是政府主导投资,需要具有一定的客户基础和项目实践经验,公司当时主要人员和资金均重点投入市场开拓和相关项目的原材料采购中,李月中先生此时担任公司总经理主要负责市场开拓工作,在2005年前没有相关研究任务。李月中先生对该项专利的研究、设计工作早在其2001年博士毕业时已基本完成,是其自主研发行为,不属于执行维尔利有限的工作任务,不存在利用维尔利有限的物质技术条件的情形。

(4)该项专利主要内容

MBR称为膜生物反应器或膜生化反应器,是指将膜分离技术中的超滤或微滤技术与污水生物处理中的生物反应器有机结合,集生物降解和膜分离技术为一体的一种高效生化水处理技术,由于膜的过滤作用,生物完全被截留在生物反应器中,实现了水力停留时间和污泥停留时间的彻底分离,使生物反应器内保持较高的混合液悬浮固体浓度,硝化能力强,污染物去除率高。通俗地讲,MBR是通过膜分离技术与生物处理法的高效结合,进行水处理的一种工艺技术。

李月中先生的“分体式膜生化反应装置”实用新型专利,主要是运用其在攻读博士期间取得的研究成果,将 MBR 处理技术中的部分工艺环节通过改良设计,从而提高整体处理效率。具体而言,该专利技术融合了高效好氧生化反应器的射流曝气方式,同时,把射流内循环和外置式超滤循环有机结合,具有能耗低、空气氧转化率高、微生物的新陈代谢快、容积负荷高和处理量大的特点。与 WWAG 的 MBR 具体比较分析如下:第一,生化反应器的各项设计参数不同。WWAG 的 MBR 中的压力式生化反应器为其核心之一,反应器压力为相对大气压 0.1 ~0.5MPa,而李月中先生的"分体式膜生化反应装置"实用新型专利中的生化反应器为常压反应器,其反应器压力为相对大气压无压,而生化反应器的带压与无压将导致生化反应器的各项设计参数完全不同,包括设计结构要求完全不同,生化反应器各项设计参数,诸如池容、容积负荷、反应器氧利用率等完全不同,以及反应器运行、控制方式完全不同;第二,工艺运行、控制方式不同。WWAG 的 MBR 分别设计了射流内循环泵与超滤外循环,而李月中先生的"分体式膜生化反应装置"实用新型专利为将射流内循环和超滤外循环有机结合,即利用超滤进水(外循环)泵兼做射流内循环泵,从而降低工艺运行能耗,该设计导致两者工艺运行、控制方式的完全不同。

(5)各方出具的相关证明文件

维尔利有限于 2005 年 3 月 23 日向李月中先生出具《非职务发明确认函》并确认:"该'分体式膜生化反应装置'发明创造既不是你在担任本公司总经理的本职工作中所完成;也不是你在履行本公司交付的其他任何任务中所完成;你在完成该发明创造的过程中没有利用本公司的资金、设备、零部件、原材料或者不对外公开的技术资料等物质技术条件。因此,其并不构成你在本公司工作期间的'职务发明',本公司对其不享有任何权益。本公司对你作为发明人就该发明创造申请专利无异议。"

WWAG(维尔利有限当时为 WWAG 在中国的全资子公司)于 2010 年5 月 20 日出具《确认函》并确认:"李月中先生所取得的上述专利并非其在担任维尔利环境工程(常州)有限公司总经理的本职工作中或其履行维尔利环境工程(常州)有限公司交付的本职工作之外的其他任务所完成的;该专利的创造也并非李月中先生通过主要利用维尔利环境工程(常州)有限公司的资金、设备、零部件、原材料或者不对外公开的技术资料等物质技术条件而完成的;不属于其在维尔利的职务发明。该专利创造并不属于本公司或本公司的子公司 WUG 对维尔利技术许可范围内的技术,也未利用本公司或 WUG 任何专利或专有技术,本公司和 WUG 对该发明创造均不享有任何权益也不会就其主张任何权利。"

2. 符合法律规定且经国家知识产权局授权

根据《专利法》第 6 条的规定,"执行本单位的任务或者主要是利用本单位的物质技术条件所完成的发明创造为职务发明创造。"

李月中先生从事的前述研究工作是其自主行为,不属于执行维尔利有限的工作任务,该实用新型主要是将MBR处理技术中的部分工艺环节进行改良设计,主要运用其在攻读博士期间取得的研究成果,未利用WWAG、WUG和维尔利有限物质技术条件完成,不属于《专利法》规定的"职务发明创造"。李月中为"分体式膜生化反应装置"的发明人,故李月中依法享有专利的申请、占有、使用、收益等权利。李月中先生于2005年5月25日向国家知识产权局提出"分体式膜生化反应装置"专利申请,国家知识产权局于2006年9月13日公告将该项专利授权予李月中。

3. 不存在任何权属争议

根据WWAG和WUG于2010年8月9日共同出具的《确认函》,"李月中先生2005年就'分体式膜生化反应装置'技术不构成职务发明取得了维尔利有限的书面确认,并得到了WWAG的确认;WWAG和维尔利有限就该技术不构成职务发明的确认程序符合各自的公司章程等内部规范性文件的规定"。

自李月中先生提出该项专利申请之日开始至本确认意见签署之日,李月中先生未收到国家知识产权局、司法机关或者其他有权机关发出的申请对该等专利进行确权的书面或口头通知,亦未收到任何人对该项专利的权属提出主张的明确意思表示。

保荐机构国信证券股份有限公司经核查后的结论性意见为:李月中先生用于增资的"分体式膜生化反应装置"不属于职务成果;本次增资履行了所有必要的法律手续,不存在纠纷或潜在纠纷。

发行人律师北京市君合律师事务所经核查后的结论性意见为:李月中先生用于增资的"分体式膜生化反应装置"不属于职务成果;本次增资履行了所有必要的法律手续,不存在纠纷或潜在纠纷。

就李月中于2007年12月以"分体式膜生化反应装置"实用新型专利经评估价826万元对维尔利有限进行增资事宜,李月中于2010年2月10日出具《非职务发明确认及承诺函》,主要内容如下:"分体式膜生化反应装置"为其本人攻读博士学位期间的研究,是其自主行为,不属于执行维尔利有限的工作任务,也不存在利用维尔利有限的物质技术条件;如该专利被任何行政部门、法院或仲裁机构认定为职务发明或认为价值低于增资作价金额826万元,其将以相当于作价出资额826万元的现金置换该专利出资。

三、易世达(300125)

(一)职务发明申请专利情况

公司正在申请且已被受理的专利权申请情况如下:

序号	专利名称	专利类型	申请人	申请号	申请保护期
1	一种新组合的水泥熟料煅烧和带余热发电系统及工艺方法	发明专利	唐金泉、洛阳中合祥水泥有限公司、张荣正	200610128423.7	20年
2	水泥制造装置中余热回收发电中的独立过热器(印度)	实用新型	易世达股份	809/DEL/2009	10年
3	水泥窑窑头冷却机用于余热发电的多级取废气的系统(印度)	实用新型	易世达股份	809/DEL/2009	10年

上述第1项正在申请的专利由唐金泉先生、洛阳中合祥水泥有限公司、张荣正共同申请,其中以唐金泉个人名义申请的专利,属于其在公司任职期间的职务发明,其所有权和申请专利的权利为公司所有,并且唐金泉先生已签署《专项承诺》,承诺上述以个人名义申请的专利均为其在公司工作期间的职务成果,其权利应属于公司,一旦取得专利证书即将唐金泉的专利权属无偿转让与公司。

发行人制定了严格的专利管理制度,并与核心技术人员签订了《保密协议》,对发行人的专利申请、专利保护等予以了规范。

保荐机构齐鲁证券核查后认为,唐金泉在发行人处任职期间以个人名义申请专利属于职务成果,其所有权应属于发行人。根据《唐金泉关于专利问题的专项承诺》,其权属不存在纠纷或潜在纠纷的情况。唐金泉以个人名义申请专利不会对发行人造成不利影响。

发行人律师科华律师核查后认为,上述唐金泉作为申请人或共同申请人的专利申请,为职务发明创造,属于发行人所有,发行人拥有申请专利的权利。《唐金泉关于专利问题的专项承诺》能够保证发行人的合法权利和权益,不存在权属潜在纠纷或法律风险,不存在权利限制,对本次股票公开发行及上市不构成法律障碍。

(二)公司总工程师唐金泉先生关于专利申请的承诺

唐金泉先生于2009年10月10日出具《唐金泉关于专利问题的专项承诺》,内容如下:

“(1)上述本人作为申请人或共同申请人的专利申请,为职务发明,应属于大连易世达新能源发展股份有限公司(及前身大连易世达能源工程有限公司)所有和拥有申请专利的权利。

(2)因上述专利申请在申请审批阶段,为了不影响审批进程,经大连易世达新能源发展股份有限公司同意,待专利审批完成,获得专利证书后即无偿转让给大连易世达新能源发展股份有限公司。

(3)在上述专利申请期间,因此专有技术而产生的任何权利、利益、收益等由大连易世达新能源发展股份有限公司享有。

(4)今后因本人在大连易世达新能源发展股份有限公司工作中的职务发明创造,其所有权和申请专利的权利为大连易世达新能源发展股份有限公司所拥有,本人不以个人名义申请相关专利保护。但非职务发明,不在此承诺范围之内。"

四、元力股份(300174)

2009年4月28日,发行人与卢元健签订了《专利权及专利申请权转让合同》,将其名称分别为"化学炭生产转炉"、"物理碳生产转炉"和"一种处理废气用的带有非金属电极静电场的环保装置"的三项专利和一项名为"一种物理法化学法一体化活性炭生产工艺"的正在申请专利的技术无偿转让给发行人。截至本招股说明书签署日,上述三项专利均已过户至发行人名下,"一种物理法化学法一体化活性炭生产工艺"专利已经取得国家知识产权局的专利授权,专利权人为元力股份。

上述专利及专利申请权的取得、权属及转移过程具体如下:

(一)专利及专利申请权的取得过程

上述专利及专利申请权原均由卢元健申请注册。卢元健出生于化工世家,对林产化工、应用化学、化学工程、工业设备及自动化有深入的了解,并长期从事木质活性炭生产及应用的研究和设计工作。早在发行人设立之前,卢元健就开始木质活性炭现代化生产方法的研发,并在1994年申请了名称为"活性炭生产方法"的发明专利(1996年获得授权,2006年终止)。为将先进生产技术应用于规模生产,卢元健于1999年创办元力有限,不断进行活性炭相关技术的研发,取得一系列技术成果。为更好地保护相关技术,卢元健分别于2008年5月8日和2008年6月4日委托福州元创专利代理有限公司向国家知识产权局提出三项实用新型专利申请,国家知识产权局分别于2009年5月13日、2009年5月20日、2009年6月10日公告将该3项专利授权予卢元健,具体情况如下表所示:

序号	专利名称	专利类型	发明人	专利权人	专利号	申请日期	授权日期
1	一种处理废气用的带有非金属电极静电场的环保装置	实用新型	卢元健	卢元健	ZL200820102301.5	2008－5－8	2009－5－13
2	物理碳生产转炉	实用新型	卢元健	卢元健	ZL200820102532.6	2008－6－4	2009－5－20
3	化学炭生产转炉	实用新型	卢元健	卢元健	ZL200820102528.X	2008－6－4	2009－6－10

同时,卢元健于2008年6月4日委托福州元创专利代理有限公司向国家知识产权局提出一项名称为"一种物理法化学法一体化活性炭生产工艺"的发明申请(专利申请号为:200810071166.7),2008年12月17日国家知识产权局作出实质审查生效公告,2010年6月9日,专利申请权人由卢元健变更为元力股份。发行人已于2010年9月22日取得该项发明的专利权证书。

(二)上述专利技术均为职务发明,卢元健为发明人,专利的申请、占有、使用、收益等权利归属发行人

1.卢元健为上述专利的发明人(设计人)

卢元健不仅是发行人的创立者和实际控制人,同时也是发行人的核心技术带头人,在上述专利技术研发过程中提出实质性技术构成并由此实现技术方案,对上述技术成果做出突出的创造性贡献,因此其为上述专利技术的发明人。

2.上述专利技术为卢元健的职务发明

发行人自设立之初即确立了"科技创新"的竞争策略,设有了独立的技术研发中心,制定了明确的研发计划和任务。作为发行人的核心技术带头人,卢元健从事上述专利技术的研发是其本职工作,属于执行发行人的工作任务;同时,在研发过程中,发行人投入大量的资金和设备进行项目开发,卢元健在完成上述技术成果的研究开发过程中大部分利用了发行人的资金、设备、器材和原材料。因此上述专利技术为卢元健的职务发明,其中,卢元健为发明人(设计人),发行人为专利权人,依法享有专利的申请、占有、使用、收益等权利。

(三)专利权的权属转移

由于专利知识的局限性,上述技术成果在申请专利时以发明人(设计人)卢元健个人的名义申请。为理顺专利权属关系,卢元健将专利权及专利申请权转让给了发行人。

自卢元健提出上述专利申请日开始至本招股说明书签署之日止,卢元健和发行人均未收到国家知识产权局、司法机关或者其他有权机关发出的申请对该等专利和专利申请权进行确权的书面或口头通知,亦未收到任何第三人对该等专利的提出权利主张的明确意思表示。并且,卢元健进一步作出书面承诺,在其作为发行人的控股股东、实际控制人或作为发行人的核心技术人员期间,其研究开发的与发行人业务有关的专利、专有技术或其他无形资产均归发行人所有,未经发行人书面同意,其不自己实施或许可他人实施该等专利、专有技术或其他无形资产。

保荐机构经核查认为,卢元健于2009年4月28日转让的专利和专利申请权属于执行发行人的研发计划,并利用发行人的物质技术条件完成,属于《专利法》规定的“职务发明创造”。卢元健在上述专利技术的研发过程中作出了创造性的贡献,具有突出的贡献,为上述技术成果的发明人(设计人);发行人为上述专利技术的专利权人,依法享有专利的申请、占有、使用、收益等权利。上述专利和专利申请权是由国家知识产权局依照法定程序进行审查并合法授予,且不存在任何第三方对该等专利的权属提出主张的情形。上述专利和专利申请权现已经全部无偿转移至发行人名下。

五、坚瑞消防(300116)

“适用于电器设备的高效无腐蚀气溶胶灭火剂”专利是由郭鸿宝作为主要发明人发明的,2002年5月15日,由郭鸿宝作为申请人向国家知识产权局提交了专利申请;2004年5月26日获得国家知识产权局的授权,专利号为ZL02119648.6,发明人为郭鸿宝、张波、岳大可,专利权人为郭鸿宝。

“一种产生气态灭火剂的组合物”专利是由郭鸿宝作为主要发明人发明的,2003年3月5日,由郭鸿宝作为申请人向国家知识产权局提交了专利申请;2005年10月12日获得国家知识产权局的授权,专利号为ZL03114515.9,发明人为郭鸿宝、岳大可,专利权人为郭鸿宝。

该两项专利技术均为S型气溶胶灭火装置生产所需要的技术,2005年4月30日发行人前身陕西坚瑞设立后,专利权人郭鸿宝先生即一直将“适用于电器设备的高效无腐蚀气溶胶灭火剂”和“一种产生气态灭火剂的组合物”两项专利无偿许可陕西坚瑞使用，并于2008年3月和2009年4月分别将上述两项发明专利无偿转让给发行人，并分别于2008年4月18日和2009年5月8日完成专利转让的变更手续，发行人成为该两项专利的专利权人。

2007年发行人前身陕西坚瑞与恒洲信投资、佰聚亿投资、康通投资洽谈投资期间，针对投资方关心的“适用于电器设备的高效无腐蚀气溶胶灭火剂”和“一种产生气态灭火剂的组合物”两项专利是否存在潜在权属纠纷事宜，该两项专利申请时郭鸿宝先生任职的西安坚瑞化工及其股东于2007年8月20日分别做出了《关于“适用于电器设备的高效无腐蚀气溶胶灭火剂”专利的说明》和《关于“一种产生气态灭火剂的组合物”专利的说明》，西安坚瑞化工及其股东确认该两项专利不属于职务发明，西安坚瑞化工及其股东对郭鸿宝作为该项专利申请人并最终成为专利权人无异议，承诺在任何时候都不会以任何理由对该两项专利提出权属要求。

2007年8月20日，郭鸿宝向发行人前身陕西坚瑞及投资方做出书面承诺，承诺将“适用于电器设备的高效无腐蚀气溶胶灭火剂”和“一种产生气态灭火剂的组合物”两项专利无偿转让给陕西坚瑞，并尽快办理相关法律手续；在该两项专利转让给陕西坚瑞之前，继续将该两项专利以独占许可的方式无偿许可给陕西坚瑞使用；如因该两项专利的权属问题发生争议，一切法律责任和赔偿责任都由郭鸿宝个人承担，与陕西坚瑞公司无关。

2009年3月27日，“适用于电器设备的高效无腐蚀气溶胶灭火剂”专利的共同发明人之一岳大可及张波（已于2006年12月去世）之子张晓谊做出了专项说明，证明并确认由郭鸿宝个人作为申请人向国家知识产权局提出该项发明的专利申请系郭鸿宝、张波、岳大可三位发明人的真实意思表示，岳大可和张波同意郭鸿宝作为本项专利的申请人、专利权人，同意郭鸿宝全面、充分享有专利权人应享有的全部权利，对郭鸿宝向第三方许可、转让该项专利无异议。

2009年3月27日，“一种产生气态灭火剂的组合物”专利的共同发明人岳大可做出了专项说明，证明并确认2003年3月5日由郭鸿宝个人作为申请人向国家知识产权局提出该项发明的专利申请系郭鸿宝、岳大可两位发明人的真实意思表示，岳大可同意郭鸿宝作为本项专利的申请人、专利权人，同意郭鸿宝全面、充分享有专利权人应享有的全部权利，对郭鸿宝向第三方许可、转让该项专利无异议。

2009年3月30日，西安坚瑞化工注销前的自然人股东郭鸿宝、岳大可，西安坚瑞化工注销前的法人股东西安坚瑞工程的全体自然人股东做出了《关于“适用于电器设备的高效无腐蚀气溶胶灭火剂”专利的说明》和《关于“一种产生气态灭火剂的组合物”专利的说明》，一致确认该两项专利不属于职务发明，对郭鸿宝作为该两项专利申请人并最终成为专利权人无异议，承诺在任何时候都不会以任何理由对该两项专利提出权属要求。

虽然郭鸿宝曾在西安坚瑞消防工程和陕西华安化工任职，但西安坚瑞工程和陕西华安化工分别成立于2003年4月8日和2005年10月12日；而"适用于电器设备的高效无腐蚀气溶胶灭火剂"和"一种产生气态灭火剂的组合物"分别于2002年5月15日和2003年3月5日前完成发明并向国家知识产权局提交了专利申请，故该两项专利与西安坚瑞消防工程和陕西华安化工无关。

保荐机构与发行人律师经核查认为，两项专利不属于发明人执行单位安排的任务或主要利用单位的物质技术条件所完成的发明创造，不属于职务发明创造；郭鸿宝作为该两项专利的申请人是各共同发明人的真实意思表示，合法、有效；专利申请获得授权后，郭鸿宝成为该两项专利的专利权人合法、有效，依法享有该两项专利的专利权，专利权无限制或瑕疵；郭鸿宝将该两项专利无偿许可给发行人使用、无偿转让给发行人是郭鸿宝和发行人双方的真实意思表示，并履行了必要的法律手续，该两项专利已经由国家知识产权局变更登记到发行人名下，发行人成为该两项专利的专利权人，合法、有效，不存在权属纠纷、潜在问题和风险隐患。

【案例评析】

1. 职务发明这个审核关注点在以前并不是很普遍，在创业板推出之后才受到重视，且有点愈演愈烈的趋势。从上面的案例中也可以看出：上述案例均为创业板案例，而主板项目中对于职务发明的关注相对较少，这当然符合创业板上市企业的特点，也符合监管思路。

2. 总结起来，审核人员对于职务发明的关注主要存在于三种情形：(1)公司正在申请专利的技术是否属于职务发明，关注是不是会产生纠纷；(2)公司从股东或员工处无偿受让的专利是否属于职务发明；(3)公司股东用于增资的专利是否属于职务发明，关注股东出资的真实性和合理性。

3. 前两种的关注出发点在于：(1)公司正在申请的专利如果不是属于职务发明则有可能在后来产生权属纠纷，所以界定一下最保险；(2)公司从股东受让或其他人员处受让的专利如果属于职务发明，则就是公司自己受让自己的东西，也存在产权纠纷甚至损害发行人利益潜在风险(当然，实务中几乎均为无偿受让)。

4. 尽管如此，前述两种职务发明的关注并不会产生实质性的问题，而第三种则不然。这毕竟涉及公司股东出资的真实性、充实性以及合理性问题，因而不论是实务中的处理还是监管层的态度都是更加严格。

5. 值得注意的是，针对三种情况，解释思路完全相反：(1)前两种情况是要解释这就是职务发明,所有权归公司所有,自然人承诺不会主张权利;(2)而第三种情况则要解释这不是职务发明就是股东自己创造的,最终要证明的观点就是股东不是拿了公司的资产来出资。在第三种情况下,中介机构需要从股东的专业背景、专利研发过程、研发周期等各个角度来解释股东的确是没有利用发行人有关资源来进行技术研发工作。

6. 另外,创业板审核案例中,股东以无形资产出资的除关注是否为职务发明之外,还会关注:(1)出资的程序是否合规;(2)出资比例是否符合公司法规定;(3)出资资产评估报告是否适格;(4)评估价值是否真实和合理;(5)出资专利与公司经营业务是否紧密联系,是否后续为公司做出了贡献等。

【思路总结】

1. 职务发明的界定:(1)在本职工作中作出的发明创造。(2)履行本单位交付的本职工作之外的任务所作出的发明创造。(3)退休、退职或者调动工作后"1 年内"作出的,与其在原单位承担的本职工作"有关"的发明创造。(4)主要利用本单位的物质技术条件完成的发明创造。

2. 相关解释:(1)利用本单位的物质技术条件完成的发明创造,单位与发明人订有合同,对申请专利的权利和专利权的归属作出约定的,从其约定。(2)前 3 条专利申请人肯定是单位;第 4 条先看单位与发明人是否有约定,未约定的,单位才是专利申请人。

3. 特殊情形:(1)对利用法人提供的物质技术条件,约定返还资金或者缴纳使用费的,不属于职务技术成果;(2)在技术成果"完成后"利用法人的物质技术条件进行验证、测试的,不属于职务技术成果。

【参考法规】

一、《专利法》

第六条 执行本单位的任务或者主要是利用本单位的物质技术条件所完成的发明创造为职务发明创造。职务发明创造申请专利的权利属于该单位;申请被批准后,该单位为专利权人。

非职务发明创造,申请专利的权利属于发明人或者设计人;申请被批准后,该发明人或者设计人为专利权人。

利用本单位的物质技术条件所完成的发明创造,单位与发明人或者设计人订有合同,对申请专利的权利和专利权的归属作出约定的,从其约定。

第七条 对发明人或者设计人的非职务发明创造专利申请,任何单位或者个人不得压制。

二、《专利法实施细则》

第十二条 专利法第六条所称执行本单位的任务所完成的职务发明创造,是指:

(一)在本职工作中作出的发明创造;

(二)履行本单位交付的本职工作之外的任务所作出的发明创造;

(三)退休、调离原单位后或者劳动、人事关系终止后1年内作出的,与其在原单位承担的本职工作或者原单位分配的任务有关的发明创造。

专利法第六条所称本单位,包括临时工作单位;专利法第六条所称本单位的物质技术条件,是指本单位的资金、设备、零部件、原材料或者不对外公开的技术资料等。

■第三节　出资延期到位解决之道

【主要提示】

★ 股东出资不能及时到位也是公司法中明确规定的一种股东出资不规范的情形,但是实务中该种情况并不是很普遍,存在的情形一般都属于中外合资经营企业。

★ 这或许是有特定的原因。内资企业新公司法之前是不允许分期出资的,也就是说股东出资就要求全部出资且跟着验资报告去工商变更,如果该种情形股东出资没有及时到位一般根据验资报告都会被认定为出资不实。新公司法后允许分期出资或许延期到位的情形会出现,只是目前上市的企业一般情况下在2007年左右已经开始在中介机构的要求下规范,所以目前尚没有出现该种案例,或许以后会逐渐出现,如第一期出资及时到位而后续出资没有在规定期限内出资的瑕疵。

★ 目前收集的案例均是中外合资企业的情形,因为根据有关法规中外合资企业一直是允许根据合资合同进行出资的,这与内资企业的分期出资异曲同工。

【案例情况】

一、伊立浦(002260)

2000年5月26日,发行人前身南海立邦电器有限公司经南海市对外经济贸易局南外经合补字[2000]第124号《关于南海立邦电器有限公司补充章程的批复》批准,公司注册资本由981万港元增至1601万港元,全部用于进口设备,股东强迅实业有限公司须在公司变更营业执照后三个月内出资15%,其余在一年内缴清。增资后,公司投资总额从原来1400万港元增至2020万港元。增资后,公司经营范围不变,其余条款仍按原章程执行。

发行人2000年增资时,其出资清单中大部分为与日本三洋合作生产电脑电饭煲所需的进口注塑机,后因欲将进口注塑机变更为国产注塑机,故导致出资延迟。发行人就其延迟出资一事向佛山市南海区对外贸易经济合作局提出申请,2003年10月20日,经佛山市南海区对外贸易经济合作局南外经合补[2003]323号《关于南海立邦电器有限公司补充章程的批复》批准,发行人出资期限延长至2004年4月15日。期间,发行人欲增加引进日本东芝冰箱项目、洗衣机项目,特向佛山市南海区对外贸易经济合作局报告其欲增加东芝项目引进进口设备、延迟出资的意向。2005年,发行人确定只与东芝合作生产电饭煲小家电项目后,向佛山市南海区对外贸易经济合作局书面提出延期出资申请。2005年11月30日,经佛山市南海区对外贸易经济合作局南外经合补[2005]406号《关于佛山市南海立邦电器有限公司补充章程的批复》批准,发行人取消尚未进口的308.0656万港元设备,改为用做流动资金;出资期限延长至2006年2月28日;同意公司增加结汇308.0656万港元。以上情况已得到佛山市南海区对外贸易经济合作局出具的《关于批准广东伊立浦电器股份有限公司2000年增资延至2005年12月6日缴足出资的说明》证实。

2006年1月16日,经佛山市南海骏朗会计师事务所有限公司出具的南骏事验字[2005]085号《验资报告》审验,发行人前身佛山市南海立邦电器有限公司2000年7月27日至2005年12月6日共收到股东投入资本4,007,906港元;截至2005年12月6日,发行人前身立邦电器注册资本1601万港元已全部出资到位。2006年4月5日,发行人向佛山市南海区工商行政管理局申请“实收资本全部到位”备案登记,2006年4月10日,佛山市南海区工商行政管理局予以核准备案。

发行人已将南外经合补[2003]323号《关于南海立邦电器有限公司补充章程的批复》、南外经合补[2005]406号《关于佛山市南海立邦电器有限公司补充章程的批复》、南骏事验字[2000]042号《验资报告》、南骏事验字[2005]085号《验资报告》在工商行政管理部门备案登记。

2003年1月24日,佛山市对外贸易经济合作局与佛山市南海区对外贸易经济合作局签订《委托书》,佛山市对外贸易经济合作局将3000万美元以下外商投资鼓励类、允许类项目的合同、章程变更委托佛山市南海区对外贸易经济合作局管理。发行人2000年增资后,其投资总额为2020万港元,注册资本为1601万港元,经营范围为生产经营电饭煲、电开水器等家用小电器、模具及金属模压制品,属于3000万美元以下外商投资允许类项目,故佛山市南海区对外贸易经济合作局有权对发行人2003年、2005年公司章程变更进行审批。发行人出资期限的变更属于公司章程内容的变更。

保荐人认为,“发行人2003年、2005年出资期限变更属于公司章程内容的变更,根据佛山市对外贸易经济合作局的委托授权,佛山市南海区对外贸易经济合作局有权对发行人延期出资、验资的整改过程进行审批。”

发行人律师认为,“根据佛山市对外贸易经济合作局的委托授权,佛山市南海区对外贸易经济合作局有权对发行人2003年、2005年公司章程变更进行审批,出资期限变更属于公司章程内容的变更,故佛山市南海区对外贸易经济合作局有权对发行人出资期限变更进行审批。”

2008年4月1日,佛山市南海区对外贸易经济合作局就批准公司股东延期出资事宜出具了《关于批准广东伊立浦电器股份有限公司2000年增资延至2005年12月6日缴足出资的说明》证实:发行人2000年增资延迟至2005年12月6日缴足出资的行为事先已取得佛山市南海区对外贸易经济合作局的认可,并出具了南外经合补[2003]323号《关于南海立邦电器有限公司补充章程的批复》、南外经合补[2005]406号《关于佛山市南海立邦电器有限公司补充章程的批复》批准发行人增资出资期限的延长;佛山市南海区对外贸易经济合作局不会对发行人2000年增资延迟至2006年验资一事给予任何行政处罚。

保荐人认为,“发行人股东上述延期出资的违法情形已于2005年12月6日终止,且行政管理机关不会因上述延迟出资行为对公司进行任何行政处罚,其延期出资已经佛山市南海区对外贸易经济合作局认可且予以批准、工商行政管理机关予以备案登记,其合法存续亦不会受到影响,对发行人本次申请股票公开发行并上市不构成实质性障碍。以上情形不会影响发行人的合法存续和本次发行并上市。”

发行人律师认为,“发行人股东上述延期出资的违法情形已于2005年12月6日终止,且行政管理机关不会因上述延迟出资行为对公司进行任何行政处罚,其延期出资已经由佛山市南海区对外贸易经济合作局认可且予以批准、工商行政管理机关予以备案登记,其合法存续亦不会受到影响,对发行人本次申请股票公开发行并上市不构成实质性障碍。”

二、中联电气(002323)

在瑞都有限2004年通过增资认购中联有限30%股权的过程中,瑞都有限的第一期出资250.93万元,以等值美元按期缴付,2005年6月,瑞都有限以境内人民币缴付第二期出资49.07万元供中联有限使用,因不符合外商投资相关规定未被认可为出资。2006年6月,瑞都有限缴付第二期出资49.07万元,按等值美元缴付,并经验资确认,但已超过各方在合资协议中约定的出资期限。

瑞都有限第二期出资虽有延迟,但已在2006年6月补足。在此之前,瑞都有限在约定的第二期出资期限内将等额资金提供给中联有限用于生产经营,该行为虽未被确认为出资,但瑞都有限实际履行了出资义务,中联有限的利益并未因瑞都有限延期出资受到损害,中联有限其他股东的利益也未因此受到损害,因而不会导致纠纷或潜在纠纷。

中联有限2006年10月28日召开董事会,通过了公司2005年度首次利润分配方案,决定按股东协议出资比例分配公司2005年度利润1500万元,即季奎余分红600万元、许继红分红450万元、瑞都有限分红450万元。2006年12月18日,中联有限再次召开董事会,通过了2005年度利润补充分配方案,决定按股东协议出资比例再次分配公司2005年度利润1500万元,并由股东以本次补充分红分得的现金1500万元同比例转增公司注册资本,即季奎余增资600万元、许继红增资450万元、瑞都有限增资450万元。

本次增资已于2006年12月21日经盐城市对外贸易经济合作局以盐外经贸中资复[2006]280号《关于同意盐城市中联电气制造有限公司增资及变更〈合同〉〈章程〉的批复》批准。

由于2005年度瑞都有限的第二期出资尚未缴付,根据《〈中外合资经营企业合营各方出资的若干规定〉的补充规定》,瑞都有限应按其实际出资额而不是协议出资额分得中联有限利润。为解决此问题,2007年12月16日,中联有限当时的股东季奎余、许继红和瑞都有限于签署了《关于盐城市中联电气制造有限公司2005年利润分配有关问题的协议》,各方在协议中确认了以下事项:

(1)维持中联有限公司董事会2006年10月关于对2005年现金分红1500万元的决议不变;维持中联有限公司董事会2006年12月关于以2005年未分配利润1500万元分红并转增中联有限公司注册资本的决议不变,已经由盐城市对外贸易经济合作局批准并经工商机关登记的各方的增资额及增资后的持股比例亦保持不变。

（2）瑞都有限因第二期出资未按时到位实际在中联有限2005年利润分配时多分得利润108.36万元人民币。该款项由瑞都有限负责在三年内以从中联电气分得的利润分别向季奎余和许继红进行补足，具体数额为：向季奎余补足61.92万元，向许继红补足46.44万元。

（3）季奎余和许继红承诺，协议生效后，不因中联有限以2005年未分配利润分红及转增股本一事向瑞都有限提出任何导致中联有限及中联电气股本结构变动的诉求。

瑞都公司延迟缴付出资并按协议出资参与分配利润并转增股本等，并未影响中联有限注册资本的真实、稳定及其合法有效存续。中联有限已通过2004年以来的历次台港澳侨企业联合年检，并经商务部审核批准，于2007年7月整体变更为股份有限公司。在中联有限整体变更为发行人时，以公司经审计的净资产折为注册资本，并经验资机构验资和工商机关登记，不存在出资不实或延期出资的问题。目前，发行人注册资本真实、有效，股本结构清晰、稳定。就未按实际出资额分配利润的问题，瑞都有限已与中联有限当时的其他股东签署协议，约定由瑞都有限以未来分配利润逐步偿还多分得的利润，其他股东亦同意和承诺维持原增资决议及中联电气股本结构不变。因此，该问题已得到妥善解决。

据此，发行人律师认为，瑞都公司延迟缴付出资并按协议出资比例参与分配利润并转增股本等，未损害发行人利益，对发行人上市后的公众股东利益也不会造成损害。

三、万里扬（002434）

万里扬有限成立前，根据2003年9月15日合资双方签订的《中港合资浙江万里扬变速器有限公司合同》的约定，万里扬集团出资255万美元，以土地使用权出资；香港利邦出资245万美元，以美元现汇出资；合资公司注册资本由合资双方在万里扬有限营业执照签发之日起70天内一次性缴纳。

万里扬集团于2003年3月7日与金华市婺城新区管委会签订《土地出让协议》（金婺新委［2003］10号），受让婺城新区临江工业分区87号、88号地块。2003年9月15日，万里扬集团与发行人另一股东香港利邦签订《合资经营合同》，确定以前述地块的土地使用权作为出资设立浙江万里扬变速器有限公司。

因主管部门办理婺城新区临江工业分区87号、88号地块的土地使用权证需要一定的时间，难以进行出资验资，故也无法在原合资合同约定的期限内将前述地块的土地使用权过户至发行人名下；但自发行人设立以来，前述地块已实际由发行人生产经营持续使用。

鉴于前述情形，万里扬集团与香港利邦于2005年1月8日签订了《关于〈合资经营浙江万里扬变速器有限公司合同〉的补充协议书》,出资双方同意万里扬集团延期出资;同时约定公司注册资本增加至1520万美元,注册资本增加部分520万美元均由万里扬集团出资。

金华市婺城区对外经济贸易合作局2006年1月27日作出《关于同意浙江万里扬变速器有限责任公司注册资金延期到位的批复》(婺外经贸[2006]6号),同意公司注册资金延期到位。

据外方股东香港利邦的董事陆雪艳陈述,香港利邦同意万里扬集团延期出资;同时亦认为万里扬集团虽延期出资,但自发行人设立以来,前述地块的土地使用权已实际由发行人生产经营持续使用,并未给发行人的日常经营造成任何影响,未损害到发行人的权益。

根据金华同汇房地产估价师事务所有限公司于2005年10月31日出具的金同汇评估字[2005]第5-2317号《房地产评估报告书》以及金华新联联合会计师事务所于2006年1月20日出具的《验资报告》(金新联验字[2006]第017号),万里扬集团出资的厂房及土地使用权已经评估,并分别于2005年12月29日及2006年1月6日过户给发行人,万里扬集团将原约定出资的土地使用权以及房产一并作价出资投入。至此,万里扬集团在《关于〈合资经营浙江万里扬变速器有限公司合同〉的补充协议书》中规定的出资义务已通过上述投入一次履行完毕。

2008年11月28日,金华市工商行政管理局出具《确认函》,确认不会因延期出资对万里扬股份作出行政处罚。

2009年2月4日,万里扬集团有限公司作出《承诺函》:"本公司以房产和土地使用权按评估值作价出资,出资后若房产及土地出现权属纠纷、违法违规等原因使浙江万里扬变速器股份有限公司造成的一切损失,均由本公司承担。"

2009年2月16日,金华市婺城区对外贸易经济合作局出具《确认函》,确认万里扬集团已于上述期限内完成出资,履行了实收资本的变更手续。

综上,保荐机构和发行人律师认为,万里扬集团在履行出资义务时,因土地、房产权证办理延期原因导致其延期出资;但在发行人成立时,万里扬集团已将其拟出资的土地交付发行人实际使用,并没有损害发行人的实际利益;且延期出资也获得其他股东的同意以及有关主管部门的批准。同时,在发行人设立及增资过程中,万里扬集团以经评估的土地使用权及房产作为出资,前述出资于2006年1月按约定履行完毕,并经会计师事务所验资,出资真实、合法。

虽然万里扬集团在发行人设立及增资时存在延期出资的问题,但其按照《关于〈合资经营浙江万里扬变速器有限公司合同〉的补充协议书》中规定的出资义务已通过2005年12月和2006年1月以土地使用权和房产投入一次履行完毕,延期出资情形已经消除,不存在潜在问题或纠纷,不会对本次公开发行股票并上市构成实质性障碍,上市后亦不会影响公众股东的利益。

四、欧菲光(002456)

2001年3月2日,原深圳市外商投资局以《关于设立合资企业“深圳欧菲光网络有限公司”的批复》(深外资复[2001]0187号),批准智雄电子与香港迅启共同出资设立中外合资经营企业欧菲光网络,企业投资总额为2999万美元,注册资本为1600万美元。香港迅启认缴注册资本1280万美元,占80%,智雄电子认缴注册资本320万美元,占20%。深圳市人民政府向欧菲光网络核发了《中华人民共和国台港澳侨投资企业批准证书》(外经贸粤深合资证字[2001]0059号)。

根据2001年欧菲光网络设立时的合营合同、公司章程和批准文件,对出资额与出资期限的规定如下:

公司注册资本为1600万美元,香港迅启以机器设备认缴注册资本1280万美元,占80%,智雄电子以货币认缴注册资本320万美元,占20%。出资期限为按其出资比例分四次交付,首期合营各方应在企业营业执照核发之日起三个月内投入各方应缴额的25%;第二次合营各方应在企业营业执照核发之日起六个月内投入各方应缴额的25%;第三次合营各方应在企业营业执照核发之日起九个月内投入各方应缴额的25%;第四次合营各方应在企业营业执照核发之日起十二个月内投入各方应缴额的25%。

欧菲光网络原股东于2003年4月30日签署了补充合同、补充章程,对出资期限更新规定如下:合营企业注册资本由合营各方按其出资比例四次缴付,合营各方应在企业营业执照核发之日起三个月内投入各方应缴额的15%;第二次合营各方应在企业营业执照核发之日起二十二个月内投入各方应缴额的25%;第三次合营各方应在企业营业执照核发之日起三十个月内投入各方应缴额的30%;第四次合营各方应在企业营业执照核发之日起四十个月内投入各方应缴额的30%。

截至2001年10月11日,香港迅启以其从美国采购的两台光谱分析仪、从德国采购的两台抛光研磨机及一台真空镀膜机,经报关进口后作为出资投入本公司,累计投入设备价值203.70万美元,中国进出口商品检验局财产评估所对香港迅启投入的设备出具了PG2001393《价值鉴定证书》。深圳市永明会计师事务所对该出资进行了审验,并于2002年3月28日出具了“深永验资[2002]第0137号”《验资报告》,验证上述出资到位。

2003年8月29日,香港迅启将一台从德国采购的价值150万美元的真空镀膜机报关进口并作为出资投入本公司，中国进出口商品检验局财产评估所对香港迅启投入的设备出具了PG2003313《价值鉴定证书》。深圳市宝龙会计师事务所对本次出资进行了审验，并于2003年9月20日出具了“深宝龙会验字[2003]第569号”《验资报告》，验证本次出资到位。

2003年11月4日，智雄电子以货币资金399.93万元人民币作为出资投入本公司，折合48.32万美元。深圳和诚会计师事务所对本次出资进行了审验确认，并出具了“和诚验资报告[2003]第371号”《验资报告》，验证本次出资到位。

2003年11月20日，经欧菲光网络董事会批准，智雄电子与香港迅启签订了《补充合同》，将公司投资总额变更为804万美元，注册资本变更为402万美元，其中香港迅启以设备认缴注册资本353.68万美元，占87.98%，智雄电子以货币认缴注册资本48.32万美元，占12.02%。

根据上述变更及历次验资报告验证，截至2003年11月4日，欧菲光网络的注册资本402万美元已由各股东足额缴纳，股东溢缴资本金计入资本公积。

2004年9月1日，深圳市贸易工业局出具“深贸工资复[2004]0330号”《关于合资企业“深圳欧菲光网络有限公司”调整投资额的批复》，批准了上述减资和股权比例变更事宜。

2004年9月2日，深圳市人民政府向欧菲光网络核发了变更后的《中华人民共和国台港澳侨投资企业批准证书》。

2004年9月14日，公司办理完毕相应工商变更登记手续，并取得变更后的《企业法人营业执照》。

发行人律师认为，根据上述香港迅启、智雄电子的实际出资情况，存在延期出资的情形，不符合欧菲光有限设立时的合营合同、公司章程和批准文件的规定，不符合《中外合资经营企业法》、《中外合资经营企业合营各方出资的若干规定》等相关法律法规的规定。

但鉴于：(1)审批机关及工商行政管理机关未就该延期出资事宜发出通知，未给予欧菲光网络行政处罚，也未撤销其批准证书或吊销其营业执照，且公司已通过历次外商投资企业联合年检，依法有效存续；(2)2004年欧菲光网络注册资本经审批机关批准减至402万美元时，香港迅启、智雄电子已足额缴清其出资。根据《行政处罚法》的规定，违法行为自终了之日起2年内未被发现的，不再给予行政处罚，欧菲光网络设立时股东延期出资的情形已于2004年因股东足额缴清其出资而终止，截至目前已超过行政处罚的时效。因此，欧菲光有限设立时香港迅启、智雄电子延期出资的情形，不会影响发行人的合法有效存续，不会对发行人本次发行上市构成法律障碍。

发行人律师认为，欧菲光网络2004年减资符合《中外合资经营企业法》、《中外合资经营企业法实施条例》等相关法律法规的规定,已履行必要的法律手续,已获得审批机关批准,未受到有权机构的处罚,合法有效,不存在纠纷或潜在纠纷的情形。

【案例评析】

1.2006年新公司法才规定了注册资本分期出资的制度,而中外合资企业有关法规则可以允许根据公司经过主管部门批准的章程来约定出资方式及出资期限。因而,在2006年以前存在延期出资的问题一般都是存在于中外合资企业中,以上的案例均是属于这种情况。

2.内资企业新公司法之前是不允许分期出资的,也就是说,股东出资就要求全部出资且跟着验资报告去工商变更,如果该种情形股东出资没有及时到位一般根据验资报告都会被认定为出资不实。新公司法后允许分期出资或许延期到位的情形会出现,只是目前上市的企业一般情况下在2007年左右已经开始在中介机构要求下规范,所以目前没有出现该种案例,或许以后会逐渐出现,如第一期出资及时到位而后续出资没有在规定期限内出资的瑕疵。

3.那么在历史沿革中该种情形的解决思路是什么,从以上案例我们可以总结出如下几点:(1)既然章程可以约定出资期限,那么如果超了时限可以修改章程并经外经贸委或其他主管部门审批,如果通过则不构成违规行为,如伊立浦案例。(2)如果就是超过了期限,解释自己不构成首发障碍的理由有如下几点:①后来已经出资到位,至少对公司和股东利益没有损害;②公司正常通过年检且主管部门从来没有提出异议;③公司整体变更时按照净资产折股且已经经过主管部门批准且没有提出异议,说明注册资本充实;④请主管部门出具证明不会对公司处罚或者干脆依据诉讼法两年普通诉讼时效制度判断时效已过公司已经不存在被处罚的风险;⑤如果还有其他的一些利益纠纷,则可以由大股东承诺兜底;⑥最后,中介机构发表明确意见,表示对首发上市不构成实质性障碍。(3)还有一种方式,如果外资股东真的拿不出钱来还可以申请减资,当然由于这还涉及各个地方的外汇指标问题,因为减资之前需要与有关部门做好沟通工作,如欧菲光案例。

4.还有一点,在中联电气的案例中会里还关注了在外资股东出资没有到位而根据认缴出资比例分红是否会导致损害其他股东利益的问题,案例的解决思路值得借鉴,基本上是:原来的决议不会变,由外资股东将多分的钱以合适的方式返还给中资股东,小兵建议最好是马上一次性还清,而本案例是三年之内。

第二章　股权稳定

【你的邻里是否和睦】

□ 你的股东或许并不是朝夕相处，但是肯定都是你很熟悉的人，就像你的邻里街坊，如果你需要他们的帮助他们应该会义不容辞。

□ 一个企业的股权稳定与否，直接关系到企业的发展规模以及未来前景，因此，在审核过程中一直会重点关注股权是否存在潜在纠纷或法律风险。

□ 本章内容将从三个角度来分析可能损害公司股权稳定的情形，分别是：股权质押、对赌协议和委托持股。

■第一节　股权质押

【重要提示】

★ 由于国内对于股权作为重要资产的认识尚未成熟，因此，股权质押情形并不是很普遍。

★ 对于首发上市来讲，公司股东的股权质押直接的影响就是公司股权结构的稳定性；如果是控股股东，那么还有可能导致实际控制人变更从而不符合首发上市条件。

★ 对于该问题，小兵的建议是在上报材料前解除质押，虽然股权质押是再正常不过的一种商业融资行为。

【案例情况】

一、向日葵(300111)

(一)股权质押的设立

根据香港优创提供的相关文件及说明并依据香港胡关李罗律师行就上述文件审查后出具的核查报告,2008年1月9日,香港优创、德意志银行、香港上海汇丰银行有限公司(Hong Kong Branch HSBC)等五家机构共同签署了一份贷款协议。根据协议的约定,德意志银行向香港优创提供总金额不超过7500万美元的定期贷款,香港上海汇丰银行有限公司为本次贷款的融资代理行及担保代理行,贷款的最后到期日为首次提取借款日起二十四个月后的当日(2010年1月11日),香港优创以其持有的向日光科股权、SFHCL以其持有的香港优创股份、贝迪投资有限公司以其持有的SFHCL股份、吴建龙以其持有的贝迪投资有限公司股份共同为上述定期贷款提供质押担保,贷款期限内第一年贷款利率为4%,第二年贷款利率为6%。根据香港优创提供的相关文件,德意志银行实际向香港优创提供贷款为5000万美元。

2008年1月18日,香港优创、向日光科和香港上海汇丰银行有限公司(担保代理行)签订了一份《股权质押合同》,合同约定:香港优创将其持有的向日光科100%股权质押给担保代理行香港上海汇丰银行有限公司,为其外币银行贷款提供质押担保,质押期限至银行贷款全部清偿完毕时止。

2008年1月18日,经向日光科董事会审议同意,确认香港优创将其持有的向日光科100%的股权质押给香港上海汇丰银行有限公司的事实;同意就此办理相关政府报批备案程序。

2008年3月20日,浙江省对外贸易经济合作厅出具浙外经贸资函[2008]125号《浙江省对外贸易经济合作厅关于浙江向日葵光能科技有限公司股权质押的批复》,同意向日光科唯一股东香港优创将其持有的向日光科100%的股权质押给香港上海汇丰银行有限公司。

2008年3月,向日光科在公司登记机关绍兴市工商行政管理局办理完成了股权质押之登记备案手续。

(二)股权质押的解除

根据香港优创提供的香港优创、吴建龙与德意志银行、香港上海汇丰银行有限公司等五家机构于2009年8月25日共同签署的关于贷款协议之债务重组协议及相关附属文件并依据香港胡关李罗律师行出具的核查报告,德意志银行、香港上海汇丰银行有限公司于2009年9月4日解除香港优创和吴建龙在贷款协议项下的股权质押担保责任,该等担保责任转由香港德创国际贸易有限公司及其持有之浙江龙华精细化工有限公司、浙江优创光能科技有限公司及浙江贝得药业有限公司的股权提供质押担保。

2009年8月25日,香港优创、发行人和香港上海汇丰银行有限公司共同签署了一份《终止协议》。协议约定,香港上海汇丰银行有限公司同意从2009年9月4日起终止于2008年1月签署的《股权质押合同》,原《股权质押合同》约定的香港优创将其持有的向日光科股权质押给香港上海汇丰银行有限公司事项解除。

根据浙江省商务厅出具的浙资备字[2009]079号《外商投资企业合同、章程非实质性变更备案单》和浙江省工商行政管理局出具的(浙工商)股质登记注字[2009]第0034号《股权出质注销登记通知书》,香港优创将其持有的向日光科股权质押于香港上海汇丰银行有限公司事项于2009年9月7日解除,香港优创持有的发行人股份不存在股份质押情形。

另外,根据香港胡关李罗律师行出具的核查报告,原SFHCL将其持有的香港优创股份质押给香港上海汇丰银行有限公司事项也已于2009年9月4日解除,发行人实际控制人吴建龙所持有的香港优创100%的股份亦不存在质押情况。

根据《物权法》第223条、第226条,《担保法》第75条、第78条和《外商投资企业投资者股权变更的若干规定》([1997]外经贸法发第267号)的相关规定,并经发行人律师核查后认为,香港优创将其持有的向日光科股权办理股权质押行为及该等股权质押的解除行为均履行了必要的审批及备案登记和注销手续,程序合法,该股权质押也已依法解除。

经发行人律师合理查验及发行人全体股东的承诺,截至本补充法律意见书出具日,发行人的全体股东对发行人所持的股份均未设置质押和任何第三人权利。

综上所述,香港优创与香港上海汇丰银行有限公司股权质押事项已经解除,香港优创基于股权质押事项之或有风险已经解除,发行人实际控制人吴建龙亦已合法直接持有香港优创股份,且该股份也不存在任何质押。据此发行人律师认为,发行人实际控制人及控股股东吴建龙、香港优创对发行人享有的权益不存在重大不确定性,过往存在的股权质押事项亦不会对发行人的持续经营产生重大影响,发行人符合《首次公开发行股票并在创业板上市管理暂行办法》规定的发行上市条件。

二、爱尔眼科(300015)

公司2006年11月从IFC借款6400万元,陈邦先生和李力先生以其在沈阳爱尔眼科医院的股权作为向IFC的质押,陈邦先生以其持有的公司79.2%的股权作为向IFC的质押。公司于2008年5月10日与IFC签订协议修正案,上述股权质押均已解除。

根据2008年5月10日公司股东陈邦先生、李力先生和IFC签署的《保证协议》,陈邦先生和李力先生无条件、不可撤销地同意:联合并分别为公司在IFC的贷款义务进行担保。

(一)《人民币贷款协议》及相关协议

1. 发行人与IFC签署的《人民币贷款协议》及相关协议

(1)发行人与IFC签署的《人民币贷款协议》;

(2)发行人与IFC、陈邦先生签署的《股权保留协议》;

(3)长沙爱尔医疗与IFC签署的《商标质押协议》;

(4)陈邦先生、长沙爱尔眼科医院集团与IFC签署的《股权质押协议1》;

(5)长沙爱尔眼科医院集团、武汉爱尔、成都爱尔、上海爱尔与IFC签署的《股权质押协议2》;

(6)李秀东女士、李力先生、沈阳爱尔眼科医院与IFC签署的《股权质押协议3》;

(7)发行人及其全部的子公司作为担保人与IFC签署的《偿债专款账户质押协议》;

(8)发行人控股子公司与IFC签署的《担保协议》。

2.《关于2006年11月6日签署的〈股权保留协议〉的修正函1号》

3.《关于2006年11月6日签署的〈人民币贷款协议〉的修正函2号》

4.《关于2006年11月6日签署的〈人民币贷款协议〉的修正函3号》

(二)发行人与IFC签订的《人民币贷款协议》及其担保协议[未修正之前的协议,上述(一)之(1)~(8)]的限制性规定

(1)《人民币贷款协议》:分红限制条款,即发行人应当遵守协议中试算基础上的所有财务约定;包括①2009年以前流动比率至少为0.8,2009年及之后至少为1.0;②负债、有形资产净值的比率不高于1.5;③历史债务覆盖比率不得低于1.2,2008年不得低于1.0;同时,分红资金来源于留存收益。

(2)《股权保留协议》:若贷款未付清,则陈邦先生至少保留发行人51%的股权。

(3)《商标质押协议》:长沙爱尔医疗将相关的"爱尔"商标质押给IFC。

(4)陈邦先生与IFC签署的《股权质押协议1》:陈邦先生将79.2%的股权质押给IFC。

（5）发行人及三家控股子公司与 IFC 签署的《股权质押协议 2》：发行人将其在武汉爱尔、成都爱尔和上海爱尔的股权质押给 IFC。

（6）李秀东女士、李力先生与 IFC 签署的《股权质押协议 3》：李秀东女士和李力先生将他们在沈阳爱尔的股权质押给 IFC。

（7）《偿债专款账户质押协议》：发行人及其全部的子公司作为担保人与 IFC 签署偿债专款账户质押协议。

（8）《担保协议》：发行人控股子公司作为担保人无条件及不可撤销地同意为发行人在本协议中的义务联合提供担保。

（三）《关于 2006 年 11 月 6 日签署的〈股权保留协议〉的修正函 1 号》

该修正函将原先陈邦先生至少保留发行人 51% 的股权的条款变更为贷款未还清之前，陈邦先生持有发行人的股权不低于 45%。

（四）《关于 2006 年 11 月 6 日签署的〈人民币贷款协议〉的修正函 2》：该修正函对原安全性文件及《股权保留协议》进行了修正

（1）《解除商标质押协议》。

（2）解除陈邦先生与 IFC 签署的《股权质押协议 1》以及李秀东女士和李力先生与 IFC 签署的《股权质押协议 3》。

（3）《担保协议》修改如下：增加沈阳爱尔、济南爱尔、哈尔滨爱尔为新的担保人，已经注销的上海恒科、上海爱尔视光不再作为担保人。

（4）陈邦先生、李力先生和 IFC 签署了《保证协议》，陈邦先生和李力先生无条件、不可撤销地联合并分别为发行人在《人民币贷款协议》项下的义务进行担保。《保证协议》为信用担保，其具体内容为：

①任一担保人应当共同或单独地、不可撤销地履行下列义务：

A. 向 IFC 保证担保债务到期应付款时能够准时并且按合同进行最后的支付；

B. 向 IFC 保证若担保债务到期时借款人（“发行人”）未能支付款项，则担保人将立即按照 IFC 的要求进行该款项的支付，支付的货币按照贷款协议及相关交易单据的要求，或者与担保债务中借款人需要支付的货币种类相同。

②本担保是担保人持续存在义务，并将持续有效到下面两个日期的较早者：

A. 所有的担保已完全付清的日期；

B. 本协议约定的相关担保协议已经签署完成，其合法性和可执行性已得到法律肯定,并由 IFC 律师出具相应的报告递交给 IFC 的日期。

③本担保是指付款而不是收款的担保,该担保形成了担保人另外的、独立的义务,以保证贷款协议及相关协议的履行。

④担保人的担保义务只有在担保责任履行后才能解除。

保荐人经核查认为,上述担保构成了陈邦先生和李力先生的重大或有负债,但该或有负债转化成实际负债的可能性极小,而且担保的债务未到期,未出现"个人所负数额较大的债务到期未清偿"的情形,因此,上述担保不影响陈邦先生和李力先生的董事任职资格。

(5)发行人、武汉爱尔、衡阳爱尔、上海爱尔、重庆爱尔、合肥爱尔、沈阳爱尔分别和 IFC 签署《抵押协议》,以上述公司原值为 164,643,679.86 元、净值为 115,745,581.65 元(截至 2007 年 12 月 31 日的净值)的相关设备为发行人的贷款提供担保。

(6)陈邦先生、李力先生和湖南爱尔投资与 IFC 签订《监管账户协议》,陈邦先生、李力先生、湖南爱尔投资在贷款还清之前,各方从发行人获得的分红分别直接存放于各托管账户,并且每个托管账户中任何资金的分配应符合相应条件。

(五)《2006 年 11 月 6 日签署的〈人民币贷款协议〉的修正函 3 号》

该修正函对原有关分红的限制性条款修改如下:发行人若在不符合约定的分红条件情况下进行现金分红,陈邦先生、李力先生和湖南爱尔投资获得的分红直接存入监管账户。

综上,发行人及其控股子公司和发行人股东与 IFC 前后签署的所有协议对发行人、发行人控股子公司及发行人股东的限制性条款如下:

(1)发行人以其在武汉爱尔、成都爱尔和上海爱尔的股权向 IFC 进行质押;

(2)发行人的控股子公司作为担保人无条件及不可撤销地同意为发行人在《人民币贷款协议》中的义务联合提供担保;

(3)发行人及其全部的子公司作为担保人与 IFC 签署《偿债专款账户质押协议》;

(4)陈邦先生和李力先生无条件、不可撤销地同意联合并分别为发行人在《人民币贷款协议》项下的义务进行担保;

(5)发行人还清贷款之前,陈邦先生直接或间接持有发行人的股份不得低于 45%;

(6)发行人若在不符合约定的分红条件情况下进行现金分红,陈邦先生、李力先生、湖南爱尔投资各方从发行人获得的分红分别直接存放于监管账户,即发行人本身的分红不再进行限制,只是对陈邦先生、李力先生和湖南爱尔投资分红所得进行限制,即若发行人的财务指标达不到约定的要求,发行人可以进行分红,但陈邦先生、李力先生和湖南爱尔投资的分红所得必须存入指定的监管账户。

保荐人和发行人律师经核查认为:(1)《抵押协议》合法有效,不存在潜在纠纷。《人民币贷款协议》(包括对该《人民币贷款协议》的修正文件)及相关附属协议、《抵押协议》均系发行人及各子公司自行签署,不涉及合同主体变更问题,不存在履行上的法律障碍;(2)上述所有协议系各方真实意思表示,上述设备抵押及股权质押均系为发行人自身的贷款而提供的担保,属于正常的经营行为,对本次发行不构成实质性影响。

三、远望谷(002161)

(一)重大事项提示

公司实际控制人徐玉锁、陈光珠与国家开发银行于 2006 年 11 月 14 日签订了《股权质押合同》,徐玉锁、陈光珠以各自持有的公司全部股份质押给国家开发银行,为公司在国家开发银行取得期限为 3 年的 3000 万元长期贷款提供担保。从目前的财务状况来看,公司具备较强的偿债能力和充足的现金流,并且有良好的银行资信情况,到期无法偿还该项贷款的可能性极小。

但是,如果公司不能履行还款义务,可能引起实际控制人的变更,从而在一定程度上影响公司管理层的稳定和经营理念、方式和政策的一致性、连续性。

(二)实际控制人可能发生变化的风险

公司实际控制人徐玉锁、陈光珠与国家开发银行于 2006 年 11 月 14 日签订了《股权质押合同》,徐玉锁、陈光珠以各自持有的公司全部股份质押给国家开发银行,为公司在国家开发银行取得期限为 3 年的 3000 万元长期贷款提供担保。从目前的财务状况来看,公司具备较强的偿债能力和充足的现金流,并且有良好的银行资信情况,到期无法偿还该项贷款的可能性极小。

控股股东徐玉锁先生自公司成立以来一直专注于超高频 RFID 事业,将拥有的多项专有技术和专利无偿转让给公司,公司的创业和发展壮大得到了徐玉锁先生的全力支持。从徐玉锁先生的年龄、知识结构、管理能力和事业心等方面来综合判断,徐玉锁先生主动退出控股地位的可能性极小。

但是,如果公司不能履行还款义务,可能引起实际控制人的变更,从而在一定程度上影响公司管理层的稳定和经营理念、方式和政策的一致性、连续性。

四、双林股份(300100)

公司股东塔城国际、海成物资与东方国际集团上海市对外贸易有限公司于 2005 年

9月21日签署了《股票质押合同》,塔城国际和海成物资分别将其各自持有的占本公司股份总数5%和1.4041%的股份及该股份于质押合同签订时的派生权益(未分配利润)质押给东方国际集团上海市对外贸易有限公司,质押期限均至2007年12月31日。除上述两项质押外,公司其他股东所持本公司股份不存在被质押的情形,公司的股份不存在被查封或冻结的情形。

【案例评析】

1. 境内非上市企业股东将股权质押的情形还是比较少见的,一来股东或许没有这个意识,二来操作起来会比较麻烦。上市公司可以按照市价来质押融资,那么非上市公司股权怎么定价呢?另外,我国至今尚没有关于股权质押比较可行性的程序性指引,也是很多人对此望而却步的一个重要原因。那么如果拟上市企业存在股权质押的情形该怎样判断呢?

2.《首次公开发行股票并上市管理办法》(以下简称《首发办法》)第13条明确规定:发行人的股权清晰,控股股东和受控股股东、实际控制人支配的股东持有的发行人股份不存在重大权属纠纷。因此,股权清晰是境内企业首发上市的必备条件,换句话说,如果存在股权司法诉讼或冻结以及其他第三方权利的话,就会造成首发上市的实质性障碍。那么股权质押算不算这种情形呢?

3. 小兵认为,应该把股权质押看做一种股东正常的融资行为,理应不能做过多限制。当然,股权质押审核重点关注的是公司控股股东会不会因为股权质押而导致存在重大到期未履行债务、可能被实施行政甚至刑事处罚,甚至会不会因此对拟上市企业有强烈的资产侵占的动机等,如果有这样的风险,那么还要谨慎处理。如果不会存在,那么就正常披露并解释质押的原因就好了。就像上述案例一样,基本上控股股东都是拿自己的股权作为拟上市企业融资的担保,个人觉得这种情形还是比较好的,其原因是:(1)质押的理由没有恶意且合情合理;(2)拟上市企业盈利能力已经够强不会存在不能清偿债务的情形,且债务人的偿还能力一目了然。

4. 反之,如果股东为了自己的债务而将股权质押,那么小兵认为基本不会被认可;如果是小股东将自己的股权做了质押(比如不高于5%),那么小兵认为问题还有通融的余地。

5. 对于股权质押的解决措施,如果金额不是很大,小兵并不认为一定要在上市前清偿完毕,只要能够证明债务按期清偿不存在问题即可。

6. 最后就向日葵案例做简要说明。向日葵案例的股权质押是在香港进行的,小兵不了解香港在该方面是不是有比较先进的规则。另外,需要特别注意的是,向日葵的本次股权质押是一个连环套式的质押,其实最后的处理结果不是发行人的股权存在瑕疵,而是实际控制人的控制权存在瑕疵:香港优创以其持有的向日光科股权、SFHCL以其持有的香港优创股权、贝迪投资有限公司以其持有的SFHCL股权、吴建龙以其持有的贝迪投资有限公司股权共同为上述定期贷款提供质押担保。小兵认为股权质押最佳的方式肯定是股东把钱还清然后解除质押,而向日葵的将质押责任转移的方式值得探讨:担保责任转由香港德创国际贸易有限公司及其持有的浙江龙华精细化工有限公司、浙江优创光能科技有限公司及浙江贝得药业有限公司的股权提供质押担保。为什么无关联第三方心甘情愿为你提供质押担保呢,如果不是心甘情愿那么实际情况又是怎样的呢?其实,从其他方面可以得知,做这个冤大头的企业很可能就是公司实际控制人的关联方,果真如此,这样的质押解除根本就没有任何效果,发行人的股权还是处于重大不稳定和法律风险中。

■第二节 对赌协议解决之道

【重要提示】

★ 从目前的审核政策来看,监管机构对于对赌协议在首发上市中的态度是一刀切的反对,尽管很多专业人士对此意见颇多并且在创业板推出之时多方力量在寻求突破,但是小兵个人还是支持监管机构的政策的。至于支持的具体原因,小兵在后面会详细论述。

★ 对赌协议是一个舶来的名词,在境内常见的对赌方式包括现金补偿对赌、股权对赌、溢价回购对赌以及一票否决权、特别表决权等特殊安排,不论哪一种对赌方式都有可能对发行人的股权稳定产生损害,这也是会里一直禁止对赌协议的根源。

★ 在实务操作中,目前还没有任何可以变通或者回旋的余地,如果存在对赌条款都需要在清理之后或履行完毕之后才能上报材料。当然,小兵也相信作为一种在成熟市场非常普遍的"股权价值调整机制",对赌条款在我国资本市场也会逐渐被接受,只是现在时机还不够成熟。

【案例情况】

一、金刚玻璃(300093):审核过程中清理完毕

(一)招股说明书披露情况

1. 对赌协议缘由

公司对赌协议源自2007年一次增资扩股中引入的战略投资者,《关于公司设立以来股本演变情况专项说明》中有如下描述:2007年12月29日和2008年1月10日,公司及大股东金刚实业分别与天堂硅谷、汇众工贸和保腾创投签订《增资扩股协议》。《增资扩股协议》中附加了对赌条款,该条款约定如公司达不到协议约定的经营业绩等条件,金刚实业将向三家投资者无偿转让部分股份予以补偿。2009年1月,对赌协议签署方就有关业绩指标进行了调整。

2. 对赌协议的终止

为促进公司稳定发展,维护股权稳定,相关股东取得一致意见,重新签订《关于广东金刚玻璃科技股份有限公司的增资扩股协议之补充协议》(以下简称增资扩股协议之补充协议(一))终止原《增资扩股协议》及其《补充协议书》中的对赌条款。

2009年9月15日,公司、金刚实业分别与投资者重新签订《增资扩股协议之补充协议(一)》,各方一致同意终止原协议关于无偿转让股份的相关条款。

2010年4月8日,公司、金刚实业分别与三家投资者再次签订《增资扩股协议之补充协议》(以下简称《增资扩股协议之补充协议(二)》),各方一致同意终止原协议关于董事一票否决权的条款。被终止条款具体内容为:新公司在进行重大决策时,应由董事会形成决议而乙方推荐的董事不同意相关议案的,该议案可提交董事会讨论但不形成决议;应由股东大会形成决议而乙方推荐的董事不同意相关议案的,该议案不提交股东大会讨论。同时,《增资扩股协议之补充协议(二)》第1.2条约定:三家投资者推荐的董事、监事或高级管理人员不存在具有额外表决权的情况。

目前,天堂硅谷、保腾创投分别委派裘政、程国发为董事,汇众工贸(天堂硅谷全资子公司)未委派董事,裘政为天堂硅谷的董事长、程国发为保腾创投的总经理,两人在公司董事会中与其他董事具有相同的权利义务,无一票否决权等与持股比例不匹配的特殊权利。同时,公司监事包雪青为天堂硅谷的总经理,在公司监事会无额外表决权。天堂硅谷、保腾创投、汇众工贸三家投资者均未参与公司的日常经营管理。

2010年1月公司控制人及公司各股东出具了声明,声明不存在委托持股、信托持

股情况，不存在其他可能引起公司股权发生重大变更的协议或安排。

经核查，保荐机构认为，发行人重新签订的《增资扩股协议之补充协议》具体内容不存在其他影响发行人控制权稳定性的协议或安排。

发行人律师认为，发行人、金刚实业与保腾创投、天堂硅谷、汇众工贸签署的终止对赌条款和一票否决权条款的补充协议体现了各方的真实意思表示，内容合法、有效。终止对赌条款和一票否决权条款后各股东方不存在可能引起金刚玻璃股权发生变更的其他协议或安排。

3. 对赌协议对公司股权稳定性的说明

(1) 公司控股股东为金刚实业，目前持有本公司35.88%的股权，庄大建先生持有金刚实业80%的股权，通过金刚实业间接控制公司，为公司实际控制人。报告期内，公司经营管理层比较稳定，未发生重大变化，主要由董事长兼总经理庄大建、副总经理兼财务总监陈纯桂先生等组成，其他股东主要通过董事会、股东大会行使相关权力，对公司日常性经营活动影响较小。

(2) 虽然天堂硅谷、保腾创投等股权投资机构在入股过程中曾与金刚实业存在相关对赌条款和一票否决权条款，但相关各方已经分别于2009年9月15日和2010年4月8日签署协议终止了相关对赌条款和一票否决权条款，因对赌条款和一票否决权条款导致本公司股权发生变更的风险已经消除。

(3) 持有本公司5%以上股份的股东之间不存在关联关系和一致行动关系，持有公司5%以上股份的非控股股东均承诺：不以任何形式谋求成为本公司的控股股东或实际控制人；不以控制为目的增持本公司股份；不与本公司其他股东签订与控制权相关的任何协议，且不参与任何可能影响庄大建先生作为本公司实际控制人地位的活动。另外，公司股东均就本次发行前所持有的股份按照相关规定出具了关于股份限制流通及锁定的承诺。

(4) 本次发行后，金刚实业持有的公司股份比例虽降至26.91%，但仍为公司第一大股东，公司董事会、经营管理层保持稳定，金刚实业相对控股的地位不会发生变更。因此，本公司目前股权结构比较稳定，不存在发行上市后股权结构发生重大变更的潜在风险。

经核查，保荐机构和发行人律师均认为：发行人目前股权结构稳定，不存在发行上市后股权结构发生重大变更的潜在风险。

(二)发行审核反馈意见关注

虽然原招股书已经披露了对赌协议的签署状况已经废止情况，但是显然会里还不放心,于是在反馈意见的第一条就提出要补充披露曾经签署的对赌协议的具体内容、对赌协议对公司控制权稳定性的影响,上会稿的招股书也相应进行了补充和调整。

1. 重新签订的《增资扩股协议之补充协议》的具体内容

(1)2009年9月15日,发行人、金刚实业分别与天堂硅谷、汇众工贸、保腾创投在汕头签署了《增资扩股协议之补充协议》,第1.1条约定为:"各方一致同意终止《增资协议书》及《补充协议书》关于无偿转让股份的相关条款";第2.1条约定为:"本补充协议没有涉及的《增资协议书》及《补充协议书》的其他条款继续保持其原有法律效力。"

(2)2010年1月6日至8日,发行人、金刚实业、天堂硅谷、汇众工贸、保腾创投分别出具了书面的声明,确认终止对赌条款的协议为最终协议,各股东方不存在可能引起金刚玻璃股权发生变更的协议或安排。

发行人律师认为,发行人、金刚实业与保腾创投、天堂硅谷、汇众工贸签署的终止对赌条款的补充协议体现了各方的真实意思表示,内容合法、有效。

2. 发行人股权结构的稳定性

(1)发行人的第一大股东金刚实业拥有发行人3229万股股份,占发行人总股本的35.88%,庄大建持有金刚实业80%的股权,庄大建通过金刚实业实际控制发行人35.88%的股份,为发行人的实际控制人。

(2)虽然目前发行人股权结构比较分散,但金刚实业目前是发行人的控股股东,庄大建是发行人的实际控制人。尽管天堂硅谷等股权投资机构在入股过程中曾和金刚实业存在对赌协议,但相关各方已经于2009年9月15日签署协议终止了相关对赌条款,因对赌条款导致发行人控股股东股权发生变更的风险已经消除。

(3)2009年8月31日,金刚实业出具了书面承诺,自发行人股票上市之日起三十六个月内,金刚实业不转让或者委托他人管理本次发行前其已持有的发行人股份,也不由发行人回购金刚实业直接或者间接持有的发行人公开发行股票前已发行的股份。

(4)2009年8月31日,龙铂投资、天堂硅谷、南玻集团、汇众工贸、保腾创投出具了书面承诺,自发行人股票上市之日起十二个月内,均不转让或者委托他人管理本次发行前已持有的发行人股份,也不由发行人回购其直接或者间接持有的发行人公开发行股票前已发行的股份。

(5)2010年1月6日至8日,股东分别出具书面声明,确认持有发行人的股份不存在委托持股、信托持股情况,不存在其他可能引起发行人股权发生变更的协议或安排。

(6)2010年1月18日至21日,龙铂投资、天堂硅谷、南玻集团、保腾创投等股东分别作出书面承诺,确认在书面承诺出具日之前十二个月内,或因生效的协议或安排在未来十二个月内,与发行人其他股东之间没有关联关系(但天堂硅谷声明和汇众工贸具有关联关系;南玻集团声明和南玻香港具有关联关系);自承诺函作出之日起,各股东不以任何形式谋求成为发行人的控股股东或实际控制人；不以控制为目的增持发行人的股份；不与发行人其他股东签订与发行人控制权相关的任何协议（包括但不限于一致行动协议、限制实际控制人行使权利的协议），且不参与任何可能影响庄大建作为发行人实际控制人地位的活动。

综上，发行人律师认为，发行人目前股权结构稳定，不存在发行上市后股权结构发生重大变更的潜在风险。

3. 关于天堂硅谷和汇众工贸对发行人增资入股的情况

在该部分，发行人律师详细介绍了三家投资机构投资入股时所签署对赌协议的具体对赌内容，包括对赌业绩条件和需要无偿换让股份等，体内容可参见原文件。

4. 一票否决权的反馈

2010 年 4 月 8 日，发行人、金刚实业分别与天堂硅谷、汇众工贸、保腾创投签订了《增资扩股协议之补充协议》，补充协议第 1.1 条约定，各方一致同意终止《增资协议》中关于董事一票否决权的条款。被终止条款具体内容为：新公司在进行重大决策时，应由董事会形成决议而乙方推荐的董事不同意相关议案的，该议案可提交董事会讨论但不形成决议；应由股东大会形成决议而乙方推荐的董事不同意相关议案的，该议案不提交股东大会讨论。补充协议第 1.2 条确认，天堂硅谷、汇众工贸、保腾创投推荐的董事、监事或高级管理人员不存在具有额外表决权的情况。

目前，天堂硅谷、保腾创投分别推荐裘政、程国发为发行人的董事，汇众工贸为天堂硅谷全资子公司，未推荐代表。裘政为天堂硅谷的董事长、程国发为保腾创投的总经理，两人在发行人董事会中与其他董事具有相同的权利义务，无一票否决权等特殊权利。天堂硅谷总经理包雪青作为发行人的监事，在发行人的监事会也没有额外表决权。天堂硅谷、汇众工贸、保腾创投三家创投均未参与发行人的日常经营管理。发行人律师认为，天堂硅谷、汇众工贸、保腾创投三家创投机构推荐的董事、监事不存在额外表决权。发行人、金刚实业与天堂硅谷、汇众工贸、保腾创投签署的终止一票否决权条款的补充协议体现了各方的真实意思表示，内容合法、有效。终止一票否决权条款后各股东不存在可能引起金刚玻璃股权发生变更的其他协议或安排。

二、维尔利（300190）：申报时已经执行或者已经到期

（一）中风投增资及股权转让履行的程序

为增强维尔利有限净资产规模、提高抗风险能力与盈利能力以及优化股权结构，2008 年 12 月 9 日，维尔利有限股东会作出决议，同意将注册资本由 1700 万元增至

1995.31万元,新增注册资本295.31万元由新股东中风投以货币形式出资1000万元认购(每元新增注册资本的认购价格约为3.39元);同意李月中和蒋国良将其各自持有的维尔利有限全部股权转让给常州德泽。

2008年12月10日,中风投、常州德泽、李月中、维尔利有限四方签署了《增资协议书》;同日,李月中和蒋国良分别与常州德泽签署《股权转让协议》,将其各自持有的维尔利有限的全部股权转让给常州德泽用于认购常州德泽的增资。

(二)《增资协议书》的特别条款及其履行、终止情况

除一般性条款外,《增资协议书》中存在部分特别约定,主要内容如下:

(1)维尔利有限在2009年决议改制为股份有限公司,且自2008年1月1日至改制基准日期间,完成的累计经营性净利润合计高于2000万元,2008年度完成的经营性净利润不低于1000万元,则中风投认可的有资质的会计师事务所出具审计报告后30日内,中风投应向常州德泽无偿转让其所持维尔利有限总股本2%的股权。

(2)发生如下情况之一,中风投有权要求维尔利有限、李月中先生、常州德泽回购其持有的全部或部分维尔利有限股权:①截至2013年12月31日,维尔利有限未能成为公众公司,或发生导致维尔利有限不可能在2013年12月31日前成为公众公司的事件;②新增的亏损累计达到协议签署时维尔利有限净资产的20%;③维尔利有限连续两年未能达到保底利润(2008年度、2009年度、2010年度经营性净利润分别达到1000万元、1500万元和2000万元)的50%,或2010~2012年期间任意两年的年经营性净利润低于1000万元;④维尔利有限出现或存在账外现金销售收入的情形;⑤维尔利有限原股东违反诚实信用原则,隐瞒相关重要信息,侵害投资方合法权益的。

(3)中风投拥有参与未来增资扩股权、优先收购权、优先共同卖股权、委派董事、监事权等。

(4)若维尔利有限2008年实现净利润达到承诺保底利润120%以上,则在进行2008年度利润分配时,常州德泽可单独定向分配利润800万元,剩余利润分配常州德泽和中风投按照股权比例共同享有,且中风投只享有股权比例1/12的现金分红权。

截至维尔利设立时,上述第(1)、(4)款涉及的事项已经发生,并已按照《增资协议书》的约定执行。根据《增资协议书》之"合同变更、解除"条款的约定,在维尔利有限整体变更设立为股份有限公司时《增资协议书》自动解除,因而《增资协议书》中的其他特别约定已于2009年11月12日终止。

(三)有关承诺

此外,签署《增资协议书》的维尔利、常州德泽、李月中、中风投四方分别出具了《声

明与确认函》,确认:各方均不存在任何违反《增资协议书》的情形,《增资协议书》已于2009年11月12日自动终止,不再具有任何法律效力,各方就该协议的签署、履行和终止也不存在任何争议或纠纷;截至《声明与确认函》出具之日,各方未与任何主体签署或达成以维尔利经营业绩、发行上市等事项作为标准,以维尔利股权归属的变动、股东权利优先性的变动、股东权利内容的变动等作为实施内容的有效的或将生效的协议或类似的对赌安排。

三、机器人(300024):有趣的别样安排

2008年5月,沈阳自动化所、公司核心管理团队以及金石投资三方签署定向增发协议。

机器人核心管理团队承诺并保证:取2007年为基数,若2008年、2009年和2010年净利润年复合增长率不低于27%,公司核心管理团队成员可在2008年、2009年以及2010年正式审计报告出具日起至下一年正式审计报告出具前一日止的期间内,共计转让不超过其现时持有公司股份的25%。除此之外,公司核心管理团队成员在此期间不得转让持有股份。如机器人按上述约定连续三个年度均完成预期业绩且公司得以上市,金石投资承诺将向核心管理团队实施每人20万元的奖励,奖金从金石投资减持公司股票的收益中优先安排支付。

上述内容显示,金石投资将对赌设置于拟上市企业的高管身上,突破了纸面上的对赌定义:是投(新股东)与融(老股东)双方的约定,当企业未来发生一特定情况时(通常为某个财务或经营指标、一定期限内上市、IPO发行价格、一定期限内的融资金额等),一方享有某种利益或者企业实施一定的行为,如调整股权比例、支付资金补偿、实施管理层持股等。

此外,该项对赌也不会引起拟上市企业股权的不稳定和纠纷——若达标,高管可在市场中减持,金石投资再以现金补贴。因此,查阅公司法律意见书中所载的反馈意见,可知监管层基本认可了这种做法,仅要求中介机构核查股份转让安排是否违反《公司法》有关股份限售规定以及核心管理团队作为国有控股企业的管理人员从非国有股东金石投资处取得奖励是否合法两项内容。

四、天汽模(002510):拆分协议以规避对赌

2008年2月签协议,但2007年4月就获得了资金。但有别于上一例,这次公司解释这是两笔协议,即VC/PE先对公司进行了委托贷款,随后再进行增资扩股。这极有可能是一笔附带可转债安排的对赌协议,当业绩达标时,创投就增资入股;若不达标,

则委托贷款的利率加倍。现在监管层的态度是,若你历史上没有"污点",就不太会多问;若有,就要不断核查不断论证,项目风险陡增。因此,类似的技术处理种类不少,都是中国特色。

【案例评析】

一、对赌情形

1. 对赌协议是一个舶来品,如果按照字面翻译就是一个估值调整机制,结果不知道被谁给翻译成这样一个赌性十足的名字,也算是一段佳话。

2. 其实对赌的方式可以有很多种,外国投行可以将估值模型设计得只有上帝才能明白,那么同样估值调整机制也简单不到哪里去。中国显然还没有到这样的一个程度,总结起来对赌协议主要有以下几种:上市时间对赌、股权对赌、现金对赌、优先权对赌、股权回购对赌等。

二、基本处理原则

1. 对于拟上市企业来讲,证监会对于对赌协议是绝对禁止,没有丝毫的余地。在创业板开板之初,深交所曾携中介机构举办过不少研讨会,有关对赌协议的合法性、阳光化等课题成为当时六大重要法律问题之一。当时就有多家机构建议创业板在对赌协议上的思路可以有所突破,考虑阳光化,以满足实践中的切实需要。在招股书可增加对有关对赌条款的披露内容,并由中介机构发表明确意见。如果不承认对赌协议的合法性,则发行人和创投可能就会选择隐瞒或表面上终止条款,但是实际上会通过代持股份等形式来变通,这不仅容易导致更多的潜在纠纷和不确定性,还涉及虚假陈述和欺诈等违法违规问题,结果最后还是没有成行,关于这一点,也是引起实务界的很多非议,很多人认为是证监会太过武断和迂腐,不能与时俱进,小兵对此有不同的看法,稍后再论。

2. 会里禁止对赌协议主要基于:(1)对赌协议不符合国内的《公司法》等规定,包括优先受偿权和董事会一票否决等内容;(2)执行对赌协议可能造成拟上市企业股权及经营的不稳定,甚至引起纠纷,不符合《首发办法》中的相关发行条件。据介绍,对赌协议合法性的质疑大致来自三个方面:首先,对赌协议中双方权利义务明显不平等,特别是股息分配优先权、剩余财产分配优先权、超比例表决权等条款更是霸王条款,违反了公平原则,也违反了我国公司法同股同权的立法精神。其次,对赌协议的对赌目标促使企业为追求短期目标而非常规经营,因此无限增大了企业的风险,在一定程度上会损害社会公共利益。最后,对赌协议的固定价格回购股权条款有变相借贷的嫌疑。尽管如此,小兵仍然觉得对于对赌协议不能一刀切,先就几种比较重要的对赌方式表达个人观点。

3. 股权对赌,说白了就是如果满足协议规定的条件就要进行股权的调整,这是国际投行与境内企业最愿意赌的内容,由于该类对赌涉及股权的稳定性和潜在法律纠纷,明显与首发办法违背,禁止没有异议。对赌协议在当前发审政策下是绝对不被允许的,虽然有很多争议但是现实就是如此。有人说股权对赌不允许是可以理解的,因为涉及股东尤其是大股东股权的不稳定,为什么现金对赌也不行呢?在小兵看来,股权对赌和现金对赌从本质上是一致的,如果对赌金额很大,大股东如果没有钱还一样会危及其持有的拟上市公司股权。因此,小兵的观点是:至少从当下的现实来看,禁止对赌协议是正确的。

4. 至于优先权,如委派董事和高管的优先权、表决权的优先权、利润分配的优先权等,是不是属于典型的对赌协议尚不明确,不过在投资协议中该类约定还是比较常见。由于该类约定明显违反公司法同股同权的原则以及导致公司治理的混乱和控制权的不稳定,因此,理应在上报材料之前清理。金刚玻璃由于清理得不彻底在反馈意见中被重点关注且强制清理干净。

5. 关于现金对赌,如果不能满足条件需要根据一个模型计算出需要补偿的现金,有人认为现金流转只是股东之间的一些约定,与拟上市公司无关,不应该禁止。反对的观点认为如果对赌的股东没有那么多钱做补偿,可能就会打上市公司的主意,就算不是这样,如果控股股东或实际控制人债务缠身,那么控股股东就有侵占上市公司利益的动机,显然也是大大的不利,所以,个人觉得现金对赌也不宜提倡。

6. 股权回购的对赌,说白了就是投资者入股之前约定如果在一定期间内不能实现上市的目标,那么控股股东或其他方应该按照约定的价格回购股份,回购价格一般就按一定的利息来计算。小兵认为,这可以看做拿上市作为对赌条件,但是这更应该看做一种投资退出的条件,因为没有涉及股权稳定和损害公司利益,倒是可以考虑适当放开。

7. 以典型的金刚玻璃为例。金刚玻璃的中介机构进场时显然对赌协议已经签订,要不然保荐机构应该不会提出如此糊涂乌龙的建议,所以后续的工作就只能是清理,从披露的材料来看,中介机构的处理思路是:(1)签署补充协议终止因对赌而需要无偿转让股权的约定;(2)大股东就股权出具证明;(3)律师和保荐机构出具核查意见。但是从后面的反馈意见来看,显然这样的处理并没有满足会里的要求,会里有两次反馈意见提到了此事,主要意见是:(1)无偿转让股权协议已经废止,同时一票否决权的规定也是重大风险,小兵不知道保荐机构抱有侥幸心理还是没有关注到;(2)需要对曾经签署的对赌协议进行详细披露有关条款;(3)解释曾经的对赌协议不会对公司控制权的稳定产生影响。

三、信息披露原则

1. 大家都很清楚,无论是境外投资者还是境内投资者在入股时一般都会签署一个对赌协议,有时候甚至都不强求它能带来多少的保护作用,就是有点赶时髦的意味。这种现象在2008年以前更是普遍,由于最近两年股权投资机构如雨后春笋而好企业越来越少,于是,在僧多粥少的情况下,投资者只要能入点股就行了,对赌协议签不签也没人关注了。另外,中介机构一般也不会介意签署这样的东西,大家如果想挣钱,保证企业上市才是第一位的,所以一切都要为了上市,如果你还要签什么协议,那就只好换人。

2. 有对赌协议一般是怎么解决的呢？按照正常思路只有一条路:清理干净;当然,你也可以作为君子协议保留着,不清理但是也不披露,大家心照不宣,据小兵了解,这种情况应该也存在。于是,我们就看到了一个怪现象,为什么根据经验明明对赌协议很普遍,在招股书中却难觅踪迹呢？另外,已经清理了的对赌协议也不会再去披露,于是,不管有没有对赌协议,不管清理没清理都不会拿到纸面上来讲,因为谁也不想去惹这个麻烦。

四、变通方式

1. 签署对赌协议而藏着掖着总是还有风险的,有没有光明正大的变通方式呢？上证报记者郭成林在其“IPO对赌刀口舔血　监管套利屡禁不止”报道中曾经提及,我与他也讨论过该种方式,小兵个人也不建议企业这样处理,理由很简单,简单问题复杂化。

2. 监管层虽对形式化的对赌协议“严防死守”,但却在股改、定增、重组等许多环节变相引入了对赌机制。如在股改过程中,有非流通股股东承诺延长禁售期和减持价格底线、承诺业绩未达标后股份追送、承诺股价低于承诺价格时差额补足、承诺若股价下跌至一定水平则增持公司股票、承诺上市公司股改后每年的利润分配比例、承诺持股比例、承诺在未来某一时间段内以某一固定价格收购流通股等,仔细分析上述各类承诺,基本上正是对赌机制的多样化应用。最典型的可数重组,自《上市公司重大资产重组管理办法》颁布两年来,A股中的重组案例中对于重组后上市公司的盈利未达预测后的补偿机制不断更新完善,从最早的现金补偿,到股权补偿,再到一元回购,折射对赌机制在A股应用的演进史。

3. 股改、定增、重组先后引入对赌机制,可以证明监管层认可对赌机制的重要作用。但为何 IPO 市场迟迟无法放开？或是因为前三者的对赌设计中，或有受益的都是上市公司流通股东或全体股东，而 IPO 中仅是 VC、PE 机构，出于保护投资者利益尤其是广大中小股东利益的监管初衷，对 IPO 对赌严格把控也在情理之中。另外，小兵还想到一点原因：为了更好地保护我们并不成熟的企业家和资本市场。我国香港和美国的监督制度比我们的要先进很多，蒙牛之类的企业也比我们很多企业见多识广，可是在一纸对赌协议面前根本就是不堪一击。另外，前面已经讲到，外国投行在忽悠人的时候最常用的伎俩就是简单问题复杂化，如果把对赌协议放开，那么或许有一天你见到的对赌协议模式是地球人都看不懂的，就像苏州大方案件或者永乐电器案件那样。证监会为了保护公众权益就一不做二不休，宁可承担一世骂名也以保护中小企业为己任，连一点口子都不能开。小兵希望是如此，也希望大家能够理解。

4. 最后说一点，一个有趣且值得长期关注的迹象是，近几个月上市公司受让拟于境内 IPO 企业的案例渐增，并且公告披露他们均会与股权出让方签订上市对赌协议以确保现有股东利益。由此引发一个问题：当所投企业 IPO 时，招股书该如何披露对赌协议？不终止是否无法上市？终止原上市公司股东权益如何保证？公司是否需要开股东会投票表决？

【思路总结】

一、基本概念

对赌协议：即估值调整机制（Valuation Adjustment Mechanism，VAM），是指投资者（委托方）与融资者（代理方）对于企业未来经营绩效的不确定性“暂不争议”，而是约定根据运营的实际绩效调整企业的估值，从而重新划定双方的利润边界。

在理解对赌协议时主要注意以下几个方面：

1. 对赌协议本来有一个非常婉约的名字——估值调整机制，但是我们翻译过来之后，听起来就刺激，具有挑战性。而事实上，中国企业每一份对赌协议的背后都是一阵血雨腥风，还真是没有辜负这么用心的翻译。

2. 对赌协议是投资方与融资方在达成协议时，双方对于未来不确定情况的一种约定。如果约定的条件出现，投资方可以行使一种权利；如果约定的条件不出现，融资方则行使一种权利。所以，对赌协议实际上就是期权的一种形式。

3. 通过条款的设计，对赌协议可以有效保护投资人利益，但由于多方面的原因，对赌协议在我国资本市场还没有成为一种制度设置，也没有被经常采用。但在国际企业对国内企业的投资中，对赌协议已经被广泛采纳。

二、基本应用情况

(一)创业型企业中的应用:大摩高盛投资蒙牛

这种类型的对赌协议比较常见,在我国首发上市的企业中也主要是该种类型的对赌协议。如蒙牛的对赌协议约定:从2003~2006年,蒙牛乳业的复合年增长率不低于50%。若达不到,公司管理层将输给摩根士丹利6000~7000万股的上市公司股份;如果业绩增长达到目标,摩根士丹利等机构就要拿出自己的相应股份奖励给蒙牛管理层。

(二)成熟型企业中的应用:大摩鼎辉投资永乐电器

这种类型对赌协议主要集中在境外,而国内并不常见。在永乐案例中,双方约定:如果永乐2007年(可延至2008年或2009年)的净利润高于7.5亿元人民币,外资股东将向永乐管理层转让4697.38万股永乐股份;如果净利润相等或低于6.75亿元,永乐管理层将向外资股东转让4697.38万股;如果净利润不高于6亿元,永乐管理层向外资股东转让的股份最多将达到9394.76万股,这相当于永乐上市后已发行股本总数(不计行使超额配股权)的约4.1%。净利润计算不能含有水分,不包括上海永乐房地产投资及非核心业务的任何利润,并不计任何额外或非经常收益。另外,在恒大地产香港上市时,境外投资机构也就公司在二级市场的股价进行了"对赌"。

(三)对赌协议在并购中的应用:凯雷投资徐工集团

在外资并购国内上市公司国有股权的过程中,以国有资产定价作为一项赌资,这还十分罕见。也正是因为这样的罕见导致了国有资产流失的大讨论,最后大讨论也导致了这项并购的流产。对赌内容约定:如果徐工机械2006年的经常性EBITDA达到约定目标,则凯雷徐工出资1.2亿美元增资2.42亿元;如果徐工机械一年后的经营业绩达不到投资方要求,则出资6000万美元增资2.42亿元。

(四)对赌协议在股改中的应用:华联综超管理层和中小投资者的对赌

其实这就是我们经常见到的股改对价,不过按照对赌协议的思路来思考倒也是别有一番见地。股改是非流通股对流通股的对价,但实际所得到的价值离不开企业的业绩,企业业绩离不开企业管理层。因此,对赌的最终目的是双向激励,希望管理层赢了赌局,这样才能对投资者有一个真正的利益保障。2005年7月19日,华联综超披露股权分置改革说明书，非流通股股东向流通股股东按照每10股流通股获得2.3股的比例支付对价，同时设置了一项对赌协议：如果公司2004～2006年度扣除非经常性损益后净利润的年复合增长率低于25%，即如果2006年度扣除非经常性损益后的净利润未达到1.51亿元，非流通股股东承诺按照现有流通股股份每10股送0.7股的比例，无偿向支付对价的股权登记日在册的流通股股东追加支付对价，追加支付对价的股份总数总计为700万股。如果公司2004～2006年度扣除非经常性损益后净利润的年复合增长率达到或高于25%，即如果2006年度扣除非经常性损益后的净利润达到或高于1.51亿元，追加支付对价提及的700万股股份将转用于公司管理层股权激励，公司管理层可以按照每股8元的行权价格购买这部分股票。

三、对赌协议的一些风险

1.影响公司股权稳定：如果对赌协议中约定不能满足条件则需要向投资者免费或者低价转让部分股权，这一来会损害原始股东的利益，二来也会影响到公司股权稳定性。

2.影响公司现金流量：还有一种比较典型的对赌方式就是如果企业不能满足预期的目标，则需要支付给投资者一笔数额较大的资金，这笔资金是需要股东来支付的，而这往往会增加股东违法违规的风险甚至影响到企业的现金流量情况。

3.影响公司正常生产经营：无论是哪种对赌方式，在某些情况下企业家为了能够赢得赌局而违背规律非常规发展，尽管有时候能够满足约定的发展目标，但是从本质上打乱了企业发展节奏甚至会导致企业破产，如最近典型的太子奶案例。

■第三节　委托持股解决之道

【重要提示】

★ 委托持股问题在实务中极其普遍，甚至能够占到三分之一或更大的比例。委托持股会存在潜在的纠纷或者法律风险从而导致发行人股权不稳定，甚至是会里最担心的举报和上访事件，因此，委托持股问题一般在上报材料前必须清理。如果不清理，或许也有可能侥幸过关，但是一旦被人举报，就没有了退路，项目风险过大。

★ 鉴于该问题在实务中较为普遍，因此处理思路也已经非常成熟，在此与大家分享一些比较特殊的案例,同时研习其中一些比较特殊的解决问题的思路。

【案例情况】

一、晨光生物(300138)

(一)第一次反馈:2009年7月,5名代持股的股东(受托方)将其代持的股份转让给了卢庆国、李月斋等8名自然人而不是转让给原委托方(委托持股人)的原因、该等委托持股人是否知悉发行人的上市计划,是否自愿转让股权并签订股权转让的协议,转让价格为2.02元/股的定价依据及公允性

(1)经发行人律师核查,2009年7月,5名原受托人(受托持股人)将其代持的出资转让给卢庆国、李月斋等8名自然人而不是转让给原委托方(委托持股人)的原因是:

第一,若原受托人将其代持股份转让给原委托人,则发行人股东人数将超过《公司法》所规定的有限责任公司股东人数上限(50人)。

第二,卢庆国、李月斋等8名自然人为发行人董事、监事或高级管理人员,同时持有发行人下属子公司的股权。为避免竞业禁止问题,卢庆国、李月斋等8名自然人需要将其所持子公司股权转让给发行人。通过股权清理增加其在发行人的持股数量,可以适当弥补其转让子公司股权的损失。

第三,发行人股权结构分散,卢庆国、李月斋等8名自然人为发行人董事、监事或高级管理人员,其受让股权可以加强发行人管理层的稳定性。

(2)发行人清理委托持股是与上市计划相结合的"一揽子"方案,该方案经发行人2009年第一次临时股东会审议通过,同意晨光有限改制为股份有限公司后,转让出资的委托持股人有权对股份有限公司增资,增资金额以转让出资的价款为最高限额,转让价格为发行人2009年3月31日经审计的单位出资净资产(2.02元/股)。

(3)在清理委托持股事项时,被代持股东与代持股东及股权受让方签署《出资转让确认函》,确认被代持股东同意委托代持股东向股权受让方转让其代为持有的出资,并授权其办理出资转让相关事宜;被代持股东确认其知悉晨光有限拟改制为股份有限公司并计划申请在国内证券市场首次公开发行股票和上市事宜,承诺并保证未在上述拟转让的出资上设有任何抵押或者第三方权益(该代持关系除外),确认与代持股东及股权受让方之间不存在任何争议,今后被代持股东也不会提出任何有关上述拟转让出资的异议、索赔或权利主张;同时,被代持股东确认,出资转让完成后,被代持股东不再持

有公司出资，也未委托他人代其持有，亦未代他人持有公司出资。

综上所述，发行人律师认为，5 名代持股的股东（受托方）未将其代持的出资转让给原委托方是经被代持股东、代持股东及股权受让方自愿同意的，是发行人清理委托持股与上市计划相结合的“一揽子”方案的一部分。该等委托持股人已经签署确认函，确认自己知悉发行人的上市计划，自愿委托代持股东将代持的出资予以转让，确认与代持股东及股权受让方之间不存在任何争议。出资转让价格为晨光有限 2009 年 3 月 31 日经审计的单位出资净资产，价格公允。

（二）第二次反馈：请说明历次委托持股的解决是否存在纠纷和潜在纠纷

1. 委托持股清理前的股权代持情况

晨光有限增资至 5000 万元后，晨光有限代持股权情况未再发生变化，清理委托持股前的股权代持情况已于 2009 年 7 月经曲周县公证处分别出具［2009］曲证民字第 126 号、［2009］曲证民字第 112 号、［2009］曲证民字第 116 号《公证书》对相应代持情况予以公证。

2. 委托持股的清理

发行人清理委托持股是与上市计划相结合的“一揽子”方案，该方案经晨光有限 2009 年第一次临时股东会审议通过，晨光有限全体股东一致同意，晨光有限改制为股份有限公司后，相关转让出资的被代持股东有权对股份有限公司增资，增资金额以转让出资的转让价款为最高限额，每股价格为 2.01939 元。

委托持股的清理如下：

（1）相关清理文件约定

代持股东与被代持股东签署《确认函》，确认双方的身份及持有被代持的出资的情况，并确认除所列代持事项外，各方均未委托他人代本人持有，亦未代他人持有晨光有限出资，对被代持的出资不存在任何权属争议。

被代持股东向代持股东及股权受让方出具《出资转让确认函》，确认被代持股东同意委托代持股东向股权受让方转让其代为持有的出资，并授权其办理出资转让相关事宜；被代持股东确认其知悉公司拟改制为股份有限公司并计划申请在国内证券市场首次公开发行股票和上市事宜，承诺并保证未在上述拟转让的出资上设有任何抵押或者第三方权益（该代持关系除外），确认与代持股东及股权受让方之间不存在任何争议，今后被代持股东也不会提出任何有关上述拟转让出资的异议、索赔或权利主张；同时，被代持股东确认，出资转让完成后，被代持股东不再持有公司出资，也未委托他人代其持有,亦未代他人持有公司出资。基于上述确认函,代持股东与股权受让方签署相关出资转让协议,就晨光有限的委托持股情形予以清理。

(2)内部决策程序

为了解决晨光有限股权代持问题,2009年7月12日,晨光有限召开股东会会议,审议通过了关于清理委托持股的方案。

根据清理方案,股东钱章河、刘景民、韩存章以现金的形式将其在晨光有限的股权转让给卢庆国,转让股权的具体情况:钱章河转让股权307,400元;刘景民转让股权1,102,780元;韩存章转让股权578,632元;股东宁占阳、卢庆国、刘景民将其在晨光有限的股权以现金的形式转让给李月斋,转让股权的具体情况:宁占阳转让股权1,136,742元;卢庆国转让股权75,459元;刘景民转让股权14,705元;同意卢庆国将其在公司的股权563,207元以现金的形式分别转让给刘英山147,450元、李凤飞137,875元、连运河78,193元、韩文杰125,007元、周静32,873元、陈运霞41,809元,转让价格为晨光有限2009年3月31日经审计的单位出资净资产。

同时股东会同意,晨光有限改制为股份有限公司后,相应转让晨光有限出资的被代持股东有权对股份有限公司增资,增资金额以转让上述出资的转让价款为最高限额,每股价格为:2.01939元。

(3)清理过程

2009年7月13日,晨光有限代持股东与被代持股东签署《确认函》,就股权代持的情况予以书面确认;同时被代持股东向受让股权的股东及代持股东出具《出资转让确认函》,书面同意并确认代持股东转让其受托持有的股权等相关事宜;代持股东与受让代持股权的股东签署《股权转让协议》,完成委托持股的清理。2009年7月,曲周县公证处分别出具[2009]曲证民字第126号、[2009]曲证民字第112号、[2009]曲证民字第116号《公证书》等对上述《确认函》等文件予以公证。

2009年7月13日,晨光有限召开股东会对清理股权代持后的公司股权结构予以确认。清理方案实施完成后,原晨光有限被代持股东全部成为发行人股东。根据委托持股《确认函》、《出资转让确认函》、《出资转让协议》、全体股东在改制设立股份有限公司前签署的股权《确认函》及河北省曲周县公证处出具的[2009]曲证民字第126号等《公证书》,发行人律师认为,晨光有限的委托持股情况已于股份有限公司设立前依照相关规定予以清理,已经当事人各方书面确认并予以公证。委托持股的清理不存在纠纷或潜在纠纷。

(三)第三次反馈:请发行人列表披露自然人股东在发行人的任职情况和作为清理委托持股问题而受让股份的股东的情况

(1)经核查,发行人自然人股东在发行人的任职均为公司员工,列表情况略。

(2)作为清理委托持股问题而受让股份的股东在公司任职及受让前、后所持公司股份情况如下:

序号	股东姓名	在公司任职情况	受让前		受让后	
			出资额(元)	占比	出资额(元)	占比
1	卢庆国	董事长、总经理	7,512,459	15.02%	8,862,605	17.73%
2	李月斋	董事	5,525,579	11.05%	6,752,482	13.50%
3	刘英山	董事、董事会秘书	2,273,483	4.55%	2,420,933	4.84%
4	周静	董事、总经理助理	2,273,483	4.55%	2,306,356	4.61%
5	李凤飞	副总经理	448,983	0.90%	586,858	1.17%
6	连运河	副总经理	355,136	0.71%	433,329	0.87%
7	陈运霞	副总经理	242,845	0.49%	284,654	0.57%
8	韩文杰	—	181,727	0.36%	306,734	0.61%

注:韩文杰为发行人子公司新疆晨光和新疆晨曦的总经理,是由发行人委派至子公司的高级管理人员。

二、中元华电(300018)

发行人前身中元华电有限2001年成立时曾存在委托持股情况,2007年6月中元华电有限的受托持股股东将所受托持有的全部股权转让给委托持股股东,该次股权转让完成后中元华电有限的委托持股已全部解除,未再出现委托持股情况。相关股东均已就解除委托持股事项作出声明并经公证,有关中元华电有限委托持股形成及演变解除情况具体如下:

(一)中元华电有限委托持股的形成、演变及解除情况

2001年11月中元华电有限成立时,叶蕴璠、方大卫分别以现金出资13.50万元,

对应出资额均为13.50万元,委托邓志刚代为持有该部分出资额;郭晓鸣以现金出资7.50万元,对应出资额7.50万元,委托尹力光代为持有该部分出资额;韩汉清以现金出资7.50万元,对应出资额7.50万元,委托陈西平代为持有该部分出资额。

2007年4月,邓志刚与叶蕴璠、方大卫分别签订股权转让协议,将其受托持有的对中元华电有限出资额45万元和45万元分别予以转让;陈西平分别与郭晓鸣、韩汉清签订股权转让协议,将其受托持有的对中元华电有限出资额25万元和25万元予以转让,以上股权转让价格均为每单位出资额1元。

经中元华电有限2007年第二次临时股东大会审议通过,全体股东一致同意上述股权转让事项。2007年6月15日,中元华电有限完成工商变更登记,此次股权转让后,全部委托持股均已解除,未再出现委托持股的情况。

(二)中元华电有限委托持股的形成原因

公司主要从事电力系统智能化记录分析和时间同步相关产品的研发、制造、销售和服务,该行业具有良好的发展前景和较高的技术准入门槛。叶蕴璠、方大卫、郭晓鸣和韩汉清基于对公司发展前景的信心与对邓志刚、陈西平、尹力光信任关系,委托其持有公司股份。叶蕴璠、方大卫、郭晓鸣和韩汉清作为财务投资者,委托持股期间,未以任何形式参与公司的生产经营管理,在所有涉及公司生产经营管理的股东表决事项中,其意思表达均与受托持股人邓志刚、陈西平保持一致,投票由受托持股人代为决定。

全体受托与委托持股股东邓志刚、陈西平、尹力光、叶蕴璠、方大卫、郭晓鸣和韩汉清均出具承诺函,确认:2007年6月中元华电有限的股权转让完成后,各自的委托持股、受托持股已全部解除,未再出现委托持股、受托持股情况,且对委托持股解除后,各自所持有的股权不存在任何纠纷或者权属存在异议的情况。

2009年9月5日,相关股东均已就解除委托持股事项作出声明并经湖北省武汉市江夏公证处公证。

(三)发行人律师关于公司股东委托持股及演变解除情况发表的法律意见

发行人律师发表意见如下:“中元华电有限股东存在的持股情况不违反相关法律、法规和规范性文件的规定,2007年股东对委托持股的解除合法有效,不存在侵害其他人利益的行为。委托持股的解除不存在潜在问题和风险隐患。截至本律师工作报告签署之日,发行人不存在委托持股、信托持股的情形。发行人设立时的股权设置、股本结构合法有效，产权界定和确认并不存在纠纷及风险。”

三、北京利尔（002392）

（一）公司设立时股权代持的原因

利尔有限成立时注册资本为人民币 200 万元，实际股东数量达 92 人，不符合当时《公司法》关于“有限责任公司由二个以上五十个以下股东共同出资设立”的规定。为此，利尔有限采取了委托持股的方式以符合《公司法》关于有限责任公司股东人数的要求。

（二）股权代持的情况及相关协议

利尔有限设立时在工商部门登记的股东共有 21 位，其中 11 位自然人股东受 71 名投资者的口头委托代理持有 48 万元出资额，占注册资本的 24%。

2002 年 11 月，经利尔有限股东会会议审议通过，丰文祥将其持有的利尔有限 3 万元出资转让给谭兴无，其中 2 万元为丰文祥代胡忠兴等 4 名委托人持有，此次转让完成后，此出资相应转由委托谭兴无持有。

2003 年 2 月 16 日，除委托人陶新霞以外的其他 70 名委托人均与受托人补签了《股权委托代理合同》，陶新霞则继续口头委托陈路兵持有其利尔有限的出资额。《股权委托代理合同》的主要内容如下：

（1）委托人将各自持有利尔有限的股权全权委托受托人代理。

（2）委托人只按出资比例享受利尔有限分红所带来的收益，不再参加股东大会，行使股东权力。

（3）委托人在股权转让和继承时，由委托人和受托人协商解决。但委托人股权转让仅在委托人和受托人双方股东内部进行。

（4）受托人有权代表委托人行使股东可以行使的一切权力。

（5）受托人代表委托人行使股东权力时，事前应与委托人协商，事后应将股东大会的决定告知受托人，但事前委托人与受托人协商不一致时，则受托人有权按自己的决定代表委托人行使股东权力。

2003 年 2 月 18 日，经利尔有限股东会全体股东同意，利尔有限通过了利润分配和增资方案。根据该方案，委托人陶新霞、赵世杰分别以分得的现金股利 20 万元、4 万元，认购了利尔有限新增的 20 万元、4 万元出资，并分别口头委托原受托人陈路兵、张广智持有其新认购的出资。此次增资完成后，张广智受赵世杰委托、陈路兵受陶新霞委托持有的出资额分别变更为5万元、25万元。

(三)委托持股清理情况

2006年7月,为清理利尔有限内部存在的委托持股情况,利尔有限内部进行了两次股权转让。

1. 第一次股权转让

2006年7月,李绍奇等71名委托人与赵继增等人签订了《股权转让合同》,根据该合同,该71名委托人将其持有的利尔有限的股权转让给赵继增等人,同时原《股权委托代理合同》终止。

2. 第二次股权转让

在第一次股权转让过程中受让王建强所持股权的王建勇、受让王学文等12人所持股权的李苗春、受让胡忠兴等4人所持股权的赵继增、受让韩春香所持股权的寇志奇分别将所受让的股权转让给了张广智、郝不景、张建超、何会敏、谭兴无、汪正锋6人,并分别签署了《股权转让协议》,转让价格由双方协商确定,与转让方在第一次股权转让中所受让股权的价格一致。

上述两次股权转让完成后,李绍奇等71名委托人委托受托人持有的出资最终分别转让给了赵继增、张广智、郝不景、牛俊高、丰文祥、李苗春、汪正峰、张建超、何会敏9名股东。除委托陈路兵、张宪持有利尔有限出资的17名委托人将其出资转让给赵继增外,其他54名委托人所持利尔有限的出资最终分别转让给了其委托持股的相应受托人。

发行人律师就发行人曾经存在的委托持股及清理情况进行了调查,对68名委托人进行了访谈,被访谈的委托人均对其在利尔有限曾经存在的投资行为及委托持股行为进行了确认,同时确认其在2006年将委托持股全部转让,并收到了转让价款。对无法联系到的3名委托人,发行人律师对其签署的转让价款收据和转让合同等法律文件进行了核查,确认无误。

(四)股东的相关承诺

就上述委托持股规范情况及可能产生的责任问题,赵继增、张广智、郝不景、牛俊高、丰文祥、李苗春、汪正峰、张建超、何会敏9名发行人股东于2008年6月出具了承诺函,保证通过上述股权转让行为后,发行人股东中不再存在委托持股的情况,并承诺:在任何情况下,若因上述委托持股行为及其清理行为而产生纠纷的,将全部由其共同负责解决;若因此而给发行人造成损失的,将全部由上述9名发起人股东共同承担责任。

发行人22名发起人股东出具承诺，保证其持有的发行人股份目前不存在质押、司法冻结、权属纠纷或其他权利受到限制的情形，并保证所持股份不存在信托持股、委托持股等任何其他权利负担，不存在任何法律权属纠纷。

发行人律师经合理核查认为，利尔有限曾经存在的委托持股行为没有违反法律法规禁止性规定，不属于公开和变相公开发行行为，且该等委托代理关系已全部终止。利尔有限股权代持的形成及清理不存在潜在问题和风险隐患，不会对发行人本次股票发行上市构成实质性法律障碍。

四、大北农(002385)

(一)模拟持股的合法性

1. 股份公司实行模拟持股制度的目的和条件

股份公司自成立以来，积极倡导核心员工与公司共同发展的企业文化，并通过建立内部员工模拟持股制度予以落实。为此，股份公司内部员工模拟持股制度的宗旨是服从于核心员工与公司共同发展的企业文化，实施原则是严格遵守国家法律，合理确定激励人数，并对模拟持股对象资格和身份进行严格确认，将持股对象的范围严格限定在公司内部员工的范围，从而达到激励效果。

根据股份公司内部模拟制度所确定的原则，只有符合以下条件的内部员工才可以申请持有公司内部的模拟股份：(1)认同公司的企业文化并在公司工作满一年的正式职工；(2)公司总裁办成员、公司(或子公司)部门经理及以上管理干部、公司及下属各单位关键岗位的优秀员工；(3)在职期间有良好的业绩表现。

2. 股份公司的模拟持股制度与非法集资的区别

根据《国务院关于清理有偿集资活动坚决制止乱集资问题的通知》的规定，制止和清理向出资人还本付息或支付股息、红利的有偿集资不包括依法共同组建的各类企业、公司。

根据《关于进一步打击非法集资等活动的通知》(银发[1999]289号)的规定，“非法集资”归纳起来主要有以下几种：(1)通过发行有价证券、会员卡或债务凭证等形式吸收资金；(2)对物业、地产等资产进行等份分割，通过出售其份额的处置权进行高息集资；(3)利用民间会社形式进行非法集资；(4)以签订商品经销等经济合同的形式进行非法集资；(5)以发行或变相发行彩票的形式集资；(6)利用传销或秘密串联的形式非法集资；(7)利用果园或庄园开发的形式进行非法集资。

根据《国务院办公厅关于依法惩处非法集资有关问题的通知》的规定,“非法集资”的主要形式和特征包括:“一是未经有关监管部门依法批准,违规向社会(尤其是向不特定对象)筹集资金。如未经批准吸收社会资金;未经批准公开、非公开发行股票、债券等。二是承诺在一定期限内给予出资人货币、实物、股权等形式的投资回报。有的犯罪分子以提供种苗等形式吸收资金,承诺以收购或包销产品等方式支付回报;有的则以商品销售的方式吸收资金,以承诺返租、回购、转让等方式给予回报。三是以合法形式掩盖非法集资目的。为掩饰其非法目的,犯罪分子往往与受害者签订合同,伪装成正常的生产经营活动,最大限度地实现其骗取资金的最终目的。”

结合上述核查情况及关法律法规,发行人律师认为,股份公司模拟持股的目的是倡导核心员工与公司共同发展的企业文化,通过建立内部员工模拟持股制度达到激励效果。模拟持股的对象仅限于股份公司职工,且有一定职务要求和业绩表现要求,模拟持股对象明确具体,由于其不具有非法占有目的及不具有向社会不特定对象集资的特点,因此,其不属于国家相关法律、法规规定的清理和制止乱集资的范畴。

发行人律师认为,股份公司的模拟持股制度不违反国家当时的法律、法规及规范性文件的规定。

(二)2007年委托持股清理时是否已取得相关投资人的同意、是否存在纠纷

2007年7月,邵根伙通过与委托人签订《股权转让协议》的方式解除了与委托员工之间的委托持股关系,与邵根伙存在委托持股关系的874名员工均自愿签署了《关于股份转让的声明》,说明:“因公司规范股权和改制上市的需要,本人自愿解除同邵根伙之间的委托持股关系,并将所有委托股份直接转让给邵根伙,本人就上述转让事项与邵根伙鉴定了股权转让协议,至此,本人不存在与集团公司(包括由集团公司变更后的股份公司)有关的任何委托或其他间接持股关系。”同时明确承诺和保证:“对上述股权转让行为不以任何理由主张权利或向受让人进行任何形式的追索;承诺和保证对上述股权转让行为也不以任何理由向集团公司及整体变更后的股份公司主张权利或进行任何形式的追索;承诺和保证不以任何理由或任何形式要求集团公司、整体变更后的股份公司、受让人承担任何法律责任。”

发行人律师认为,在委托持股清理过程中,已经取得了相关投资者的明确同意,解除委托持股的程序合法有效,不存在任何纠纷或潜在纠纷。

(三)股份公司自然人股东是否为公司职工

根据股份公司提供的198名自然人股东与股份公司签订的《劳动合同》、198名自然

人股东的工资单及股份公司说明,198 名自然人股东均为股份公司及所属公司的职工。

发行人律师认为,198 名自然人股东全部为股份公司及所属公司的职工。

(四)是否存在委托持股情况

根据 198 名自然人股东出具的关于不存在委托持股情况的承诺及股份公司说明,198 名自然人股东不存在委托持股关系。发行人律师认为,198 名自然人股东不存在委托持股关系。

五、汉森制药(002412)

(一)委托持股基本情况

根据发行人提供的有关资料和益阳制药公司当时有关管理人员的说明,1999 年 8 月,为促进益阳制药公司的进一步发展,益阳制药公司董事会决定引进投资者,对益阳制药公司进行资产重组。益阳制药公司董事会于 1998 年 8 月 30 日制定了《湖南益阳制药有限公司股份转让方案》(以下简称《股份转让方案》),该《股份转让方案》提议将益阳制药公司的股权全部转让给海南汉森和深圳汉森,股份转让价格的确定和合同的订立由股东大会授权董事会组织谈判小组谈判,由登记股东签字执行,并由海南汉森和深圳汉森向当时的 404 名实际出资人支付股权转让款。

1999 年 10 月 25 日益阳制药公司召集出资人出席股东会,就将股权转让给海南汉森和深圳汉森进行表决,表决结果为:益阳制药公司实际出资人 404 人,其中 322 人参与表决,合计拥有出资 235.91 万元,占总出资额的 84.105%;82 人未参与表决,合计拥有出资 44.58 万元,占总出资额的 15.895%。参与表决的实际出资人中 301 人投赞同票,合计拥有出资 223.5 万元,占总出资额的 79.684%;15 人投反对票,合计拥有出资 8.85 万元,占总出资额的 3.158%;6 人弃权,合计拥有出资 3.54 万元,占总出资额的 1.263%。

1999 年 11 月 19 日,严逸先等 13 人登记股东分别与海南汉森药业和深圳汉森签订《股份转让协议》,约定"本合同经转让方和受让各方签字盖章并在工商局变更登记后生效",《股份转让协议》签署后,益阳制药公司当时在册的 404 名实际出资人都领取了海南汉森和深圳汉森支付的股权转让款,并均已在《出资人签字领取退股款表册》上签字。

发行人律师认为:同意《股份转让方案》的出资人在 13 名登记股东与海南汉森和深圳汉森签署《股份转让合同书》后,都已领取退股款,并在《出资人签字领取退股款表册》上签字,该等股权转让已由双方履行完毕;其他出资人虽然在股东会表决时没有授权13名登记股东签署《股份转让合同书》,但事后均领取了海南汉森和深圳汉森支付的购股款,并且在《出资人签字领取退股款表册》签字,因此其领款行为应视为追认了13名登记股东处分其权利。

(二)律师对委托持股清理后是否存在潜在的法律纠纷进行了专项调查

(1)2008年1~3月,发行人律师、益阳市赫山区公证处公证员就益阳制药公司委托持股及清理情况进行了专门调查,共调查走访原益阳制药公司实际出资人(或其代理人)384人,获得调查笔录384份,其余20名实际出资人中,12人已去世,8人未能取得联系(本次调查中未取得联系的8人在前述关于股权转让的股东会上均投赞成票),该次调查结果为:

384位原实际出资人(或其代理人)对1998年益阳制药公司设立时的出资及委托持股情况和1999年领取出资转让款情况做出了书面说明,对相关事项表示无争议;

在1999年10月25日益阳制药公司召开的股东会投反对票的15名出资人中:2人已去世,其余13人在本次调查中对相关事项均表示无争议;投弃权票的6人中:1人已去世,其余5人在本次调查中对相关事项均表示无争议。

(2)2009年1月,发行人律师分别向刘正清(持续担任公司的总经理、常务副总经理、总经理职务)、何三星(持续负责主管公司日常事务)、符人慧(2006年5月至今持续担任办公室主任)就委托持股清理后是否发生过纠纷作了询问笔录,上述三人及发行人书面确认以下事实:

①404名实际出资人领取完各自的出资转让款后,至今没有一位实际出资人就出资转让等事项通过各种方式向公司主张过权利。

②404名实际出资人领取完各自的出资转让款后,至今,公司未同上述404名实际出资人之一就退股、出资转让等事项发生过纠纷。

③至今,公司未收到过政府机关(包括行政机关、法院、检察院、人大)的任何公函、传票、应诉通知书、通知书等书面文件,该等书面文件涉及“委托持股清理前404名实际出资人就出资转让、退股等事项表示异议、要求确认股东权利等”。

综上所述,发行人律师认为,13名登记股东处分实际出资人的出资合法、有效。404名实际出资人已领取出资转让款,实际出资人与发行人之间至今未就出资转让发生过纠纷,因此发行人历史上存在的委托持股情形对发行人此次发行股票并上市不构成法律障碍。

六、中化岩土(002542)

(一)本次股权转让价款的支付情况

经发行人律师核查,股权出让方中化总公司于2003年9月12日出具收据确认其收到大连亿达建筑工程有限公司股权转让款250万元,于2003年9月12日出具收据确认其收到吴延炜股权转让款365万元;股权出让方中化重机公司于2003年9月1日出具收据确认其收到吴延炜股权转让款135万元;股权出让方上海劲泰基础工程有限公司于2003年9月10日出具收据确认其收到王亚凌股权转让款300万元。

中化集团(中化总公司于2005年更名为中化集团)于2010年6月8日书面确认其股权转让款已经结清,中化重机公司于2010年6月2日书面确认其股权转让款已经结清。

发行人律师核查后认为,股权受让方已按约向股权转让方履行了股权转让款的支付义务。

(二)吴延炜、王亚凌、王锡良、杨远红、王秀格、修伟、柴世忠7名自然人在受让股权时与发行人及其股东之间的关系,目前在发行人处的任职情况

根据发行人提供的资料并经发行人律师核查,吴延炜、王亚凌、王锡良、杨远红、王秀格、修伟、柴世忠七名自然人在受让股权时均为发行人的核心管理人员及技术人员,该七人与发行人股东中化总公司、中化重机公司、上海劲泰基础工程有限公司、亿达集团大连建筑工程有限公司不存在任职、投资等关系,吴延炜等7名自然人受让股权时及目前在发行人的任职情况如下:

序号	股权受让方	股权受让时任职情况	目前任职情况
1	吴延炜	董事、总经理	董事长、总经理
2	王亚凌	董事、总工程师	董事、总工程师
3	王锡良	质量安全部经理	副总经理
4	杨远红	总会计师	财务负责人
5	王秀格	总经济师	董事会秘书
6	柴世忠	技术部经理	董事、副总工程师
7	修　伟	设备材料部经理	副总经理

(三)选择该7名自然人作为受让人的原因

根据发行人的说明,在岩土有限成立时,吴延炜、王亚凌、王锡良、杨远红、王秀格、修伟、柴世忠7人均为岩土有限较为核心的管理人员及技术人员,核心管理人员及技术人员持股可以形成经营管理层与公司的共同利益基础,有利于公司健康持续发展,因此,在法人股东转让股权时,吴延炜等7人分别受让了法人股东转出的部分股权。

(四)当时采取委托持股方式的原因

根据发行人的说明,王锡良、杨远红、王秀格、修伟、柴世忠5人虽为核心管理人员和技术人员,但由于岩土有限成立时限较短,王锡良等人对于公司发展的促进作用有待于进一步体现,采取委托持股的方式有利于员工稳定团结。因此,在2003年受让法人股东股权时,王锡良、杨远红、王秀格、修伟、柴世忠5人委托王亚凌代为持有股权。

(五)《出资委托协议》的主要内容

2003年8月20日,王锡良、杨远红、王秀格、修伟、柴世忠五人作为持股委托方分别与王亚凌签署了的《出资委托协议》,委托协议主要内容为:

(1)甲方(委托方)委托乙方从上海劲泰基础工程有限公司受让中化岩土工程有限公司【】万元(发行人律师注:王锡良、杨远红、王秀格、修伟、柴世忠各自作为委托方在协议中明确为60万元、52.5万元、52.5万元、37.5万元、37.5万元)出资额,资金由甲方承担;

(2)甲方委托乙方代为持有的出资额,甲方为实际股东,甲方享有与出资额相关的分取红利等权利;

(3)甲方需要解除委托或者要求将出资额转让时,乙方应按甲方的要求和规定办理;

(4)协议经双方签字后生效。

(六)委托持股期间,王锡良、杨远红、王秀格、修伟、柴世忠5名隐名股东行使股东权利的方式以及实际的行使情况

根据王锡良、杨远红、王秀格、修伟、柴世忠5名隐名股东及受托方王亚凌的说明及其提供的资料,在岩土有限召开股东会会议之前,由王亚凌将会议所审议的事项及其相关材料提供给5名隐名股东,在召开股东会会议时,5名隐名股东亲自出席会议并表达表决意愿,王亚凌根据隐名股东的意愿进行表决并在股东会决议上进行签署。岩

土有限在 2007 年 12 月向王亚凌支付以前年度扣除个人所得税后的现金股利 631,933.20 元,王亚凌在收取股利后按照受托持股比例分别向王锡良支付 126,386.60 元、向杨远红支付 110,588.30 元、向王秀格支付 110,588.30 元、向修伟支付 78,991.65 元、向柴世忠支付 78,991.65 元。

(七)发行人本次股权转让的价格是否符合相关国有股权转让的规定、是否涉及国有资产流失的情况

根据发行人的说明及发行人律师核查,由于本次股权转让发生时岩土有限账面净资产与注册资本较为接近,且资产中不含有土地使用权、房屋建筑物,转让双方协商按照原始出资额进行转让,2003 年 12 月 12 日,中化总公司以中化总财发[2003]389 号《关于对股权转让请示的批复》文核准了岩土有限本次股权变更涉及的国有股权转让事项。根据北京新生代资产评估有限公司出具并经国务院国有资产监督管理委员会备案的《资产评估报告书》,截至评估基准日 2003 年 6 月 30 日,岩土有限注册资本 1500.00 万元,净资产账面值为 1539.57 万元、评估值为 1612.31 万元,股权转让价格为评估值的 93.03%。

2010 年 6 月 8 日,中化集团出具《关于转让中化岩土工程有限公司国有股权的说明》,确认岩土有限两次国有股权转让事项属实,中化集团作为国有资产主管单位对两次国有股权转让履行了相应的决策和审批程序,进行了资产评估及备案管理,国有股权的转让价格以评估值作为参考依据,款项业已结清。

发行人律师核查后认为,发行人本次国有股权转让履行了主管单位审批、评估及备案登记手续,根据《国家国有资产管理局关于加强企业国有产权转让监督管理工作的通知》(国资产发[1995]54 号)的规定,国有资产转让成交价允许在底价的基础上有一定的浮动,如果浮动价低于评估价的 90%,要经同级国有资产管理部门批准,发行人本次国有股权转让价格未低于评估值的 90%,已经由有权部门审批,符合国有股权转让的相关规定,不存在国有资产流失的情况。

(八)委托持股是否合法有效

《合同法》第 44 条规定:“依法成立的合同,自成立时生效。法律、行政法规规定应当办理批准、登记等手续生效的,依照其规定。”第 52 条规定:“有下列情形之一的,合同无效:(一)一方以欺诈、胁迫的手段订立合同,损害国家利益;(二)恶意串通,损害国家、集体或者第三人利益;(三)以合法形式掩盖非法目的;(四)损害社会公共利益;(五)违反法律、行政法规的强制性规定。”

《公司法》第33条规定:“公司应当将股东的姓名或者名称及其出资额向公司登记机关登记;登记事项发生变更的,应当办理变更登记。未经登记或者变更登记的,不得对抗第三人。”

发行人律师核查后认为,王锡良、杨远红、王秀格、修伟、柴世忠5人在签署《出资委托协议》时具有完全民事权利能力和民事行为能力,且不存在公务员身份等法律法规禁止成为公司股东的情形,具备签署委托持股合同的主体资格;《出资委托协议》内容系委托方与受托方真实意思表示,且未违反法律、行政法规的强制性规定。因此,委托持股在王锡良等委托方与受托方之间具有法律效力,但在委托方或受托方与外部第三方之间不具有对抗效力。在委托持股期间,可能会因第三方主张权利而导致股权存在纠纷。鉴于委托方与受托方已经解除了委托持股并办理了工商变更登记,委托持股期间潜在的股权纠纷已经消除,发行人真实的股权结构状况已得到还原。因此,发行人曾存在的股东委托持股情况不会构成本次发行上市的实质性障碍。

【案例评析】

1. 委托持股的问题很普遍,其解决思路也没有太大分歧,一般就是通过股权转让的方式来进行清理。尽管如此,会里还是对委托持股的问题会重点关注,以上案例中大多数在反馈意见的重点问题中均对委托持股问题做了关注。

2. 会里关注的重点因为委托持股两种不同的模式而有所侧重:第一种是为了规避200人股东而进行的委托持股,那么该种情形下只能通过受让方受让实际股东的有关股权从而解决该问题,那么会里会关注:(1)受让方的背景以及与发行人的关系;(2)股权转让的价格是否合理;(3)股权转让的有关决策程序是否完备;(4)股权转让是否是转让方全部的真实意思表示,是否会存在潜在的风险和纠纷。第二种是就算是不委托持股股东人数也不超限的情形,该种情形会里的关注重点是:(1)当初委托持股的背景和真实原因是什么?(2)委托持股清理之后名义股东是否将股权全部转让给实际持有人,是否存在股东退出和新股东受让的情形?(3)股权转让的有关决策程序是否完备;(4)股权转让是否会导致潜在的风险和纠纷。值得注意的是,不管是哪一种情形只要是委托人有股权转让的情形都要关注:人家是不是知道你公司要上市了,是不是心甘情愿地将股权卖掉,价格是怎样制定的,会不会存在潜在的纠纷?

3. 另外值得注意的一点是,委托持股期间股东权利享有和义务的履行情况也是重点关注的问题,比如最典型的就是如果分红的话是不是最后还是实际持有股东享受到了收益等。这个问题分两个层面来看:一个是如果是委托人实际享有权益那么可以作为你委托持股一个有利的证明;另一个是如果委托持股期间受托人损害了委托人的利益,那么这些风险也需要解除并且要明确核查。

4. 小兵认为,尽管委托持股问题在实务中解决起来并不复杂,但是在一些程序上和细节上的处理还是尽量考虑周全和到位,不要因为方案设计的问题而引起一些不必要的麻烦。

5. 最后,在上述清理方案中有几家采取了公证的方式,小兵很是赞同,只是在程序上更加麻烦些,但是也更能解决问题。

第三章　资产完整

【你的家底是否牢固】

□ 证监会目前越来越强调整体上市和真实上市的概念，所谓真实不仅要求财务规范，同时也要求企业经营发展所必需资产均应纳入上市主体之内，这样才能给投资者一个完整的上市企业概念。

□ 换句话说，你的家底是否牢固，不能你说你家里有很多财产你就有很多财产，如果其中大部分都是借别人的甚至是偷拿过来的，那么这样的资产尽管有可能体现效益，但也是不牢固的，是存在风险的。

□ 本章内容主要讲如下几个问题：商标资产的完整性问题、减资问题等。

■第一节　商标资产瑕疵解决之道

【重要提示】

★ 资产完整性问题在发行审核实践中越来越受到重视，这包括资产没有完全注入、显失公允的关联交易和潜在的同业竞争等。

★ 商标作为对企业经营有着重要影响的资产，证监会鼓励全部装入拟上市主体，特殊情况下可以由控股股东免费许可给发行人使用。

★ 反过来，发行人是否可以免费许可控股股东使用商标呢？这样做往往风险很大。除了信得科技因为该原因被否决之外，上市公司张裕 A 也曾因此被山东证监局要求整改。

【案例情况】

一、皇氏乳业(002329):放弃共用商标消除资产潜在纠纷

(一)共用商标情况

发行人与海霸王(汕头)食品有限公司于2005年4月30日签订协议书,协议书约定"皇氏甲天下"商标归双方共同拥有。2005年12月28日,中华人民共和国国家工商行政管理局商标局出具核准证明。此外,根据发行人与海霸王(汕头)食品有限公司于2005年4月30日签订的协议书,发行人与海霸王(汕头)食品有限公司一致同意将正在申请中的第1987552号"甲天下"商标转为双方共同拥有。2005年11月1日,中华人民共和国国家工商行政管理局商标局出具核准证明。

1. 商标共有协议的主要内容

(1)约定双方共同拥有"皇氏甲天下"商标。

(2)发行人必须保证其产品的质量技术指标等完全符合国家的相关规定,如任何一方生产的该品牌产品发生任何问题,均由生产方自行负责,另一方不负任何法律责任。

(3)双方必须保证不做出任何有损于共有商标的事情,否则,任何一方均有权主动撤销该商标注册。

(4)发行人撤回对海霸王(汕头)食品有限公司"甲天下"商标的诉讼,并不再对其注册的"甲天下"商标采取任何法律行动,并对海霸王(汕头)食品有限公司支付此前为应对发行人连续三年停止使用撤销而发生的费用3万元人民币。海霸王(汕头)食品有限公司撤回对发行人"皇氏甲天下"商标的异议。

(5)发行人申请的任何带有"甲天下"文字的商标,必须首先征得海霸王(汕头)食品有限公司的同意。

(6)如果发行人违反以上规定,海霸王(汕头)食品有限公司有权单方面注销第1987552号和第1987184号商标注册,且发行人必须签署相关注销文件。

2. 商标共有原因及海霸王公司的基本情况

(1)发行人与海霸王公司商标共有的原因

海霸王(汕头)食品有限公司注册有"甲天下"水饺和"甲天下"汤圆商标。海霸王(汕头)食品有限公司于1995年进入汕头,商标注册时间早于发行人公司的"皇氏甲天下"商标的注册时间,为解决双方对商标存在的争议,双方协商共同拥有"甲天下"

商标。

(2)海霸王(汕头)食品有限公司基本情况

海霸王(汕头)食品有限公司是海霸王国际集团于1995年投资成立的,公司主营冷餐、速冻食品,如汤圆、水饺、火锅饺、竹轮、蟹肉棒、丸类等。

(3)海霸王公司与发行人及其实际控制人的关系

发行人公司除了与海霸王(汕头)食品有限公司在"皇氏甲天下"及"甲天下"商标存在共有关系外,不存在其他的业务往来和关联关系。

3. 发行人律师意见

发行人律师就发行人与海霸王(汕头)食品有限公司商标共有情况发表意见如下:"经本所律师审查,发行人申请注册的第29类第1987184号'皇氏甲天下'商标为发行人与海霸王食品共有;第1987552号'甲天下'商标正在由发行人与海霸王食品共同申请过程中。上述商标共有或共同申请符合《中华人民共和国商标法》第五条的规定,'两个以上的自然人、法人或者其他组织可以共同向商标局申请注册同一商标,共同享有和行使该商标专用权',本所律师认为,上述商标虽然由发行人与海霸王食品共有,但该共有情况并不影响发行人对商标的合法使用,在海霸王和发行人均按照法律法规的规定正常使用上述商标的情况下,商标共有不会给发行人的生产经营造成不利影响。"

4. 关联方使用商标安排

发行人已经依法注册了"八桂情"、"德天"、"雄牛"商标,并与海霸王(汕头)食品有限公司共同拥有"甲天下"、"皇氏甲天下"商标。广西皇氏甲天下投资集团有限公司和广西皇氏甲天下食品有限公司等关联企业的实际控制人黄嘉棣已经出具承诺如下:"除广西皇氏甲天下股份有限公司(以下简称皇氏股份)以外,本人控制的广西皇氏甲天下投资集团有限公司和广西皇氏甲天下食品有限公司等企业从未使用过皇氏股份已经依法注册并拥有的商标及皇氏股份与海霸王(汕头)食品有限公司共同拥有的'皇氏甲天下'及'甲天下'商标,未来也不会使用上述商标。"

(二)共用商标停用的说明

公司的商标"甲天下"(第29类第1987552号)、"皇氏甲天下"(第29类第1987184号)商标为公司与海霸王(汕头)食品有限公司(以下简称海霸王食品)双方共同拥有。公司与海霸王食品于2005年4月30日签订商标共有协议书。

1. 商标共有协议对公司经营的影响

商标共有虽不违反我国现行法律规定,但是此商标共有协议可能对皇氏乳业经营产生如下影响：

(1)共有协议对双方使用商标的具体商品范围未进行明确约定，将来有可能导致相互竞争。

(2)共有协议对商标到期后的处理未进行明确约定，如届时海霸王公司(该公司目前未实际使用共有商标)不予配合，无法在法定期限内展期，有可能造成皇氏乳业失去上述商标的所有权。

(3)共有协议未对共有商标的推广进行约定，考虑到皇氏乳业拟将上市，以及拟上市公司将来对商标的宣传推广等因素，商标的价值必将大幅提升，届时海霸王公司基于对商标的共有权利，必将无偿从中获取利益。

(4)对共有商标的处分必须取得双方的一致同意，这必将对皇氏乳业对商标的使用造成限制，从而影响到资产的独立性。

2. 共有商标的实际使用情况

"甲天下"(第29类第1987552号)商标曾在公司部分产品上使用(和"皇氏乳业"商标共同使用)，"皇氏甲天下"商标未曾使用。虽然公司对上述商标在法律权属方面没有障碍，但是按照公司与海霸王食品签订的协议书，对于将来经营的影响具有一定的不确定性。公司从战略角度考虑，决定放弃这两个商标在公司产品包装上的使用。为避免与海霸王食品共有商标可能带来的问题以及部分产品更换商标对生产经营和销售业绩的影响，公司采取了以下过渡措施：

(1)从公司成立后第一个产品上市起，就同时使用"甲天下"商标和"皇氏乳业"商标(当时此两商标都未曾申请注册)；2001年9月25日，公司向国家商标局申请注册"甲天下"商标，同日得到受理，后遇海霸王食品提出异议，于2005年4月30日签署共有的协议。自此，公司开始在瓶装、巴氏包、部分屋顶包等产品上逐步突出"皇氏乳业"商标，逐步淡化"甲天下"商标，并同时开始积极申请"八桂情"等商标。

(2)2005年10月28日，"八桂情"商标获得注册，公司此后推出的如康美包和屋顶包醋饮料、爱壳包装(益生菌原味酸奶、益生菌红枣酸奶、益生菌黄桃酸奶)、利乐砖(酸梅汤等)等新产品均没有使用"甲天下"商标，而是使用了"皇氏乳业"、"八桂情"和"乳果传奇"等商标。

(3)2007年9月25日，公司"皇氏乳业+八桂情+图形"组合商标申请提交后，为继续淡化"甲天下"商标在已使用的部分产品上的显著性，公司采用新的商标组合，将原来同时使用"皇氏乳业+甲天下"两商标的部分产品(考虑到瓶奶送奶到户销售渠道的封闭性，未进行此过渡)，变更为"皇氏乳业+八桂情+图形+甲天下"的新的商标组合。同时自2007年11月起瓶奶(2005~2008年此产品销售收入占公司乳制品销售收入的比例分别为52.85%、49.72%、49.56%、52.76%)开始更换商标，将同时使用"皇

氏乳业 + 甲天下”两商标的产品包装,直接变更为“皇氏乳业 + 八桂情 + 图形”的商标组合的产品包装;12 月起,其他产品也开始陆续推出不含“甲天下”商标的产品包装。

(4)截至 2008 年 3 月 24 日,公司新生产的产品已经全面停止使用包含“甲天下”商标的包装,全面使用“皇氏乳业 + 八桂情 + 图形”商标组合。

另外,发行人控股股东黄嘉棣先生已于 2008 年 3 月 3 日承诺:“皇氏乳业成功发行上市后,若与海霸王食品或任何其他企业、部门就‘甲天下’、‘皇氏甲天下’商标问题存在纠纷,导致皇氏乳业承担赔偿、罚款责任,全部由本人承担。”

(5)部分主要产品系列包装商标更改前后列举对照图如下:

瓶装

枕包

杯装

3. 放弃使用共有商标对公司持续经营和利润的影响

自2008年3月24日起公司新生产的产品全面停止使用包含共有商标的包装后，未对公司的产品销售产生不良影响，相反随着主要产品瓶装奶的订户以及其他产品销量的继续增加（截至2007年12月31日瓶装奶订户为28万户/日，2008年12月31日瓶装奶订户为37.28万户/日，2009年6月30日瓶装奶订户为41.26万户/日），公司经营业绩保持了持续快速增长：公司2008年实现乳制品销售收入25,487.04万元，比2007年同期增长37.73%；实现扣除非经常性损益后归属于母公司股东的净利润为3244.37万元，比2007年同期增长29.79%；公司主要产品瓶装奶实现销售收入13,447.08万元，比2007年同期增长48.83%，其他各大系列也都实现了较高的增长。2009年1~6月公司主要产品瓶装奶实现销售收入7387.50万元。因此，从上述经营业绩可以看出放弃使用"甲天下"、"皇氏甲天下"商标对发行人持续经营和盈利没有产生不利影响，公司继续保持了规模和业绩快速增长的趋势。

发行人律师认为："由于发行人新生产的产品已经不再使用上述共有商标，且发行人的控股股东黄嘉棣已经承诺如上述商标共有造成发行人的损失，将由黄嘉棣承担全部责任，本所律师认为，上述商标的共有情形不会给发行人的生产经营造成不利影响。"

二、达华智能（002512）：共用商号的解决思路

目前企业名称中含"达华"两字且报告期内与发行人公司存在购销业务往来的经销商为：成都达华智能科技有限公司、杭州达华台科智能科技有限公司、郑州达华台科智能科技有限公司、北京达华兴远智能科技有限公司、南京达华亿卡软件科技有限公司、武汉太和达华智能科技有限公司、广州太和达华智能科技有限公司及广州达华智能科技有限公司。其中，广州太和达华智能科技有限公司及广州达华智能科技有限公司为公司的前五大销售客户。

（一）非广州地区共用商号经销商的基本情况

1. 杭州达华台科智能科技有限公司

2004年4月5日，杭州达华台科智能科技有限公司经杭州市工商行政管理局核准成立，成立时住所为杭州市西湖区塘苗路18号，法定代表人为张壁琴，经营范围为：服务：计算机软件的技术开发、技术服务、技术咨询、成果转让；批发、零售：电子元器件、计算机软硬件及配件、办公自动化设备及其他无须报经审批的一切合法项目，注册资本和实收资本为55万元，其中张壁琴出资49.5万元，赵慧丹出资5.5万元。

公司与杭州达华台科智能科技有限公司报告期内的交易情况如下:

企业名称	2010年1~6月		2009年		2008年		2007年	
	金额(万元)	占当期销售收入比例	金额(万元)	占当期销售收入比例	金额(万元)	占当期销售收入比例	金额(万元)	占当期销售收入比例
杭州达华台科智能科技有限公司	199.09	1.60%	343.43	1.38%	472.79	1.98%	309.47	2.12%

公司销售给杭州达华台科智能科技有限公司的产品均为买断式销售,不存在代销或将滞销产品退回公司的情形,相关销售款项除还在信用期内的外,均已收回,因此销售是真实的。

2. 成都达华智能科技有限公司

2005年8月29日,成都达华智能科技有限公司经成都市工商行政管理局核准成立,成立时住所为成都市城守东大街59号蓝光大厦1707—1708室,法定代表人为文光坤,经营范围为生产、销售磁卡及相关应用设备、计算机及外围设备;软件的开发和销售;货物进出口、技术进出口(以上范围除国家法律法规禁止和限制的项目),注册资本和实收资本为50万元,其中宋德利出资17.81万元、舒平出资9.79万元、郭泽雄出资3.69万元、文光坤出资16.31万元、缑元海出资2.4万元。

公司与成都达华智能科技有限公司报告期内的交易情况为:

企业名称	2010年1~6月		2009年		2008年		2007年	
	金额(万元)	占当期销售收入比例	金额(万元)	占当期销售收入比例	金额(万元)	占当期销售收入比例	金额(万元)	占当期销售收入比例
成都达华智能科技有限公司	26.52	0.21%	—	—	—	—	—	—

公司销售给成都达华智能科技有限公司的产品均为买断式销售,不存在代销或将滞销产品退回公司的情形,相关销售款项除还在信用期内的外,均已收回,因此销售是真实的。

3. 南京达华亿卡软件科技有限公司

2005年6月10日,南京达华亿卡软件科技有限公司经南京市工商行政管理局核准成立,成立时住所为南京市玄武区珠江路88号新世界中心A座3013室,法定代表人为涂敏,经营范围为智能卡(不含金融卡)、计算机软硬件、电脑耗材、办公设备销售,注册资本50万元,实收资本30万元,其中李雪琴认缴出资5万元,实际缴纳出资3万元;涂敏认缴出资45万元,实际缴纳出资27万元。

公司与南京达华亿卡软件科技有限公司报告期内的交易情况如下:

企业名称	2010年1~6月		2009年		2008年		2007年	
	金额(万元)	占当期销售收入比例	金额(万元)	占当期销售收入比例	金额(万元)	占当期销售收入比例	金额(万元)	占当期销售收入比例
南京达华亿卡软件科技有限公司	285.81	2.30%	565.52	2.27%	666.47	2.79%	509.74	3.49%

公司销售给南京达华亿卡软件科技有限公司的产品均为买断式销售,不存在代销或将滞销产品退回公司的情形,相关销售款项除还在信用期内的外,均已收回,因此销售是真实的。

4.北京达华兴远智能科技有限公司

2009年5月15日,北京达华兴远智能科技有限公司经北京市工商行政管理局核准成立,成立时住所为北京市海淀区远大路39—1号611A室,法定代表人为曾小榕,经营范围为:法律、行政法规、国务院决定禁止的,不得经营;法律、行政法规、国务院决定规定应经许可的,经审批机关批准并经工商行政管理机关登记注册后方可经营;法律、行政法规、国务院决定未规定许可的,自主选择经营项目开展经营活动,注册资本100万元,实收资本100万元,其中李坚出资金额为45万元,曾小榕出资金额为55万元。

公司与北京达华兴远智能科技有限公司报告期内的交易情况如下:

企业名称	2010年1~6月		2009年		2008年		2007年	
	金额(万元)	占当期销售收入比例	金额(万元)	占当期销售收入比例	金额(万元)	占当期销售收入比例	金额(万元)	占当期销售收入比例
北京达华兴远智能科技有限公司	155.40	1.25%	116.14	0.47%	—	—	—	—

公司销售给北京达华兴远智能科技有限公司的产品均为买断式销售,不存在代销或将滞销产品退回公司的情形,相关销售款项除还在信用期内的外,均已收回,因此销售是真实的。

5.武汉太和达华智能科技有限公司

2008年8月14日,武汉太和达华智能科技有限公司经武汉市工商行政管理局核准成立,成立时住所为武汉市江汉区京汉大道747号404号,法定代表人为李奇君,经营范围为智能卡,读卡器,计算机软硬件的研究、开发、生产和销售;计算机系统集成;通讯设备(不含卫星电视广播地面接收设施)电子电器、五金、机电设备销售,注册资本100万元,实收资本100万元,其中李奇扬出资金额为40万元,李奇君出资金额为60万元。

公司与武汉太和达华智能科技有限公司报告期内的交易情况如下:

企业名称	2010年1~6月		2009年		2008年		2007年	
	金额(万元)	占当期销售收入比例	金额(万元)	占当期销售收入比例	金额(万元)	占当期销售收入比例	金额(万元)	占当期销售收入比例
武汉太和达华智能科技有限公司	122.75	0.99%	76.43	0.31%	68.25	0.29%	—	—

公司销售给武汉太和达华智能科技有限公司的产品均为买断式销售,不存在代销或将滞销产品退回公司的情形,相关销售款项除还在信用期内的外,均已收回,因此销售是真实的。

6. 郑州达华台科智能科技有限公司

2005年7月28日,郑州达华台科智能科技有限公司经郑州市工商行政管理局核准成立,成立时住所为郑州市航海东路1096号,法定代表人为赵建强,经营范围为计算机软件开发及销售、通讯器材、电子产品、办公设备的销售,智能卡应用开发及销售,注册资本50万元,实收资本50万元,其中赵建强出资金额为35万元,吴会敏出资金额为15万元。

公司与郑州达华台科智能科技有限公司报告期内的交易情况如下:

企业名称	2010年1~6月		2009年		2008年		2007年	
	金额(万元)	占当期销售收入比例	金额(万元)	占当期销售收入比例	金额(万元)	占当期销售收入比例	金额(万元)	占当期销售收入比例
郑州达华台科智能科技有限公司	6.98	0.06%	3.56	0.01%	13.05	0.05%	—	—

公司销售给郑州达华台科智能科技有限公司的产品均为买断式销售,不存在代销或将滞销产品退回公司的情形,相关销售款项除还在信用期内的外,均已收回,因此销售是真实的。

7. 前述经销商企业名称中含"达华"两字的原因以及对公司的影响

公司生产销售的商品具有较高的市场份额,品牌具有较高的市场知名度。经销商对公司及公司品牌具有较高的认同度，因此前述经销商设立时企业名称中采用“达华”两字作为其商号的一部分。前述经销商企业名称中虽含“达华”两字，但不会对本公司产生重大不利影响，原因如下：

(1)公司名称中虽包含“达华”两字，但公司并未将该字号作为商标进行注册或使用，亦未在其商品或生产经营活动中突出使用。公司商品和生产经营活动中使用的核心品牌为MANGO，公司的该品牌产品在中小型项目领域占有较高的市场份额，具有一定的市场知名度，且公司已合法取得该品牌的商标权，因此虽然前述经销商企业名称中含“达华”两字，但不会影响公司生产经营过程中前述品牌商品的推广和合法使用。

(2)依据《企业名称登记管理实施办法》，企业名称不得与同一登记主管机关辖区内已登记注册的同行业企业名称相同或者近似(有投资关系的除外)。前述经销商与公司分属不同的登记主管机关且亦经各登记主管机关核准登记，因此前述经销商企业名称中含“达华”两字没有违反《企业名称登记管理实施办法》，与公司不存在纠纷或潜在纠纷。

(3)依据《企业名称登记管理实施办法》，企业名称由行政区划、字号、行业、组织形式依次组成(法律、行政法规和本办法另有规定的除外)，前述经销商与公司的名称中虽然均含有“达华”两字，但是整体名称与公司不同，住所地亦不同，存在一定差异。

(4)公司与前述经销商均为独立企业法人，均以其全部财产对外承担民事责任。公司与前述经销商之间除存在购销方面的业务联系外，前述经销商及其股东与公司、公司控股股东、实际控制人及其董事、监事和高级管理人员之间不存在其他关联关系或利益安排，因此前述经销商的生产经营行为不会导致公司的财务状况和经营成果产生不利变化。

(5)截至目前，公司不存在其利益因前述经销商企业名称中含“达华”两字而遭受损失的情形。

保荐机构认为：(1)发行人销售给前述经销商的产品均为买断式销售，不存在代销或将滞销产品退回公司的情形，相关销售款项除还在信用期内的外，均已收回，因此销售是真实的；(2)前述经销商除与发行人存在购销方面的业务联系外，前述经销商及其股东与发行人、发行人控股股东、实际控制人及其董事、监事和高级管理人员之间不存在其他关联关系或利益安排。前述经销商企业名称中虽含“达华”两字，但其与发行人之间就该等字号的使用不存在纠纷或潜在纠纷，不会影响发行人对其自身品牌的使用，亦不会导致社会公众对发行人产品及其生产经营产生混淆及重大误解。发行人与前述经销商均为独立企业法人，均以其全部财产对外承担民事责任，前述经销商的生产经营行为不会导致发行人的财务状况和经营成果产生不利变化。因此,前述经销商企业名称中含“达华”两字不会对发行人产生重大不利影响。

发行人律师认为,前述经销商除与发行人存在购销方面的业务联系外,前述经销商及其股东与发行人、发行人控股股东、实际控制人及其董事、监事和高级管理人员之间不存在其他关联关系或利益安排。前述经销商企业名称中虽含“达华”两字,但其与发行人之间就该等字号的使用不存在纠纷或潜在纠纷,不会影响发行人对其自身品牌的使用,亦不会导致社会公众对发行人产品及其生产经营产生混淆及重大误解。发行人与前述经销商均为独立企业法人,均以其全部财产对外承担民事责任,前述经销商的生产经营行为不会导致发行人的财务状况和经营成果产生不利变化。因此,前述经销商企业名称中含“达华”两字不会对发行人产生重大不利影响。

(二)广州地区共用商号的经销商的基本情况

1.广州太和达华的基本情况

(1)广州太和达华的历史沿革

2008年1月,广州太和达华经广州市工商行政管理局核准成立,成立时住所为广州市天河区龙口东路342-360号406房,法定代表人为王语,执行董事及经理为王语,监事为赵立刚,经营范围为智能产品、智能应用系统的研究、开发;批发和零售贸易(国家专营专控项目除外),注册资本和实收资本为100万元,其中王语出资56万元,赵立刚出资44万元。

2009年6月18日,经广州市工商行政管理局核准,广州太和达华住所变更为广州市天河区龙口东路342-354号416房。

截至目前,除前述住所变更外,广州太和达华自设立至今不存在其他变更情形。

(2)广州太和达华的业务情况

截至目前,该公司的股权结构没有发生变化,法定代表人及总经理为王语,由王语实际经营管理。

该公司自2008年成为发行人的经销商,2008年、2009年和2010年1~6月发行人向其销售产品的销售额分别为495.55万元、842.59万元和564.48万元。截至2009年12月31日该公司总资产为2,195,350.31元,净资产为754,188.79元;2009年度实现净利润为-34,565.92元(上述财务数据未经审计)。

(3)广州太和达华与本公司的关系

广州太和达华除与发行人存在购销方面的业务联系外,广州太和达华及其股东与公司、公司控股股东、实际控制人及公司董事、监事和高级管理人员之间不存在其他关联关系或利益安排。

2010年7月15日,公司出具《声明与承诺函》如下:本公司除与广州太和达华智能科技有限公司存在正常的业务购销关系外,与广州太和达华智能科技有限公司不存在任何其他关系。

2010年7月15日,公司控股股东暨实际控制人蔡小如出具《声明与承诺函》:中山达华智能科技股份有限公司除与广州太和达华智能科技有限公司存在正常的业务购销关系外,不存在任何其他关系。本人作为中山达华智能科技股份有限公司的控股股东暨实际控制人对上述情况的真实性和准确性予以确认。

2. 广州达华智能科技有限公司的历史沿革

2004年4月27日,广州达华智能科技有限公司经广州市工商行政管理局核准成立,成立时住所为广州市天河区黄埔大道西201号2009房,法定代表人为王妤凡(后更名为王语),经营范围为研究、开发:计算机软硬件、智能卡及其应用系统,批发和零售贸易(国家专营专控项目除外),注册资本为100万元,其中王红飚出资55万元,出资比例55%;赵丽芸出资45万元,出资比例45%。

2007年8月2日,经广州市工商行政管理局核准,王红飚将其出资额11万元转让给王语(王语系王红飚配偶之妹);赵丽芸将其出资额1万元转让给王语,将其出资额8.5万元转让给赵立刚(赵丽芸与赵立刚系姐弟)。转让完成后,王红飚对广州达华智能科技有限公司出资额为44万元,出资比例44%;赵丽芸出资额为35.5万元,出资比例35.5%;王语出资额为12万元,出资比例12%;赵立刚出资额为8.5万元,出资比例8.5%。

2008年11月13日,经广州市工商行政管理局核准,广州达华智能科技有限公司依法注销。

3. 广州市宏力茂物信息技术有限公司的基本情况

2001年9月17日,广州宏力茂物公司经广州市工商行政管理局核准成立,成立时住所为广州市天河区黄埔大道西201号2210房,法定代表人为王红飚,经营范围为计算机系统集成、软件开发,智能卡及智能卡应用系统开发、研究(国家专营专控项目除外),批发和零售贸易(国家专营专控商品除外),注册资本为101万元,其中王红飚出资额为55.55万元,出资比例55%;赵丽芸出资额为45.45万元,出资比例45%。

2004年9月8日,经广州市工商行政管理局核准,广州宏力茂物公司住所依法变更为广州市天河区黄埔大道西201号2010房。

2007年8月5日,经广州市工商行政管理局核准,王红飚将其对广州宏力茂物公司的出资额11.11万元转让给王语;赵丽芸将其出资额1.01万元转让给王语,将其出资额8.585万元转让给赵立刚。转让完成后王红飚出资额为44.44万元,出资比例

44%;赵丽芸出资35.855万元,出资比例35.5%;王语出资额为12.12万元,出资比例12%;赵立刚出资额为8.585万元,出资比例为8.5%。

2009年8月19日,经广州市工商行政管理局核准,广州宏力茂物公司依法注销。

4.报告期公司与广州地区经销商的交易往来情况

公司与广州地区经销商广州太和达华、广州达华智能科技有限公司及广州宏力茂物公司报告期的交易往来情况如下:

企业名称	2010年1~6月		2009年		2008年		2007年	
	金额(万元)	占当期销售收入比例	金额(万元)	占当期销售收入比例	金额(万元)	占当期销售收入比例	金额(万元)	占当期销售收入比例
广州太和达华智能科技有限公司	564.48	4.54%	842.59	3.38%	495.55	2.07%	—	—
广州达华智能科技有限公司	—	—	—	—	14.38	0.06%	34.54	0.24%
广州市宏力茂物信息技术有限公司	—	—	0.55	—	73.03	0.31%	19.58	0.13%
合计	564.48	4.54%	843.14	3.38%	582.96	2.44%	54.12	0.37%

公司销售给广州地区经销商广州太和达华及其关联企业的产品均为买断式销售,不存在代销或将滞销产品退回公司的情形,相关销售款项除还在信用期内的外,均已收回,因此销售是真实的。

保荐机构认为,(1)发行人销售给广州太和达华及其关联企业的产品均为买断式销售,不存在代销或将滞销产品退回公司的情形,相关销售款项除还在信用期内的外,均已收回,因此销售是真实的;(2)广州太和达华除与发行人存在购销方面的业务联系外,广州太和达华及其股东与发行人、发行人控股股东、实际控制人及其董事、监事和高级管理人员之间不存在其他关联关系或利益安排;(3)广州太和达华企业名称中虽含“达华”两字,但是广州太和达华的字号为太和达华而发行人的字号为“达华”,并且广州太和达华的整体名称与发行人不同,住所地亦不同,存在一定差异;发行人与广州太和达华之间就该等字号的使用不存在纠纷或潜在纠纷,不会影响发行人对其自身品牌的使用,亦不会导致社会公众对发行人产品及其生产经营产生混淆及重大误解。发行人与广州太和达华均为独立企业法人,均以其全部财产对外承担民事责任,广州太和达华的生产经营行为不会导致发行人的财务状况和经营成果产生不利变化。因此,广州太和达华企业名称中虽含“达华”两字但不会对发行人产生重大不利影响。

发行人律师认为，广州太和达华除与发行人存在购销方面的业务联系外，广州太和达华及其股东与发行人、发行人控股股东、实际控制人及其董事、监事和高级管理人员之间不存在其他关联关系或利益安排。广州太和达华企业名称中虽含“达华”两字，但其与发行人之间就该等字号的使用不存在纠纷或潜在纠纷，不会影响发行人对其自身品牌的使用，亦不会导致社会公众对发行人产品及其生产经营产生混淆及重大误解。发行人与广州太和达华均为独立企业法人，均以其全部财产对外承担民事责任，广州太和达华的生产经营行为不会导致发行人的财务状况和经营成果产生不利变化。因此，广州太和达华企业名称中虽含“达华”两字但不会对发行人产生重大不利影响。

（三）反馈意见关注思路

达华智能在重组过程中存在不彻底的情况，存在公司商号被其他企业继续使用的情形，证监会对此进行了重点关注，具体情况如下：

（1）请介绍广州太和达华智能科技有限公司的业务、股权结构及与发行人的关系。

（2）请详细披露：①发行人广州地区经销商广州太和达华及其关联企业广州达华智能科技有限公司、广州市宏力茂物信息技术有限公司历史沿革和与发行人的交易情况，并披露广州太和达华及其股东与发行人是否有其他利益安排；②广州太和达华企业名称中含“达华”两字的原因，其企业名称中含“达华”两字是否会对发行人产生重大不利影响。

（3）发行人部分经销商企业名称中含“达华”两字，请详细说明并披露这些经销商历史沿革和与发行人的交易情况，与发行人是否有其他利益安排，企业名称中含“达华”两字的原因，其企业名称中含“达华”两字是否会对发行人产生重大不利影响。

三、太阳电缆（002300）：股东及经销商使用“太阳”商号

（一）发行人股东及专卖经销商使用带有“太阳”字样商号的情况

（1）经核查，在企业名称中使用带有“太阳”字样商号的发行人股东为福州南缆太阳电线电缆有限公司和泉州南缆太阳电线电缆有限公司，上述两家企业均为发行人的专卖经销商。此外，在发行人的专卖经销商中，有十一家企业在名称中使用带有“太阳”字样商号，具体如下：福州鼎力太阳电线电缆有限公司、福州海成太阳电线电缆有限公司、福州南大太阳电线电缆有限公司、福州建华太阳电线电缆有限公司、福清南缆太阳电线电缆有限公司、莆田南缆太阳电线电缆有限公司、厦门南缆太阳电线电缆有

限公司、福安市昌隆太阳电线电缆有限公司、宁波太阳电缆营销有限公司、珠海德源太阳电缆有限公司和沈阳南缆太阳电缆有限公司。

(2)经核查,发行人(许可方)与上述十三家企业(被许可方)分别签订了《知识产权协议》,协议约定,因发行人与被许可方签订了《专卖点产品承销协议》,由被许可方在特定区域内专营发行人生产的"太阳"牌电线、电缆,为了经营需要,发行人许可被许可方在其企业名称中使用"太阳"字样作为商号;同时,发行人授权被许可方在《专卖点产品承销协议》的有效期内为促进"太阳"牌电线、电缆的销售或者其他有利于发行人的目的,使用发行人的注册商标;被许可方不得擅自将发行人的企业名称、简称、缩略语、外文名称和字号(商号)、商标、标志或者与之相同、近似的文字、图形申请注册为商标(包括在非相同或类似的商品上);在《专卖点产品承销协议》解除或终止后,被许可方亦不得自行登记或者使用与发行人企业名称、简称、缩略语、外文名称、字号(商号)、商标或者与之相同、近似的文字作为企业名称中的字号;被许可方不得擅自将包含"太阳"以及相同或近似文字的企业字号随企业的一部分或者全部转让给除发行人以外的任何第三人,发行人对被许可方的企业名称享有优先受让权。

(二)关于发行人的股东及专卖经销商使用带有"太阳"字样商号的法律分析

(1)发行人在福建省工商行政管理局登记注册,其登记的企业名称为福建南平太阳电缆股份有限公司,"太阳"为发行人的商号(字号)。发行人拥有的"太阳"注册商标(《商标注册证》注册号:第3268747号)已于2005年7月28日经福建省南平市中级人民法院[2005]南民初字第33号《民事判决书》认定为驰名商标。根据最高人民法院《关于审理商标民事纠纷案件适用法律若干问题的解释》(法释[2002]32号)第22条规定:"人民法院在审理商标纠纷案件中,根据当事人的请求和案件的具体情况,可以对涉及的注册商标是否驰名依法作出认定。"发行人律师认为,福建省南平市中级人民法院认定发行人拥有的"太阳"注册商标(《商标注册证》注册号:第3268747号)为驰名商标,符合上述司法解释的规定。

(2)国家工商行政管理总局(原名国家工商行政管理局)于1991年7月22日发布的《企业名称登记管理规定》(国家工商行政管理局令第7号)第3条规定:"企业名称在企业申请登记时,由企业名称的登记主管机关核定。企业名称经核准登记注册后方可使用,在规定的范围内享有专用权。"国家工商行政管理总局于2004年6月14日发布的《企业名称登记管理实施办法》(国家工商行政管理总局令第10号)第9条规定:"企业名称应当由行政区划、字号、行业、组织形式依次组成,法律、行政法规和本办法另有规定的除外。”《商标法实施条例》(国务院令第358号)第53条规定:“商标所有人认为他人将其驰名商标作为企业名称登记,可能欺骗公众或者对公众造成误解的,可以向企业名称登记主管机关申请撤销该企业名称登记。企业名称登记主管机关应当依照《企业名称登记管理规定》处理。”国家工商行政管理总局于2003年4月17日发布的《驰名商标认定和保护规定》(国家工商行政管理总局第5号令)第13条规定:“当事人认为他人将其驰名商标作为企业名称登记,可能欺骗公众或者对公众造成误解的,可以向企业名称登记主管机关申请撤销该企业名称登记,企业名称登记主管机关应当依照《企业名称登记管理规定》处理。”

发行人与上述十三家企业分别签订了《知识产权协议》,发行人许可其在企业名称中使用“太阳”字样作为商号,其目的是促进发行人生产的“太阳”牌电线、电缆的销售;上述《知识产权协议》不存在违反法律、行政法规、规章的强制性规定的情形,亦不存在损害社会公共利益的情况。综上,发行人律师认为,上述发行人的股东及专卖经销商使用带有“太阳”字样的商号不存在风险或潜在纠纷。

四、浙江开山:商标争议事项

(一)与凯瑟·科普索恩德国公司商标争议事项基本情况

凯瑟·科普索恩德国公司(KAESER KOMPRESSPREN GMBH)(以下简称凯瑟公司)于2007年3月29日向商标局评审委员会申请商标争议,就开山控股第3557239号“KAISER 恺撒”商标(以下简称争议商标)提出争议,认为该商标与其主要使用在空气压缩机等商品上的中国第1029365号“KAESER KOMPRESSOREN”商标(以下简称引证商标)构成使用在相同商品上的近似商标,侵害了凯瑟公司及其中国分公司的商号权,提出撤销该商标的主张。

凯瑟公司认为争议商标与引证商标构成使用在相同商品上的近似商标,易导致消费者混淆和误认。其中争议商标中的显著部分“KAISER 恺撒”与引证商标中的显著部分“KAESER”类似;争议商标与凯瑟公司及其中国分公司在先使用和登记并具有一定知名度的商号“KAESER”、“凯撒”基本相同;争议商标是对凯瑟公司知名商标的翻译、模仿和抄袭。

2007年7月31日,开山股份对于此项争议已向国家工商行政管理总局商标评审委员会递交了《关于第3557239号商标的争议答辩》。开山股份答辩认为:争议商标具有自身的独创性,明显区别于引证商标。引证商标是单纯的德文商标,而争议商标是以其中文部分为核心的中英文的组合商标,其中文“恺撒”和发行人商号“开山”的谐音音译,两个商标的外文部分在语种和渊源上均有差异;争议商标是依法于2005年3月7日核准注册的,没有任何抄袭、模仿引证商标的主观意图与必要,且使用争议商标已长达6年。引证商标于争议商标申请日以前并非驰名商标,目前也不是驰名商标,争议商标的实际使用没有也不会造成消费者对于争议人引证商标的误认和混淆,不会侵犯争议人的权益。

开山控股于2009年10月将上述争议商标无偿转让给公司,公司已于2009年12月27日办理完成上述争议商标的过户更名手续。

2010年6月21日,国家工商行政管理总局商标评审委员会作出商评字[2010]第13240号《关于第3557239号"恺撒 KAISER"商标争议裁定书》(以下简称第13240号裁定),合议组对上述商标争议事项进行审理后认为凯瑟公司所提争议理由部分成立,裁定争议商标予以撤销。

公司于2010年7月21日收到上述第13240号裁定,公司不服国家工商行政管理总局商标评审委员会作出的第13240号裁定,已于2010年8月20日向北京市第一中级人民法院提起诉讼。2010年9月14日,北京市第一中级人民法院出具《行政案件受理通知书》和《行政举证通知书》([2010]一中知行初字第3144号),决定立案审理此次商标争议案件。

截至本招股说明书签署日,公司已完成初步举证工作,本次商标争议案件尚在审理过程中。

(二)与凯撒(中国)股份有限公司商标异议事项基本情况

凯撒(中国)股份有限公司(以下简称凯撒中国)于2009年4月13日向商标局评审委员会提出商标异议,就开山控股的初步审定号5209606的"KAISER 恺撒"(以下简称异议商标)提出商标异议,认为该商标是对其在先注册"凯撒"商标(注册号为1232729、1711961、3319373)的复制和模仿,申请该异议商标不予核准注册。

凯撒中国主张理由如下:"凯撒"商标是国内服装行业极具知名度的驰名商标,异议商标与其注册的第25类商品"凯撒"驰名商标相同,是对"凯撒"驰名商标的复制与模仿。异议商标与引证商标虽然使用在不同的商品上,但容易造成消费者混淆和误认,致使凯撒股份的利益可能受到损害,因此请求依法裁定异议商标不予注册。

2009年11月20日,开山控股对于上述商标异议事项向国家工商行政管理总局商标评审委员会递交了《关于第5209606号商标的异议答辩》,开山控股认为:异议商标是公司依法申请注册的商标,经国家商标局根据有关法律、法规受理,初步审定并于2009年4月13日进行公告,这是对异议商标合法注册的肯定;异议商标与引证商标并不相同或近似,两者在字形、含义和整体形式上均有不同,引证商标并非凯撒公司独创的品牌,不存在刻意模仿和复制;异议商标与引证商标所指定使用的产品不属于同一种或类似商品,同时使用于不近似的产品上,且异议商标在引证商标被认定为驰名商标之前已经申请;故两者并不构成近似商标,不会造成混淆误认,不适用驰名商标扩大保护的原则,异议商标应受到法律保护,依法被核准注册。

开山控股于 2009 年 10 月将上述异议商标的申请权无偿转让给公司,公司已于 2009 年 11 月 23 日办理完成上述异议商标申请权的更名手续。

商标异议属于商标初审过程中公开征求公众意见的法律程序。根据《商标法》等相关法律法规的规定,对于商标异议事项,异议理由成立,原初步审定的商标不予注册;异议理由不能成立,后经初步审定的商标予以注册。若商标局不予注册商标,公司可向商标评审委员会申请复审,对复审结果不服,可向人民法院起诉。

2011 年 3 月 9 日,国家工商行政管理总局商标局出具[2011]商标异字第 05205 号《"恺撒 KAISER"商标异议裁定书》,对上述商标异议事项进行审理后认为异议人所提异议理由不成立,第 5209606 号"恺撒 KAISER"商标予以核准注册。

(三)瑞典 SKF 公司商标异议事项基本情况

瑞典 SKF 公司(以下简称 SKF 公司)于 2009 年 3 月 9 日商标局申请商标异议,就开山控股作为申请人的第 5095936 号"SKK"商标提出异议。

SKF 公司认为其"SKF"商标是世界知名品牌,已在中国取得注册,并在中国境内长期并广泛使用。异议商标"SKK"与其"SKF"商标在文字构成上混淆近似,指定使用的商品相同或者类似,在权利上产生冲突,异议商标的使用会导致消费者的混淆误认,损害 SKF 公司在先权利,造成不良社会影响,要求依法裁定异议商标不予注册。

2009 年 8 月 9 日,开山控股就上述商标异议事项向商标局递交了《关于对第 5095936 号"SKK"商标异议的答辩书》,开山控股认为"SKK"商标是开山控股依法申请注册的商标,经国家商标局根据有关法律、法规受理,初步审定并于 2006 年 4 月 14 日进行公告,这是对"SKK"商标合法注册的肯定;"SKK"商标与引证商标"SKF"存在很明显的区别性,且使用商品不相同也不类似,不会引起相关公众的误认;异议商标"SKK"不是对引证商标"SKF"的一种复制模仿,而是通过自己独特的思考设计创新而出的商标形状,异议商标"SKK"经大量使用已具有一定的影响力、知名度和显著性,应受到法律保护,依法被核准注册。

开山控股于 2009 年 10 月将上述异议商标"SKK"的申请权无偿转让给公司,公司已于 2009 年 11 月 23 日办理完成上述异议商标"SKK"申请权的更名手续。该商标异议案件已于2010年6月7日由国家工商行政管理总局商标局受理。

商标异议属于商标初审过程中公开征求公众意见的法律程序。根据《商标法》等相关法律法规的规定,对于商标异议事项,异议理由成立,原初步审定的商标不予注册;异议理由不能成立,后经初步审定的商标予以注册。若商标局不予注册商标,公司可向商标评审委员会申请复审,对复审结果不服,可向人民法院起诉。截至本招股说明书签署日,该商标异议事项已进入待审过程,商标评审委员会尚未做出裁决。

(四)商标争议和异议事项对公司经营成果的影响

按照上述商标在公司产品和业务中的定位,即使公司上述相关注册商标终审被裁定撤销、拟注册商标不能予以注册,仍不会对公司主要产品的对外销售以及生产经营产生重大影响。

目前,公司的品牌体系可以大致分为三个层次:

一是,公司注册号为3557239的"KAISER 恺撒"以及初审号为5209606的"KAISER 恺撒"商标与"开山"、"百坚"等商标一样,主要用于公司标准系列空压机产品。其中,"恺撒"系列产品主要通过子公司维尔泰克系统销售,定位于上海、重庆、广东的中低端市场。报告期内,公司使用"KAISER 恺撒"商标销售的相关产品占公司收入、利润比例较低。即使按照最极端的情况计算,不能使用"KAISER 恺撒"品牌对外销售对公司生产经营的影响仍有限。

二是,随着国家节能减排政策力度的不断加大,公司将大力推广以"KAITEC"为代表的高端系列、以"KAITAIN"、"维尔泰克"系列为代表的节能系列,"KAISER 恺撒"系列产品对公司业绩的贡献进一步上升的空间已不大。即使公司因相关争议及异议事项导致该商标终审被撤销或不予注册,对相关产品销售也不会产生重大影响。

三是,公司拟注册商标"SKK"专门用于标识子公司开山凯文螺杆的螺杆主机产品,该标识仅在开山凯文螺杆向母公司及其他子公司之间销售螺杆主机产品以及对外宣传螺杆主机以增加辨识度时使用,公司螺杆主机产品不以"SKK"品牌对外销售,螺杆整机产品也未曾使用"SKK"品牌命名;另外,公司总经理汤炎开发的"Y 型线"在螺杆主机生产中已逐步替代"K 型线",螺杆主机产品的对外宣传将主打"SKY"品牌,"SKK"对内对外的使用频率将大幅降低。

综上所述,上述三项商标争议和异议案件对公司的经营成果不构成重大影响。

经核查,保荐人和发行人律师认为,发行人上述争议商标并非应用于发行人的主导产品,被裁定予以撤销不会对发行人的正常生产经营产生实质性影响,不会对发行人本次公开发行股票并在创业板上市造成法律障碍。发行人上述异议商标亦非应用于发行人的主导产品，即使最终被商标局裁定不予公告，对发行人的正常生产经营影响较小，不会对发行人本次公开发行股票并在创业板上市造成法律障碍。

五、新开源(300109)：商标资产过户手续办理不及时

2009 年 5 月，新开源有限整体变更为股份有限公司，目前尚有商标、专利和部分房产的更名手续在办理中。

(一)房产更名手续目前的具体办理情况

《律师工作报告》“10.1.1 新开源股份拥有的房屋所有权”部分所列发行人拥有所有权的 50 项房产中，第 13 项至第 50 项已更名至股份公司名下，第 1 项至第 12 项在更名至股份公司前，已根据公司于 2009 年 6 月 8 日与中国工商银行股份有限公司焦作民主南路支行签署的《最高额抵押合同》(合同编号:2009 年焦南抵字第 0001 号)及《房地产抵押合同》(博房抵字第 040 号)抵押给该行。公司偿还抵押合同下相关借款后，即可办理更名手续。未更名房产的所有权仍属公司，由公司占有、管理和正常使用，公司具备偿债能力，未更名抵押房产对公司的生产经营无影响。

(二)土地更名手续目前具体办理情况

发行人现拥有使用权的 4 宗土地中，3 宗已更名至股份公司名下；土地证号为博国用[2008]第 036 号的 1 宗土地在更名至股份公司前，已根据公司于 2009 年 6 月 8 日与中国工商银行股份有限公司焦作民主南路支行签署的《最高额抵押合同》(合同编号：2009 年焦南抵字第 0001 号)及《房地产抵押合同》(博房抵字第 040 号)抵押给该行。公司偿还抵押合同下相关借款后，即可办理更名手续。未更名土地的使用权仍属于公司，由公司占有、管理和正常使用，公司具备偿债能力，未更名抵押土地对公司的生产经营无影响。

(三)专利更名手续目前具体办理情况

发行人的专利及专利申请权已全部更名至股份公司名下。

(四)商标更名手续目前具体办理情况

发行人于 2009 年 11 月委托商标代理机构办理商标更名，商标代理机构于 2010 年 2 月 4 日将变更申请递交至国家商标局，相关手续正在办理中。未更名商标的所有权仍属于公司，由公司占有、管理和正常使用，对公司的生产经营无影响。

经审慎核查,发行人律师认为:发行人部分土地、房产和商标更名至股份公司名下的手续尚未办理完毕,但该等土地、房产和商标的使用权或所有权属于发行人(前身新开源有限),由发行人占有、管理和正常使用,对公司的生产经营无影响。

六、信得科技(被否决):无偿许可大股东使用商标

2009年7月31日,发行人与潍坊信得签署了《商标许可使用协议》,约定:发行人许可潍坊信得在中华人民共和国境内制造、销售、分销肥料类产品时使用发行人拥有的第4294377号商标;许可使用期限为1年,自协议签署之日起计算;该协议项下商标使用为无偿使用;若使用期限届满后,潍坊信得拟继续使用发行人商标,需要向发行人支付相应的许可使用费,具体事宜届时由双方另行协商确定。

公司与关联方经常性关联交易金额较小,未对公司生产经营产生重大影响。

《关于不予核准山东信得科技股份有限公司首次公开发行股票申请的决定》(证监许可[2010]608号):根据招股说明书,2009年7月31日,申请人与潍坊市信得生物科技有限公司(以下简称潍坊信得)签署了《商标许可使用协议》,约定申请人许可潍坊信得在中华人民共和国境内制造、销售、分销肥料类产品时无偿使用申请人拥有的第4294377号商标,许可期限为1年,自协议签署之日起计算;若使用期限届满,潍坊信得拟继续使用申请人商标,需要向申请人支付相应的许可使用费,具体事宜届时由双方另行协商确定。申请人将自己拥有的商标许可给实际控制人所控制的潍坊信得无偿使用,关联交易定价不公允,损害了申请人的合法权益。发审委认为,上述情形与《首次公开发行股票并上市管理办法》(证监会令第32号)第19条的规定不符。

【案例评析】

上述案例非常具有代表性,对于我们理解商标资产问题具有重要参考价值。其中,皇氏乳业是二次上会的整改思路,达华智能是许可使用商号的问题,而信得科技是因为问题没有处理好而失败的案例。现就上述三个案例分别评析如下:

1. 皇氏乳业

(1)皇氏乳业第一次上会时其中一条被否决意见就是:发行人销售中使用的主要商标“甲天下”和“皇氏甲天下”与其他生产食品的企业共有,有关协议书中未明确划分共有双方的使用领域,发行人对该无形资产的权利受到较大限制,发行人未来经营中使用该商标存在出现较大不利变化的风险,不符合《首次公开发行股票并上市管理办法》第37条的规定。可见,原保荐机构在该问题的处理上犯了很大的错误。虽然皇氏乳业当时的审核前景不被很多人看好,且盈利能力平平,但是商标共用的问题显然是

被否的一个很重要的因素。

(2)坦率地讲,公司签署的商标共用协议的条款实在是很吓人。食品行业本来就对品牌有着很强的依赖性,根据协议,发行人对于共用商标没有哪怕一丁点儿的主动权,会里因此认定发行人存在重大经营风险是有充分理由的。

(3)应该说,企业面临的商标共用的事实已经是不可调和的矛盾,从信息披露的痕迹也明显可以看出根本就没有机会跟海霸王去协商,因为就算是二次上会皇氏乳业都没有得到解决该问题最佳的途径:终止协议。两家保荐机构面临的是同样的问题,而处理的思路截然不同。

(4)前者是抱着一种冲关的心态,觉得就算资产有些瑕疵,只要股东承诺和律师发表意见就没有问题了。而后者在没有退路的情况下则采取了迂回的策略,那就是主动放弃商标的共用权,其解释的思路值得借鉴:①坦诚商标共用存在很大的经营风险;②主动放弃共用权;③积极申请其他商标并采取措施进行积极地过渡和调整;④通过运行业绩证明这样的处理没有对企业产生不利影响。至此,该问题就算是有了一个圆满的解决,风险得到了彻底的解除。当然,不能说后者就比前者强,或许后者只能是背水一战了,但是这也提醒我们对待问题还是不能存在任何侥幸心理,如果第一次就抱着彻底解决问题的决心,或许就不用如此费周折了。

2. 达华智能

(1)该案例很特别的一点就是提醒我们,商号作为一种重要的资产尽管没有商标那么重要,但是也是不能随便许可使用的。

(2)尽管在实务中投行对于资产完整性以及业务独立性的关注已经到达一个高度,一般拟上市企业也不会在该方面存在实质性的障碍,但是留着小尾巴的情况还是时有发生,比如全部资产和负债拿进来但是公司的壳还在,比如发行人仍将商标、商号等无形资产保留在体外供股东或其他关联方使用等。对于这样的问题,会里一来很反感并明令禁止,二来如果发现还是会追问到底,达华智能就是一个案例。四次反馈意见除了最后一次是必须的例行公事之外,前三次均问到了经销商与发行人共用一个商号的问题。

(3)当然,从另外一个层面来讲,发行人律师就一个问题被会里揪住不放也是自己挤牙膏式信息披露咎由自取的结果。从反馈意见的答复脉络可以看得很清楚,第一次会里就让发行人律师解释清楚这个问题,结果律师仅仅说了些不咸不淡的资料;第二次让发行人律师回答,结果只说了一家,别的还是藏着没说;第三次又说了一遍,不知道最后是真说清楚了还是会里懒得问了。其实,该企业反馈意见没有多少问题,或许一两次就可以解决战斗,这样的话至少能够节约一个月的审核时间,这就属于会里说的因为信息披露挤牙膏而影响审核进程的典型案例。

(4)不管怎样,该案例对于问题解释的思路还是值得借鉴:①是否违法或存在相关法律风险,是否合乎相关法律法规乃至规范性文件的规定,这个是底线问题;②是否有不当利益安排,即核查是否存在关联交易非关联化问题,这个涉及是否存在利益输送、发行人财务状况是否真实问题;③是否对发行人的经营或相关资质、荣誉的取得(如驰名商标)有不利影响,这个涉及是否影响发行人持续盈利能力问题;④历史上及未来是否存在法律纠纷或法律风险。

3. 信得科技

(1)信得科技的中介机构显然是没有认识到商标资产问题的重要性,信息披露文件没有详细解释,而这也成为公司被否决的原因。或许这并非企业被否决的唯一原因,但肯定是最重要的原因,可见会里对资产完整性问题尤其是商标资产完整性的重视程度。

(2)还有一点值得注意,那就是潍坊信得本来是发行人控股的子公司,后来卖给了实际控制人,现在还要免费许可使用商标,的确是有些过分。

(3)小兵认为如果中介机构能够就该问题做出详细解释和准备,甚至哪怕就签署一个有偿的许可协议又有什么不可呢?当然,小兵不知道反馈意见有没有问到这个问题,如果问到企业为什么不去改正这个错误呢?

(4)最后提醒一点,会里对于资产的完整性从来都是很重视的,而商标更是重中之重。一来企业应该重视无形资产的保护,尽快尽早采取法律措施保护;二来如果真的出现了风险要积极想办法解决。

【参考法规】

一、《首次公开发行股票并上市管理办法》

第十五条 发行人的资产完整。生产型企业应当具备与生产经营有关的生产系统、辅助生产系统和配套设施,合法拥有与生产经营有关的土地、厂房、机器设备以及商标、专利、非专利技术的所有权或者使用权,具有独立的原料采购和产品销售系统;非生产型企业应当具备与经营有关的业务体系及相关资产。

二、《商标法》

第十条 下列标志不得作为商标使用:

(一)同中华人民共和国的国家名称、国旗、国徽、军旗、勋章相同或者近似的,以及同中央国家机关所在地特定地点的名称或者标志性建筑物的名称、图形相同的;

(二)同外国的国家名称、国旗、国徽、军旗相同或者近似的,但该国政府同意的除外;

(三)同政府间国际组织的名称、旗帜、徽记相同或者近似的,但经该组织同意或者不易误导公众的除外;

(四)与表明实施控制、予以保证的官方标志、检验印记相同或者近似的,但经授权的除外;

(五)同"红十字"、"红新月"的名称、标志相同或者近似的;

(六)带有民族歧视性的;

(七)夸大宣传并带有欺骗性的;

(八)有害于社会主义道德风尚或者有其他不良影响的。

县级以上行政区划的地名或者公众知晓的外国地名,不得作为商标。但是,地名具有其他含义或者作为集体商标、证明商标组成部分的除外;已经注册的使用地名的商标继续有效。

第十一条 下列标志不得作为商标注册:

(一)仅有本商品的通用名称、图形、型号的;

(二)仅仅直接表示商品的质量、主要原料、功能、用途、重量、数量及其他特点的;

(三)缺乏显著特征的。

前款所列标志经过使用取得显著特征,并便于识别的,可以作为商标注册。

第十二条 以三维标志申请注册商标的,仅由商品自身的性质产生的形状、为获得技术效果而需有的商品形状或者使商品具有实质性价值的形状,不得注册。

第十三条 就相同或者类似商品申请注册的商标是复制、摹仿或者翻译他人未在中国注册的驰名商标,容易导致混淆的,不予注册并禁止使用。

就不相同或者不相类似商品申请注册的商标是复制、摹仿或者翻译他人已经在中国注册的驰名商标,误导公众,致使该驰名商标注册人的利益可能受到损害的,不予注册并禁止使用。

三、《企业名称登记管理实施办法》

第二条 本办法适用于工商行政管理机关登记注册的企业法人和不具有法人资格的企业的名称。

第三条 企业应当依法选择自己的名称,并申请登记注册。企业自成立之日起享有名称权。

第五条 工商行政管理机关对企业名称实行分级登记管理。国家工商行政管理总局主管全国企业名称登记管理工作,并负责核准下列企业名称:

(一)冠以"中国"、"中华"、"全国"、"国家"、"国际"等字样的;

(二)在名称中间使用“中国”、“中华”、“全国”、“国家”等字样的;

(三)不含行政区划的。

地方工商行政管理局负责核准前款规定以外的下列企业名称:

(一)冠以同级行政区划的;

(二)符合本办法第十二条的含有同级行政区划的。

国家工商行政管理总局授予外商投资企业核准登记权的工商行政管理局按本办法核准外商投资企业名称。

第六条 企业法人名称中不得含有其他法人的名称,国家工商行政管理总局另有规定的除外。

第七条 企业名称中不得含有另一个企业名称。企业分支机构名称应当冠以其所从属企业的名称。

第八条 企业名称应当使用符合国家规范的汉字,不得使用汉语拼音字母、阿拉伯数字。企业名称需译成外文使用的,由企业依据文字翻译原则自行翻译使用,不需报工商行政管理机关核准登记。

第九条 企业名称应当由行政区划、字号、行业、组织形式依次组成,法律、行政法规和本办法另有规定的除外。

第十条 除国务院决定设立的企业外,企业名称不得冠以“中国”、“中华”、“全国”、“国家”、“国际”等字样。

在企业名称中间使用“中国”、“中华”、“全国”、“国家”、“国际”等字样的,该字样应是行业的限定语。

使用外国(地区)出资企业字号的外商独资企业、外方控股的外商投资企业,可以在名称中间使用“(中国)”字样。

第十一条 企业名称中的行政区划是本企业所在地县级以上行政区划的名称或地名。

市辖区的名称不能单独用作企业名称中的行政区划。市辖区名称与市行政区划连用的企业名称,由市工商行政管理局核准。

省、市、县行政区划连用的企业名称,由最高级别行政区的工商行政管理局核准。

第十二条 具备下列条件的企业法人,可以将名称中的行政区划放在字号之后,组织形式之前:

(一)使用控股企业名称中的字号;

(二)该控股企业的名称不含行政区划。

第十三条 经国家工商行政管理总局核准,符合下列条件之一的企业法人,可以使用不含行政区划的企业名称:

(一)国务院批准的;

(二)国家工商行政管理总局登记注册的;

(三)注册资本(或注册资金)不少于5000万元人民币的;

(四)国家工商行政管理总局另有规定的。

第十四条 企业名称中的字号应当由2个以上的字组成。行政区划不得用作字号,但县以上行政区划的地名具有其他含义的除外。

第十五条 企业名称可以使用自然人投资人的姓名作字号。

第十六条 企业名称中的行业表述应当是反映企业经济活动性质所属国民经济行业或者企业经营特点的用语。

企业名称中行业用语表述的内容应当与企业经营范围一致。

第十九条 企业为反映其经营特点,可以在名称中的字号之后使用国家(地区)名称或者县级以上行政区划的地名。

上述地名不视为企业名称中的行政区划。

第二十条 企业名称不应当明示或者暗示有超越其经营范围的业务。

第二十一条 企业营业执照上只准标明一个企业名称。

第二十二条 设立公司应当申请名称预先核准。法律、行政法规规定设立企业必须报经审批或者企业经营范围中有法律、行政法规规定必须报经审批项目的,应当在报送审批前办理企业名称预先核准,并以工商行政管理机关核准的企业名称报送审批。

设立其他企业可以申请名称预先核准。

第二十六条 企业变更名称,应当向其登记机关申请变更登记。

企业申请变更的名称,属登记机关管辖的,由登记机关直接办理变更登记。企业申请变更的名称,不属登记机关管辖的,按本办法第二十七条规定办理。

企业名称变更登记核准之日起30日内,企业应当申请办理其分支机构名称的变更登记。

第三十五条 预先核准的企业名称在有效期内,不得用于经营活动,不得转让。企业变更名称,在其登记机关核准变更登记前,不得使用《企业名称变更核准通知书》上核准变更的企业名称从事经营活动,也不得转让。

■第二节　减资问题解决之道

【重要提示】

★ 增资和减资作为企业经营过程中法定的非常合理的两种注册资本操作模式,在实务中经常能见到的是增资而少有减资,也正是因为减资问题在企业经营过程中并不常见,因此一旦出现就需要重点关注。

★ 这也不难理解。股东持续不断地向企业增加投入可以在保证企业持续健康发展的同时也验证了股东对公司未来发展的信心,而减资带给大家的却是另外一种感受。

★ 因此,减资一般都有特定的理由和目的,如出资不实而减资、股权调整而减资、减少股东人数而减资,不一而足。本节收集案例主要是对于一些特殊背景下的减资情形进行整理和归纳。

【案例情况】

一、北新路桥(002307):为了资质而增资后减资

(一)减资的原因

公司自 2005 年以来,业务发展速度很快,对资金的需求越来越大,为满足公司快速发展的需要,同时为早日获得公路工程施工总承包特级资质而做准备,公司多次讨论增资方案,但当时资本市场正处于股权分置改革时期,新股暂停发行时间较长,因对资本市场何时能恢复正常融资判断尚不明朗,为不耽误公司的发展,公司选择在 2006 年先向原有股东融资,考虑到申请特级资质对注册资本的要求,将增资后的注册资本定在 31,000 万元规模。由于控股股东计划的增资金额较大,涉及其资金的规划和调度,因此本次增资控股股东分两次出资。

随着 2007 年资本市场的好转,由于公开发行股票在获得发展资金支持的同时,还可获得资本市场特有的多重附加收益,作为一个路桥施工企业,在资本市场公开发行并上市所带来的品牌优势对于公司业务发展具有良好的提升作用:(1)作为公众公司,

有利于公司在海内外市场树立诚信的品牌形象,无形的广告效应可以促进业务的进一步拓展;(2)有助于公司打通直接融资渠道,获得资本平台的支持;(3)有利于公司更好地吸引人才,提高技术水平,更快地实现公司获得公路工程施工总承包特级资质的目标。

根据《首次公开发行股票并上市管理办法》第10条的规定,发行人在首次公开发行前注册资本必须已足额缴纳。而以发行人目前的业务规模和盈利状况,发行后合理的净资产规模约为六个亿。如果发行人募足31,000万元的注册资本以后再实施公开发行,发行人的净资产规模相对于业务规模将偏大,导致发行后净资产收益率过度稀释。因此,经发行人与股东慎重研究,控股股东决定放弃第二次出资(在法律形式上体现为控股股东承诺出资部分的注册资本减少),而通过公开发行股票的方式实现企业发展的战略目标。

(二)减资的法律程序

经公司第二届董事会第九次会议决议,并经2007年7月3日召开2007年第二次临时股东大会审议通过,同意公司注册资本由31,000万元减至14,195万元,同意控股股东兵团建工集团放弃承诺于2008年10月8日之前分期缴足的16,805万元出资。

按照《公司法》的规定,发行人对主要债权人进行了书面通知,并于2007年7月5日,公司在《新疆经济报》上刊登了减资公告。在《公司法》规定的时间内,公司未接到债权人清偿债务或者提供相应担保的要求。2007年10月18日,希格玛会计师事务所出具了"希会验字[2007]156号"《验资报告》,对本次减资进行了确认。

新疆生产建设兵团国有资产监督管理委员会于2007年11月3日出具了兵国资发[2007]215号文对该国有股权的管理予以批复。

2007年11月14日,自治区工商行政管理局为公司本次减资换发了新的营业执照。

(三)减资对公司生产经营的影响

根据建设部建建[2001]82号《建筑业企业资质等级标准》关于公路工程施工总承包企业资质等级标准的规定,企业获得公路工程施工总承包企业一级资质标准在注册资本金和净资产方面有如下要求:企业注册资本金6000万元以上,企业净资产8000万元以上;一级企业可承担的单项合同额为不超过企业注册资本金5倍的各等级公路。减资前后,发行人在注册资本金、净资产以及可承担的单项合同额与一级资质标准要求对比如下表:

	注册资本金	净资产	可承担的单项合同额
公路工程施工总承包一级资质标准	6000 万元以上	8000 万元以上	不超过注册资本金的 5 倍
减资前	31,000 万元	18,717 万元	155,000 万元
减资后	14,195 万元	18,717 万元	70,975 万元

注:减资前后的净资产数据来源于发行人 2007 年 8 月财务报表(未经审计)。

根据上表的对比分析可看出,减资对发行人原有的公路工程施工总承包企业一级资质不构成影响。减资后,发行人无论是注册资本还是净资产,都仍然远超过一级资质标准在上述方面的要求;理论上减资对发行人最高承揽的单项合同额有一定影响,即由原来减资前最高可承揽单项合同额 15.5 亿元下降到最高可承揽单项合同额 7.10 亿元。事实上,由于国内高等级公路工程的业主通常将整个工程划分为若干个标段,每个标段的工程合同额多数在 3 亿以内。因此,减资对发行人承揽单项公路工程施工合同额并无实质影响。

发行人在减资以前承揽的国内工程金额均在 3 亿元以下,没有承揽超过实收资本 5 倍的项目。国外项目没有类似关于公路工程施工总承包企业资质等级标准承揽项目金额的限制规定。

发行人律师意见:发行人本次减少注册资本已经履行了《公司法》及其他法律、法规和发行人公司章程规定的必要程序,该程序合法、有效;本次减少注册资本对发行人项目承揽资质不构成影响,对发行人项目承揽能力不构成实质性影响。

(四)发行人 2007 年 8 月减资时的验资情况

2007 年 10 月 18 日,西安希格玛有限责任会计师事务所出具希会验字[2007]156 号验资报告,对公司本次减资时减少的注册资本情况进行核验。根据验资报告称,"截至 2007 年 8 月 31 日止,贵公司减少原认缴的注册资本人民币 16,805.00 万元,其中减少新疆生产建设兵团建设工程(集团)有限责任公司认缴人民币 16,805.00 万元";"截至 2007 年 8 月 31 日止,变更后的注册资本为人民币 14,195.00 万元,实收资本人民币 14,195.00 万元"。

二、嘉事堂(002462):客观原因被动增资之后减资

(一)减资原因

自2000年以来,公司参与了北京市海淀区、石景山区、丰台区、房山区和朝阳区5个区的国有医药企业改制,相继成立了嘉事宏润、嘉事裕丰、嘉事兴月和嘉事朝阳四家医药企业。随后公司通过增资扩股方式收购上述医药企业股权,至2006年基本完成了对各区医药企业的整合。在此过程中,公司股本被动地由6022.79万元增加至18,250万元,而公司的盈利水平没有相应幅度的提高。公司为提高资金利用效率以及使资金规模与公司现有业务规模相匹配,同时考虑到公司持有的中青旅股份的解禁将会为公司提供充裕的流动资金,公司决定进行减资。

(二)减资程序

公司2006年8月25日召开2006年第二次临时股东大会审议通过了减少注册资本的决议。本次减资采取所有股东等比例减资方案,将注册资本由18,250万元减少至12,000万元,缩减比例约为34.25%。减资部分公司按每股1元价格向股东返还资本金,减资前后各股东所持公司股份比例不变,经与国务院国资委沟通,由于公司采取同比例减资方式,不需要国有资产监督管理部门批准。北京中守会计师事务所有限责任公司对该次减资事项进行了审验,并出具中守验字[2006]第010129号验资报告。

公司于2006年10月30日完成了减资工商变更登记。

(三)核查意见

发行人律师认为:发行人的上述减资行为经发行人股东大会决议通过,履行了减资公告程序,编制了资产负债表和财产清单,履行了工商变更登记手续和验资程序。发行人的此次减资系现金同比例减资,不涉及其他财产的分配,不存在损害其他股东利益的情形。发行人此次减资合法有效,不存在风险或潜在问题。

保荐人认为:经核查,发行人2006年减资时已经编制了相应的资产负债表及财产清单,并于2006年9月8日在《北京日报》发布减资公告,符合《公司法》"公司应当自作出减少注册资本决议之日起三十日内在报纸上公告"的规定,发行人减资后注册资本由18,250万元变更为12,000万元,不低于法定的最低限额。发行人此次减资采取所有股东等比例减资方案,减资前后各股东所持公司股份比例不变,经与国务院国资委沟通,不需要国有资产监督管理部门批准。发行人已就该次减资事项向国有资产监

督管理部门报备,北京中守会计师事务所有限责任公司对该次减资事项进行了审验,并出具中守验字[2006]第010129号验资报告对该次减资事项进行了审验。因此发行人本次减资履行了相应的程序,不存在潜在问题或风险。

(四)公司2006年减资的验资情况

2006年10月,北京中守会计师事务所有限责任公司对发行人减少注册资本的情况进行了审验,并出具中守验字[2006]第010129号验资报告。根据该验资报告,截至2006年10月23日,公司已减少股本6250万元,各股东持有的股份权益保持不变,减资后公司的注册资本变更为12,000万元。

三、九九久(002411):以减资规避纳税义务

2006年7月8日,海通化工通过股东会决议,主要内容为:(1)注册资本由3915万元减至1000万元;(2)剔除第一次股权转让的因素,减资后原则上恢复到第一次增资前的股权结构,减资额共计2915万元,其中,将第一次增资时的货币增资额410万元以现金方式退还给相应的股东;(3)为促进公司的持续发展,决定继续使公司部分管理人员、核心技术人员和业务骨干成为公司股东或者提高持股比例,同意周新基等2名股东将部分股权转让给郑晓兵等3名自然人。

(一)减资(注册资本由3915万元减至1000万元)

2006年7月8日,海通化工在《南通日报》上刊登了减资公告。

海通化工减资额合计2915万元,其中410万元现金支付给股东,余额2505万元形成股东债权。

(二)减资原因

(1)2006年3月,海通化工注册资本由1000万元增至3915万元,其中未分配利润及盈余公积转增2505万元,应代扣代缴个人所得税626.25万元。由于公司快速发展,生产经营需要大量的流动资金,并且对税收政策理解不够准确,认为因增资导致的个人所得税在减资后无须缴纳。因此,海通化工于2006年9月将注册资本由3915万元减至1000万元。

(2)2007年9月,公司启动上市工作,各中介机构经过论证后认为:因增资导致的个人所得税,在减资后仍需缴纳。因此,公司在股份制改制审计过程中,对2006年3月增资过程中应代扣代缴个人所得税626.25万元予以补计提,并于2008年1月全部

缴纳。

四、科华恒盛(002335):股东以减资方式退出

(一)2001年增资

2001年增资、减资主要内容如下:

事项	金额(元)	方式	每股价格(元)	股东人数	变更后注册资本(元)	变更后股东人数
原股东减资	860,000.00	现金	1	11		
股东分红股	2,364,696.65	红股	—	112	17,993,926	141
股东增资	2,106,529.35	现金	1	76		

2000年12月28日,公司股东大会以[2000]科华恒盛股字第4号、第5号决议,通过了增加和减少注册资本的议案。2000年10月23日、24日、25日,公司在《厦门商报》刊登减资公告3次。2001年2月28日,厦门安德信会计师事务所出具厦安德信内审[2001]第B—005号《验资报告》,对注册资本变更情况进行了验证。2001年3月30日,公司办理了工商变更登记。2002年6月19日,厦门市经济体制改革委员会以厦体改办[2002]35号文对本次股权变更予以确认。

本次股本变动前,公司共计129名股东,其中已离职人员18人(黄如凯等11名股东持86万股、陈文强等7名股东持39.78万股)由于拟退出股份,故未参与分红股,持有技术人员奖励股的14名股东参与分红股,其中1名新股东,共计112名股东参与分红股。

1. 本次增资背景和原因

股份公司改制完成后,经过一年的运营,公司生产经营迅速走出低谷,业务蒸蒸日上,2000年成功获取和执行金税工程的订单,使公司在技术、管理、销售、新产品研发等各方面提升了一个档次,公司获得了国家税务总局的表扬,员工对公司的未来发展也充满了信心。

2000年9月,公司董事会通过了预分配方案:2000年滚存利润按19.8%的股本分红率分配,分为两种方式进行,按股东持股数以10%的股本分红率直接分红股;按股东持股数以9.8%的股本分红率分配红股或现金,分红股的数量或现金的金额由股东自行决定。由于公司经营形势良好,股东纷纷选择分红股的形式,而且在此基础上增加现金出资的愿望也十分强烈,一些原来不是公司股东的员工也要求参与此次增资,面

对员工的增资意愿,公司主要经营者认为这是进一步增加公司凝聚力、稳定职工队伍的好机会,因此,对员工参与公司增资的意愿给予充分支持。经统计,股东愿意采取分红股形式增资的金额为2,364,696.65元,新老股东愿意以现金形式增资的金额为2,106,529.35元。2000年12月28日,公司股东大会批准了本次增资议案。

2. 本次采取减资而非股权转让方式的原因

公司设立以来,部分股东由于个人原因离职,上述离职的股东要求收回投资、退出股份,而此时,公司设立未满三年,按当时有效的《公司法》的规定,股份公司发起人持有的公司股份,自公司成立之日起三年内不得转让。为遵循《公司法》的规定和满足离职人员的要求,公司采取了减资的方式,回购并注销了上述股东持有的股份。

3. 参与本次增、减资的股东身份

本次参与分红股的112名股东中,1名为新股东,其余为原股东;本次共计76名股东参与现金增资,其中54名为原股东,22名为新股东;本次参与减资的股东均为已离职的原公司员工。

4. 发行人律师和保荐机构对本次减资的核查意见

发行人律师认为:依据当时有效的《公司法》、《公司登记管理条例》的相关规定,发行人减资应当先通过股东大会决议,后刊登减资公告。但是发行人在实际操作中采取了先刊登减资公告后召开股东大会的方式进行,发行人律师认为发行人本次减资行为存在程序瑕疵。但是鉴于发行人本次减资完成后至补充法律意见书出具之日已逾七年,发行人未因前述减资程序事宜受到任何处罚;亦不存在发行人债权人就上述发行人减资程序瑕疵而提起法律诉讼或发生其他法律纠纷的情形,本次减资事后及时取得发行人股东大会批准,并办理完毕工商变更登记,因此,发行人律师认为本次减资程序上的瑕疵不会对发行人本次发行上市构成实质性法律障碍。

保荐机构认为:根据《公司法》的相关规定,发行人减资应当先经过股东大会批准,再刊登减资公告,但发行人在实际操作中先刊登了减资公告,后经过股东大会批准,因此,本次减资存在程序上的瑕疵。鉴于本次减资在刊登减资公告后至今没有债权人向发行人主张债权,减资公告内容事后经公司股东大会批准,厦门市体改办以厦体改办[2002]35号文对本次股本变化予以确认,该等程序上的瑕疵对发行人及其债权人并未产生实际影响。因此,保荐机构认为,本次减资程序上的瑕疵不会对发行人本次发行上市构成实质性法律障碍。

(二)2004年9月增资、减资及股权转让

公司2004年增资及股权转让主要内容如下:

项目	数量(股)	方式	每股价格(元)	股东人数	变更后注册资本(万元)	变更后股东人数
股东增资	20,341,029	现金	1	31	3978.70	79
股东减资	2,862,800	现金	1/1.25	55		
股权转让	202,000	现金	1	7人转给5人		

2004年5月7日,公司股东大会通过[2004]科华恒盛股字第4次决议,批准了上述增资、股权转让方案。2004年8月13日,漳州众诚所出具[2004]漳众会验第102号《验资报告》。2007年11月25日,漳州众诚所出具更正《说明》,对原验资报告所述增、减资股东人数及股东之间股权转让的人数和金额进行了更正。

2004年9月17日,公司向厦门市工商局办理了变更登记。本次股权变动获厦门市经济体制改革办公室[2004]31号文批准。

1. 本次增资的原因和背景

2003年年初,公司销售中心两名副总经理离职,希望收回投资,并享受一定的投资回报,公司主要经营者经讨论形成以下意见:"一、公司经营多年,形成了一定的资本积累,因此,可以按超过1元/股的价格回购公司股份;二、公司改制至今实行的员工均可参股的政策显现出一定的弊端,对骨干员工的激励效果不明显,同时也消耗了较多的管理成本和精力,因此,经营者的思路需要调整,增加公司的凝聚力,调动职工的积极性,应该采取股权、薪酬、福利以及为员工创造发展空间相结合的方式,因此,有必要以本次减资为契机调整股权结构,增加管理团队、业务骨干持股比例,同时,对于一般员工减持股份给予优惠政策。"

2003年2月7日,公司2003年第一次股东大会形成[2003]科华恒盛股字第01号决议:同意部分股东退股,由于公司净资产未进行评估,股本的价格无法确定,决定以每股面值25%的增值幅度确定本次退股价格,增值部分从公司资本公积金支付,个人所得税自行缴纳。本次退股截止日期为2003年4月30日,在此之后退股的股东按1元/股计算退股金,不享受25%的增值。

截至验资日,公司对持股总计2,101,800股的股东按1.25元/股减资,持股总计761,000股的股东按1元/股价格减资。公司本次减资和增资同时进行,且实际增加了注册资本,故未进行减资公告。

2. 本次股权变动同时存在减资和股权转让的原因

对于本次股东减持股份,公司采取了减资方式而非股东之间的股权转让,主要因为减资价格为1.25元/股,而增资按1元/股的价格,因此,大部分股东减持股份采取了减资方式。[2003]科华恒盛股字第01号决议规定的期限后,有退股意愿的股东,一部分由公司按1元/股的价格回购其股份,另一部分自行转让给其他股东。

3.本次增资、减资、股权转让所涉及股东的身份

本次参与增资的31名股东中,28名为原股东,3名为新股东,均为公司员工;受让股份的5名股东均为原股东,减资所涉及的55名股东中,26名为已离职的原公司员工,29名为在职员工。

4.中介机构对公司此次减资的意见

(1)发行人律师的意见

发行人律师认为:"本次减资对股东采取不同的减资价格,已经由发行人股东大会批准,至今没有出现发行人股东因减资价格不同提起法律诉讼或发生其他法律纠纷的情形;经验资机构验证并经合理查验,发行人本次股本变动后的注册资本真实。发行人律师认为,发行人本次股本变动中存在不规范的行为,但上述情形不会对发行人本次发行上市构成法律障碍。"

"发行人减资286.28万元未履行减资公告程序不符合当时《公司法》及《公司登记管理条例》的规定。

鉴于截至本补充法律意见书出具之日,发行人未因前述减资事宜受到任何处罚;亦不存在发行人债权人就上述发行人未履行减资程序而提起法律诉讼或发生其他法律纠纷的情形;发行人在减资的同时进行增资,实缴资本总额并未持续减少,具备偿还债务的能力;上述减资事宜距发行人律师工作报告出具之日已逾三年。综上,发行人律师认为该事宜亦不会对发行人本次发行上市构成实质性法律障碍。"

(2)保荐机构东北证券的意见

保荐机构东北证券认为,发行人在本次减资过程中未履行公告程序,不符合《公司法》的相关规定,鉴于发行人此次股本变动为减资与增资同时进行,减资时虽未按法定程序进行,但发行人实缴资本总额并未持续减少,本次股本变动实际增加了注册资本。本次增资已经厦门体改办[2004]31号文批准,减资至今,没有出现债权人就上述发行人未及时履行减资程序和进行减资公告而提起法律诉讼或发生其他法律纠纷的情形。因此,保荐机构认为发行人本次减资过程中未履行公告程序的法律瑕疵,对本次发行上市不构成实质性障碍。

公司2003年第一次股东大会批准的减资方案对全体股东提供了同等的减持股份条件和机会,并未对特定股东进行限制性规定,但由于股东自身原因造成了本次减资执行了不同的减资价格的结果,鉴于《公司法》并未对减资价格明确规定,且减资至今没有出现发行人股东因减资价格不同提起法律诉讼或发生其他法律纠纷的情形,因此,保荐机构认为,发行人本次减资对股东采取不同的减资价格,对本次发行上市不构

成实质性障碍。

(三)2005 年 3 ~4 月减资及增资

股份公司设立以来频繁的股本变动,让公司管理层感到耗费了较多的时间和精力,同时,也不利于公司法人治理结构的稳定。为保持公司股权结构和管理架构的稳定性,公司主要股东决定借鉴其他企业的经验,将大部分股东所持股份平移到一个持股公司,由该持股公司作为股份公司的控股股东,原股东通过该持股公司间接持有发行人的股份。

为实现上述目标,公司先采取减资方式,使现有的 79 名股东(除 8 名董事、高管退出部分股份外)退出全部股份,获得了 2361.70 万元现金,上述 78 名股东再以 2361.70 万元现金出资(1 名股东未参与出资设立持股公司,出资差额部分由陈成辉出资),设立厦门科华伟业股份有限公司,然后,科华伟业以 2361.70 万元现金向发行人增资,科华伟业成为发行人的控股股东,完成了本次股权结构的调整。

本次调整具体内容如下:

项目	金额(万元)	方式	每股价格(元)	股东人数	变更后注册资本(万元)	变更后股东人数
股东减资	2361.7	现金	1	79	1617	8
股东增资	2361.7	现金	1	1	3978.7	9

2004 年 9 月 18 日,公司股东大会通过了[2004]科华恒盛股字第 5 号决议,批准了上述减少注册资本的方案。2004 年 10 月 1 日、10 月 5 日、10 月 8 日,公司在《海峡生活报》刊登减资公告三次。2005 年 2 月 4 日,漳州众诚所出具[2005]漳众会验第 007 号《验资报告》,对注册资本变更情况进行验证。2005 年 3 月 4 日,公司向厦门市工商局办理注册资本变更登记。本次减资经厦门市体改办厦体改办[2005]4 号文批准。

2005 年 3 月 20 日,公司股东大会通过了[2005]科华恒盛股字第 2 号决议,批准了上述增加注册资本的方案。2005 年 3 月 15 日,漳州众诚所出具[2005]漳众会验第 020 号《验资报告》,对注册资本变更情况进行验证。2005 年 4 月 4 日,公司向厦门市工商局办理了工商变更登记。本次增资经厦门市体改办厦体改办[2005]9 号文批准。

(四)发行人律师、保荐机构对发行人相关增减资是否实际为集资行为的核查意见

1999 年 1 月 27 日中国人民银行发布了《关于取缔非法金融机构和非法金融业务

活动中有关问题的通知》(银发[1999]41号),此通知中对有关非法集资概念及特点作出了详细的规定。

非法集资是指单位或个人未依照法定程序经有关部门批准,以发行股票、债券、彩票、投资基金证券或其他债权凭证的方式向社会公众筹集资金,并承诺在一定期限内以货币、实物及其他方式向出资人还本付息或给予回报的行为。它具有如下特点:(1)未经有关部门依法批准,包括没有批准权限的部门批准的集资以及有审批权限的部门超越权限批准的集资。(2)承诺在一定期限内给出资人还本付息。还本付息的形式除以货币形式为主外,还包括以实物形式或其他形式。(3)向社会不特定对象即社会公众筹集资金。(4)以合法形式掩盖其非法集资的性质。

发行人律师、保荐机构经核查,认为发行人设立以来历次增、减资不属于集资行为,发行人律师、保荐机构核查意见如下:

1. 发行人律师的核查意见

经查验发行人工商档案资料,发行人设立以来董事会、股东大会决议,发行人历次增减资所涉及股东的身份证明资料(包括社保单据、工资单据、工作单位证明)以及发行人出具的书面说明。发行人律师认为发行人设立以来的历次增、减资属于正常的股权变动,不属于集资行为。理由如下:

(1)发行人历次股本变动中的增、减资行为履行了合法的程序并经有权部门批准

经合理查验,除本补充法律意见书第一部分中涉及的股本变动存在部分瑕疵外,发行人其他股本变动均按照当时《公司法》的规定,通过内部股东大会决议、厦门体改委的批准(包括补充确认)、验资机构对历次股本变动中所涉及的增减资行为的验证以及厦门市工商局的核准变更登记,发行人同时获发了历次变更后的企业法人营业执照。

(2)发行人没有在股东出资时向其承诺一定期限内还本付息或给予固定回报

根据发行人出具的《说明》并经合理查验,发行人历次增资前均未向拟增资的自然人承诺固定回报或还本付息,发行人每次分配红利时,均根据自身盈利状况确定分红比例,发行人分配的红利没有超过其可供分配的利润。

(3)发行人不存在向社会不特定对象即社会公众筹集资金的行为

根据发行人陈述并经合理查验,发行人历次增资减资所针对的对象特定,不具有非法集资所具有的向不特定对象即社会公众筹集资金的特点,且每次增资减资人数符合当时和现实有效的《公司法》关于股东人数的规定。

(4)发行人历次增资减资的目的不是非法集资

根据发行人出具的《说明》并经合理查验,历次增资减资并不以非法集资为目的,历次增资减资目的如下:

①2000 年 4 月增资

根据发行人出具的《说明》并经合理查验，发行人于 1999 年 3 月 26 日成立，经过一年多的努力，发行人生产经营开始步入正轨，市场份额逐步确定和扩大，技术升级、新产品开发迫在眉睫。此时需要增强发行人凝聚力，稳定职工队伍特别是技术队伍，为此发行人针对技术骨干进行了本次增资。

②2001 年 3 月增资及减资

根据发行人出具的《说明》并经合理查验，2001 年 3 月，发行人已成立两年，业务发展迅速，2000 年度成功完成国家税务总局金税工程的订单。发行人在技术、管理、销售、新产品研发等各方面进一步提升了档次，股东和员工均对发行人的未来发展充满了信心。发行人为进一步增加凝聚力、稳定职工队伍发行人股东大会通过了本次增资。另外发行人设立以来，部分股东由于个人原因陆续离职，上述离职的股东要求收回出资，而当时发行人设立未满三年，按当时有效的《公司法》第 147 条“发起人持有的本公司股份，自公司成立之日起三年内不得转让”的规定，发行人为遵循《公司法》的规定和满足离职人员的要求，故采取了减资的方法满足离职人员收回出资的要求。

③2002 年增资、减资

根据发行人出具的《说明》并经合理查验，2002 年 3 月，发行人成立已满三年，香港振华公司奖励股转为发行人管理层、业务骨干的股份及技术人员奖励股转为技术人员的股份的时间均已到期，发行人为此进行了本次增资行为。

根据发行人出具的《说明》并经合理查验，发行人于 2001 年 1 ~ 4 月期间陆续回购的 7 名离职股东持有发行人的 39.78 万股股份尚未履行减资批准程序、工商变更登记手续。因此，发行人采取了减资行为。

④2004 年 9 月增资、减资

根据发行人出具的《说明》并经合理查验，从 1999 年 3 月设立至 2003 年年初，发行人一直实行的鼓励职工持股的政策越来越显现出种种弊端，为调整管理层思路，发行人开始酝酿采取股权、薪酬、福利以及为员工创造发展空间相结合的方式增加发行人的凝聚力，调动职工的积极性。在此背景下发行人认为有必要以本次减资为契机调整股权结构，增加管理团队、业务骨干，特别是实际控制人的持股比例。

⑤2005 年 3 月减资、2005 年 4 月增资

根据发行人出具的《说明》并经合理查验，发行人设立以来频繁的股本变动，让发行人管理层感到耗费了较多的时间和精力，同时也不利于发行人法人治理结构的稳定和加强。为保持发行人股权结构和管理架构的稳定性、加强公司治理，发行人主要股东及管理层决定借鉴其他公司的管理经验，将大部分股东所持股份平移到一个持股公

司(科华伟业),由该持股公司作为发行人的控股股东,原股东则通过该持股公司间接持有发行人的股份。

为实现上述目的,发行人先采取减资 2361.70 万元的措施,后又通过科华伟业增资 2361.70 万元的方式完成了本次股权结构的调整。

⑥2007 年 10 月增资

根据发行人出具的《说明》并经合理查验,2007 年 9 月,发行人拟收购控股子公司科华技术、通信电源少数股东的股权,需要资金约 1500 万元,由于发行人股本规模较小,发行人管理层考虑以股权融资的方式对发行人最为有利,于是进行了本次增资。

综上,发行人律师认为发行人设立以来股本变化虽然较为频繁,但每一次增资、减资的目的和其股本变动的特征表明历次增资、减资均属于正常的股本变动,不是集资行为。

2. 保荐机构的核查意见

保荐机构经过对发行人设立以来历次增、减资的详细核查,认为发行人设立以来的增、减资是正常的股权变动,不属于集资行为。理由如下:

(1)发行人历次增、减资履行了决策程序并经政府有关部门批准

公司历次增、减资均通过股东大会决议并经厦门市体改委的批复或补充确认批复(由于 2007 年 1 月 1 日新实施的《公司法》取消了有关股份公司增减资需省级人民政府批准的规定,故发行人 2007 年 10 月增资行为只通过了股东大会决议)。

公司历次增资、减资的过程虽然存在一定的法律瑕疵,但基本遵守《公司法》的相关规定,履行了必要的法律程序,不具备一般集资行为所具有的,未经有权机关批准而进行的特点。

(2)发行人历次增、减资的目的和股本变动的特征表明其不属于集资行为

自发行人设立后至 2004 年以前,共经历了三次股本变动,其中,2000 年 4 月现金增资 240.27 万元、2001 年 3 月现金增资 210.65 万元、2002 年 7 月现金增资 23.84 万元,上述几次现金增资金额较小,不具备一般集资有大规模现金流入的特点。

2004 年 9 月,公司现金增资 2034.10 万元,虽然金额较大,但参与人数较少,且主要为公司管理层人员。本次共 31 名股东参与了本次现金增资,其中 28 名为原股东,3 名为新股东。从人员结构上看,本次参与增资的 31 人中,公司管理层 7 名成员增资 1804.50 万元,占本次增资总额的 88.71%,其他参与本次增资的人员中 70% 是公司中层管理人员。本次减资涉及 55 名股东,除已离职的 26 人外,29 名在职人员中 2 名为公司中层管理人员,其余全部为普通员工。本次增、减资的人员结构,反映了本次增资、减资调整股权结构,增加管理层、业务骨干持股比例的目的。综上,本次增资涉及人员较少,增、减资的主要目的是调整股权结构,不属于集资行为。

2005年以后,公司共经历了三次股权变化,其中,2005年3月和4月进行的一次减资和一次增资,是发行人将大部分股东所持股份从直接持股转变为通过持股公司间接持股的操作,不属于集资行为。2007年10月,发行人增资521.3万股,获得现金1355.38万元,此次增资由于参与人数较少(共7名股东参与),因此,不具备一般集资有大量人员参与的特点。

综上,公司设立以来股本变化虽然较为频繁,但每一次增资、减资的目的和其股本变动的特征表明,上述增资、减资属于正常的股本变动,不是集资行为。

(3)事先未承诺固定回报表明其不属于集资行为

保荐机构通过尽职调查合理确信,发行人每次增资前,均未向股东承诺过固定回报,发行人每次分配红利,均根据自身盈利状况确定分红比例,发行人分配的红利不超过其可供分配的利润。未事先承诺固定回报,不具备一般集资的特点。

(4)不存在大量资金的频繁进出表明其不属于集资行为

发行人设立至今,现金增资共计3864.24万元(不含2005年4月现金增资),减资412.06万元(不含2005年3月减资)。其中,公司设立至2004年,现金增资474.76万元,减资125.78万元,减资的原因为员工离职退股,期间资金增加、减少的数量较小;公司主要的现金增资为2004年9月增资2034.10万元和2007年10月增资1355.38万元,而2004年9月减资只有286.28万元,即增资所获资金90%以上留在了股份公司。没有大规模的资金进出,不具备一般集资的特点。

(5)不存在股东的频繁进出,且股东均为特定对象

公司设立以来,虽然股本变化较为频繁,但并未出现某些股东频繁增减资的现象。公司成立至今,减资共计涉及73名股东,其中,2004年以前减资的18名股东均为离职员工,2004年9月减资涉及55名股东,26人已离职。离职人员占退股股东总数的60%,退股股东中的在职人员均为2004年调整股权结构时退出股份,其中93%为一般员工。公司成立以来七次股本变化中,不存在某一特定股东频繁进出的现象,且公司每次增、减资的对象均是特定的,不具有非法集资所具有的向不特定对象即社会公众筹集资金的特点,且每次增资、减资人数符合当时和现行有效的《公司法》关于股东人数的规定。

公司成立时由128名原科华公司职工发起设立,有其改制特定的历史背景,之后历次股权结构的变化,体现出公司设立以来,从职工全员持股到主要经营者、业务骨干持股的治理结构和股权理念的转变。因此,从公司股东变化的情况看,公司历次增资、减资属于股权结构的正常调整,不属于集资行为。

综上,保荐机构认为,公司历次增、减资从其履行了决策程序并经政府有关部门批准,增、减资的目的,股本变动的特征,未承诺固定回报,不存在大量资金的频繁进出,

不存在股东的频繁进出等各方面特征来看，均不符合集资行为的特点；整体上综合来看，系公司设立以来从职工全员持股到管理层、业务骨干持股的治理结构和股权理念的转变所导致的股权变动，不属于集资行为。

五、齐翔腾达（002408）：公司回购股份从而减资

2007 年 11 月，齐翔集团的工商注册股东为 34 名自然人和齐翔集团工会委员会，实际股东为 702 名自然人和齐翔集团工会委员会。工商登记注册股东中，除侯洪科、于东和、李秀彩、周洪秀、毕可斗、王竹青、于新杰持有的齐翔集团股权全部为其直接实名持有外，668 名职工的身份置换出资和现金增资均以股权登记信托合同的形式委托其他的 27 名自然人或齐翔集团工会委员会持有。

考虑到齐翔集团股权的来历以及持股员工的实际利益，本着尊重历史和现状、维护持股人合法权益的原则，经慎重考虑，齐翔集团决定采取现金回购减资注销的方式进行清理规范，使齐翔集团实际股东人数和主体资格符合企业上市的有关要求。

（一）回购减资方案与程序

1. 减资程序

2007 年 11 月 25 日齐翔集团召开员工代表大会，审议了《淄博齐翔石油化工集团有限公司职工委托持股清理规范方案》，就该方案进行充分讨论，认为：(1) 如果选择减资，减资员工可一次性实现投资期间的丰厚回报；如果继续持有齐翔集团的股权，齐翔腾达上市存在不确定性，即使成功实现上市，所持股权并非齐翔腾达的股份，不能直接在交易所转让；(2) 规范齐翔集团的股权结构，实现齐翔腾达的发行上市，保持齐翔腾达持续发展壮大是所有员工前途和利益的根本保证；(3) 为了激励公司管理层的积极性，推动齐翔腾达、齐翔集团及其关联企业的进一步发展，通过以下决议：齐翔集团仅保留截至 2006 年 6 月公司增资时所有中层以上管理人员且现仍在岗者、现正职岗位的中层管理人员（含“以副代正”）共计 48 人为出资人，其余出资者全部由齐翔集团回购减资；(4) 回购减资价格应高于经审计的净资产，维护了拟减资员工的利益。

2007 年 11 月 28 日，齐翔集团召开董事会，通过了回购减资方案。

2007 年 12 月 13 日，齐翔集团股东会通过决议，同意王培选等 26 名原自然人注册股东减少注册资本 38，590，195 元，同时吸收增加郭豫、祝振茂、隋毅、庄洁、孙继军、孙传正、王国辉、焦卫、蔺士军、邵素慧、王凤芹、边立斌、隋吉斌、丁长春、肖远宁、纪玉利、郑立辉、张元春、韩静、王守军 20 名新注册股东，通过一系列的股权出资转让，以解除原注册股东中存在的委托代持齐翔集团新注册股东股权出资的行为。

2008年2月11日，齐翔集团工会委员会审议通过了《关于股权转让及减资的决定》，并经齐翔集团股东会决议通过，决定将齐翔集团工会委员会作为原注册股东委托代持的齐翔集团新注册股东中的5名自然人的股权，合计142万元，分别与实际持有人签订了股权转让协议，其中28万元出资转让给迟德旭、15万元出资转让给王培选、32万元出资转让给焦卫、15万元出资转让给许守水、52万元出资转让给郑立辉。转让后注册登记出资剩余部分合计5,930,355元，由齐翔集团予以回购减资。至此，齐翔集团工会委员会不再持有齐翔集团的任何股权。

2008年3月15日，经齐翔集团股东会决议通过，侯洪科、王竹青、于东和、于新杰、周洪秀5人分别与车成聚签订《淄博齐翔石油化工集团有限公司股权转让协议》，将其分别持有的原委托车成聚代持的共计45万元股权转让给车成聚。本次股权转让后，车成聚实际持有股权由1755万元增加至1800万元，不再接受其他股东的委托持股。

2. 减资公告和通知

2007年12月14日，齐翔集团在《鲁中晨报》上公告："为规范公司股权结构，优化公司的经营管理，我公司拟进行减资，望各债权人周知，并自通知之日45日内提出债权处理意见。债权人未在该期限内行使上述权力，本次减资将按照法定程序进行。"公告发出后的一月内齐翔集团的相关债权方（包括借款银行等）出具了《对淄博齐翔石油化工集团有限公司回购减资无异议的函》，承诺放弃依据《公司法》第178条之规定赋予债权人就债务人回购减资时有权要求债务人提前清偿或提供相应担保的权利。

3. 回购价格

根据山东仲泰有限责任会计师事务所审计并出具的《审计报告》（鲁仲泰会师审字[2008]第11号），截至2007年12月31日，扣除应支付的2007年度股东分红3600万元后，齐翔集团的净资产为178,833,844.39元，折合每元出资净资产为1.987元。在充分考虑到保障回购减资股东利益不受到损害的前提下，同时结合齐翔集团的资金状况、实际股东的意愿以及保证减资后净资产不低于实收注册资本以避免造成出资不实等因素，最后股东大会确定此次减资每1元出资的回购价格为2.00元，适当高于每1元出资额对应的净资产。

每1元原始出资的减资价格为2元，每1元原始出资自2004年至2007年累计分红收益为1.5元，投资期约3.5年，经测算年均回报高达71.43%。经山东仲泰有限责任会计师事务所审计截至2008年3月31日，减资完成后齐翔集团总资产为35,496.65万元，净资产为8792.27万元，每1元出资的账面净资产为1.93元。

4. 减资价款支付与公证确认

2008年3月，在淄博市临淄公证处在对654名职工股东进行一对一的现场公证后，齐翔集团完成了所有职工股东减资款项的支付以及个人确认函的签署。齐翔集团合计减少注册资本44,520,550元（含工会委员会的5,930,355元），以货币方式归还股东退资款89,041,100元（含税），同时代扣代缴减资股东应缴纳的个人所得税。经保荐机构核查，齐翔集团支付的回购减资款全部现金为其自有资金（下属子公司的历年分红积累与部分银行贷款），无来源于其他第三方的临时拆借，资金来源合法有效。所有减资职工股东在淄博市临淄公证处的现场公证下签署了确认函。

山东省淄博市临淄公证处根据《公证法》和《公证程序规则》的规定，公证员王希军、刘勋章、邵亮，公证员助理于红波、瞿海燕，分别对654名职工股东款项的支付和上述承诺函的签署办理了公证，出具了654份《公证书》（[2008]淄临淄证民字第206~245、247~275、286、288、289、307~332、334~413、462~528、530~547、549~569、597~636、638~710、712~718、720~753、756~882、885~973号），对上述出资人对于齐翔集团回购其实际出资的真实性、完整性进行了确认。

（二）减资后齐翔集团股东情况

齐翔集团就本次回购减资履行了必要的法律程序，符合《公司法》的有关规定。减资后净资产高于实收注册资本，不会造成出资不实的问题，不存在法律障碍。减资完毕后，北京天圆全会计师事务所有限公司淄博分所出具了《验资报告》（天圆全淄验字[2008]019号），对齐翔集团减资后的注册资本实收情况发表了审验意见，齐翔集团于2008年3月28日办理了工商变更登记手续，变更后的注册资本为45,479,450元。车成聚先生个人出资为1800万元，为齐翔集团的第一大股东，占注册资本比例为39.58%。

2008年3月29日，齐翔集团全体48名股东出具承诺函，声明：自签署承诺函之日，其不存在代任何第三人间接持有齐翔集团出资的情况，并承诺对本声明的真实性承担全部法律责任；如将来有任何第三人通过现有股东向齐翔集团主张股权出资权利，由该股东自行承担一切法律后果，并且齐翔集团现有全体股东承诺就解决该等第三人主张事项承担连带法律责任。

2008年4月18日，山东省淄博市临淄公证处出具了《公证书》（[2008]淄临淄证民字第981号），对整个减资过程中的程序、记录及相关书面文件进行了“证据保全”公证，证明齐翔集团至2008年3月28日完成减资回购程序，公司注册资本由9000万元变更为4547.945万元。

（三）中介机构的核查意见

发行人律师认为：淄博齐翔石油化工集团有限公司的实际出资人通过员工代表大会以及签署确认函的形式共同及单独认同委托职工持股的清理过程，淄博齐翔石油化工集团有限公司该次减少注册资本已履行了《公司法》等法律、行政法规、规范性文件和《淄博齐翔石油化工集团有限公司章程》规定的召集、召开董事会与股东会并作出相关决议以及减少注册资本所需的取得债权人同意、公告、聘请注册会计师就减少注册资本进行验证、办理公司变更登记等程序，不违反《公司法》等法律、行政法规、规范性文件的规定。

保荐机构认为：在确定和实施齐翔集团职工委托持股清理规范方案的过程中，齐翔集团实际股东充分了解实施该方案的必要性和合理性，职工委托投资的解除以及齐翔集团回购减资行为完全是在全体实际股东自愿的前提下进行的，整个清理过程履行了相应的法律程序，得到了法定公证机关的公证，并获得了山东省淄博市临淄区人民政府的确认，委托持股的清理使齐翔集团原不规范的持股方式得以彻底纠正，目前不存在任何潜在的问题和风险隐患。经保荐机构内部审核部门进行的补充调查，确认齐翔集团整个减资过程充分听取了全体股东的意见，在现有条件下最大限度地保护了改制职工利益，未发现存在可能遗留的或有纠纷和其他安排。齐翔集团减资后至招股说明书签署之日，减资股东未对减资回购行为提出异议，没有发生纠纷。故2007年11月齐翔集团对委托职工持股的清理过程合法合规，对本次发行上市不构成任何法律障碍。

六、瑞普生物(300119)：因出资瑕疵而减资

2008年4月20日，瑞普生物控股子公司瑞普高科股东会决议认定：天津畜研所以《兽药生产企业许可证》出资不符合法律法规的规定；且天津畜研所投入的其他五项无形资产和实物资产未取得相关发票等记账的合法原始凭证，实物资产也未移交瑞普高科使用，因此，天津畜研所的上述出资427.51万元存在瑕疵。此427.51万元出资瑕疵的资产如下：

序号	资　　产	价值(万元)
1	《兽药生产企业许可证》	99.24
2	鸡大肠杆菌异型外膜蛋白细胞工程的构建	38.61
3	鸡新城疫—减蛋综合征二联油乳剂灭活疫苗	48.09
4	禽多杀性巴氏杆菌病(TJ株)油乳剂灭活疫苗	34.40
5	猪繁殖与呼吸综合征免疫防治技术的研究	60.64
6	天津地区主要鸡传染病地方毒(菌)株的分离及疫苗研制	38.61
7	实物资产	107.93
合　计		427.51

其中，实物资产共 82 项，主要为过滤器、培养箱、干燥箱、显微镜等仪器设备，计算机、打印机等办公设备，空调、冰箱等辅助设备。

根据《公司法》第 31 条的规定，有限责任公司成立后，发现作为设立公司出资的非货币财产的实际价额显著低于公司章程所定价额的，应当由交付该出资的股东补足其差额。由于上述出资存在瑕疵，因此，应由天津畜研所以现金或其他非货币财产补足出资，并将存在瑕疵的资产退回天津畜研所。考虑到天津畜研所当时不具备补足出资的能力，瑞普高科股东会决议同意将注册资本从 2000 万元减至 1500 万元，减少天津畜研所的 500 万元出资额，其他股东出资额不变。

此后，瑞普高科编制了资产负债表及财产清单，并于 2008 年 4 月 23 日在《北方经济时报》刊登了《减资公告》。2008 年 6 月 12 日，天津中兴财有限责任会计师事务所出具《验资报告》（津中兴财验字［2008］第 040 号）对本次减资进行了验证。2008 年 6 月 17 日，瑞普高科就上述事项办理完毕工商登记手续并取得《企业法人营业执照》。在减资过程中，瑞普高科履行了《公司法》规定的编制资产负债表及财产清单、通知债权人、公告等程序，并办理了验资和工商变更登记。

减资的 500 万元出资额包括天津畜研所存在瑕疵的出资 427.51 万元及现金出资 72.49 万元。减资 500 万元免除了天津畜研所补足出资 427.51 万元的义务，并退回天津畜研所现金出资 72.49 万元。

2009 年 8 月 4 日天津市农业科学院《关于天津市畜牧兽医研究所申请从天津牧瑞生物技术有限公司减资的批复》（津农科［2009］20 号）对上述减资事项予以确认。

2009 年 12 月 20 日，天津畜研所就上述减资事项出具了《承诺函》：若天津瑞普高科生物药业有限公司因上述事项受到任何行政处罚或承担任何法律责任，则本研究所将无条件地全额承担因此给天津瑞普高科生物药业有限公司造成的损失，包括但不限于罚金、经济损失以及为承担法律责任所产生的相关费用。

经核查，发行人律师认为：2008 年 6 月，瑞普高科通过减资方式纠正出资瑕疵的行为符合相关法律法规的规定，减资后瑞普高科的注册资本 1500 万元均足额到位。

经核查，保荐机构认为：瑞普高科历史出资中存在瑕疵，通过减资方式纠正出资瑕疵的行为符合相关法律法规的规定，减资后瑞普高科的注册资本 1500 万元均足额到位。瑞普高科减资过程已履行了必要的内部决策和公告程序，减资过程合法、有效。

【案例评析】

1. 公司增资是企业发展过程中再常见不过的一种法律行为，可是减资就不是那么简单了，不仅程序上较为复杂，而且从实质上也更加容易引起别人的关注。

2. 从法律上讲,减资的程序主要包括:(1)股东大会作出决议;(2)编制资产负债表和资产清单;(3)对主要债权人进行书面通知;(4)在报纸上刊登减资公告;(5)会计师出具验资之后验资报告;(6)工商变更换发营业执照。如果一些时间比较久远的减资案例,往往会存在减资程序不尽规范的情形,如程序颠倒或者某些程序缺失等,一般情况下,该种程序瑕疵不会构成实质障碍,只要有充足理由能够解释该瑕疵不会对债权人的利益造成损害和影响就可以。

3. 对于减资问题的解决思路,除了要介绍清楚公司减资的整个法律程序之外,还可能需要解释如下几个事情:(1)为什么要减资;(2)减资对公司的生产经营是否会存在影响;(3)减资是否会存在潜在风险和纠纷等。

4. 下面就具体案例中体现的一些典型的问题分别作出总结:

(1)北新路桥:当初为了更高级别的资质而决定增资且分两次出资,后来决定股东第二次出资义务不再履行从而减资。同时关注该减资对于公司生产经营的影响,由于路桥企业的业务量与注册资本有直接的关系,从而对该问题重点关注也是合理的。

(2)嘉事堂:由于连续收购多家子公司导致注册资本被动增加,后为了提高资产收益率而减资。

(3)九九久:由于盈余公积和未分配利润转增股本需要代扣代缴个人所得税,所以股东决定减资以免除纳税义务。

(4)科华恒盛:公司在历史沿革中存在多次的增资和减资行为,该情形主要是由于公司对技术人员进行股权激励以及技术人员存在一定的流动导致,另外,为了规避老《公司法》股份公司股东三年内不得转让的规定从而采取减资的方式而让原股东退出。另外,该案例还有一点值得注意,那就是由于多次增资和减资,会里还关注这是否造成集资行为,看来有时候对问题的考察需要更加深入。

(5)齐翔腾达:在该案例中,为了解决工会持股的问题公司采取了股份回购的方式从而减资,这是一个不常见的思路,比较新鲜。当然,为了解决潜在的纠纷,中介机构在股东决议、回购价格、价款支付等方面均做了比较好的尝试,并且为此做了公证,值得借鉴。太阳电缆也存在回购股份而减资的情形。

(6)瑞普生物:如果股东的出资存在某些瑕疵,目前实务中的处理方式为以现金补足出资,而该案例中通过减资的方式解决了该瑕疵,也是不错的思路。在实务中之所以减资的方式没有被广泛运用,有担心减资程序复杂的原因,其实如果出资存在瑕疵而补足出资对于股东现金流压力又比较大的情况下,减资的方式也是值得尝试的方法。

5. 除上述案例外,存在减资事项的还有如下案例:新都化工、长信科技、雅化集团、太阳电缆、泰亚股份、佳隆股份、捷成股份、杭锅股份、舒泰神等。

【参考法规】

《公司法》[2006]

第一百七十八条 公司需要减少注册资本时,必须编制资产负债表及财产清单。

公司应当自作出减少注册资本决议之日起十日内通知债权人,并于三十日内在报纸上公告。债权人自接到通知书之日起三十日内,未接到通知书的自公告之日起四十五日内,有权要求公司清偿债务或者提供相应的担保。

公司减资后的注册资本不得低于法定的最低限额。

第一百八十条 公司增加或者减少注册资本,应当依法向公司登记机关办理变更登记。

第四章　实际控制人的认定与核查

【你的兄弟是否同心】

□ 小兵所研习实际控制人的案例均具有一定的典型性和代表性,之所以如此就是因为企业的实际控制人情形千差万别。

□ 实际控制人是否发生变更是首发上市的红线,一旦存在不能解决的瑕疵那么上市周期就会被拖延甚至无法上市,因此,与你一起控制企业的兄弟是否能够同甘共苦非常重要。

□ 本章内容除了对上辑两部分内容进行补充和深化之外,还将增加三部分内容:一致行动协议核查、实际控制人是否发生变更、其他一些典型的实际控制人认定案例。另外,本章还将有专门一节内容来介绍董事及高管的重点关注问题。

■第一节　共同实际控制人

【重要提示】

★ 共同实际控制人与无实际控制人的两个专题内容在《IPO 企业上市解决之道》中已经与大家分享。

★ 本次在对内容体系进行适当调整的同时增加了一些内容,为了保持该专题体系的完整性,该两部分内容与其他三部分内容一起再与大家分享。

★ 小兵个人认为判断实际控制人归属的一个前提是股权,也就是说最多持有股份是判断实际控制人的一个最好的证明,只有在某些股权特别分散或者存在财务投资者的情况下会根据实际控制和经营管理情况认定实际控制人。但是,代持情况或者没有客观证据证明本人就是股东而通过其他方式认定实际控制人的思路建议不要采用,一般也不会被认可。

【案例情况】

一、神州泰岳(300002)

(一)基本情况

王宁、李力为公司的共同实际控制人,报告期内未发生变化;截至本招股说明书签署之日,两人各持有公司18.5756%的股权,并列为公司第一大股东。王宁自2001年5月起至今历任公司董事长、总经理、财务负责人,现任公司董事长;李力自2001年10月起至今历任公司董事、常务副总经理、总经理,现任公司董事、总经理。

(二)认定依据

自报告期初至今,王宁、李力两人各自直接、间接持有公司股权的比例在公司股东中一直并列第一,两人合并直接、间接持有公司股权的比例在公司股东中一直位列第一;两人都一直担任公司董事和高级管理人员等重要职务,对公司股东大会、董事会的重大决策和公司经营活动能够产生重大影响;同时,根据历史上的合作关系、公司实际运作情况以及王宁、李力两人共同签署的关于一致行动的《协议书》,认定王宁、李力两人为公司的共同实际控制人,报告期内未发生变化,且在本次发行后的可预期期限内将继续保持稳定、有效存在。具体说明如下:

1. 自报告期初至今,王宁、李力两人合并持有公司股权的比例在公司股东中一直位列第一,对公司构成了共同控制

(1)王宁、李力两人直接、间接合并持有公司股权的比例一直保持在40%左右位列第一。

(2)两人各自分别直接、间接持有公司股权的比例一直相同保持在20%左右并列第一,两人任何一人凭借其股权均无法单独对公司股东大会决议、董事会选举和公司的重大经营决策实施决定性影响。

(3)自2001年10月起,王宁、李力两人即已形成上述对公司的持股结构,两人一直密切合作,对公司发展战略、重大经营决策、日常经营活动均有相同的意见、共同实施重大影响,在公司历次股东会、股东大会、董事会上均有相同的表决意见。综上,王

宁、李力两人在股权关系上构成了对公司的共同控制。

2. 自报告期初至今，王宁、李力两人一直在公司担任董事和高级管理人员等重要职务，对公司经营决策具有重大影响

王宁、李力两人自报告期初至今一直在公司担任重要职务，基于共同的利益基础和共同认可的公司发展目标，两人彼此信任，历史上合作关系良好，在公司所有重大决策上均在事前充分沟通的基础上达成了一致意见，对公司经营决策具有重大影响，事实上构成了对公司经营上的共同控制。

3. 报告期内王宁、李力两人持有公司股权的比例没有重大变化，股权不存在重大不确定性

报告期内，因股权转让、转增股本、增资扩股等情形导致王宁、李力两人持有公司股权的比例有小幅的波动，但两人单独、合并持有公司股权的比例基本保持稳定：两人各自持有公司股权的比例一直稳定在20%左右，两人合并持有公司股权的比例一直稳定在40%左右，且历次股权变化均履行了必要的法律程序，进行了工商变更登记，股权关系清晰、明确，两人持有公司的股权合法有效，不存在重大不确定性。

4. 公司报告期内治理结构健全、运行良好

公司自2002年6月整体改制设立为股份有限公司起即开始逐步建立健全公司法人治理结构。自报告期初至本招股说明书签署之日，公司治理结构逐步完善，在原有董事会、监事会基础上，建立了独立董事制度和战略、提名、薪酬与考核以及审计等专业委员会，公司治理运行良好。王宁、李力两人对公司的共同控制未对公司的规范运作产生不利影响。

5. 王宁、李力两人签署了一致行动协议，以保证公司控制权的持续稳定

为保证公司控制权的持续、稳定，王宁、李力于2009年6月10日共同签署了关于一致行动的《协议书》，主要条款包括：

(1) 对两人历史上的一致行动行为进行了确认。

(2) 本协议一方拟向董事会或股东大会提出应由董事会或股东大会审议的议案时，应当事先就议案内容与另一方进行充分的沟通和交流，如果另一方对议案内容有异议，在不违反规定的前提下双方均应当做出适当让步，对议案内容进行修改，直至双方共同认可议案的内容后，以其中一方的名义或双方的名义向董事会或股东大会提出相关议案，并对议案做出相同的表决意见。

(3) 对于非由本协议的一方或双方提出的议案，在董事会或股东大会召开前双方应当就待审议的议案进行充分的沟通和交流，直至双方达成一致意见，并各自以自身的名义或一方授权另一方按照形成的一致意见在董事会会议或股东大会会议上做出相同的表决意见。如果难以达成一致意见，在议案的内容符合法律法规、监管机构的

规定和软件公司章程规定的前提下,一方拟对议案投同意票,而另一方拟对该议案投反对票或弃权票的,则双方在正式会议上均应对该议案投同意票;如果一方拟对议案投反对票,而另一方拟对该议案投弃权票的,则双方在正式会议上均应对该议案投反对票;如果议案的内容违反法律法规、监管机构的规定和软件公司章程规定,则双方均应对该议案投反对票。

(4)在本协议生效后至公司股票在证券交易所上市之日的期间内以及公司股票在证券交易所上市之日起的三十六个月内,不转让或委托他人管理其所持有的软件公司股份,也不由软件公司回购其所持有的软件公司股份;在上述期限过后,双方均应严格执行法律法规和监管机构关于转让上市公司股票限制的相关规定。

6.保荐人和北京市天元律师事务所关于公司实际控制人认定的意见

保荐人和北京市天元律师事务所均认为:发行人关于实际控制人的认定符合证监会于2008年3月5日颁布的《〈首次公开发行股票并上市管理办法〉第十二条“实际控制人没有发生变更”的理解和适用——证券期货法律适用意见第1号》(证监法律字[2007]15号文,以下简称《适用意见第1号》)的要求,王宁、李力两人共同签署的关于一致行动的《协议书》合法有效,两人的权利义务清晰、责任明确,王宁、李力两人为发行人的共同实际控制人,报告期内未发生变化,并且在未来可预期的期限内将继续保持稳定。

二、江海股份(002484)

(一)重大风险提示:股东共同控制公司的风险

本次发行前,公司股东香港亿威投资有限公司直接持有6000万股股份,占总股本的50%;其他47名境内自然人(中方股东)股东合计持有6000万股股份,占总股本的50%;公司由香港亿威和中方股东共同控制。

中方47名自然人股东其中46名自然人已签署《委托协议书》,授权公司股东、董事长陈卫东先生代为行使其持有公司股份所享有的股东大会的投票权、提案权、提名权、临时股东大会的召集权,在行使上述权利时,47名自然人股东召开会议进行讨论后由董事长陈卫东先生按照统一表决意见(占所有自然人股东所持股份总数50%以上的股东意见为统一表决意见,如不能形成50%以上的统一意见,则股东意见中支持比例最高的表决意见为统一表决意见)进行投票表决,授权期限为委托协议签署之日起至公司股票发行上市后36个月内。

本次发行后,香港亿威持股37.5%,上述自然人股东持股37.5%,社会公众股东持股25%。公司已经建立起规范有效的法人治理结构,且自2002年改制为有限公司以来主营业务及核心经营团队稳定,但上述共同控制的状况可能在公司经营财务决策、重大人事和利润分配等方面给公司及中小股东带来一定的风险。

公司报告期内历次股权变更过程中,外资股东继续追加投资活动为公司经营业绩的持续增长提供了必要的资金支持,经营业绩得到较大提升;最近三年,香港亿威作为公司单一最大股东持股50%,中方自然人股东作为一方持股50%,公司共同控制的状况未发生变化,主营业务和管理层也未发生重大变化。

(二)共同控制的认定依据

根据《适用意见第1号》第3条的规定,公司由香港亿威和中方股东共同控制,符合以下条件:

1.共同控制人持股情况

香港亿威和中方股东均直接持有公司股份,分别持有50%的股份。

2.公司治理结构情况

(1)有限公司阶段

①香港亿威对江海有限增资时,全体自然人股东共同授权股东陈卫东在与港方合资的相关法律文件中签字并处理相关事宜。②香港亿威对江海有限第一次增资后持有江海有限40%股权,中方股东持有江海有限60%股权,有关文件确认合资公司中董事人数为8人,中方、港方各自选举4名董事进入董事会;因江海有限为中外合资企业,董事会为公司最高权力机构,中方和港方委派等额的董事,享有公司最高权力机关董事会相同的表决票数,中方、港方股东对公司共同控制。③香港亿威第二次增资持股比例变为50%,中方持股比例变为50%,江海有限董事会、董事人选未发生变化。虽然持有实际支配公司股份最高的人发生变化,但表决权比例未发生变化,公司控制权未发生变更。④香港亿威第三次增资4000万元持股比例未发生变化,江海有限董事会、董事人选未发生变化,保持中方、港方股东对公司共同控制的局面。⑤公司自2005年年底变更为中外合资企业以来,公司高级管理人员的构成未发生变化。

(2)股份公司阶段

①2008年7月18日全体自然人股东其中45名自然人签署《授权委托书》,授权公司股东、董事长陈卫东先生代为行使其持有公司股份所享有的投票权、提案权等。②2009年5月31日,为完善委托形式朱祥等45名自然人股东与陈卫东进行了协商,各方一致同意将《授权委托书》形式上调整为《委托协议书》。公司整体变更为股份公司

后的历次股东大会表决中中方股东在股东大会层面保持一致的表决意见,股东大会层面中方股东和港方股东因各持有公司50%的股权,从而形成对公司的共同控制。③公司变更为股份公司后,中方、港方股东在召开创立大会选举董事前沟通达成共识;股份公司阶段非独立董事中方、港方各提名三名,双方提名的董事人数相同。董事会层面各方拥有等额的董事也证明中方、港方股东对公司共同控制。④公司自股份公司成立以来,公司高级管理人员的构成未发生变化。

3. 共同控制的情况不影响公司的治理结构

江海有限自2005年引进港方股东香港亿威成为中外合资经营企业后,就按照规定建立了良好的治理结构。为了提高治理效率公司还建立了董事管理工作会议制度(每月召开一次),董事管理工作会议由中方、港方各自选举的董事出席,就公司经营过程中的重大事项进行协商、论证。根据公司2005年12月以来的历次股东大会、董事会、董事管理工作会议的相关决议、会议资料、会议记录文件,中方、港方股东、董事各自发挥其在经营管理方面的优势促进企业发展,双方配合默契,历次决策均经过充分沟通、论证。

公司自2005年12月以来一直保持上述治理结构,近三年公司经营决策科学、高效,管理团队未发生变化,公司的经营业绩逐年提升。公司稳定的治理结构和经营业绩表明共同控制的情况未影响公司治理结构的有效性。

(三)关于共同控制情况的真实性、合理性

1. 中方一致行动的真实性、合理性

(1)陈卫东担任公司领导达10年以上。在多年的经营实践中,陈卫东以良好的经营业绩证明了其突出的经营管理能力,赢得了公司职工股东的信任。公司的职工股东充分认可其经营理念,在公司重大事项决策上均与其保持一致。(2)朱祥系公司第二大股东,持股比例21%,朱祥对电容器行业并没有直接管理经验,在生产经营方面倚重陈卫东为首的管理团队的判断,并在股东大会、董事会层面与其保持一致。

2. 关于香港亿威与中方共同控制的真实性、合理性

(1)香港亿威是香港上市公司亿都控股的全资子公司,系按照香港商业惯例成立的持股公司。亿都控股主营业务是生产、开发及买卖液晶体显示器,其对电容器行业无实际经营的经验。因此,香港亿威在公司的具体生产经营方面始终与以陈卫东为首的中方股东协商、论证后方做出相关决议。(2)根据亿都控股于2008年9月作出的《确认函》确认:亿都控股在其会计报表及公开的信息披露资料中从未有控制南通江海电容器有限公司或者南通江海电容器股份有限公司董事局的组成;亿都从

未与其他相关股东签署任何协议以让其可委任全数或过半数的董事或将其免任；亿都从来只视前南通江海及或者或南通江海为与他方共同持有之合营企业，而从未把前南通江海及或者或南通江海作为附属公司看待。(3)通过对香港上市公司亿都控股的公开信息披露资料的核查，香港亿威自2005年入股公司后，香港亿威的股东亿都控股均视公司为其合营企业，从未将公司作为其子公司纳入公司合并范围。

(四)公司股东关于稳定治理结构的安排

(1)朱祥等45名自然人股东与陈卫东先生于2008年7月18日签署《授权委托书》，授权公司股东、董事长陈卫东先生代为行使其持有公司股份所享有的股东大会的投票权、提案权、提名权、临时股东大会的召集权。2009年5月31日，朱祥等45名自然人股东与陈卫东进行了协商，对《授权委托书》进行调整。

(2)委托方和受托方一致同意按照如下规则行使上述股东权利：受托方和委托方应在公司股东大会召开前，召集全体委托方、受托方就股东大会会议议案进行讨论，形成统一表决意见，并按照相关规定出具股东大会的授权委托书，在某个委托方违反本授权委托书约定，不出具授权委托书时，应当向其他委托方就每次违约行为支付100万元的违约金。在行使提案权、董事、独立董事、监事候选人的提名权、临时股东大会的召集权时召集委托方、受托方进行讨论，形成统一意见。在委托方、受托方违反本委托协议书约定时，应当向守约方就每次违约行为支付共计100万元的违约金。占全体委托方、受托方所持股份总数50%以上的股东意见为统一表决意见(如不能形成50%以上的统一意见，则股东意见中支持比例最高的表决意见为统一表决意见)，受托方应当按照此统一意见行使本协议项下的股东权利。委托方、受托方同意接受统一表决意见的约束。

(3)受托方如有下列情形之一的，由委托方中持股比例最高且能够出席股东大会的自然人股东代行本协议项下股东权利，也可由委托方协商更换成其他受托方：①受托方不能履行或不履行上述受托事项；②受托方不再担任公司董事；③占全体委托方所持股份总数50%以上的股东同意更换的其他情形。

(4)受托方或继任受托方不按本委托协议书确定的表决规则统一行使本协议项下股东权利的，应承担法律责任。

(5)受托方必须遵守法律和股份公司章程，不得利用委托方的授权损害股份公司的利益或者其他股东的利益。

(6)未经全体委托方书面同意，受托方不得将本委托书中列明的股东权利全部或者部分授予他人行使。

(7)本委托协议书一经签署即具有法律约束力,且未经全体委托方和受托方同意不得予以变更。

发行人律师认为:(1)朱祥等45名自然人股东将其所拥有的相关股东权利委托陈卫东先生按照约定的规则统一行使。该等委托股东权利的行为是上述自然人股东真实的意思表示,公司股东有权委托他人行使自己享有的股东权利;该等委托行使相关股东权利的行为未损害他人和公司的合法利益。该等委托行使股东权利的行为合法有效,对全体委托人、受托人均具有法律约束力。(2)香港亿威、陈卫东等46名自然人股东分别于2009年3月18日,出具《承诺函》:本人作为公司股东,在公司股票上市之日起三十六个月内,不会转让或者委托他人管理,也不要求公司回购本人直接或间接持有的公司股份。

综上,《授权委托书》及《委托协议书》的签订合法有效、权利义务清晰、责任明确,该情况在最近3年内且在首发后的可预期期限内是稳定、有效存在的。

对于上述问题,保荐机构和律师均发表核查意见。

【案例评析】

1.该种对于实际控制人的认定也算是投行界的一种创新,主要应用于公司股权相对比较分散的情况,在一些高科技企业中,由于需要管理层和核心技术人员持股,这样的情况倒也算普遍。

2.认定共同控制一般需要多方签署一致行动协议,需要做的工作是解释一致行动人的意思和行动一致。根据以上案例的分析来看,在申报前签署一致行动协议保证上市后股权的稳定是可以被认可的,但是需要解释申报期内同一控制人虽然没有一致行动协议但是也是共同决策从未出现分歧。至于通过签署一个一致行动协议而一劳永逸解决该问题的方式在会里是不被认可的,因为会里认为一致行动协议很容易倒签,也就说就算一致行动的协议是在申报期初期甚至更早的时候签署的,如果没有详细的证据来证明一致行动,也是不被认可的。

3.从上面的案例来看,每个案例的反馈意见都是重点关注企业的共同控制问题,尤其是通过签署一致行动协议认定共同控制的情况。一般中介机构还需要找足另外的一些论证因素,比如最常见的就是将公司历次股东会和董事会决议的表决情况进行列示,以证明认定的共同控制人的确是“一致行动”的。

4.另外,根据《〈首次发行股票并上市管理办法〉第十二条发行人最近3年内主营业务没有发生重大变化的适用意见——证券期货法律适用意见第3号》(以下简称《法律期货适用意见第3号》的规定,延长股份锁定期也是被认为可以增强共同控制人说服力的因素，有的项目也采取了这样的做法，比如共同控制人股份锁定期为 48 个月等。

5. 对于一致行动协议方面的内容，小兵还将专题做讨论，具体情况可参见该部分的论述。

■第二节　无实际控制人

【重要提示】

★ 无实际控制人情形与共同实际控制人适用的情形很像，主要适用于股权极度分散的情况中，只是无实际控制人需要重点解释股东之间没有意思一致更没有行动一致。

★ 最新的审核政策不反对无实际控制人的认定，在尊重事实且合规合理情况下如果公司没有实际控制人也是可以得到认可的。

★ 尽管如此，小兵对于无实际控制人问题所潜在的风险持高度谨慎态度，仍旧建议一般情况下不要采取该种方式，一个最普遍的疑惑：这个企业没有实际控制人那到底上市之后谁说了算，没有实际控制人，是否变更的论证还有何意义？

【案例情况】

一、天源迪科(300047)

(一)发行人最近两年内不存在拥有公司控制权的人

1. 发行人股权结构分散

最近两年内，发行人股权结构未发生任何变化，股权结构一直维持比较分散的状态。自 2007 年 5 月 21 日发行人完成最后一次增资以来，发行人股权至今未发生任何变化，具体情况如下：

股东	股权比例(%)	股权性质
陈　友	19.82	自然人股
吴志东	15.68	自然人股
陈鲁康	13.50	自然人股
天泽投资	12.86	企业法人股
谢晓宾	10.45	自然人股
李谦益	10.45	自然人股
李　堃	6.44	自然人股
王怀东	6.44	自然人股
杨文庆	4.36	自然人股
合　计	100	

2. 发行人单一股东无法控制股东大会

根据《公司法》及公司章程的规定:股东大会作出普通决议,应当由出席股东大会的股东所持表决权的1/2以上通过;股东大会作出特别决议,应当由出席股东大会的股东所持表决权的2/3以上通过。发行人任何单一股东所持有的公司股份均未超过公司总股本的20%,因此,发行人任何单一股东均无法控制股东大会或对股东大会决议产生决定性影响。

3. 发行人单一股东无法控制董事会

发行人自然人股东陈友、吴志东、陈鲁康、谢晓宾、李谦益、杨文庆均在公司董事会中担任董事,上述股东在董事会席位上的分配比较均衡。根据公司章程的规定,董事会成员和监事会成员的任免由股东大会以普通决议通过。发行人董事均由其股东大会选举产生,且各股东均按照各自的表决权参与了董事选举的投票表决。因此,发行人任何单一股东均没有能力决定半数以上董事会成员的选任。

根据《公司法》及公司章程的规定:董事会会议应有过半数的董事出席方可举行。董事会作出决议,必须经全体董事的过半数通过。董事会决议的表决,实行一人一票。发行人任何担任董事的自然人股东均无法控制董事会或对董事会决议产生决定性影响。

经核查,发行人全体董事均参加了历次董事会并进行了相应的表决,且该等董事均依据自己的意愿对会议议案进行表决。不存在任何单一股东单独控制董事会的情形。

4. 发行人的股东间无一致行动

经核查发行人历次股东大会的决议及相关文件,发行人股东在历次股东大会进行表决前均没有一致行动的协议或意向,或其表决权受到其他股东控制或影响的情形。

经核查发行人历次董事会的决议及相关文件,发行人董事在历次董事会进行表决前均没有一致行动的协议或意向,或其表决权受到其他方控制或影响的情形。

发行人的股东陈友、吴志东、陈鲁康、天泽投资、谢晓宾、李谦益、李堃、王怀东、杨文庆于2009年7月20日出具《声明》:各股东之间未签订任何一致行动协议或实施其他任何可能约束数名股东共同行使股东权利而实际控制发行人的行为。

综上,发行人律师认为:发行人最近两年内,股权结构未发生任何变化,股权结构一直较为分散,不存在实际控制人,亦不存在多人共同拥有公司控制权的情形。

(二)发行人最近两年内的控制权没有发生变更

1. 发行人股权结构最近两年内未发生变化

自2007年5月21日发行人完成最后一次增资以来,发行人股权至今未发生任何变化,具体情况如下:

股东	股权比例(%)	股权性质
陈　友	19.82	自然人股
吴志东	15.68	自然人股
陈鲁康	13.50	自然人股
天泽投资	12.86	企业法人股
谢晓宾	10.45	自然人股
李谦益	10.45	自然人股
李　堃	6.44	自然人股
王怀东	6.44	自然人股
杨文庆	4.36	自然人股
合　计	100	

发行人于2009年7月26日向证监会提出在创业板上市的申请,在发行人提交申请前两年内,发行人股权结构未发生任何变化。

2. 发行人最近两年内董事没有发生重大变化

陈友、吴志东、陈鲁康、谢晓宾、李谦益、杨文庆、魏丽自2001年5月29日至今一直担任发行人及前身天源迪科有限公司的董事。2007年8月12日,发行人召开2007年第二次临时股东大会增选戴昌久、邓爱国、李毅、周俊祥四人为公司独立董事。自2007

年8月12日至今,公司董事会未发生任何变更。

3. 发行人最近两年内高级管理人员没有发生重大变化

最近两年内,除2009年3月15日发行人第一届董事会第七次会议决议增聘梁林志为副总经理外,发行人的高级管理人员没有发生变化。

4. 发行人最近两年内主营业务没有发生变化

最近两年内,发行人主要经营电信、公安及其他行业应用软件产品的开发、生产和销售,计算机软、硬件系统集成,技术支持与服务,主营业务没有发生变化。

5. 发行人最近两年来经营业绩稳定

2007年至今,发行人持续盈利,发行人2007年度、2008年度归属于母公司所有者的净利润分别为3859.07万元、4388.60万元,保持持续增长;发行人2007年、2008年连续被评定为国家规划布局内重点软件企业。可见,公司在股权较为分散、没有实际控制人的情形下,仍能保持发行人经营决策的有效性和经营业绩的稳定。

6. 发行人股东承诺锁定股份

发行人股东陈友、吴志东、陈鲁康、天泽投资、谢晓宾、李谦益、李堃、王怀东、杨文庆于2009年7月20日均签署了《关于本次发行前股东所持股份的流通限制和自愿锁定股份的承诺函》,其中,陈友、吴志东、陈鲁康、谢晓宾、李谦益、天泽投资、杨文庆承诺其所持有的股份自公司本次发行的股票上市之日起锁定期为36个月;李堃、王怀东承诺其所持有的股份自公司本次发行的股票上市之日起锁定期为12个月。发行人股东均作出了自愿锁定股份的承诺,该等承诺有利于发行人本次发行上市后的股权结构稳定。

综上所述,结合《适用意见第1号》第4条及《管理暂行办法》的规定,发行人律师认为,发行人最近两年内,股权结构一直较为分散且未发生任何变化,不存在实际控制人,亦未发生控制权变更的情形,符合《首发办法》发行人最近两年内实际控制人未发生变更的条件。

(三)发行人无实际控制人的情形不会影响到公司的经营决策稳定性和公司治理有效性

1. 发行人股东承诺上市后锁定股份

根据发行人律师的核查,发行人的股权结构最近两年内未发生重大变化,股权结构稳定。发行人股东陈友、吴志东、陈鲁康、天泽投资、谢晓宾、李谦益、杨文庆、李堃、王怀东于2009年7月20日均签署了《关于本次发行前股东所持股份的流通限制和自愿锁定股份的承诺函》,其中,陈友、吴志东、陈鲁康、天泽投资、谢晓宾、李谦益、杨文庆承诺其所持有的股份自公司本次发行的股票上市之日起锁定期为36个月；李堃、王怀东承诺其所持有的股份自公司本次发行的股票上市之日起锁定期为12个月。

2.发行人无实际控制人的情形不影响公司治理的有效性

发行人依法制定了健全的《股东大会议事规则》、《董事会议事规则》、《监事会议事规则》、《投资管理制度》、《对外担保管理规定》、《关联交易公允决策制度》等公司内部管理制度。发行人设置了独立董事，强化对董事会及经理层的约束和监督，更好地维护公司及中小股东利益，避免内部人控制。根据发行人的《公司章程》及《累积投票制实施细则》的规定，发行人董事、监事选任实施累积投票制。根据《累积投票制实施细则》的规定，发行人任何股东单独均不能通过实际支配公司股份表决权决定公司董事会半数以上成员选任。

发行人无对外担保，最近三年及一期内发行人除部分股东无偿为公司提供担保外，无其他关联交易，目前该部分股东为公司提供的担保均已到期或解除。公司的重大事项的决策和实施均有相应的制度进行约束，根据发行人律师对发行人及其前身天源迪科有限公司历次股东大会、董事会、监事会的核查，上述股东大会、董事会、监事会均按照公司法和公司章程规定的职权履行职责。

发行人律师认为，发行人无实际控制人的情形不影响发行人的公司治理有效性。

3.发行人无实际控制人的情形不影响发行人内部控制的有效性

(1)发行人制定了《关联交易公允决策制度》、《对外担保管理规定》、《投资管理制度》，对关联交易、对外担保、对外投资的决策机构、决策权限及决策程序、监督程序均作出了详细的规定，从而避免因可能的内部人控制而损害股东利益的情形；同时，发行人还制定《投资者关系管理制度》、《信息披露管理制度》，确保发行人上市后公众股东能及时、准确地获取发行人对外披露的信息，从而保障公众股东的利益。

(2)发行人根据《公司法》、《证券法》、《上市公司治理准则》等法律法规的规定，制定了一套包括组织架构、治理结构、管理制度、财务制度等在内的较为健全有效的内部控制体系，以确保公司的各项生产、经营活动都能有章可循，同时发行人建立了内部审计制度，监督、控制各项工作的执行。

(3)发行人股东均出具了《避免同业竞争承诺函》，内容如下："截至本承诺函出具之日，本人(本公司)未以任何方式直接或间接从事与公司相竞争的业务，未拥有与公司存在同业竞争企业的股份、股权或任何其他权益；本人(本公司)承诺在持有公司股份期间，不会以任何形式从事对公司的生产经营构成或可能构成同业竞争的业务和经营活动，也不会以任何方式为公司的竞争企业提供任何资金、业务及技术等方面的帮助。"

(4)南方民和已向发行人出具深南专审报字[2009]第ZA197号《关于深圳天源迪科信息技术股份有限公司内部控制鉴证报告》，证明发行人的内部控制制度健全且被有效执行,能够合理保证财务报告的可靠性、生产经营的合法性、营运的效率与效果。

综上所述,发行人股权分散、无实际控制人的情形,并未影响发行人经营业绩的稳定性和公司治理的有效性,发行人已采取了有效措施确保发行人股权结构的稳定性、经营决策的稳定性以及公司治理的有效性。发行人律师认为,在发行人无实际控制人的情形下,发行人股东通过股东大会、董事会,按照公司章程及公司有关制度的规定对公司进行治理;从近年来发行人经营管理层的稳定性和经营业绩的稳定性来看,发行人不存在实际控制人的情形未对发行人经营稳定性造成重大不利影响;此外,发行人主要股东还承诺在上市后一定时期内锁定股份,以保证发行人治理结构在上市后的稳定性和延续性。因此,发行人不存在实际控制人的情形对本次发行上市不构成实质性障碍。

(四)反馈意见关注

天源迪科是从中小板转到创业板上市的,在该过程中对于实际控制人的认定会有一个插曲:发行人在2008年2月提交的主板首发申请文件中披露,公司股东陈友、陈鲁康、谢晓宾、李谦益为发行人的共同控制人。2008年5月17日,发行人认定公司的实际控制人为陈友。2008年6月12日,发行人重新认定其实际控制人为陈友、陈鲁康、谢晓宾、李谦益。2009年7月31日,发行人向我会提交的首发申请文件披露,公司不存在实际控制人。于是审核人员要求保荐机构、律师就近两年来发行人实际控制人是否发生变更,是否构成发行上市障碍出具专项说明以及在发行人不存在实际控制人的情况下,请发行人及其保荐人和律师能够提供证据充分证明公司经营决策的稳定性和公司治理的有效性。

1. 在发行人申报创业板申请文件前,对发行人实际控制人的认定前后不一致的原因

(1)2008年2月,认定发行人股东陈友、陈鲁康、谢晓宾、李谦益为发行人的共同控制人的背景

在2008年2月发行人向证监会提交主板首发申请文件时,对实际控制人的认定尚没有确定的标准,而发行人股权比较分散,由于陈友、陈鲁康、谢晓宾、李谦益四人均为公司的创始人,从2001年起上述四人均为公司的董事和高级管理人员,四人所持的股份合计超过了发行人股份总额的50%,且四人在公司历次股东大会、董事会中的表决均保持一致,因此,公司在当时的主板首发申请文件中认定陈友、陈鲁康、谢晓宾、李谦益为发行人的共同控制人。

发行人在2008年2月向证监会提交主板首发申请文件后,证监会于2008年3月5

日颁布证监法律字[2007]15号文,该文明确规定“发行人及其保荐人和律师主张多人共同拥有公司控制权的,应当符合以下条件……(三)多人共同拥有公司控制权的情况,一般应当通过公司章程、协议或者其他安排予以明确,有关章程、协议及安排必须合法有效、权利义务清晰、责任明确,该情况在最近3年内且在首发后的可预期期限内是稳定、有效存在的,共同拥有公司控制权的多人没有出现重大变更”。由于发行人并未在公司章程、协议或者其他安排中约定或明确共同控制,因此,将陈友、陈鲁康、谢晓宾、李谦益认定为公司共同控制人的理由并不充分,不符合证监法律字[2007]15号文的规定,该认定并未得到证监会发行部的认可。

(2)2008年5月17日,认定陈友为公司实际控制人的背景

由于共同控制的认定未能得到证监会发行部的认可,结合公司本身的情况,考虑到陈友一直是公司的主要股东,且自2001年以来一直担任公司的董事长兼总经理,并在公司具有较大的影响力,发行人向证监会发行部提出希望认定陈友为公司的实际控制人。

虽然陈友为公司第一大股东,但是其持股比例仅为19.82%,且各股东之间的持股比例相差不大,根据《公司法》及公司章程的规定,陈友所持有的股份难以实际控制股东大会和董事会。因此,发行人认定陈友为公司实际控制人的理由也并不充分,该认定亦未得到证监会发行部的认可。

(3)2008年6月12日,重新认定陈友、陈鲁康、谢晓宾、李谦益为发行人共同控制人的背景

虽然之前认定陈友、陈鲁康、谢晓宾、李谦益共同控制公司的方案并未获得证监会的认可,但是考虑到证监法律字[2007]15号文是在发行人向证监会提交主板申请材料后公布的,使得在申请材料中对实际控制人的理解与之后颁布的规定不符,因此,发行人、发行人律师、保荐机构重新认定发行人的实际控制人为陈友、陈鲁康、谢晓宾、李谦益,并希望证监会发行部在考虑到该实际情况后,按照证监法律字[2007]15号文颁布前的标准重新审核对发行人实际控制人的认定。

考虑到对发行人共同控制的认定仍然缺乏充分的事实和证据,且与证监法律字[2007]15号文的规定不相符,因此,最终证监会发行部仍然没有认可对发行人共同控制的认定。

综上,发行人在主板首发申请审核期间,对实际控制人的认定出现了多次变更,其主要原因是:发行人股权结构分散,实际控制人界定困难,在最初申报主板首发申请时,证监法律字[2007]15号文尚未公布,因而没有实际控制人认定的明确标准;证监会颁布证监法律字[2007]15号文后,出于能够继续进行审核的考虑,加之发行人对该规定的理解不够深刻,导致对实际控制人的认定不够准确,出现了对实际控制人认定发

生变更的情形。

2. 2009 年 7 月 26 日,发行人向证监会提交的首次公开发行股票并在创业板上市申请文件中认定公司不存在实际控制人

在创业板推出后,发行人决定向证监会申请首次公开发行股票并在创业板上市。在本次首次公开发行股票并在创业板上市的申请中,发行人律师会同发行人、保荐机构认真研究学习了证监法律字[2007]15 号文的有关规定和立法精神,对发行人最近两年内的控制权情况进行了认真核查,纠正了之前在实际控制人的认定中存在的错误。对照证监法律字[2007]15 号文第 4 条的有关规定,发行人律师确认发行人最近两年内不存在实际控制人,亦未发生控制权变更的情形。

二、硅宝科技(300019)

(一)重大风险提示第一项:控制权风险

公司股东全部为自然人股东,前三大股东的持股比例分别为 27%、24.75% 和 20.25%,没有单一股东持有本公司 30% 以上的股权,没有一个单一股东可以对公司决策形成实质性影响,股权比较分散,公司没有实际控制人。公司前三大股东已经作出承诺,在本次成功发行上市后,三十六个月内不转让或者委托他人管理其持有的公司股份,亦不以任何理由要求公司回购其持有的公司股份。但是由于公司前三大股东持股比例较为接近,上市后公司控制权仍存在发生变动的风险。

(二)解释原因

发行人股东王有治与王有华系兄弟关系,与蔡显中系连襟关系,三人合计持股 34.75%,但不是一致行动人。审核人员要求中介机构解释具体原因。由于发行人的股权结构、董事会决议及成员构成特点,公司的经营方针及重大事项的决策系由全体股东充分讨论后确定,无任何一方能够决定和作出实质影响,因此公司无实际控制人。

1. 股权结构

根据发行人的说明,发行人的股东王有治(任发行人的董事、总经理)与股东王有华系兄弟关系,王有治的配偶与股东蔡显中的配偶为姐妹关系。王有治、王有华和蔡显中三人的持股比例之和为 34.75%,发行人第一大股东王跃林持有发行人 27% 的股份,发行人第三大股东郭弟民持有发行人 20.25% 的股份,王有治、王有华和蔡显中三人的持股数额合计在发行人股本结构中并无明显优势。

2. 董事会决议

根据发行人《公司章程》,发行人董事须经股东大会由代表二分之一以上表决权的股东同意通过选举产生。发行人于2008年5月4日召开的创立大会暨第一次股东大会选举产生了7名董事(其中三名独立董事);王跃林、王有治、郭弟民、曾永红四位股东当选为公司董事;三名当选独立董事的推荐情况为:郭弟民推荐岳润栋,王跃林推荐叶定成,曾永红推荐杨明波。王有治、王有华、蔡显中三人无法选出过半数的董事会成员,其他股东亦无法选出过半数的董事会成员。根据发行人《公司章程》及《董事会议事规则》,公司董事会需经全体董事三分之二以上通过方可作出决议。由此,无发行人股东控制董事会或对董事会有实质影响。

3. 股东会决议

根据硅宝有限2006年3月以来制定的公司章程,公司股东会作出决议,普通决议由代表二分之一以上表决权的股东同意通过,对于修改公司章程,增加或者减少注册资本,分立、合并、解散或者变更公司形式等事项作出决议,必须经全体股东同意通过,方能有效。根据发行人《公司章程》的规定,股东大会作出会议决议,普通决议需经出席会议的股东所持表决权的过半数审议通过,特别决议需经出席会议的股东所持表决权的三分之二以上审议通过。如《律师工作报告》"十四、发行人股东大会、董事会、监事会议事规则及规范运作"部分所述,发行人的经营方针及重大事项的决策系由全体股东充分讨论后确定,而不能够仅由王有治、王有华、蔡显中三人共同决定或受该三人的实质影响,也不存在由其他股东单独或联合共同决定或受该股东的实质影响。

4. 经营决策影响

发行人第一大股东王跃林担任发行人的董事长及法定代表人,根据《公司法》以及《公司章程》的规定,由其提名总经理和董事会秘书,召集和主持董事会会议及主持股东大会会议,对外代表发行人,对发行人亦具有重要的影响力。

综上,基于发行人的股本结构而言,王有治和王有华、蔡显中三人的持股比例之和并无明显优势,同时,王有治和王有华、蔡显中对公司董事会成员的选任、对公司经营方针及重大事项决策的影响力亦有限,无法通过相互间的意志联合而实现对发行人的控制。

2009年7月20日王有治、王有华和蔡显中出具了《确认函》,确认该三人自成为发行人股东以来,各自均独立行使表决权,彼此间不存在一致行动的情形;其各自亦与其他发行人股东之间不存在通过协议、其他安排,与其他股东共同扩大其所能够支配的发行人股份表决权数量的行为或者事实。除前述股东外,发行人的其他5名股东均于2009年7月20日出具《确认函》,确认其自成为发行人股东以来,与发行人其他股东之间不存在亲属关系,均独立行使表决权,亦不存在通过协议、其他安排,与其他股东共同扩大其所能够支配的发行人股份表决权数量的行为或者事实。

综上所述,虽然王有治、王有华及蔡显中三人具有亲属关系,但实际上该三人相互之间并不存在通过意志联合而共同行使股东权利的情形,不构成一致行动人;发行人其他股东之间亦不存在通过协议或其他安排,共同扩大其所能够支配的发行人股份表决权数量的行为或者事实。

基于以下原因,公司没有实际控制人:(1)基于王有治、王有华、蔡显中三人持股比例之和在发行人股本结构中并不具有优势以及就王有治和王有华、蔡显中三人对发行人董事会成员选任、对发行人重大事项决策的影响力等因素而言,王有治、王有华、蔡显中三人无法通过一致行动关系而拥有公司控制权。(2)根据王有治、王有华、蔡显中三人的确认以及泰和泰律师向发行人其他股东、董事、监事、高级管理人员走访调查所了解的情况,王有治、王有华、蔡显中三人实际上均独立行使表决权,相互间并不存在互为一致行动关系的情形,因此,从实质重于形式的原则出发,王有治、王有华、蔡显中三人之间的亲属关系不足以作为认定其三人为一致行动人且拥有公司控制权的依据。(3)根据公司股权结构、股东表决权行使情况、发行人的经营方针及重大事项的决策形成、董事会人员组成及决策规则等事实,发行人其他股东亦不能单独拥有公司控制权并且也不存在联合其他股东而共同控制公司的情形。因此,发行人无实际控制人。

(三)发行人控制权两年内没有发生变更

2005年12月至今,发行人前两大股东王跃林、王有治分别持有发行人27%和24.75%的股份,持股比例均未发生过变化。2007年5月,发行人股东蔡显中将其所持发行人10%的股份中的5%转让给王有华,本次股权转让完成后,蔡显中及王有华各自持有发行人5%的股份。本次股权转让的标的股份占发行人股本总额的比例较小;并且,王有治与蔡显中系连襟,王有治与王有华系兄弟,因此本次转让不会导致发行人股权结构发生重大变化。2007年12月发行人原股东郭斌、郭越、贺瑜瑜分别将其3人各自所持发行人6.75%的股份转让给郭弟民。该次股权转让完成后,郭弟民持有发行人20.25%的股份,成为发行人的第三大股东。因贺瑜瑜与郭弟民系夫妻关系,郭斌与郭越为贺瑜瑜与郭弟民之子女,且该次股权转让完成后郭弟民持有的发行人股份未达30%,并不会导致发行人控制权发生变更,亦不会导致发行人股权结构发生重大变化。除此之外,最近三年发行人其他股东(合计有发行人69.75%的股份)的持股比例均未发生过变动。因此,发行人最近三年的控制结构未发生重大变化。

(四)如何保持发行人经营管理层、主营业务的稳定及公司治理的有效

(1)2009年7月20日,发行人股东王跃林、王有治、郭弟民、王有华以及蔡显中已分别出具了《承诺函》,发行人该5名股东已承诺,自发行人公司股票在创业板上市之日起三十六个月内,不转让或者委托他人管理其持有的公司股份,亦不以任何理由要求公司回购其持有的公司股份。发行人主要股东所作出的前述股份锁定的措施,有利于发行人股本结构的稳定,并进一步实现发行人董事会、经营管理层的稳定。

(2)根据发行人的说明及泰和泰适当核查,发行人自成立以来一直以有机硅室温胶及制胶专用生产设备的研发、生产、制造和销售为主营业务,主营业务未发生过重大变化。

(3)发行人已建立了包括《财务管理制度》、《财务预算管理制度》、《生产内部控制制度》、《供应内控管理制度》、《设备部业务外包管理制度》、《技术研发项目管理制度》、《薪酬管理制度》、《员工培训制度》、《绩效考评制度》、《人事管理制度》、《销售管理制度》、《合同管理办法》、《计算机信息控制系统管理制度》等内部控制制度,并已由四川华信会计师事务所出具了无保留结论的《内部控制鉴证报告》,证明发行人内部控制健全且被有效执行,发行人的股权结构不影响公司治理的有效性。

(4)发行人系成都硅宝科技实业有限责任公司变更设立,发行人现有8名股东原为硅宝有限的股东,区别于一般的发起设立或募集设立的股份有限公司的股东间单一的资合性,发行人股东具有人合性。根据发行人的说明,发行人现有8名股东,绝大部分系有机硅行业专家,具有丰富的行业技术经验。根据发行人股东的说明,基于发行人股东自身具有的专业技术背景,发行人股东均专注于有机硅室温胶及制胶专用设备领域,致力于通过股东的共同努力将公司发展为有机硅室温胶行业内世界级一流企业,因此,发行人股东在事业方面共同的理想和追求使得他们具有共同的事业及利益基础,而该等基础能够最大限度地将股东凝聚在一起共同创业,无疑将成为保持发行人经营管理层、主营业务的稳定及公司治理的有效保障。

三、银河电子(002519)

(一)发行人不存在拥有公司控制权的人

(1)发行人现有股东为银河电子集团投资有限公司(以下简称集团公司)和45名自然人,其中:集团公司持股比例为62.12%,持股比例5%以上的自然人股东仅有庞绍熙1人,且持股比例只有5.30%。集团公司为发行人控股股东,其对发行人股东大会

决议产生、董事提名及任免等有实质性影响。同时，发行人现有股东均承诺：未在其所持的发行人股份上设置任何第三人权益，未对该等股份所含的投票权、收益权作任何限制性安排。因此，只要拥有了对集团公司的实际控制权，便拥有了对股份公司的实际控制权。

(2)截至目前，集团公司共有44名股东(均为自然人)，其中持股比例超过5%的仅有庞绍熙和吴建明2人，且持股比例也分别只有18.38%和6.03%。同时，集团公司现有股东均承诺：未在其所持的集团公司股权上设置任何第三人权益，未对该等股权所含的投票权、收益权作任何限制性安排。因此，集团公司持股比例较为分散，从股权投资的角度来说，任何股东均无法单独对集团公司股东会决议、董事会决议、董事和高级管理人员提名及任免等产生实质性影响，即任何股东均无法单独形成对集团公司的实际控制权。

(3)股份公司及集团公司董事会成员的构成及提名情况。股份公司目前的第四届董事会成员共9人，分别为：吴建明(董事长)、庞绍熙、曹飞、顾革新、庞鹰、薛利军、胡继军(独立董事)、王芹生(独立董事)、郭静娟(独立董事)。上述董事会成员中吴建明、庞绍熙、曹飞、顾革新、庞鹰、薛利军、独立董事胡继军、王芹生、郭静娟由2010年1月12日召开的股份公司第三届董事会第八次会议依据公司章程第82条的规定提名，并由2010年2月2日召开的股份公司2009年度股东大会以累积投票制方式选举产生。因此，股份公司的董事候选人均由公司董事会依据公司章程的规定集体讨论决定，不存在任何股东单独提出或联合其他股东共同提出董事会候选人的情形，股份公司所有自然人股东对现有董事的提名均未实施任何影响。集团公司目前的董事会成员共5人，分别为：顾革新(董事长)、庞绍熙、吴建明、庞可伟、周黎霞。上述董事会成员均由集团公司第三届董事会提名，并由2010年2月2日召开的集团公司股东会选举产生。因此，集团公司的董事候选人均由公司上一届董事会依据公司章程的规定集体讨论决定，不存在任何股东单独提出或联合其他股东共同提出董事会候选人的情形，集团公司所有股东对现有董事的提名均未实施任何影响。

(4)集团公司现行公司章程对股东会决议形成方式的规定。根据集团公司现行公司章程的规定，股东会对公司增加或减少注册资本，合并、分立、解散、变更公司形式，修改公司章程作出决议时，必须经代表三分之二以上表决权的股东通过。股东会对其他事项作出决议，必须经代表二分之一以上表决权的股东通过。股东会会议由股东按照出资比例行使表决权。因此，集团公司任何股东单独均不能通过实际支配的表决权决定公司董事会半数以上成员的选任，不能通过行使表决权对股东会的决议产生决定性影响。

(5)庞绍熙及其具有一定亲属关系的股东对股份公司、集团公司的影响。①股份公司和集团公司自然人股东庞绍熙等7名自然人股东之间具有一定的亲属关系，具体情况为:庞绍熙系庞鹰的叔叔,庞可伟系庞绍熙的侄子、庞鹰的哥哥,钟献宗系庞鹰的丈夫,钟礼花系钟献宗的妹妹,徐正峰系钟礼花的丈夫,李平波系庞绍熙的外甥、庞鹰的表弟(以下简称庞绍熙等7人)。②从股权投资的比例上来说,庞绍熙等7人合计持有股份公司11.54%的股份,如果该等具有一定亲属关系的自然人股东作出一致行动并行使表决权,根据《公司法》、公司章程的规定,庞绍熙等7人不会对股份公司股东大会决议等产生实质性影响,不能通过实际支配的表决权决定发行人董事会半数以上成员的选任。③从股权投资的比例上来说,庞绍熙等7人合计持有集团公司33.97%的股权,如果该等具有一定亲属关系的自然人股东作出一致行动并行使表决权,根据《公司法》、公司章程的规定,虽然庞绍熙等7人有可能共同利用其表决权否决集团公司的重大事项(增加或减少注册资本、合并、分立、解散、变更公司形式、修改公司章程),但仍不能通过实际支配的表决权决定集团公司董事会半数以上成员的选任,不能通过行使表决权对集团公司股东会的决议事项产生决定性影响。同时,发行人律师注意到:《上市公司收购管理办法》(中国证监会令第35号)第84条规定:"有下列情形之一的,为拥有上市公司控制权:(一)投资者为上市公司持股50%以上的控股股东;(二)投资者可以实际支配上市公司股份表决权超过30%;(三)投资者通过实际支配上市公司股份表决权能够决定公司董事会半数以上成员选任;(四)投资者依其可实际支配的上市公司股份表决权足以对公司股东大会的决议产生重大影响;(五)中国证监会认定的其他情形。"如果参照适用此条的规定,在一致行动的情况下,庞绍熙等7人可拥有集团公司的控制权。但经发行人律师调查,自持有集团公司、股份公司股权之日起至今,庞绍熙等7人相互之间未签署任何一致行动协议,无利用投资关系、亲属关系等以及在公司担任董事、监事、高级管理人员的关系而相互之间存在任何一致行动的情形或将导致相互之间产生一致行动的情形,亦无相互之间通过协议、公司章程或者其他任何安排而产生一致行动的行为。④庞绍熙等7人在股份公司、集团公司的任职情况及对股份公司、集团公司董事会的影响如下表所示:

序号	姓名	股份公司任职情况	集团公司任职情况
1	庞绍熙	董事	董事
2	庞　鹰	董事、董事会秘书	—
3	徐正峰	—	—
4	钟献宗	—	—
5	钟礼花	—	—
6	庞可伟	工艺技术总监	董事
7	李平波	—	—

虽然庞绍熙和庞鹰担任股份公司董事、庞绍熙和庞可伟担任集团公司董事，但股份公司董事会成员共9人(非独立董事6人、独立董事3人)、集团公司董事5人，庞绍熙等7人在股份公司和集团公司董事会所占席位均未过半数。

股份公司现行章程规定:董事会会议应有过半数的董事出席方可举行;董事会作出决议，必须经全体董事的过半数通过，但董事会对公司对外担保事项作出决议，必须经出席会议的董事2/3以上审议通过;董事会决议的表决，实行一人一票。

集团公司现行章程规定:董事会会议应当由三分之二以上的董事出席方可召开，董事会表决实行一人一票制;董事会作出的决议必须经全体董事的过半数通过;当赞成票和反对票相等时，董事长具有两票表决权。

经发行人律师调查，股份公司成立时董事长为庞绍熙，但自2001年7月起，庞绍熙即因个人身体原因等辞去了董事长职务，此后股份公司董事长和法定代表人一直为吴建明;股份公司自2003年1月至今的总经理、副总经理、财务负责人均非庞绍熙等7人之列;集团公司自1999年公司制改革后的董事长和法定代表人一直为顾革新。

因此，庞绍熙和庞鹰对股份公司董事会作出决议无实质性影响，庞绍熙和庞可伟对集团公司董事会作出决议亦无实质性影响。

(6)发行人律师针对发行人实际控制权事宜对股份公司、集团公司有关人员的访谈情况。2010年4月，针对与公司实际控制权相关的事宜，发行人律师会同保荐代表人再次分别访谈了吴建明(发行人董事长、集团公司董事)、顾革新(集团公司董事长兼总经理、发行人董事)、庞绍熙三人，上述三人均表示:

①2001年，庞绍熙辞去股份公司董事长原因:一是个人身体原因，二是让有能力的经营管理人员来领导公司参与市场竞争，真正建立起现代企业法人制度。虽然其现在仍担任股份公司董事，但不参与公司的具体经营管理活动。

②自公司成立以来，吴建明、顾革新、庞绍熙从未利用自身持股比例较高及担任公司董事的优势地位实施控制公司的行为或联合、故意促使持有公司股份的亲属或董事对公司实施控制行为。在股份公司、集团公司以往历次股东(大)会上是严格按照各自所持有的股权(份)所对应的表决权数额独立进行投票并发表意见的。未来在持有公司股权(份)及担任公司董事期间将严格依法行使股东、董事的权利并承担相应的义务，绝不会实施或联合、故意促使其他股东、董事实施任何控制公司的行为。

③自公司成立以来，庞绍熙等7人无利用自身持股比例较高及担任公司董事的优势地位实施对集团公司、股份公司的控制行为或联合、故意促使持有公司股份的其他股东或董事对公司实施控制行为。在股份公司、集团公司以往历次的股东(大)会、董事会会议上，庞绍熙等7人对会议讨论的事项均分别独立进行表决并发表各自意见。

(7)经发行人律师调查，股份公司、集团公司现有自然人股东、董事之间无任何一致行动行为，在最近三年的股东（大）会上，各自然人股东均依法参加股东（大）会、董事会并依据公司章程和相关会议议事规则的规定独立行使表决权，未受其他股东影响。

据此，庞绍熙等7人对发行人以及集团公司的经营决策未形成实际控制权，其对发行人和集团公司股东（大）会及董事会决议形成无实质影响、对发行人及集团公司董事和高级管理人员的提名及任免无实质影响；发行人的实际控制权不能归属于任何主体，无实际控制人。

（二）发行人最近三年内控制权未发生变化

1. 发行人最近三年的股权及控制结构没有发生重大变化

（1）发行人最近三年内股权结构未发生重大变动。

（2）集团公司最近三年内股权结构未发生重大变动。

2. 发行人最近三年内经营管理层未发生重大变化

（1）发行人最近三年内董事、监事未发生变化，高级管理人员因工作需要和个人原因等发生了微调，但未发生重大变化，具体变动情况如下表：

类别	变化情况
董事	第三届董事会董事 吴建明（董事长）、庞绍熙、曹飞、顾革新、庞鹰、薛利军、 胡继军（独立董事）、王芹生（独立董事）、郭静娟（独立董事）
	第四届董事会董事 吴建明（董事长）、庞绍熙、曹飞、顾革新、庞鹰、薛利军、 胡继军（独立董事）、王芹生（独立董事）、郭静娟（独立董事）
监事	第三届监事会监事 孙东、周黎霞、钱建军（职工监事）
	第四届监事会监事 孙东、周黎霞、钱建军（职工监事）
高级管理人员	第三届董事会聘任的高级管理人员 薛利军（总经理）、李欣（副总经理）、吴刚（副总经理）、 肖建东（副总经理）、庞鹰（董事会秘书）、徐敏（财务负责人）
	第四届董事会聘任的高级管理人员 薛利军（总经理）、李欣（副总经理）、吴刚（副总经理）、顾洪春（副总经理）、 钱叶飞（副总经理）、庞鹰（董事会秘书）、徐敏（财务负责人）

发行人第三届董事会聘任的副总经理肖建东因个人身体原因不再担任高管职务，第四届董事会根据工作需要聘任顾洪春、钱叶飞为副总经理。

(2)集团公司最近三年内董事、监事、高级管理人员未发生重大变化。

3. 发行人最近三年内的主营业务未发生变化

发行人自2000年9月25日起至今的经营范围一直为“计算机及部件、计算机外部设备、电子产品、网络产品、软件产品、监控设备、仪器仪表、通信设备、广播电视设备、普通机械(压力容器除外)、五金、交电针织机械、模具、塑料制品、卫星地面接收设施、机顶盒产品的开发、制造、销售;经营本企业自产产品的出口业务;经营本企业生产、科研所需的原辅材料、仪器仪表、机械设备、零配件及技术的进口业务(国家限定公司经营和国家禁止进出口的商品技术除外);经营进料加工和‘三来一补’业务”,未发生过变更。发行人最近三年的主营业务始终为数字电视接收终端、信息电子设备结构件、电子零部件的研发、设计、生产与销售。根据立信永华出具的《审计报告》并经发行人律师核查,发行人主营业务的收入占营业收入比例分别为:2007年度为98.19%、2008年度为98.83%、2009年度为99.14%。因此,发行人最近三年内的业务具有连续性,主营业务未发生变化。

4. 发行人股份锁定以及集团公司股权锁定的情况

(1)发行人的全体股东均签署了《承诺函》,承诺:自股份公司股票在证券交易所上市之日起三十六个月内,不转让或者委托他人管理其所直接或间接持有的股份公司公开发行股票前已发行的股份,也不由股份公司回购其直接或间接持有的股份公司公开发行股票前已发行的股份。发行人股东股份锁定的比例达到100%且全部锁定三年,有利于发行人股权结构及控制权的持续稳定。

(2)担任发行人董事、监事、高级管理人员的自然人股东(同时是集团公司股东)庞绍熙、吴建明、周黎霞、曹飞、庞鹰、顾革新、孙东、钱建军、薛利军、李欣、顾洪春、钱叶飞、徐敏以及发行人自然人股东(同时是集团公司股东)庞可伟、尹永祥、顾卫东承诺:自发行人股票上市交易之日起三十六个月内,不转让或者委托他人管理其持有的集团公司的股权,也不由集团公司回购其持有的集团公司股权。上述集团公司16名股东合计持有集团公司66.02%股权,其所持股权锁定三年,有利于集团公司股权结构及发行人控制权的持续稳定。

(三)发行人的股权及控制结构不影响公司治理有效性

(1)根据股份公司、集团公司各股东出具的《承诺函》并经发行人律师核查,发行人以及集团公司各股东之间未签署任何一致行动协议。另外,股份公司、集团公司全体股东均承诺：自持有股份(权)之日起，无利用投资关系、亲属关系等以及担任董事、监事、高级管理人员的关系而与其他股东存在任何一致行动的情形或将导致与任何其他股东产生一致行动的情形，亦无与其他股东通过协议、公司章程或者其他任何安排而产生一致行动的行为；今后在直接或间接持有股份(权)期间，仍不与其他股东通过协议、公司章程或者其他任何安排而实施任何实际或潜在可能控制公司的一致行动行为；不利用与其他股东之间的关联关系(如亲属关系等)对公司实施任何实际或潜在可能控制公司的行为；在持有股份(权)期间，将严格依据《公司法》等法律、法规、规章等规范性文件以及公司章程的规定行使作为公司股东的权利并承担相应义务。

(2)集团公司现持有股份公司62.12%的股份，本次发行上市以后，其持有的股份比例为46.6%，始终系发行人控股股东，且其所持股份的表决权未受任何限制，其表决权的行使对发行人股东大会决议能产生重大影响。另外，《公司法》等法律法规、规章等规范性文件以及公司章程并没有对出席股东大会股东所持有表决权股份占公司有表决权股份总数的比例作出任何限制，且股份公司股东大会普通决议须由出席会议的股东(包括股东代理人)所持表决权的过半数通过，特别决议须由出席会议的股东(包括股东代理人)所持表决权的2/3以上通过。因此，发行人现有的股权及控制结构能保证股东大会的顺利召集、召开和及时、有效的对提交会议审议的提案作出决议。

(3)根据发行人现行公司章程和相关内控制度的规定，发行人设立了股东大会、董事会(包括各专门委员会)、监事会和经营管理层、内部审计部门等组织机构，且制定了相应的议事规则或制度，对董事会、监事会组成人员的选举和高级管理人员的聘任程序等都作了全面的规定。公司章程也依据《公司法》和中国证监会相关规定的要求，对股东大会的召集权以及临时提案的提出程序和条件、累积投票制等中小股东利益保护措施亦作了比较全面的规定。

(4)据发行人提供的会议材料的记载并经发行人律师核查，发行人近三年来共计召开了10次董事会会议，提交董事会审议的议案均由出席董事会的全体董事通过。发行人近三年来共计召开了9次监事会会议，提交监事会审议的议案均由出席监事会的全体监事通过。发行人最近三年来共计召开了6次股东大会，提请股东大会审议的议案均由出席股东大会的有表决权的股东全票通过；发行人现任董事会和监事会成员均由2009年度股东大会以累积投票制方式选举产生。

(5)根据集团公司现行章程的规定，集团公司设立了股东会、董事会、监事会和经营管理层等组织机构，且有相应的议事规则，对董事会、监事会组成人员的选举和高级管理人员的聘任程序等亦作了全面的规定。同时，经发行人律师核查，集团公司最近三年历次股东会的决议均由代表100%表决权的股东(包括股东代理人)审议通过。

综上所述，发行人律师认为：发行人不存在拥有公司控制权的人，最近三年内控制权未发生变更,其股权及控制结构不影响公司治理的有效性,且公司现有所有股东均承诺所持股份自公司股票上市之日起锁定三年,有利于发行人的股权及控制结构的持续稳定;发行人已提供充分的事实和证据证明公司无实际控制人的真实性、合理性和稳定性,符合证监法律字[2007]15号文第4条的要求。

四、三聚环保(300072)

《公司法》第217条第3款规定:"实际控制人,是指虽不是公司的股东,但通过投资关系、协议或者其他安排,能够实际支配公司行为的人"。证监法律字[2007]15号文规定:"公司控制权是能够对股东大会的决议产生重大影响或者能够实际支配公司行为的权力,其渊源是对公司的直接或者间接的股权投资关系。因此,认定公司控制权的归属,既需要审查相应的股权投资关系,也需要根据个案的实际情况,综合对发行人股东大会、董事会决议的实质影响、对董事和高级管理人员的提名及任免所起的作用等因素进行分析判断。"

根据上述规定并经发行人律师审慎核查后认为,报告期内,发行人无实际控制人,理由和依据如下:

(1)报告期内,发行人控股股东未发生变化,均为海淀科技。

(2)报告期内,发行人控股股东海淀科技自身股权结构相对分散,没有任何股东通过直接或者间接方式持有海淀科技股权比例或控制其表决权超过50%。根据海淀国投、北京大行、北京二维和伟舜投资及其各自然人股东书面确认,海淀国投、北京大行、北京二维及伟舜投资之间,其各自然人股东之间,北京大行、北京二维、伟舜投资各自然人股东与海淀区国资委之间不存在任何关联关系,不存在委托持股、信托持股等代持情形,亦不存在通过协议、章程或其他任何安排产生一致行动的情形。

因此,报告期内,任何股东或第三方均未间接控制海淀科技50%以上表决权。

(3)报告期内,海淀科技股东会、董事会采用三分之二特殊表决机制。报告期内,海淀科技章程中对于股东会、董事会表决机制均明确约定采用三分之二表决机制,即董事会对所议事项作出的表决,应由三分之二以上的董事表决通过;股东按照出资比例行使表决权,股东会会议对所议事项作出决议,应由三分之二以上表决权股东表决通过。经发行人律师核查,2008年6月23日,海淀科技对章程中的股东会和董事会表决机制所进行的修订,系由于海淀科技工作人员工作失误所致,海淀科技发现上述错误后,立即于2008年7月8日召开股东会并作出决议,将上述章程中董事会和股东会表决机制恢复为三分之二表决机制,且在2008年6月23日至2008年7月8日期间,海淀科技未曾召开董事会、股东会会议,亦未形成任何决议,未对股东会、董事会三分之二表决机制造成实质影响。

因此，在报告期内，由于海淀科技董事会和股东会均采用三分之二表决机制，海淀科技任何一家股东均不能通过其单独持有的表决权对股东会、董事会的决议的形成和公司重大经营事项实施实际控制行为。

(4)报告期内，海淀科技的任一股东推荐的董事人选未超过董事会成员的三分之二。

报告期内，海淀科技董事会成员构成及变化情况如下：

2006年，海淀科技股东会选举董事5名，包括刘广明、李再生(海淀国投推荐人选)、刘雷(北京大行推荐人选)、张旭(伟舜投资推荐人选)、石涛(二维投资推荐人选)。

2009年3月，海淀科技股东会免去张旭董事职位，选举刘艳伟为董事，本次更换后董事会成员构成为：刘广明、李再生、刘艳伟(海淀国投推荐人选)，刘雷(北京大行推荐人选)，石涛(二维投资推荐人选)。

根据公司章程对于董事会表决机制的规定，并经发行人律师对海淀科技报告期内董事会成员构成情况及董事会决议形成情况的查验，发行人律师经核查后认为，海淀科技任一股东均不能通过其所委派的董事实际控制公司董事会并作出各项决策。

(5)经发行人律师核查，报告期内，发行人不存在由于股东相对分散、表决机制特殊而造成无法召开董事会、股东(大)会，或虽召开董事会、股东(大)会但无法形成决议的情形。

(6)根据北京市人民政府国有资产监督管理委员会《关于北京海淀科技发展有限公司所持北京三聚环保新材料股份有限公司股权性质的复函》(京国资函[2009]54号)，海淀科技持有发行人的股份不属于国有股权管理的范围。发行人律师经审慎核查后认为，报告期内，发行人控股股东为海淀科技，但由于海淀科技股权相对分散，海淀科技任何股东均未通过直接或者间接方式持有海淀科技股权比例或控制其表决权超过50%，且海淀国投、北京大行、北京二维及伟舜投资之间，其各自然人股东之间，北京大行、北京二维、伟舜投资各自然人股东与海淀国资委之间不存在任何关联关系，不存在委托持股、信托持股等代持情形，亦不存在通过任何投资、协议、章程或其他任何安排产生一致行动的情形，按照海淀科技章程中规定董事会和股东会三分之二表决机制，海淀科技任何一家股东均不能通过其单独持有的表决权对股东会、董事会的决议的形成和公司重大经营事项实施实际控制。因此，发行人无实际控制人，且不会影响发行人的持续经营。

综上所述，发行人律师经审慎核查后认为：

(1)刘雷、张翼、张旭、石涛、冯涛、薛黎曦、叶向阳之间以及与发行人的其他自然人股东之间不存在关联关系，也不存在委托持股、信托持股等代持的情形。

(2)报告期内,发行人控股股东为海淀科技,但由于海淀科技股权相对分散,海淀科技任何股东均未通过直接或者间接方式持有海淀科技股权比例或控制其表决权超过50%,且海淀国投、北京大行、北京二维及伟舜投资之间,其各自然人股东之间,北京大行、北京二维、伟舜投资各自然人股东与海淀国资委之间不存在任何关联关系,不存在委托持股、信托持股等代持情形,亦不存在通过任何投资、协议、章程或其他任何安排产生一致行动的情形,按照海淀科技章程中规定董事会和股东会三分之二表决机制,海淀科技任何一家股东均不能通过其单独持有的表决权对股东会、董事会的决议的形成和公司重大经营事项实施实际控制,因此,发行人无实际控制人,且不会影响发行人的持续经营。

【案例评析】

1. 认定无实际控制人是要冒风险的,现实中采用的情况也不是很多。认定无实际控制人的原因往往与认定共同控制相反:一来一直没有签署一致行动协议,二来任何一个股东都控制不了股东大会和董事会的决策,三来股东并不能保证一致行动。

2. 其实,小兵对于无实际控制人的解释是不看好的,理由是:将发行人界定为无实际控制人,解决不了任何问题反而留下了风险。没有实际控制人,公司股东可以任意组合作出互相矛盾甚至是对公司不利的决策,当然上市前可以签订任何人不能抱团控制决策的承诺函,但是小兵对于这样的处理方式并不认同。其实,会里也能够认识到这样认定的风险,每个案例的反馈意见中除了关注无实际控制人认定是否合规之外,还会关注无实际控制人是否会影响到公司的股权稳定、公司治理甚至是生产经营。既然问到这个地步,中介机构也只能各显神通做大量的解释工作。同时可以对比的是,会里对于无实际控制人的关注明显要多于共同控制人,因此,不到万不得已的情况,不要采取该种方式。

3. 当然,天源迪科的案例就有些特殊了。从有关资料上来看,其认定为无实际控制人颇有点逼上梁山的味道。该公司是从主板转到创业板的,刚开始认定为共同控制人没有得到认可,改正为认定一个股东为实际控制人仍然没有得到认可,最后只能认定为无实际控制人了。

4. 总结一下,认定为无实际控制人的解决思路分三个部分:(1)解释认定无实际控制人的理由,说白了就是谁也控制不了企业且不管采取什么方式都控制不了。(2)实际控制人报告期内没有发生变更,既然没有实际控制人又怎么解释变更与否的问题呢,所以怎么解释怎么别扭,看看中介机构的解释思路就知道了。(3)无实际控制人不影响公司的股权稳定、公司治理和生产经营。关键的一点就是尽管没有实际控制人但是持股比较多的股东都会锁定持股36个月甚至更长时间,企业的股东是稳定的。

■第三节 一致行动协议问题关注

【重要提示】

★ 首发上市的有关规则中并没有一致行动协议的明确界定,而目前唯一对该问题做出明确解释的是《上市公司收购管理办法》,一致行动的思路可以适当借鉴该办法的规定,有的案例已经在这样做了。

★ 一致行动协议在首发上市过程中如此受关注,是拜共同实际控制人的认定所赐,以前对于该问题不会重点关注,目前随着共同实际控制人的认定案例越来越多且越来越混乱,所以会里对该问题也更加关注。

★ 在本节内容中,小兵将与大家一起思考在认定共同实际控制人的情形下如何更加合理规划和解释一致行动协议的问题。

【案例情况】

一、新开源(3000109):与证监法律字[2007]15号文逐条对照

发行人披露报告期内王东虎(持股26.59%)、杨海江(持股12.93%)、王坚强(持股12.93%)三人合计持有发行人的股权一直超过51%,为发行人的共同控制人。2009年4月26日三人签署了《一致行动人协议》。请发行人根据证监法律字[2007]15号文的有关规定,进一步说明并披露认定王东虎、杨海江、王坚强三人为发行人共同控制人的理由和依据。

(一)根据证监法律字[2007]15号文第2条之规定,认定王东虎、杨海江、王坚强三人为发行人共同控制人

证监法律字[2007]15号文第2条规定:“认定公司控制权的归属,既需要审查相应的股权投资关系,也需要根据个案的实际情况,综合对发行人股东大会、董事会决议的实质影响、对董事和高级管理人员的提名及任免所起的作用等因素进行分析判断。”

新开源有限自2003年3月设立至今,发行人股东王东虎、杨海江、王坚强三人共同间接或直接持有发行人的股权均超过51%,拥有的股东会或股东大会表决权超过51%,能够控制和支配新开源有限股东会或发行人股东大会。三人在股东会或股东大会决策中一致行动,向股东会或股东大会提出任何议案及对股东会或股东大会的任何议案进行表决前,均先行协商,取得一致意见。经核查新开源有限设立以来的历次股东会会议资料以及发行人于2009年4月创立至今的历次股东大会会议资料,该三人在新开源有限和新开源股份的历次股东大会决议中的表决意见一致。王东虎、杨海江、王坚强三人通过一致行动,得以支配股东会(股东大会)的决策。

新开源有限自2003年3月设立至今,王东虎、杨海江、王坚强均一直担任公司董事,其中杨海江一直担任董事长。三人在董事会决策中一致行动,向董事会提出任何议案或对董事会的任何议案进行表决前,均事先协商,取得一致意见。

经核查新开源有限设立以来的历次董事会会议资料以及发行人创立以来的历次董事会会议资料,该三人在新开源有限和新开源股份的历次董事会决议中的表决意见均一致。新开源有限第一届董事会共有九名董事,第二届董事会共有五名董事,新开源股份第一届董事会共有七名董事(包括三名独立董事),包括王东虎、杨海江、王坚强,占发行人非独立董事的半数以上。王东虎、杨海江、王坚强通过一致行动,得以支配董事会决策或对董事会形成重大影响。

新开源有限自2003年3月设立至2009年4月,董事、高级管理人员均由王东虎、杨海江、王坚强提名,该三人通过支配股东会和董事会的表决,得以支配董事和高级管理人员任免。发行人于2009年5月成立后,基于其对公司的控股地位和对公司董事会决策的实质性重大影响,王东虎、杨海江、王坚强仍然有权提名董事和高级管理人员,或能够对董事和高级管理人员的任免具有重大影响。

(二)根据证监法律字[2007]15号文第3条之规定,认定王东虎、杨海江、王坚强三人为发行人共同控制人

证监法律字[2007]15号文第3条规定,发行人及其保荐人和律师主张多人共同拥有公司控制权的,应当符合以下条件:

(1)每人都必须直接持有公司股份和或者间接支配公司股份的表决权。王东虎、杨海江、王坚强均直接持有发行人股份,共同持有发行人股份超过51%,符合该项条件。

(2)发行人公司治理结构健全、运行良好,多人共同拥有公司控制权的情况不影响发行人的规范运作。发行人公司治理结构健全、运行良好。发行人建立了由股东大

会、董事会、监事会和高级管理层组成的公司治理结构,按照《公司法》、《证券法》、《上市公司章程指引》等法律、法规的要求,对《公司章程》进行了修订,同时根据有关法律、法规及本公司章程的规定,制定了《股东大会议事规则》、《董事会议事规则》和《监事会议事规则》,已建立起符合股份公司上市要求的法人治理结构。公司治理结构相关制度制定以来,股东大会、董事会、监事会、独立董事和董事会秘书依法规范运作,履行职责,发行人治理结构的功能不断得到完善。中勤万信于2010年1月16日出具的勤信鉴证字[2010]2001号《内部控制专项鉴证报告》认为公司“按照《企业内部控制基本规范》以及深圳证券交易所《上市公司内部控制指引》等相关规定建立的与财务报表相关的内部控制于2009年12月31日在所有重大方面是有效的”。王东虎、杨海江、王坚强共同拥有发行人控制权的情况不影响发行人的规范运作,符合该项规定。

(3)多人共同拥有公司控制权的情况,一般应当通过公司章程、协议或者其他安排予以明确,有关章程、协议及安排必须合法有效、权利义务清晰、责任明确,该情况在最近3年内且在首发后的可预期期限内是稳定、有效存在的,共同拥有公司控制权的多人没有出现重大变更。新开源有限自2003年3月设立至今,王东虎、杨海江、王坚强三人在股东会或股东大会决策中一致行动,向股东会或股东大会提出任何议案及对股东会或股东大会的任何议案进行表决前,均先行协商,取得一致意见,该三人在历届股东会、股东大会和董事会中的表决均一致。为保持对发行人的控制权,王东虎、杨海江、王坚强于2009年4月26日签署了《一致行动人协议》,约定“在作为公司股东行使提案权,或在股东大会行使股东表决权时,均保持一致,采取一致行动,但提案权和表决权的行使和一致行动的实施均应以不损害中小股东的利益为前提。各方履行一致行动义务的期限自公司首次公开发行股票前至公司首次公开发行获得核准后的48个月”。王东虎、杨海江和王坚强三名股东能够共同对发行人的股东大会、董事会的决策产生支配或重大影响,该等影响最近三年内已稳定存在、真实、有效,且在可预见的四年内将持续存在,符合该项规定。

(4)发行审核部门根据发行人的具体情况认为发行人应该符合的其他条件。发行人及其保荐人和律师应当提供充分的事实和证据证明多人共同拥有公司控制权的真实性、合理性和稳定性,没有充分有说服力的事实和证据证明的,其主张不予认可。相关股东采取股份锁定等有利于公司控制权稳定措施的,发行审核部门可将该等情形作为判断构成多人共同拥有公司控制权的重要因素。

王东虎、杨海江、王坚强承诺,自发行人本次发行的股票在深圳证券交易所创业板上市交易之日起四十八个月内,将不转让或委托他人管理其所持有的发行人股份,也不由发行人回购该等股份。该等股份锁定承诺有利于公司控制权稳定。

如果发行人最近3年内持有、实际支配公司股份表决权比例最高的人发生变化,且变化前后的股东不属于同一实际控制人,视为公司控制权发生变更。发行人最近3年内持有、实际支配公司股份表决权比例最高的人存在重大不确定性的,比照前款规定执行。

王东虎最近3年持有发行人股份和表决权的比例最低为26.59%,均为发行人最近3年持有、实际支配公司股份表决权比例最高的人。因此,发行人最近3年内持有、实际支配公司股份表决权比例最高的人未发生变更,不存在重大不确定性。

经审慎核查,发行人律师认为:王东虎、杨海江、王坚强合计持有发行人超过51%的股份;新开源有限自设立至今,三人均通过采取一致行动,控制和支配新开源有限股东会或发行人股东大会,并支配和影响董事会的决策,对董事和高级管理人员的提名及任免具有实质性影响。该等共同控制是稳定存在、真实、有效的。王东虎、杨海江、王坚强签署的《一致行动人协议》进一步保证了该等共同控制在发行人发行上市后的四年内将持续稳定存在。王东虎、杨海江、王坚强还作出了股份锁定承诺,有利于公司控制权稳定。因此,王东虎、杨海江、王坚强为发行人共同控制人。

二、网宿科技(300017):共同控制首发后能否稳定

(1)2005年10月27日,通过股权受让的方式,陈宝珍和刘成彦分别成为发行人第一大股东和第二大股东,并持续至今;陈宝珍在2000年1月至2007年5月期间担任发行人监事,刘成彦自2005年10月至2007年5月担任发行人执行董事,2007年5月后至今担任发行人董事长。自2005年10月27日起,陈宝珍和刘成彦在公司历次股东(大)会表决中均保持一致,共同控制公司,具体如下:(略)

(2)陈宝珍、刘成彦于2009年4月签署了《一致行动人协议》,该协议自双方签署后生效,至发行人首次公开发行股票并上市交易三十六个月届满后失效,该协议中对双方保持一致行动事宜作出如下约定:

①在处理有关公司经营发展且需要经公司股东大会审议批准的重大事项时应采取一致行动;

②采取一致行动的方式为:就有关公司经营发展的重大事项向股东大会行使提案权和在相关股东大会上行使表决权时保持充分一致;

③如任一方拟就有关公司经营发展的重大事项向股东大会提出议案时,须事先与另一方充分进行沟通协商,在取得一致意见后,以双方名义共同向股东大会提出提案;

④在公司召开股东大会审议有关公司经营发展的重大事项前须充分沟通协商,就双方行使何种表决权达成一致意见,并按照该一致意见在股东大会上对该等事项行使表决权。如果协议双方进行充分沟通协商后,对有关公司经营发展的重大事项行使何

种表决权达不成一致意见,双方在股东大会上对该等重大事项共同投弃权票。

上述一致行动的约定充分保证了陈宝珍和刘成彦两人对公司行使控制权的稳定性和有效性。

(3)陈宝珍、刘成彦于2009年7月22日签订了《关于上海网宿科技股份有限公司股份锁定的承诺函》,承诺:自公司股票上市之日起三十六个月内,不转让或者委托他人管理本次发行前已持有的发行人股份,也不由发行人回购该部分股份,保证了公司上市之日起三十六个月内股份的稳定性。除此之外,刘成彦还承诺:除前述锁定期外,在其任职期间每年转让直接或间接持有的发行人股份不超过其所持有发行人股份总数的百分之二十五;离职后半年内,不转让其直接或间接持有的发行人股份。

综上,发行人律师认为,陈宝珍和刘成彦共同控制公司,根据《一致行动人协议》的约定,在发行人首次公开发行后三十六个月内,陈宝珍和刘成彦稳定享有对发行人的共同控制权。

三、亚威股份(002559):一致行动协议签署前一致行动的依据

2007年11月前,公司第一大股东为江苏亚威机床有限公司工会,持有公司19.89%的股份;2007年12月,江苏亚威科技投资有限公司通过增资方式成为公司第一大股东(吉素琴等9人持有其88%的股份);吉素琴等9人2008年4月才签订一致行动协议。请保荐人、发行人律师核查工会内部决策及公司重大事项决策时工会所代表的股份权益,该9人在签订一致行动协议前作为共同控制人的依据是否充分,并对照证监法律字[2007]15号文的有关规定说明公司实际控制人近3年是否发生变化,公司本次发行申请是否符合首发管理办法规定的发行条件。

(一)关于工会(职工持股会)内部决策

经查阅《江苏亚威机床有限公司章程》(1999年12月16日股东会审议通过)、《江苏亚威机床有限公司持股会章程》及亚威有限的股东会会议资料等资料,有限公司工会系代职工持股会会员持股,职工持股会在工会领导下,专门从事企业内部职工股管理,并以工会社团法人资格作为公司股东。

1. 职工持股会章程关于内部决策的条款

经核查,亚威有限职工持股会第一次会员代表大会于1999年12月15日通过了《江苏亚威机床有限公司持股会章程》,该章程中关于内部决策的条款如下:(略)

2. 职工持股会历次内部决策情况

经核查,自1999年12月至2008年1月,亚威有限职工持股会共召开四次会员代表大会,具体如下:(略)

(二)关于公司重大事项决策时工会代表的股份权益

经核查,有限公司工会系代职工持股会会员持股,而职工持股会系根据相关规定通过选举产生的职工股权代表和管理委员会主任(以下统称股权代表)实际参与公司重大事项决策,工会仅为名义股东,并不参与公司重大事项决策。

1. 关于职工持股会通过股权代表参与公司重大事项决策的规定

《江苏亚威机床有限公司持股会章程》(1999年12月15日职工持股会会员代表大会审议通过)第22条规定:"管理委员会主任以及选举产生的职工持股会的股权代表,依照法定程序进入公司股东会、董事会或监事会,代表持股职工参与公司的重大决策,反映持股职工的意见,维护持股职工的合法权益,行使股东、董事、监事职权,并承担相应的责任和义务。"

《江苏亚威机床有限公司章程》(1999年12月16日股东会审议通过)第19条关于"股东的产生"的规定:职工持股会选举产生股东代表和管理委员会主任,依法进入股东会。

《江苏省国有企业内部职工持股暂行办法》(1999年7月28日印发)第26条规定:"职工持股会选举产生职工股权代表,依照《公司法》和公司章程有关规定进入公司股东会、董事会和监事会,参与公司重大经营决策和监督,表达持股职工的意见,维护持股职工的合法权益,行使股东、董事、监事职权,并承担相应的责任和义务。"

2004年修正的《公司法》规定:股东会的议事方式和表决程序,除公司法有规定的以外,由公司章程规定;股东会会议由股东按照出资比例行使表决权。2005年修正的《公司法》规定:股东会的议事方式和表决程序,除公司法有规定的以外,由公司章程规定;股东会会议由股东按照出资比例行使表决权,但公司章程另有规定的除外。

发行人律师认为,《江苏亚威机床有限公司持股会章程》、《江苏亚威机床有限公司章程》中关于股权代表代表职工持股会会员参与公司重大决策的规定符合《江苏省国有企业内部职工持股暂行办法》的规定,也不违反当时的《公司法》等法律、法规的规定。

2. 职工持股会通过股权代表参与公司重大事项决策情况

经核查,于亚威有限成立至职工持股会解散期间,职工持股会股权代表参加股东会决策、股权代表变化以及股权代表所代表股权的变化情况如下:(略)

(三)关于吉素琴等9人在签订一致行动协议前作为共同控制人的依据

经核查,自2002年国有股权转让以后,于2008年4月吉素琴等9人签署一致行动协议前,吉素琴等9人(其中王峻系自2004年12月担任公司副总经理后)对公司的经营和管理构成了实际上的共同控制,为亚威有限的共同控制人,具体依据如下:

1.2002年国有股权转让相关文件要求吉素琴等人,吉素琴等人作为公司经营层亦承诺,在公司重大经营管理事项上坚持统一思想、统一行动,该安排合法有效,且在最近3年内是稳定、有效存在的,共同拥有公司控制权的公司经营层没有出现重大变更

(1)关于"经营层在重大经营管理事项上,坚持统一思想、统一行动"的规定或约定

2002年5月19日,亚威有限股东会审议通过了《关于国有股转让方案》,该方案及其实施细则明确股权转让原则为:"1.股权向经营层、技术、销售、生产等骨干相对集中的原则;2.经营层在重大经营管理事项上,坚持统一思想、统一行动,有利于股东会决策企业重大经营事项的原则……"并明确受让股权的范围对象为经营层以及技术、销售、生产等骨干,其中经营层为吉素琴、闻庆云、冷志斌、王宏祥、周家智、施金霞、杨林、王守元8人。

2002年5月22日,江都市企业改革领导小组批准了上述《关于国有股转让方案》及其实施细则。

2002年5月31日,作为当时的经营层,吉素琴等8人与集团公司签订了《股权转让协议》,协议约定吉素琴等8人须遵守《江苏亚威机床有限公司国有股权转让实施细则》的规定(其中包括股权转让原则之一:"在重大经营管理事项上,坚持统一思想、统一行动,有利于股东会决策企业重大经营事项的原则")。

2009年3月5日,吉素琴等9人作出声明:作为2002年国有股权转让原则之一的"在重大经营管理事项上,坚持统一思想、统一行动,有利于股东会决策企业重大经营事项的原则"对其具有法律约束力,且一直遵守该原则。

发行人律师认为,上述有关"经营层在重大经营管理事项上,坚持统一思想、统一行动"的规定或约定,符合相关法律法规的规定,对公司经营层具有法律约束力。

(2)"经营层在重大经营管理事项上,坚持统一思想、统一行动"的执行情况

经查阅发行人提供的公司董事扩大会议资料、董事和高级管理人员的任免文件并根据吉素琴等9人的说明,自2002年国有股权转让以来,除王峻于2004年12月起担任公司副总经理外,吉素琴等9人一直担任公司董事、监事或高级管理人员,其中董事长一直由吉素琴担任,总经理一直由冷志斌担任;对于公司董事、高级管理人员的提名

及任免,吉素琴等9人事先进行了充分协商,后在相关董事会或股东(大)会中均表示了一致意见。吉素琴等9人对公司董事、高级管理人员的提名及任免具有决定性作用。

2002年国有股权转让以来,公司董事、监事及高级管理人员情况如下:

时间	董事	监事	高级管理人员		
			总经理	副总经理	其他
1999.12～2002.05	**吉素琴、闻庆云、冷志斌、王宏祥、王守元**	**杨林**、俞起文、潘恩海	**冷志斌**	**闻庆云、王宏祥、周家智、施金霞**	
2002.05～2003.11	**吉素琴、闻庆云、冷志斌、王宏祥、王守元**	**杨林**、于斌、潘恩海	**冷志斌**	**闻庆云、王宏祥、周家智、施金霞**	
2003.11～2004.12	**吉素琴、闻庆云、冷志斌、王宏祥、王守元、周家智、施金霞**	**杨林**、于斌、潘恩海	**冷志斌**	**闻庆云、施金霞**	
2004.12～2007.12	**吉素琴、闻庆云、冷志斌、王宏祥、王守元、周家智、施金霞**	**杨林**、于斌、潘恩海	**冷志斌**	**闻庆云、施金霞、王峻**	
2007.12～2008.02	**吉素琴、闻庆云、冷志斌、王宏祥、周家智、施金霞**、吕学强	**杨林、王守元**、于斌、潘恩海、潘文兵	**冷志斌**	**闻庆云、施金霞、王峻**	
2008.02至今	**吉素琴、冷志斌、闻庆云、王宏祥、周家智、施金霞**、吕学强、蔡建、刘昕、徐王全、汤文成	**杨林**、王守元、潘恩海、潘文兵、赵智林	**冷志斌**	**闻庆云、施金霞、王峻**	**施金霞**(财务负责人)、谢彦森(董事会秘书)

注:上述表格中姓名字体加粗的为经营层成员。

经查阅发行人提供的公司董事会扩大会、董事会、股东(大)会等会议文件并根据吉素琴等9人的说明,自2002年国有股权转让以来,对于公司的重大经营决策事宜,吉素琴等9人(其中王峻系自2004年12月担任公司副总经理后)按上述2002年国有股转让时确定的股权转让原则事先进行了充分协商,并在相关董事会或股东(大)会中均表示了一致意见,对董事会、股东(大)会决议具有实质性影响。

经查阅公司的工商登记资料并根据吉素琴等9人的说明,自2002年国有股权转让以来，吉素琴等9人直接或间接持有公司的股权比例一直位于前列，合计直接或间接持有公司的股权比例演变为37.11%、49.56%、51.59%、51.74%，吉素琴等9人通过直接或间接方式逐步提高其持股比例，以加强对公司的控制。

2009年3月5日，江都市人民政府出具《关于江苏亚威机床有限公司国有股权转让原则的说明》，确认：为了确保改制后的江苏亚威机床有限公司能够健康稳定发展，在股权转让方案及其实施细则中确立了"经营层在重大经营管理事项上，坚持统一思想、统一行动，有利于股东会决策企业重大经营事项的原则"等股权转让原则；2002年5月国有股权转让后，公司经营层人员相对稳定，并严格执行上述"统一思想、统一行动"的股权转让原则；吉素琴等9人签订的一致行动协议体现了上述原则的主要精神，因此，同意此后执行一致行动协议，并取代2002年国有股权转让方案及其实施细则中确立的"经营层在重大经营管理事项上，坚持统一思想、统一行动，有利于股东会决策企业重大经营事项的原则"之条款。

发行人律师认为，吉素琴等9人共同拥有公司控制权的情况在最近3年内是稳定、有效存在的。

(3)共同拥有公司控制权的公司经营层变化情况

经查阅公司董事、高级管理人员的任免文件，王峻于2004年12月起担任公司副总经理，成为公司经营层成员之一，公司经营层由8人变为9人；除2004年王峻加入公司经营层之外，自2002年国有股权转让以来，公司经营层未发生其他变化。

经查阅王峻的简历，王峻曾担任江都机床总厂的厂长助理兼分厂厂长，1996年调任扬州市扬子电表厂副厂长，2002年回到亚威有限工作并担任亚威有限及加工分厂副厂长，2002年5月通过受让部分国有股权及出资成为亚威有限股东，2004年12月始担任亚威有限副总经理兼品质保障部部长。

根据王峻的说明，并经核查，王峻于2004年12月担任公司副总经理后一直遵守"经营层在重大经营管理事项上，坚持统一思想、统一行动"的原则，在公司重大经营管理事项上与公司其他经营层成员统一思想、统一行动。作为公司股东暨公司经营层成员之一，公司股东会通过的《关于国有股转让方案》所确立的"经营层在重大经营管理事项上，坚持统一思想、统一行动"原则对王峻具有约束力。

发行人律师认为，最近3年内共同拥有公司控制权的公司经营层没有发生重大变更。

2. 自2002年国有股权转让以来，吉素琴等9人均各自直接持有公司部分股权，并于2007年12月增资后通过亚威科技间接支配公司部分股权的表决权

经核查，自2002年国有股权转让以来，吉素琴等9人直接或间接持有发行人及其前身亚威有限股权的变化情况具体如下表：

单位:万元

姓名	2002年股权转让后		2005年股权转让及增资后		2006年增资后		2007年股权转让及增资后			2008年变更为股份公司后		
	直接出资	股权比例	直接出资	股权比例	直接出资	股权比例	直接出资	间接出资	股权比例(合计)	直接持股	间接持股	股权比例(合计)
吉素琴	100.3	7.51%	166.2	9.96%	226.2	10.96%	286.2	221.69	10.94%	406.8931	315.1804	10.94%
冷志斌	66.5	4.98%	117	7.01%	144.5	7.00%	227	175.68	8.67%	322.7280	249.7656	8.67%
闻庆云	66.5	4.98%	117	7.01%	157	7.60%	197	134.69	7.14%	280.0767	191.4870	7.14%
王宏祥	49.5	3.71%	82.3	4.93%	98	4.75%	147.3	88.68	5.08%	209.4177	126.0722	5.08%
周家智	51.5	3.86%	84.7	5.07%	105	5.09%	134.7	81.15	4.65%	191.5042	115.3679	4.65%
杨　林	51.5	3.86%	84.7	5.07%	100	4.84%	134.7	81.15	4.65%	191.5042	115.3679	4.65%
施金霞	50.5	3.78%	83.5	5.00%	107.5	5.21%	133.5	81.15	4.62%	189.7982	115.3679	4.62%
王守元	35.5	2.66%	56.1	3.36%	71.1	3.44%	96.1	58.56	3.33%	136.6262	83.2552	3.33%
王　峻	24	1.80%	35.8	2.15%	55.8	2.70%	75.8	46.85	2.64%	107.7655	66.6042	2.64%
合　计	495.8	37.11%	827.3	49.56%	1065.1	51.59%	1432.3	969.59	51.74%	2036.3138	1378.4682	51.74%

2007年12月增资后,亚威科技持有发行人23.75%的股权。吉素琴等9人合计持有亚威科技87.94%的股权,通过亚威科技间接持有发行人20.89%的股权,实际控制了发行人23.75%的股权(实际支配了发行人23.75%的股权的表决权)。2007年增资后,吉素琴等9名自然人合计实际控制了发行人54.60%的股权。

3.自2002年国有股权转让以来,公司治理结构健全、运行良好,吉素琴等9人共同拥有公司控制权的情况未影响公司的规范运作

自2002年国有股权转让以来,于股份公司设立前,亚威有限设立了股东会、董事会和监事会等决策及监督机构,聘请了总经理、财务负责人等高级管理人员,并在内部设立了相应的职能部门,具有健全的公司治理结构。亚威有限根据《公司法》的规定,制定了行之有效的公司章程,对公司的决策机构、监督机构、经营管理机构的行为进行规范、约束,亚威有限的持续发展说明了公司的运作良好。

股份公司设立后,发行人已设立了股东大会、董事会和监事会等决策及监督机构,其中董事会下设有战略决策委员会、提名委员会、审计委员会、薪酬与考核委员会四个专门委员会;发行人聘请了总经理、财务负责人和董事会秘书等高级管理人员,并在发行人的内部设立了相应的职能部门。发行人制定了股东大会议事规则、董事会议事规则、监事会议事规则、独立董事工作细则、董事会专门委员会工作细则及总经理工作细则等内部管理制度。

发行人律师认为，自2002年国有股权转让以来，截至本法律意见书出具日，发行人及其前身亚威有限的决策机构、监督机构、经营管理机构能够依法履行《公司法》、《公司章程》及内部管理制度所规定的职责，运行良好，吉素琴等9人共同拥有公司实际控制权的情况并未影响发行人的规范运作。

4. 最近三年内，在2007年12月亚威科技增资前后持有公司股份表决权比例最高的人由吉素琴变为亚威科技，但吉素琴及亚威科技属于同一实际控制人（吉素琴等9人）；最近三年内，在2007年12月亚威科技增资前后实际支配公司股份表决权比例最高的人均为吉素琴等9人，实际支配公司股份表决权比例最高的人保持稳定，未发生变化

（1）职工持股会通过股权代表参与公司重大事项决策情况

经核查，亚威有限职工持股会系根据《江苏省国有企业内部职工持股暂行办法》、《江苏亚威机床有限公司持股会章程》以及《江苏亚威机床有限公司章程》的规定，通过股权代表实际参与公司重大事项决策，而工会仅为名义股东，并不参与公司重大事项决策。于亚威有限成立至职工持股会解散期间，职工持股会股权代表参加股东会决策、股权代表变化以及股权代表所代表股权的变化情况……（略）

自2000年亚威有限设立以来，持股会会员无一人持股超过亚威有限股权总额的1%；除管理委员会主任王守元外，职工股权代表中无一名股权代表所代表的会员持股数合计超过亚威有限股权总额的5%，会员持股分散，对企业经营决策的影响甚微。

根据发行人提供的亚威有限股东会会议文件，并经核查，在1999年12月16日召开的股东会上，存在个别股权代表提出了新的监事候选人的情形；在2002年5月19日召开的亚威有限股东会议中，存在个别股权代表投弃权票的情形。

发行人律师认为，虽然于2007年12月亚威科技增资前，工会为亚威有限名义上的第一大股东，但其股权实际持有人为职工持股会会员，且股权的表决权由股权代表各自持有并行使，工会或职工持股会并非为持有股份表决权比例最高的人。

（2）最近三年内持有公司股份表决权比例最高的人

经核查，最近三年内，于2007年12月亚威科技增资前，工会或职工持股会并非为持有亚威有限股份表决权比例最高的人，而吉素琴等9人持有的公司股份表决权一直位于前列，其中吉素琴持有的公司股份表决权比例演变为9.96%、10.96%、10.72%，为持有股份表决权比例最高的人；于2007年12月亚威科技增资后，亚威科技持有公司的股份表决权比例为23.75%，成为持有公司股份表决权比例最高的人，持有公司股份表决权比例最高的人发生了变化。

经核查，吉素琴等9人合计持有亚威科技87.94%的股权，吉素琴与亚威科技属于同一实际控制人（吉素琴等9人）。

发行人律师认为,最近三年内,在2007年12月亚威科技增资前后持有公司股份表决权比例最高的人发生了变化,但变化前后持有公司股份表决权比例最高的人吉素琴与亚威科技属于同一实际控制人。

(3)最近三年内实际支配公司股份表决权比例最高的人

经核查,基于“经营层在重大经营管理事项上,坚持统一思想、统一行动”的规定或约定,作为公司经营层,吉素琴等9人就公司的重大经营决策事宜事先进行了充分协商,并在相关董事会或股东(大)会中均表示了一致意见,构成实际上的一致行动,因此吉素琴等9人所持股权的表决权实际为吉素琴等9人共同支配。2007年12月增资后,亚威科技持有发行人23.75%的股权,而吉素琴等9人合计持有亚威科技87.94%的股权,因此吉素琴等9人通过亚威科技实际支配了公司23.75%的股权。

最近三年内,吉素琴等9人持股比例和实际支配股份表决权比例演变情况如下表所示:

	2002年股权转让后	2005年股权转让及增资后	2006年增资后	2007年11月增资后	2007年12月增资后		
	直接	直接	直接	直接	直接	间接	合计
直接或间接持股比例	37.11%	49.56%	51.59%	53.64%	30.85%	20.89%	51.74%
实际支配股份表决权比例	37.11%	49.56%	51.59%	53.64%	30.85%	23.75%	54.60%

发行人律师认为,最近三年内,在2007年12月亚威科技增资前后实际支配公司股份表决权比例最高的人均为吉素琴等9人,实际支配公司股份表决权比例最高的人保持稳定,未发生变化。

综上,自2002年国有股权转让以后,于2008年4月吉素琴等9人签署一致行动协议前,吉素琴等9人(其中王峻系自2004年12月担任公司副总经理后)通过“经营层在重大经营管理事项上,坚持统一思想、统一行动”这一安排,共同支配了公司的经营方针和决策、组织机构运作及业务运营,构成了实际上的一致行动,实现了对公司的共同控制。发行人律师认为,吉素琴等9人在签订一致行动协议前作为共同控制人的依据是充分的。

(四)关于近三年公司实际控制人情况

(1)自2002年国有股权转让以来,吉素琴等9人均各自直接持有公司部分股权,并于2007年12月增资后通过亚威科技间接支配公司部分股权的表决权,符合证监法律字[2007]15号文第3条第1款第1项的要求。

(2)发行人公司治理结构健全、运行良好,吉素琴等9人共同拥有公司控制权的情况不影响发行人的规范运作,符合证监法律字[2007]15号文第3条第1款第2项的要求。

(3)2002年国有股权转让相关文件要求吉素琴等人,吉素琴等人作为公司经营层亦承诺,在公司重大经营管理事项上坚持统一思想、统一行动,该安排合法有效,且在最近3年内是稳定、有效存在的,共同拥有公司控制权的公司经营层没有出现重大变更;2008年4月吉素琴等9人通过签署一致行动协议的方式进一步明确了各方的一致行动关系,并采取了股份锁定这一有利于公司控制权稳定的措施,一致行动协议约定及股份承诺合法有效,且在首发后的可预期期限内将是稳定、有效存在的,共同拥有公司控制权的多人不会出现重大变更。这符合证监法律字[2007]15号文第3条第1款第3项的要求。

2008年4月28日,吉素琴等9人共同签署了一致行动《协议书》,进一步明确协议各方在股份公司决策过程中作为一致行动人,采取一致行动,共同向股东大会提出议案,共同提名股份公司董事、独立董事、监事候选人,共同召集临时股东大会,据协议各方事先确定的一致的投票意见对股东大会审议的议案行使表决权,委托行使未注明投票意向的表决权;作为亚威科技的股东,协议各方在亚威科技就股份公司召开股东大会的有关事宜决策时也应采取一致行动,确保亚威科技在股份公司召开股东大会时与协议各方保持一致,采取相同意思表示;在本协议生效期限内,未经其他协议方多数同意,任何一方不得将所持股份进行出售、质押或设置其他第三方权益,也不得将所持的亚威科技的股权进行出售、质押或设置其他第三方权益。

2008年4月30日,吉素琴等9人作出承诺:如果股份公司在证券监管部门指定的证券交易所上市成功,于股份公司股票在证券交易所上市交易之日起36个月内,不转让或委托他人管理本人直接或间接持有的股份公司的股份,也不由股份公司回购本人直接或间接持有的股份。2008年4月30日,吉素琴等9人控股的亚威科技作出承诺:如果股份公司在证券监管部门指定的证券交易所上市成功,于股份公司股票在证券交易所上市交易之日起36个月内,不转让或委托他人管理本公司所持有的股份公司的股份,也不由股份公司回购本公司所持有的股份。

发行人律师认为,吉素琴等9人已采取了股份锁定这一有利于公司控制权稳定的措施,一致行动协议约定及股份锁定承诺合法有效,吉素琴等9人共同控制情况在最近3年内且在首发后的三年内是稳定、有效存在的,共同拥有公司控制权的吉素琴等9人没有出现重大变更。

(4)最近三年内,在2007年12月亚威科技增资前后持有公司股权表决权比例最高的人由吉素琴变为亚威科技,但吉素琴及亚威科技属于同一实际控制人(吉素琴等9人);最近三年内,在2007年12月亚威科技增资前后实际支配公司股权表决权比例最高的人均为吉素琴等9人,实际支配公司股权表决权比例最高的人保持稳定,未发生变化。这符合证监法律字[2007]15号文第3条第3、4款的要求。

综上,发行人律师认为,近三年内吉素琴等9人作为"一致行动人"一直共同控制着公司的经营管理,对发行人共同拥有实际控制权,为发行人的共同实际控制人,发行人最近三年内实际控制人保持稳定,没有发生变更;发行人本次发行申请符合《首次公开发行股票并上市管理办法》规定的发行人最近3年内"实际控制人没有发生变更"的发行条件。

四、联信永益(002373):核查是否存在一致行动协议

请保荐人和律师对联想投资有限公司、北京电信投资有限公司是否为公司实际控制人、公司股东之间是否存在一致行动协议进行核查,说明公司实际控制人认定的理由和依据。

经核查科技有限公司设立时的合同、章程、验资报告等相关文件资料,并基于各股东出具的声明与承诺,发行人律师确认:

(1)截至2009年6月30日,发行人各股东共同或相互之间不存在通过协议或其他安排主动建立一致行动关系,或者因发行人各股东共同或相互之间在事实上发生的行为或事件而被认定存在一致行动关系的情形。同时,发行人现有各股东承诺,自其出具书面承诺之日起至发行人上市后36个月内,发行人各股东共同或相互之间不会主动通过协议或其他安排建立一致行动关系。

(2)依据《公司法》第217条第2款关于控股股东定义的规定以及第217条第3款关于实际控制人定义的规定,发行人律师认为,联想投资有限公司、北京电信投资有限公司不构成及不应被认定为公司的实际控制人,理由和依据如下:

①在持股比例方面,联想投资有限公司、北京电信投资有限公司持有的股份占发行人股本总额的比例均为29%,均未超过股本总额的50%,不能直接被认定为发行人控股股东。

②在实际控制权方面，联想投资有限公司、北京电信投资有限公司对发行人不享有实质控制权：

第一，联想投资有限公司、北京电信投资有限公司相互之间及其与发行人其他股东之间，不存在一致行动协议和应被认定为一致行动人的其他情形，因此，联想投资有限公司、北京电信投资有限公司未通过协议安排拥有发行人50%以上表决权资本的控制权。

第二，《关于投资成立北京新联信科技有限公司的合同》、《发起人协议》、发行人现行有效章程和历次章程修正案，未赋予联想投资有限公司、北京电信投资有限公司控制发行人财务和经营政策的权利。

第三，联想投资有限公司、北京电信投资有限公司仅持有发行人有表决权股份总额的29%，且其相互之间不存在一致行动协议和应被认定为一致行动人的其他情形，因此，联想投资有限公司、北京电信投资有限公司在发行人股东大会均无法控制半数以上投票权的行使，亦均无权任免发行人董事会的多数成员。

第四，发行人第一届董事会成员共9名，除独立董事外，联想投资有限公司、北京电信投资有限公司提名并获任命的董事均为2名，均未超过董事会成员1/2，在发行人董事会均未持有半数以上投票权。

第五，发行人现有高级管理人员中无联想投资有限公司、北京电信投资有限公司委派人员。

③在持股目的方面，联想投资有限公司、北京电信投资有限公司的主营业务均为项目投资管理，从已经发生的客观行为分析，两公司均并无控制发行人的意图，其持有发行人股份的目的仅为获取股息和资本利得，而不是参与发行人经营管理并进而控制发行人。

(3)依据《公司法》第217条第2款关于控股股东定义的规定、第217条第3款关于实际控制人定义的规定以及中国证监会发布的证监法律字[2007]15号文，发行人律师认为，陈俭持有发行人35.77%的股份，虽不足股本总额的50%，但陈俭为发行人第一大股东，依其持有的股份所享有的表决权已足以对股东大会的决议产生重大影响，并能够实际支配公司行为，因此，陈俭为发行人的实际控制人，理由和依据如下：

①陈俭持有发行人35.77%的股份，已足以对股东大会决议产生重大影响，例如可否决须三分之二多数表决权通过的事项等。而联想投资有限公司、北京电信投资有限公司分别持有发行人29%的股份，且联想投资有限公司、北京电信投资有限公司之间并无一致行动关系，各自所持股份尚不足以对股东大会决议产生重大影响。

②陈俭系发行人的主要创始人，自发行人创立以来一直担任发行人董事长和总经

理,全面负责发行人的经营管理工作。

③陈俭系发行人的主要核心技术人员,其负责组织开发的“联想CAD超级汉字系统(AUTOSHELL)”连续5年获北京市高新技术实验区拳头产品奖,参与开发的“联想汉字系统”获国家科技进步一等奖、国家图形信息交换用字库被批准为国家标准(GB/T 13845—92、GB/T13846—92等)。发行人创立以来,陈俭带领相关技术人员和部门自行研发并申请了135项计算机软件著作权。

④陈俭对发行人董事和高级管理人员的提名与任免具有重要作用。发行人第一届董事会成员除联想投资有限公司和北京电信投资有限公司提名的董事外,均由陈俭提名并由股东大会选举产生。陈俭还担任董事会战略委员会主任委员,在董事会中发挥重要作用。同时,发行人现任高级管理人员均由陈俭提名并由董事会选举产生。

⑤陈俭对发行人的经营方针、计划、组织机构运作、业务运营等方面的决策具有重大影响。

综上,发行人律师认为,联想投资有限公司、北京电信投资有限公司在形式和实质上均非发行人的实际控制人,陈俭依其所持有的股份和在实质上形成的公司控制权而成为发行人的实际控制人,且发行人各股东共同或相互之间不存在一致行动协议或应被认定为一致行动人的其他情形。

五、中元华电(300018):共同控制如何保障公司治理

发行人8位自然人股东通过签署《一致行动协议》及其补充协议形成对发行人的共同控制。请发行人说明并披露8位自然人股东签署的《一致行动协议》及其补充协议内容,保障发行人控制权稳定性的安排以及发行人多人共同协议控制的情况下,如何保障治理结构的有效性和规范运作。

(1)经发行人律师核查,发行人8位自然人股东所签署的《一致行动协议》和《关于〈一致行动协议〉之补充协议》(以下统称《一致行动协议》)系8位自然人股东的真实意思表示,合法、合规、真实有效。

(2)经发行人律师核查,前述《一致行动协议》中有如下约定:

①在发行人存续期间内,任何一方未经其他各方的书面同意不得向签署本协议之外的第三方转让所持公司的股份;

②各方承诺在其作为公司的股东期间(无论持股数量多少),确保其(包括其代理人)全面履行本协议的义务;

③各方承诺,任何一方持有本公司的股份不得通过协议、授权或其他约定委托他

人代为持有；

④一致行动关系不得为协议的任何一方单方解除或撤销；协议所述与一致行动关系相关的所有条款均为不可撤销条款；

⑤共同控制人相互承诺，任何一方均不得与签署本协议之外的第三方签订与本协议内容相同、近似的协议或合同；

⑥一致行动协议在公司存续期间长期有效。

发行人律师认为：上述《一致行动协议》内容及安排是合法、有效的，能够保障发行人控制权的稳定性。

(3)经发行人律师核查，发行人8位实际控制人在《一致行动协议》中约定：各实际控制人在不违背法律法规、公司章程，不损害公司、股东和债权人利益的情况下，各方将在公司的股东大会或董事会召开前先就会议所要表决事项进行充分协商沟通，形成一致意见后，在公司的股东大会、董事会进行一致意见的投票；由实际控制人各方提名的董事，在所有董事会决议中的意思表达(包括委托其他董事出席并表决的事项)与其提名人保持一致。

发行人律师认为：上述一致行动协议内容及安排是合法、有效的，能够保障发行人公司治理结构的有效性和决策民主、规范运作。

(4)经发行人律师核查，发行人的公司治理结构健全、决策民主、运行规范，具体表现如下：

①发行人现有董事11位，其中独立董事有4位，发行人建立了独立董事制度，赋予独立董事对发行人重大关联交易发表意见，对发行人日常重大经营事项发表独立意见，对发行人损害中小股东权益事项发表独立意见等特别职权。

②发行人建立了关联交易决策制度，规定了关联董事、股东对相关关联交易表决时的回避制度，赋予非关联股东、董事对关联交易的决策权。

③发行人建立了累积投票制度。在发行人的《股东大会议事规则》中规定：发行人在选举董事、监事时可以实行累积投票，实行累积投票制的，股东大会对董事、监事候选人进行表决时，每位股东拥有的表决权等于其持有的股份数乘以应选董事、监事人数之积。股东可以集中行使表决权，将其拥有的全部表决权集中投给某一位或几位董事、监事候选人，但每位投票股东所投选的候选人人数不能超过应选人数。

发行人三会制度健全，历年股东会决议、董事会决议均不存在侵害其他非实际控制人股东利益的情况。

发行人律师据此认为：发行人上述独立董事制度、关联交易决策制度、累积投票制度及三会制度等能够保障发行人的规范运作。

(5)综上所述，发行人律师认为：在发行人由8位自然人股东共同控制的模式治理之下,发行人的公司治理结构健全、决策民主、运行良好、效益突出。该共同控制关系在报告期内未发生变化。所以,发行人的控制权稳定,其治理结构有效性和规范运作能够得到保障。

【案例评析】

1. 在项目实践中,如果存在认定实际控制人的特殊情形,建议严格按照证监法律字[2007]15号文的有关规定进行逐条对照解释。尤其是在创业板的发行审核过程中,审核人员对实际控制人的认定问题会更加关注。

2. 一致行动协议基本上就是为认定共同实际控制人而配套存在的,以前在处理中只要在申报前签署一致行动协议就可以了。从现在的审核政策来看,对于该问题的要求越来越严格。中介机构不仅要核查签署协议前股东的一致行动情况,还要关注上市之后控制权在预期的期限内是否能够保持稳定。甚至,在某些情况下还需要披露一致行动协议的主要内容,以及列举保证控制权稳定的有关措施。

3. 上述案例肯定不是内容最完整的案例,也不是解决措施最合理的案例,但是每个案例都代表了一种典型的情形,以供大家参考,上述案例的一些特殊情形简要总结如下:

(1)新开源:从目前审核实践来看,对于实际控制人的认定一般都要求根据公司实际情况与证监法律字[2007]15号文进行逐条对照,以判断是否符合有关要求。

(2)网宿科技:其实会里对于共同控制仅以一种协议约定还是存在担忧的,因此在该案例中关注首发上市之后公司的控制权是否还能保持稳定。

(3)亚威股份:签署一致行动协议之后就可以认定控制权稳定,那么在签署协议之前认定共同实际控制人的依据是什么,该案例的解决方法为解决此等情况提供了参考。

(4)联信永益:在不认定为共同实际控制人的情况下,有时候还需要核查股东之间是否存在一致行动协议,如果实际认定某单一股东为实际控制人或者没有实际控制人但股东之间存在某些协议时,是存在很大风险的。

(5)中元华电:该案例关注了共同控制是否能够保障公司治理的问题,中介机构的解释说白了相当于没说,但是会里也没有再追问,或许他们也知再追问也不会有新的发现了。

■第四节 实际控制人是否发生变更

【重要提示】

★ 如果股权相对集中且稳定,那么实际控制人的认定会比较清晰和简单,同样实际控制人是否发生变化的判断也就不会有太大的争议。

★ 从现有案例来看,对实际控制人发生变化问题的关注主要存在于实际控制人认定比较特殊的情形,正是由于审核人员并不能清楚看到实际控制人的变化脉络,所以才会有实际控制人是否发生变更的质疑。

★ 上述四部分内容是相互交叉和互相联系的,建议大家在阅读的时候可以互相对照来看。

【案例情况】

一、海兰信(300065):持股比例最高股东发生变动不被认可

(一)申万秋与魏法军自2001年5月起至今,在行使北京海兰信数据记录科技有限公司及北京海兰信数据科技股份有限公司股东权利方面,形成一致行动关系

1. 申万秋与魏法军的一致行动始于2001年5月

申万秋与魏法军系清华大学经济管理学院2000届工商管理专业硕士班的同学,在学习过程中建立了高度信任关系。2001年2月,申万秋设立海兰信后,即邀请魏法军加入公司担任总经理,共同创业。为此,申万秋与魏法军曾于2001年4月达成《关于共同创业的约定书》,申万秋承诺推荐魏法军进入海兰信董事会,并在适当时机引入魏法军作为海兰信股东,未来在海兰信的经营中,申万秋主要负责公司的战略规划、资金引入及重大合作等事项,魏法军主要负责公司的内部经营管理,双方应在股东会、董事会和重大决策上保持一致。

2001年4月10日,申万秋在海兰信第二届第一次股东会上推荐魏法军担任海兰信董事、总经理。2001年5月15日,经申万秋介绍,魏法军自其他股东处受让海兰信

的股权,成为公司股东。

2. 双方的一致行动在未来可预期的期限内是明确、稳定的

2007年11月15日,中国证监会发布证监法律字[2007]15号文后,为进一步明确一致行动关系,保持共同控制的持续稳定,申万秋与魏法军根据以往的约定和证监法律字[2007]15号文的规定,于2007年12月28日重新签署了有效期5年的《关于北京海兰信数据记录科技有限公司的合作协议》,约定:(1)凡涉及海兰信重大经营决策事项,双方须先行协商统一意见,再行在公司各级会议上按协商结果发表意见。(2)双方共同提名公司董事、监事候选人、共同向股东大会提出提案;在股东大会、董事会就审议事项表决时,双方应根据事先协商确定的一致意见对议案进行投票,或将所持有的表决权不作投票指示委托给协议对方进行投票。(3)双方在对其所持有的海兰信股份进行任何卖出、质押等处分行为或新增买入海兰信的股份时,应通过相互协商以保持一致意见和行动。(4)如海兰信未来实现公开发行股票并上市,双方均应按对实际控制人的相关要求承诺在规定期限内不转让所持有的海兰信的相应股份。(5)协议有效期为五年,经双方协商一致,可以延长有效期。

3. 申万秋与魏法军的一致行动关系已被公司治理的相关事实所证实

根据申万秋、魏法军2009年4月出具的《关于一致行动关系及共同控制北京海兰信数据科技股份有限公司情况的说明》及发行人律师对海兰信历次股东会和股东大会、董事会召开情况及决议的核查证实:(1)自魏法军取得海兰信的股权至发行人提出本次发行申请,申万秋与魏法军在出让或受让海兰信股权事宜上,均事先沟通,统一安排;(2)申万秋与魏法军在海兰信历次股东会议和股东大会召开前,均通过协商对所议事项确定一致意见,二人均参加了2001年5月魏法军成为海兰信股东以来的历次股东会,并在投票表决时保持了完全一致;(3)申万秋自海兰信成立之日即担任海兰信董事,魏法军于2001年4月起担任海兰信董事并受聘担任海兰信总经理,二人均参加了海兰信的历次董事会,并均按事先商定的方案投票表决,在董事会决策上保持了一致性。

4. 申万秋与魏法军的一致行动关系是公开、公知的

2009年9月14日,中远集团出具《关于北京海兰信数据科技股份有限公司有关情况的说明》,证实申万秋和魏法军为海兰信管理团队的主要成员,海兰信的重大事项,均由申万秋与魏法军协商提出方案,与各方股东充分沟通后,向股东会或董事会提出审议。2009年9月9日,北京启迪创业孵化器有限公司出具《关于北京海兰信数据科技股份有限公司实际控制人情况的说明》,证明:申万秋和魏法军在2003年7月邀请北京启迪创业孵化器有限公司入股海兰信时,明确表示二人为共同的创业团队,共同对企业的经营发展负责;2006年7月,北京启迪创业孵化器有限公司为收购海兰信其他

股东所持股权而进行的尽职调查中，申万秋和魏法军确认两人为共同控制人，并愿意承诺在北京启迪创业孵化器有限公司对外转让海兰信股权前，不对外转让公司股权。

综上，发行人律师认为，申万秋与魏法军自2001年5月起在行使海兰信股东权利方面形成一致行动；二人的一致行动关系是公开、公知的，并为海兰信的其他股东所证实；二人的一致行动关系具有相应的协议基础，合法有效、明确稳定。

（二）申万秋与魏法军对海兰信的共同实际控制始于2006年8月

1. 自2006年8月，申万秋和魏法军取得了股东会表决权的优势

至2006年8月16日，经过历次股权变化，申万秋持有海兰信19.95%的股权，魏法军持有海兰信7.45%的股权，两人合计持有海兰信27.4%的股权，超过当时的第一大股东北京首钢冶金机械厂（持股比例为24.8%）。根据海兰信股东首钢冶金机械厂、中远集团、北京启迪创业孵化器有限公司及卢耀祖、侯胜尧分别出具的说明，海兰信当时的其他股东之间不存在一致行动关系，因此，申万秋与魏法军自2006年8月起，取得了海兰信股东会表决权的优势。

2. 申万秋与魏法军自2005年8月起支配董事会多数表决权，主导董事会决策

2005年8月至2008年3月间，海兰信的董事会由7人组成，分别为申万秋、易难、杨敬夫、肖延军、魏法军、侯胜尧、卢耀祖。根据侯胜尧和卢耀祖分别出具的说明，侯胜尧原为深圳绿满华科技有限公司委派，深圳绿满华科技有限公司2005年8月退出海兰信后，申万秋和魏法军推荐侯胜尧继续担任董事，卢耀祖则由申万秋与魏法军提名担任董事。由此，申万秋和魏法军在2005年8月至2008年3月间，在董事会中支配了四票表决权，主导了董事会。2008年3月海兰信改制为股份公司后，申万秋与魏法军继续担任董事，并提名侯胜尧任董事，在5人的董事会中支配了三票表决权，继续主导董事会。

3. 申万秋与魏法军主导了高级管理人员的提名和任免

自2001年4月以来，申万秋一直担任公司董事长，魏法军为董事兼总经理，并任财务负责人，公司高级管理人员的提名和任免，由申万秋和魏法军协商一致后向董事会提出，申万秋和魏法军对高级管理人员的提名和任免具有决定作用。

4. 首钢冶金机械自成为公司股东以后从未形成对海兰信的实际控制

2009年4月15日，首冶新元出具《关于海兰信数据科技股份有限公司实际控制人情况的说明》，证明：自2002年7月成为海兰信股东2006年8月，首钢冶金机械厂一直持有海兰信24.8%的股权，为公司第一大股东。由于船舶电子设备的科研、生产和市场销售不是首钢冶金机械厂的主营业务，该厂虽向海兰信委派了一名董事，海兰信的

重大事项,如企业的发展战略、产品研发计划、市场开拓、对外投资、引进新的股东等,均由申万秋与魏法军协商提出方案,与各方股东充分沟通取得一致意见后,向董事会或股东会提出审议。2006年8月16日之前,海兰信的股权结构相对分散,申万秋和魏法军持股合计22.90%,与该厂持股比例接近,并分别担任海兰信的董事长和董事兼总经理,二人对于公司经营决策具有重大影响,首钢冶金机械厂并未对海兰信形成实际控制。

经发行人律师核查:首钢冶金机械厂自2002年入股海兰信至2008年3月,首钢冶金机械厂一直向海兰信委派一名董事,2008年3月后至今,未向海兰信委派董事;自2002年至今,首钢冶金机械厂及由其改制更名的首冶新元对海兰信历次股东会或股东大会决议均投赞成票,其委派的董事对所参会的海兰信历次董事会决议均投赞成票。

根据上述海兰信的具体情况,发行人律师认为,申万秋与魏法军自2006年8月开始,通过一致行动在海兰信股东会享有表决权优势,主导了董事会决策和高级管理人员的提名、任免,对海兰信形成了共同实际控制。

(三)2008年1月,申万秋和魏法军的个人持股比例均超过首钢冶金机械厂,但持有、实际支配海兰信股权表决权比例最高的人仍为申万秋和魏法军,海兰信的实际控制人未因此发生变更

(1)证监法律字[2007]15号文第1条对《首次公开发行股票并上市管理办法》第12条关于发行人最近三年实际控制人未发生变化的立法宗旨阐述为:"旨在以公司控制权的稳定为标准,判断公司是否具有持续发展、持续盈利的能力。"该规定第2条强调,认定公司控制权,"既要审查相应的股权关系,也需要根据个案的实际情况,综合对发行人股东大会、董事会决议的实质影响,对董事和高级管理人员的提名及任免所起的作用等因素进行分析判断"。

发行人律师认为,根据上述两条规定,证监法律字[2007]15号文第3条第3款所称"持有、实际控制公司股份表决权比例最高的人",应指对公司股东大会、董事会决议具有实质影响、对董事和高级管理人员提名和任免具有关键作用的人,既可以是单一股东,也可以是通过一致行动而取得上述地位的多位股东。

(2)在发行人的具体情况中,申万秋与魏法军自2001年起保持一致行动关系,至2006年8月,二人合计持有海兰信27.4%的股权,成为持有、支配公司表决权比例最高的人。2008年1月,通过增资或受让股权,登记在申万秋和魏法军个人名下的股权比例超过首钢冶金机械厂,但持有或实际支配公司股份表决权比例最高的人仍为申万秋、魏法军二人。因此,此次变化,不属于证监法律字[2007]15号文所指的"发行人最

近3年内持有、实际支配公司股份表决权比例最高的人发生变化”的情形。

(3)就对发行人的实际控制来看,申万秋、魏法军二人自2006年8月起对公司形成控制,2008年1月后,二人所持公司股权增加,在公司股东会的表决权优势进一步提高,对公司的控制能力,包括对股东会、董事会决议的影响、对高级管理人员提名和任免的决定权等都进一步增强。根据证监法律字[2007]15号文第1条和第2条的规定,这种变化,不应被视为实际控制人发生变更。

综上,发行人律师认为,发行人的实际控制人为申万秋与魏法军,二人通过一致行动关系自2006年8月以来对发行人形成共同控制,这种控制在最近2年内没有发生变更。

显然上述的解释并没有得到证监会的认可,在第二次反馈中中介机构承认了实际控制人变更的事实转而解释说明已经超过两年的规定期限:

(1)申万秋与魏法军自2001年5月起,在行使发行人的股东权利方面形成一致行动关系,2007年12月,两人根据中国证监会证监法律字[2007]15号文的规定,重新签署了有效期5年的关于一致行动关系的协议。

(2)2006年8月,申万秋与魏法军合计持有海兰信有限27.4%的股权,超过单一第一大股东的持股比例,共同取得了海兰信有限股东会表决权的优势,并主导了公司董事会决策和对公司高级管理人员的提名和任免,自此,申万秋与魏法军形成了对海兰信有限的共同控制。此后,申万秋与魏法军所持发行人的股权逐步增加,目前,二人合计持有发行人41.9%的股权,因此,二人对发行人的实际控制在最近两年内没有发生变化。

(3)2008年1月28日,申万秋与魏法军通过增资和受让股权,所持股权比例超过首钢冶金机械厂,分别成为海兰信有限的单一第一大股东和第二大股东,并持续至今,截至本补充法律意见书出具之日,此项股权变化已满两年。

发行人律师据此认为,发行人的实际控制人在最近两年内没有发生变化,符合《首次公开发行股票并上市管理办法》和证监法律字[2007]15号文的关于发行人实际控制人最近两年内没有发生变化的要求。

二、海峡股份(002320):无偿划转不导致实际控制人变更

(一)关于2006年3月发行人控股股东港航控股由海南省国资划归海口市国资管理的有关情况

发行人控股股东海南港航控股有限公司(以下简称港航控股)原由海南省管理,海

南省国有资产监督管理委员会(以下简称海南省国资委)原系港航控股的全资股东。2006年3月,港航控股划归海口市管理(以下简称本次划转),具体情况如下:

(1)2001年11月23日,国务院办公厅转发交通部、国家计委、国家经贸委、财政部、中央企业工委《关于深化中央直属和双重领导港口管理体制改革的意见》,根据上述意见的要求,中央管理的秦皇岛港以及中央与地方政府双重管理的港口全部下放地方管理,港口下放后原则上交由港口所在地城市人民政府管理。海南省内包括港航控股、海口港集团公司在内的四家港口企业属于上述港口下放管理的范围。

(2)根据2005年12月中共海南省委常委会(4届第108号)和2006年2月海南省政府第13期省长办公会会议纪要,海南省政府、中共海南省委同意港航控股、海口港集团公司、海南省海运总公司和海南马村港港务公司4家企业整体成建制移交海口市政府管理。

(3)2006年3月10日,海南省国资委作出《关于海南港航控股有限公司等企业资产无偿划转的函》(琼国资函[2006]88号),同意以2006年2月28日为划转基准日,将港航控股、海口港集团公司、海南省海运总公司和海南马村港港务公司4家企业的现有海南省省属权益,自2006年3月13日起整体无偿划转给海口市政府。

(4)2006年3月13日,海南省国资委与海口市人民政府签署了《企业国有产权划转协议》,双方对港航控股、海口港集团公司、海南省海运总公司和海南马村港港务公司4家企业整体无偿划转给海口市政府所涉及的权益、人员变动等相关事宜进行了详细的约定。

(5)经核查,海口市国有资产监督管理委员会(以下简称海口市国资委)作为海口市政府的国有资产管理部门,代表海口市政府负责管理上述4家企业的国有资产。2006年4月,港航控股在海南省工商局办理完毕股东变更登记手续,海口市国资委成为港航控股的全资股东。

综上,发行人律师认为,发行人控股股东港航控股由海南省国资划归海口市国资管理依法履行了必要的法律程序,划转过程合法、有效。

(二)本次划转是否会导致管理层现在或将来的不稳定、有无稳定管理层的有效措施

(1)经核查,港航控股本次划转相关主管部门已在划转过程中以政策、协议等方式明确了本次划转涉及相关人员的稳定措施:港航控股本次划转采取由海南省整体成建制移交海口市政府管理的方式,海南省政府、中共海南省委在本次划转前分别召开省长办公会和省委常委会,明确本次划转所涉企业全体职工(含离退休人员)采取按"现

状交接”、“一并移交”的方法，相应的干部管理权限和党组织的管理亦整体移交管理，明确要求海南省国资委和海口市政府采取有效措施，切实做好移交企业干部职工的稳定工作，确保移交顺利完成。2006 年 3 月 13 日，海南省国资委与海口市人民政府签署了《企业国有产权划转协议》，双方约定采取所有人员随资产一并移交的方式，约定由海口市政府负责保持本次划转相关企业员工队伍的稳定，同时约定由海口市政府继续按照《劳动法》、海南省、海口市的有关规定继续执行相关划转员工工资、福利及社保待遇。海南省国资委和海口市政府已完成本次划转所涉及的人员移交。

(2)经核查，港航控股本次划转前、本次划转完成至今经营管理层没有发生重大变动，具体情况如下：

①本次划转完成前港航控股董事会由 5 名董事组成，分别为张磊先生、李向阳先生、林毅先生、邓新先生和陈家东先生，其中张磊先生为董事长，陈家东先生已于 2005 年调离港航控股，但港航控股没有增补上述董事；监事会主席为李长征先生；高级管理人员为总裁李向阳先生、副总裁林毅先生、邓新先生、徐奇标先生、吴雄彪先生、黄少儒先生、财务总监吴圣运先生、总经济师李伟先生、总裁助理罗朝健先生、冯尔平先生。

本次划转完成后港航控股董事没有发生变动，仍为张磊先生、李向阳先生、林毅先生、邓新先生；监事会主席仍为李长征先生，高级管理人员仍为总裁李向阳先生、副总裁林毅先生、邓新先生、徐奇标先生、吴雄彪先生、黄少儒先生、财务总监吴圣运先生、总经济师李伟先生、总裁助理罗朝健先生、冯尔平先生。

②本次划转完成后至今港航控股董事、监事、高级管理人员没有发生重大变动，具体变动情况如下：

2006 年 7 月，港航控股原董事长张磊先生因工作调动，辞去董事职务。董事李向阳先生被任命为董事长，董事林毅先生被任命为总裁。

2007 年 3 月，港航控股董事会由 5 人增至 6 人，分别为李向阳先生、林毅先生、邓新先生、吴圣运先生、李伟先生、冯尔平先生；监事会主席为李新富先生；高级管理人员为：总裁林毅先生、副总裁徐奇标先生、吴雄彪先生、黄少儒先生、罗朝健先生、邓上前先生、财务总监吴圣运先生。

2008 年 1 月，港航控股副总裁黄少儒先生因工作原因调离港航控股。

2008 年 4 月，港航控股董事冯尔平先生离岗退养。

2008 年 6 月，邓上前先生被增补为董事，林健先生、麦卫斌先生和黄有光先生被任命为副总裁。

(3)经核查，发行人的经营管理层在港航控股本次划转前、本次划转完成至今没有发生重大变动，具体变动情况如下：

①本次划转完成前发行人董事会成员为：李向阳先生、华翔先生、林毅先生、徐奇

标先生、林健先生、李伟先生、邱国雄先生、林赞智先生、冯斌先生、魏建舟先生和冯怀东先生,其中港航控股委派的董事为李向阳先生、林毅先生、徐奇标先生、林健先生、李伟先生、邱国雄先生、林赞智先生。监事会成员为:邓新先生、方楚南先生、邢跃先生、林桂曼女士和符启婉女士,其中港航控股委派的监事为邓新先生。高级管理人员为:总经理邱国雄先生、副总经理沈钦记先生、副总经理岳忠彪先生、副总经理王民先生、总工程师周文豪先生、总会计师吴运智先生、董事会秘书林健先生。

本次划转完成后发行人的董事会成员没有发生变动,仍为李向阳先生、华翔先生、林毅先生、徐奇标先生、林健先生、李伟先生、邱国雄先生、林赞智先生、冯斌先生、魏建舟先生和冯怀东先生。监事会成员除职工监事由符启婉女士变更为符标让先生外,其他监事没有发生变动。高级管理人员没有发生变动。

②本次划转完成后至今发行人董事、监事、高级管理人员没有发生重大变动,具体变动情况如下:

2006年6月22日,发行人召开2005年度股东大会,发行人董事会和监事会进行换届,第二届董事会董事仍为:李向阳先生、华翔先生、林毅先生、徐奇标先生、林健先生、李伟先生、邱国雄先生、林赞智先生、冯斌先生、魏建舟先生和冯怀东先生;第二届监事会监事仍为:邓新先生、方楚南先生、邢跃先生、林桂曼女士和符标让先生;高级管理人员仍为:总经理邱国雄先生、副总经理沈钦记先生、副总经理岳忠彪先生、副总经理王民先生、总工程师周文豪先生、总会计师吴运智先生、董事会秘书林健先生。

2007年12月6日,发行人召开2007年第二次临时股东大会,为完善发行人的法人治理结构,增加独立董事在董事会中的名额,发行人本次股东大会同意林健、林赞智辞去发行人董事职务,选举高洪星和刘宁华为公司独立董事。

2008年2月,董事李向阳先生因工作调动申请辞去董事职务,公司董事会接受了李向阳先生的辞职申请。2008年3月7日,发行人召开第二届第六次董事会,同意李向阳先生辞去发行人董事及董事长职务;选举林毅先生为发行人董事长;根据控股股东的提名,提名林健先生为发行人董事候选人;同意林健先生辞去董事会秘书职务;聘任周乃均先生为董事会秘书兼副总经理。

2008年4月11日,发行人召开2007年度股东大会,选举林健先生为发行人董事。

2008年10月28日,发行人职工监事符标让先生辞去监事职务,周经本先生经发行人职工代表大会选举为职工监事。

2008年11月6日,发行人召开2008年第三次临时股东大会,方楚南先生因工作原因辞去监事职务,选举刘冲先生为职工监事。

(4)经核查,2006年3月发行人控股股东港航控股由海南省国资划归海口市国资管理,港航控股在发行人的控股股东地位没有发生变化,发行人已建立了较为完善的法人治理结构，本次划转前、本次划转完成至今发行人董事、监事和高级管理人员的变动均已依照法律、法规及发行人公司章程的规定严格履行了相关决策程序；在其未来发展规划中，充分说明了作为从事客滚运输的特种行业，其经营管理人员客观上要求具有严格的专业性及稳定性，港航控股及发行人将继续根据航运行业上述特点保持发行人经营管理层的稳定性，遵循国家法律法规及公司章程、公司股东大会、董事会及监事会议事规则，履行法定程序，持续完善发行人的法人治理结构。

（5）经核查，2009 年 3 月 3 日，发行人控股股东港航控股就保持发行人经营管理层的稳定性出具了承诺函，承诺不会对发行人董事、监事及发行人公司章程规定范围内的高级管理人员进行重大调整，即保证每年调整发行人上述人员的比例不超过相应人员总数的三分之一，保证调整不会影响发行人董事会、监事会及管理层决策、经营的正常、持续进行，保证对因违反上述承诺给发行人及其股东利益造成损害承担相应的法律责任。

2009 年 3 月 11 日，发行人的实际控制人海口市国资委就保持港航控股经营管理层的稳定性出具了承诺函，承诺不会对港航控股董事、监事及港航控股公司章程规定范围内的高级管理人员进行重大调整，即保证每年调整港航控股上述人员的比例不超过相应人员总数的三分之一，并保证对港航控股的调整不会影响发行人董事会、监事会及管理层决策、经营的正常、持续进行。

综上，发行人律师认为，港航控股本次划转相关主管部门在划转过程中以政策、协议等方式明确了稳定本次划转相关人员的相关措施，港航控股及发行人在本次划转前、本次划转完成至今经营管理层均没有发生重大变动；本次划转没有导致港航控股在发行人的控股地位发生变动，发行人董事、监事和高级管理人员的变动均已依照法律、法规及发行人公司章程的规定严格履行了相关程序，港航控股及发行人将继续根据航运行业专业性及稳定性的特点保持发行人经营管理层的稳定性。港航控股本次划转不会导致发行人管理层现在或将来的不稳定。

（三）港航控股本次划转是否导致发行人实际控制人的变更

（1）经核查，港航控股本次划转系根据交通部、国家计委、国家经贸委、财政部、中央企业工委《关于深化中央直属和双重领导港口管理体制改革的意见》中关于港口下放港口所在地城市人民政府管理的政策要求，经海南省政府、中共海南省委及海南省国资委依法批准的国有资产无偿划转行为。本次划转导致港航控股的全资股东由海南省国资委变更为海口市国资委，海南省国资委和海口市国资委均为同一行政区划内的国有资产监督管理部门，均为代表国家对国有资产行使监督管理职权的政府部门，均按照国家国有资产管理的相关法律、法规及政策对下属国有企业行使监督管理职权。本次国有资产的无偿划转系海南省执行中央有关文件的行政划转,代表国家对国有资产行使监督管理职权的政府部门由海南省国资委转为海口市国资委之变动,不视为发行人实际控制人的变更。

(2)根据中国证监会发布的《首次公开发行股票并上市管理办法》以及证监法律字[2007]15号文的相关规定,"发行人最近3年内实际控制人没有发生变更"要求发行人保持控制权稳定,实际控制人的变动不影响发行人持续发展、持续盈利的能力。发行人控股股东港航控股的国有资产监督管理部门由海南省国资委转为海口市国资委没有影响发行人控制权的稳定,没有对发行人持续发展、持续盈利产生障碍,具体如下:

①经核查,港航控股本次划转前后,港航控股均直接持有发行人88,516,182股股份,占发行人总股本的75.01%,港航控股在发行人中仍保持绝对控股地位。港航控股本次划转没有导致港航控股在发行人处的股权发生变动,没有影响港航控股在发行人的控制地位。

②经核查,港航控股本次划转的相关主管部门在划转过程中以政策、协议等方式明确了本次划转相关人员稳定措施,港航控股在本次划转前、本次划转完成至今经营管理层均没有发生重大变动;发行人的经营管理层在港航控股本次划转前、本次划转完成至今均没有发生重大变动。

③经核查,发行人近三年的主营业务均未发生变化,均为以海南省为中心的南海客滚运输业务。港航控股本次划转前、本次划转完成至今发行人的主营业务亦未发生变化。

④经核查,港航控股本次划转前后,港航控股仍为发行人的控股股东,港航控股与发行人之间在业务、资产、人员、机构、财务等方面均保持独立性。

综上,发行人律师认为:2006年3月发行人控股股东港航控股由海南省国资委划归海口市国资委管理没有影响发行人控制权的稳定,港航控股本次划转不会导致发行人管理层现在或将来的不稳定;本次划转不影响发行人持续发展、持续盈利能力;本次国有资产的无偿划转系海南省执行中央有关文件的行政划转,代表国家对国有资产行使监督管理职权的政府部门由海南省国资委转为海口市国资委之变动,不视为发行人实际控制人的变更。

(四)二次反馈关注:关于发行人控股股东的国有资产出资人层级变动是否导致发行人实际控制人变更以及对本次发行上市的影响

(1)经核查,2006年3月,港航控股由海南省国资委划归海口市国有资产监督管理委员会(以下简称海口市国资委)管理系根据交通部、国家计委、国家经贸委、财政部、中央企业工委《关于深化中央直属和双重领导港口管理体制改革的意见》中关于港口下放港口所在地城市人民政府管理的政策要求,经海南省政府、中共海南省委及海南省国资委依法批准的国有资产行政无偿划转行为。

本次划转导致港航控股的全资股东由海南省国资委变更为海口市国资委,海南省国资委和海口市国资委均为同一行政区划内的国有资产监督管理部门,均为代表国家对国有资产行使监督管理职权的政府部门,均按照国家国有资产管理的相关法律、法规及政策对下属国有企业行使监督管理职权。本次国有资产的无偿划转系海南省执行中央有关文件的行政划转,代表国家对国有资产行使监督管理职权的政府部门由海南省国资委转为海口市国资委之变动,不视为发行人实际控制人的变更。

(2)根据证监法律字[2007]15号文的相关规定,“发行人最近3年内实际控制人没有发生变更”要求发行人保持控制权稳定,实际控制人的变动不影响发行人持续发展、持续盈利的能力。发行人控股股东港航控股的国有资产监督管理部门由海南省国资委转为海口市国资委没有影响发行人控制权的稳定,没有对发行人持续发展、持续盈利产生障碍,具体如下:

①经核查,港航控股本次划转前后,港航控股均直接持有发行人88,516,182股股份,占发行人总股本的75.01%,港航控股在发行人中仍保持绝对控股地位。港航控股本次划转没有导致港航控股在发行人处的股权发生变动,没有影响港航控股在发行人的控制地位。

②经核查,港航控股本次划转的相关主管部门在划转过程中以政策、协议等方式明确了本次划转相关人员稳定措施,港航控股在本次划转前后、本次划转完成至今经营管理层均没有发生重大变动;发行人的经营管理层在港航控股本次划转前、本次划转完成至今均没有发生重大变动。

③经核查,发行人近三年的主营业务均未发生变化,均为以海南省为中心的南海客滚运输业务。港航控股本次划转前、本次划转完成至今发行人的主营业务亦未发生变化。

④经核查,港航控股本次划转前后,港航控股仍为发行人的控股股东,港航控股与发行人之间在业务、资产、人员、机构、财务等方面均保持独立性。

综上,发行人律师认为,发行人控股股东的国有资产出资人的层级变动系执行中央及海南省有关政策,并经有权国有资产监督管理机关依法批准的国有资产行政无偿划转行为,不视为发行人实际控制人的变更;上述国有资产行政无偿划转行为没有影响发行人控制权的稳定,没有对发行人持续发展、持续盈利产生障碍,也没有对发行人、发行人其他发起人股东的合法权益造成损害,且上述行为距发行人本次申请首次公开发行股票并上市已超过三年,不会对发行人本次发行构成障碍。

三、汇川技术(300124):控股股东变化但实际控制人未变更

在审核过程中,审核人员关注了如下问题:(1)最近2年内实际控制人是否发生重大变化,是否符合《首次公开发行股票并在创业板上市管理暂行办法》及证监法律字[2007]15号文的规定;(2)发行人在2009年8月以前,股权分散,股份代持且没有通过公司章程、协议或其他明确安排的情况下,朱兴明等10名自然人如何实现对发行人的控制及依据,对发行人公司治理结构和规范运作的影响,对共同控制的认定是否符合证监法律字[2007]15号文第3条的规定;(3)发行人保障公司治理、重大经营决策稳定性的有效措施。

(一)最近2年内实际控制人是否发生重大变化,是否符合《首次公开发行股票并在创业板上市管理暂行办法》及证监法律字[2007]15号文的规定

(1)自2007年6月以来,朱兴明等十名股东直接或间接合并持有发行人的股权比例始终超过50%,并且不断增加:

序号	自2007年6月12日至2008年3月15日		自2008年3月15日至2008年3月25日		自2008年3月25日至今	
1	朱兴明	18.58%	朱兴明	21.73%	朱兴明	10.98%
2	刘迎新	6.17%	刘迎新	5.98%	刘迎新	4.89%
3	熊礼文	6.17%	熊礼文	5.98%	熊礼文	4.89%
4	李俊田	6.17%	李俊田	5.98%	李俊田	4.89%
5	唐柱学	6.17%	唐柱学	5.98%	唐柱学	4.89%
6	姜　勇	6.17%	姜　勇	5.98%	姜　勇	4.89%
7	刘国伟	6.17%	刘国伟	5.84%	刘国伟	4.78%
8	宋君恩	3.70%	宋君恩	3.58%	宋君恩	2.93%
9	杨春禄	3.70%	杨春禄	3.58%	杨春禄	2.93%
10	潘　异	3.70%	潘　异	3.45%	潘　异	2.82%
11	—				汇川投资	25%
合计		66.70%	合计	68.08%	合计	73.89%

(2)2008 年 3 月,发行人全体股东成立汇川投资,汇川投资持有发行人 25% 股权,成为发行人第一大股东。发行人全体股东成立汇川投资的主要目的是增强股东间的凝聚力,同时也有利于保持公司股权结构和控制关系的稳定性。尽管发行人的第一大股东发生了变化,但朱兴明等十人控制发行人表决权的比例却得到了增加,因此汇川投资的持股安排并没有引起发行人控制权发生变更。

(3)朱兴明等十人具有长期良好的合作关系,多数在加入发行人之前曾经是同事,互相认可并存在共同的利益基础。上述股东近两年来担任着发行人董事和主要经营管理职务,在发行人及其前身汇川有限股东大会(或股东会)、董事会相关会议上均表达了一致意见,对发行人已实际形成了稳定的共同控制关系。

(4)为进一步明确一致行动的意愿及建立明确、稳定的一致行动关系,上述十名股东于 2009 年 8 月 25 日签署了《一致行动协议书》。同时,上述十名股东亦作出承诺,在发行人首次公开发行股票并在创业板上市之日起三十六个月内,其本人不转让或者委托他人管理在发行人首次公开发行前持有的股份,也不由发行人回购该等股份。因此,发行人在首次公开发行股票后可预期期限内的股权结构是稳定的,上述股东共同控制发行人的情况亦是稳定、有效的。

综上,发行人律师认为,自 2007 年 6 月以来,朱兴明等十名股东始终直接或间接合并持有发行人超过 50% 的股权,并且担任发行人董事和主要经营管理职务,该等股东对发行人已实际形成稳定的共同控制关系。发行人股东成立汇川投资增强了上述股东对公司的控制力,该持股安排没有引起发行人控制权发生变更。上述股东已采取股份锁定及签署一致行动协议等措施,发行人在未来可预期期限内的控制关系将是稳定有效的。因此,发行人的实际控制人为上述十名股东,近两年未发生重大变化,符合《创业板暂行办法》和证监法律字[2007]15 号文的规定。

(二)发行人在 2009 年 8 月以前,朱兴明等 10 名自然人如何实现对发行人的控制及依据,对发行人公司治理结构和规范运作的影响,对共同控制的认定是否符合证监法律字[2007]15 号文第 3 条的规定

1. 经核查,2009 年 8 月前,虽然没有通过公司章程、协议或其他方式作出明确安排,但上述十名股东已实际形成了事实上的一致行动关系和对发行人的共同控制关系,主要依据如下

(1)汇川有限在创立初期其股东间具有较强的人合关系。上述十名股东中,熊礼文及刘迎新的丈夫蒋顺才是公司的创始股东,其余八名股东均是同一时间入股公司。十名股东多数在加入公司之前曾经是同事,个人关系密切,在经营理念和管理思路上

相互认可,具有共同的利益基础。

(2)朱兴明等十名股东长期在发行人处担任重要职务,构成了公司的核心管理层,在发行人业务拓展、技术研发、财务管理、团队建设等工作领域各司其职,形成了默契的合作关系,实际上对发行人实施了共同控制。上述股东具体任职情况如下:

序号	姓名	在发行人任职情况
1	朱兴明	加入发行人后便实际履行总经理职责;2006 年 4 月至今担任发行人董事长、总经理职务
2	熊礼文	发行人成立至今一直担任董事职务;为发行人的核心技术人员,一直担任研发管理部总监
3	李俊田	2006 年 4 月至 2008 年 5 月间履行董事职责(因股权曾由苏珊代持,工商登记资料显示苏珊为董事);为发行人的核心技术人员,先后担任研发管理副总监、副总经理
4	刘迎新	进入发行人后一直担任财务总监
5	唐柱学	2006 年 4 月至 2008 年 5 月间担任董事职务(因股权曾由吴秀兰代持,工商登记资料显示吴秀兰为董事);先后担任销售与服务管理部片区经理、PLC 销售部经理
6	姜　勇	2006 年 4 月至今担任董事职务(因股权曾由胡惠玉代持,工商登记资料显示 2006 年 4 月至 2008 年 5 月间胡惠玉为董事);先后担任销售与服务管理部片区经理、副总监
7	刘国伟	2006 年 4 月至今担任董事职务;一直担任战略规划部总监
8	宋君恩	2008 年 5 月至今担任董事职务;先后担任销售与服务管理部片区经理、副总监;现任董事会秘书、副总理
9	杨春禄	2006 年 4 月至今担任董事、供应链管理部总监
10	潘　异	进入公司后一直担任销售与服务管理部片区经理;现任副总经理

(3)朱兴明等十名股东在发行人股东会历次重大事务决策中均保持一致。具体如下:

序号	会议时间	会议类别	重大决议内容	该十人参与表决情况
1	2007年1月30日	股东会	分配利润500万元	一致投赞成票
2	2007年2月8日	股东会	收购默纳克	一致投赞成票
3	2007年5月30日	股东会	代持股权变更至所有人名下	一致投赞成票
4	2007年10月19日	股东会	收购汇川信息	一致投赞成票
5	2008年3月15日	股东会	18名股东向朱兴明转让股权	一致投赞成票
6	2008年3月25日	股东会	19名股东向汇川投资转让股权	一致投赞成票
7	2008年4月30日	股东会	整体变更设立股份有限公司	一致投赞成票
8	2008年5月8日	股东会	设立沈阳汇川、苏州汇川	一致投赞成票
9	2008年5月18日	创立大会暨第一次股东大会	审议《公司章程》及三会议事规则;选举董事、监事等	一致投赞成票
10	2008年9月27日	2008年第二次临时股东大会	审议2008年上半年滚存利润分配方案等	一致投赞成票
11	2009年5月23日	2008年度股东大会	审议2008年下半年利润分配方案等	一致投赞成票
12	2009年9月12日	2009年第一次临时股东大会	审议《关于公司申请公开发行人民币普通股票并在创业板上市的议案》、《公司章程》(草案)等	一致投赞成票

注:第1~3项股东会召开时,公司存在委托持股的情形,朱兴明、唐柱学、姜勇、李俊田、宋君恩5名自然人通过受托人行使表决权。

(4)朱兴明自2004年入股公司以后,始终为实际拥有公司最高权益比例的股东，并且自2006年担任公司董事长、总经理职务以来，带领公司走上良性发展道路，在股东间具有较高威望和凝聚力，有利于在有关股东层面间事务上沟通、协调的顺畅。

2. 对发行人公司治理结构和规范运作的影响

截至2007年6月，发行人历史上存在的委托持股问题已全部清理完毕，全部股东均由其本人直接持有公司股权。经核查，尽管发行人的股权结构比较分散，但上述朱兴明等十名股东在2009年8月前已实际形成了对发行人的共同控制关系，因此发行人的控制关系是清晰和稳定有效的。同时，发行人根据《公司法》制定了公司章程，股东权利义务的行使、履行有明确依据，股东的权益能够根据章程规定得到充分的保护。发行人设立了股东会、董事会和监事会，聘任了总经理、财务负责人等高级管理人员，建立了健全的法人治理结构，并且能够根据《公司法》及公司章程规定规范运作。

基于上述，发行人律师认为，发行人由朱兴明等十名股东共同拥有公司控制权的情况并未对发行人公司治理结构和规范运作产生不利影响。

3. 经核查，发行人由上述十名股东共同拥有公司控制权符合证监法律字[2007]15号文第3条规定的条件

(1)上述股东均直接持有发行人股份，并且通过汇川投资间接支配发行人股份的表决权；

(2)发行人公司治理结构健全、运行良好，多人共同拥有公司控制权的情况并未影响发行人的规范运作；

(3)上述股东已签署《一致行动协议书》，对共同拥有发行人控制权的情况进行了明确；

(4)发行人第一大股东2008年3月变更为汇川投资，上述十名股东持有汇川投资超过50%股权，直接和通过汇川投资合并拥有发行人73.89%股份的表决权，因此该第一大股东变化情形没有引起发行人控制权发生变更。

(三)发行人保障公司治理、重大经营决策稳定性的有效措施

经核查，为保障公司治理、重大经营决策稳定性，发行人已采取以下措施：

(1)发行人的十名实际控制人股东签订了《一致行动协议》，明确了一致行动关系及对公司重大事项的决策机制。经发行人律师核查，发行人十名自然人股东签署的《一致行动协议》系该十人真实意思表示，合法、合理、真实有效。在《一致行动协议》中，该十人作出如下约定：一致同意各方在股东大会对股份公司事务决策(包括但不限

于行使表决权、提案权、提名权等)时保持一致行动。股东大会召开之10日前,各方应通过协商就需要决策的事项达成一致,并在股东大会上发表一致意见。

(2)上述十名股东均已作出承诺,在发行人首次公开发行股票并在创业板上市之日起三十六个月内,其本人不转让或者委托他人管理在发行人首次公开发行前持有的股份,也不由发行人回购该等股份。

(3)发行人全体股东共同成立汇川投资,对股东持有的部分股份进行集中,以增进公司股权结构和控制关系的稳定性。

(4)健全公司治理结构,保障发行人的规范运作:

①发行人建立了独立董事制度,赋予独立董事对发行人重大关联交易发表意见,对发行人日常重大经营事项发表独立意见,对发行人损害中小股东权益事项发表独立意见等特别职权。

②发行人建立了关联交易决策制度,规定了关联董事、股东对相关关联交易表决时的回避制度,赋予非关联股东、董事对关联交易的决策权。

③发行人制定了《股东大会议事规则》、《董事会议事规则》和《监事会议事规则》,以保障股东大会、董事会和监事会的规范运作,提高决策效率。

综上,发行人律师认为,发行人采取的上述措施能够保持股权结构和控制关系的稳定性,并能够有效保障公司治理、重大经营决策的稳定性。

四、东软载波(300183):股权转让是否导致实际控制人变更

招股说明书披露,崔健、胡亚军、王锐为发行人的实际控制人。范仲立于1997年3月与崔健等三人共同入股发行人,且四人持股比例始终相同;2008年12月,范仲立将所持发行人25%出资以1元/股出资价格转让给崔健。

(一)范仲立在发行人申请公开发行并上市前转让所持发行人25%股权的具体原因及其真实性,转让价格的定价依据,转让后受让方是否存在委托持股情形,本次转让是否存在相关利益安排,本次转让是否存在纠纷或潜在纠纷

范仲立在2007年年末因身体原因不再从事公司经营管理活动,其亦无意再继续持有东软有限股权;经协商,范仲立与崔健于2008年12月5日签署了《股权转让协议》,约定范仲立将其持有的东软有限477万元股权全部转让与崔健,股权转让价格为477万元;2008年12月19日,东软有限就本次股权转让事宜在青岛市工商局办理了工商变更登记。

本次股权转让价格以东软有限2007年年末的每股净资产(1.01元)为依据,由转让双方协商确定。2009年10月15日,范仲立出具确认函,确认本次股权转让为其真实意思表示;上述《股份转让协议》签订时,其了解公司当时的实际经营状况;其与崔健在上述《股份转让协议》项下的权利义务已全部履行完毕,不存在纠纷或潜在纠纷。

2010年8月12日,本次股权转让受让方崔健出具确认函,确认本次股权转让行为,为其真实意思表示;其就本次股权转让应履行的义务已全部履行完毕,不存在任何纠纷或潜在纠纷。本次受让的股权均为崔健本人直接持有,不存在委托持股、信托持股或其他利益输送安排的情形。

综上,发行人律师认为:本次股权转让为转让双方的真实意思表示,股权转让协议业已履行完毕,不存在纠纷或潜在纠纷;本次股权转让受让方所持有的股权为其本人持有,不存在委托持股、信托持股或其他利益输送安排的情形。

(二)结合自1997年3月至2008年12月范仲立持有发行人股权比例与发行人实际控制人崔健等三人的持股比例一致、范仲立自1997年起在发行人处任职情况及对发行人的贡献等情况,补充说明并披露发行人将其实际控制人认定为崔健、胡亚军、王锐三人而非崔健、胡亚军、王锐、范仲立四人的具体原因及充分依据,2008年12月范仲立转让发行人股权是否导致发行人实际控制人最近两年发生变更

(1)崔健、胡亚军、王锐、范仲立四人致力于电力线载波通信技术的研究,志向相投、共同创业,于1997年3月通过受让东软有限股权并对东软有限进行增资的方式,成为东软有限股东。

从报告期初至2008年12月期间,上述四名自然人各自持有东软有限25%的股权;该期间内,东软有限规范召开股东会,对公司重大事项进行决策,并由经营管理层有效执行,未有导致东软有限陷入公司僵局或经营管理层执行不力等情形的出现,东软有限法人治理结构健全、稳定、运行良好,东软有限的公司治理是有效的;上述四人在东软有限的生产经营中存在各自的分工,其中崔健负责经营管理,王锐指导系统设计,胡亚军、范仲立负责集成电路设计和通信软件开发;同时,2006年3月,上述四人各自的配偶共同出资设立了莱客软件,上述四名自然人通过共同控制莱客软件形成了一致行动关系。综上,该期间内,上述四人共同对东软有限实施控制。

(2)2007年年末范仲立因身体原因不再继续从事公司业务,2008年12月范仲立将其持有的东软有限股权转让与崔健,同时,崔健、胡亚军、王锐共同出资设立的青岛

亚锐对东软有限进行增资,股权转让及增资后,东软有限的股权结构如下:

序号	股东名称	出资额(万元)	出资比例(%)
1	青岛亚锐投资有限公司	3099	61.89
2	崔健	954	19.05
3	王锐	477	9.53
4	胡亚军	477	9.53
合计		5007	100.00

青岛亚锐投资有限公司的股权结构如下:

序号	股东名称	出资额(万元)	比例(%)
1	崔健	1052.00	33.33
2	胡亚军	1052.00	33.33
3	王锐	1052.00	33.33
总计		3156.00	100.00

范仲立退出公司后,根据当时公司章程的规定"股东会会议对所议事项作出决议,决议应由代表三分之二以上表决权的股东表决通过",崔健、胡亚军、王锐三名股东直接和间接持有的表决票合计达到三分之二以上,仍然能够共同对公司实施控制,共同制定公司的经营方针及决策,因此范仲立退出公司不构成公司股权的重大变化。范仲立退出公司后,崔健、胡亚军、王锐的分工未发生变化,公司的经营管理层未发生重大变化;公司的主营业务"低压电力线载波通信产品的研发、生产、销售和服务"没有发生变化;并且,公司在主营业务不变的情况下,在报告期内保持持续经营、连续盈利。

为强化对公司的控制力,保证公司的持续高效运营,崔健、胡亚军、王锐在公司引进其他股东前,于2009年9月16日签署了《一致行动协议书》,对三人的共同控制关系进行明确;在东软有限整体改制变更为股份公司后,崔健、胡亚军、王锐三人于2010年3月15日重新签署了《一致行动协议书》,并作出如下约定:①东软载波召开股东大会时,按照同一意见行使表决权;②请求东软载波召开股东大会时,按合计数共同提出请求;③按照法定情形董事会、监事会不召集和主持股东大会的,按合计数共同行使自行召集和主持股东大会的权利;④按照合计数共同行使股东享有的公司法规定的代表诉讼和直接诉讼的权利。

(3)发行人多人控制情形符合证监法律字[2007]15号文第3条的相关规定

①自1997年3月起,崔健、胡亚军、王锐三人持有的发行人股权比例变化如下:

时　段	实际控制人股权比例变化情况
1997年3月至1999年9月	各自持有发行人19.608%的股权,合计58.824%
1999年9月至2006年11月	各自持有发行人19.96%的股权,合计59.88%
2006年11月至2008年12月	各自持有发行人25%的股权,合计75%
2008年12月至2009年12月	三人共同持有发行人100%的股权
2009年12月至本反馈意见出具日	崔健持有发行人31.68%的股份,胡亚军持有发行人20.16%的股份,王锐持有发行人20.16%的股份,合计72%

上述三人持有的股份不存在任何质押、托管及其他担保权设置或者权利瑕疵及权利限制的情形,亦不存在任何权属纠纷;符合证监法律字[2007]15号文第3条第1款"每人都必须直接持有公司股份和/或者间接支配公司股份的表决权"的规定。

②发行人已按照法律、法规和规范性文件的相关规定,建立股东大会、董事会、监事会,具有健全的组织机构;制订了股东大会、董事会、监事会、独立董事、审计委员会等制度,发行人治理结构健全、运行良好;符合证监法律字[2007]15号文第3条第2款"发行人公司治理结构健全、运行良好,多人共同拥有公司控制权的情况不影响发行人的规范运作"的规定。

③虽然报告期初至2008年12月,是由崔健、胡亚军、王锐、范仲立四人共同对东软有限实施控制,2008年12月以后由崔健、胡亚军、王锐三人共同对东软有限实施控制,但是崔健、胡亚军、王锐共同持有的发行人股权比例一直在70%以上,符合"共同拥有公司控制权的多人没有出现重大变更";上述三人一直以股东或经营管理者身份对发行人的经营管理共同决策,且根据最近三年发行人的董事会(执行董事)决议、股东会(股东大会)决议及上述三人的说明,三人对发行人最近三年重大事项的表决意见一致,未出现表决结果不一致的情形。

为保证发行人的持续高效运营、提高决策效率,强化对公司的控制关系,上述三人于2009年9月16日签署了《一致行动协议书》;在东软有限整体改制变更为股份公司后,上述三人于2010年3月15日重新签署了《一致行动协议书》,并作出如下约定:①东软载波召开股东大会时,按照同一意见行使表决权;②请求东软载波召开股东大会时,按合计数共同提出请求;③按照法定情形董事会、监事会不召集和主持股东大会的,按合计数共同行使自行召集和主持股东大会的权利;④按照合计数共同行使股东享有的公司法规定的代表诉讼和直接诉讼的权利。

上述《一致行动协议》合法有效、权利义务清晰、责任明确,该一致行动的约定充分保证了崔健、胡亚军、王锐三人对公司行使控制权的稳定性和有效性;符合证监法律字

[2007]15 号文第 3 条第 3 款“多人共同拥有公司控制权的情况，一般应当通过公司章程、协议或者其他安排予以明确，有关章程、协议及安排必须合法有效、权利义务清晰、责任明确，该情况在最近 3 年内且在首发后的可预期期限内是稳定、有效存在的，共同拥有公司控制权的多人没有出现重大变更”的规定。

(4)崔健、胡亚军、王锐承诺其持有的发行人股份自股票上市之日起 36 个月内，不予转让或者委托他人管理其持有的发行人股份，也不由发行人回购其所持有的发行人股份。

(5)报告期初，崔健、胡亚军、王锐、范仲立各自持有发行人 25% 的股权，不存在实际支配发行人股份表决权最高的股东，因此，公司不存在“持有、实际支配公司股份表决权比例最高的人发生变化，且变化前后的股东不属于同一实际控制人”的情形。

综上，发行人律师认为：

(1)崔健、胡亚军、王锐均直接持有发行人的股份；发行人公司治理结构健全、运行良好，崔健、胡亚军、王锐共同拥有公司控制权的情况不影响发行人的规范运作；崔健、胡亚军、王锐签署的《一致行动协议》合法有效、权利义务清晰、责任明确，该一致行动的约定充分保证了上述三人对发行人行使控制权的真实性、稳定性和有效性；报告期内，共同拥有公司控制权的多人没有出现重大变更；符合证监法律字[2007]15 号文第 3 条的规定。

(2)发行人报告期内的股权结构、经营管理层及主营业务均没有发生重大变化，2008 年 12 月范仲立转让发行人股权未导致发行人的实际控制人发生变更。

五、华平股份(300074)：红筹架构不导致实际控制人变更

(一)基本情况概述

华平有限公司成立时股东三名，分别为刘晓丹持股 70%、熊模昌持股 24%、梁艺丹(王昭阳之妻)持股 6%。此后虽经过若干次增资，至 2005 年年末发行人搭建海外融资架构(华平有限公司变更为爱微康国际全资拥有的外商独资企业)前，华平有限公司上述股权结构未发生任何变动。

2005 年年末，为境外融资之目的，华平有限公司股东一致决定在引入其他股东(包括刘晓丹之母刘焱、刘晓丹之兄刘晓露在内的 9 名自然人)的基础上成立境外特殊目的公司——爱微康国际并返程收购刘晓丹、熊模昌和梁艺丹持有的发行人 100% 股份，发行人由内资企业变更为外商独资企业，同时由刘晓丹、熊模昌和王昭阳(梁艺丹丈夫)与其他股东(包括刘焱、刘晓露在内的 9 名自然人)通过爱微康国际间接持有华平

有限公司的股权。因引入其他股东后各股东通过爱微康国际对华平有限公司的间接持股分布相对分散,为保证对华平有限公司控制权的稳定,有利于公司的长远发展,于2005年11月20日,刘晓丹、熊模昌、梁艺丹(王昭阳之妻)签订一致行动协议,就各方之间的一致行动事宜作出约定,包括(1)熊模昌同意将其于爱微康国际的股东会的投票、董事任命或委派、经营决策等方面保持与刘晓丹一致;(2)梁艺丹承诺将促使其丈夫王昭阳在以后的股东会投票、董事任命或委派、经营决策等方面保持与刘晓丹行动一致;(3)任何情况下,只要刘晓丹是华平有限公司的直接或间接持股人,熊模昌及梁艺丹同意(梁艺丹需促使王昭阳同意)提名并选举或委派刘焱、刘晓露、王强、王昭阳、熊模昌为华平有限公司的董事,且在董事会中选举刘焱担任董事长及法定代表。

2006年2月,华平有限公司正式变更为外商独资企业,刘氏家族、熊模昌和王昭阳通过爱微康国际间接持有华平有限公司69.87%股权,为华平有限公司实际控制人,刘氏家族、熊模昌和王昭阳通过上述一致行动协议实现对华平有限公司的控制。

2007年12月,华平有限公司由外商独资企业变更为内资有限责任公司,通过此次股本变更,刘氏家族、熊模昌和王昭阳原通过爱微康国际间接持有的华平有限公司权益转变为该些自然人直接持有的股权,刘氏家族、熊模昌和王昭阳对华平有限公司的直接持股比例仍为69.87%,继续通过上述一致行动协议实现对发行人的共同控制。2007年12月18日,刘晓丹、熊模昌、王昭阳签订《一致行动协议》,进一步明确三人在华平有限公司的股东会的投票、董事任命或委派、经营决策等方面继续保持一致行动,2005年11月20日签订之《协议书》项下有关刘晓丹、熊模昌、梁艺丹一致行动的安排不受华平有限公司企业性质变更的影响,各方应当继续遵照执行,该协议自签订之日起生效,至发行人在中国境内完成公开发行股票并上市满五年之日终止。

自2007年12月至本补充法律意见书出具之日,刘氏家族、熊模昌和王昭阳合计持有发行人69.87%的股份比例未发生任何变化。

综上可见,在发行人最近2年股权演变过程中虽然存在股权变化的情况,但控股权结构没有发生重大变化,主要股东的股权不存在重大不确定性;刘氏家族、熊模昌和王昭阳依据上述一致行动协议对发行人进行控制,该等一致行动协议内容合法有效、权利义务清晰、责任明确,且在本次发行上市后的可预期期限内亦将稳定及有效存在。故此,发行人律师认为,发行人的实际控制人为刘氏家族、熊模昌和王昭阳,且该等实际控制情况最近2年未发生变化。

(二)反馈意见关注

发行人将刘焱、刘晓露、刘晓丹、熊模昌及王昭阳(合计直接持有发行人69.87%的股份)认定为共同的控股股东和实际控制人。2007年12月,刘晓丹、熊模昌、王昭阳签订《一致行动协议》,该协议至发行人上市满五年之日终止。请发行人提供该《一致行动协议》,说明将刘焱、刘晓露、刘晓丹、熊模昌及王昭阳认定为共同的控股股东和实际控制人的原因和依据。请发行人对股权结构较为分散的状况及其对公司控制权和治理结构的潜在影响作重大事项提示。请保荐机构、律师结合发行人股权结构现状,对实际控制人的界定依据和理由、报告期内股权结构稳定性、公司治理结构的有效性等情况发表核查意见。

刘氏家族中的刘晓丹、熊模昌和王昭阳之妻梁艺丹是华平有限公司的创始股东,至2006年2月华平有限公司变更为外商独资企业前,该三人在华平有限公司中的持股比例未发生任何变动。

在2005年年末搭建海外融资架构时,因引入其他股东后各股东通过爱微康国际对华平有限公司的间接持股分布将变得相对分散,为保证对华平有限公司控制权的稳定,有利于公司的长远发展,于2005年11月20日,刘晓丹、熊模昌、梁艺丹(王昭阳之妻)签订一致行动协议,就各方之间的一致行动事宜作出约定。2006年2月,华平有限公司变更为外商独资企业,刘晓丹、熊模昌和王昭阳与新加入的9名自然人共同通过爱微康国际间接持有华平有限公司100%股权,新加入的9人中,刘焱为刘晓丹的母亲、刘晓露为刘晓丹的哥哥,该二人因与刘晓丹的近亲属关系而自动加入上述一致行动安排,至此,刘氏家族、熊模昌和王昭阳通过爱微康国际合计间接持有发行人69.87%股权,取得发行人的控股权。

此后发行人由外商独资企业变更为内资有限责任公司时,刘氏家族、熊模昌和王昭阳原通过爱微康国际间接持有华平有限公司的股权转变为该些自然人直接持有的股权,持股比例未发生任何变化,并且,刘晓丹、熊模昌和王昭阳于2007年12月18日再次签署一致行动协议,明确其在华平有限公司股东会的投票、董事任命或委派、经营决策等方面继续保持一致行动。自华平有限公司变更为内资有限责任公司至今,刘氏家族、熊模昌和王昭阳合计持有发行人的股份比例未发生任何变化,继续拥有发行人的控股权。

经发行人律师核查,上述两份一致行动协议的内容均得到了协议签署方的遵守,刘氏家族、熊模昌和王昭阳在发行人股东会的投票、董事任命或委派、经营决策等方面继续始终保持一致行动,未有出现意见分歧的情形。

结合上述发行人自成立至今的股权结构演变以及刘氏家族、熊模昌和王昭阳有关一致行动的安排及执行情况,发行人律师认为,报告期内,刘氏家族、熊模昌和王昭阳对发行人的控制地位未发生变化,故此,发行人律师将刘氏家族、熊模昌和王昭阳界定为发行人的实际控制人。

经比对证监法律字[2007]15号文发行人律师认为,将刘氏家族、熊模昌和王昭阳认定为发行人的实际控制人符合证监法律字[2007]15号文有关认定多人共同拥有公司控制权的条件,具体如下:

(1)发行人实际控制人刘氏家族、熊模昌和王昭阳目前直接持有发行人合计69.87%的股份表决权,符合证监法律字[2007]15号文"每人都必须直接持有公司股份或者间接支配公司股份的表决权"的规定。

(2)发行人已按照法律、法规和中国证监会的规定建立健全股东大会、董事会、监事会议事规则、独立董事议事制度以及审计委员会制度,发行人治理健全,目前运行良好,符合证监法律字[2007]15号文"发行人公司治理健全、运行良好,多人共同拥有公司控制权的情况不影响发行人的规范运作"的规定。

(3)2005年11月20日,刘晓丹、熊模昌、梁艺丹(王昭阳之妻)签订一致行动协议,就各方之间的一致行动事宜作出约定;2007年12月18日,刘晓丹、熊模昌和王昭阳签订《一致行动协议》,再一次明确约定三人在发行人股东会的投票、董事任命或委派、经营决策等方面继续保持一致行动,该协议自签订之日起生效,至发行人在中国境内完成公开发行股票并上市满五年之日终止。该协议内容合法有效、权利义务清晰、责任明确,得到了协议各方的遵守和执行,且在本次发行上市后的可预期期限内亦将稳定及有效存在,符合证监法律字[2007]15号文"多人共同拥有公司控制权的情况,一般应当通过公司章程、协议或者其他安排予以明确,有关章程、协议以及安排必须合法有效、权利义务清晰、责任明确,该情况在最近三年内且在首发后的可预期期限内是稳定、有效存在的,共同拥有公司控制权的多人没有出现重大变化"的规定。

(4)尽管发行人最近2年内股东由爱微康国际变更为刘晓丹等12名自然人,但刘氏家族、熊模昌和王昭阳通过爱微康国际间接持有的华平有限公司股权比例与其此后直接持有华平有限公司的股权比例相同,因此,不属于证监法律字[2007]15号文规定的"如果发行人最近3年内持有、实际支配公司股份表决权比例最高的人发生变化,且变化前后的股东不属于同一实际控制人,视为公司控制权发生变更"的情形,发行人控制权未发生变更。

综上,发行人律师系根据华平有限公司成立至今的股权结构演变以及刘氏家族、熊模昌和王昭阳之间有关一致行动的安排及其执行情况将该三方认定为发行人的实际控制人,该等认定符合证监法律字[2007]15号文有关认定多人共同拥有公司控制权的条件,报告期内发行人的股权结构稳定,控制权未发生变化,公司治理健全、运行良好,多人共同拥有公司控制权的情况不影响发行人的规范运作。

【案例评析】

本部分内容主要就在实务中实际控制人是否发生变更的有关情形以及解释思路作了总结，上述内容并未涵盖全部情形，也欢迎大家继续补充：

1. 海兰信：在 2008 年曾经因为增资和股权转让导致公司的第一大股东由首钢冶金机械厂变更为现在的申万秋和魏法军，后者为共同实际控制人。根据证监法律字[2007]15 号文的规定，这样的情形应该是看做实际控制人变更的，尽管律师的解释很有道理，小兵也同意这样的观点，但是从第二次反馈的意见来看，显然上述的解释并没有得到证监会的认可，而在第二次反馈中中介机构承认了实际控制人变更的事实转而解释说明已经超过两年的规定期限。

2. 海峡股份：国有资产无偿划转不会导致实际控制人变更应该是比较好理解的，但是由于政治上的很多考量还需要重点解释由于该次划转是否会导致公司的董事、监事、高管以及经营管理层是否会发生重大变化，甚至同时需要解释公司的生产经营是否会受到影响。如果有必要，可以由控股股东或实际控制人出具承诺保证公司控制权的稳定。另外值得注意的是，该次划转还涉及旧《公司法》第 147 条关于发起人股份三年不得转让的规定，律师也做了解释，值得参考。兴化股份也存在类似的问题。申报材料显示，陕西省国资委于 2006 年 6 月 7 日出文将兴化集团的国有资产划转入延长集团。对此，证监会在反馈意见中询问该行为是否会导致公司的实际控制人发生变化并对上市构成障碍。对此，发行人律师首先指出，上述行为将导致公司的实际控制人由兴化集团变为延长集团。但上述划转是出于国有资本优化配置的考虑，且根据各方协议，兴化集团在被划转后，依然保留独立的法人资格，作为延长集团的一个子公司。兴化集团依然保留现有业务架构和管理团队，未来业务发展方向、生产经营和管理团队均不会受延长集团的强制性影响。最后，律师总结道，“发行人实际控制人的改变，并未对发行人的持续经营产生重大影响，亦未对发行人本次发行上市构成障碍”。

3. 汇川技术：证监会在审核时关注实际控制人是否发生了变更。律师的解释思路就是描述事实的变化过程，也没有多少创新之处，其实这个也很好理解，毕竟控股股东和实际控制人本来就不是一回事，控股股东变化而实际控制人不变更也合情合理。

4. 东软载波：案例也比较具有代表性，就是在报告期内股东股权转让是否导致实际控制人变更的问题。其实该案例律师的解释还有很多疑点可进一步研究，比如为什么会有一个股东心甘情愿白干了十多年而没有任何收益呢？是不是因为认定四人为共同实际控制人有难处而出此下策？

5. 华平股份：在红筹架构回归的案例中，实际控制人是否发生变更也是一个不可回避的需要解释的问题,该问题小兵已经在红筹案例中做过详细的解释,由于该案例期间有过股权转让事项而略有不同,值得借鉴。

■第五节　其他实际控制人认定的情形

【重要提示】

★ 除上述一些比较典型的实际控制人认定的问题之外,随着一些新情况的出现,在实务中也出现了一些以前并不是常见的案例。

★ 因为这些案例散落各处,小兵并没有系统整理,只是对其中一些个人觉得值得留存的案例做了收录,希望能对大家有所帮助。

★ 还是那句话,企业的情况千差万别,很多问题还是需要在把握大的原则和规则的情况下具体问题具体分析,以便为服务的客户设计出最合理的问题解决方案。

【案例情况】

一、经纬电材(300120):财务投资者成为第一大股东而不是实际控制人

董树林、张国祥及张秋凤三人通过直接及间接持股方式合计控制公司56.46%的股份,为公司的实际控制人。2009年10月26日,三人签署了《一致行动协议》,约定其在股东大会和董事会中的表决机制,确保公司控制权的持续稳定。发行人第一大股东永信亚洲有限公司持有发行人25.9%的股份,并在公司提名1名董事。发行人目前股权结构较为分散。请说明并披露:(1)股权结构的稳定性,是否存在影响发行人控制权稳定性的其他协议或安排,是否存在发行上市后股权结构发生变更的风险;(2)发行人未认定第一大股东永信亚洲为实际控制人的原因,永信亚洲的两名股东与发行人股东、高级管理人员之间的关系,永信亚洲与发行人是否存在业务关联,提供永信亚洲一年及一期的原始报表、审计报告和永信亚洲出资的资金凭证;(3)董树林、张国祥及张秋凤三人在达成《一致行动协议》之前,认定三人在公司中保持一致行动的依据。

(一)股权结构的稳定性,是否存在影响发行人控制权稳定性的其他协议或安排,是否存在发行上市后股权结构发生变更的风险

据发行人律师核查,自经纬有限设立之日起至永信亚洲对经纬有限进行增资扩股之前,发行人实际控制人董树林、张国祥和张秋凤对经纬有限进行了持续性的投资,直至该三人取得经纬有限控股股东地位。具体情况如下表:

时间	出资额(万元)			实际控制人合计持股比例(%)	备 注
	董树林	张国祥	张秋凤		
1999年3月	15.00	8.00	10.00	6.60	经纬有限设立,三人均以现金出资。
2001年4月	27.00	13.50	13.50	8.40	经纬有限增资,三人分别以现金增资12万元、5.5万元和3.5万元。
2002年5月	108.50	71.50	52.00	23.20	经纬有限增资,三人分别以现金增资81.5万元、58万元和38.5万元。
2003年5月	164.25	71.50	58.00	29.375	经纬有限股东转让股权,董树林、张秋凤分别受让股权出资55.75万元和6万元。
2004年5月	394.25	179.50	135.25	70.90	经纬有限部分自然人股东转让股权,董树林、张国祥及张秋凤三人分别受让股权出资230万元、108万元和77.25万元。

自永信亚洲对经纬有限增资之日起至本补充法律意见书出具之日,发行人实际控制人董树林、张国祥和张秋凤直接持有及通过经纬兴业间接持有经纬有限或发行人股权或股份,保持三人对经纬有限或发行人控制权的持续性及稳定性。具体情况如下表:

时间	出资额(万元)					实际控制人合计支配股权比例(%)	备注
	董树林	张国祥	张秋凤	经纬兴业	永信亚洲		
2004年9月	394.25	179.50	135.25	—	430.00	49.62	永信亚洲对经纬有限增资430万元,持股30%。
2008年8月	394.25	179.50	135.25	226.00	430.00	56.46	实际控制人控制的经纬兴业对经纬有限进行增资,持有其13.65%股权,从而使实际控制人可支配的发行人股份比例增至56.46%。

据发行人律师核查,除董树林、张国祥及张秋凤签署的《一致行动协议》外,发行人股东未签订任何可能影响发行人控制权稳定性的协议,亦不存在任何可能影响发行人控制权稳定性的安排。

发行人本次若发行2200万股并上市后,总股本将变更为8700万股,董树林、张国祥和张秋凤三人直接持股合计2782.65万股,占发行人总股本的31.98%;同时,三人控股的经纬兴业持股887.25万股,占发行人总股本的10.20%,三人合计控制发行人42.18%的股权比例,仍为发行人控股股东,继续保持实际控制人地位。

另外,发行人实际控制人董树林、张国祥及张秋凤三人及其控制的经纬兴业承诺:自公司股票上市之日起三十六个月内,不转让或者委托他人管理其直接或者间接持有的公司公开发行前已发行的股份,也不由公司回购该部分股份。实际控制人董树林、张国祥及张秋凤还承诺:自公司股票上市之日起三十六个月内,不转让或者委托他人管理其持有的天津市经纬兴业投资管理有限公司股权,也不由天津市经纬兴业投资管理有限公司回购其持有的股权。

(二)发行人未认定第一大股东永信亚洲为实际控制人的原因,永信亚洲的两名股东与发行人股东、高级管理人员之间的关系,永信亚洲与发行人是否存在业务关联

据发行人律师核查,发行人未认定第一大股东永信亚洲为实际控制人的原因如下:

1.永信亚洲持股比例无法支配发行人股东大会表决结果

自永信亚洲对经纬有限进行增资之日至本补充法律意见书出具之日,其持股情况及发行人实际控制人可支配股权情况如下表:

时间	永信亚洲持股比例(%)	实际控制人合计支配股权比例(%)
2004年6月至2008年8月	30.00	49.62
2008年8月至今	25.97	56.46

据上表可知,永信亚洲持有发行人股份比例并不能使其在发行人股东大会的表决中拥有绝对多数的表决权,其持股比例无法支配股东大会表决结果。

2.永信亚洲委派或提名的董事在经纬有限或发行人董事会中无法决定董事会表决结果

自永信亚洲对经纬有限进行增资之日至本补充法律意见书出具之日,其与发行人实际控制人委派或提名担任经纬有限或发行人董事的人数情况如下:

时间	经纬有限或发行人董事会成员人数	永信亚洲委派或提名担任经纬有限或发行人董事的人数	发行人实际控制人委派或提名担任经纬有限或发行人董事的人数
2004年6月至2008年11月	6	1	3
2008年12月至今	9	1	7

据上表可知,在永信亚洲对经纬有限进行增资时,经纬有限共设立6名董事,而永信亚洲仅委派1名董事;发行人在成立时共设立9名董事,而永信亚洲仅提名1名董事。因此,永信亚洲委派或提名的董事在经纬有限或发行人董事会中无法决定董事会表决结果。

3.永信亚洲未直接或提名高级管理人员参与发行人管理

据发行人律师核查,董树林近三年一直担任经纬有限或发行人董事长兼总经理,张国祥一直担任经纬有限或发行人董事兼副总经理,张秋凤一直担任经纬有限或发行人董事、副总经理及财务负责人;永信亚洲未参与公司管理。

另外,据发行人律师核查,永信亚洲的两名股东与发行人股东、高级管理人员之间的关系及永信亚洲与发行人之间业务关联情况如下:

(1)永信亚洲两名股东与发行人股东、高级管理人员之间的关系

据发行人律师核查,永信亚洲除与发行人股东共同投资发行人外,与发行人股东及高级管理人员之间无任何关联关系。刘英鑫、王文慧夫妇除为永信亚洲股东及间接

投资发行人和经信铜业外,该二人与发行人股东及高级管理人员之间无任何关联关系。

(2)永信亚洲与发行人业务方面存在的关系

据发行人律师核查,发行人已在其招股说明书中补充披露永信亚洲与发行人业务方面存在的关系,摘录如下:

公司经营范围包括生产、加工、销售电线、电缆、有色金属材料、绝缘材料、矽钢片、电抗器,主营业务为电磁线产品的设计、研发、生产及销售。永信亚洲经营范围包括经营钢材、不锈钢材、铜板、投资及进出口业务,为贸易公司。

永信亚洲与公司不构成同业竞争,亦无业务往来关系。

(三)董树林、张国祥及张秋凤三人在达成《一致行动协议》之前,认定三人在公司中保持一致行动的依据

据核查发行人历次股东大会、董事会等决议文件,结合董树林、张国祥和张秋凤历史上的合作关系、紧密程度及公司实际运作情况,发行人及经办律师认为,该三人在达成《一致行动协议》之前,在公司中保持一致行动依据如下:

自发行人成立之日起至2009年10月26日董树林、张国祥和张秋凤签署《一致行动人协议》,发行人共召开3次股东大会,7次董事会,董树林、张国祥及张秋凤三人在上述会议表决中均保持一致意见;同时,三人作为发行人主要管理人员,在发行人历次经营决策上均保持一致意见。此外,董树林、张国祥及张秋凤三人共同投资经纬兴业,并由董树林担任执行董事。自经纬兴业设立至2009年10月26日以来的历次董事会中,董树林、张国祥及张秋凤三人在表决中均保持一致意见。

综上,发行人及经办律师认为,自永信亚洲对经纬有限增资至本补充法律意见书出具之日,发行人实际控制人对经纬有限或发行人的控制权保持了稳定性且不存在影响发行人控制权稳定性的其他协议或安排。而发行人实际控制人作出的自愿锁定股份的承诺,有利于发行人本次发行上市后的股权结构稳定,在上市后的可预期期限内,发行人股权结构不存在发生变更的风险。永信亚洲虽然是发行人单一第一大股东,但其仅以财务投资为主,无法控制发行人股东大会及董事会且未参与发行人的管理,对发行人重大决策无法发挥重大影响,不应将其认定为发行人的实际控制人。

二、东光微电(002504):关注二股东与其他股东是否有一致行动协议或安排

2005年年底中比基金对发行人进行增资,此后一直是发行人第二大股东。

(一)中比基金增资发行人协议的实际履约情况

(1)根据发行人提供的资料,经发行人律师核查,签约方在依据《增资协议》完成对发行人的增资后,以实际履约行为对《增资协议》的部分内容予以变更,具体情况如下:

①中比基金已放弃基于《增资协议》约定的稳健持续经营保证条款,要求缔约对方或发行人赎回股份的权利。

②《增资协议》关于发行人股东大会作出特别决议的约定,已被发行人股东大会决议修改。发行人现行有效的公司章程规定,股东大会作出特别决议应由出席会议的股东所持表决权的2/3以上通过。

③《增资协议》关于对发行人董事会的调整未完全执行,当时增资完成后,发行人董事会实际人数变更为8名董事,中比基金向发行人推荐的两名候选人当选发行人董事。2008年1月后,发行人董事会人数变更为9名董事,中比基金向发行人推荐了一名董事。

④《增资协议》关于发行人董事会决策程序的约定,已被发行人股东大会决议修改。发行人现行有效的公司章程关于董事会决策程序的内容,与《公司法》的有关规定相一致。

(2)2010年3月22日,《增资协议》的原签约方沈建平、詹文陆、徐志祥、林钢、李国华、陈俊标、钱旭锋和中比基金共同签订《〈增资协议〉之补充协议》,签约方根据上述实际履行《增资协议》过程中对协议内容的变更,约定《增资协议》中与上述实际履约不一致的条款以及《增资协议》关于中比基金股权赎回约定的其他条款无效,该等无效条款不再履行,不能再恢复;该等条款视为从来不曾约定过,签约方无权依该等条款向对方提出任何主张或权利要求,而无论其据以提出主张或权利要求的行为发生在补充协议签订之前或之后。

(二)报告期内发行人股东大会、董事会的召开和决议情况

(1)根据发行人提供的股东大会资料(包括但不限于议案、决议、会议记录等),报告期内发行人共召开了12次股东大会会议:其中2007年召开了4次会议;2008年召开了5次会议;2009年召开了3次会议,经发行人律师核查,报告期内发行人股东大会决议中,不存在否决会议议案的情形,且发行人其他股东与发行人控股股东沈建平在相关会议决议的表决意见相一致。

(2)根据发行人提供的董事会资料(包括但不限于议案、决议、会议记录等),报告期内发行人共召开了13次董事会会议:其中2007年召开了4次会议;2008年召开了5

次会议;2009年召开了4次会议,经发行人律师核查,报告期内发行人董事会决议中,不存在否决会议议案的情形,且发行人其他董事与发行人董事长沈建平在相关会议决议的表决意见相一致。

(三)发行人董事、高级管理人员的提名和任免情况

1.根据发行人提供的资料,经发行人律师核查,报告期内发行人董事的提名和任免情况如下

(1)2006年5月发行人进行董事会换届选举,发行人控股股东沈建平作为提名人,提名沈建平、徐志祥、詹文陆、陈俊标、钱旭锋、赵永良为董事候选人;发行人股东中比基金作为提名人,提名郑万祥、朱庆莲为董事候选人。2006年5月11日,发行人股东大会作出决议选举上述候选人为发行人第二届董事会董事。

(2)2008年1月赵永良、朱庆莲辞去发行人董事职务,发行人控股股东沈建平作为提名人,提名施毅、史勤、张志高为独立董事候选人。2008年1月18日,发行人股东大会作出决议,选举上述候选人为发行人独立董事。

(3)2008年5月张志高辞去发行人独立董事职务,发行人控股股东沈建平作为提名人,提名叶树理为独立董事候选人。2008年5月20日,发行人股东大会作出决议,选举叶树理为发行人独立董事。

(4)2008年6月郑万祥辞去发行人董事职务,发行人股东中比基金作为提名人,提名顾弘为董事候选人,2008年7月1日,发行人股东大会作出决议,选举顾弘为发行人董事。

(5)2009年5月发行人进行董事会换届选举,发行人控股股东沈建平作为提名人,提名沈建平、徐志祥、詹文陆、陈俊标、钱旭锋为董事候选人,施毅、叶树理、史勤为独立董事候选人;发行人股东中比基金作为提名人,提名顾弘为董事候选人。2009年5月25日,发行人股东大会作出决议,选举上述候选人为发行人第三届董事会成员。

2.根据发行人提供的资料,经发行人律师核查,报告期内发行人高级管理人员的提名和任免情况如下

(1)2006年5月发行人经营层任期届满,发行人控股股东沈建平作为发行人董事长,向董事会提名了经营层组成人员。2006年5月11日,发行人董事会作出决议,聘任沈建平为总经理,聘请钱旭锋、陈俊标、王全、钱荣军为副总经理,钱旭锋兼任财务负责人,周玲燕为董事会秘书。

(2)2009年5月发行人经营层任期届满,发行人控股股东沈建平作为发行人董事长,向董事会提名了经营层组成人员。2009年5月25日,发行人董事会作出决议,继

续聘任沈建平为总经理,聘请钱旭锋、陈俊标、王全、钱荣军为副总经理,钱旭锋兼任财务负责人,周玲燕为董事会秘书。

(四)发行人其他股东之间不存在一致行动的其他协议或安排

根据发行人提供的资料,除沈建平外发行人股东出具的承诺及发行人律师核查,发行人其他股东之间不存在一致行动的其他协议或安排。

(五)发行人实际控制人为沈建平的认定

(1)发行人由宜兴东大整体变更至今,其第一大股东未发生变更。

2003 年宜兴东大整体变更为发行人时,沈建平持有发行人 43.58% 的股份,2005 年发行人增资扩股后沈建平持有发行人 34.76% 的股份,2007 年发行人增资扩股后沈建平持有发行人 29.63% 的股份,2007 年 6 月发行人股权变动后,沈建平持有发行人 34.70% 的股份。此后,沈建平持有发行人股权的比例未发生变动。上述沈建平持股数额变化的过程中,其所持发行人股份占发行人股本总额的比例一直高于其他股东,第一大股东的地位保持不变。

(2)发行人 2005 年增资完成后,中比基金成为发行人第二大股东,虽然其持有发行人股份的比例至今保持在 25% 以上与沈建平的持股比例较为接近,但根据前述中比基金增资发行人协议的主要内容,协议实际履行情况,中比基金持有发行人股权不以控制发行人为目的。同时,发行人其他股东持有的持股比例较小、股权较分散,中比基金与发行人其他股东、发行人其他股东之间不存在一致行动关系。发行人除沈建平以外的 20 名股东均承诺,自成为发行人股东之日起,独立的行使股东权利并承担相应的义务;不存在与发行人其他股东签订一致行动协议或就类似安排达成一致的情形;且未来无与发行人其他股东签订一致行动协议或就类似安排达成一致的计划。

(3)沈建平对发行人的决策、经营产生重大影响。

①根据前述报告期发行人股东大会、董事会召开及决议情况,沈建平对发行人股东大会、董事会作出决议拥有实质影响力。

②根据前述发行人董事、高级管理人员的提名和任免情况,沈建平对发行人董事、高级管理人员的提名和聘任起主导作用。

③自 2003 年 6 月发行人由宜兴东大整体变更至今,沈建平一直为发行人的法定代表人,并担任董事长、总经理职务,全面负责发行人产品研发、生产和销售等工作,系发行人生产经营管理工作的核心领导,且对发行人的经营方针、投资计划、经营计划等拥有实质影响力。

(4)关于发行人实际控制人的认定符合公司的客观情况,严格遵循了中国证监会发布的证监法律字[2007]15号文对实际控制人的分析判断要求。

中国证监会发布的证监法律字[2007]15号文第1条规定:"由于公司控制权往往能够决定和实质影响公司的经营方针、决策和经营管理层的任免,一旦公司控制权发生变化,公司的经营方针和决策、组织机构运作及业务运营等都可能发生重大变化,给发行人的持续发展和持续盈利能力带来重大不确定性。"第2条规定:"公司控制权是能够对股东大会的决议产生重大影响或者能够实际支配公司行为的权力,其渊源是对于公司直接或间接的股权投资关系。因此,认定公司控制权的归属,既要审查相应的股权关系,也要根据个案的实际情况,综合对发行人股东大会、董事会决议的实质影响、对董事和高级管理人员的提名及任免所起的作用进行分析判断。"

(5)综上所述,发行人律师认为,认定沈建平为发行人的实际控制人符合法律、法规的规定,事实依据适当、充分,严格遵循了证监法律字[2007]15号文对实际控制人的综合分析判断的要求。

三、神农大丰(300189):股权分散认定单一实际控制人的依据

请发行人补充说明并披露:(1)在黄培劲持股比例不足30%的情况下,将其认定为实际控制人的理由;(2)发行人拟采取何种具体措施保持公司控制权的稳定。

(一)将黄培劲认定为实际控制人的理由

1.报告期内发行人股东大会、董事会的召开和决议情况

(1)根据发行人提供的股东大会资料(包括但不限于议案、决议、会议记录等),报告期内发行人共召开了14次股东大会会议,经发行人律师核查,报告期内发行人股东大会决议中,不存在否决会议议案的情形,且发行人其他股东与发行人控股股东黄培劲在相关会议决议的表决意见相一致。

(2)根据发行人提供的董事会资料(包括但不限于议案、决议、会议记录等),报告期内发行人共召开了16次董事会会议,经发行人律师核查,报告期内发行人董事会决议中,不存在否决会议议案的情形,且发行人其他董事与发行人董事长黄培劲在相关会议决议的表决意见相一致。

2.发行人董事、高级管理人员的提名和任免情况

(1)根据发行人提供的资料,经发行人律师核查,报告期内发行人董事的提名和任免情况如下:

2007 年 4 月 15 日公司召开 2006 年年度股东大会进行董事会换届选举,选举黄培劲、柏远智、李建新、王河广、彭小毛、郑主文、雷晟 7 人为第三届董事会董事。黄培劲、彭小毛、柏远智由黄培劲提名,郑主文由财信房地产提名,雷晟由财信创投提名,李建新、王河广由长丰集团提名。

2008 年 12 月因长丰集团转让股权,李建新、王河广辞去发行人董事职务,发行人控股股东黄培劲作为提名人,提名欧学旺、吕品图为独立董事候选人,提名欧秋生为董事候选人。2008 年 12 月 26 日,发行人 2008 年度第 3 次临时股东大会作出决议,选举上述候选人为发行人董事。

2009 年 11 月,发行人股东六丰源作为提名人,提名冯克珊为独立董事候选人。2009 年 11 月 20 日,发行人 2009 年度第 1 次股东大会作出决议,选举冯克珊为发行人独立董事。

2010 年 3 月 21 日公司召开 2009 年年度股东大会进行董事会换届选举,选举黄培劲、柏远智、彭小毛、雷晟、郑主文、欧秋生、冯克珊、吕品图、欧学旺 9 人为第四届董事会董事,其中冯克珊、吕品图、欧学旺为独立董事。黄培劲、彭小毛、吕品图由黄培劲提名,郑主文由财信房地产提名,雷晟由财信创投提名,柏远智、欧秋生由彭小毛提名,冯克珊、欧学旺由六丰源提名。

(2)根据发行人提供的资料,经发行人律师核查,报告期内发行人高级管理人员的提名和任免情况如下:

2007 年 4 月发行人管理层任期届满,发行人控股股东黄培劲作为发行人董事长,向董事会提名了管理层组成人员。2007 年 4 月 15 日,发行人第三届董事会第一次会议作出决议,聘任柏远智为总经理,张雄飞、唐文、王政卿为副总经理,朱诚为总会计师。

2008 年 11 月,发行人董事长黄培劲作为提名人,提名欧秋生为副总经理兼董事会秘书候选人。2008 年 11 月 26 日,发行人第三届董事会第七次会议作出决议,聘任欧秋生为副总经理兼董事会秘书。

2009 年 5 月,发行人董事长黄培劲作为提名人,提名义志强为财务总监候选人。2009 年 5 月 20 日,发行人第三届董事会第九次会议作出决议,聘任义志强为发行人财务总监。

2010 年 3 月发行人管理层任期届满,发行人控股股东黄培劲作为发行人董事长,向董事会提名了管理层组成人员。2010 年 3 月 21 日,发行人第四届董事会第一次会议作出决议,继续聘任柏远智为总经理,欧秋生、张雄飞、唐文、王政卿为副总经理,义志强为财务负责人,朱诚为总会计师,欧秋生兼任董事会秘书。

3. 发行人实际控制人为黄培劲的认定依据

(1)发行人从成立至今,其第一大股东黄培劲从未发生变更

本次发行前黄培劲直接持有发行人29.88%的股份,第二大股东红岭创投持有发行人15.83%股份,受同一实际控制人控制的财信创投及财信房地产合计持有发行人12.66%股份,其他股东分别持股均在10%以下,经核查并经各位股东确认,除财信创投及财信房地产为同一实际控制人控制的公司外,其他股东之间无关联关系,黄培劲为发行人第一大股东,且黄培劲所持发行人股份占发行人股本总额的比例一直高于其他股东,第一大股东的地位保持不变。

(2)黄培劲对发行人的决策、经营产生重大影响

根据前述报告期发行人股东大会、董事会召开及决议情况,黄培劲对发行人股东大会、董事会作出决议拥有实质影响力。

根据前述发行人董事、高级管理人员的提名和任免情况,黄培劲对发行人董事、高级管理人员的提名和聘任起主导作用。

自发行人成立至今,黄培劲一直为发行人的法定代表人,并一直担任董事长职务,同时也是发行人核心技术的发明人。黄培劲作为董事长和发行人三项发明专利的主要发明人及关键技术掌握人,对发行人的业务、技术发展及日常经营均产生重大影响,系发行人生产经营管理工作的核心领导,且对发行人的经营方针、投资计划、经营计划等拥有实质影响力。

4. 关于发行人实际控制人的认定符合公司的客观情况,严格遵循了中国证监会证监法律字[2007]15号文对实际控制人的分析判断要求。

证监法律字[2007]15号文第1条规定:"由于公司控制权往往能够决定和实质影响公司的经营方针、决策和经营管理层的任免,一旦公司控制权发生变化,公司的经营方针和决策、组织机构运作及业务运营等都可能发生重大变化,给发行人的持续发展和持续盈利能力带来重大不确定性。"第2条规定:"公司控制权是能够对股东大会的决议产生重大影响或者能够实际支配公司行为的权力,其渊源是对于公司直接或间接的股权投资关系。因此,认定公司控制权的归属,既要审查相应的股权关系,也要根据个案的实际情况,综合对发行人股东大会、董事会决议的实质影响、对董事和高级管理人员的提名及任免所起的作用进行分析判断。"

综上所述,发行人律师认为,认定黄培劲为发行人的实际控制人符合法律、法规的规定,事实依据适当、充分,严格遵循了证监法律字[2007]15号文对实际控制人的综合分析判断的要求。

(二)发行人拟采取保持公司控制权稳定的措施

2010年11月30日,公司10位自然人股东柏远智、欧秋生、张雄飞、唐文、义志强、王政卿、朱诚、胡梅桦、席建民、唐四清与黄培劲签署了《一致行动协议》,协议约定在发行人下列事项上以黄培劲的意思表示采取一致行动,作出相同的意思表示:(1)行使董事会、股东大会的表决权;(2)向董事会、股东大会行使提案权;(3)行使董事、监事候选人提名权。

综上,发行人律师认为,《一致行动协议》能够保证在发行人首次公开发行股票后的可预期期限内黄培劲的控制力是稳定的,黄培劲依其可实际支配的发行人股份表决权足以对发行人股东大会的决议产生重大影响,黄培劲为公司的实际控制人。

第一次反馈显然并没有完全打消审核人员的疑虑,于是要求披露发行人拟采取何种具体措施进一步保持公司控制权的稳定。不过,律师的回答有些取巧,将一致行动的有关人员股份锁定期延长而已,其实本来早就应该这么做了。

发行人控股股东、实际控制人黄培劲先生及按股东名册排序的第二大股东红岭创投、第三大股东冯超球先生承诺:自发行人股票上市之日起三十六个月内,不转让或者委托他人管理本人直接或间接持有的发行人首次公开发行股票前已发行的股份,也不由发行人回购该部分股份。根据上述承诺,发行人首次公开发行股票前锁定36个月的股份已经达到53.66%。综上,发行人首次公开发行股票前锁定36个月的股份已经达到53.66%,发行人在上市后36个月内的可预期期限内控制权是稳定、有效存在的。

【案例评析】

1.在PE投资广泛的情况下,有的企业如果做得太猛就会把投资者变成第一大股东,如经纬电材的案例。在这种情况下,一般需要解释投资者仅为财务投资者,不会对生产经营产生影响,同时找出除投资者之外一个或几个核心人员作为实际控制人并解释实际控制人是一直能够对公司的董事会、股东大会、高管任命等事项作出决定的。这样的解释一般都会得到认可,但是这种情况下还需要多解释一点,那就是投资者是不是与公司的某些人(如股东或者高管)存在关联关系,如果存在关联关系,那么这些人就很有可能通过投资者来实现对公司控制权的颠覆。

2.其实,如果投资者是第二大股东且与控股股东差距不大的话,也会存在上述问题,如东光微电的案例。证监会是看得很明白的,要律师核查增资协议,而中介机构也是理智的,最后还是修改了协议,不仅取消了对赌条款而且对于董事会席位也做了调整,不然该案例的实际控制人认定就会存在大问题。另外,该案例还提示我们一点,就是在股权相对分散的情况下也可以认定某一个最大的股东作为实际控制人。

3.神农大丰的案例说明了上面的一个问题,就是在股权相对分散的情况下也可以尝试认定一个股东为实际控制人,解释的思路如下:(1)该股东虽然股权比例并不绝对突出,但是是公司的创始人,一直以来担任公司重要职务能够作出重要决策。(2)其他股东签署保证书,保证不与他人签署一致行动协议,不做出危害实际控制人控制权的行为,也不存在关联关系或委托持股的情形。再如,在金刚玻璃的案例中持有公司5%以上股份的非控股股东均承诺:不以任何形式谋求成为本公司的控股股东或实际控制人;不以控制为目的增持本公司股份;不与本公司其他股东签订与控制权相关的任何协议,且不参与任何可能影响庄大建先生作为本公司实际控制人地位的活动。另外,本公司股东均就本次发行前所持有的股份按照相关规定出具了关于股份限制流通及锁定的承诺。

■第六节　董事和高管的核查之道

【重要提示】

★ 同实际控制人不得发生变更一样,董事和高管不能发生重大变动也是企业首发上市的基本条件之一,但是与实际控制人是否发生变更的判断标准相对明确不同,后者则主要是一种定性的判断,需要根据公司的具体情况具体分析。

★ 由于董事高管没有一个明确具体的判断标准,很多时候更加依赖于中介机构的专业判断,如频繁变动问题、兼职过多问题甚至家族成员是否能够担任的问题等。

★ 不论怎样,对于董事和高管问题的一个基本判断原则就是:报告期内能够保证生产经营的稳定,而上市之后仍旧能够保持稳定。如果申报材料的解释能够让审核人员相信这一点,那么这个问题一般就不会成为首发上市的障碍。

【案例情况】

一、万马电缆(002276):董事和高管是否发生重大变化的解释

(一)发行人报告期初的董事、高级管理人员情况

序号	职务	姓名
1	董事	陆珍玉
2	董事、总经理	盛　涛
3	董事、副总经理	钱　宏
4	董事	张珊珊
5	董事	马生海
6	副总经理	周　炯
7	副总经理	王荣海

(二)发行人变更设立为股份公司期间董事、高级管理人员的变化情况

2006年12月,公司原任高级管理人员任职到期后,为规范公司运作,加强公司独立性,并为拟进行的公司改制为股份公司时的高级管理人员的设置提前作出安排,在公司原高级管理人员任职基本不变的情况下,公司聘用控股股东电气电缆集团总裁顾春序、副总裁夏臣科分别担任公司总经理、副总经理;盛涛改任公司常务副总经理。此外,为满足公司人才需求,公司聘任刘焕新担任副总经理,主管公司技术工作,并因此调整钱宏工作,钱宏改任公司电力电缆研究所所长。前述人员安排构成了公司变更设立为股份公司时的高级管理人员职务设置的基础。

2007年1月,发行人召开创立大会,选举产生了股份公司第一届董事会董事,并由第一届董事会聘任了公司新的高级管理人员。该等人员相对于2005年年初发生了一定的变化,其变化情况分别为以下几种情形:

1. 原董事、高级管理人员中有5名留任

序号	担任发行人职务	姓名	备注
1	常务副总经理	盛　涛	留任(原任总经理)
2	董事	张珊珊	留任(原任董事)
3	副总经理	周　炯	留任(原任副总经理)
4	副总经理	王荣海	留任(原任副总经理)
5	电力电缆研究所所长	钱　宏	留任(不再担任公司董事、副总经理,但仍为公司的核心技术人员,并参与公司的技术管理)

上述留任的5名公司原董事、高级管理人员占公司原7名董事、高级管理人员总人数中的绝大多数,因而公司的董事、高级管理人员团队没有发生重大变化。

公司原董事、高级管理人员离任2名,分别为陆珍玉和马生海。其中陆珍玉系公司实际控制人张德生之配偶,其不再担任公司董事一职是为进一步完善公司法人治理结构,降低控股股东及实际控制人对公司的控制力,使更多的专业人士和职业经理人进入董事会;马生海因担任万马高分子副总经理,鉴于公司与万马高分子存在经常性的购销关系,为规范运作,其不再担任公司董事一职。

2. 为充实和加强公司董事会和经营管理团队的力量,新增7名董事、高级管理人员

序号	担任发行人职务	姓名	备注
6	董事长	潘水苗	现兼任万马集团董事、总裁;电气电缆集团董事、总裁
7	董事、总经理	顾春序	曾任电气电缆集团的董事、总裁;现兼任电气电缆集团董事
8	董事	魏尔平	现兼任万马集团副总裁、董事
9	董事	张丹凤	现兼任万马集团副总裁
10	董事	赵　云	原任公司监事,现兼任万马集团财务部副经理
11	副总经理	夏臣科	曾任电气电缆集团副总裁
12	副总经理	刘焕新	作为高级技术人才由公司于2006年引进

(1)潘水苗:2006年6月起担任万马集团董事、总裁。2007年1月起,兼任电气电缆集团董事、总裁,全面主管电气电缆集团业务,包括电气电缆集团下属的电力电缆业务。因潘水苗曾担任上市公司的副董事长、总裁,并具有深厚的电力行业背景和丰富的管理经验,为此,股份公司第一届董事会选举其担任公司董事长,以进一步适应公司发展的需要。

(2)顾春序:1998年2月进入万马集团工作,从2005年年初起担任电气电缆集团董事、总裁,现兼任电气电缆集团董事。电气电缆集团系控股管理型公司,顾春序在担任电气电缆集团总裁期间的主要工作为主管电气电缆集团下属企业的发展战略(主要涉及电力电缆和高分子材料业务),并代表电气电缆集团在下属子公司的股东会上行使表决权以决定子公司的经营方针和投资计划;而发行人系电气电缆集团属下最重要的控股子公司,因而顾春序基于其上述工作内容的特点非常熟悉发行人的行业背景、业务模式和经营发展战略。因此,股份公司第一届董事会决定聘任其担任总经理,由其负责发行人的具体运营管理工作。

(3)魏尔平:2004年7月进入万马集团,现兼任万马集团副总裁、董事;主管万马集团财务和审计工作。

(4)张丹凤:1993年10月进入万马集团,现兼任万马集团副总裁;主管万马集团战略和投资工作(含电缆业务)。

(5)赵云:1998年8月进入万马集团,原任公司监事,现兼任万马集团财务部副经理。

(6)夏臣科:现任公司副总经理,1998年8月进入万马集团,曾任电气电缆集团副总裁。

(7)刘焕新:现任公司副总经理,主管公司的技术工作。其作为高级技术人才由公司于2006年引进。

上述新增为股份公司的董事、高级管理人员,因其原工作与发行人的电缆业务紧密相关,熟悉发行人本身的经营管理和电缆行业的业务特点或技术管理,适应公司长期发展的需要,因而由于该等人员担任公司董事、高级管理人员所引起的公司董事、高级管理人员的适当变化或职位调整并不构成对公司经营管理的不稳定因素;相反,该等变化是对公司原有经营管理团队的人员充实和人才结构完善,更有利于公司进一步提高其管理决策水平。股份公司第一届董事会、高级管理人员团队任职后,公司经营稳健、业务发展良好,充分体现了公司董事会、高级管理人员团队的经营管理能力以及在管理上的连续性和稳定性。

3. 为满足上市规则要求，公司新增 3 名独立董事和 1 名董事会秘书

序号	担任发行人职务	姓名	备注
13	独立董事	杨黎明	—
14	独立董事	吴清旺	—
15	独立董事	刘翰林	—
16	董事会秘书	王向亭	—

（三）2007 年 1 月至本补充法律意见书出具日的公司董事、高级管理人员的变化情况

2007 年 1 月至本补充法律意见书出具日，除盛涛因担任万马电子总经理而于 2007 年 9 月辞去公司常务副总经理职务外，公司其他董事、高级管理人员均未发生变化。

（四）最近三年公司董事、高级管理人员的变化对公司影响的分析

经发行人律师核查，公司最近三年的股权结构未发生重大变化，实际控制人一直未发生变更；同时公司最近三年的核心管理团队和业务骨干人员也保持稳定，未发生重大变化。经公司说明，并经发行人律师适当核查后认为，公司新的经营管理团队是在之前的经营管理团队基础上进行充实和适当调整而组建的，一方面保持了公司经营管理上的稳定性和连续性，另一方面也完善了公司经营管理层的人员结构，这将有利于公司进一步提高其经营管理水平和能力，确保公司在经营上的稳定性和发展战略上的连贯性，对公司的经营管理带来积极影响，有利于公司的持续经营和发展。

（五）发行人律师的结论意见

发行人律师认为，《首次公开发行股票并上市管理办法》第 12 条关于“发行人最近三年内主营业务和董事、高级管理人员没有发生重大变化，实际控制人没有发生变更”的规定中关于“董事、高级管理人员没有发生重大变化”的立法本意是为防止发行人最近三年内的董事、高级管理人员的变化对公司原有的重大决策机制和经营管理产生不利影响，从而对公司经营发展的持续性和稳定性产生负面影响或不确定性因素。

经发行人律师适当核查，发行人最近三年内的董事、高级管理人员的变化是对公

司原有的经营管理团队进行充实和适当调整而发生的，也为符合上市规则之需要；公司原董事、高级管理人员中的大多数成员没有发生变动。除独立董事以外的公司新任董事、高级管理人员熟悉发行人的经营管理、业务模式或技术管理，一方面可以确保公司经营管理的稳定性和连续性，另一方面也有利于完善公司经营管理团队的人才结构，进一步提高决策管理水平和能力，最终促使公司持续稳定的发展。因此，发行人律师认为，上述发行人在最近三年内发生的董事、高级管理人员的变化是为适应公司长远发展的需要，也是为完善公司治理结构和符合上市规则的需要，是适当的和必要的。

综上所述，发行人律师认为发行人最近三年内的董事、高级管理人员的变动没有构成重大变化，进而不会构成对发行人本次发行上市的法律障碍。

二、双林股份(300100)：董事兼职过多是否保证客观公正

发行人董事长邬建斌同时兼任控股股东双林集团董事、总经理，控股股东的股东致远投资执行董事兼总经理，全资子公司重庆旺林执行董事，全资子公司双林模具监事，控股子公司苏州双林、天津双林、上海崇林、青岛双林董事长，同一控股股东控制的上海天坛国际贸易有限公司董事长。发行人董事赵立同时兼任控股股东双林集团副董事长，受同一实际控制人控制的浙江省建德乌龙山资源开发有限公司、宁波盛林电子有限公司、宁波申达能源进出口有限公司执行董事兼总经理，受同一实际控制人控制连云港海鸥可可食品有限公司、上海天坛国际贸易有限公司董事，控股子公司天津双林、上海崇林董事，同一控股股东控制的深圳建林董事。发行人董事邬维静同时兼任控股股东双林集团董事、副总经理，控股股东的股东宝来投资执行董事兼总经理，控股子公司上海崇林、苏州双林董事，全资子公司鑫城汽配董事长，控股股东的控股子公司双林电子执行董事兼总经理，受同一实际控制人控制的宁波恒林电子有限公司董事，深圳建林电子有限公司董事长，苏州双林塑胶电子有限公司董事长兼总经理，同一控股股东控制的上海天坛国际贸易有限公司监事。

在审核过程中，审核人员关注了如下问题：请发行人说明邬建斌、赵立、邬维静如何保证客观、公正、独立地履行职责，如何维护发行人及其他股东的合法权益，如何确保发行人生产经营活动的独立性。

经核查，关于兼职，邬建斌、赵立、邬维静已作了如下调整：

公司名称	职务	调整前	调整后
宁波双林模具有限公司	监事	邬建斌	曹　文
宁波双林电子有限公司	董事长	邬建斌	虞自强
连云港海鸥可可食品有限公司	董事	赵　立	虞自强
上海天坛国际贸易有限公司	董事	赵　立	虞自强
上海天坛国际贸易有限公司	监事	邬维静	王　治
宁波恒林电子有限公司	董事	邬维静	虞自强
深圳建林电子有限公司	董事长	邬维静	虞自强

经核查,邬建斌、赵立、邬维静兼职的上述企业中除了发行人子公司重庆旺林、双林模具、苏州双林、天津双林、上海崇林、青岛双林、鑫城汽配以外,其他兼职企业与发行人之间不存在同业竞争。

经核查,发行人具有完善的公司治理结构,已依法建立健全了股东大会、董事会、监事会以及独立董事、董事会秘书、审计委员会制度。目前,邬建斌除了在发行人及其子公司担任董事长、执行董事外,赵立、邬维静除了在发行人担任董事外,未在发行人担任其他职务。邬建斌、赵立、邬维静三人主要通过参加董事会、股东大会等参与发行人管理。

截至本补充法律意见书出具日,发行人共召开了22次董事会和18次股东大会,邬建斌、赵立、邬维静三人出席了发行人全部董事会和股东大会。

经核查,自三人开始担任发行人董事至今,发行人的相关机构和人员能够依法履行相关职责,邬建斌、赵立、邬维静三人的兼职行为没有影响发行人的生产经营活动,发行人的生产经营一直正常。

经核查,发行人已根据有关法律、法规及规范性文件在《公司章程》、《股东大会议事规则》、《董事会议事规则》、《独立董事工作制度》和《关联交易决策制度》中规定了股东大会、董事会在审议有关关联交易事项时的关联股东和关联董事的回避表决制度以及独立董事对重大关联交易事项向董事会发表独立意见的制度,并对关联交易的决策程序与制度进行了规范,在制度安排上形成了防范关联方占用公司资金及通过关联交易损害发行人利益的监督约束机制。正如《律师工作报告》与《法律意见书》所述,报告期内,发行人与上述关联方发生的关联交易具有合理的定价依据,交易价格公允,对于发行人的独立性不构成影响。

邬建斌、赵立、邬维静作为发行人董事,已出具承诺:"(1)在担任双林股份董事期间及辞去职务后六个月内,本人不直接或间接从事或参与任何在商业上对双林股份构成竞争或可能导致与双林股份产生竞争的业务及活动，或拥有与双林股份存在竞争关系的任何经济实体、机构、经济组织的权益，或以其他任何形式取得该经济实体、机构、经济组织的控制权，或在该经济实体、机构、经济组织中担任高级管理人员或核心技术人员；(2)本人愿意承担因本人违反上述承诺而给双林股份造成的全部经济损失。”

邬建斌、邬维静作为发行人实际控制人，已出具承诺：“(1)本人依照中国法律法规被确认为双林股份的实际控制人期间，将不会在中国境内或境外以任何方式（包括但不限于单独经营、通过合资经营或拥有另一公司或企业的股权及其他权益）直接或间接从事或参与任何与双林股份构成竞争的任何业务或活动，不以任何方式从事或参与生产任何与双林股份产品相同、相似或可能取代双林股份产品的业务活动；(2)本人如从任何第三方获得的商业机会与双林股份经营的业务有竞争或可能竞争，则本人将立即通知双林股份，并将该商业机会让与双林股份；(3)本人承诺不利用任何方式从事影响或可能影响双林股份经营、发展的业务或活动。”

核查意见：综上所述，锦天城律师认为：邬建斌、赵立、邬维静的兼职不会影响其客观、公正、独立地履行董事职责，不会对发行人及其他股东的利益产生不利影响，不会影响发行人生产经营活动的独立性。

三、鸿路钢构(002541)：高管频繁变动对公司经营的影响

在审核过程中，审核人员重点关注了发行人2008～2009年高级管理人员变化频繁的原因以及该变化对公司经营及公司治理的影响。

(1)根据发行人提供的相关工商登记档案、高管人员简历及相关离职手续，2008～2009年发行人高级管理人员变化情况：

2009年2月20日，鉴于汪德泉辞去总经理职务，经第一届董事会第四次会议同意聘任商晓波为总经理；鉴于商晓红辞去副总经理职务，聘任开金伟为副总经理。2009年9月10日，经第一届董事会第八次会议同意，根据董事长提名，聘任何的明为董事会秘书。

其中：汪德泉自2006年7月起任职于发行人，2007年12月被聘任为总经理，2009年2月因个人原因辞去总经理职务，担任总经理的时间较短；商晓波自有限公司设立起担任有限公司执行董事、总经理，因汪德泉辞职，被聘任为发行人总经理；商晓红自有限公司设立起担任有限公司监事，2007年12月发行人创立大会选举其为董事，后因发行人高管人员变动，为符合相关监管要求，辞去副总经理职务；开金伟曾先后担任过多家钢结构公司总经理、副总经理职务，具有钢构行业丰富的管理经验，自2008年8月起任职于发行人，2009年2月被聘任为副总经理；何的明原为执业律师，自2003年起

担任发行人的常年法律顾问,2009 年 9 月被聘任为董事会秘书。

(2)根据发行人提供的相关材料,并经发行人律师核查,2007 年 12 月发行人变更设立股份公司后,即根据《公司法》、《证券法》以及证监会的要求,制定了股东大会议事规则、董事会议事规则、监事会议事规则、独立董事任职与议事制度、总经理工作细则、董事会秘书工作规定、关联交易决策制度、重大财务决策制度、信息披露制度、董事会授权权限的规定等各项法人治理制度,该等制度在发行人日常经营和管理中得到有效推行。

发行人律师经核查认为,上述人员变化均为正常原因变化,履行了相应法律程序,变动 1 名副总、增加 1 名董秘,系发行人为加强内部管理、改善公司治理采取的有力措施,不属于重大变化,高管人员能够根据《公司章程》、《总经理工作细则》及《董事会秘书工作规定》的规定,履行相应的职责,高管人员变动对发行人经营及公司治理未产生不利影响。

四、网宿科技(300017):高管变动是否符合发行条件

(一)发行人高级管理人员任职情况

根据发行人提供的资料,经发行人律师核查,发行人高级管理人员任职情况如下表所示:

序号	职务	姓名	任职期间
1	总裁	彭　清	2007 年 3 月至今
2	副总裁	洪　珂	2009 年 3 月至今
3	副总裁	储敏健	2006 年 6 月至今
4	副总裁	路庆晖	2006 年 6 月至今
5	财务总监	黄　琪	2007 年 12 月至今
	董事会秘书		2008 年 5 月至今

(二)发行人最近两年内高级管理人员的变化情况

经发行人律师核查,发行人最近两年内高级管理人员变化情况如下:

2007 年 12 月 3 日,上海网宿科技发展有限公司董事会会议作出决议,聘任黄琪为财务总监。

2008 年 5 月 28 日，发行人第一届董事会第一次会议聘任黄琪为董事会秘书。

2009 年 3 月 15 日，发行人第一届董事会第六次会议聘任洪珂为副总裁。

根据发行人说明，并经发行人律师核查，发行人为完善公司治理结构、满足上市规则要求，新增财务总监、董事会秘书职位，故分别于 2007 年 12 月和 2008 年 5 月聘任黄琪为财务总监和董事会秘书。洪珂自 2004 年进入公司以来历任公司首席技术管、厦门网宿总经理，厦门分公司总经理、副董事长，熟悉发行人的核心技术及经营管理，发行人为充实管理团队、完善经营管理团队的人才结构，故聘任洪珂为副总裁。发行人律师认为，前述发行人高级管理人员的变动系为完善公司治理结构、满足发行人正常发展所需，是必要和适当的，且所占比例不大。

综上，发行人律师认为，发行人高级管理人员最近两年内无重大变化，符合《首次公开发行股票并在创业板上市管理暂行办法》第 13 条的规定。

五、振东制药（300158）：决策机构和决策机制变化的解释

保荐机构、律师对报告期内公司董事、高级管理人员及公司的决策机构和决策机制发生的变化情况进行核查并对发行人是否符合《首次公开发行股票并在创业板上市管理暂行办法》第 13 条的规定发表意见。

（一）报告期内董事会及高级管理人员的变化情况及任命、聘用的提名情况及决议

1. 最近三年董事会成员变化情况如下

（1）根据 2001 年 9 月 1 日公司股东签署的《公司章程》规定，自 2001 年 9 月 1 日起，公司董事会由 5 名董事组成；报告期内 2007 年 1 月至 2007 年 10 月期间，发行人董事会由五名董事组成，分别为李安平、金小平、董迷柱、蒋瑞华、马长军，以上董事均由振东集团提名，经公司股东会决议通过。

（2）2007 年 10 月，发行人变更为法人独资有限责任公司，经股东会决议，不设董事会，设执行董事一人，经振东集团提名由李安平担任。

（3）2008 年 12 月，发行人由振东制药有限整体变更为股份有限公司，经公司创立大会决议，董事会由十一名董事组成，分别为李安平、金小平、董迷柱、郭耀平、蒋瑞华、史宇广、王智民、叶祖光、林洪生、陈群、张保华，其中叶祖光、林洪生、陈群、张保华四人为独立董事，以上董事均由振东集团提名。

公司创立大会选举李仁虎、潜小梅、和义琴为公司第一届监事会成员，其中和义琴经公司职工代表大会选举为职工代表监事，公司第一届监事会第一次会议选举李仁虎

为公司监事会召集人。

(4)2009 年 3 月,金小平辞去公司董事职务,经公司 2008 年年度股东大会决议,由振东集团提名增选刘近荣为公司董事。

2. 最近三年高级管理人员变动情况

(1)2007 年 1 月至 2008 年 12 月,经董事会决议,聘任金小平为公司总经理,由金小平提名,聘任董迷柱、宋建平为公司副总经理。

(2)2008 年 12 月,发行人由有限公司整体变更为股份有限公司,经第一届发行人第一次董事会决议,聘任金小平为总经理,由总经理金小平提名,聘任董迷柱、宋建平、李志旭为副总经理,秦正国为董事会秘书,吴宏亮为财务负责人。

(3)2009 年 2 月,金小平辞去公司总经理职务,公司第一届第二次董事会通过决议,聘任夏祥为公司总经理。

(4)2010 年 1 月 25 日,经公司第一届董事会第五次会议决议,聘任蒋瑞华为公司副总经理。

(二)发行人的决策机构和决策机制发生的变化情况

经核查,2007 年 1 月至 2007 年 10 月,振东制药有限建立了股东会、董事会、监事会,依据所有权和经营权适当分离原则,《公司章程》对股东大会、董事会(执行董事)、经营团队的权责进行了划分;对于公司的经营计划、投资方案及其他重大事项,由董事会制定议案提交股东会审议;经审议通过后,由经营团队通过办公会议制定具体执行方案并组织实施;监事会为股东会负责,履行公司法规定的监督等职责。

2007 年 10 月至 2008 年 12 月,振东制药有限自然人股东通过股权转让,振东制药有限变更为振东集团控股的法人独资有限责任公司,公司不设董事会,设执行董事一名,由李安平担任,选举金安祥为监事,公司总经理为金小平,副总经理为董迷柱、宋建平;该期间公司实行执行董事制度,对于经营计划、投资方案等重大事项,由执行董事组织经营团队制定具体议案,提交股东会审议;审议通过后,由执行董事责成经营团队办公会议具体执行并组织实施,监事履行公司法规定的监督等职责。

振东制药有限于 2008 年 12 月 31 日整体变更为股份有限公司,发行人严格按照发行上市的要求制定了《公司章程》,并制定了《独立董事制度》、《股东大会议事规则》、《董事会议事规则》、《监事会议事规则》、《总经理工作细则》、《对外投资管理制度》、《担保管理制度》等基本管理制度;对于经营计划、投资方案等重大事项,由董事会制定议案提交股东大会审议;经审议通过后,董事会责成经营团队通过办公会议具体执行方案并组织实施;监事会履行公司法规定的监督等职责;独立董事及专业委员会负责对董事会决策提供专业意见。

在报告期内，振东制药有限于2007年10月经过股权转让成为振东集团的全资子公司，由于振东制药的股东较少，根据《公司法》第51条“股东人数较少或者规模较小的有限责任公司，可以设一名执行董事，不设董事会”之规定，公司不设立董事会、监事会，只设立一名执行董事和监事，符合《公司法》的规定；虽然公司的组织形式发生了一定变化，但原董事会其他成员一直作为公司核心管理团队成员在公司任职，参与公司决策，公司的决策机构和决策机制未发生实质变化。振东制药有限整体变更为股份有限公司后，为了完善公司法人治理结构，按照《公司法》及相关法规规定，发行人设立了董事会和监事会，李安平、金小平、董迷柱、蒋瑞华被选为董事再次进入董事会，李仁虎、潜小梅被选为监事。按照拟上市公司的有关规定，公司引进了独立董事制度，选举了林洪生等4名独立董事，发行人通过独立董事制度的建立以及外部董事的加入，公司决策机制、决策机构更加完善。

发行人为满足上市规则要求，新增董事会秘书和财务负责人职位，公司为业务发展的需求，而公司副总经理增加了李志旭、蒋瑞华。公司董事会核心成员（除独立董事外）及高级管理人员报告期内一直作为公司的核心管理团队人员在公司任职。除金小平、马长军因个人原因辞职外，报告期内公司核心人员保持稳定，未发生重大变化。

发行人律师认为，前述发行人高级管理人员的变动系为完善公司治理结构、充实完善经营管理团队，满足发行人正常发展的需要，是必要和适当的，且变动比例不属于发生重大变化的情形。

综上，发行人律师认为，公司最近三年的股权结构未发生重大变化，实际控制人未发生变更；同时公司最近两年的核心管理团队和业务骨干人员未发生重大变化。报告期内发行人的董事、高级管理人员及公司的决策机构和决策机制没有发生重大变化，符合《首次公开发行股票并在创业板上市管理暂行办法》第13条的规定。

六、银河磁体（300127）：独立董事变更的解释

2009年四名独立董事辞职，另选举三名独立董事。请发行人说明最近两年内董事是否发生重大变化。发行人第一届董事会、监事会实际运行六年。殷孟波等独立董事任职超过六年，请发行人说明上述情形是否符合法律法规规范性文件的要求，公司治理是否存在缺陷。请保荐机构、律师核查并发表意见。

（一）关于对发行人最近两年内董事会是否发生重大变化的核查

（1）根据发行人提供的股东大会、董事会相关文件并经发行人律师核查，发行人最

近2年发行人董事会成员的变化为2009年原独立董事殷孟波、郑文举、罗光华、刘纪纯辞去公司董事职务,改选张一昆、杨天均、吕先培为公司新任独立董事。

(2)经发行人律师核查,发行人原独立董事殷孟波、郑文举、罗光华、刘纪纯辞职系因在公司任职时间已经超过6年,不符合公司当时拟制订的《成都银河磁体股份有限公司独立董事制度》中关于独立董事任职期限的相关规定;公司召开股东大会,根据相关规范性法律文件对独立董事任职资格的要求选任出新任独立董事。

发行人自2001年设立至今,董事会成员中的非独立董事均为戴炎、唐步云、张燕、吴志坚、何金洲。该五名董事成员占有公司董事会多数席位且公司现任董事长、副董事长由戴炎、唐步云分别担任,戴炎、吴志坚、何金洲为公司的核心技术人员。发行人律师认为,发行人最近两年内董事发生的变化系因合理原因所产生;该等变化前后,董事会多数成员、董事长及副董事长、核心技术人员及全部高级管理人员均仍担任公司董事。发行人律师认为发行人最近两年内董事未发生重大变化。

(二)关于对发行人第一届董事会、监事会实际运行六年是否符合法律法规规范性文件的要求的核查

根据发行人提供的股东大会、董事会相关文件并经发行人律师核查,2001年2月9日,发行人全体发起人股东选举产生公司第一届董事会、监事会,任期3年。2004年5月10日,发行人召开2004年第一次临时股东大会,全体股东一致同意时任的董事、监事全部连任3年。在人员连任无变动的情况下,发行人董事会继续沿用第一届董事会、监事会的名称直至2007年6月公司进行换届选举,第一届董事会、监事会成员任职期限已超过6年。

发行人律师认为,发行人曾存在的第一届董事会、监事会成员实际任期超过6年的问题系因第一届董事会、监事会任期到任并连任时未更换届次名称所致。但公司第一届董事会、监事会全体成员任职到期后的连任系公司股东真实意思的表示;在此期间内,除2002年4月新增独立董事郑文举、罗光华之外,第一届董事会、监事会成员未发生任何人员变化,不存在损害公司及股东合法权益的情形,不构成本次首发的法律障碍。

(三)关于发行人原独立董事任职超过六年是否符合法律法规规范性文件的要求的核查

根据发行人提供的相关董事会、股东大会相关文件并经发行人律师核查,公司第一届董事会成员中的独立董事殷孟波、刘纪纯由公司股东大会于2001年2月1日选举

产生,独立董事郑文举、罗光华由公司股东大会于2002年2月22日选举产生。2007年6月1日,经公司股东大会的选举,上述独立董事连任三年。2009年4月16日,因任职期限已经超过6年,与公司拟建立的独立董事制度中的相关规定相悖,上述独立董事向公司董事会提出辞职。2009年5月7日,公司召开2008年年度股东大会,全体股东一致同意上述独立董事辞职,选举张一昆、杨天均、吕先培为公司新任独立董事,同时审议通过了《成都银河磁体股份有限公司独立董事制度》。

发行人律师认为,银河磁体的独立董事设立于2001年,直至2009年5月公司未制订专门的独立董事制度,独立董事制度对于非上市公司也不是法律的强制性规定,因此公司独立董事的任期与内部董事保持一致并连选连任,并未对独立董事任期进行特别的规定。2009年5月,公司进一步规范对独立董事的管理制度,并依据《关于在上市公司建立独立董事制度的指导意见》及其他相关规定,经股东大会审议通过了《成都银河磁体股份有限公司独立董事制度》,该制度明确规定独立董事的任职期限不超过6年。公司已经通过接受原独立董事辞呈、制订规范的独立董事管理制度、选举新任独立董事的措施解决了上述问题。公司现任独立董事的任职资格、任职期限等均符合法律、法规或其他规范性法律文件和《公司章程》的相关规定。公司曾存在的独立董事任职超过6年的问题不构成本次首发的法律障碍。

(四)关于对公司治理是否存在缺陷的核查

(1)根据公司提供的相关资料并经发行人律师核查,发行人已建立了股东大会、董事会、监事会、经理层等组织机构。发行人的股东大会由全体股东组成,为发行人最高权力机构;发行人的董事会由8名董事组成,其中独立董事3名,不少于全体董事的1/3;董事会设立了战略委员会、审计委员会、提名委员会和薪酬与考核委员会;董事会设董事会秘书1名,负责公司股东大会和董事会会议的筹备、文件保管以及公司股东资料管理;发行人的监事会由3名监事组成,其中职工代表监事1名;发行人现有经理层负责日常生产经营活动,由1名总经理、1名副总经理、1名财务总监组成。经发行人律师核查,发行人股东大会、董事会、监事会、经理层的组成符合《公司法》、《公司章程》的规定。

(2)发行人根据相关规范性文件的要求,已制订了《股东大会议事规则》、《董事会议事规则》、《监事会议事规则》、《总经理工作细则》、《董事会秘书工作细则》、《关联交易决策制度》、《对外担保管理制度》、《独立董事工作制度》、《董事会战略委员会工作细则》、《董事会审计委员会工作细则》、《董事会薪酬与考核委员会工作细则》、《内部审计制度》及首发后适用的《投资者关系管理制度(草案)》、《信息披露管理制度(草案)》、《重大信息内部保密制度(草案)》、《募集资金管理制度(草案)》等内部管理制度。经发行人律师核查,发行人上述决策议事规则和内部管理制度的内容符合现行法律、法规和其他规范性文件的规定。

(3)根据发行人提供的资料,并经发行人律师核查,发行人自 2007 年 1 月 1 日至今历次股东大会、董事会、监事会召开前,均履行了《公司章程》规定的会议通知程序,会议召开的时间、地点等与通知所载一致;参加会议人员均达到《公司法》及《公司章程》规定的人数;会议提案、表决、监票程序符合《公司章程》的规定;每次会议均制作会议记录,股东大会会议记录由出席会议的董事、监事、董事会秘书、召集人或其代表、会议主持人签字,董事会决议、会议记录由出席会议的全体董事签字,监事会决议、会议记录由出席会议的全体监事签字。发行人律师认为,发行人最近三年股东大会、董事会、监事会的召集、召开程序、决议内容及签署均合法、合规、真实、有效。

(4)发行人律师认为,公司治理不存在影响其申请本次首发的法律障碍。

七、新开源(300109):审计委员会设立的解释

请发行人补充披露公司报告期内审计委员会运行情况。请保荐机构及律师核查并发表意见。

经核查,发行人于 2009 年 4 月 26 日召开的创立大会通过了《关于设立董事会专门委员会的议案》,同意设立审计委员会;审计委员会自设立以来共召开了三次会议,具体如下:

(一)第一届董事会审计委员会 2009 年第一次会议

第一届董事会审计委员会 2009 年第一次会议于 2009 年 10 月 21 日以通信方式进行,会议由公司董事长杨海江先生主持,应出席本次会议的委员 5 人,实际出席本次会议的委员 5 人。本次会议的召开符合公司《董事会审计委员会实施细则》,合法有效。与会委员经过认真讨论,审议并一致通过以下议案:(1)《关于选举审计委员会主任委员的议案》,一致同意选举独立董事唐国平先生担任审计委员会主任委员;(2)《关于设立审计部的议案》,一致同意审计委员会下设审计部作为日常工作机构,成员为张光明、常冬云。

(二)第一届董事会审计委员会 2009 年第二次会议

第一届董事会审计委员会 2009 年第二次会议于 2009 年 10 月 21 日以通信方式进行,会议由主任委员唐国平先生主持,应出席本次会议的委员 5 人,实际出席本次会议

的委员5人。本次会议的召开符合公司《董事会审计委员会实施细则》，合法有效。与会委员经过认真讨论，审议并一致通过以下议案：(1)《关于审议公司审计报告的议案》，同意中勤万信会计师事务所有限公司以2009年9月30日为基准日出具的关于公司财务的《审计报告》；(2)《关于审议公司内部控制鉴证报告的议案》，同意中勤万信会计师事务所有限公司出具关于公司内部控制的《内部控制鉴证报告》。

(三)第一届董事会审计委员会2010年第一次会议

第一届董事会审计委员会2010年第一次会议于2010年1月16日以通信方式进行，会议由主任委员唐国平先生主持，应出席本次会议的委员5人，实际出席本次会议的委员5人。本次会议的召开符合公司《董事会审计委员会实施细则》，合法有效。与会委员经过认真讨论，审议并一致通过以下议案：(1)《关于审议公司审计报告的议案》，同意中勤万信会计师事务所有限公司以2009年12月31日为基准日出具的关于公司财务的《审计报告》；(2)《关于审议公司内部控制鉴证报告的议案》，同意中勤万信会计师事务所有限公司出具关于公司内部控制的《内部控制鉴证报告》。

经审慎核查，发行人律师认为：发行人的审计委员会自设立以来规范运作，其会议的召集、召开及通过的决议及其内容均合法、合规、有效。

八、太阳电缆(002300)：董监高近亲属持股的核查

(1)发行人的监事及核心技术人员潘祖连的配偶郑幼菁持有内部职工股1818股。在1994年发行人设立时，郑幼菁认购内部职工股620股；1997年10月，郑幼菁受让其配偶潘祖连所持内部职工股620股；经过2003年4月发行人按每10股转增4股的比例以资本公积金转增股份和2005年9月发行人按每10股转增0.4730126股的比例以资本公积金转增股份后，郑幼菁所持内部职工股增至1818股。

(2)发行人的内审总监王宗禧的配偶张良思持有内部职工股3871股。在1994年发行人设立时，张良思认购内部职工股620股；经过2003年4月发行人按每10股转增4股的比例以资本公积金转增股份后，张良思所持内部职工股增至868股；2005年3月，张良思受让其配偶王宗禧所持内部职工股2828股；经过2005年9月发行人按每10股转增0.4730126股的比例以资本公积金转增股份后，张良思所持内部职工股增至3871股。

(3)发行人的副总裁黄祥光的配偶邱德珠持有内部职工股909股。在1994年发行人设立时，邱德珠认购内部职工股620股；经过2003年4月发行人按每10股转增4股的比例以资本公积金转增股份和2005年9月发行人按每10股转增0.4730126股的

比例以资本公积金转增股份后,邱德珠所持内部职工股增至909股。

(4)发行人的副总裁黄祥光的妹妹黄凤翔持有内部职工股1818股。在1994年发行人设立时,黄凤翔认购内部职工股620股;1998年10月,黄凤翔受让其配偶薛远东所持内部职工股620股;经过2003年4月发行人按每10股转增4股的比例以资本公积金转增股份和2005年9月发行人按每10股转增0.4730126股的比例以资本公积金转增股份后,黄凤翔所持内部职工股增至1818股。

(5)发行人的副总裁黄祥光的嫂嫂黄赛英持有内部职工股909股。在1994年发行人设立时,黄赛英认购内部职工股620股;经过2003年4月发行人按每10股转增4股的比例以资本公积金转增股份和2005年9月发行人按每10股转增0.4730126股的比例以资本公积金转增股份后,黄赛英所持内部职工股增至909股。

(6)发行人的核心技术人员柯宗海的配偶谢秀全持有内部职工股2698股。在1994年发行人设立时,谢秀全认购内部职工股620股;经过2003年4月发行人按每10股转增4股的比例以资本公积金转增股份和2005年9月发行人按每10股转增0.4730126股的比例以资本公积金转增股份后,谢秀全所持内部职工股增至909股;2007年4月,谢秀全受让其配偶柯宗海所持内部职工股1789股,至此,谢秀全持有发行人内部职工股2698股。

(7)发行人的核心技术人员方赞加的配偶谢文英持有内部职工股2698股。在1994年发行人设立时,谢文英认购内部职工股620股;经过2003年4月发行人按每10股转增4股的比例以资本公积金转增股份和2005年9月发行人按每10股转增0.4730126股的比例以资本公积金转增股份后,谢文英所持内部职工股增至909股;2007年4月,谢文英受让其配偶方赞加所持内部职工股1789股,至此,谢文英持有发行人内部职工股2698股。

【案例评析】

1.同实际控制人不得发生变更一样,董事和高管不能发生重大变动也是企业首发上市的基本条件之一,但是与实际控制人是否发生变更的判断标准相对明确不同,后者主要是一种定性的判断,需要根据公司的具体情况具体分析。以前曾有三分之一人员发生变化则认定为重大变化的标准,但是后来删除了该标准小兵认为是正确的,毕竟企业情况千差万别,只要变动的理由充分合理都应该被接受,这也就要求中介机构要对问题做出专业的判断。

2.一般情况下,董事和高管变动主要有三种情况:(1)人数不变而人员调整;(2)人数增加;(3)人数减少。如果是人数增加,而人数增加的理由主要是为了加强公司规范治理和满足企业首发上市的要求，比如根据上市公司规范要求设立董事会以及增加财务总监和董事会秘书的情形，是没有任何问题的。人数减少的情况是比较少见的，如果存在则需要重点解释原因。

3. 人员变更的情况是最普遍也是最复杂的，也就是在有人离开的情况下还有人加入。这就需要解释老的人为什么离开同时还需要解释为什么是这个新的人加入，尽管企业情况复杂，但是最基本的原则就是：要保证公司控制权、管理层和核心人员的稳定。如果上述的基本原则被突破，那么问题就会比较严重，甚至需要运行完整的报告期。

4. 当然，上述情况发生的可能性比较小，毕竟会里对该问题还是比较宽容的，甚至有朋友说主板都会根据创业板的要求将不能发生重大变化的期限缩短为两年。

5. 其他案例中一些比较特殊的关注点如下：(1) 董事和高管兼职过多会导致其在管理和决策上精力不够的问题，双林股份的案例给了我们一个启示，后来企业还是根据意见做了一定的调整。(2) 振东制药在反馈意见中还关注了决策机构和决策机制的问题，不知道关注决策机制的深意是什么，反正律师也就是针对公司治理制度作了简要解释。(3) 银河磁体的案例还关注到了独立董事的变化是否会导致重大变化，这个还是比较少见的，当然该案例也是比较特殊。真实原因是公司一开始就设立了股份公司并且聘任了独立董事，结果没有规范运行，独立董事任职都超过了六年，但后来做了彻底的更换，所以是情有可原。另外，律师解释的“独立董事制度对于非上市公司也不是法律的强制性规定”这个理由也很有意思。(4) 在新开源的案例中，会里还对审计委员会的设立作了关注，不知道是信息披露的什么信息使得审核人员产生了这样的怀疑。(5) 由于太阳电缆定向募集的问题，该案例还对董监高及核心技术人员的持股情况作了关注。

第二部分　规 范 运 行

【一个规范而又值得信任的企业】

本部分将主要为大家介绍以下内容：

◇ 资金拆借：是否能够好借好还；

◇ 税收合规：是否能够依法纳税；

◇ 行政处罚：是否能够案底无痕；

◇ 特殊模式：是否能够与众不同。

第一章　资金拆借解决之道

【借钱是否能够好借好还】

□ 从审核的角度来讲,关注企业资金拆借不仅要关注是否好借好还,还会关注是否借得有道理,是否还得很及时。

□ 中国企业尤其是民营企业的发展非常艰难,尤其是早期阶段,那是投资者不喜欢,银行不待见,为了融资只能出些歪门邪道的招数,历史上不规范的行为在上市前一定要规范。

□ 本章主要为大家提供这方面的三个案例研习思路:资金拆借、资金占用、内部职工借款。

■第一节　资金拆借解决之道

【重要提示】

★ 作为中国资本市场主力的中小企业一直处于融资无门的困境之中,因而一些不规范的融资方式在实务中也是比较常见的。

★ 企业资金借贷问题,总结起来主要有如下几种:企业向自己的股东拆借、企业向自己的关联方拆借、企业向自己的员工拆借、自己向独立第三方拆借。

★ 如果企业是向自己的股东或者关联方拆借,那还是非常好理解的也情有可原,只要在报告期内清理完毕就不会构成障碍;如果是向自己的员工拆借,那么就有非法集资的嫌疑,目前采取该种方式的案例已经不多了;而如果是向第三方拆借的话,那就很可能是高利贷了,会因是否构成违法违规行为而被重点关注。

【案例情况】

一、贵州百灵(002424):大额资金拆借给非关联方

在该企业的审核过程中,审核人员对于该企业的资金拆借问题进行了关注,请保荐人、律师核查发行人拆借给其他公司资金的原因及双方合作的具体内容,资金往来采取的形式、资金占用费的定价及依据,并对上述资金拆借行为的合法性及是否会给公司带来潜在风险发表意见。

(一)关于发行人将资金拆借给贵州宏立城房地产开发有限公司

发行人共计9次借款给宏立城公司。其中2005年借款8次,总金额为41,250,000.00元;2006年借款1次,金额为10,000,000.00元。宏立城公司于2005年还款5,000,000.00元,2006年4月分两次还款共计21,280,000.00元,2006年5月还款23,000,000.00元,2006年10月还款1,970,000.00元。

双方在业务上没有任何合作,资金拆借的原因是资金周转的临时相互支持,约定不支付利息及其他形式的资金占用费,但由于宏立城公司逾期还款,支付了发行人经济补偿金4,030,000.00元。

(二)关于发行人将资金拆借给贵州中卫时代医药经营有限公司

发行人于2005年7月借款24,000,000.00元给中卫时代。中卫时代于2007年8月还清借款。

借款时中卫时代是发行人的经销商,资金拆借的原因是资金周转的临时相互支持,约定不支付利息及其他形式的资金占用费。

(三)关于发行人将资金拆借给安顺商厦有限责任公司

发行人于2006年4~5月共计借款21,000,000.00元给安顺商厦,并于2007年6月代安顺商厦支付保险费20,300.00元。安顺商厦于2008年6月全部还清。

双方在业务上没有任何合作,资金拆借的原因是资金周转的临时相互支持,约定不支付利息及其他形式的资金占用费。

(四)关于发行人将资金拆借给安顺开发区土地开发收购储备交易中心

发行人于2006年12月借款20,000,000.00元给交易中心,交易中心于2007年2月还款8,000,000.00元,2007年4月还款10,000,000.00元,2007年7月还款2,000,000.00元。

双方在业务上没有任何合作,资金拆借的原因是资金周转的临时相互支持,约定不支付利息及其他形式的资金占用费。但由于交易中心逾期还款,支付了发行人经济补偿金450,166.00元。

(五)关于发行人将资金拆借给贵阳白云金田房地产综合开发有限公司

发行人于2006年陆续借款12,000,000.00元、2007年3月借款5,000,000.00元共计17,000,000.00元给金田公司。金田公司于2007年10月还款15,500,000.00元,余款于2008年全部还清。

双方在业务上没有任何合作,资金拆借的原因是资金周转的临时相互支持,约定不支付利息及其他形式的资金占用费。

(六)关于发行人将资金拆借给贵州嘉黔房地产开发有限公司

自2005年5月至2007年年末,发行人累计向嘉黔公司拆借资金6724.75万元,2008年6月末嘉黔公司全部还清。

拆借资金时嘉黔公司为发行人的控股子公司,资金拆借的原因是支持子公司的房地产开发,约定不支付利息及其他形式的资金占用费。

(七)关于发行人将资金拆借给吉源实业发展有限公司

发行人于2007年8月陆续借款17,000,000.00元给吉源公司。吉源公司于2008年1月还清全部借款。

双方在业务上没有任何合作,资金拆借的原因是资金周转的临时相互支持,约定不支付利息及其他形式的资金占用费。

(八)关于发行人将资金拆借给贵州宏泰化工有限责任公司

发行人于2006年10月借款5,000,000.00元给宏泰公司,宏泰公司于2007年9月还清,逾期6个月。

双方在业务上没有任何合作,资金拆借的原因是资金周转的临时相互支持,约定不支付利息及其他形式的资金占用费。但由于宏泰公司逾期还款,支付了发行人经济补偿金43.64万元。

发行人将资金拆借给上述借款人违反了《贷款通则》的相应规定,虽未收取资金占用费,但收取了宏立城公司、交易中心及宏泰公司逾期还款的经济补偿金,存在被中国人民银行按《贷款通则》第73条的规定按违规收入处以1倍以上至5倍以下罚款的风险。

2009年3月6日,发行人控股股东姜伟出具《承诺函》,承诺发行人若因在本承诺书出具日之前对外拆借资金而导致的行政、司法处罚给发行人带来的经济损失,全部由其本人承担。

综上,发行人律师认为,发行人资金拆借行为虽然违反了《贷款通则》的相应规定,存在被处罚的风险,但鉴于发行人控股股东姜伟已出具《承诺函》,发行人的利益不会因此受到影响,上述资金拆借行为不会对本次发行并上市产生实质性障碍。

二、凯美特气(002549):向外资关联方拆借资金尚未归还

2009年9月,公司与关联方香港浩讯签订借款协议,向其借款1820万元用于流动资金所需;2010年,公司以支付的香港浩讯原拟香港上市中介费319万元抵偿部分借款金额。截至期末,发行人与香港浩讯之间的借款金额为1500万元。在审核过程中,审核人员关注了如下问题:发行人与香港浩讯之间发生的该借款是否符合人民银行、银监会关于资金借款的相关规定,这种行为是否符合外汇管理相关规定、是否构成本次发行障碍。

(一)基本情况

(1)经核查,香港浩讯为发行人的控股股东,2001年8月17日在香港成立的有限公司,现持有32121246-000-08-07-0号《商业登记证》,注册地址为香港九龙尖沙咀赫德道8号20楼C室。

(2)2009年5月19日,香港浩讯与中国石油化工股份有限公司催化剂分公司签订了《股权转让协议》,股权转让款共计人民币18,202,639.92元。2009年9月1日,香港浩讯与中国石油化工股份有限公司催化剂分公司签订了《委托付款书》并向发行人出具了《授权书》,委托发行人代香港浩讯收取该股份转让款,并授权发行人办理此事项。

(3)2009 年 9 月 7 日,香港浩讯与发行人签订了借款合同,香港浩讯同意将委托发行人收取的代收股份转让款以借款的方式借贷给发行人,借款期限为 2009 年 9 月 8 日至 2010 年 9 月 8 日。2010 年 5 月 10 日,发行人向国家外汇管理局岳阳市中心支局提出《湖南凯美特气体股份有限公司申请暂时存放香港浩讯转让境内投资所得的报告》,申请将上述款项存放于公司账户内。2010 年 5 月 12 日,发行人该申请获得了国家外汇管理局岳阳市中心支局资本项目外汇的核准。根据发行人的说明,发行人正在办理购汇并拟于近期将该笔款项归还给香港浩讯。

(二)律师核查意见

(1)发行人将代收控股股东香港浩讯的股权转让款未及时申请换汇支付而予以暂时保管存放的行为,实质上已经构成了发行人与香港浩讯之间的借贷关系;因香港浩讯系一家香港法人,发行人系其控股的一家境内外商投资企业,上述企业之间的借贷关系不适用中国人民银行、银监会关于境内企业之间的资金借款的相关规定。

(2)上述因临时保管存放股权转让款方式产生的境内外企业之间的资金借贷关系,属于资本项下外汇管理业务。中国目前外汇管理法律法规规定资本项下的外汇业务应当得到外汇管理部门的审批或核准,发行人上述行为已得到了国家外汇管理局岳阳市中心支局资本项目外汇项下的核准,因此不违反有关外汇管理法律、法规的禁止性规定。目前,发行人正在向外汇管理部门申请购汇归还该笔借款。

据此,发行人因临时保管控股股东委托收取的股权转让款产生的境内外企业之间的资金借贷行为未损害发行人及其他股东、债权人的利益,且得到了有关外汇管理部门的核准,对本次发行及上市不构成实质法律障碍。

三、双环传动(002472):是否通过资金拆借调节利润

(一)双环传动与双环集团之间的资金拆借

公司与双环集团之间发生的经营性资金占用主要为 2006 年年末公司向双环集团购买机器设备等资产所形成的应付账款,基于公司经营发展需要,公司营运资金较为短缺,公司暂未归还该笔款项,经双方约定,该款项自 2007 年 7 月 1 日起开始计息。2007 年和 2008 年,公司对双环集团提供的资金所支付的年利率分别为 0.60% 和 0.72%,系参照双环集团同期向银行借款利率确定。截至 2008 年 12 月 31 日,发行人已结清全部资金往来本息。

双环集团基于资源合理分配并有效利用的原则,进行资金调度。根据玉环锻造和

双环集团之间签订的借款协议书,对资金占用参照银行同期贷款利率收取资金使用费。2007年,玉环锻造对提供给双环集团的资金按0.62%的月利率收取利息,2007年7月,发行人收购玉环锻造,玉环锻造成为发行人子公司后,双环集团逐步归还向玉环锻造借款。2008年,双环集团对提供给玉环锻造的资金按0.61%的月利率收取资金使用费,截至2008年12月31日,已结清全部资金往来本息。

江苏双环设立之初,由于资金有限,双环集团将闲置资金拆借给江苏双环使用,以解决其营运和投资资金需求。2007年和2008年,双环集团对提供给江苏双环的资金分别按0.62%和0.63%的月利率收取资金占用费,系参照了同期银行贷款利率,截至2008年12月31日,已结清全部资金往来本息。

(二)双环传动及其子公司与关联自然人之间的资金拆借

报告期内,公司向关联自然人的借款情况如下:

占用方	被占用方	借款时间	借款金额(元)	贷款月利率(%)	利息(元)	本息合计(元)
双环传动	吴美松	2007. 12. 26 ~ 2008.08.26	80,000,00	1.2	7712.00	87,712.00
	叶春秀	2007. 02. 03 ~ 2008.08.25	500,000.00	1.2	112,600.00	612,600.00
	吴爱平	2007. 12. 26 ~ 2008.08.26	430,000.00	1.2	41,452.00	471,452.00
	董美珠	2008. 01. 01 ~ 2008.08.22	300,000.00	1.2	27,840.00	327,840.00
	叶春艳	2008. 06. 10 ~ 2008.06.30	3,000,000.00		未付息	43,000,000.00
		2008. 06. 27 ~ 2008.06.30	1,300,000.00		未付息	

续表

占用方	被占用方	借款时间	借款金额(元)	贷款月利率(%)	利息(元)	本息合计(元)
玉环锻造[注]	陈菊花	2007.10.29 ~ 2008.04.14	1,500,000.00	1	82,000.00	1,582,000.00
	蒋亦卿	2007.12.31 ~ 2008.01.31	140,000.00	—	未付息	140,000.00
	叶春柳	2007.12.31 ~ 2008.01.31	140,000.00	—	未付息	140,000.00
	柳守丹	2007.12.31 ~ 2008.01.31	420,000.00	—	未付息	420,000.00

蒋亦卿、叶春柳和柳守丹系原玉环锻造股东,该笔借款是玉环锻造延期支付向股东分红而形成。截至 2008 年 12 月 31 日,发行人与关联自然人之间资金往来的本息已全部结清。

(三)资金占用还款资金来源

截至 2008 年年末,发行人及其子公司已经清理了关联方之间的全部资金往来本息,发行人归还关联方资金的来源主要为公司的经营积累和债务融资。2007 ~ 2008 年,公司息税折旧摊销前利润分别为 11,069.60 万元、15,643.28 万元;2008 年 12 月 31 日,公司短期借款和长期借款余额分别为 16,500.00 万元和 9000.00 万元,合计 25,500.00 万元。公司的经营积累以及通过债务融资获取的资金能够保障公司归还对关联方的资金占用,还款资金来源合法合规。

(四)资金占用对发行人经营业绩的影响

2007 ~ 2008 年度,双环集团和关联自然人以多种形式将资金借予发行人使用,缓解了发行人流动资金紧张的局面,增强了发行人资金的流动性,发行人参照同期银行贷款利率支付利息,资金成本合理,属于正常的财务费用支出,对发行人的经营成果不构成重大影响,子公司玉环锻造参照银行同期贷款利率收取双环集团利息,利息收入已计入非经常性损益,发行人不存在通过占用关联方资金调节利润的情形。

(五)履行的决策程序

在资金审批方面,上述公司对关联方的资金占用均由公司主管审批确认,并签署了相关的借款协议,未提交发行人当时董事会和股东会审议。对该事项,已于2009年11月1日取得发行人2009年第三次临时股东大会审议确认,独立董事对公司2006年度及报告期内发生的关联交易进行认真审查后,认为公司报告期内的关联交易遵循公平自愿原则,定价公允,并履行了必要的决策程序,符合交易当时法律法规及公司相关制度的规定,不存在损害公司及其他非关联股东利益的情况。

(六)对独立性的影响

发行人在设立之初,为增强发行人生产经营能力,向双环集团购买设备资产,由此产生应付款项,因发行人设立初期因经营积累有限,而未在交易发生时向双环集团支付重组对价,是在特定时期下发生的行为,截至2008年12月31日,发行人已全部清理了其与关联方的资金往来,发行人在报告期内独立性不断提高,已经具备了公开发行上市的独立运作能力。

(七)规范关联方往来的措施

截至2008年12月31日,公司及子公司与关联方间的资金往来本息已全部结清,自2009年开始,公司及子公司与关联方之间没有再发生除经营性往来之外的其他资金往来。

2009年11月11日,双环集团和实际控制人分别出具了承诺。

就上述发行人及其子公司与双环集团之间的资金往来行为,发行人律师认为:发行人及其子公司与关联法人之间的上述货币资金往来不符合中国人民银行《贷款通则》的有关规定;但2006~2008年发行人及其子公司与双环集团之间存在的资金往来是在发行人多次进行重大资产重组以逐步形成发行人完整的齿轮生产资产和业务的过程中形成的,在双环集团对双环锻造欠款的同时,发行人及其子公司对双环集团欠款金额更多,资金往来双方参照银行同期贷款利率计付了利息,交易价格公允,不存在通过关联方资金占用操纵利润的情形。截至2008年12月31日,发行人及其子公司与双环集团的资金往来均已清偿完毕,且之后再未发生。双环集团已出具承诺函,承诺自承诺函出具之日将不以借款、代偿债务、代垫款项或者其他方式占用发行人及其控股子公司之资金,且将严格遵守中国证监会关于上市公司法人治理的有关规定,避免与发行人及其控股子公司发生除正常业务外的一切资金往来。报告期内,发行人及其子公司与双环集团的资金往来行为未损害发行人的利益，未对发行人的经营成果构成重大影响，对本次发行上市不构成实质性障碍。

就上述发行人及其子公司与双环集团之间的资金往来行为，保荐机构认为：2007～2008 年，发行人及其子公司与双环集团之间存在的资金往来是在发行人多次进行重大资产重组逐步形成完整的齿轮生产的资产和业务的过程中形成的，在双环集团对玉环锻造欠款的同时，发行人及其控股子公司对双环集团的欠款更多，资金往来双方参照同期银行贷款利率计付了利息，截至 2008 年 12 月 31 日，发行人及其控股子公司与双环集团的资金往来均已清偿完毕，且之后再未发生。且双环集团已出具承诺函，承诺自承诺函出具之日将不以借款、代偿债务、代垫款项或者其他方式占用发行人及其控股子公司之资金，且将严格遵守中国证监会关于上市公司法人治理的有关规定，避免与发行人及其控股子公司发生除正常业务外的一切资金往来。报告期内，发行人及其控股子公司与双环集团的资金往来行为未损害发行人的利益，未对发行人的经营成果构成重大影响，对本次发行不构成重大实质性障碍。

四、西泵股份（002536）：以同期贷款利率拆借资金

由于中小民营企业融资渠道单一、融资困难，随着公司生产规模的扩大，资金需求量上升，公司及各子公司单纯依靠银行贷款难以满足资金需求。为了保证公司研发投入和生产经营的正常运转，减轻资金压力，本公司及控股子公司西泵特铸向控股股东宛西制药及其子公司按市场同期贷款利率有偿拆借资金。报告期内，本公司及子公司向宛西制药及其子公司拆借资金情况如下表：

单位：万元

关联方	年度	拆入金额	还款金额	当期支付利息
宛西制药	2007 年度	13,734.10	18,668.91	961.45
	2008 年度	27,390.91	38,924.50	691.06
	2009 年度	13,223.00	13,223.00	162.41
	2010 年 1～6 月	2000.00	2000.00	5.70
河南张仲景大药房股份有限公司	2010 年 1～6 月	2000.00	2000.00	33.30

公司及子公司各年度向宛西制药拆借资金金额较大，大部分是由于公司及子公司因临时资金头寸紧张，为及时偿还银行贷款，向宛西制药及其子公司短期拆借资金。2008 年度，公司及子公司向大股东拆借资金数额较大，原因是受金融危机影响，公司的

销售回款速度降低,导致公司现金流紧张,此外,2008年公司投资设立南阳零部件,资金需求增加,因此增加了向大股东的资金拆借;2008年度,公司及子公司向大股东还款数量大幅增加,主要原因是公司及子公司于当年向大股东归还了2007年年末其他应付款9252.08万元及长期应付款2500万元,导致当年还款金额超过拆入金额。2009年度,随着产品产销量增加,公司营运资金紧张状况得到缓解,向宛西制药资金拆借减少。2010年1~6月,公司及子公司生产经营情况进一步好转,向宛西制药及其子公司资金拆借金额大幅降低,未来公司将继续加强应收账款回收力度,提高营运资金管理水平,从而避免向宛西制药及其子公司进行资金拆借。

五、太阳电缆(002300):代理捐款理财

经发行人律师核查,发行人分别向福建省青少年发展基金会和南平市困难党员帮扶基金会借款200万元和50万元,这两笔款项实际上是发行人分别向福建省青少年发展基金会和南平市困难党员帮扶基金会的捐款。上述两个基金会是为了保证其基金的保值增值,寻求安全性高、具有稳定收益的投资回报,而将上述款项出借给发行人。根据发行人与福建省青少年发展基金会、南平市困难党员帮扶基金会分别于2006年9月30日、2007年9月3日签订的《太阳电缆希望工程基金捐赠合作协议书》和《投资协议书》,发行人应每年分别向福建省青少年发展基金会和南平市困难党员帮扶基金会支付固定收益25万元和6万元。

由于上述两项借款不符合《贷款通则》之规定,经双方协商同意,发行人已于2007年11月27日分别向福建省青少年发展基金会和南平市困难党员帮扶基金会归还了上述借款。发行人律师认为,虽然上述两项借款不符合《贷款通则》之规定,但发行人作为借入方,不存在因违规收入而被处罚的风险,因此,上述事项对发行人本次发行上市不会产生实质性影响。

【案例评析】

1.作为中国资本市场主力的中小企业一直处于融资无门的困境之中,因而一些不规范的融资方式在实务中也是比较普遍的。尤其是在企业发展的初期,根本就是投资者不愿搭理,银行不让进门。

2.正因此,在发行审核过程中对于企业历史上的资金拆借问题还是相对宽容的,一般认为只要在申报材料之前清理干净就可以了。但是,值得注意的是,根据有关案例来看,如果发行人的资金拆借在报告期外或者报告期的前期,只要是披露完备一般不会再重点关注,但是如果在申报期期末才清理完毕则有可能受到关注。还有一种观

点是,如果企业已经整体变更为股份有限公司了,那么就代表企业已经进入规范运行阶段,就不应该再存在资金拆借之类的不规范的行为了,小兵同意这种观点,也建议企业尽早清理资金拆借的问题。其实,这个也很好理解:既然你都已经是拟上市企业了,资产规模以及现金流应该是可以支撑日常经营的,也就无须拆借资金了;而如果你还需要拆借资金维持生产,那么企业的上市时机显然还不够成熟。

3. 对于企业的资金拆借行为,小兵大体总结三种情形:(1)发行人向关联方或非关联方拆借资金;(2)发行人给关联方或非关联方拆借资金;(3)发行人向内部员工拆借资金。第三种情况小兵将在下面内容中论述,不再多说。关于前两种行为,如果是发行人借别人的钱,那么只要解释理由且没有损害发行人利益,一般比较容易接受;如果是发行人借给别人钱,那笔者觉得问题还是比较大的。

4. 发行人借给别人钱也分为两种,一种是借给非关联方,另一种是借给关联方(主要是股东)。如果是前者,那么发行人需要解释为什么要借给非关联方,有没有收取有关资金占用费或利息之类的,小兵个人觉得贵州百灵的行为还是很严重的,不具有普遍的参考意义,或许是因为药企现金流实在是太好了外借一些影响不大的原因吧;而如果是发行人借给了股东之类的关联人,那么就是典型的"资金占用",小兵也将另文阐述。

5. 最后,值得注意的一点是,凯美特气的补充法律意见书还是承认发行人的借款仍处于偿还过程中,还没有清理完毕,后来不知道会里是放行了还是等着还完之后再审核。

【参考法规】

一、《贷款通则》

第七十三条:行政部门、企事业单位、股份合作经济组织、供销合作社、农村合作基金会和其他基金会擅自发放贷款的;企业之间擅自办理借贷或者变相借贷的,由中国人民银行对出借方按违规收入处以1倍以上至5倍以下罚款,并由中国人民银行予以取缔。

二、最高人民法院《关于对企业借贷合同借款方逾期不归还借款的应如何处理的批复》(法复[1996]15号)

四川省高级人民法院:

你院《关于企业拆借合同期限届满后借款方不归还本金是否计算逾期利息及如何判决的请示》(川高法[1995]223号)收悉。经研究,答复如下:

企业借贷合同违反有关金融法规,属无效合同。对于合同期限届满后,借款方逾期不归还本金,当事人起诉到人民法院的,人民法院除应按照最高人民法院法(经)发[1990]23号《关于审理联营合同纠纷案件若干问题的解答》第四条第二项的有关规定判决外,对自双方当事人约定的还款期满之日起,至法院判决确定借款人返还本金期满期间内的利息,应当收缴,该利息按借贷双方原约定的利率计算,如果双方当事人对借款利息未约定,按同期银行贷款利率计算。借款人未按判决确定的期限归还本金的,应当依照《中华人民共和国民事诉讼法》第二百三十二条的规定加倍支付迟延履行期间的利息。

中华人民共和国最高人民法院

一九九六年九月二十三日

三、广东省高级人民法院《关于审理几类金融纠纷案件的若干意见》

38. 不具有金融业务经营权的法人、其他组织,从事贷款业务,应确认其贷款行为无效,其借贷关系不受法律保护。

41. 上述第38、39条所述的情况,除本金予以返还外,一般应判决借款人按中国人民银行规定的同期贷款利率支付利息,超出规定利率部分应判决无效。

■第二节　资金占用解决之道

【重要提示】

★ 在本部分的论述中,小兵将资金占用限定在一个特定的范围,那就是发行人股东占用发行人资金。发行人占用股东资金的情形以及发行人与其他第三方的资金拆借均不在该范围内,小兵将另文论述。

★ 如果说发行人向股东借钱是出于企业发展的需要还情有可原的话,那么股东持续频繁地通过拆借的形式占用发行人的资金那就说不过去了,如果是金额较大且持续时间较长,将会成为审核过程中一个非常值得重点关注的问题。

★ 解决之道的基本原则当然是要在申报材料之前清理完毕甚至应该是在整体变更之前,另外需要根据同期贷款利率收取股东的资金占用费,以至少保证了发行人的利益没有受到损害。最后,如果性质比较严重,还要强调发行人后续制度保障建设情况以保证以后不会再有类似事情发生。

【案例情况】

一、永清环保(300187):一个思路全面的典型案例

报告期内,曾发生关联方占用公司资金的情况,但均已偿还,截至本招股说明书签署之日,不存在关联方占用公司或公司占用关联方资金的情况。

(一)报告期内,控股股东及关联方占用公司资金情况

经简单平均测算,控股股东永清集团2007年平均占用公司资金5136.49万元;2008年平均占用公司资金1843.83万元;2009年1~4月占用公司资金1199.46万元。关联方永清制造2007年平均占用公司资金2836.80万元;2008年平均占用公司资金1304.47万元。

控股股东永清集团2007年累计占用公司资金发生额5365.77万元;2008年累计占用公司资金发生额5790.66万元;2009年1~4月累计占用公司资金发生额1200万元。控股股东永清集团2007年累计偿还公司资金发生额8732.13174万元;2008年累计偿还公司资金发生额5844.72万元;2009年1~4月累计偿还公司资金发生额1200万元;永清集团于2009年4月30日已全部偿还所占用公司的资金,自2009年5月起,公司与永清集团未发生与正常生产经营无关的资金往来行为,不存在占用公司资金情形。

关联方永清制造2007年累计占用公司资金发生额8104.33万元;2008年累计占用公司资金发生额2747.46万元。关联方永清制造2007年累计偿还公司资金发生额9526.28万元;2008年累计偿还公司资金发生额2747.46万元。永清制造于2008年12月31日已全部偿还所占用公司的资金,自2009年起,公司与永清制造未发生与正常生产经营无关的资金往来行为,不存在占用公司资金情形。

(二)控股股东及关联方在报告期内占用公司资金的原因、具体用途、偿还情况

1. 控股股东永清集团在报告期内占用公司资金的原因、具体用途、偿还情况

公司控股股东永清集团在转为控股公司以前主要从事水务工程总承包业务,占用公司资金是主要用于公司为控股永清制造而进行的股权收购和补充自身水务工程总承包业务的资金缺口。

控股股东永清集团于2004年12月投资设立了永清制造,注册资金6000.00万元,

永清集团投资2842.00万元,股权比例为47.37%,2008年,永清集团以3031万元收购了永清制造49.30%的股权,收购资金产生了较大的缺口;发行人当时主要从事烟气脱硫,具有较好的现金流,为此,永清集团占用了发行人的部分资金。

随着控股股东永清集团的良好发展,其外部融资能力得到明显提高,能取得较高额度的银行授信,同时收到公司的历年分红,已满足了自身的资金需求,具备了充足的自我持续发展能力。自2009年5月以后,公司未再发生与永清集团的资金占用行为,也不存在资金被股东以借款、代偿债务、代垫款项或其他方式占用的情形。

2. 关联方永清制造在报告期内占用公司资金的原因、具体用途、偿还情况

关联方永清制造成立于2004年12月9日,注册资本6000万元,主要从事脱硫、脱硝、除尘、水处理、垃圾、环保砖机等环保成套设备的制造。2006年至2008年永清制造正处于业务发展初期,其正常的业务经营需要投入较多的流动周转资金,而其注册资本大部分用于购买固定资产及土地使用权,发行人当时主要从事烟气脱硫,具有较好的现金流,为此,永清制造占用了发行人的部分资金用于正常生产经营周转。

2009年,永清制造的经营业务已步入正轨,且前期投资购买的固定资产及土地使用权,市场价值已迅速增长,能获取到较高额度的银行授信,满足了自身的资金需求,具备了充足的自我持续发展能力。自2009年1月起,公司未再发生与永清制造的资金占用行为,也不存在资金被股东以借款、代偿债务、代垫款项或其他方式占用的情形。

(三)资金占用费的收取情况

控股股东永清集团及关联方永清制造占用发行人的资金,也未支付资金占用费。如果按照一年期短期银行贷款利率测算,情况如下:

单位:万元

项　目	2009年1~4月	2008年	2007年
控股股东平均占用发行人资金规模	1199.46	1843.83	5136.49
关联方永清制造占用发行人资金规模		1304.47	2836.80
合　计	1199.46	3148.30	7973.29
短期贷款利率	5.31%	7.20%	6.39%
资金占用费(税前)	21.23	226.68	509.49
资金占用费(税后)	18.05	192.68	433.07
发行人当年净利润	3534.07	2100.54	1781.72
税后资金占用费/发行人当年净利润	0.51%	9.17%	24.31%

关联方占用公司资金未支付资金占用费，假设按照一年期短期银行贷款利率收取资金占用费，2007年、2008年和2009年1～4月应收取的占用费总额为509.49万元、226.68万元和21.23万元，扣除所得税后为433.07万元、192.68万元和18.05万元，占公司净利润的比例为24.31%、9.17%和0.51%。关联方资金占用未对公司造成实质性影响。

（四）控股股东及关联方在报告期内占用公司资金所履行的法律程序

2009年4月以前，控股股东及关联方占用公司资金未履行相关法律程序。

公司2010年第五次临时股东大会审议通过了《关于对公司最近三年一期关联交易予以确认的议案》，对关联方资金占用及清理情况进行了确认，独立董事就资金占用问题发表了独立意见，上述资金占用对公司正常生产经营和独立运作没有造成实质性影响。

（五）控股股东及关联方在报告期内占用公司资金对发行人独立性的影响

控股股东及关联方报告期内占用公司资金的情形，公司已对该资金占用全部进行了清理，2009年5月起至本招股说明书签署之日，公司不存在资金被控股股东、实际控制人及其控制的其他企业以借款、代偿债务、代垫款项或者其他方式占用的情形。公司建立了完善的关联交易和资金管理等相关制度，公司控股股东及实际控制人出具了相关承诺，该等承诺合法、有效，能够有效防止资金被关联方拆借或占用。公司2010年第五次股东大会通过相关议案，对关联方资金占用及清理情况进行了确认，独立董事就资金占用问题发表了独立意见，该等资金占用对公司正常生产经营和独立运作没有造成实质性影响。为此，公司与控股股东及关联方的资金往来未对公司的独立性造成影响。

（六）避免资金被关联方占用的措施

1. 控股股东永清集团及关联方永清制造已具备独立的运营能力和自身融资能力，自2009年5月以后占用资金的情形已经消除

控股股东永清集团已转变为控股公司，自身不再经营其他业务，每年的股利即可满足自身的资金需求。

永清制造的业务已步入正常发展轨道，可以满足自身经营所需资金；同时其现有的300亩土地，评估价约为25万元/亩，评估总价约为7500万元，还有建筑物15,496.89平方米，评估价约4400万元。依银行授信按7折抵押能够贷款8000万元，

需求资金可以通过银行以资产抵押融资解决。

2. 为避免发生新的资金占用,公司进一步建立了完善的法人治理结构和内控制度

公司现行章程及根据《上市公司章程(指引)》修订的《公司章程(草案)》均规定,公司控股股东不得利用利润分配、资产重组、对外投资、资金占用、借款担保等方式损害公司的合法权益;《公司章程》、《股东大会议事规则》、《董事会议事规则》明确规定了关联交易的表决和回避程序,并制定了《关联交易管理制度》、《独立董事制度》,对公司与关联方的关联交易内容、董事会及股东大会批准关联交易的权限以及董事会、股东大会审议关联交易的决策程序、关联董事的回避表决程序、独立董事对关联交易发表独立意见等均作出明确规定,并得到了有效执行。

另外,《公司章程(草案)》规定了董事会发现股东或者实际控制人有侵占公司资产行为时应启动对股东或者实际控制人所持公司股份"占用即冻结"的机制,即发现股东或者实际控股人侵占资产时应立即申请司法冻结股东所持公司股份,凡侵占资产不能以现金清偿的,通过变现股份偿还。

3. 公司控股股东永清集团及实际控制人刘正军于2010年9月出具了《关于规范与湖南永清环保股份有限公司资金往来的承诺函》

承诺:(1)严格限制永清集团、刘正军及其控制的其他关联方与永清股份在发生经营性资金往来中占用公司资金,不要求公司为其垫支工资、福利、保险、广告等期间费用,也不互相代为承担成本和其他支出。(2)不利用控股股东及实际控制人身份要求公司以下列方式将资金直接或间接地提供给永清集团、刘正军及其控制的其他关联方使用:①有偿或无偿地拆借公司的资金给永清集团、刘正军及其控制的其他关联方使用;②通过银行或非银行金融机构向永清集团、刘正军及其控制的其他关联方提供委托贷款;③委托永清集团、刘正军及其控制的其他关联方进行投资活动;④为永清集团、刘正军及其控制的其他关联方开具没有真实交易背景的商业承兑汇票;⑤代永清集团、刘正军及其控制的其他关联方偿还债务。(3)如公司董事会发现永清集团、刘正军及其控制的其他关联方有侵占公司资产行为时,永清集团、刘正军及其控制的其他关联方无条件同意公司董事会根据公司章程相关规定,立即启动对永清集团所持公司股份"占有即冻结"的机制,即按占用金额申请司法冻结永清集团所持公司相应市值的股份,凡侵占资产不能以现金清偿的,通过变现股份偿还。

(七)内部控制的有效性及控股股东不损害其他股东的利益的措施

1. 公司内控制度的有效性

报告期内,公司存在控股股东及其他关联方占用公司资金的情形,该情形已经全

部得到清理。

公司的《公司章程》、《股东大会议事规则》、《董事会议事规则》和《关联交易管理制度》等内部制度对公司关联交易权限、程序作了严格的相关规定，公司严格执行了有关制度，控股股东及其实际控制人出具了相关承诺，自2009年5月起，公司未再发生与控股股东及关联方的资金拆借行为，也不存在资金被股东以借款、代偿债务、代垫款项或其他方式占用的情形。公司内部控制制度得到了有效的执行。

2. 确保控股股东不损害其他股东的利益的措施

为保证关联交易的公允性，保护中小股东利益，公司的《公司章程（草案）》、《关联交易管理制度》和《独立董事制度》等文件对关联交易的决策权力和程序作了明确规定。

公司与关联方之间的主要关联交易严格按照相关规定进行决策，通过制定的上述制度，对公司关联交易的决策、定价、授权、执行以及信息披露作了明确的规定，保证了公司与关联方之间订立的交易合同符合公平、公正、公开的原则，确保关联交易行为不损害公司和全体股东的利益。

保荐机构、发行人律师和申报会计师认为：公司控制股东永清集团及关联方永清制造报告期内占用公司部分资金，该等资金占用全部进行了清理，自2009年5月起，公司未再发生与控股股东及关联方的资金拆借行为，也不存在资金被股东以借款、代偿债务、代垫款项或其他方式占用的情形。公司股东大会通过相关议案，对关联方资产占用及清理情况进行了确认，独立董事就资金占用问题发表了独立意见，该等资金占用对公司正常生产经营和独立运作没有造成实质性影响。公司与控股股东及关联方的资金往来未对公司的独立性造成影响。公司制定了完善的内部控制制度，且得到了有效的执行，控股股东及实际控制人出具了相关承诺，能有效防止发生关联方对公司资金被关联方拆借或占用，确保公司控股股东不损害其他股东利益。

二、常发股份（002413）：关注支付资金占用费的影响

2007年6月底之前，常发股份控股股东常发集团出于提高资金利用效率、控制财务风险等方面的考虑，参照国内外一些集团型企业常用的资金集中管理的模式，根据各子公司的资金节余情况，在确保各子公司营运资金充足的前提下进行资金调剂，并根据各主体之间资金占用情况按同期银行贷款基准利率和资金占用天数，按积数计息法（按实际天数每日累计账户余额，以累计积数乘以日利率计算利息的方法）资金占用费，由此形成了常发股份与常发集团及其下属子公司常发地产以及昆山海发较为频繁的资金往来。

常发股份销售产品收到的款项均存放在公司的独立账户,在集团需要调剂资金时,公司在确保自身营运资金充足的前提下根据集团要求将资金转入相关账户,不存在收到货款后立即存入集团账户的情况。常发股份与常发集团及其子公司之间的资金调剂行为是通过各自的账户进行的,不存在共用银行账户的情况。

常发股份与常发集团及其子公司资金往来主要有两种形式:一是调剂资金往来,二是票据兑换资金往来。

(一)关联方调剂资金往来情况

自发行人成立至2007年4月底期间,常发集团根据集团整体生产经营需要,对集团内部各主体的货币资金进行调剂,同时根据各主体之间资金占用情况按同期银行贷款基准利率和资金占用天数,按积数计息法(按实际天数每日累计账户余额,以累计积数乘以日利率计算利息的方法)资金占用费。报告期内,调剂资金往来明细及资金占用费计算如下:

1.常发集团

2006年度公司累计收到常发集团调剂资金31,106.02万元,同期累计向常发集团支付42,204.57万元;2007年1~4月公司累计收到常发集团调剂资金39,620万元,同期累计向常发集团支付39,620万元。

2.常发地产

2005年度公司累计收到常发地产调剂资金12,414万元,同期累计向支付常发地产15,214万元;2006年度公司累计收到常发地产调剂资金435.60万元,同期累计向支付常发地产435.60万元。

(二)票据兑换资金往来情况

2005年度公司向昆山海发背书转让银行承兑汇票48.45万元;2006年度公司向昆山海发背书转让银行承兑汇票1499.93万元,同期昆山海发向公司支付票据兑换资金1548.38万元;2007年1~5月公司向昆山海发背书转让银行承兑汇票496.84万元,同期昆山海发向公司支付票据兑换资金496.84万元。

自2007年6月起,公司与昆山海发无票据兑换资金往来。

在票据兑换资金过程中,交易双方为发行人和昆山海发;发行人向昆山海发支付银行承兑汇票,昆山海发向发行人支付现金;发行人为资金最终使用方;昆山海发均在票据到期日之前向发行人支付票据兑换款,结算期一般较短,如发行人进行银行贴现需支付贴现息,而采取票据兑换发行人既可节省财务费用,亦可缩短收款期间,因此发行人未提取资金占用费。综上所述,在票据兑换资金过程中虽存在票据被控股股东及其关联方短暂占用的情况,但不存在控股股东及其关联方损坏发行人利益的情况。

(三)资金占用费计提情况

(1)公司已根据调剂资金往来的实际占用情况计提了资金占用费,该资金占用费对报告期各期经营状况影响如下:

①本公司按同期银行贷款基准利率和资金占用天数,按积数计息法(按实际天数每日累计账户余额,以累计积数乘以日利率计算利息的方法)计提了应付常发地产的资金占用2,473,336.84元。具体为2004~2006年本公司分别应付常发地产资金占用费分别为206,415.00元、2,266,892.34元、29.50元。

②本公司按同期银行贷款基准利率和资金占用天数,按积数计息法计提了应付常发集团的资金占用费5,770,369.58元。其中:2004~2006年本公司分别应付常发集团资金占用费2,196,142.07元、1,302,504.31元、3,731,005.80元。2003年及2007年1~4月本公司分别应收常发集团资金占用费126,585.00元及1,332,697.60元。

(2)由于票据兑换资金的结算期间一般较短,按积数计息法计算的资金占用费较少,且结算时间均在汇票承兑日之前,因此公司未对资金兑换计提资金占用费。

(四)保荐人和律师意见

保荐人认为,发行人2007年6月前曾存在与关联方相互占有资金的情况,自2007年6月起,公司按照上市的要求对上述资金占用情况进行了规范,发行人和常发集团及其下属子公司之间的资金往来已经全部停止,并且清理了所有的资金往来余额,发行人已建立并拥有了完全独立的财务结算体系和资金调配权。鉴于该行为已经得到彻底纠正,发行人与常发集团及其下属子公司之间的资金往来对发行人的本次发行上市不构成实质性障碍。

发行人律师认为,全部拆借资金已于2007年5月之前相互返还,未导致任何的法律纠纷;且发行人已建立并拥有了完全独立的财务结算体系和资金调配权,上述资金拆借行为不会影响发行人的独立性。

三、得利斯(002330):关注独立性以及内控制度是否完善

报告期内,公司在2006年及2007年与关联方之间存在资金占用情况,2008年1月1日后,未再发生资金占用情形。

(一)2006年资金占用情况

2006年经营性资金往来的平均占款金额、时间及增减变动原因等情况如下表所示:

单位:万元

项目	期初余额	增加额	增加原因	减少额	减少原因	期末余额	平均占款金额	平均占款时间
占用得利斯集团	5588.12	230.14	应付土地等租赁费	87.64	应收设备转让款	117.39	4821.45	12
		486.77	应付设备转让款	6200.00	流动资金还款			
北京投资公司占用	2160.46	—	—	—	—	2160.46	2160.46	12
东顺国际占用	220.15	—	—	—	—	220.15	220.15	12

(1)报告期内,得利斯食品及子公司租赁得利斯集团部分土地使用权和房屋建筑物使用,其中2006年和2007年由此而形成其他应付款,明细如下:

单位:万元

出租方	承租方	租赁物	2007年度	2006年度
得利斯集团	食品科技	土地	61.92	52.15
得利斯集团	潍坊同路	土地	21.14	28.18
得利斯集团	北京得利斯	房屋、土地	113.81	113.81
得利斯集团	西安得利斯	土地	36.00	36.00
	合　计		232.87	230.14

(2)2006年12月31日,食品科技将其拥有的金属探测仪、绞肉机、按摩机等肉制品生产设备转让于得利斯集团,转让价格为87.64万元。同日,得利斯集团将上述生产设备转让于西安得利斯,转让价格为83.97万元。上述资产转让形成应收得利斯集团资产转让款87.64万元,应付得利斯集团资产转让款83.97万元。

2006年1月16日,食品科技受让得利斯集团拥有的剪板机、电焊机、加油机等机械设备和货车等运输设备,转让价格为402.80万元。本次资产转让形成应付得利斯集团资产转让款402.80万元。

2006年,非经营经营性资金往来的平均占款金额、时间及增减变动原因等情况如下表所示:

单位:万元

项目	期初余额	增加额	增加原因	减少额	减少原因	期末余额	平均占款金额	平均占款时间
占用得利斯集团	2713.82	18,856.75	流动资金借款	8247.42	流动资金还款	−2034.08	4847.72	12
		—	—	15,357.24	与农业科技三方转账			
占用农业科技	5200.81	15,546.32	流动资金借款	32,155.13	流动资金还款	3949.23	896.98	12
		15,357.24	与集团三方转账	—	—			
北京投资公司占用	—	1700.00	流动资金借款	1000.00	流动资金还款	700.00	966.67	3

(二)2007年资金占用情况

2007年,经营性资金往来平均占款金额、时间及增减变动原因等情况如下表所示:

单位:万元

项目	期初余额	增加额	增加原因	减少额	减少原因	期末余额	平均占款金额	平均占款时间
占用得利斯集团	117.39	232.87	应付土地租赁费	286.19	应收款项冲抵	—	−74.32	12
		2081.96	应付土地转让款	2146.02	流动资金还款			
北京投资公司占用	2160.46	—	—	2160.46	以应付股权受让款冲抵	—	2040.43	9
东顺国际占用	220.15	—	—	403.38	以应付股权受让款冲抵	−183.23	102.50	12

注:2008 年 7 月,庞海控股将其所持东顺国际股权转让,自此东顺国际与得利斯食品不再具有关联关系。

(1)请参见上文关于 2006 年经营性资金往来情况的注释。

(2)2007 年,得利斯食品向得利斯集团销售低温肉制品形成收入 244.61 万元和应收款项 286.19 万元。

(3)2007 年 9 月 29 日,食品科技受让得利斯集团持有的诸国用[2007]字第 14013、14017 号,诸国用[2006]字第 14016 号及诸国用[2000]字第 15009 号《国有土地使用证》项下土地使用权,转让总价格为 1507.75 万元。2007 年 9 月 29 日,潍坊同路受让得利斯集团持有的诸国用[2001]字第 15024 号《国有土地使用证》项下土地使用权,转让价格为 574.21 万元。上述资产转让形成应付得利斯集团资产转让款 2081.96 万元。

(4)2007 年 8 月 30 日,食品科技与北京投资公司签署《股权转让协议》,受让北京投资公司所持西安得利斯 75% 的股权,转让价格为 2269.27 万元。2007 年 9 月 6 日,食品科技分别与北京投资公司、东顺国际签署《股权转让协议》,受让北京投资公司所持北京得利斯 75% 的股权,转让价格为 1210.13 万元;受让东顺国际所持北京得利斯 25% 的股权,转让价格为 403.38 万元。

上述股权转让形成应付北京投资公司股权转让款 3479.40 万元,形成应付东顺国际股权转让款 403.38 万元。

2007 年,非经营性资金往来的平均占款金额、时间及增减变动原因等情况如下表所示:

单位:万元

项目	期初余额	增加额	增加原因	减少额	减少原因	期末余额	平均占款金额	平均占款时间
占用得利斯集团	-2034.08	15,223.33	流动资金借款	21,722.85	流动资金还款	—	-4612.40	12
		8533.61	与农业科技三方转账	—	—			
占用农业科技	3949.23	19,164.61	流动资金借款	14,580.24	流动资金还款	—	5293.69	12
		—	—	8533.61	与集团三方转账			
北京投资公司占用	700.00	618.94	与集团三方转账	1318.94	以应付股权受让款冲抵	—	661.11	9

(三)上述资金往来的原因

公司与其关联方之间的资金往来是在当时的特定背景下发生的历史行为，主要基于以下原因：(1)股东原始投入不能满足发行人及其子公司生产经营需要，食品科技成立时间较短而很难自行向银行申请贷款，其子公司向银行申请贷款的能力有限。因而，食品科技及其子公司生产经营所需流动资金需要得到得利斯集团及其他关联方的资助，在资金宽裕时再予以偿还。(2)2004年食品科技赴新加坡上市的过程中，公司及其子公司与关联方之间发生多次资产重组，从而产生未偿付的款项，形成其他应收款或其他应付款等。

(四)资金往来的利息及对公司经营业绩的影响

报告期内，公司及其子公司与关联方之间的资金往来未收取或支付相关利息，因此，公司与关联方之间的资金往来未对公司的经营业绩造成影响。

(五)资金往来履行的决策程序

公司与关联方之间的资金往来主要发生在有限公司阶段，并未履行关联董事回避表决程序，但按照公司章程等相关规定履行了公司内部严格的部门负责人签字、财务负责人审核、总经理或董事长签字、董事会审议通过等审批程序。公司整体变更为股份有限公司后，与关联方之间未再发生与正常生产经营无关的资金往来行为，也不存在公司为关联方代垫款、代偿债务等方式占用公司资金的情形。

保荐机构认为：在发行人与关联方的资金往来中，存在直接借用资金的行为。发行人与关联方之间相互借用资金的行为不符合中国人民银行于1996年8月1日发布并施行的《贷款通则》的规定。2008年1月1日，发行人的实际控制人郑和平先生和得利斯集团分别出具《承诺函》，一致承诺自2008年1月1日起，其直接或间接控制的所有企业将不以代垫费用或其他支出、直接或间接借款、代偿债务等任何方式占用发行人及其子公司的资金，且将严格遵守中国证监会关于上市公司法人治理的有关规定，避免与发行人发生与正常生产经营无关的资金往来行为。若发行人因在本次发行上市前与实际控制人郑和平先生和得利斯集团以及各自直接或间接控制的所有企业之间发生的相互借款行为而被政府主管部门处罚，实际控制人和得利斯集团愿意对发行人因受处罚所产生的经济损失予以全额补偿。截至2007年12月31日，发行人与关联方之间相互借用的资金已全部清偿完毕，也未引起任何经济纠纷，且实际控制人郑和平和得利斯集团均作出相关承诺，故报告期内资金占用行为对发行人本次发行上市不构成重大不利影响。

保荐机构认为,有限公司阶段,发行人与关联方发生资金往来时履行了发行人当时合法有效的决策程序;发行人整体变更为股份公司后,建立了完善的内控制度,并经北京永拓会计师事务所审核后出具了无保留意见的京永专字[2008]第31028号《内部控制鉴证报告》,且未再发生与正常生产经营无关的资金往来行为,也不存在发行人为关联方代垫款、代偿债务等任何方式占用发行人资金的情形。报告期内,发行人的内部控制是有效的。发行人建立了完善的公司治理制度和公司组织机构,并能依法规范运作,发行人治理结构完善。发行人资产完整,并在人员、财务、机构、业务等方面保持独立,一直拥有独立完整的研发、供应、生产、销售等方面的业务体系,具有面向市场独立经营的能力,独立运作。

发行人律师认为:在发行人与关联方的资金往来中,存在直接借用资金的行为。发行人与关联方之间相互借用资金的行为不符合《贷款通则》的规定。但是,截至2007年12月31日,发行人与关联方之间已清偿各自全部所借资金,也未引起任何经济纠纷,上述行为对发行人本次发行上市不构成重大不利影响。

发行人律师认为,发行人建立了完善的公司治理制度和公司组织机构,并能依法规范运作,发行人治理结构完善。发行人资产完整,并在人员、财务、机构、业务等方面保持独立,具有完整的业务体系和直接面向市场独立经营的能力,独立运作。

会计师认为,发行人在改制为股份有限公司前,按照其公司章程等相关规定履行了当时内部严格的部门负责人签字、财务负责人审核、总经理或董事长签字、董事会审议通过等审批程序。发行人整体变更为股份公司后,建立了包括法人治理方面、公司日常管理方面、人事管理方面、业务控制方面、财务管理方面、管理信息系统控制方面、内部监督控制方面在内的比较完善的内控制度。报告期内,发行人的内部控制是有效的。

会计师认为,发行人与其关联方之间的资金往来是在当时的特定背景下发生的历史行为,且未实际收取或支付利息,未对经营业绩造成影响,上述资金往来已于公司改制阶段全部清理完毕,未引起任何经济纠纷,未损害发行人利益。发行人目前已建立了严格的资金管理制度,不再存在资金被关联方以借款、代偿债务、代垫款项或者其他方式占用的情形,因此,发行人与关联方之间的资金往来对发行人本次发行上市不构成重大不利影响。

四、金字火腿(002515):资金相互占用

2007年,公司与关联方之间存在资金相互占用的情况。主要原因是公司2007年

存有部分闲置资金,而关联方中信房产和金信置业等公司从事房地产开发对资金存在需求,因此发生了对公司较为频繁的资金占用;但同时公司也从关联方借款来弥补公司短期营运资金的不足。2007 年公司累计向关联方提供资金总额为 11,816.86 万元,收回 13,732.70 万元,同时累计向关联方借入资金总额为 663 万元。2007 年 12 月 31 日之前公司已经全部收回关联方所占用的资金,且之后再没有发生关联方占用公司资金的情况。2007 年关联方占用公司资金的具体情况如下:

(一)2007 年本公司向关联方提供资金情况

单位:元

关联方名称	2007 年年初 提供资金余额	本年借出资金	本年收回资金
浙江中信房地产有限公司	663,132.00	98,298,261.27	98,298,261.27
金宇投资有限公司	—	15,400,000.00	15,400,000.00
湖北金信投资置业有限公司	—	470,380.00	470,380.00
宋衍	—	3,000,000.00	3,000,000.00
施雄飙	—	1,000,000.00	1,000,000.00
宋樟宝	19,158,333.33		19,158,333.00

单位:元

关联方名称	应计利息	收取利息	2007 年年末 提供资金余额
浙江中信房地产有限公司	1,690,481.03	2,353,613.03	—
金宇投资有限公司	156,329.00	156,329.00	—
湖北金信投资置业有限公司	—	—	—
宋衍	110,000.00	110,000.00	—
施雄飙	19,111.00	19,111.00	—
宋樟宝	—	—	—

关联方占用本公司资金最终主要用于位于武汉市硚口区解放大道的"汉口人家"商品住宅房产项目等项目的开发以及购买原材料,少量资金用于对外投资以及其他开支。其中中信房产、金信置业占用资金最终主要用于上述商品住宅房产项目的开发。

(二)2007年关联方向公司提供资金情况

2007年,公司向关联方拆借资金以弥补短期营运资金的不足,具体情况如下:

单位:元

关联方名称	2007年年初收到资金余额	本年借入资金	本年归还资金	支付利息	2007年年末收到资金余额
浙江中信房地产有限公司	12,100,000.00	6,630,000.00	18,730,000.00	—	—
施文	12,300,000.00	—	12,300,000.00	—	—

施文为火腿公司提供的借款主要来自于其家庭多年的生活积累、通过资本市场取得的投资收益、出租物业取得的收入以及其家庭所投资的公司赚取的利润。

保荐机构认为:上述披露的发行人申报期内与关联方之间的资金相互占用情况真实、完整。

上述公司与关联方之间的资金借款行为违反了《贷款通则》第61条"各级行政部门和企事业单位、供销合作社等合作经济组织、农村合作基金会和其他基金会,不得经营存贷款等金融业务。企业之间不得违反国家规定办理借贷或者变相借贷融资业务"的规定。根据《贷款通则》第73条"企业之间擅自办理借贷或者变相借贷的,由中国人民银行对出借方按违规收入处以1倍以上至5倍以下罚款,并由中国人民银行予以取缔"的规定,人民银行有权对公司借贷资金给关联方的行为处以罚款,公司存在被行政主管部门罚款的风险。

公司控股股东施延军先生出具《金字火腿股份有限公司控股股东关于资金借款问题的承诺函》,主要内容为:"若中国人民银行等金融监管部门因上述事项而对公司进行处罚,本人愿意代替公司承担全部处罚款项。"

保荐机构认为,发行人在股份公司设立之前存在资金占用情形,但该等行为已经得到纠正,通过《公司章程(草案)》、《资金管理制度》等建立了严格的资金管理制度,有效防范了控股股东、实际控制人及其控制的其他企业占用发行人的资金,发行人目前不存在资金被控股股东、实际控制人及其控制的其他企业占用的情形,符合《首次公开发行股票并上市管理办法》的规定。

发行人律师认为,发行人与关联方之间的资金占用行为已违反了中国人民银行《贷款通则》的规定。但是,(1)上述占用资金目前均已全部归还,并未影响发行人的正常生产经营。(2)发行人对上述关联交易行为履行了必要的程序,审议程序合法。另外,发行人与上述关联公司发生资金占用时,均参照银行同期贷款利率收取或支付了利息,未损害发行人的利益及其股东的利益。(3)发行人已明确表示会积极配合中国人民银行的处理,愿意承担相应的责任。同时发行人的实际控制人承诺,今后不再发生类似的资金占用行为,且若中国人民银行对发行人因该事项而进行处罚,发行人的实际控制人愿意代替发行人承担处罚款项。截至目前,相关金融主管部门并未认定上述关联方之间资金占用行为构成重大违法,也未对公司进行相应行政处罚。(4)发行人已建立了严格的资金管理制度。

因此,锦天城律师认为发行人与关联方的上述资金占用行为不会对发行人本次发行上市构成重大影响和实质障碍。

(三)向关联方收取利息

公司向关联方收取的利息情况如下:

单位:万元

关联方名称	2007 年度
中信房产	169.05
金信置业	—
金字投资	15.63
宋 衎	11.00
宋樟宝	—
施雄飙	1.91
合 计	197.59

公司2007年向关联方中信房产收取资金占用费的定价原则为在银行同期贷款利率基础上,结合资金占用期限以及发行人资金情况,上浮一定幅度。具体利率及计算方法见下表:

单位:万元

年份	资金占用方	资金年平均占用额	年利率(%)	资金占用费
2007	中信房产	1372.26	12.32	269.05

会计师认为,发行人收取资金占用费不低于银行同期贷款利率,符合市场利率水

平的范围,定价公允、资金占用费的核算准确。

保荐机构认为,2007 年中国人民银行公布的短期人民币贷款年利率最高为7.47%,发行人核算资金占用费所采用的利率高于银行同期贷款利率,并处于合理的市场利率范围内,所收取的资金占用费定价公允、核算准确。

(四)与关联方往来款项余额

公司于2007 年年底对与关联方之间的资金占用进行了规范,严禁发生关联方占用公司资金的情况,所以在2007 年年底公司与关联方往来款项无余额。

五、亚太药业(002370):补缴资金占用费

(一)本公司关联方资金占用

1. 绍兴县亚太房地产有限公司

最近三年,亚太房地产占用本公司资金情况如下:

单位:万元

期间	期初占用资金余额	占用累计发生金额(不含利息)	占用资金的利息(如有)	偿还累计发生金额	期末占用资金余额	占用形成原因	平均占款时间(天)	还款资金来源
2007 年	1367.37	—	—	1367.37	—	资金占用利息	—	售房款及房租
2008 年	—	—	—	—	—	—	—	—
2009 年	—	—	—	—	—	—	—	—

注:平均占款时间=(期初借款本金×期初到期末时间+逐笔借款金额分别×相应借款发生日到期末天数-逐笔还款金额分别×相应还款发生日到期末天数)/(期初借款本金+本期借款累计金额),本章内的平均占款时间计算方式均相同。

公司在历史上曾经存在亚太房地产拆借本公司资金用于房地产项目资金周转的情况,公司按实际借款时间参考同期银行贷款利率向亚太房地产收取资金占用费。

2006 年,公司认识到关联方资金占用可能给公司带来的隐患,逐步清理了资金占用问题。2007 年年初,本公司应收亚太房地产的1367.37 万元为2006 年审计追溯调整而形成的待结清的2003~2006 年度资金占用费,上述资金占用费已于2007年6月29 日前结清。自2007 年1 月1 日起,亚太房地产未有新发生占用本公司资

金的情况。

2. 浙江亚太集团有限公司

最近三年,亚太集团占用本公司资金情况如下:

单位:万元

期间	期初占用资金余额	占用累计发生金额(不含利息)	占用资金的利息(如有)	偿还累计发生金额	期末占用资金余额	占用形成原因	平均占款时间(天)	还款资金来源
2007 年	422.67	—	—	422.67	—	资金周转	180	流动资金
2008 年	—	—	—	—	—	—	—	—
2009 年	—	—	—	—	—	—	—	—

亚太集团历史上曾经存在拆借本公司的资金的情况,经过公司的清理,2007 年年初本公司应收亚太集团的 422.67 万元为经审计调整后的本公司成立之前亚太制药厂遗留的税收问题及本公司与亚太集团之间的前期遗留事项,该前期遗留事项已于 2007 年 6 月 29 日前结清。自 2007 年 1 月 1 日起,亚太集团未有新发生占用本公司资金的情况。

3. 陈尧根

最近三年,陈尧根先生占用本公司资金情况如下:

单位:万元

期间	期初占用资金余额	占用累计发生金额(不含利息)	占用资金的利息(如有)	偿还累计发生金额	期末占用资金余额	占用形成原因	平均占款时间(天)	还款资金来源
2007 年	18.70	—	—	18.70	—	资金占用利息	—	个人资金
2008 年	—	—	—	—	—	—	—	—
2009 年	—	—	—	—	—	—	—	—

本公司实际控制人陈尧根先生历史上存在占用本公司资金的情况,经过公司清理,2007 年年初,本公司应收陈尧根先生的 18.7 万元为待结清资金占用费,上述资金占用费已于 2007 年 6 月 29 日前结清。自 2007 年 1 月 1 日起,陈尧根先生未有新发生

占用本公司资金的情况。

(二)绍兴亚太医药化工有限公司关联资金占用

最近三年,亚太房地产占用亚太医药化工资金情况如下:

单位:万元

期间	期初占用资金余额	占用累计发生金额(不含利息)	占用资金的利息(如有)	偿还累计发生金额	期末占用资金余额	占用形成原因	平均占款时间(天)	还款资金来源
2007年	900.00	2000.00	—	2900.00	—	借款	177	售房款及房租
2008年	—	—	—	—	—	—	—	—
2009年	—	—	—	—	—	—	—	—

2007年年初,亚太医药化工应收亚太房地产900万元系本公司收购其股权前形成,于收购时带入。本公司收购亚太医药化工股权后,由于管理权交接需要一个过渡阶段,致使公司清理、规范关联方资金往来的精神和措施未能及时传达到亚太医药化工。2007年1月5日,亚太医药化工向亚太房地产借出资金2000万元。2007年6月29日,亚太房地产归还了2900万元拆借资金。自2007年7月1日起,亚太医药化工未有新发生资金被关联方占用的情况。2008年4月29日,亚太医药化工经绍兴县工商局核准注销。

(三)收取关联方资金占用费情况及对公司经营业绩影响

1.收取补偿费

2008年9月11日,本公司、亚太集团及亚太房地产签订三方协议,就上述亚太集团对亚太药业、亚太房地产对亚太医药化工资金占用事宜达成协议。根据相应款项实际占用时间参考同期银行贷款利率计算,由亚太集团就2003~2006年年底期间占用亚太药业的资金事宜向亚太药业支付补偿款104.53万元,由亚太房地产就2006年年底至2007年6月底期间占用亚太医药化工资金事宜向亚太药业支付补偿款85.70万元(因亚太医药化工已注销,由本公司直接收取)。本公司已收到亚太集团及亚太房地产支付的全部补偿款。

最近三年,本公司向亚太集团及亚太房地产收取补偿款对公司盈利影响情况如下:

单位:万元

期间	补偿款	计入营业外收入	占利润总额比例
2007 年	—	—	—
2008 年	190.23	190.23	3.91%
2009 年	—	—	—
合计	190.23	190.23	3.91%

上述补偿款,均计入非经常性损益中,对本公司的经常性损益没有影响。

2. 资金占用利息及补偿款对申报期经营业绩的影响

单位:万元

期间	2009 年	2008 年	2007 年
影响损益的资金占用利息	—	—	—
补偿款	—	190.23	—
合计	—	190.23	—
占同期利润总额的比例	—	3.91%	—

(四)资金占用规范情况

(1)公司已按(证监发[2003]56 号)《关于规范上市公司与关联方资金往来及上市公司对外担保若干问题的通知的有关规定》的要求对以前年度存在的资金占用问题进行了规范,自 2007 年 7 月 1 日至今,亚太药业未再发生资金被关联方占用的情况。而以前年度关联方占用公司资金事项虽存在不规范之处,但对本公司的正常经营未造成负面影响。

(2)控股股东、实际控制人出具了承诺函。

(3)制度保障。《公司章程(草案)》第 38 条以及《防范控股股东及关联方占用公司资金管理制度》。

(五)中介机构意见

1. 会计师

"公司经过整改已解决了其与关联方之间资金占用的情形,关联方已就资金占用支付了公允的对价,且亚太集团及陈尧根均出具了相关承诺,自 2007 年 7 月 1 日以来,发行人和关联方不存在资金被关联方以借款、代偿债务、代垫款项或者其他方式占用的情形,已独立规范的运行了 1 年以上。

亚太药业已制定并执行的《财务管理制度》包含了资金管理的规定。为了加强资金管理,公司经公司第三届第六次董事会审议通过《资金管理制度》进一步完善了资金管理的审批流程及相关控制。为了加强关联方资金管理,在此基础上,亚太药业第三届董事会第六次会议制定了《防范控股股东及关联方占用公司资金管理制度》。公司现有治理结构及相关内部控制制度,对资金管理流程及决策程序也作有相关的规定,公司已建立健全的资金管理制度。

公司现有内部会计控制制度基本能够适应公司管理的要求,能够对编制真实、公允的财务报表提供合理的保证,能够对公司各项业务活动的健康运行及国家有关法律法规和单位内部规章制度的贯彻执行提供保证。"

"公司已对货币资金的收支和保管业务建立了较严格的授权批准程序,办理货币资金业务的不相容岗位已作分离,相关机构和人员存在相互制约关系。公司已按国务院《现金管理暂行条例》和财政部《内部会计控制规范——货币资金(试行)》,明确了现金的使用范围及办理现金收支业务时应遵守的规定。已按中国人民银行《支付结算办法》及有关规定制定了银行存款的结算程序。综上,我们认为公司已建立健全资金相关的内部控制制度,符合国务院《现金管理暂行条例》、财政部《内部会计控制规范——货币资金(试行)》和证监会《关于规范上市公司与关联方资金往来及上市公司对外担保若干问题的通知》等相关规定,在资金相关的所有重大方面是有效的。"

2. 发行人律师

"发行人与关联方之间资金占用的行为不符合中国人民银行以及中国证监会的有关规定,发行人对此进行了整改,在2007年6月29日前,发行人已向关联方收回全部占用的资金。自2007年7月1日以来,发行人和关联方不存在资金被关联方以借款、代偿债务、代垫款项或者其他方式占用的情形。

发行人之控股股东已承诺其对发行人若因前述资金占用行为受行政处罚所产生的经济损失进行全额补偿。因此,发行人律师认为,发行人以往资金占用情况对发行人本次股票发行并上市不会造成法律障碍。亚太集团、亚太房地产、陈尧根占用亚太药业和医药化工资金事宜,占用方已经按照实际借款时间参考同期银行贷款利率向被占用方或利益相关方支付了资金占用利息或进行了补偿,已相应支付了公允对价。

亚太药业制定有《财务管理制度》,对资金管理进行了规定。为进一步加强资金管理,亚太药业于第三届董事会第六次会议上又制定了《资金管理制度》,对资金管理进行了系统的规定。本所律师认为,目前发行人独立运作,发行人之资金管理制度是健全的。

发行人近三年按照《公司法》、《公司章程》的要求召开股东大会、董事会、监事会,召开程序和决议内容符合《公司法》和《公司章程》的有关规定。因此,本所律师认为,目前发行人的公司治理是完善的。"

3. 保荐机构

"发行人与关联方历史上存在的资金占用情况，虽然存在不规范之处，但通过整改该等资金占用事项已全部清理完毕，自2007年7月1日以来，发行人不存在资金被关联方以借款、代偿债务、代垫款项或者其他方式占用的情形。

发行人已真实、完整地披露了其与关联方之间的资金占用情况。发行人已按关联方实际占款时间参考同期银行贷款利率收取了资金占用费和补偿款，对价公允。发行人与关联方历史上存在的资金占用情况，未对发行人经营造成负面影响。且亚太集团及陈尧根均已就关联方资金占用事项出具了相关书面承诺。

发行人建立了完整的产、供、销体系，拥有生产经营所需的资产，进行独立的财务核算，发行人独立运行，对关联方不存在依赖。发行人通过《公司章程》、《财务管理制度》以及《防范控股股东及关联方占用公司资金管理制度》等制度，对资金管理以及关联方资金占用进行严格管理，建立了健全的资金管理制度。最近12个月内，发行人不存在关联方资金占用情况。发行人历史上存在的关联方资金占用对其本次发行、上市不构成重大影响。

目前，发行人已制定了完善的规章制度规范，建立了完善的公司治理，各组织结构运作正常。发行人建立的内部控制制度能够保证公司各项业务活动的健康运行及各项规章制度的贯彻执行，发行人内部会计控制制度在所有重大方面是有效的。"

"发行人已建立健全了资金相关的内部控制制度，符合国务院《现金管理暂行条例》、财政部《内部会计控制规范——货币资金（试行）》和证监会《关于规范上市公司与关联方资金往来及上市公司对外担保若干问题的通知》等相关规定，在资金相关的所有重大方面是有效的。"

【案例评析】

1. 对于资金拆借问题，小兵简单总结了四种情形，分别是：(1) 企业将资金拆借给企业；(2) 企业向员工借款；(3) 企业向股东借款出资；(4) 股东向公司借款周转等。

2. 上述情形中，第一种情形为一般意义上的资金拆借，并且很多情况下是关联方的拆借，只要程序合规且在报告期内及时清理不会存在重大障碍；第二种情形则是企业为了周转资金向企业员工筹资的情形，需要详细解释背景，关键是要解释是否构成非法集资或非法公开发行等；第三种情形也比较普遍，最大的怀疑就是企业出资是否充实；而第四种情形与第三种类似，是本节内容要详细解释的问题，即如果企业向公司股东借款了，就构成一般意义上的"资金占用"。

3. 对于资金占用，从审核实践的角度来看，审核人员关注的重点是：(1) 股东占用发行人资金的原因是什么、资金用途以及还款资金来源等;(2)关注资金占用的决策程序是否合规;(3)关注资金占用费的收取情况,是否影响到公司的盈利能力;(4)频繁资金占用是否影响发行人的独立性;(5)发行人的内部控制是否存在重大缺陷;(6)发行人在申报材料前是否建立了完善的公司治理制度以保证上市之后不会存在大规模的资金占用问题等;(7)资金占用是否违反《首次公开发行股票并上市管理办法》第27条规定的发行条件。如果是创业板,还会关注是否违反《首次公开发行股票并在创业板上市管理暂行办法》第26条第1款规定的情形:发行人及其控股股东、实际控制人最近三年内不存在损害投资者合法权益和社会公共利益的重大违法行为。

4. 对于该问题的解决,几个基本要点是:(1)原则上在申报之前一定要清理,建议在整体变更为股份公司之前已经清理完毕,因为根据会里的看法,公司在股份公司阶段就是建立相关制度且规范运行的开始,不能再有这样的违规行为;(2)需要解释资金占用的背景和原因,或许原因有时候并不好解释,但是至少要给出一个合理的理由;(3)建立相关制度,保障股东资金占用问题以后不再发生,其中一些案例中披露的后续制度保障中的"占用即冻结制度"非常值得借鉴;(4)根据银行同期贷款利率计算资金占用费并支付;(5)控股股东和实际控制人的承诺。

5. 对于资金占用费的问题,如果资金占用的规模较小或者时间较短,那么根据重要性原则企业可以不向股东收取资金占用费;反之,则建议企业收取一定的资金占用费,以保证发行人利益没有被股东损害,从某些案例来看,有些案例还是在审核过程中根据反馈意见及时补缴了资金占用费,这或许代表着一种审核理念。至于资金占用费的计算方法,常用的方式就是根据银行同期贷款利率计算就可以了。

【参考法规】

一、《首次公开发行股票并上市管理办法》[2006]

第二十七条 发行人有严格的资金管理制度,不得有资金被控股股东、实际控制人及其控制的其他企业以借款、代偿债务、代垫款项或者其他方式占用的情形。

二、最高人民法院《关于如何确认公民与企业之间借贷行为效力问题的批复》

黑龙江省高级人民法院:

你院黑高法[1998]192号《关于公民与企业之间借贷合同效力如何确认的请示》收悉。经研究,答复如下:

公民与非金融企业（以下简称企业）之间的借贷属于民间借贷。只要双方当事人意思表示真实即可认定有效。但是，具有下列情形之一的，应当认定无效：

（一）企业以借贷名义向职工非法集资；

（二）企业以借贷名义非法向社会集资；

（三）企业以借贷名义向社会公众发放贷款；

（四）其他违反法律、行政法规的行为。

借贷利率超过银行同期同类贷款利率4倍的，按照最高人民法院法（民）发［1991］21号《关于人民法院审理借贷案件的若干意见》的有关规定办理。

■第三节　内部职工借款解决之道

【重要提示】

★ 企业存在内部职工借款的情形一般都是特定历史条件下的产物，时间一般已经比较久远，而当下该种情形已经不再普遍。

★ 该类问题的解决思路主要是：（1）解释内部融资的背景和原因；（2）不构成公开非法集资和高利贷等违规行为；（3）已经全部清偿不存在潜在纠纷和争议；（4）有关主管部门认定（如当地人民银行）等。

★ 内部职工借款问题还有一个非常值得关注的问题，就是该种借款是否构成非法集资，是否构成违法违规行为，是否存在潜在的法律风险和纠纷。

【案例情况】

一、九九久（002411）

（一）借款情形

公司及控股子公司在2004～2007年间曾存在向职工借款的情况（该公司首次申报的报告期估计应该包括2006～2007年），具体情况如下：

截止日期	借款员工人数	借款余额(万元)
2004.12.31	107	280.50
2005.12.31	112	577.50
2006.12.31	458	1018.73
2007.9.30	0	0

公司自述按照借款人自愿原则向员工借款,且员工可以随时收回前述借款,公司按年利率3.6%支付利息。

2008年8月13日,中国人民银行如东县支行出具《对上海市联合律师事务所关于江苏九九久科技股份有限公司前身及控股子公司员工借款相关事宜的征询函的答复》,答复认为:

(1)江苏海通化工有限责任公司(原名南通市苏通化肥有限公司)及控股子公司南通市天时化工有限公司在2004年1月至2007年9月期间向本企业员工借款,不是向社会不特定对象进行的融资行为,属于不规范的企业内部资金运作行为。

(2)江苏海通化工有限责任公司(原名南通市苏通化肥有限公司)及控股子公司南通市天时化工有限公司已将员工借款归还完毕,不存在纠纷及潜在纠纷。

(3)江苏海通化工有限责任公司(原名南通市苏通化肥有限公司)及控股子公司南通市天时化工有限公司向员工借款虽未经批准,但未产生危害后果,我们认为不属于重大违规行为和非法集资行为,也不属于非法金融行为,不予行政处罚。

(二)发行人律师核查意见

(1)与法人和自然人之间借贷关系相关的法律法规内容包括:①1989年6月9日中国人民银行《关于加强企业内部集资管理的通知》规定,"中国人民银行对企业内部集资实行统一管理,分级审批。每年控制额度由总行年初一次下达到人民银行各省、自治区、直辖市分行,各分行可根据具体情况,规定审批权限","企业进行内部集资,必须制定集资章程或办法,经企业的开户金融机构审查同意后,报人民银行审批"。②1999年1月26日最高人民法院《关于如何确认公民与企业之间借贷行为效力问题的批复》(法释[1999]3号)规定,"公民与非金融企业之间的借贷属于民间借贷。只要双方当事人意思表示真实即可认定有效"。

(2)发行人前身及控股子公司天时化工向公司员工借款,对象特定,无任何其他社会人员,借款系双方真实意思表示,属于公民与企业之间的一般民间借贷行为;发行人及控股子公司已归还完毕所有员工内部借款,有权机关已经事后认可发行人前身及控股子公司曾经发生的员工借款行为,不违反当时我国关于内部集资和民间借贷的法律、法规和规范性文件的有关规定。

(3)在发行人及控股子公司天时化工的借款清理过程中,未发生任何纠纷;截至2007年9月30日,全部员工借款均已偿还完毕。自2007年10月起,未再新增员工借款,也不存在任何潜在纠纷。

(4)2008年7月20日,发行人全体股东签署《承诺书》,并承诺:"公司接受员工提供的借款不存在任何纠纷或潜在纠纷,也不存在被处罚或被追究相关责任的风险,若发生纠纷或因被处罚而产生经济损失,由公司全体股东共同承担责任。"发行人律师认为,发行人及控股子公司的内部借款已经清偿完毕,不存在纠纷或潜在纠纷。

(5)经发行人律师核查,发行人已注销或转让股权的子公司丰禾物资、海通机械、仁和机械、钢瓶检测站和供合农资不存在内部借款问题。

二、同德化工(002360)

(一)公司历史上存在的集资情况

自2003年以来,为快速扩大生产能力,在向金融机构融资困难的情况下,公司以向职工集资的方式建设了粉状乳化炸药生产线、膨化炸药生产线、年产1500吨牙膏级白炭黑和1000吨高透明白炭黑技术改造项目,该等集资的年利率为10.08%,与当地农村信用合作联社利率相等。

为了规范该种借款行为,公司已于2006年6月30日前将所有集资款清退完毕。2006年6月30日以后,公司已不再存在集资的情况。历年来公司向内部职工集资的具体情况如下表所示:

单位:元

项目	2009年度	2008年度	2007年度	2006年度	2005年度	2004年度	2003年度
期末集资款余额	—	—	—	—	18,271,175.00	13,979,050.00	3,369,000.00
当期集资款利息	—	—	—	973,720.20	2,539,588.10	1,114,468.33	341,215.10

注:由于集资并无严格时间限制,集资存在在一年内不同时间分次入资和退资的情形,上表只反映了各报告期末的集资余额。

(二)中介机构核查意见

保荐人认为,发行人在历史上存在的向公司职工集资的行为是由公司所处的客观条件决定的,发行人不存在向职工以外的不特定对象集资的情形,不构成违规集资;发行人面向职工的集资款项已于2006年6月30日前全额归还,不存在任何纠纷。发行人历史上存在的职工集资行为不会对本次公开发行股票构成实质性障碍。

发行人律师认为,该集资行为的对象全部为本企业职工,利息未超过银行同类贷款利率的4倍,发行人已全额返还了上述集资款的金额和利息,上述集资行为不存在尚未了结的或可预见的诉讼、仲裁等情形。发行人律师认为:发行人所有集资款已清退完毕,该行为对发行人的本次发行上市不会构成实质性的法律障碍。

【案例评析】

1.九九久案例:(1)公司2010年2月25日上会,申报期至少包括2007年。(2)中介机构重点解释了这不属于非法公开发行的行为,也不属于违法违规行为。鉴于公司员工没有提出异议没有存在潜在纠纷,且公司在2007年年底已经及时做出了处理,另外公司为了发展资金所需也算是情有可原,所以会里并没有对该问题重点关注。小兵专门研究了反馈意见的补充法律意见书,并没有发现就该问题提出专门反馈意见。(3)中介机构不仅关注了发行人内部员工借款的问题,同时对已经注销的子公司是否存在类似问题进行了细致的核查,如果不是根据会里的要求补充进行的核查,那么机构在这点上的工作还是很到位的。

2.同德化工案例:(1)由于已经在报告期外,所以没有构成重大问题。(2)尽管反馈意见进行了关注,但是律师也仅做了常规的解释。(3)与九九久案例类似,两家企业内部集资的金额均为200万元左右,笔者觉得金额还算较小,所以没有构成重大障碍。

3.鉴于现在PE投资以及其他渠道融资已经顺畅了很多,所以内部集资的事情最近几年已经很少出现,所以在项目中出现该类问题主要是历史问题,应该不会构成重大障碍。

4.总结起来该类问题的解决思路主要是:(1)解释内部融资的背景和原因;(2)不构成公开非法集资和高利贷等违规行为;(3)已经全部清偿不存在潜在纠纷和争议;(4)有关主管部门认定(如当地人民银行)等。

【参考法规】

一、《关于人民法院审理借贷案件的若干意见》的通知(法(民)[1991]21号)

1. 公民之间的借贷纠纷,公民与法人之间的借贷纠纷以及公民与其他组织之间的借贷纠纷,应作为借贷案件受理。

2. 民间借贷的利率可以适当高于银行的利率,各地人民法院可根据本地区的实际情况具体掌握,但最高不得超过银行同类贷款利率的四倍(包含利率本数)。超出此限度的,超出部分的利息不予保护。

3. 出借人不得将利息计入本金谋取高利。审理中发现债权人将利息计入本金计算复利的,其利率超出第六条规定的限度时,超出部分的利息不予保护。

二、最高人民法院《关于如何确认公民与企业之间借贷行为效力问题的批复》(法释[1999]3号)

黑龙江省高级人民法院:

你院黑高法[1998]192号《关于公民与企业之间借贷合同效力如何确认的请示》收悉。经研究,答复如下:

公民与非金融企业(以下简称企业)之间的借贷属于民间借贷。只要双方当事人意思表示真实即可认定有效。但是,具有下列情形之一的,应当认定无效:

(一)企业以借贷名义向职工非法集资;

(二)企业以借贷名义非法向社会集资;

(三)企业以借贷名义向社会公众发放贷款;

(四)其他违反法律、行政法规的行为。

借贷利率超过银行同期同类贷款利率四倍的,按照最高人民法院法(民)发[1991]21号《关于人民法院审理借贷案件的若干意见》的有关规定办理。

第二章　税收瑕疵

【是否能够照章纳税不曾违规】

□ 既然企业需要公共财政提供的服务才能健康发展,那么依法纳税就是每个企业应尽的义务,这是一个永远不变的道理。

□ 可是,由于我国企业税负过重以及企业经营者社会责任意识还不够强等诸多因素的作用,在投行实务中企业在税务上的瑕疵比比皆是。

□ 本章内容将为大家重点介绍几种典型的税收违规行为并提出解决思路:越权审批、延期缴纳、补缴税款、核定征收、其他情形。除此之外,社保和公积金的问题作为企业另外一项社会责任在此一并关注。

■第一节　越 权 审 批

【重要提示】

★ 毫不夸张地说,各级地方政府为了吸引外地优秀企业进来或者保证当地优秀企业不外流都会出台一些税收优惠措施来支持企业的发展。

★ 在我国税负较重的政策下,企业能够少缴税自然是好事情,从另一个角度来讲,如果没有主观过错,企业享受税收优惠纯粹是地方政府行为的话,企业理应不受到质疑和责难。

★ 目前对于该问题的审核思路也基本符合这样的背景和现实。如果地方政府或税务主管部门能够确认企业享受越权审批的税收优惠不会被追缴且不构成违法违规行为,且企业能够证明企业的盈利并不会对该税收优惠存在重大依赖以及即使扣除税收优惠也能符合发行条件的话,一般并不构成实质性障碍。

【案例情况】

一、海普瑞(002399):深圳特区"两免三减半"的政策

根据《广东省经济特区条例》第14条的规定和深圳市人民政府《关于深圳经济特区企业税收政策若干问题的规定》(以下简称深府[1988]232号)第6条的规定,特区企业从事生产、经营所得和其他所得,均按15%的税率征收企业所得税。

根据深府[1988]232号文第8条的规定,对从事工业、农业、交通运输等生产性行业的特区企业,经营期在10年以上的,从开始获利的年度起,第一年和第二年免征所得税,第三年至第五年减半征收所得税。2001年3月,深圳市地方税务局第三检查分局根据上述规定,以《关于深圳市海普瑞生物技术有限公司申请减免企业所得税的复函》(深地税三发[2001]79号)同意公司从开始获利的年度起,第一年和第二年免征企业所得税,第三年至第五年减半征收企业所得税。2006年4月,深圳市地方税务局第三稽查局以《关于确认深圳市海普瑞药业有限公司获利年度的函》(深地税三函[2006]225号)确认公司第一个获利年度为2000年,同意公司自获利年度2000年起,享受"两免三减半"的企业所得税税收优惠政策。

公司于2001年12月31日被深圳市科学技术局认定为高新技术企业(证书编号:S2001095)。根据深府[1988]232号文第8条的规定,属于基础工业和经深圳市人民政府确认为先进技术企业的,第六年至第八年减半征收所得税。2006年4月,深圳市地方税务局第三稽查局以《关于深圳市海普瑞药业有限公司延长3年减半征收企业所得税问题的复函》(深地税三函[2006]206号),同意公司享受企业所得税"两免三减半"优惠政策期满后,从2005年度起,给予延长3年减半征收企业所得税的优惠。

根据上述文件,公司2000年、2001年免征企业所得税,2002年起至2007年减半按7.5%税率征收企业所得税。

公司2000年至2007年及子公司多普生生物技术2003年至2006年依据深府[1988]232号文享受企业所得税优惠政策,但该优惠政策没有国家法律、行政法规或国务院的有关规定作为依据,公司存在因前述税收优惠被税务机关撤销而产生额外税项和费用的可能。公司控股股东乐仁科技和金田土科技已出具《承诺函》作出承诺:如今后公司或深圳市多普生生物技术有限公司因前述税收优惠被税务机关撤销而产生额外税项和费用时,将及时、无条件、全额返还公司或深圳市多普生生物技术有限公司补缴的税款以及因此所产生的所有相关费用。

根据《城市维护税暂行条例》(国发[1985]19号)、《征收教育费附加的暂行规定》(国发[1986]50号)、财政部、国家税务总局《关于生产企业出口货物实行免抵退税办法后有关城市维护建设税教育费附加政策的通知》(财税[2005]25号)以及深圳市地方税务局的相关规定,公司以实际缴纳的增值税和营业税为计税依据,分别按照适用税率1%和3%来计算并缴纳城市维护建设税和教育费附加,报告期内,公司应交城市维护建设税和教育费附加金额共计170.52万元。以实际缴纳的增值税和营业税为计税依据,未包括增值税免抵税额,与财税[2005]25号文的规定有差异,存在被税务主管部门追缴的风险,为此公司股东深圳市乐仁科技有限公司和深圳市金田土科技有限公司出具了《承诺函》作出承诺:如今后海普瑞因前述税务事宜被税务机关追缴而产生额外税项和费用时,乐仁科技和金田土科技将及时、无条件、全额返还海普瑞补缴的税款以及因此所产生的所有相关费用。

发行人律师认为,公司以实际缴纳的增值税和营业税税额为计税依据缴纳城市维护建设税和教育费附加的做法尽管不违反行政法规,但不符合国家税务总局规范性文件的规定,公司存在被追缴城市维护建设税和教育费附加的风险;鉴于上述处理方法系深圳市税务主管机关认可的通行做法,且公司的主要股东已就公司可能存在的风险向公司作出了相应的承诺,因此,上述情况不构成公司本次发行上市的实质性法律障碍。

本次发行的保荐机构认为:以实际缴纳的增值税和营业税为计税依据,分别按照适用税率计算城市维护建设税和教育费附加,是深圳市税务局的税收执行惯例,适用于深圳市的所有企业,但是与财政部、国家税务总局《关于生产企业出口货物实行免抵退税办法后有关城市维护建设税教育费附加政策的通知》(财税[2005]25号)存在差异,即计税依据不含增值税免抵税额,存在被税务主管部门按照财税[2005]25号文的要求追缴的风险,为此公司股东深圳市乐仁科技有限公司和深圳市金田土科技有限公司出具了《承诺函》,作出了“如被追缴,全额返还”的承诺,因此,对本次发行不构成实质性障碍。

深圳市南山区国家税务局、深圳市南山区地方税务局于2009年5月21日和2009年5月28日分别出具了无税收违法证明。

2008年,公司的企业所得税减半征收的优惠政策到期。根据2008年1月1日起实施《企业所得税法》、《企业所得税法实施条例》以及《关于实施企业所得税过渡优惠政策的通知》,自2008年1月1日起,原享受低税率优惠政策的企业,在新税法施行后5年内逐步过渡到法定税率。其中,享受企业所得税15%税率的企业,2008年按18%税率执行,2009年按20%税率执行,2010年按22%税率执行,2011年按24%税率执行,2012年按25%税率执行。

2009年6月,公司被认定为国家级高新技术企业(证书编号:GR200944200079),认定有效期为三年(2009~2011年)。根据《企业所得税法》及相关政策,本公司自认定当年起三年内减按15%的税率征收企业所得税。公司已向主管税务机构办理减税手续,落实有关税收优惠政策。

二、达华智能(002512):广东省高新技术企业政策

2004年5月24日及2006年5月30日,发行人前身达华有限分别获得广东省科学技术厅颁发的《高新技术企业认定证书》,有效期为二年。依据广东省委、广东省人民政府颁布的粤发[1998]16号《关于依靠科技进步推动产业结构优化升级的决定》、广东省人民政府办公厅颁布的粤府办[1999]52号《贯彻落实〈中共广东省委、广东省人民政府关于依靠科技进步推动产业结构优化升级的决定〉有关税收政策的实施意见》以及广东省地方税务局颁布的粤地税发[1998]221号《关于贯彻落实省委、省政府关于依靠科技进步推动产业结构优化升级的决定的通知》之规定并经主管税务机关批准,凡经认定的高新技术企业,减按15%税率征收所得税。

据此,发行人前身达华有限2004年度、2005年度、2006年度及2007年度享受15%的企业所得税税率优惠,达华有限2004年度、2005年度、2006年度、2007年度享受的税收优惠金额分别为16.44万元、44.97万元、205.00万元、431.56万元,合计697.97万元。

经核查,发行人系依据在广东省普遍适用的规章、规范性文件而享受前述所得税优惠政策,但该等规章和规范性文件与国家财政部、国家税务总局财税[1994]001号《关于企业所得税若干优惠政策的通知》等国家法律法规的规定存在差异,发行人存在被税务机关按照33%的所得税率追缴2004年度、2005年度、2006年度及2007年度所得税的风险。

为避免公司承担上述风险,发行人控股股东及实际控制人承诺:"如果由于广东省有关文件和国家有关部门颁布的相关规定存在的差异,导致国家有关税务主管部门认定公司以前年度享受15%所得税率条件不成立,公司需按33%的所得税率补交以前年度所得税差额的情况,本人愿全部承担需补缴的所得税款及相关费用等一切经济后果和法律后果。"

2010年7月23日,发行人主管税务机关出具《证明》,证明"中山达华智能科技股份有限公司及其前身自设立至今已依法自行向中山市地方税务局小榄分局申报和缴纳各类地方税费,至今暂未发现其存在违反地方税务有关法规的行为"。

综上,发行人律师认为,发行人虽存在被追缴2004年度、2005年度、2006年度及

2007年度所得税的风险，但发行人系依据在广东省普遍适用的规定并经主管税务机关批准而享受15%所得税税率，且发行人控股股东已承诺承担前述被追缴的全部法律后果和经济后果，发行人主管税务机关亦证明发行人及其前身自设立至今已依法自行向中山市地方税务局小榄分局申报和缴纳各类地方税费，因此，发行人所得税被追缴的风险不会对发行人生产经营产生重大不利影响，不会对发行人本次发行上市构成实质性障碍。

三、上海佳豪(300008)：上海的高新技术企业政策

公司2008年被上海市科学技术委员会认定为高新技术企业，从2008年1月1日开始享受15%的所得税税率优惠政策。《高新技术企业认定管理办法》规定：高新技术企业资格自颁发证书之日起有效期为三年，企业应在期满前提出复审申请，通过复审的高新技术企业资格有效期为三年。如果本公司未能通过高新技术企业复审，则将无法享受所得税优惠政策，以后年度的净利润将受到影响。

(一)佳豪船舶补缴税款的风险

公司2005年被上海市科学技术委员会认定为上海市高新技术企业，经主管税务征管机关同意，公司2006年和2007年按照15%的税率缴纳企业所得税。因此，公司2006年和2007年执行的所得税税率与当时国家统一的税收政策不完全相符，如果有关税收机关认为公司不符合享受高新技术企业税收优惠政策的相关规定，则公司存在被追缴2006年和2007年所得税的可能。

(二)佳船监理补缴税款的风险

经主管税务机关批准，公司全资子公司佳船监理近三年实行核定征收方式征收企业所得税，2006年、2007年和2008年分别按照营业收入的4%、3.3%和2.5%缴纳企业所得税。2009年起，经佳船监理申请，主管税务机关已经开始对佳船监理按照25%的所得税率实行查账征收。如果有关税收机关撤销以前年度对佳船监理所得税核定征收的意见，则该公司存在被追缴所得税的可能。

报告期不符合国家统一税收政策的税收优惠的具体金额、对报告期各会计年度本公司财务状况可能产生的具体影响如下表所示：

单位:元

项　目	2008 年度	2007 年度	2006 年度	合计
经审计的合并报表净利润	37,831,515.72	28,455,125.27	9,303,897.29	75,590,538.28
地方机构认定的高新技术企业而享受的税收优惠,按国家即行税率计算需补缴所得税	—	5,676,638.28	1,565,756.21	7,242,394.49
地方税务局认定的核定征收方式,按查账征收方式需补缴所得税	340,854.87	511,863.36	368,060.61	1,220,778.84
扣除上述因素后的净利润	37,490,660.85	22,266,623.63	7,370,080.47	67,127,364.95
减少合并报表净利润	340,854.87	6,188,501.64	1,933,816.82	8,463,173.33
利润减少额占合并报表归属于母公司净利润的比例	0.90%	21.75%	20.79%	11.20%

为消除佳豪船舶可能出现的补缴税款事项对公司的影响,公司股东刘楠承诺:若税务主管部门认为佳豪船舶不符合享受税收优惠政策的条件而要求佳豪船舶按照国家法定税率补缴2006年和2007年期间的所得税,则补缴的税款和可能的税收滞纳金、罚款等将全部由本人承担。

为消除佳船监理上述可能的补缴税款事项对公司的影响,公司股东刘楠承诺:若上海佳船工程设备监理有限公司被税务主管部门要求按照国家法定税率补缴2007年12月31日前的所得税,则补缴的税款和可能的税收滞纳金、罚款等将全部由本人承担;本次发行前的全体股东承诺:若上海佳船工程设备监理有限公司被税务主管部门要求按照国家法定税率补缴2008年度的所得税,则补缴的税款和可能的税收滞纳金、罚款等将全部由上海佳豪船舶工程设计股份有限公司的全体发起人股东承担。

本次发行的保荐机构、发行人律师及申报会计师认为,发行人2006年、2007年两年享受的高新技术企业所得税优惠政策是上海市的地方政策,与国家统一的所得税优惠政策存在差异。发行人已对可能存在的补交所得税风险采取了具体可行的防范措施,发行人享受的上述所得税政策不构成本次发行上市的障碍。

四、鼎龙股份(300054):湖北的高新技术企业政策

公司依据1994年湖北省人民政府令第60号《湖北省高新技术企业高新技术产品认定和优惠办法(试行)》第3章第8条规定“高新技术企业自被认定之日起,减按15%

的税率征收所得税。出口产品产值达到当年总产值70%以上的,经税务机关核定,减按10%的税率征收所得税",按照10%的税率缴纳所得税。2008年1月23日,湖北省地方税务局以《关于湖北鼎龙化学有限公司享受所得税优惠政策的确认证明》文件对发行人享受的上述税收优惠予以证明。但是《湖北省高新技术企业高新技术产品认定和优惠办法(试行)》是地方税收优惠政策,该规定中"出口产品产值达到当年总产值70%以上的,经税务机关核定,减按10%的税率征收所得税"部分与国家税收法律、法规不完全相符,如果按照33%的所得税税率计算,本公司2006年、2007年可能补缴的所得税分别为84.34万元和635.28万元。

为此,公司的实际控制人朱双全、朱顺全作出承诺:若公司因本次发行前已享受的税收优惠被有关部门要求补交税款,则公司补交后,公司的实际控制人朱双全、朱顺全将对公司进行全额补偿。因此,该税收优惠政策对公司正常生产经营不构成影响。

2009年1月23日,根据《高新技术企业认定管理工作指引》(国科发火[2008]362号)和《高新技术企业认定管理实施办法》的有关规定,经全国高新技术企业认定管理工作领导小组办公室回函确认,湖北省科学技术厅、湖北省财政厅、湖北省国家税务局和湖北省地方税务局以鄂科技发计[2009]3号《关于公布湖北省2008年第一批高新技术企业认定结果的通知》认定公司为2008年第一批高新技术企业(证书编号:GR200842000001,有效期:三年,发证日期为:2008年12月1日),自2008年起三年内享受15%的企业所得税优惠政策。2008年度和2009年1~6月,公司所得税税收优惠金额分别为355.73万元和150.53万元,占利润总额的比例为10.36%和7.56%。虽然根据税法的规定,公司2009年度和2010年度仍将享受现有的所得税税收优惠政策,但若国家税收优惠政策发生重大变化,公司实际执行的所得税税率上升将对公司的经营业绩带来一定的影响。

五、豫金刚石(300064):对高新技术企业认定机关是否适格关注

经核查,根据1991年3月6日国发[1991]12号《国务院关于批准国家高新技术产业开发区和有关政策规定的通知》,郑州高新技术产业开发区被国务院批准为国家级高新技术产业开发区。

经核查,发行人前身华晶有限是由国内投资者于2004年12月24日投资设立的内资有限责任公司,注册地址为郑州高新区冬青街24号,位于郑州高新技术产业开发区内。

经核查,华晶有限于2006年8月被河南省科技厅认定为高新技术企业,根据2000

年7月23日国科发火字[2000]324号《科技部关于印发〈国家高新技术产业开发区高新技术企业认定条件和办法〉的通知》中经修订的《国家高新技术产业开发区高新技术企业认定条件和办法》,河南省科技厅为有权认定机关。根据财税[2006]88号财政部、国家税务总局《关于企业技术创新有关企业所得税优惠政策的通知》的规定,“国家高新技术产业开发区内新创办的高新技术企业,自获利年度起两年内免征企业所得税,免税期满后减按15%的税率征收企业所得税”。因此,经主管税务部门核准,发行人2006年度免交企业所得税,2007年度企业所得税适用税率为15%。

综上,发行人律师认为,发行人因2006年被认定为高新技术企业而享受的税收惠符合相关法律、法规的规定。

【案例关注】

1. 政府出于支持当地企业发展甚至招商引资的需要,一般情况下都会给予企业一定的税收优惠政策。由于增值税是国税一般谁也不敢动,而其他税收由于比例较小又没有动的意义,所以大多数情况下这样的优惠措施就落到了企业所得税的头上。当然,增值税越权审批优惠的情形也并不罕见,不过不能作为原则来看。

2. 一般情况下,当地政府给予的所得税优惠都是“两免三减半”或者更长的优惠期限,而优惠的理由不是当地特区政策就是混乱的高新技术企业认定标准等。既然这样的税收优惠与国家政策相违背,那么就有可能被追缴,但是税收征管权一般都在地方税务局,这就造成一个悖论:既然是地方给的优惠又怎么会主动收回呢?所以,这个问题从这个角度来看很好解决,只要承认存在追缴的风险而税务局出证明不会追缴就可以了,总不会让国家税务总局挨家挨户去追缴吧?

3. 当然,如果需要做得细致,那么可以将报告期内因越权审批的税收优惠占公司当期净利润的比例做一下测算,以让审核人员相信就算是没有这些优惠公司也完全符合首发上市的条件。

4. 横向上来看,该类越权审批的税收优惠在广东、上海、深圳颇为普遍,而其他地区也并不陌生。具体的解决思路大概是:(1)介绍税收优惠的背景及周期;(2)税收优惠对利润的影响金额;(3)承认存在补缴的风险;(4)税务主管部门出具税务合规证明;(5)控股股东承诺,如果追缴自己承担与企业无关;(6)重大风险提示。

5. 最新审核政策已经明确,如果是与国家政策不相符的税收优惠政策,如果当地政府能够证明不属于重大违规行为且金额并不大的话,是不构成首发上市的实质性障碍的。

6. 另外,在海普瑞的案例中,会里在反馈意见中没有关注所得税税收优惠问题而是关注了城建税和教育附加税缴纳不合规的问题,值得注意。其实这两个税种在实务中一般不受关注,在此至少是提个了醒。

最后说明一点,自 2009 年起国税总局收紧了地方税收政策制定的权限,以后上市企业报告期内税收越权审批的条例可能会越来越少了。

【思路总结】

财政部、国家税务总局联合发布的《关于企业所得税若干优惠政策的通知》(财税字[1994]001 号)规定,“国务院批准的高新技术产业开发区内企业,经有关部门认定为高新技术企业的,可减按 15% 的税率征收所得税”。值得注意的是,经有关部门认定为高新技术企业的公司,若申请所得税优惠政策,必须在高新技术产业开发区内,而且,高新技术开发区必须是国务院批准。正是这两个限定条件,使不少地方政府走上越权审批之路。

原税法有关规定实际是强化区域导向,只有在高新技术开发区内的企业才享受税收优惠,而开发区外的企业却享受不到,这影响了公平竞争,实际上,应改为产业导向,这不仅能有目的地加快发展国内某些产业,而且,无论开发区内外,都可享受到税收优惠,也促进市场公平竞争。对此,新《企业所得税法》取消了高新技术开发区的内外之别,只要是国家需要重点扶持的高新技术企业,均减按 15% 的税率征收企业所得税。新法于 2008 年元旦起施行,所以,上述公司所言的补缴企业所得税风险都是截至 2008 年,2008 年之后再无补缴风险。

■第二节　延期缴纳

【重要提示】

★ 实务中企业缴纳税收超过期限的情形也较为普遍,情形也各不相同。有的是因为政府征收不利或者调节税收增长量而没有及时催缴,有的是因为企业会计认知不足而延期缴纳,主观原因或者客观原因都会存在。

★ 如果企业及时补缴了延期缴纳的税款,同时税务局认可该事项且不会对企业进行处罚,那么在首发上市过程中不会构成实质性障碍。

★ 值得注意的一点是,现在税务系统几乎都是联网的,如果要补缴税款或者有缴纳不及时的情况系统会自动生成企业需要缴纳的滞纳金。该种情况下,企业只能解释滞纳金的金额占当期收益的比重很小,同时也不构成违法违规行为。

【案例情况】

一、银河磁体(300127):缓缴是因为政府原因

该企业的税务问题在审核过程中受到了审核人员的关注,其关注的问题是:请发行人说明大额欠缴企业所得税的原因并提供税务机关同意发行人缓缴企业所得税的书面证明。

根据公司出具的相关说明并经发行人律师核查,公司缓缴企业所得税的原因系地方税收征管机关出于自身税收任务总额调节因素,要求公司缓缴造成。经与成都高新技术产业开发区地方税务局沟通,公司已于2010年8月20日将累计缓缴的企业所得税15,665,934.26元全部缴纳完毕。

2010年8月20日,成都高新技术产业开发区地方税务局出具《证明》,根据该证明,成都高新技术产业开发区地方税务局认可公司截至该证明出具之日前的企业所得税缓缴情形,并不对公司该税种的缴纳情况进行行政处罚;截至该证明出具之日,上述缓缴的企业所得税款已由公司足额缴纳,公司不存在欠缴企业所得税的情形。

2010年8月18日,公司全体股东戴炎、银河集团、张燕、吴志坚、何金洲出具声明和承诺函:“本人或本公司作为成都银河磁体股份有限公司的股东,现就相关事项作出如下声明与承诺:如银河磁体因首次公开发行并在创业板上市完成之日前的事由,因少缴、欠缴企业所得税的行为,导致公司被相关税收征管机关或司法机关处以罚金、征收滞纳金或被采取措施导致遭受经济损失的,本人或本公司将按照本声明和承诺函出具之日本人或本公司持有银河磁体的股份比例以现金支付的方式无条件补足公司应缴差额并承担银河磁体因此受到的全部经济损失。”

综上,税收征管机关已就公司曾存在的缓缴企业所得税情况出具了证明文件,对此情形表示认可及不给予行政处罚;截至本补充法律意见书出具之日,公司已足额缴纳曾缓缴的税款;公司全部股东亦出具了声明与承诺函,明确表示如公司因上述缓缴事宜遭经济损失将无条件全额承担。经核查,发行人律师认为,该缓缴企业所得税款事宜对公司不造成重大不利影响,对公司本次首发不构成实质障碍。

二、金亚科技(300028):延迟交税导致滞纳金

报告期内,发行人存在延期缴纳增值税、所得税情形,如下表所示:

单位:万元

年度	税种	当期实际缴纳税款总额	缴纳以前年度税款
2009 年 1 ~ 6 月	增值税	651.57	224.13
	所得税	558.82	558.82
2008 年	增值税	3961.25	1953.24
	所得税	247.00	198.48
2007 年	增值税	1145.90	849.27
	所得税	739.05	553.05
2006 年	增值税	8.36	0.31
	所得税	—	—

2007 年、2008 年和 2009 年 1 ~ 6 月,公司分别发生税收滞纳金 195.26 万元、92.83 万元和 10.17 万元,主要是由于公司经营资金紧张,被迫延期缴纳部分增值税和所得税造成的。根据财政部、国家税务总局、海关总署《关于鼓励软件产业和集成电路产业发展有关税收优惠政策问题的通知》(财税[2000]25 号文)的规定,公司销售自行开发生产的软件产品,按 17% 的法定税率征收增值税后,对其实际税负超过 3% 的部分可以享受"即征即退"的优惠政策。公司实际收到退税款需要一定的周期,造成公司税收的延期缴纳,给公司的现金流带来了一定压力。

2007 年至 2009 年 1 ~ 6 月,发行人各期滞纳金税种名称、金额、延迟缴纳时间等情况如下:

单位:万元

年度	税种	延迟缴纳税额	缴纳滞纳金金额	延迟缴纳天数
2009 年 1 ~ 6 月	增值税	2,214,284.73	101,713.42	90
		27,054.02	11.45	1
	小计	2,241,338.75	101,724.87	
2008 年	增值税	16,130,162.96	830,960.25	100
		3,402,264.33	97,331.63	56
	小计	19,532,427.29	928,291.88	
2007 年	增值税	5,938,394.92	1,019,559.24	317
		2,554,323.20	910,616.22	610
		475.736.86	22,390.43	92
	小计	8,968,454.98	1,952,565.89	

随着公司引入投资者,资金状况得到一定的缓解,公司已缴纳了全部延期缴纳的增值税和所得税,报告期内,公司缴纳的上述两税的税款共计7311.95万元。截至2009年6月30日,公司已缴纳了全部以前年度延期缴纳的增值税和所得税。在此期间,公司并未因税务问题发生任何罚款性质的营业外支出。

成都市金牛区国家税务局、成都市金牛区地方税务局分别出具证明如下:“兹证明成都金亚科技股份有限公司目前所执行的税率、税种符合现行法律、法规的规定,所执行的税收优惠政策符合有关规定,并依法缴纳各项税款,自2006年1月1日起至今没有因税务违法、违规行为而被处罚的情形。”

保荐机构及律师均认为,成都市金牛区国家税务局、成都市金牛区地方税务局出具的证明合法、合理、有效。

三、兴民钢圈(002355):延期缴纳所得税

(一)利用税差避税问题

报告期内,发行人于2005年6月至9月将部分机器设备租赁给控股子公司赛诺特使用,之后于2007年7月和11月将上述租赁机器设备分批收回。通过出租机器设备,发行人将部分产品的生产和销售移至赛诺特。由于赛诺特系中外合资企业,自2005年起享受“免二减三”企业所得税的税收优惠政策,因此发行人在将部分产品的生产和销售移至赛诺特后,该部分产品所形成的利润也相应享受了企业所得税减免等税收优惠政策。

由于赛诺特少数股东权益比例较大(38.02%),前述税收优惠并未对发行人合并报表归属母公司所有的净利润数产生重大影响。发行人及赛诺特主管税务机关龙口市国家税务局和龙口市地方税务局也已出具证明,确认发行人及赛诺特的生产经营、发行人租赁设备给赛诺特使用的行为和2005年至2009年上半年的纳税申报、税款缴纳符合国家税收征管方面的法律、法规和部门规章。同时,发行人控股股东王嘉民承诺,若税务主管部门对赛诺特自2005年起享受的企业所得税减免税款进行追缴,则由股东王嘉民全额承担应补交的税款及因此所产生的所有相关费用。

(二)补缴所得税

公司2005年度期末应交企业所得税余额为707,963.14元和2006年增加的应交企业所得税5,830,114.59元,上述两项合计2006年年末发行人应交企业所得税余额为6,538,077.73元。发行人上述应交企业所得税实际缴纳时间为2007年12月。由

于客观原因的存在,发行人上述应交企业所得税在税款所属当期如实申报,但存在迟延缴纳的情况。发行人上述企业所得税迟延缴纳的情况可能存在被征收税款滞纳金的风险。

单位:元

项　目	2008 年度	2007 年度	2006 年度	2005 年度
企业所得税申报金额	16,750,766.31	14,685,667.40	5,830,114.59	707,963.14
所得税缴纳总额	17,655,414.98	14,374,515.85	0	0

发行人主管税务机关已出具证明,发行人及其控股子公司 2005 年、2006 年、2007 年、2008 年和 2009 年上半年,依法纳税,未出现偷逃税款的情形,没有因违反税收征管方面的法律、法规、部门规章而受过处罚。发行人控股股东王嘉民先生已作出承诺,如发行人上述迟延缴纳企业所得税被征收税款滞纳金,王嘉民先生将以自有资金代替发行人及时全额缴纳滞纳金。发行人律师认为,发行人上述迟延纳税行为不属于重大违法违规行为,亦不应构成本次发行上市的实质性法律障碍。

发行人会计核算是按税收发票等原始凭证进行记账,因此造成公司账面反映为多缴土地使用税等地方税,而迟延缴纳 2005 年和 2006 年企业所得税。在此情况下,发行人于 2007 年 12 月主动缴齐了迟延缴纳的企业所得税。补缴完成后,由于出现了公司近三年累积纳税额(含企业所得税及地方税种)超过应纳税额的情形,地方政府退还了发行人多缴纳的税款 460 万元。发行人依据会计准则中实质重于形式的原则,将收到的政府退回多缴纳的地方税合计 460 万元在会计核算上冲减了公司多交税金。

(三)提示因延迟缴纳所得税的滞纳金风险

发行人于 2007 年 12 月主动缴齐了原迟延缴纳的企业所得税。补缴完成后,由于出现了公司近三年累积纳税额(含企业所得税及地方税种)超过应纳税额的情形,地方政府给予发行人退还 460 万元。当地税务主管部门并未由此向发行人征收税款滞纳金,同时发行人控股股东王嘉民已承诺将代替发行人承担因迟延纳税可能产生的滞纳金,因此发行人将不会因此遭受经济损失。

申报会计师认为,2005 年至 2007 年第一季度,发行人实际纳税获得地方税种发票所对应的金额大于发行人实际应承担的地方税种对应的应纳税额,造成公司账面反映为多缴土地使用税等地方税,而迟延缴纳 2005 年和 2006 年企业所得税。发行人已于 2007 年 12 月主动缴齐了迟延缴纳的企业所得税,当地税务主管部门并未由此向发行人征收税款滞纳金,同时发行人控股股东王嘉民已承诺将代替发行人承担因迟延纳税可能产生的滞纳金,因此发行人将不会因此遭受经济损失。同时,保荐人和律师也发表了核查意见。

四、天润曲轴(002283):缓缴增值税金额较大

根据地方政府关于支持地方大型企业发展的相关政策,公司缓缴了1999年以前的增值税1900万元、缓缴2004年增值税1000万元。2007年,公司已将上述缓缴的税款全部足额缴清。对此,主管税收征管机构已经出具了本公司最近三年及一期依法纳税的证明文件。山东省文登市国家税务局已出具相关证明文件,对本公司上述缓缴税款的相关责任不予追究。

2008年4月24日,公司控股股东曲轴总厂出具承诺:如果天润曲轴因上述增值税缴纳问题将来被税务机关处罚或遭受其他任何损失,均由曲轴总厂承担。

五、振东制药(300158):是否影响发行条件

在该企业的审核过程中,审核人员还关注了发行人由于税收优惠而影响到发行条件的问题:请发行人说明报告期内是否存在欠税的情况;如存在,补充披露欠税税种、金额。请保荐机构、律师核查并就是否符合《首次公开发行股票并在创业板上市管理暂行办法》第15条规定情形发表意见。

(一)企业所得税逾期缴纳事宜

发行人于2006年2月至2007年1月期间的企业所得税共计433,1410.57元,发行人已于2006年2月至2007年1月期间及时申报,由于当地税务部门原因未按时缴纳。我们已经在《律师工作报告》第二节第十六部分中对欠税税种、金额予以披露。

(二)逾期缴纳税款的原因

关于此次缴纳税款事宜,原因为发行人2006年2月至2007年1月期间的企业所得税未予及时缴纳;我们核查了发行人于2006年2月至2007年1月期间的企业所得税纳税申报表,发行人已按月进行了足额纳税申报,在税务机关填写的受理人签名及录入人签名栏均有当地税务机关人员的签名,且发行人已对上述税款按照会计制度进行了计提。

据核查,发行人未能及时缴纳税款的行为非发行人自身原因,而是由于当地政府相关部门的原因未能按时缴纳。发行人2006年根据当时税务部门的要求,为保持地方税收稳定增长,公司有433,1410.57元企业所得税已申报未按时缴纳,直到2009年6

月才完成缴纳工作,并缴纳174.42万元滞纳金;虽然缓缴税款是当时税务部门的安排,但由于相关税款缴纳的数据已输入计算机系统,并自动计算相应的滞纳金,因此,虽经发行人申请免交滞纳金,当地税务机关答复审批时间较长,在此情况下,为加快规范运作进程,公司主动缴纳了该滞纳金。

对此,2009年4月9日,长治县人民政府出具了致山西省地税局文件(文号为长县政函[2009]10号):“2006年各级政府为了保持经济及税收收入平稳较快增长,在经济形势好的年份对税收收入进行了调控,致使振东制药2006年2~12月和2007年1月企业所得税4,331,410.57元未能上缴,形成欠税并加收滞纳金。”长治县地方税务局、长治市地方税务局在附表上盖章确认。

2009年12月7日,长治县地方税务局直属一分局出具《关于山西振东制药股份有限公司纳税申报情况的合规证明》:“振东制药为我局所辖的纳税户,从2006年年初至今,正常按时申报纳税,未受到任何行政处罚。2006年当地各级政府为了保持经济及税收收入平稳较快增长,在经济形势好的年份对税收收入进行了调控,致使该公司2006年2~12月和2007年1月企业所得税433.14万元未能按时上缴;因确非该公司主观原因,该公司曾向我局、山西省长治市地方税务局、山西省地方税务局申请豁免滞纳金,但审批的程序和时间较长,后该公司主动于2009年6月完成433.14万元企业所得税的缴纳工作,并缴纳174.42万元滞纳金。该滞纳金不构成行政处罚。除此之外,该公司不存在其他任何类似的欠税、延期缴税、补缴滞纳金等情形;符合税收征管法等法律、法规的要求。”

2009年12月7日,山西省长治县地方税务局出具《关于山西振东制药股份有限公司企业所得税按率核定征收方式的补充确认》认为,经长治县地方税务局历年税务年检及检查,振东制药依法纳税,最近三年会计基础工作规范,财务报表的编制符合企业会计准则和相关会计制度的规定。

(三)逾期缴纳税款的风险

(1)按照《首次公开发行股票并在创业板上市管理暂行办法》第15条之“发行人依法纳税”的规定,发行人的依法纳税存有瑕疵;但发行人上述补缴企业所得税及滞纳金的行为系当地政府对税收收入调控行为所致,非发行人自身原因,亦非地方政府的税收优惠,不属于重大违法行为。

(2)发行人已按照规范运作及税务部门的要求足额缴纳了相关企业所得税及滞纳金,逾期缴纳税款事项已得到落实,发行人未因上述逾期缴纳行为受到任何行政处罚。

(3)发行人自2001年以来依法纳税,发行人没有主观偷税漏税行为,不属于重大违法违规;长治县地方税务局一分局于2009年12月7日出具合规证明。

(4)发行人控股股东振东集团及实际控制人李安平已出具承诺:“如果该事项对振东制药造成损失或发生被税务部门处罚的事项,振东集团或本人愿全额承担支付罚金的责任以及其他相关责任。”

综上,发行人律师认为,除上述补缴的税款事项外,报告期内不存在类似的补交滞纳金等事项的风险,发行人亦不存在偷税漏税行为。发行人上述逾期缴纳税款的行为不会对发行人的生产经营及本次发行构成实质法律障碍。

六、佳隆股份(002495):缓交增值税

经核查,发行人存在缓缴2006年度部分企业所得税税款和缓缴2006年度和2007年度部分增值税税款的情形,发行人已于2008年全部缴清了缓缴的企业所得税、增值税及滞纳金。

2009年9月,普宁市和揭阳市两级税务部门(包括地方税务局和国家税务局)均出具书面说明,认为发行人上述缓缴税款的行为不构成重大违法行为,且不再追究相关责任。根据《税收征收管理法》规定,延期缴纳税款需由省、自治区、直辖市国家税务局、地方税务局批准。因此,发行人取得的普宁市和揭阳市两级税务部门的确认文件在有效性上存在一定瑕疵。但鉴于发行人已经于2008年全部足额缴清缓缴税款并缴纳了滞纳金,且发行人于2009年9月10日和2009年9月17日分别取得了广东省地方税务局、国家税务局出具的《证明》,确认发行人在2006年1月1日至2008年12月31日期间没有因违法行为被处罚或立案检查。另外,对于发行人因首次公开发行股票前部分增值税、企业所得税缓缴问题将来被税务机关处罚或遭受其他任何损失的风险,发行人实际控制人已承诺承担发行人遭受的一切损失。

据此,发行人律师认为,发行人上述缓缴税款事宜不构成本次发行上市的实质性法律障碍。

【案例评析】

1.税收延期缴纳的问题原因总结起来主要有以下几点:(1)政府出于调控税收的目的而允许甚至是要求企业缓缴,这种情况很常见;(2)企业当期现金流紧张等原因向税务部门申请缓缴而获得批准;(3)企业恶意延期缴纳。第三种情况尽管情节严重倒是并不常见,如果是恶意逃税就不是补缴税款那么简单的问题了,不在此列。

2.如果是前两种情形,只要是在申报之前补缴了税款,且金额并非巨大,那么小兵认为是不会造成实质性障碍的。至于金额多少算大,小兵认为并没有定论,如果在报

告期之外或许500万元不算大,而如果在报告期内且离申报期很近则100万元或许就很严重;另外,还要综合考量当时的政策背景和企业的具体情况等因素,以做出最恰当的判断。

3. 至于增值税缓交的问题,投行实务界一致认为由于是国税根本就不能碰,但是从案例来看也并非如此。只要增值税的缓缴有合理理由且金额在可接受范围内,小兵觉得还是有处理的余地。至于曾经闹得沸沸扬扬的天润曲轴案例,在小兵看来也并非是开了先河,其金额尽管巨大但毕竟已经是2004年的事情,对于企业报告期内的生产经营已经影响甚微。

4. 另外,振东制药还关注了缓缴税款是否涉及首发上市基本条件的问题,当然该反馈意见是有理由的。振东医药不仅有缓交的问题还有核定征收的问题甚至还交了不菲的滞纳金,因此,会里重点关注也是很有道理的。

【参考法规】

一、《首次公开发行股票并上市管理办法》[2006]

第三十四条 发行人依法纳税,各项税收优惠符合相关法律法规的规定。发行人的经营成果对税收优惠不存在严重依赖。

二、《首次公开发行股票并在创业板上市管理暂行办法》[2009]

第十五条 发行人依法纳税,享受的各项税收优惠符合相关法律法规的规定。发行人的经营成果对税收优惠不存在严重依赖。

■第三节 补缴税款

【重要提示】

★ 其实,从某种意义上来讲,只要是企业存在税收的瑕疵一般都需要将该交的税补齐的,这是企业对于税务瑕疵的态度问题,也是被看做解决问题最便捷的方式。

★ 总结下来,补税的情形包括调增利润、核定征收、以前税务政策导致没交、公司经营发生变化等，而在该部分主要为第一种情形，其他的情形将在其他部分分别论述。

★ 补缴税款问题的解决之道与其他的税收瑕疵的处理思路并没有太大的差别，在此不再赘述。

【案例情况】

一、金通灵（300091）

发行人于2008年补缴2006年度及以前企业所得税合计803.76万元。2006年度为4,910,713.32元，2006年及以前年度为3,126,956.78元，按照33%的企业所得税率，对应的调增净利润分别为14,880,949.45元和9,475,626.62元。

2006年及以前年度，由于公司会计核算尚不够规范，2007年公司聘请南京立信永华会计师事务所有限公司进行审计，对以前的会计差错和会计核算差异进行调整，产生上述纳税调整事项，应补缴2006年及以前年度企业所得税合计金额为803.76万元。公司已于2008年5月自查补缴，并得到南通市地方税务局认可，未加收滞纳金。

南通市国家税务局稽查局于2009年9月召开了南通市重点企业2006~2008年度纳税情况自查自纠动员大会并下发自查目录，本公司经过认真自查，发现公司在2006~2008年期间，购买并赠送企业宣传品金额共计318,657.40元未缴纳增值税，该部分宣传品应补缴增值税50,930.71元。截至目前，本公司已补缴该部分增值税，并缴纳相应滞纳金12,600.62元。

保荐机构经核查后认为，发行人主观上不存在故意偷税、漏税的动机，出现补缴增值税及缴纳相应滞纳金的主要原因在于发行人对税法所规定应纳税所得调整税项理解不透。该补缴事项不属于重大违法违规行为，对发行人本次发行上市不构成实质性障碍。

二、中原内配（002448）

2007年，公司及铸造公司补缴以前年度所得税共计15,396,133.14元，其中，2004年度为7,616,740.08元，2005年度为7,779,393.06元。补缴上述所得税的原因为：公司外聘会计师对公司2004年、2005年会计报表进行期后审计，公司依据审计结果对2004年、2005年原始财务报告进行了调整，从而导致公司应缴所得税发生了变化。

2010年2月，孟州市地方税务局为本次补缴所得税专门出具依法纳税情况的说明："中原内配和铸造公司于2007年补缴以前年度税款属于公司依法纳税的行为，不构成税收违法行为。"

国信证券、发行人律师认为，公司于2007年及时按审计后的所得税数额对2004年度、2005年度所得税进行了补缴,对本次发行不构成实质影响。公司最近三年依法纳税,不存在违反税收法律法规的行为。

三、准油股份(002207)

由于2001年经过追溯调整,调增了利润总额1060.37万元,确认准油技术2001年实现利润992.17万元,应纳所得税328万元左右。对上述因追溯调整而形成的利润是否需要缴纳所得税,当地税务机关至今未予以明确答复。

为保证准油股份设立出资的真实、准确性,准油股份设立时的16名自然人股东已做出承诺:自愿承担该项纳税义务,若当地税务机关征收此项所得税,将由16名自然人股东向税务机关缴纳相应税款。同时,为确保上述承诺的履行,16名自然人股东共同筹集328万元,交由第一大股东秦勇先生存放在一个单独的银行账户中。如果需要缴纳上述所得税款,将以上述款项优先进行缴纳,不足部分将由16名自然人补足。

保荐机构认为,鉴于当地税务机关尚未明确准油技术2001年因追溯调整形成的利润是否需要缴纳所得税,准油股份设立时的16名自然人关于此项税负的承诺和履约安排能够有效保证2003年准油股份整体变更设立时股东出资的真实性和完整性,从而能够有效避免准油股份设立时出资不实的情况。

四、太阳电缆(002300)

(一)关于发行人之子公司厦门金太桦是否已足额补缴已免征、减征的企业所得税

发行人之子公司厦门金太桦电线有限公司系于2000年3月24日在厦门经济特区设立的生产性中外合资经营企业。根据《外商投资企业和外国企业所得税法》,厦门金太桦执行的企业所得税税率为15%,同时还可享受企业所得税“免二减三”的优惠待遇,即从开始获利的年度起,第一年和第二年免征企业所得税,第三年至第五年减半征收企业所得税。

2007年7月,经厦门市外商投资局厦外资审[2007]164号《厦门市外商投资局关于同意厦门金太桦电线有限公司提前终止的批复》批准,厦门金太桦拟提前终止。因实际经营期不满10年,厦门金太桦已于2007年8月补缴了已免征、减征的企业所得税税款,福建省厦门市思明区国家税务局和福建省厦门市集美区地方税务局已分别于2007年8月24日、9月10日出具《注销税务登记通知书》和《核准注销税务登记/社保登记通知书》,批准厦门金太桦注销税务登记。2007年9月13日,厦门金太桦在厦门

市工商行政管理局办理了注销登记手续。经核查厦门金太桦补缴企业所得税税款的缴款书和税务主管部门出具的上述文件，发行人律师认为，厦门金太桦已足额补缴了已免征、减征的企业所得税税款。

（二）关于发行人之子公司厦门科鹏是否存在补缴企业所得税的风险或其他潜在纠纷

发行人之子公司厦门科鹏电线有限公司（以下简称厦门科鹏）系设在厦门经济特区内的中外合资经营企业（外资比例低于25%），因其位于厦门经济特区，厦门科鹏执行的企业所得税税率为15%。该税收优惠政策的依据是国务院（80）国函字88号《国务院对福建省关于建设厦门经济特区的批复》以及厦门市人民政府厦府［1993］综198号《关于进一步推动厦门经济特区对内经济联合的若干规定》。

根据国务院国发［2007］39号《关于实施企业所得税过渡优惠政策的通知》第1条规定："企业按照原税收法律、行政法规和具有行政法规效力文件规定享受的企业所得税优惠政策，按以下办法实施过渡……享受上述过渡优惠政策的企业，是指2007年3月16日以前经工商等登记管理机关登记设立的企业；实施过渡优惠政策的项目和范围按《实施企业所得税过渡优惠政策表》（见附表）执行。"该《实施企业所得税过渡优惠政策表》第12项即为"厦门经济特区所得税率按15%执行"，文件依据是"国务院（80）国函字88号《国务院对福建省关于建设厦门经济特区的批复》"。据此，发行人律师认为，厦门科鹏原按15%的税率缴纳企业所得税具有相应的文件依据，不存在补缴企业所得税的风险或其他潜在纠纷。

五、棕榈园林（002431）

2007年以前，发行人工程项目一般是在发票开具时确认业务收入和成本，而未采用完工进度百分比法，即在公司开具发票时，根据发票金额确认相关项目收入，同时结转相关项目实际发生的施工成本。通常情况下，工程结算额占工程实际进度对应合同额的70%～80%，因此按照发票金额确认的收入金额通常低于按完工进度百分比法确认的收入金额。

2007年度，发行人按照建造合同准则规定的完工进度百分比法对以往的施工项目收入、成本进行复核，并根据复核结果对2005年、2006年的财务报表进行了追溯调整。追溯调整后，2006年及以前年度，发行人利润总额较调整前有所增加。发行人主动与主管税务机关进行沟通，补缴了相应的企业所得税，共计人民币528.67万元。由于补缴的税款涉及以往年度，发行人同时缴纳了滞纳金148.19万元。

发行人该次补缴企业所得税的部门包括发行人本部和北京分公司。

2008 年 5 月，发行人主动与本部的主管税局——中山市地方税务局小榄税务分局进行沟通，详细说明了 2005 年和 2006 年发行人财务报表调整的原因及结果，并了解补缴企业所得税的程序。中山市地方税务局小榄税务分局要求发行人重新填报补税年度的企业所得税纳税申报表，再根据纳税申报表补缴税款。2008 年 6 月 13 日，发行人按重新填报的 2005 年、2006 年的纳税申报表补缴了企业所得税，共计 3,791,429.97 元，并缴纳相应的滞纳金 1,062,028.04 元。

2008 年 5 月，发行人北京分公司就补缴企业所得税事项主动与主管税局——北京市海淀区国税七所进行沟通。北京市海淀区国税七所要求北京分公司聘请会计师事务所进行专项审核，并出具企业所得税汇缴清算报告。北京分公司聘请了中企惠（北京）会计师事务所对 2005 年、2006 年的企业所得税补交情况进行审核，该事务所出具了《企业所得税汇算清缴鉴证报告书》（中企惠国税鉴字［2008］第 101、102、103 号）。2008 年 6 月 26 日，北京分公司按该报告核定的金额补交了企业所得税，共计 1,495,239.74 元，并缴纳相应的滞纳金 419,881.07 元。

在补缴税款过程中，主管税务机关相关经办人员表示，发行人因收入确认原则发生变化而导致利润增加，并主动补缴税款，发行人仅需缴纳滞纳金。发行人 2007 年度的企业所得税已经按时足额缴纳，未产生税收滞纳支出。

发行人历年收入、成本、净利润调整数据如下表所示：

2005 年				
	原始报表数（元）	经审计数（元）	需调整数（元）	调整数占审定数的比例（%）
主营业务收入	154,501,520.03	221,864,855.55	67,363,335.52	30.36
主营业务成本	132,877,057.12	180,627,080.77	47,750,023.65	26.44
净利润	2,291,808.87	11,272,392.10	8,890,583.23	79.67
2006 年				
	原始报表数（元）	经审计数（元）	需调整数（元）	调整数占审定数的比例（%）
主营业务收入	277,873,646.26	277,794,169.79	49,920,523.53	17.97
主营业务成本	194,620,222.27	217,335,84.48	22,715,592.21	10.45
净利润	4,211,993.71	19,265,133.94	15,053,140.23	78.14

发行人补缴企业所得税明细情况如下表所示。

单位:元

项目		2005 年度以前	2005 年度	2006 年度	合计
当期企业所得税费用		—	3,841,502.54	5,039,714.83	—
本部	补交税金	—	1,660,553.33	2,130,876.64	3,791,429.97
	滞纳金	—	625,198.33	436,829.71	1,062,028.04
北京	补交税金	135,097.07	275,106.73	1,085,035.94	1,495,239.74
	滞纳金	82,003.92	108,392.05	229,485.10	419,881.07
补交税金(合计)		135,097.07	1,935,660.06	3,215,912.581	5,286,669.71
补交税金占当期企业所得税费用的比例		—	50.39%	63.81%	—
缴纳滞纳金(合计)		82,003.92	733,590.38	666,314.81	1,481,909.11

发行人该次补缴税款,均为报告期外。

中山市地方税务局小榄税务分局于 2010 年 1 月 12 日出具《证明》,认为“上述补缴行为属于因政策调整导致计算方法有异而产生,相应的滞纳金亦随之产生,该行为不属于偷税行为,不予处罚”。

公司全体发起人股东均已作出无条件且不可撤销的承诺,如公司因补缴税款事宜将来被主管税务部门进一步追缴税款或被处罚,公司全体发起人股东愿承担连带责任,对公司作出充分和足额的补偿以承担公司因此可能产生的任何经济损失。

保荐机构核查后认为:发行人已足额补缴税款,主管税务机关已明确表示不予处罚,发行人不会因此招致进一步的追缴或相应处罚。发行人不存在《首次公开发行股票并上市管理办法》第 25 条所规定的情形,补缴税款事宜不构成本次发行上市的实质性障碍。

发行人律师认为,发行人经自查全额补缴了欠缴税款及滞纳金,主管税务部门对此事已经依法处理完毕。发行人补缴税款的行为不存在被进一步追缴或处罚的风险,发行人亦不会因被进一步追缴税款或被处罚而导致遭受实际经济损失,对本次发行不构成障碍。

【案例评析】

1. 其实,从某种意义上来讲,只要企业存在税收的瑕疵一般都需要将该交的税补齐,这是企业对于税务瑕疵的态度问题,也是被看做解决问题最便捷的方式。

2. 总结下来,补税的情形包括调增利润、核定征收、以前税务政策导致没交、公司经营发生变化等,而在该部分主要为第一种情形,其他的情形将在其他部分分别论述。

3. 至于由于原始报表调整补缴所得税的问题尽管很常见但是一定要谨慎,主要是注意好以下几点:(1)原始报表和申报报表差异不能太大,不然会导致对公司财务处理极其不规范的质疑,从而影响首发上市的基本条件。(2)如果以前年度存在隐瞒利润的情形,那么还有可能导致少缴增值税的问题,如果存在这种情形,则需要更加谨慎。(3)如果收入确认和费用计提以前年度金额较大,那么有时候不调整都不行,否则公司的很多财务指标将会导致不具有延续性,如毛利率的变动问题。

4. 太阳电缆因为中外合资企业地位未满10年而终止导致税收补缴的问题,还有就是核定征收、调整利润和越权审批税收优惠等情形也会存在补缴税款,除了上述五种情形会导致补缴税款之外,还有什么方式呢?欢迎大家继续补充。

■第四节 核定征收

【重要提示】

★ 国家规定对某些企业实施核定征收的税收征管措施本来是一种惩罚手段,想不到在实践中却往往成为企业不思进取甚至偷逃税款的途径。

★ 实施核定征收的企业不仅不需要纳税审计报告甚至账簿设置都粗糙至极,从而企业也就没有了规范的动力;本来企业盈利能力已经颇具规模,却会要求税务机关以极低的税额征税,从而逃避纳税义务。

★ 如果企业要在境内首发上市,核定征收肯定是不允许的,并且建议及时规范按照查账征收且核定征收的不规范事项留在报告期外,至少应该在报告期初期。

【案例情况】

一、振东制药(300158):按率核定征收之后补缴税款

(一)所得税征税方式变化

2007年公司采用按率核定征收企业所得税,但是根据国税发[2008]30号《企业所

得税核定征收办法(试行)》,公司在此期间已不符合核定征收的法定条件;当地政府为了促进本地产业结构转型,提升本地产业的科技含量,同意公司延续原核定征收方式缴纳企业所得税,实质上减轻了企业税收负担。

为了进一步规范企业管理水平,2010 年 6 月 8 日振东制药向管辖税务机关申请 2007 年度按查账征收方式缴纳企业所得税;并已按照查账征收 33% 所得税税率与核定征收所得税税率之间的差额,补缴了 2007 年度的所得税款 8, 565, 270. 25 元。

2009 年 7 月 22 日,山西省长治县地方税务局出具《关于山西振东制药股份有司公司企业所得税按率核定征收方式的确认函》,内容如下:"为促进本地产业结构转型,提升本地企业的科技含量,根据《企业所得税法》及《企业所得税法实施细则》征收方式之规定,对我辖区内高新技术企业山西振东制药股份有限公司 2006 年、2007 年企业所得税实行过核定征收方式,现就此事项予以确认。"

2010 年 6 月 8 日,管辖税务机关出具《关于山西振东制药股份有限公司企业所得税征收方式的确认文件》对该事项再次确认。全文具体内容如下:我辖区内山西振东制药股份有限公司(以下简称振东制药)的前身山西金晶药业有限公司(以下简称金晶药业)于 1995 年成立,由于当时经营规模较小,经主管税务机关核定,按照核定征收方式缴纳企业所得税。

山西振东实业有限公司(后更名为山西振东实业集团有限公司)于 2001 年收购重组振东制药前身金晶药业,振东制药 2003 年年初完成 GMP 认证,2005 年后随着振东制药经营规模的不断扩大,企业所得税缴纳方式按相关规定应改为查账征收方式;鉴于振东制药 2005 年获得高新技术企业证书,但是按当时法律规定注册地不在国家高新技术产业区内不能享受 15% 的所得税税率优惠,为了促进当地产业结构调整,鼓励高新技术产业发展,当地税收征管部门允许振东制药延续按率核定征收缴纳企业所得税,延续原程序按年申报。

根据《企业所得税法》(自 2008 年 1 月 1 日起实施)的有关规定,振东制药可以享受 15% 的高新技术企业所得税优惠税率;该企业经税务机关批准同意从 2008 年开始改按查账征收方式缴纳企业所得税。

为了进一步规范企业经营,振东制药向管辖税务机关申请 2007 年度按查账征收方式缴纳企业所得税;目前已按照查账征收 33% 所得税税率与核定征收所得税税率之间的差额,补缴了 2007 年度的所得税款 8, 565, 270. 25 元,并已将企业所得税征收方式自 2007 年度起变更为查账征收。

根据税务机关历年税务年检及检查情况,振东制药均依法纳税,该企业编制财务报表以实际发生的交易或者事项为依据,2006 年至今会计基础工作规范,财务报表的编制符合企业会计准则和相关会计制度的规定。

我局认为,上述情况属实,振东制药上述补缴税款的行为系税收征收方式的调整,我局予以确认;该企业以前年度实行的核定征收方式纳税不属于违法行为;2006年以前给予该企业核定征收方式缴纳企业所得税在审批权限和审批程序方面符合《税收征收管理法》及其他法律、法规的规定;该企业所得税征收方式适用问题不会受到税务机关的行政处罚或被追究相关责任。

鉴于公司已将2007年税收征收方式变更为查账征收并补缴相关税款差额,管辖税务机关已出具关于税收征收方式的确认文件、税收合规证明,振东集团出具承诺承担相关责任,保荐机构认为,由税收征收方式引致的影响已消除,振东集团有能力承担该项责任,该事项对发行人已经没有重大影响。

(二)按率核定征收方式的风险

公司在2007年以前采用按率核定征收方式缴纳企业所得税,即按照销售收入的7%计算应纳税所得额,再按33%的企业所得税税率计算缴纳企业所得税,

2008年度公司已改为按照查账征收方式计算缴纳企业所得税。根据国税发[2008]30号《企业所得税核定征收办法(试行)》,公司报告期内已不符合核定征收的法定条件;但当地税务机关为了促进本地产业结构转型,提升本地产业的科技含量,扶持优质企业发展,同意公司延续原核定征收方式缴纳企业所得税,是对公司的税收优惠。山西省长治县地方税务局已出具《关于山西振东制药股份有限公司企业所得税按率核定征收方式的确认函》,对此事项予以确认。

为了进一步规范企业经营,2010年6月8日振东制药向管辖税务机关申请2007年度按查账征收方式缴纳企业所得税;并已按照查账征收33%的所得税税率与核定征收所得税税率之间的差额,补缴了2007年度的所得税款8,565,270.25元。管辖税务机关于2010年6月8日已出具《关于山西振东制药股份有限公司企业所得税征收方式的确认文件》对该事项予以确认。

虽然振东制药已变更了2007年度税收征收方式并补缴了税款差额,但由于该税收优惠并不属于法定减免范围,仍可能面临被税收征管机关追缴滞纳金、罚款的风险;同时2006年度仍存在由于核定征收可能需要补缴税款差额,预计金额为152.62万元。振东集团分别出具承诺、补充承诺承担由于2007年改变所得税征收方式引致的滞纳金、罚款和2006年可能需补缴的税款差额、滞纳金、罚款及其相关法律责任。

(三)反馈意见关注:请保荐机构、律师核查发行人的纳税方式是否取得了有权部门的批准,对税务管理部门给予发行人核定征收方式缴纳企业所得税是否合法以及目前对该税收减免行为的处理是否符合《税收征收管理法》的规定发表意见。对发行人是否符合《首次公开发行股票并在创业板上市管理暂行办法》第15条、第20条的规定发表意见

1.发行人的纳税方式取得的批准

报告期内,发行人2006年度、2007年度按照核定征收方式计缴所得税,核定计税基数为销售收入的7%,税率为33%,2008年度公司已变更为按照查账征收方式计算缴纳企业所得税。

根据发行人的企业所得税纳税申报表、财务报表等资料,发行人于2006年度、2007年度按照核定征收方式计缴所得税的行为取得了山西省长治县地方税务局的认可。

振东制药的前身金晶药业于1995年成立,由于成立时经营规模较小,经当地税务局核定,按照核定征收的方式缴纳企业所得税;据了解,确定核定征收方式时,当地税务机关并未出具相关确定纳税方式的文件,仅在税务机关做了备案;之后每年年中由企业提交《企业所得税征收方式鉴定表》,由税务机关审批同意即可,第二年年初企业填写《企业所得税纳税申报表(适用于核定征收企业)》进行汇算清缴。

2009年7月22日,山西省长治县地方税务局出具《关于山西振东制药股份有司公司企业所得税按率核定征收方式的确认函》,内容如下:"为促进本地产业结构转型,提升本地企业的科技含量,根据《企业所得税法》及《细则》征收方式之规定,对我辖区内高新技术企业山西振东制药股份有限公司2006年、2007年企业所得税实行过核定征收方式,现就此事项予以确认。"

2009年12月7日,山西省长治县地方税务局出具《关于山西振东制药股份有限公司企业所得税按率核定征收方式的补充确认》:"我辖区内振东制药的前身金晶药业于1995年成立,由于当时经营规模较小,经主管税务机关核定,按照核定征收方式缴纳企业所得税;之后每年年中由企业提交《企业所得税征收方式鉴定表》,报主管税务机关审批同意实施,第二年年初企业填写《企业所得税纳税申报表(适用于核定征收企业)》进行汇算清缴。2001年振东集团收购重组金晶药业,振东制药2003年初完成GMP认证,2005年随着振东制药经营规模扩大,企业所得税缴纳方式按相关规定应改为查账征收方式;但振东制药2005年获得高新技术企业证书,由于注册地不在国家高新技术产业区内不能享受15%的所得税税率优惠,为了促进当地产业结构调整,仍允许公司按照核定征收方式缴纳企业所得税,延续原程序按年申报。我局曾于2009年7月22

日出具《关于山西振东制药股份有限公司企业所得税按率核定征收方式的确认函》对上述事实予以了确认;但没有出具延续原征收方式的具体批文。我局认为,2007年前给予该企业核定征收方式缴纳企业所得税在审批权限和程序方面符合《税收征收管理法》及其他法律、法规的规定。现就此事项予以确认。"

上述山西省长治县地方税务局出具的《关于山西振东制药股份有限公司企业所得税按率核定征收方式的补充确认》认为,经长治县地方税务局历年税务年检及检查,振东制药依法纳税,最近三年会计基础工作规范,财务报表的编制符合企业会计准则和相关会计制度的规定。

2. 税务管理部门给予发行人核定征收方式缴纳企业所得税合法性

根据《税收征收管理法》第35条规定:"纳税人有下列情形之一的,税务机关有权核定其应纳税额:(1)依照法律、行政法规的规定可以不设置账簿的;(2)依照法律、行政法规的规定应当设置但未设置账簿的;(3)擅自销毁账簿或者拒不提供纳税资料的;(4)虽设置账簿,但账目混乱或者成本资料、收入凭证、费用凭证残缺不全,难以查账的;(5)发生纳税义务,未按照规定的期限办理纳税申报,经税务机关责令限期申报,逾期仍不申报的;(6)纳税人申报的计税依据明显偏低,又无正当理由的。税务机关核定应纳税额的具体程序和方法由国务院税务主管部门规定。"

根据《企业所得税核定征收办法(试行)》(国税发[2008]30号)第3条规定:"纳税人具有下列情形之一的,核定征收企业所得税:(1)依照法律、行政法规的规定可以不设置账簿的;(2)依照法律、行政法规的规定应当设置但未设置账簿的;(3)擅自销毁账簿或者拒不提供纳税资料的;(4)虽设置账簿,但账目混乱或者成本资料、收入凭证、费用凭证残缺不全,难以查账的;(5)发生纳税义务,未按照规定的期限办理纳税申报,经税务机关责令限期申报,逾期仍不申报的;(6)申报的计税依据明显偏低,又无正当理由的。特殊行业、特殊类型的纳税人和一定规模以上的纳税人不适用本办法。"

《税收征收管理法实施细则》第47条:"纳税人有税收征管法第三十五条或者第三十七条所列情形之一的,税务机关有权采用下列任何一种方法核定其应纳税额:(1)参照当地同类行业或者类似行业中经营规模和收入水平相近的纳税人的税负水平核定;(2)按照营业收入或者成本加合理的费用和利润的方法核定;(3)按照耗用的原材料、燃料、动力等推算或者测算核定;(4)按照其他合理方法核定。采用前款所列一种方法不足以正确核定应纳税额时,可以同时采用两种以上的方法核定。纳税人对税务机关采取本条规定的方法核定的应纳税额有异议的,应当提供相关证据,经税务机关认定后,调整应纳税额。"

根据以上规定及其他法律、法规的相关规定,发行人律师认为:

(1)发行人的核定征收方式纳税取得了有权部门的批准

根据上述规定,查账征收和核定征收是对企业所得税征收管理的两种方式,以核定征收方式缴纳企业所得税需要获得管辖税务机关的同意;通过核查发行人纳税资料及税收征收方式核定资料,发行人以核定征收方式缴纳企业所得税获得了其管辖税务机关长治县地方税务局的同意,符合《税收征管法》及《企业所得税核定征收办法(试行)》的规定。

(2)税务管理部门给予发行人核定征收的纳税方式法律依据不足

企业所得税实行核定应税所得率方式征收,主要是针对能够正确核算收入而不能正确核算成本费用的企业适用,如果能够正确核算成本费用的企业,应采用查账征收;根据当地税务机关出具的确认函,发行人于2005年以后已不符合核定征收方式缴纳企业所得税的法定条件,地方税务管理部门为了促进当地产业结构转型,提升本地企业的科技含量,仍允许其核定征收方式缴纳企业所得税,给予发行人核定征收方式缴纳企业所得税的行为法律依据不足,与国家有关部门颁布的行政规章存在差异。

(3)该税收减免行为的处理不符合税收征管法的规定

根据《税收征管法》第84条的规定,违反法律、行政法规的规定,擅自作出税收的开征、停征或者减税、免税、退税、补税以及其他同税收法律、行政法规相抵触的决定的,除依照本法规定撤销其擅自作出的决定外,补征应征未征税款,退还不应征收而征收的税款。

长治县地方税务局对发行人2007年度按照核定征收方式计缴所得税的征收政策与国家有关部门的相关规定存在差异,该税收减免行为的处理不符合《税收征收管理法》的规定,发行人存在按照查账征收方式即按照33%的税率补缴上述期间的所得税差额的风险。

对此,发行人控股股东振东集团出具承诺:"若今后有关税务部门要求振东制药按照查账征收方式即按照33%税率计算应缴所得税额,并要求振东制药补缴自2006年起与实缴的所得税款差额时,振东集团承诺愿意承担自2006年起至振东制药股票发行上市日前可能需补缴的全部所得税差额及相关费用(以税务机关认定额为准)"。

发行人律师认为,发行人实行核定征收方式纳税不属于重大违法行为;由于征收方式导致发行人可能补缴所得税的问题,发行人控股股东已经承诺由其承担和解决,该事宜不会对发行人的生产经营及本次发行构成实质法律障碍。

发行人律师认为,除以上说明的情况外,发行人及其子公司的其他税收政策合法、合规,符合法律、法规及规范性文件的规定。发行人在报告期内由于征收方式导致发行人可能补缴所得税的问题,发行人控股股东已承诺由其承担和解决,该事宜不会形成对发行人本次发行的重大法律障碍及重大法律风险。经核查,发行人现有的内部控制完善，形成了规范的管理体系，会计基础工作规范，财务报表的编制符合企业会计准则和相关会计制度的规定，并由利安达会计师事务所出具了无保留意见的审计报告，发行人符合《首次公开发行股票并在创业板上市管理暂行办法》第15条、第20条的规定。

3.发行人为避免和减少补缴所得所款采取的措施

由于上述事项不属于法定税收减免范围，存在被税收征管机关追缴税款的风险。发行人申请创业板发行上市时，发行人控股股东振东集团就振东制药核定征收引致的补缴税款事项出具了承诺函，承诺若振东制药由于2007年之前采用核定征收方式缴纳企业所得税发生被税务机关追缴税收及罚款的事项，将由山西振东实业集团有限公司承担补缴全部税款及其他相关法律责任。

鉴于振东制药已主动申请2007年度税收征收方式变更为查账征收，并主动补缴了差额税款，振东集团于2010年6月8日在上述承诺基础上出具补充承诺如下：“若振东制药由于2007年之前采用核定征收方式缴纳企业所得税发生被税务机关追缴税收、滞纳金及罚款的事项，将由山西振东实业集团有限公司承担补缴除已缴纳税款之外的全部税款、滞纳金、罚款及其他相关法律责任。”

4.报告期内发行人会计基础工作的规范性

(1)发行人的财务独立。发行人已建立独立的财务核算体系，能够独立作出财务决策，具有规范的财务会计制度和对子公司的财务管理制度。

(2)报告期内，发行人的内部控制制度健全且被有效执行，能够合理保证财务报告的可靠性、生产经营的合法性、营运的效率与效果。

(3)根据利安达会计师事务所出具的《振东制药内部控制审核报告》(利安达专字[2009]第1321号以及利安达专字[2010]第1151号)和发行人律师核查，发行人的内部控制在所有重大方面是有效的。

(4)经核查，发行人会计基础工作规范，财务报表的编制符合企业会计准则和相关会计制度的规定，在所有重大方面公允地反映了发行人的财务状况、经营成果和现金流量，利安达会计师事务所于2009年7月24日出具了无保留意见的《审计报告》(利安达审字[2009]第1203号)以及于2010年6月8日出具了无保留意见的《审计报告》(利安达审字[2010]第1071号)。

(5)发行人编制财务报表以实际发生的交易或者事项为依据；在进行会计确认、计量和报告时保持应有的谨慎；对相同或者相似的经济业务，选用一致的会计政策，不存在随意变更的情形。

5.管辖税务机关出具的确认文件

2010年6月8日，山西省长治县地方税务局出具《关于山西振东制药股份有限公司企业所得税征收方式的确认文件》，认为根据历年税务年检及检查情况，振东制药均依法纳税,该企业编制财务报表以实际发生的交易或者事项为依据,2006 年至今会计基础工作规范,财务报表的编制符合企业会计准则和相关会计制度的规定。我局认为:振东制药上述补缴税款的行为系税收征收方式的调整,我局予以确认;该企业以前年度实行的核定征收方式纳税不属于违法行为;2006 年以前给予该企业核定征收方式缴纳企业所得税在审批权限和审批程序方面符合《税收征收管理法》及其他法律、法规的规定;该企业所得税征收方式适用问题不会受到税务机关的行政处罚或被追究相关责任。

6. 结论

发行人律师认为,发行人申请2007 年度税收征收方式变更为查账征收并主动补缴差额税款的行为,系按照规范运作的要求调整征收方式所致,已取得了管辖税务机关的同意,不属于违反税收法律法规的行为,不属于重大违法行为,且发行人控股股东振东集团已出具关于发行人补缴税款的相关承诺,发行人2007 年度税收征收方式变更为查账征收事宜不会对发行人本次发行构成实质障碍。

发行人律师经核查后认为,报告期内,发行人的内部控制完善,形成了规范的管理体系,会计基础工作规范,财务报表的编制符合企业会计准则和相关会计制度的规定,发行人符合《首次公开发行股票并在创业板上市管理暂行办法》第 15 条、第 20 条的规定。

二、网宿科技(300017):补缴报告期外的差额

(一)基本情况

公司在风险提示中就核定征收问题做了解释,报告期内存在按核定征收方式缴纳企业所得税及补缴税款的风险:

公司在 2006 年 1 月至 2007 年 11 月期间按照核定征收方式申报缴纳企业所得税,2007 年 12 月,经公司申请,上海市地方税务局嘉定区分局开始对公司实行查账征收。2008 年 3 ~ 4 月,公司按照上海市地方税务局嘉定区分局批准的 15% 税率对 2007 年度的所得税进行年度汇算清缴,并补缴 2006 年度因实际执行核定征收企业所得税政策而少缴纳的企业所得税额 170.83 万元。

上海市嘉定区国家税务局、上海市地方税务局嘉定区分局于 2009 年 9 月出具《关于上海网宿科技股份有限公司 2007 年 11 月之前采用核定征收方式征收企业所得税的证明》认为,上海网宿科技发展有限公司 2007 年 11 月之前按照核定征收方式缴纳企业所得税不属于税收违法行为。

保荐机构核查后认为,上海市嘉定区税务主管机关对发行人在2007年11月之前按照核定征收方式征收企业所得税的征管实践做法与《税收征收管理办法》规定的有关情形未完全一致,在企业所得税征管方式上存在瑕疵。

但鉴于发行人已按照上海市地方税务局嘉定区分局批准的企业所得税税率对2007年度进行查账征收,并补缴2006年度因实际执行核定征收企业所得税政策而少缴纳的企业所得税。因此,对发行人的持续经营及本次公开发行股票并上市不构成实质性影响。根据上海市嘉定区税务主管机关出具的证明文件,发行人在2006年1月至2007年11月期间按照核定征收方式申报缴纳企业所得税符合当地税收征收管理办法,不属于重大违法行为。

发行人律师核查后认为,发行人在2006年1月至2007年11月期间按照核定征收方式申报缴纳企业所得税,后经政府主管部门批准实行查账征收,并相应补缴了2006年度的税款,根据上海市嘉定区国家税务局及上海市地方税务局嘉定区分局的书面证明,发行人实行核定征收方式纳税不属于重大违法行为,不会对本次公开发行股票并上市构成实质性法律障碍。

(二)反馈意见关注:请保荐机构、发行人律师就发行人实行核定征收方式纳税是否符合国家税收有关规定、是否属于重大违法行为发表明确意见并补充披露

根据发行人提供的资料,经发行人律师核查,发行人自2006年1月至2007年11月期间按照核定征收方式进行企业所得税申报、缴纳。其中,2006年1月至12月期间,发行人按照对应缴纳营业税的销售额的4%和对应缴纳增值税的销售额的0.5%缴纳企业所得税;2007年1月至11月期间,发行人按照收入总额的3.3%缴纳企业所得税。2007年12月,经发行人申请,上海市地方税务局嘉定区分局开始对发行人实行查账征收,根据上海市地方税务局嘉定区分局第九税务所于2008年4月3日出具《企业所得税备案类减免登记通知书》(沪地税嘉九[2008]000003号),核定发行人适用高新技术企业15%的所得税优惠税率。2008年3~4月,发行人以15%的企业所得税税率汇算清缴了2007年的企业所得税,并补缴2006年度因实际执行核定征收企业所得税政策而少缴纳的企业所得税额。

根据上海市嘉定区国家税务局及上海市地方税务局嘉定区分局于2009年9月23日出具的《关于上海网宿科技股份有限公司2007年11月之前采用核定征收方式征收企业所得税的证明》,查账征收和核定征收是对企业所得税征收管理的两种方式,发行人按核定征收方式缴纳企业所得税不属于税收违法行为。

综上，经核查，发行人律师认为，发行人在2006年1月至2007年11月期间按照核定征收方式申报缴纳企业所得税，后经政府主管部门批准实行查账征收，并相应补缴了2006年度的税款，根据上海市嘉定区国家税务局及上海市地方税务局嘉定区分局的书面证明，发行人实行核定征收方式纳税不属于重大违法行为，不会对本次公开发行股票并上市构成实质性法律障碍。

三、新开源（300109）：没有补缴税款

（一）基本情况表述

公司由于2003年、2004年、2006年采用核定征收方式缴纳企业所得税，博爱县地方税务局核定发行人2003年、2004年、2006年应缴纳企业所得税金额分别为1,056,021.66元、1,178,529.82元、997,532.47元，在查账征收方式下征收的金额分别应为812,153.73元、3,183,576.92元、1,380,023.58元。因此，如果按照查账征收方式计算企业所得税，公司2003年多缴243,867.93元，2004年享受税收优惠2,005,047.10元，2006年享受税收优惠382,491.11元，公司自设立以来因采用核定征收方式合计享受税收优惠2,143,670.28元。

博爱县地方税务局2010年3月22日出具证明："我局于2003年、2004年和2006年对博爱新开源制药有限公司采用核定征收方式征收所得税，应纳税款企业已足额缴纳，不存在欠缴、漏缴税款情形。我局将不会对该公司因采用核定征收而享受的税收优惠进行追缴，也不会因采用核定征收以及征收方式的改变而对该公司进行任何处罚。"

公司控股股东暨实际控制人杨海江、王东虎、王坚强出具《承诺函》，承诺若相关主管部门就上述核定征收事宜要求发行人补缴税款、罚款及滞纳金，杨海江、王东虎、王坚强将代为补缴并承担相应法律责任。

经核查，保荐机构认为：发行人2003年、2004年、2006年按照核定征收方式缴纳企业所得税对发行人本次发行上市及公司未来的经营业绩不构成实质性影响，不会因发行人以前年度采用核定征收以及征收方式的改变而被税务部门处罚，对本次发行上市申请不构成实质性障碍。

经核查，发行人律师认为：发行人2003年、2004年、2006年按照核定征收方式缴纳企业所得税对发行人本次发行上市及公司未来的经营业绩不构成实质性影响，不会因发行人以前年度采用核定征收以及征收方式的改变而被税务部门处罚，对本次发行上市申请不构成实质性障碍。

公司在风险因素中重要提示：虽然博爱县地方税务局于2010年3月22日出具证明："我局于2003年、2004年和2006年对博爱新开源制药有限公司采用核定征收方式征收所得税，应纳税款企业已足额缴纳，不存在欠缴、漏缴税款情形。我局将不会对该公司因采用核定征收而享受的税收优惠进行追缴，也不会因采用核定征收以及征收方式的改变而对该公司进行任何处罚。"且公司控股股东暨实际控制人杨海江、王东虎、王坚强出具《承诺函》，承诺若相关主管部门就上述核定征收事宜要求发行人补缴税款、罚款及滞纳金，杨海江、王东虎、王坚强将代为补缴并承担相应法律责任。但公司依然存在被税务部门追缴因采用核定征收方式而享受的所得税优惠的风险。

（二）反馈意见关注

发行人2006年企业所得税实行核定征收方式征收，缴纳企业所得税金额997,532.47元，在查账征收方式下征收的金额应为1,380,023.58元。新开源有限按照核定征收方式少缴纳的所得税金额为382,491.11元，占当期净利润的14.35%。请发行人补充披露上市后将执行的税收政策、优惠政策享受年限。请保荐机构就发行人自设立以来因实行核定征收方式而少缴纳所得税金，发行人采用核定征收方式征收所得税的原因，会否导致其被税务部门处罚及对本次发行上市申请构成实质性障碍等进行核查并发表明确意见。

1.发行人上市后将执行的税收政策、优惠政策享受年限

河南省科学技术厅、河南省财政厅、河南省国家税务局和河南省地方税务局于2009年9月9日联合向发行人核发了《高新技术企业证书》（证书编号GR200941000051，有效期三年），认定发行人为高新技术企业。根据《企业所得税法》、《企业所得税法实施条例》、《高新技术企业认定管理办法》以及国家税务总局《关于实施高新技术企业所得税优惠有关问题的通知》（国税函[2009]203号）的规定，发行人从2009年1月1日起将连续三年享受税收优惠，所得税率按15%执行。

根据国家税务总局《企业研究开发费用税前扣除管理办法（试行）》（国税发[2008]116号）的规定，发行人的研究开发费用可在计算其应纳税所得额时实行加计扣除。

2.发行人自设立以来因实行核定征收方式而少缴纳所得税金额、发行人采用核定征收方式征收所得税的原因、会否导致其被税务部门处罚及对本次发行上市申请构成实质性障碍

（1）实行核定征收的原因及因此而少缴的企业所得税金额

①新开源有限于2003年3月成立以后，向博爱县地方税务局申请以查账征收方式

缴纳企业所得税，但博爱县地方税务局要求新开源有限以核定征收方式缴纳企业所得税。2003 年，新开源有限按照核定征收方式实际缴纳企业所得税 1,056,021.66 元；如按照查账征收，应缴企业所得税为 812,153.73 元。新开源有限多缴企业所得税 243,867.93 元。

②2004 年，新开源有限再次申请以查账征收方式缴纳企业所得税，但博爱县地方税务局未同意，继续以核定征收方式缴纳企业所得税。2004 年，新开源有限按核定征收方式实际缴纳企业所得税 1,178,529.82 元；如按照查账征收，应缴企业所得税为 3,183,576.92 元，新开源有限享受企业所得税优惠 2,005,047.10 元。

③由于 2004 年新开源有限的盈利较好，博爱县地方税务局同意新开源有限 2005 年以查账征收方式缴纳企业所得税，新开源有限也以查账征收方式申报和缴纳了企业所得税。新开源有限 2005 年按查账征收应缴企业所得税为 1,172,408.65 元，实际缴纳企业所得税为 1,172,408.65 元。

④由于新开源有限于 2005 年用乙炔法淘汰了已明显落后的 γ－丁内酯法，主要精力集中于工艺改造，盈利下降，新开源有限也面临着工艺改造能否成功的不确定性，因此，博爱县地方税务局再次要求公司 2006 年以核定征收方式缴纳企业所得税。新开源有限 2006 年按照核定征收方式缴纳企业所得税 997,532.47 元；如按查账征收，应缴企业所得税为 1,380,023.58 元。公司享受企业所得税优惠 382,491.11 元。

⑤经主管税务部门批准，公司自 2007 年起以查账征收方式缴纳企业所得税。

⑥新开源有限自 2003 年设立以来，2003 年、2004 年、2006 年采用核定征收方式缴纳企业所得税。如按查账征收方式计算企业所得税，新开源有限 2003 年多缴 243,867.93 元、2004 年享受税收优惠 2,005,047.10 元、2006 年享受税收优惠 382,491.11元；公司自设立以来合计享受税收优惠 2,143,670.28 元。

(2) 发行人税务主管部门确认发行人无欠缴税款情形

博爱县地方税务局于 2010 年 2 月 10 日出具《证明》：“我局于 2003 年、2004 年和 2006 年对博爱新开源制药有限公司采用核定征收方式征收企业所得税，应纳税款企业已足额缴纳，不存在欠缴税款情形。”

(3) 发行人实际控制人对可能导致的处罚作出了承诺

发行人控股股东暨实际控制人杨海江、王东虎、王坚强出具《承诺函》，承诺若相关主管部门就上述核定征收事宜要求发行人补缴税款、罚款及滞纳金，杨海江、王东虎、王坚强将代为补缴并承担相应法律责任。

经审慎核查，发行人律师认为：

(1) 新开源有限自设立以来，根据博爱县地方税务局的要求，于 2003 年、2004 年、2006 年按核定征收方式缴纳企业所得税，合计享受税收优惠 2,143,670.28 元。对新开源有限执行核定征收企业所得税与《税收征收管理法》第35条及《核定征收企业所得税暂行办法》等相关法律、法规关于核定征收的规定不符。

(2)新开源有限的主管税务机关博爱县地方税务局已出具证明,该局于2003年、2004年和2006年对新开源有限采用核定征收方式征收企业所得税,应纳税款企业已足额缴纳,不存在欠缴税款情形。控股股东暨实际控制人杨海江、王东虎、王坚强已出具《承诺函》,承诺若相关主管部门就上述核定征收事宜要求发行人补缴税款、罚款及滞纳金,杨海江、王东虎、王坚强将代为补缴并承担相应法律责任。因此,发行人2003年、2004年和2006年按照核定征收方式缴纳企业所得税对发行人本次发行上市及公司未来的经营业绩不构成实质性影响,对本次发行上市申请不构成实质性障碍。

(三)第二次反馈关注

请发行人补充说明自其前身新开源有限设立以来因采用核定征收方式缴纳企业所得税,会否导致其被税务部门处罚,对本次发行上市申请是否构成实质性障碍。请保荐机构及律师进行核查并发表明确意见。

经核查,发行人因于2003年、2004年和2006年采用核定征收方式缴纳企业所得税,累计享受税收优惠2,143,670.28元。

博爱县地方税务局于2010年3月22日出具证明:"我局于2003年、2004年和2006年对博爱新开源制药有限公司采用核定征收方式征收所得税,应纳税款企业已足额缴纳,不存在欠缴、漏缴税款情形。我局将不会对该公司因采用核定征收而享受的税收优惠进行追缴,也不会因采用核定征收以及征收方式的改变而对该公司进行任何处罚。"

发行人控股股东暨实际控制人杨海江、王东虎、王坚强出具《承诺函》,承诺若相关主管部门就上述核定征收事宜要求发行人补缴税款、罚款及滞纳金,将代为补缴并承担相应法律责任。

经审慎核查,发行人律师认为:发行人2003年、2004年、2006年按照核定征收方式缴纳企业所得税对发行人本次发行上市及公司未来的经营业绩不构成实质性影响,不会因发行人以前年度采用核定征收以及征收方式的改变而被税务部门处罚,对本次发行上市申请不构成实质性障碍。

四、万顺股份(300057):核定征收是否导致财务基础不规范

(一)基本情况

公司于1998年成立初期,根据《企业所得税暂行条例》及其实施细则以及国家税

务总局国税发[2000]38 号文件《国家税务总局关于印发〈核定征收企业所得税暂行办法〉的通知》的规定，经税务机关批准，公司从设立起至 2006 年度，一直按核定征收方式按期足额缴纳了企业所得税，具体核定方式及缴纳情况为税务机关按照公司的收入项目，并依据预先核定的比率计算核定公司应交企业所得税，公司根据税务机关核定结果予以缴纳。2007 年 3 月，根据汕头市地方税务局汕地税发[2006]18 号文件《关于进一步加强企业所得税征收管理工作的通知》要求，经公司申请，汕头市地方税务局保税区税务分局批准，公司自 2007 年度开始改按查账征收方式缴纳企业所得税；经汕头市地方税务局保税区税务分局核查同意，公司于 2007 年 10 月 31 日按 15% 的税率分别补缴了 2005 年度及 2006 年度因实际执行核定征收企业所得税政策而少缴纳的企业所得税（与按照查账征收方式计算的相应期间应缴企业所得税相比较）201.14 万元和 310.79 万元。报告期内，公司已按查账征收方式计算并依法足额缴纳了企业所得税。

发行人律师对发行人报告期内的企业所得税缴纳情况进行了核查，认为发行人于 2006 年度已按照核定征收方式缴纳了企业所得税，2007 年起改按查账征收方式缴纳企业所得税，并于 2007 年 10 月 31 日补缴了 2005 年度及 2006 年度因实际执行核定征收企业所得税政策而少缴纳的企业所得税款（与按照查账征收方式计算的相应期间应缴企业所得税相比较），上述情形均属于经税务机关批准的税收缴纳及变更征收方式所致的行为，且变更征收方式合法合规，报告期内不存在税款补缴的风险。

保荐机构对发行人报告期内的企业所得税缴纳情况进行了核查，认为：发行人于 2006 年度已按照核定征收方式缴纳了企业所得税，2007 年起改按查账征收方式缴纳企业所得税，并于 2007 年 10 月 31 日补缴了 2005 年度及 2006 年度因实际执行核定征收企业所得税政策而少缴纳的企业所得税款（与按照查账征收方式计算的相应期间应缴企业所得税相比较），上述情形均属于经税务机关批准的税收缴纳及变更征收方式所致的行为，且变更征收方式合法合规，报告期内不存在税款补缴的风险。

申报会计师对发行人的会计基础工作规范性情况、发行人报告期内是否符合查账征收的条件等事项进行了核查，经核查，申报会计师认为：公司会计基础工作规范，以前期间的核定征收对公司会计基础工作规范性未产生不利影响；报告期内公司符合查账征收的条件，并已按照查账征收方式申报及足额缴纳了企业所得税，发行人符合《创业板首发办法》第 20 条的规定。

保荐机构对发行人的会计基础工作规范性情况、发行人报告期内是否符合查账征收的条件等事项进行了核查，经核查，保荐机构认为：公司会计基础工作规范，以前期间的核定征收对公司会计基础工作规范性未产生不利影响；报告期内公司符合查账征收的条件，并已按照查账征收方式申报及足额缴纳了企业所得税，发行人符合《创业板首发办法》第20条的规定。

(二)核定征收方式缴纳企业所得税对会计基础工作规范性影响以及税款补缴的风险

从1998年成立至2006年,经税务机关批准,发行人以核定征收方式缴纳企业所得税。2007年3月,根据汕头市地方税务局汕地税发[2006]18号文件《关于进一步加强企业所得税征收管理工作的通知》要求,经公司申请,汕头市地方税务局保税区税务分局批准,公司自2007年度开始改按查账征收方式缴纳企业所得税;公司从2007年开始执行财政部2006年新颁布的《企业会计准则》,经汕头市地方税务局保税区税务分局核查同意,公司于2007年10月31日以按新准则核实并经审计调整的结果,按15%的税率分别补缴了2005年度及2006年度因实际执行核定征收企业所得税政策而少缴纳的企业所得税款(与按照查账征收方式计算的相应期间应缴企业所得税相比较)。报告期内,公司已按查账征收方式计算并依法足额缴纳了企业所得税。

如果有关税务机关认为,公司从1998年至2004年期间不符合核定征收方式的条件,则公司存在对该期间的企业所得税按照查账征收方式追缴的可能。为此,公司实际控制人杜成城做出承诺:若税务主管部门对公司1998年至2004年期间的企业所得税按照查账征收方式追缴,则由杜成城无条件全额承担应补缴的税款及或因此所产生的所有相关费用,以保证公司的利益不因此而受到损害。

报告期内,公司的会计机构设置合理,会计基础工作规范,内控制度较为完善,且报告期内公司已按查账征收方式计算并依法足额缴纳了企业所得税,以前期间的核定征收对公司会计基础工作规范性未产生不利影响。

五、爱尔眼科(300015):核定征收对利润的影响差额

(一)越权审批的核定征收企业所得税对经营成果的影响

1.关于上海恒科企业所得税的核定征收

发行人子公司上海恒科(已于2007年4月注销)的企业所得税征收方式采取核定征收,但不属于《企业所得税暂行条例实施细则》、《税收征收管理法》及国家税务总局国税发[2000]第38号《核定征收企业所得税暂行办法》、国税发[2005]64号《国家税务总局关于严格按照税收征管法确定企业所得税核定征收范围的通知》等法律、法规、规章及规范性文件所规定的应采取核定征收方式征收企业所得税的情形,属于越权审批。

2. 关于上海爱尔视光的所得税征收

发行人子公司上海爱尔视光(已于2007年10月注销)2005年、2006年的企业所得税由上海市国家税务局嘉定分局第六税务所采取核定征收方式,按营业收入的5%计缴企业所得税,与国家有关法律、法规、规章、规范性文件规定的可以核定征收所得税的条件以及应税所得率不一致,属于越权审批。

3. 关于株洲爱尔的所得税征收

株洲爱尔从2007年开业至2008年度采取核定征收方式,2007年和2008年的应税所得率分别为2%和10%,与国家有关法律、法规、规章、规范性文件规定有不一致之处,属于越权审批。

公司已将上海恒科2006年度按核定征收方式计提的企业所得税与按照查账征收方式计提的企业所得税之间的差异2,520,841.07元,列示为非经常性损益项目。而上海爱尔视光2006年度、2007年度均系亏损,不存在按核定征收方式计提的企业所得税与按照查账征收方式计提的企业所得税之间的差异。株洲爱尔2007年度、2008年度的账面已按查账征收的方法计提了企业所得税,因此不影响非经常性损益项目。

据本公司测算,若上海恒科按33%的所得税率实行查账征收,其2006年应纳所得税与实际缴纳的所得税差异及对当期合并净利润的影响如下:

项　目	2006年
查账征收应缴所得税(元)	2,691,819.19
核定征收(实际)已缴所得税(元)	170,978.12
两种征收方法差异数(元)	2,520,841.07
对发行人当期合并净利润的影响数(元)	2,268,756.97

(二)子公司所得税征管风险

1. 上海恒科

根据上海市国家税务局、上海市地方税务局沪税所一发[2003]1号《关于统一本市核定征收企业所得税征收率的通知》的规定,上海恒科2005年和2006年实行核定征收方式征收企业所得税,核定征收率为0.5%,但不属于《企业所得税暂行条例实施细则》等相关法律、法规及规范性文件规定的应采取核定征收方式征收企业所得税的情形。

上海市青浦区国家税务局、上海市地方税务局青浦区分局于2008年6月10日出具《情况说明》:“上海恒科医疗器械有限公司是我所所辖企业。该企业2005~2006年度企业所得税征收方式按照上海市国家税务局、上海市地方税务局沪税所一发[2003]1号《关于统一本市核定征收企业所得税征收率的通知》的精神,该企业归属行业为商品批发零售,其企业所得税征收率为0.5%。该企业于2006年12月申请注销,并依规定程序办理了税务注销手续。"同时,上海恒科原所在地主管税务部门出具《证明》:"上海恒科自成立至注销一直遵守国家法律、法规和规范性文件的要求,依法纳税,不存在违反法律法规情形,未因违反税收征管法律、法规受到处罚。"

上海恒科按营业收入的0.5%实行核定征收方式计缴企业所得税,符合上海市当地税务机关的税收征收政策,但和国家有关法律、法规及规范性文件规定的可以核定征收所得税的条件以及应税所得率不一致。发行人已将按核定征收方式缴纳所得税与按查账征收方式缴纳所得税的差异列入"非经常性损益"科目,但仍存在被税务机关按照查账征收执行33%的税率追缴企业所得税的可能性。

发行人控股股东湖南爱尔投资对此已经出具《承诺函》,承诺在上海恒科被税务机关要求按照33%的税率补缴和核定征收方式征收的企业所得税之间的差额时,湖南爱尔投资将全额承担该部分补缴和被追偿的损失,保证公司和上海恒科不因此遭受任何损失。

保荐人和发行人律师认为,上海恒科所得税实行核定征收不会对发行人本次发行构成实质性障碍。

2. 株洲爱尔

株洲爱尔从2007年开业至2008年12月采取核定征收方式,2007年和2008年的应税所得率分别为2%和10%,与国家有关法律、法规、规章、规范性文件的规定存在不一致之处,存在被税务机关按照查账征收执行33%、25%的税率追缴企业所得税的可能性。

为此,株洲爱尔2007年、2008年已按查账征收的方法计提了企业所得税,因此,即使补缴税款,对申报报表的各期净利润不产生影响。

根据株洲市芦淞区国家税务局和株洲市芦淞区地方税务局出具的证明,株洲爱尔自成立以来能够依法照章纳税,没有偷税、漏税、抗税、拖欠税款等违法违规行为。

株洲爱尔从2009年开始已采用查账征收缴纳企业所得税。

保荐人和发行人律师认为,株洲爱尔2007年、2008年实行核定征收已获得其主管税务部门的确认,且株洲爱尔2007年、2008年已按查账征收的方法计提了企业所得税,对发行人本次发行不构成实质性障碍。

其招股书披露,全资子公司上海恒科根据上海市地方规定,2005年和2006年实行核定征收方式征收企业所得税,核定征收率为0.5%,但不属于《中国企业所得税暂行条例实施细则》等相关法律、法规及规范性文件规定的应采取核定征收方式征收企业所得税的情形。其招股书称,2006 年,上海恒科查账征收应缴所得税 269 万元,核定征收(实际)已缴所得税仅 17 万元,两种征收方法差异数 252 万元。当然,爱尔眼科主动承认了错误,并且承诺一旦被要求补缴,则由大股东承担。

【案例评析】

1. 所谓"核定征收",是指由于纳税人的会计账簿不健全,资料残缺难以查账,或其他原因难以准确确定纳税人应纳税额,由税务机关采用合理的方法依法核定纳税人应纳税款的一种征收方式。与核定征收相对应的是"查账征收",即纳税人在规定的纳税期限内,根据财务报表或经营情况,向税务机关申请其营业额和所得额,经税务机关审核后,先开缴款书,由纳税人限期向当地代理金库的银行缴纳税款。核定征收容易产生很多弊端,给了一些企业逃避缴税义务的空间,因此,一些地区出现在企业账册齐全的情况下,也核定征收的情形,影响了税法的严肃性。

2. 上述案例简要评析如下:

(1)振东制药:①公司按照一定税率核定征收企业所得税属于一种情形,而税率往往低于正常所得税率,从而是一种变相的税收优惠政策。②公司不但补缴了税款,还缴纳了滞纳金,缴纳滞纳金的理由有些意思。③对报告期外存在的核定征收行为而可能面临的补缴等风险也做了预测和提示。④由政府出文确认核定征收是政府的意思而不是企业的违规行为。⑤提示存在税收追缴以及缴纳罚款和滞纳金的风险。⑥在审核过程中,审核人员对公司的核定征收问题做了重点关注,而公司也是在 2010 年 6 月才主动申请补缴差额,小兵猜测很有可能是公司在审核过程中就该问题解决思路的一个表态。

(2)网宿科技:公司也是在报告期期初进行了查账征收,同时公司就报告期外 2006 年的核定征收行为进行了补缴税款。

(3)新开源:①公司报告期外存在核定征收的情形,由当地县级税务局出具证明已经足额缴纳税款,企业没有缴纳差额。②公司 2004 年存在因核定征收而多交税款的情形。

(4)万顺股份:①公司在 2007 年补缴了因核定征收而 2005 年和 2006 年少缴的税款。②中介机构就核定征收对公司会计基础规范已经是否符合创业板首发条件发表了意见,小兵认为这是审核过程中反馈意见的内容。

(5)爱尔眼科:①同样都是下属子公司存在核定征收的情形,并且均为有重要影响的子公司。②中介机构对因核定征收引起的税收差异对合并报表净利润的影响情况做了测算。

3. 核定征收分如下情形:(1)按照定额征收或者按照核定的税率征收。(2)核定征收较之查账征收可能多缴税款也有可能少缴税款,而实际情况是几乎没有多缴税款的,同时核定征收措施原本是惩罚措施。

4. 由上案例可以看出,企业存在核定征收的问题一般在报告期期初已经彻底规范了,并且大部分补缴了税款差额,当然如果年代久远且当地税务主管部门认定不再追缴也可以不缴纳差额。总结一下,核定征收问题主要处理思路如下:(1)在报告期第一年开始申请查账征收,并对以前年度按照查账征收的标准进行测算税收差额;(2)补缴有关差额,甚至是罚款或者滞纳金;(3)就核定征收税款对公司经营业绩的影响做粗略测算;(4)政府出文确认核定征收并非企业行为,或者认定企业不存在重大违法违规行为;(5)中介机构就该行为构成违法违规行为发表核查意见,就会计基础是否规范发表核查意见;(6)控股股东或实际控制人出具承诺函,保证承担可能被追缴税款和滞纳金的风险;(7)对被追缴税款以及税务处罚的风险做重大风险提示。

【参考法规】

一、《企业所得税核定征收办法》(试行)(国税发[2008]30号)

第三条 纳税人具有下列情形之一的,核定征收企业所得税:

(一)依照法律、行政法规的规定可以不设置账簿的;

(二)依照法律、行政法规的规定应当设置但未设置账簿的;

(三)擅自销毁账簿或者拒不提供纳税资料的;

(四)虽设置账簿,但账目混乱或者成本资料、收入凭证、费用凭证残缺不全,难以查账的;

(五)发生纳税义务,未按照规定的期限办理纳税申报,经税务机关责令限期申报,逾期仍不申报的;

(六)申报的计税依据明显偏低,又无正当理由的。

特殊行业、特殊类型的纳税人和一定规模以上的纳税人不适用本办法。上述特定纳税人由国家税务总局另行明确。

第六条 采用应税所得率方式核定征收企业所得税的,应纳所得税额计算公式如下:

应纳所得税额 = 应纳税所得额 × 适用税率

应纳税所得额 = 应税收入额 × 应税所得率

或：应纳税所得额 = 成本（费用）支出额/(1 - 应税所得率) × 应税所得率

二、《首次公开发行股票并在创业板上市暂行办法》[2009]

第十五条　发行人依法纳税，享受的各项税收优惠符合相关法律法规的规定。发行人的经营成果对税收优惠不存在严重依赖。

第二十条　发行人会计基础工作规范，财务报表的编制符合企业会计准则和相关会计制度的规定，在所有重大方面公允地反映了发行人的财务状况、经营成果和现金流量，并由注册会计师出具无保留意见的审计报告。

■第五节　其他特殊的所得税问题关注

【重要提示】

★ 企业在经营过程中遇到的税务问题千差万别，小兵尽管以专题的形式做了总结和归纳，但是并不能穷尽所有的情形。

★ 在本部分内容中，小兵将一些比较典型的税务问题解决案例收集在此与大家分享，同时也希望大家能够补充更多的案例。

【案例情况】

一、誉衡药业（002437）：注册地变更导致税收政策变更

根据财政部、国家税务总局《关于企业所得税若干优惠政策的通知》（财税[1994]001 号）的相关规定：国务院批准的高新技术产业开发区内的高新技术企业，减按 15% 的税率征收所得税。公司 2002 年经黑龙江省科学技术厅认定为“高新技术企业”，根据哈尔滨市地方税务局开发区分局核发的编号为哈地税开字[2002]第 015 号《企业所得税减免税通知书》，哈尔滨市地方税务局 2003 年 12 月 11 日批准下发的《高新技术企业减按 15% 的税率征收所得税认定表》，公司自 2003 年起，享受高新技术企业减按 15% 的税率征收企业所得税的税收优惠。

誉衡有限公司于 2005 年 6 月 27 日将注册地址变更为哈尔滨利民经济技术开发区北京路 29 号，按照国家有关规定，公司当时已不再符合国家有关高新技术企业减按

15%的征收企业所得税的规定。但是,根据哈尔滨利民经济技术开发区管理委员会于2005年4月18日颁布的《关于哈尔滨誉衡药业有限公司税收事宜的意见》(以下简称《意见》),为吸引优秀企业到该开发区落户,减少税收优惠政策变动对企业的影响,同意公司2005~2006年暂不将税务登记转至利民开发区,继续在哈尔滨市开发区国税、地税局进行纳税申报,哈尔滨市开发区地税局亦同意公司2005~2006年仍作为该局管辖下的高新技术企业,享受减按15%的优惠税率在该局缴纳企业所得税。

2008年8月28日,哈尔滨市开发区地方税务局出具《确认函》,对上述事项进行了进一步的书面确认。

2008年9月10日哈尔滨市人民政府出具《关于哈尔滨誉衡药业股份有限公司税收有关情况的说明》,对上述事项也进行了进一步的书面确认。

由于上述事项与国家有关规定存在差异,存在公司可能需要补缴税款的风险,上述事项导致公司可能需要补缴的税款2005年为171.80万元,2006年为376.73万元。公司由于上述事项形成的税收优惠2005年为171.80万元,2006年为376.73万元,作为越权审批或无正式批准文件的税收返还、减免列入非经常性损益。

为避免上述事项对公司造成不利影响,公司的实际控制人、控股股东于2008年8月25日出具了《承诺函》,承诺如果公司因上述注册地址变更后未及时办理税务变更登记,或者公司因注册地址变更,其2005年度、2006年度按照高新技术企业税收优惠政策所享受的减按15%的税率征收企业所得税的税收优惠被认定无效,由此导致公司需要补缴税金、滞纳金、罚金或承担其他赔偿责任的,将由恒世达昌以及朱吉满和白莉惠夫妇向公司予以全额补偿,并承担连带责任。

在审核过程中,会里对该问题也保持了高度的关注,三次反馈意见均提到了该问题。

第一次和第二次反馈意见的主要解释:根据国家的有关规定,誉衡有限公司当时已经不再符合有关高新技术企业减按15%征收企业所得税的规定,不应再享受高新技术企业税收优惠待遇。但是,根据利民开发区管委会于2005年4月18日出具的《意见》、哈尔滨市开发区地方税务局于2008年8月28日出具的《确认函》,利民开发区管委会同意其2005~2006年暂不变更税务登记地,哈尔滨市开发区地税局也确认同意其2005~2006年仍为该局管辖下的高新技术企业,享受15%的优惠税率在该局缴纳企业所得税。2008年9月10日,哈尔滨市人民政府为此出具了相关文件,证明当时的主管部门为平衡两地区的税源,促进利民开发区和哈尔滨市高新技术企业的发展,同时兼顾迁出地区的财政利益,同意誉衡有限公司继续在哈尔滨高新区地税局纳税申报,2005年度和2006年度继续按照高新技术企业的税收优惠政策,享受减按15%的税率征收企业所得税的税收优惠的事实情况。

上述两次解释显然并没有完全打消审核人员的疑虑,因此在第三次反馈意见中要求中介结构就开发区税务局和哈尔滨市人民政府确认税收优惠的文件是否属于有权机关,并且该等确认是否合法有效并提供依据。律师又进行了一次长篇幅的解释,尽管仍旧有些牵强,不过总算是把这件事情对付过去了。

二、佳隆股份(002495):非货币性资产增资的所得税问题

(一)罐头食品公司资产分割时的纳税情况

国家税务总局《关于城镇集体企业单位清产核资若干税收财务处理规定的通知》(国税发[1998]55号)规定:“企业按规定明确为个人资产的部分,应按税法有关规定缴纳个人所得税。”根据罐头食品公司清产核资时汕头市普惠会计师事务所有限公司出具的《清产核资报告》(汕普惠会师[2001]第157号),截至2001年4月30日,罐头食品公司净资产为48,892,991.41元,其中资本公积52,595,326.49元(四位股东债权转入51,209,160.00元,以前年度形成1,386,166.49元);盈余公积为1,334.93元,系以前年度提取留存;未分配利润为-3,703,670.01元,系历年亏损累计额。

2001年5月,普宁市池尾街道企业管理办公室根据上述《清产核资报告》及相关脱钩改制政策与罐头食品公司和发行人实际控制人及其家族成员共同签订了《企业改制协议》。另外,根据普宁市地方税务局的确认:罐头食品公司经核定分割至个人股东的资产主要是股东投入,并不是经营利润积累形成,资产分割行为不存在个人所得税纳税义务,罐头食品公司也不存在欠税或其他导致税收被追缴的情形。

因此,罐头食品公司股东取得分割资产并无个人所得,未产生个人所得税纳税义务。

(二)设立双春科技和泰旺贸易时的纳税情况

自然人股东于2001年12月将罐头食品公司分割后取得的非货币资产分别用于设立双春科技和泰旺贸易。国家税务总局《关于资产评估增值计征个人所得税问题的通知》(国税发[2008]115号)规定:“个人以评估增值的非货币性资产对外投资取得股权的,对个人取得相应股权价值高于该资产原值的部分,属于个人所得,按照‘财产转让所得’项目计征个人所得税。对本通知发布之前已经发生的个人以评估增值的非货币性资产对外投资暂未缴纳个人所得税的,所投资企业应将个人股东所投资的非货币资产的原始价值和增值情况、个人股东基础信息等资料登记台账,并向主管税务机关备案。税务机关应据此建立电子台账,加强后续管理,督促企业在股权转让、清算和投资收回时依法扣缴个人所得税。”

双春科技、泰旺贸易成立时,股东出资的非货币性资产已经由汕头市中瑞会计师事务所有限公司汕中瑞评报字[2001]第118号《资产评估报告》、普宁市资产评估中心普地估[2001]估字第141号和第142号《土地估价报告》评估。上述非货币资产账面净值为46,079,740.42元,评估值为41,489,358.33元,评估减值-9.96%。

因此,个人股东用于出资设立双春科技和泰旺贸易的非货币资产评估并未增值,未产生个人所得税纳税义务。

(三)双春科技和泰旺贸易增资公司时的纳税情况

国家税务总局《关于企业股权投资业务若干所得税问题的通知》(国税发[2000]118号)规定:"企业以经营活动的部分非货币性资产对外投资,包括股份公司的法人股东以其经营活动的部分非货币性资产向股份公司配购股票,应在投资交易发生时,将其分解为按公允价值销售有关非货币性资产和投资两项经济业务进行所得税处理,并按规定计算确认资产转让所得或损失。"

双春科技和泰旺贸易以经汕头市中瑞会计师事务所有限公司汕中瑞评报字[2001]第144号和第145号《资产评估报告书》评估的非货币资产对公司进行增资,上述非货币资产账面净值分别为24,402,695.41元、16,907,078.48元,评估值分别为24,402,695.41元、16,907,077.50元。

因此,双春科技和泰旺贸易增资公司的非货币资产并未产生增值,不存在因增资而产生的相关纳税义务。

三、精艺股份(002295):高新技术企业所得税优惠取消

广东精艺金属股份有限公司于2010年6月8日《关于控股子公司所得税变动情况的公告》中披露:

公司持有控股子公司佛山市顺德区精艺万希铜业有限公司(以下简称精艺万希)75%的股权。根据广东省科学技术厅、广东省财政厅、广东省国家税务局和广东省地方税务局联合下发的《关于公布广东省2008年第一批高新技术企业名单的通知》(粤科高字[2009]28号),精艺万希被认定为高新技术企业,自2008年1月1日至2010年12月31日享受15%的企业所得税优惠税率。精艺万希在2009年第1~4季度按15%的所得税率向佛山市顺德区国家税务局北滘税务分局预缴了企业所得税。由于精艺万希2009年年末人员变动,导致其研发人员占公司员工比例未达高新技术企业认定标准规定的"研发人员占企业当年职工总数的10%以上",在2010年6月4日完成的2009年度所得税汇算清缴工作中,佛山市顺德区国家税务局北滘税务分局要求精艺万

希 2009 年度企业所得税年度申报需按 25% 税率计缴企业所得税，精艺万希因税率差应补缴所得税为 5,790,208.55 元，将减少上市公司归属于母公司所有者权益 4,342,656.41 元。补缴税款将计入 2010 年当期费用，会对公司 2010 年经营业绩造成一定影响。为谨慎起见，精艺万希将按 25% 的税率计提并预缴 2010 年企业所得税，2010 年度精艺万希实际适用税率将根据年终所得税汇算清缴情况确定。

【案例评析】

一、誉衡药业

1. 该问题从本质上是典型的越权审批的税收优惠问题，不过以这种方式出现的确不常见。中介结构显然也意识到这个问题的重要性，因此不仅主管税务部门出具了确认文件和控股各股东出具了承诺函，而且哈尔滨市政府也出具了确认函。

2. 中介机构这样的处理思路完全符合会里对该问题的基本意见：如果存在地方优惠政策与国家税收政策不一致的情况，只要主管税务机关和地方政府出具确认文件证明不属于违规行为，且股东承诺承担所有的责任，会上一般还是会持宽容的态度。同时，会计师将 2005 年和 2006 年的税收优惠计入非经常损益，以此证明公司不会因该优惠政策而对公司上市条件产生影响。

3. 尽管中介机构做出了相对完善的处理，但是会上还是对问题进行重点关注，三次反馈意见均要求中介结构深入核查和解释。不知道是中介机构挤牙膏式的信息披露激怒了会员，还是会员在税收政策从紧的情况下更加关注该类问题。

二、佳隆食品

1. 本案例对清产核资的所得税问题以及非货币性资产评估增资的所得税问题进行了详细的解释，对于理解该问题有较大的帮助。但是值得注意的是，非货币性资产出资评估增值现在并不需要缴纳个人所得税。

2. 会上对该问题还是做了重点关注，反馈意见法律问题第一条就是这个问题，上述内容也是律师分不同情况做的核查意见。

3. 值得注意的一点是，该案例也存在增值税缓缴的问题。因公司当时业务扩张导致资金周转较为紧张，普宁市国家税务局缓征公司 2007 年度增值税 492.61 万元。在资金周转情况略有好转后，公司已于 2008 年 7 月底前缴清了上述缓缴的增值税，并缴纳了滞纳金。公司缓缴以前年度应缴增值税事项与国家税收法律法规规定的征收程序存在不一致的情形，但现已足额缴清，相关行为已得到纠正，此后亦不存在类似情形。普宁市、揭阳市各级税务机关和普宁市人民政府均已出具相关书面文件确认公司上述缓缴税款事项不属于重大税收违法行为,且不再追究相关责任。同时,广东省税务主管机关亦分别出具了相关书面文件。此外,公司控股股东及实际控制人已就上述缓缴税款事项出具承诺函,承诺承担公司因缓缴税款导致的任何损失。因此,上述缓缴税款事项对公司本次发行上市不构成实质性影响。

三、精艺股份

1. 该问题当时在业内引起了不小的波澜,公司进行了适当的危机公关,同时也引起了大家对中国高新技术企业认证混乱的反思。高新技术企业是在金融危机背景下,政府对企业在税收上进行支持的一个重要措施。当时标准较宽,许多企业被认定为高新技术企业,证监会不会对此太关注,如果严格认定的话,现有高新技术企业基本都不能算是高新技术企业。另外,不知道有多少已经过会的企业存在这个问题呢?在核定高新技术企业时又有几个部门真正核定过具体的人数呢?

2. 其实,严格根据科技部的认定标准,拟上市或者已经上市的不符合高新技术企业情形但是同样享受税率优惠的企业有很多,最新的案例是紫金矿业因为环保问题被取消了高新技术企业证书从而在今年汇算中清缴需要补缴税款。

3. 对于精艺股份的问题,当时有很多猜测:(1)公司管理层怎么会出现这么低级的差错,哪怕多找几个充数的R&D人员成本也比580万元低得多,或者是当初申报时没有做好统计?(2)北滘税务局难道真会这么尽责去核查公司的研发人员数目,并且税务局怎么去查呢,企业造假的空间太大而税务局发现的可能性又太小了。难道是因为税务局有任务指标或者双方关系搞僵了?(3)上市时为了利润需要大家全力配合,以后通过一个合理理由,把以前的事情了了。(4)可能另有隐情,有的项目碰到税务局出具备案认定高新技术企业缴纳7.5%的税,之后税务局反悔收走了原来的备案,要求企业按25%缴税补缴几百万元。

【思路总结】

一、最新审核政策

1. 符合国家法律法规规定:这样是没有问题的,一般情况下也不会被认定为对税收优惠存在重大依赖。当然,出口退税问题由于政策的不稳定性,尽管符合法律规定但是有时候还是要考察退税情况对公司盈利能力的影响。

2. 发行人税收优惠属于地方性政策且与国家规定不一致:(1)提供同级税收征

管部门对发行人所享受的税收优惠政策的证明文件;(2)披露“存在税收优惠被追缴的风险”,披露被追缴税款的责任承担主体,并作“重大事项提示”;(3)保荐机构和律师应对上述情况是否构成重大违法行为及本次发行上市实质性障碍发表核查意见。

3. 发行人报告期内因纳税问题受到税收征管部门处罚的:(1)如果金额不大且情节不严重,只要同级税务征管部门出具依法纳税的文件;(2)如果相对严重但还没达到重大违法,只要税务机关发表意见,表明是否属于重大违法行为;(3)如果存在欠缴较大金额的所得税、增值税或补缴较大金额的滞纳金的情况,应由税务部门出具是否构成重大违法行为的确认文件;(4)保荐机构和律师应对发行人是否存在重大违法行为出具意见。

4. 有限责任公司变更设立股份公司时的纳税问题:(1)地方有文件规定可以不纳税(有的地区规定可以在以后有分红后补缴);(2)有的地方默认不纳税;(3)有的地方要求纳税。公司改制设立时70%~80%的企业盈余公积金和未分配利润转增股本不纳税,鉴于我国相关税收的复杂性,目前审核没有要求必须补缴,主要要求充分披露和(大股东)承诺如果将来受到追缴时补缴即可。

5. 严重依赖:发行人的经营成果不得严重依赖于违反国家法规的税收优惠,扣除税收优惠后仍符合发行条件中对净利润指标的要求。

二、其他关注

1. 对IPO申报前的补税问题,主要还要看企业是不是主观上要逃税,如果只是地方税务政策和国家政策方面执行力度不一致,或只是会计差错导致的少量补税,都是可以理解的。

2. 发行人补缴以前年度税款问题在IPO项目的实际操作中是常见问题,通常由于补税金额不大,同时税务部门出具了合法纳税的意见,还是可以通过的。如果企业在发行前临时大量补缴以前年度税款,又缺乏合理性说明,即使税务部门出具了合法纳税的意见,仍具有较大的审核风险。

3. 历史上税收不规范的问题,监管层一直以来都没有强制性要求补税,只要能达到以下要求,监管层是可以认可的:(1)地方政府给予税收优惠或政策支持的证明文件;(2)税务部门的认可、守法证明;(3)大股东承诺;(4)在非经常性损益中披露。

■第六节　社保和公积金问题解决之道

【重要提示】

★ 在目前的民营企业发展环境下,社保和公积金问题的情况千差万别,如果按照规则严格认定,几乎都不符合相关的规定。

★ 社保和公积金尽管一般情况下并不会构成首发上市的障碍,但是在项目中还是要详细解释清楚且同时主管部门出具无违规证明文件,而创业板的要求较之中小板更加严格。

★ 从目前的审核实践来看,对公积金的要求相对要比社保宽松一些,因为公积金有一定的福利性质而社保则是企业的社会责任和法定义务。不管怎样,该问题的解决要遵循以下原则:多少人没交,没交的原因是什么,是否会构成违规行为。

【案例情况】

一、兴民钢圈(002355):股东补缴全部社保

从2008年开始,发行人已强制性为员工参加了龙口市当地的社会保险,包括基本养老保险、基本医疗保险、失业保险、工伤保险和生育保险。但由于客观情况的存在,2005~2007年发行人仅为公司管理人员、技术人员及愿意缴纳社会保险的部分职工依法缴纳了社会保险。2009年6月1日,发行人股东王嘉民、姜开学、邹志强、崔积旺和刘云利为2009年4月30日登记在册的员工补缴了自该员工入职以来以前年度未能足额缴纳的社会保险费。

《社会保险费征缴暂行条例》第13条规定:“缴费单位未按规定缴纳和代扣代缴社会保险费的,由劳动保险行政部门或者税务机关责令限期缴纳;逾期仍不缴纳的,除补缴欠缴数额外,从欠缴之日起,按日加收千分之二的滞纳金。滞纳金并入社会保险基金。”第23条规定:“缴费单位未按照规定办理社会保险登记、变更登记或者注销登记,或者未按照规定申报应缴纳的社会保险费数额的,由劳动保障行政部门责令限期改正;情节严重的,对直接负责的主管人员和其他直接责任人员可以处1000元以上5000元以下的罚款;情节特别严重的,对直接负责的主管人员和其他直

接责任人员可以处5000元以上10,000元以下的罚款。”因此,发行人2005年度至2007年度未足额缴纳员工社保费存在被劳动保险行政部门或者税务机关责令限期缴纳的可能。

发行人主要股东王嘉民、姜开学、邹志强、崔积旺和刘云利已承诺将承担因发行人2007年度及之前员工社会保险问题而产生的所有责任和风险。龙口市劳动和社会保障局于2009年6月1日出具证明,发行人2008年之前未能足额为全部员工缴纳社会保险费是由于客观情况造成的,不会对其进行处罚和征收相关滞纳金。发行人律师认为,发行人2007年度及之前未能为全部职工缴纳社会保险不属于重大违反社保法律法规的行为,亦不应构成本次发行上市的实质性法律障碍。

(一)公司2005~2008年缴纳社会保险的金额

发行人2005~2008年缴纳社会保险的金额如下表所示。

单位:元

项目		2008年	2007年	2006年	2005年
当年实缴数	基本养老保险费	4,863,869.36	580,409.80	320,925.36	178,657.08
	基本医疗保险费	1,869,584.01	223,621.50	153,998.56	92,146.72
	失业保险费	521,128.86	54,266.42	29,432.98	17,174.94
	工作保险费	286,575.24	254,546.04	177,893.51	83,770.30
	生育保险费	139,028.54	16,555.00	11,234.45	6,391.84
	合计	7,680,186.01	1,129,398.76	693,484.86	378,140.88

发行人2005年和2006年按照当年实际缴纳社保费的金额计提并核算职工社保费。股份公司成立后,2007年度发行人按全员口径计提并核算职工社保费。发行人2007年度计提社会保险费696.80万元,其与实际缴纳的社保费差额583.86万元转作对兴民集团的负债,拟由兴民集团在时机成熟时为公司员工补缴2007年度的社会保险费。后由于兴民集团注销,上述义务由兴民集团原五名自然人股东王嘉民、姜开学、邹志强、崔积旺和刘云利承继。

(二)发行人2005~2007年未能足额缴纳员工社保费原因分析

发行人在2005~2007年未能足额缴纳员工社会保险费,主要原因如下:

发行人生产工人绝大部分是来自农村的农民工,生产工人流动性比较大。我国社会保险费用的缴纳由员工个人与企业共同承担,目前我国的社会保险还未实现全国统筹,各地社会保险部门都在执行根据各地实际情况制定的相关标准,地区与地区之间均存在缴费基数的差异,导致社保费不能跨地区转移和支付,因此仅为地区统筹或省级统筹。由于公司的生产工人以农民工为主,来自不同的地区,流动性较强,在缴纳基本养老保险、基本医疗保险、失业保险、工伤保险和生育保险后,如回原籍工作和生活,在当地已缴纳的社保费仅部分可以自行提取且手续烦琐;同时个人在缴纳社保费后,将降低个人当月的实际收入,因此农民工没有缴纳社会保险的主观意愿。如果公司强行办理,存在生产工人大量流失的风险(即使自2008年1月1日起,按照新劳动法的要求,发行人在强制为所有员工缴纳全部社会保险费时,对于坚决不同意缴纳相关社保费用的员工,发行人也只能代其缴纳应由其个人承担的社保费用)。因此,2005~2007年,公司在尊重员工意愿的基础上,只为生产工人办理了工伤保险,未办理其他社会保险。

自2008年1月1日起,发行人已强制为所有职工足额缴纳了全部社会保险。2005~2008年,发行人假定按全员口径、以各年年末员工数为基数核算,有关数据如下表所示。

单位:元

项　目	2008年	2007年	2006年	2005年
按给全体员工缴纳社保核算当年应缴数	7,680,186.01	6,968,018.35	3,979,886.40	2,822.337.00
按给全体员工缴纳社保核算当年欠缴数	—	5,838,619.59	3,286,401.54	2,444,196.12

(三)员工社会保险费的补缴情况

发行人2005年和2006年按照当年实际缴纳社保费的金额计提并核算职工社保费。发行人改制设立股份公司后,2007年度发行人按全员口径计提并核算职工社保费。发行人2007年度计提社会保险费696.80万元,其与实际缴纳的社保费差额583.86万元划至山东兴民集团有限公司,由兴民集团承担因2008年以前年度未足额缴纳社会保险费所引发的相关义务和责任。后由于兴民集团注销,上述义务由兴民集团原五名自然人股东王嘉民、姜开学、邹志强、崔积旺和刘云利承继。

2009年6月1日,前述五名自然人股东为2009年4月30日登记在册的员工补缴了自该员工入职以来以前年度未能足额缴纳的社会保险费,涉及补缴金额共计310.10万元。本次补缴的社会保险费中除发行人应承担的部分外,还包括以前年度本应由员工个人承担的个人部分社会保险费。本次补缴以前年度员工社会保险费的过程中,鉴于部分员工现已离职，补缴已离职员工欠缴的社保费存在困难，其存在的潜在补缴义务和相关责任仍由股东王嘉民、姜开学、邹志强、崔积旺和刘云利继续承担。

（四）当地社保主管部门的意见

龙口市劳动和社会保障局于2009年6月1日出具证明："山东兴民钢圈股份有限公司及其控股子公司赛诺特（龙口）车轮制造有限公司为我市企业。公司主营业务为钢制车轮的研发、生产和销售。自设立以来，公司为城镇居民及农村进城务工人员（以下简称农民工）提供了大量的就业机会。公司员工构成中，农民工较多、外地员工较多，员工流动性较大，且部分员工无缴纳社会保险费的意愿。鉴于上述客观情况，2008年以前年度，公司未能足额为全部员工缴纳社会保险费，2008年开始，公司已强制为所有在册员工缴纳社会保险费。截至本证明出具日，公司已为目前在册的所有员工补缴了以前年度未缴纳的社会保险费。经本局研究决定，公司2008年之前未能足额为全部员工缴纳社会保险费是由于上述客观情况造成的，本局不会对其进行处罚和征收相关滞纳金。"

（五）发行人股东承诺

为妥善解决发行人以前年度欠缴的职工社会保险费问题，避免因此对发行人以后的经营造成不利影响，公司股东王嘉民、姜开学、邹志强、崔积旺和刘云利特作出如下承诺："本人保证承担兴民钢圈在2007年度及以前年度有关职工社会保险金的所有责任和义务；如果兴民钢圈因2007年度及以前任何年度的职工社会保险金问题而遭受损失或承担任何责任（包括但不限于补缴职工社会保险金等），本人保证对兴民钢圈进行充分补偿，使兴民钢圈恢复到未遭受该等损失或承担该等责任之前的经济状态。"

（六）发行人律师意见

发行人律师认为，发行人在2005～2007年度未能为所有职工足额缴纳所有社会保险，违反了国家关于劳动和社会保障方面的法律法规，存在被劳动保险行政部门或者税务机关责令限期缴纳的可能。但基于：（1）发行人外地职工多，流动性大，发行人员工无缴纳劳动和社会保障相关费用意愿；（2）发行人实际控制人王嘉民及其他主要股东均已承诺，将承担因发行人2005～2007年期间未足额缴纳职工社会保险而产生的所有责任，并赔偿发行人由此遭受的任何损失，因此，该等违法行为不会对发行人造成重大法律后果，不应构成本次发行的实质性法律障碍。

发行人律师认为，劳动和社会保障部、国家经贸委、财政部于1999年11月25日联合下发的《关于清理收回企业欠缴社会保险费有关问题的通知》(劳社部发[1999]36号)第6条虽然规定“对经调查确认有缴费能力但不按规定缴费的企业,可采取以下行政措施:劳动保障行政部门通过新闻媒体向社会公布;证券监督管理机构不予批准企业上市……”但《关于清理收回企业欠缴社会保险费有关问题的通知》第6条规定的“有缴费能力但不按规定缴费的企业”,主要是指企业有能力但却拒绝或不愿按规定缴费的情形,不应该包括因为职工本身不愿缴纳的原因造成企业无法缴纳社保费的情形,且发行人已为所有在册职工补缴了欠缴的社保费,因此,发行人的上述行为不属于《关于清理回收企业欠缴社会保险费有关问题的通知》第6条的规定不予批准上市的情形。此外,考虑到龙口市劳动和社会保障局不会对发行人进行处罚和征收相关滞纳金,以及发行人股东王嘉民、姜开学、邹志强、崔积旺和刘云利承诺将承担因欠缴社会保险费可能给发行人造成的所有损失和责任,发行人的违法行为不会产生重大法律后果,也不应构成本次发行的实质性法律障碍。

(七)保荐人意见

基于:

(1)发行人在2005~2007年度未能为所有职工足额缴纳所有社会保险,违反了国家关于劳动和社会保障方面的法律法规。

《社会保险费征缴暂行条例》第13条规定:“缴费单位未按规定缴纳和代扣代缴社会保险费的,由劳动保险行政部门或者税务机关责令限期缴纳;逾期仍不缴纳的,除补缴欠缴数额外,从欠缴之日起,按日加收千分之二的滞纳金。滞纳金并入社会保险基金。”第23条规定:“缴费单位未按照规定办理社会保险登记、变更登记或者注销登记,或者未按照规定申报应缴纳的社会保险费数额的,由劳动保障行政部门责令限期改正;情节严重的,对直接负责的主管人员和其他直接责任人员可以处1000元以上5000元以下的罚款;情节特别严重的,对直接负责的主管人员和其他直接责任人员可以处5000元以上10,000元以下的罚款。”但发行人以前年度未能为全部员工缴纳社保费存在一定的客观情况,并且发行人股东王嘉民、姜开学、邹志强、崔积旺和刘云利已于2009年6月1日补缴了2009年4月30日登记在册的员工自该员工入职以来以前年度未能足额缴纳的社会保险费,且对于已离职员工存在的潜在补缴义务和相关责任仍由股东王嘉民、姜开学、邹志强、崔积旺和刘云利继续承担。

(2)发行人社保主管部门龙口市劳动和社会保障局也证明,公司于2008年之前未能足额为全部员工缴纳社会保险费是由于上述客观情况造成的,并且不会对其进行处罚和征收相关滞纳金。

(3)发行人股东王嘉民、姜开学、邹志强、崔积旺和刘云利承诺:“本人保证承担兴民钢圈在2007年度及以前年度有关职工社会保险金的所有责任和义务;如果兴民钢圈因2007年度及以前任何年度的职工社会保险金问题而遭受损失或承担任何责任(包括但不限于补缴职工社会保险金等),本人保证对兴民钢圈进行充分补偿,使兴民钢圈恢复到未遭受该等损失或承担该等责任之前的经济状态。”

综上所述,保荐人认为,劳动和社会保障部、国家经贸委、财政部于1999年11月25日联合下发的《关于清理收回企业欠缴社会保险费有关问题的通知》(劳社部发[1999]36号)第6条虽然规定“对经调查确认有缴费能力但不按规定缴费的企业,可采取以下行政措施:劳动保障行政部门通过新闻媒体向社会公布;证券监督管理机构不予批准企业上市……”,但发行人以前年度未能足额为全部员工缴纳社会保险存在前述客观情况,且发行人已为所有在册职工补缴了欠缴的社保费,因此,发行人的上述行为不属于《关于清理回收企业欠缴社会保险费有关问题的通知》第6条规定的不予批准上市的情形。此外,考虑到龙口市劳动和社会保障局不会对发行人进行处罚和征收相关滞纳金,以及发行人股东王嘉民、姜开学、邹志强、崔积旺和刘云利承诺将承担因欠缴社会保险费可能给发行人造成的所有损失和责任,发行人的违法行为不会产生重大法律后果,也不应构成本次发行的实质性法律障碍。

二、银河磁体(300127):二次反馈

(一)第一次反馈:保荐机构、律师对发行人是否为符合条件的全体员工按规定办理社会保险和住房公积金的缴纳手续进行核查并发表意见

根据公司提供的相关资料并经发行人律师核查,发行人具有独立的经营管理人员和生产员工,发行人的人力资源管理完全独立。发行人已经建立劳动合同制度,为符合条件的员工按照规定缴纳社会保险及住房公积金。

2009年12月31日,成都市高新区人事劳动和社会保障局于出具《证明》,证明公司在该局办理了劳动用工登记手续,与登记在册的员工均签订了劳动合同;近三年在劳动用工方面遵守国家和地方的有关法律法规,未发生违反劳动法律法规而受行政处罚的情况。

2010年1月7日,成都市高新区社会保险事业管理处于出具《证明》,证明公司已按国务院令第259号《社会保险法征缴暂行条例》以及省、市人民政府的规定参加社会保险,并已足额缴纳2009年12月前的社会保险费。

2010年1月7日,成都住房公积金管理中心郫县管理部出具《证明》,证明公司严格执行国家住房公积金管理规定,按时、足额缴纳住房公积金,自2006年1月1日起至该证明出具之日,不存在欠缴、少缴住房公积金或其他违反公积金法律、行政法规的情况,未受该部的处罚。

综上,发行人律师认为,发行人已为符合条件的全体员工按规定办理社会保险和住房公积金的缴纳手续。

(二)第二次反馈:请发行人补充披露报告期内各项社会保险及住房公积金的具体缴纳情况,请发行人律师、保荐机构就发行人报告期内没有为全体员工足额缴纳社会保险是否合规进行核查并发表明确意见

中介机构的核查思路很取巧也很常规,就是以主管部门出具的证明文件作为公司已经全额缴纳社保和公积金的依据,但是这显然并没有让审核人员满意,于是进行了第二次反馈。

(1)根据公司提供的相关资料并经发行人律师核查,发行人在报告期内没有为全体员工足额缴纳社保的原因如下:

①部分员工因自身未及时向公司提供有效证件,导致公司无法及时为其办理社保缴费手续;

②部分员工正在与原单位办理社保转移手续,导致公司无法及时为其办理社保缴费手续;

③部分员工由于在岗时间较短,入职后,公司尚未为其办迄社保缴费手续,员工已离职;

④部分离退休返聘人员虽计算在公司员工总数内,但该等离退休人员不属于应参保人员,故公司不应为其缴纳社保;

⑤公司在报告期内与成都市高级技工学校、成都电子机械高等专科学校实训基地签订相关合作协议,由学校方选派学员至公司进行顶岗实习工作。实习学生与公司之间并非《劳动法》和《劳动合同法》所规定的劳动关系,故公司不应为其缴纳社保。

(2)2010年7月5日,成都市高新区社会保险事业管理处出具《证明》,证明公司已按国务院令第259号《社会保险法征缴暂行条例》以及省、市人民政府的规定参加社会保险,并已足额缴纳2010年6月前的社会保险费。

2010年8月18日,公司现有股东戴炎、银河集团、张燕、吴志坚、何金洲均签署《声明与承诺函》,声明其作为公司股东,"如银河磁体因首次公开发行并在创业板上市完成之日前的事由,因未足额、按时为公司全体员工缴纳各项社会保险,导致公司被相关

行政主管机关或司法机关处以罚金、征收滞纳金或被任何他方索赔的，本人或公司将按照本声明和承诺函出具之日本人或公司持有银河磁体的股份比例以现金支付的方式无条件补足公司应缴差额并承担银河磁体因此受到的全部经济损失”。

(3)根据公司提供的相关资料并经发行人律师核查，发行人在报告期内为其员工缴纳住房公积金的人数低于员工总数。

造成上述情形产生的原因除与公司社保缴费人数不足员工总数的原因相同之外，2010年以前，公司非城镇户籍员工较多，由于该部分员工大多已在农村拥有住房，且公司采取了措施解决员工的休息住宿问题，因此该部分员工不愿缴纳应由其承担的住房公积金部分。为解决这一问题，经公司与该部分员工沟通协商，自2010年1月起，公司也开始为该部分员工缴纳住房公积金。

2010年7月7日，成都住房公积金管理中心郫县管理部出具《证明》，证明公司严格执行国家住房公积金管理规定，按时、足额缴纳住房公积金，自2006年1月1日起至该证明出具之日，报告期内不存在欠缴、少缴住房公积金或其他违反公积金法律、行政法规的情况，未受该部的处罚。

2010年8月18日，公司现有股东戴炎、银河集团、张燕、吴志坚、何金洲均签署《声明与承诺函》，声明其作为公司股东，“如银河磁体因首次公开发行并在创业板上市完成之日前的事由，因未足额、按时为公司全体员工缴纳住房公积金，导致公司被相关行政主管机关或司法机关处以罚金、征收滞纳金或被任何他方索赔的，本人或公司将按照本声明和承诺函出具之日本人或公司持有银河磁体的股份比例以现金支付的方式无条件补足公司应缴差额并承担银河磁体因此受到的全部经济损失”。

综上，公司在报告期内缴纳社会保险费及住房公积金的总人数低于公司员工总数确因特殊原因造成，对此，发行人全体股东已出具书面承诺，如公司因此受到经济损失，将无条件全额承担；相关征管主管机关亦出具了证明，证明公司已足额缴纳。

经核查，发行人律师认为，发行人社会保险、住房公积金缴纳人数低于员工总数的情况，不属于重大违法行为，不构成本次首发的实质性障碍。

三、双林股份(300100)：社保和公积金全面解释

发行人没有披露缴纳养老保险、医疗保险，失业保险、生育保险、工伤保险、住房公积金的具体金额。会上在反馈意见中要求发行人具体披露报告期内发行人参与社会保障的具体人数，没有参与社会保障的原因，报告期内上述社会保障资金的缴纳情况，并提供相关证明文件。对发行人报告期内是否违法社会保障法律法规进行核查并发表明确意见。

(1)根据发行人出具的承诺以及经发行人律师核查,报告期内发行人参与社会保障的具体人数以及社会保障资金的缴纳情况如下:

单位:人

公司名称	统计时间	公司人数	社保缴纳人数	社保未缴纳人数	公积金缴纳人数	公积金未缴纳人数
双林股份	2006年12月	460	175	285	0	460
	2007年12月	510	179	331	65	445
	2008年12月	515	502	13	512	3
	2009年9月	458	445	13	447	11
	2009年12月	494	482	12	491	3
荆州分公司	2006年12月	107	14	93	0	107
	2007年12月	128	16	112	0	128
	2008年12月	117	83	34	36	81
	2009年9月	145	120	25	34	111
	2009年12月	142	131	11	38	104
柳州分公司	2006年12月	30	0	30	0	30
	2007年12月	40	0	40	0	40
	2008年12月	50	46	4	32	18
	2009年9月	50	44	6	30	20
	2009年12月	50	46	4	41	9
武汉分公司	2007年12月	0	0	0	0	0
	2008年12月	36	13	23	7	29
	2009年9月	38	10	28	7	31
	2009年12月	38	10	28	7	31
青岛双林	2008年12月	30	8	22	15	15
	2009年9月	66	51	15	27	39
	2009年12月	73	51	22	28	45

续表

公司名称	统计时间	公司人数	社保缴纳人数	社保未缴纳人数	公积金缴纳人数	公积金未缴纳人数
双林模具	2006 年 12 月	288	128	160	0	288
	2007 年 12 月	300	150	150	0	300
	2008 年 12 月	325	292	33	267	58
	2009 年 9 月	308	281	27	276	32
	2009 年 12 月	310	291	19	271	39
苏州双林	2007 年 12 月	71	71	0	0	71
	2008 年 12 月	80	80	0	76	4
	2009 年 9 月	84	69	15	75	9
	2009 年 12 月	84	84	0	79	5
天津双林	2008 年 12 月	44	31	13	6	38
	2009 年 9 月	66	43	23	7	59
	2009 年 12 月	66	62	4	8	58
鑫城汽配	2006 年 12 月	374	133	241	0	374
	2007 年 12 月	380	149	231	0	380
	2008 年 12 月	410	410	0	407	3
	2009 年 9 月	430	412	18	400	30
	2009 年 12 月	437	435	2	437	0
重庆旺林	2006 年 12 月	70	16	54	0	70
	2007 年 12 月	70	33	37	0	70
	2008 年 12 月	102	93	9	70	32
	2009 年 9 月	204	187	17	134	70
	2009 年 12 月	265	265	0	169	96

根据发行人出具的说明,报告期内发行人部分员工没有缴纳社保的原因如下:

统计年月	员工总数	缴纳人数	未缴纳人数	社保未缴纳原因
2006年12月	1329	466	863	734人为外地员工未在本地参保,6人为退休返聘无须缴纳,分公司123人未全员参保。
2007年12月	1499	598	901	743人为外地员工未在本地参保,6人为退休返聘无须缴纳,分公司152人未全员缴纳。
2008年12月	1709	1558	151	9人为退休返聘无须缴纳,66人为实习生无须缴纳,3人正在在试用期,武汉分公司19人中请自愿放弃公司提供的社保福利,32人为新进员工正在办理社保缴纳手续,青岛双林22人由于12月刚开立社保账户,员工参保手续正在办理过程中。
2009年9月	1849	1662	187	9人为退休返聘无须缴纳,58人为实习生无须缴纳,85人为新进员工正在办理社保缴纳手续,武汉分公司20人自愿申请放弃公司提供的社保福利,青岛双林15名外来务工人员因未提供婚育证明不能办理社保缴纳手续。
2009年12月	1959	1857	102	9人为退休返聘无须缴纳,31人为实习生无须缴纳,22人为新进员工正在办理社保缴纳手续,青岛双林15位外来务工人员因未提供婚育证明不能办理社保缴纳手续,武汉分公司25人自愿申请放弃公司提供的社保福利。

根据发行人出具的说明,报告期内发行人部分员工没有缴纳住房公积金的原因如下:

统计年月	员工总数	缴纳人数	未缴纳人数	未缴纳原因
2006年12月	1329	0	1329	全员未缴纳。
2007年12月	1499	65	1434	其中,3人为退休返聘无须缴纳,另外除双林股份65位管理人员缴纳外其他员工都未缴纳。
2008年12月	1709	1428	281	9人为退休返聘无须缴纳,45人为实习生无须缴纳,3人正在正试用期,78人为新进员工正在办理公积金缴纳手续,武汉分公司25人申请自愿放弃公司提供的公积金福利,天津双林25人为公司雇用外地员工并为其提供住宿,根据当地政策可不缴纳,荆州分公司81人为有自有住房的农村员工,青岛双林15人由于12月刚开立公积金账户,员工缴纳公积金手续正在办理过程中。

续表

统计年月	员工总数	缴纳人数	未缴纳人数	未缴纳原因
2009 年 9 月	1849	1437	412	9 人为退休返聘无须缴纳，58 人为实习生无须缴纳，136 人为新进员工正在办理社保缴纳手续，武汉分公司 23 人申请自愿放弃公司提供的公积金福利，青岛双林 39 人为农村户口，荆州分公司 111 人为有自有住房的农村员工，天津双林 36 位外地员工由于公司提供住宿，根据当地政策可不缴纳。
2009 年 12 月	1959	1569	390	9 人为退休返聘无须缴纳，24 人为实习生无须缴纳，134 人为新进员工正在办理社保缴纳手续，武汉分公司 28 人自愿申请放弃公司提供的社保福利，青岛双林 45 人为农村户口，荆州分公司 104 人为有自有住房的农村员工，天津双林 46 位外地员工由于公司提供住宿，根据当地政策可不缴纳。

(2) 根据发行人及其分或子公司所在地的劳动和社会保障局出具的证明，证明发行人及其分或子公司在报告期内，在社保方面已按照法律、法规、规章的规定为其员工缴纳了养老保险、医疗保险、失业保险、生育保险和工伤保险；在劳动保障方面已按法律、法规、规章的规定为员工提供劳动保障条件。该公司至今未因违反社保及劳动保障方面法律、法规、规章的相关规定而受到行政处罚。

根据发行人及其分或子公司所在地的住房公积金中心出具的证明，证明发行人及其分或子公司在报告期内，已按国家有关住房公积金方面法律、法规的规定办理了住房公积金缴存登记，为其员工办理了住房公积金账户登记手续，并按缴费比例缴纳了住房公积金。该公司至今不存在违反国家住房公积金相关条例及其他有关规定的情形，亦不存在因住房公积金缴存事宜而被追缴或被政府有关部门处罚的情形。

(3) 根据发行人说明及经发行人律师核查，发行人在报告期内针对员工实际情况，采取了为部分员工定期缴纳住房公积金、为部分员工提供厂区住宿用房等不同住房福利政策。

针对发行人社保缴纳及住房公积金的缴纳情况，发行人控股股东双林集团于 2010 年 3 月 12 日出具《关于宁波双林汽车部件股份有限公司社会保险费用事项的承诺函》，承诺：如果双林股份及其控股子公司所在地有关社保主管部门在任何时候依法要求双林股份补缴在其首次公开发行股票之前任何期间内应缴的社会保险费用（包括但不限于基本养老保险、基本医疗保险、失业保险、工伤保险、生育保险五种基本保险和住房公积金），双林集团将按主管部门核定的金额无偿代双林股份补缴，并承担发行人因补缴社会保险费用、住房公积金而受到的任何罚款或损失。

(4)核查意见。经核查,发行人未因违反社保及劳动保障方面法律、法规、规章的相关规定而受到行政处罚,发行人控股股东已就上述社保及公积金出具承诺予以承担,发行人律师认为,发行人社保及公积金的缴纳事宜不会损害发行人及中小股东的利益,不会对发行人本次公开发行股票构成实质性法律障碍。

四、豫金刚石(300064):控股股东代缴

经核查,截至2009年12月31日,发行人及控股子公司工程中心最近三年社保、住房公积金缴纳情况如下表所示:

<table>
<tr><th>年度</th><th>社会保险缴纳人数(人)</th><th>公积金缴纳人数(人)</th><th>缴纳比例</th><th>缴纳主体</th><th>承担主体</th></tr>
<tr><td>2006(1~12月)</td><td>40</td><td>22</td><td rowspan="5">养老:个人8%,单位20%
工伤:单位1%
失业:个人1%,单位2%
公积金:个人8%,单位8%</td><td>河南华晶</td><td>发行人</td></tr>
<tr><td>2007(1~12月)</td><td>41</td><td>20</td><td>河南华晶</td><td>发行人</td></tr>
<tr><td>2008(1~7月)</td><td rowspan="6">316</td><td rowspan="6">37</td><td>河南华晶</td><td>发行人</td></tr>
<tr><td>2008(8~9月)</td><td rowspan="2">河南华晶、发行人</td><td rowspan="2">发行人</td></tr>
<tr><td rowspan="2">2008(10~11月)</td></tr>
<tr><td rowspan="4">工伤:单位2%
其他同上</td><td rowspan="2">河南华晶、发行人</td><td rowspan="2">发行人</td></tr>
<tr><td rowspan="2">2008(12月)</td></tr>
<tr><td>发行人</td><td>发行人</td></tr>
<tr><td>2009(1~3月)</td><td>380</td><td>30</td><td>发行人</td><td>发行人</td></tr>
<tr><td>2009年(4~12月)</td><td>632</td><td>632</td><td>养老:个人8%,单位20%
工伤:单位2%
失业:个人0.5%,单位1%
医疗:个人2%,单位9%
公积金:个人8%,单位8%</td><td>发行人</td><td>发行人</td></tr>
</table>

经核查,发行人分别于2008年8月和12月开立了独立的社会保险和公积金账户,之前一直通过河南华晶的相应账户为其员工代为缴纳社会保险及公积金,再将相关费用支付给河南华晶,故在此期间发行人员工的社会保险和公积金名义缴纳主体是河南

华晶,但实际承担者为发行人。

经核查,发行人已经与全体员工(截至2009年12月31日合计721人)签订了《劳动合同》,其中生产人员70%以上为农业户口。由于我国社会保障体系尚处于不断完善中,尚未普遍惠及农村,且城镇的社会保障系统与乡村的社会保障系统尚不能对接,所以,虽经公司动员,但大部分农业户口的老员工仍然不愿缴纳社会保险及公积金,并出具了自愿放弃缴纳社会保险和公积金的《声明》,经发行人律师及保荐机构现场工作人员实地调查访谈部分不愿缴纳社会险及公积金的员工,不缴纳社会保险及公积金系其真实意思表示。

经核查,发行人控股股东河南华晶于2010年1月15日,就华晶股份员工的社会保险及公积金问题作出如下承诺:“若华晶股份被要求为其员工补缴或者被追偿2009年12月之前的社会保险金及住房公积金,本公司将全额承担该部分补缴和被追偿的损失,保证华晶股份不因此遭受任何损失。同时,本公司将督促华晶股份从2010年1月起全面执行法律、法规及规章所规定的社会保险及住房公积金制度,为全体新员工建立社会保险及住房公积金账户,依法缴存社会保险金及住房公积金,并逐步解决老员工不愿参保的问题,最终达到为全体员工建立社会保险及住房公积金账户,依法缴存社会保险金及住房公积金。”

经核查,郑州市劳动和社会保障局于2010年1月5日出具了《证明》,证明发行人及其控股子公司工程中心最近三十六个月内,均能足额为职工缴纳社会保险费,目前社会保险无欠费。

经核查,郑州住房公积金管理中心于2010年1月14日出具了《证明》,证明发行人及其控股子公司工程中心现均为正常缴存单位,最近三年内不存在由于违反国家住房公积金法律、法规和规范性文件而遭受行政处罚的情况,亦不存在正在进行的因住房公积金纠纷或争议引发的仲裁、诉讼程序。

综上,发行人律师认为,发行人最近三年社保和公积金的缴纳情况不影响发行人的持续经营,不会导致发行人因为社会保险和公积金事项而发生财产损失,不构成发行人本次发行上市的法律障碍。

五、步步高(002251):申报期未缴纳未来承诺缴纳

(一)承诺未来补缴

公司在2008年前未执行住房公积金制度,未为员工缴存住房公积金。公司已于2008年1月23日出具了《承诺》,“本公司将从2008年1月起全面执行法律、法规及规

章所规定的住房公积金制度,为全体在册员工(原国有企业员工已由原单位办理并缴存的除外)建立住房公积金账户,缴存住房公积金”。

(二)金额测算

公司2008年应缴存住房公积金约933.37万元,其中,公司及员工个人各应缴存约466.67万元。以2008年缴存基数为依据,经测算,公司2004年、2005年、2006年及2007年应缴住房公积金分别约为301.40万元、418.79万元、594.92万元和809.26万元,其中,公司及员工个人各应负担50%,即分别为150.70万元、209.40万元、297.46万元和404.63万元。

(三)实际控制人承诺

公司实际控制人王填于2008年1月23日出具了《承诺》,“若公司被要求为其员工补缴或者被追偿2008年1月之前的住房公积金,本人将全额承担该部分补缴和被追偿的损失,保证公司不会因此遭受任何损失;本人将促使公司从2008年1月起全面执行法律、法规及规章所规定的住房公积金制度,为全体在册员工(原国有企业员工已由原单位办理并缴存的除外)建立住房公积金账户,缴存住房公积金”。

(四)中介机构意见

保荐人经核查认为:尽管发行人在2008年前未为其员工缴存住房公积金,违反了住房公积金的有关规定,但发行人已承诺将执行住房公积金制度,纠正该不规范行为;发行人的实际控制人已出具承诺,将全额承担补缴或被追偿的损失,保证发行人不会因此遭受任何损失。据此,我们认为,发行人此前未为其员工缴存住房公积金的行为,对发行人本次发行及上市不构成重大不利影响,不影响本次发行及上市。

发行人律师认为:尽管发行人在2008年1月前未执行住房公积金制度,未为其员工缴存住房公积金,违反了住房公积金的有关规定,但发行人已承诺将执行住房公积金制度,纠正该不规范行为;发行人的实际控制人已出具承诺,将全额承担补缴或被追偿的损失,保证发行人不会因此遭受任何损失。据此,我们认为,虽然发行人此前没有为其员工缴存住房公积金,但是该事项导致发行人未来经济利益流出可能性极小,因此,发行人此前没有为其员工缴存住房公积金的行为,对发行人本次发行及上市不构成重大不利影响,不影响本次发行及上市。

六、网宿科技(300017):深圳特殊政策

(1)由于目前深圳市尚未依据《住房公积金管理条例》及《关于住房公积金管理若

干具体问题的指导意见》(建金管[2005]5 号)制定有关住房公积金管理的具体办法,按照深圳市现行有效的《深圳市社会保险暂行规定》(深府[1992]128 号)、《深圳市社会保险暂行规定职工养老保险及住房公积金实施细则》(深府[1992]179 号),深圳市住房公积金制度适用于深圳市常住户口的企业固定职工和合同制职工。根据发行人的说明,经发行人律师核查,发行人深圳分公司为其具有深圳市常住户口的员工缴纳了住房公积金,对于不具有深圳市常住户口的员工没有缴纳住房公积金。

发行人实际控制人刘成彦和陈宝珍共同出具了《承诺函》,承诺:"如深圳市有权政府部门要求或决定,上海网宿深圳分公司需要为其户籍所在地非为深圳市的员工(以下简称该等员工)补缴住房公积金或因未为该等员工缴纳住房公积金而承担任何罚款或损失,本人愿意在无需上海网宿及其深圳分公司支付对价的情况下承担所有金钱赔付责任。"

发行人承诺:"如果深圳市有权政府部门要求本公司为户籍所在地非为深圳市的员工(以下简称该等员工)缴纳住房公积金,本公司将根据有关规定从有权部门要求之日起为该等员工缴纳住房公积金。"

(2)根据发行人提供的书面说明、相关费用缴纳凭证和发行人及其下属公司所在地社会保险及住房公积金管理部门分别出具的书面证明,经发行人律师核查,除上述本补充法律意见书已披露的情况外,发行人及其他下属公司在报告期内按照国家法律法规、地方政策文件的规定和所在地政府主管部门的要求为职工缴纳了社会保险和住房公积金。

综上,经核查,发行人律师认为,发行人在报告期内已按照国家法律法规和地方政府规范性文件的规定缴纳社会保险和住房公积金;发行人深圳分公司只为深圳市户籍员工缴纳住房公积金,符合深圳市政府规范性文件的规定,且发行人及其控股股东、实际控制人均作出了承诺,故深圳分公司执行住房公积金制度的情况不会影响发行人的持续经营,不会对本次公开发行股票并上市构成实质性的法律障碍。

七、鸿路钢构(002541):公积金核查的经典解释

(1)经合肥市住房公积金管理委员会审议通过,合肥市于 2007 年出台了《合肥市住房公积金归集管理办法》(合积[2007]77 号),该办法第 5 条规定:本市行政区域内下列单位及其在职职工应缴存住房公积金:①国家机关、事业单位;②国有企业、城镇集体企业、城镇私营企业及其他城镇企业或经济组织;③民办非企业单位、社会团体;④外商投资企业(含港、澳、台投资企业)和其他经济组织常驻本市代表机构。

(2)根据该办法的规定,合肥市住房公积金管理中心负责本市住房公积金的归集管理。其分支机构负责所辖行政区域内的住房公积金归集管理业务的具体承办。发

行人所在地长丰县的住房公积金归集管理业务由合肥市住房公积金管理中心长丰县管理部承办。

(3)经访谈合肥市住房公积金管理中心长丰县管理部,目前,合肥市住房公积金归集扩面工作尚在推进之中,现阶段还未能完全覆盖到所有单位和各类就业群体,尤其是非公企业和农民工群体。合肥市及各县区非公企业用工中,农民工所占比例较大,由于农民工就业流动性强,其缴存住房公积金后,异地提取和使用较为困难,同时农民工因在城市购房而实际享受公积金贷款优惠政策的可能性小,因此,农民工群体缴存住房公积金的意愿普遍较差,公积金归集的难度较大。目前,合肥市住房公积金管理中心已在考虑允许农民工使用公积金租房,以解决农民工的公积金利用问题。下一步,合肥市住房公积金管理中心将通过加强住房公积金政策宣传,加大制度催建催缴力度,不断扩大制度覆盖面和归集额。

八、特锐德(300001):住房补贴代替公积金

由于公司及前身特锐德有限公司已经建立住房补贴制度,为员工按期发放住房补贴,因此,公司未同时建立住房公积金制度,截至2009年3月末累计应缴未缴员工住房公积金35.97万元。2009年4月,公司前身建立了住房公积金制度,开始为员工缴纳住房公积金,并补缴了前期欠缴的住房公积金。

青岛市住房公积金管理中心于2009年7月3日及2009年8月25日分别出具《证明》,认为公司及前身已建立关于住房补贴的企业内部制度并得到有效执行,特锐德有限公司自2004年3月至2009年3月在青岛市住房公积金管理中心未为员工缴纳住房公积金不构成重大违法行为。

发行人律师意见:发行人未能在2004年3月设立至2009年3月期间为员工缴存住房公积金事项不构成重大违法行为,对本次发行上市不构成法律障碍。保荐机构核查意见:特锐德有限公司自2004年3月至2009年3月期间未为员工缴纳住房公积金,发行人及其前身自2009年4月起开始为员工缴纳住房公积金。2009年8月28日发行人已向青岛市住房公积金管理中心补缴公积金累计欠款。发行人曾经存在欠缴住房公积金的行为对本次发行上市不构成实质性障碍。

九、大东南(002263):大东南集团代公司缴纳社保

根据立信会计师事务所有限公司于2008年3月10日出具的信会师报字[2008]第20346号《审计报告》并经发行人律师适当核查,发行人的控股股东浙江大东南集团有限公司为发行人承担了2005年度、2006年度及2007年1至10月养老金、工伤基金和

医疗保险金,分别为70.73万元、87.03万元、112.42万元。发行人已经根据原会计准则将2005年至2006年由股东承担的社保基金调整增加2005年和2006年的管理费用70.73万元和87.03万元,同时调整增加资本公积70.73万元和87.03万元;根据新会计准则公司取得的捐赠利得计入营业外收入,故对2007年1至10月由股东承担的社保基金调整增加管理费用112.42万元,增加营业外收入112.42万元,并对营业外收入的捐赠利得112.42万元作为非经常性损益处理。

根据诸暨市人民政府办公室《关于推进社会保险费五费合征工作的实施意见》(诸政办发[2007]213号),诸暨市从2007年10月1日(费款所属期)起,所有申报企业全面实施五项社保费自行申报缴纳。在此之前,发行人(杭州高科和万象包装除外)的社保由集团公司统一申报缴纳。

根据诸暨市劳动和社会保障局于2008年4月16日出具的《证明》,证明发行人的控股股东浙江大东南集团有限公司上述为发行人缴纳社保金的行为符合诸暨市人民政府的相关规定;自2007年10月1日起,按照诸暨市人民政府办公室《关于推进社会保险费五费合征工作的实施意见》(诸政办发[2007]213号)中关于所有申报企业全面实施五项社保费自行申报缴纳的规定,发行人开始自行申报缴纳社会保险费,至今不存在欠缴或未缴之情形,无因违反关于劳动和社会保障等法律法规而遭受处罚的情形。

发行人的控股股东浙江大东南集团有限公司也于2008年2月20日出具《承诺函》,承诺对上述已缴纳的社会保险费今后不会要求发行人予以偿还;对上述已缴纳的社会保险费今后不会与发行人发生任何异议、争议、索赔或权利主张。自2007年10月1日起,发行人已按照诸暨市人民政府办公室《关于推进社会保险费五费合征工作的实施意见》(诸政办发[2007]213号)的规定,开始自行申报、缴纳社会保险费,浙江大东南集团有限公司不再承担发行人任何社保费用。

发行人律师认为,发行人的控股股东浙江大东南集团有限公司在2007年10月以前为发行人缴纳社保金的行为,符合当时当地相关政策和惯例;2007年10月起发行人开始自行申报缴纳社会保险费,至今不存在欠缴、未缴及因违反劳动和社会保障等法律法规而遭受处罚的情形,符合诸暨市人民政府办公室《关于推进社会保险费五费合征工作的实施意见》(诸政办发[2007]213号)的规定;发行人控股股东浙江大东南集团有限公司已对其为发行人缴纳社保金的行为作出不要求其偿还的承诺,不存在损害发行人及其他股东利益的情形。

同时,根据立信会计师事务所出具的信会师报字[2008]第20346号审计报告,2005年1月至2007年10月原由股东为发行人代缴的社保金分别调整计入各年的管理费用后,发行人2005年至2007年扣除非经常性损益后的净利润分别为73.84万元、1583.43万元和5487.35万元,累计超过人民币3000万元,符合发行上市条件。因此,发行人控股股东浙江大东南集团有限公司为发行人缴纳社保金的行为对本次发行上市不构成实质性障碍。

【案例评析】

1. 中国民营企业生存的环境一直很恶劣,所以只要是能省钱的方法他们都会去尝试,既然避税甚至偷漏税的事情都很平常,那么不为员工缴纳社保和公积金的问题也就更不奇怪了。

2. 在以前的审核实践中,对于社保和公积金的问题也会涉及但是不会重点关注,或许是出于提高居民幸福指数建设和谐社会的需要,最近政策日益收紧。从近一两年过会的案例来看,会里现在对于社保和公积金的问题几乎到了每家必问的程度,甚至有的企业已经很规范地全部缴纳了也会被问,或许审核人员反馈问题也有模板吧。

3. 从上述案例来看,中小板和创业板审核对于这个问题的关注度明显不同。中小板一般情况下只是重新核查一遍即可,而创业板则需要发行人详细披露缴纳人数、缴纳基数、缴纳金额并解释原因等。

4. 尽管政策收紧,但是该问题从来没有成为首发上市的障碍,当然也理应不能成为首发上市的障碍,只要是解释合理打消审核人员的疑问就可以。最新的发行审核政策是:社保公积金问题,按照当地规定执行。但由于各地执行标准不一,因此本着历史问题历史看的原则,只要不影响发行条件就可以,未来要进行制度上的合理安排并进行规范。

5. 那么怎么解释呢?尽管案例千差万别,上述案例也仅是其中很少的一部分,但是从中也能够总结出一些共性的东西。社保问题解释的思路是:(1)员工统计口径有问题,如实习生或者外聘的人员在员工统计中包含但是却不需缴纳社保;(2)员工不愿意缴纳,由于现在社保统筹还存在问题,员工担心交了不一定取得出来所以意愿不强。公积金的解释思路是:(1)员工统计口径也是一个原因。(2)公司有一定比例的农民工,一来不愿意缴纳公积金,二来他们有宅基地也无须缴纳公积金。(3)公司已经为其提供免费住宿或者发放住房补贴以代替住房公积金。(4)当地政府有特殊规定,如深圳。还有的县级地方政府根本还未成立住房公积金的相关管理机构,往往会出现企业想缴但却找不到地方交的情况,如此想要开具无须缴纳的证明也找不到单位。当然,以上仅是解释问题的一些大体思路,具体核查方式可以丰富多样,如鸿路钢构通过访谈公积金中心有关负责人的方式就是一个很不错的想法。

6. 社保和公积金问题的解决思路如下:(1)披露报告期社保缴纳的具体金额;(2)解释未能足额缴纳的原因;(3)是否补缴了社保;(4)当地主管部门出具足额缴纳和无违规证明;(5)发行人控股股东承诺如果追缴社保或者实施处罚由其承担全部责

任;(6)中介机构发表核查意见。

7.总体上来讲,社保问题在拟上市公司中全部未缴纳的很少见,至多像某些案例有一种保险未缴纳,而公积金未缴纳的情况倒是非常普遍。这或许可以验证网友的一种判断:就是会里对社保的审核态度还是要比公积金严格得多,毕竟社保可以看做是法定义务而公积金还有些福利的性质。

8.上述案例的简要评析如下:

(1)兴民钢圈:应该说给我们提供了一个解释社保瑕疵问题的经典案例。另外,曾有人提出会里对于社保的一种意见,就是有能力缴纳拒不缴纳的不能上市。该观点的出处就是《关于清理收回企业欠缴社会保险费有关问题的通知》(劳社部发[1999]36号)第6条“对经调查确认有缴费能力但不按规定缴费的企业,可采取以下行政措施:劳动保障行政部门通过新闻媒体向社会公布;证券监督管理机构不予批准企业上市……”的规定。不过律师对于该规定的解释也很有意思:第6条规定的“有缴费能力但不按规定缴费的企业”,主要是指企业有能力但却拒绝或不愿按规定缴费的情形,不应该包括因为职工本身不愿缴纳的原因造成企业无法缴纳社保费的情形,且发行人已为所有在册职工补缴了欠缴的社保费,因此发行人的上述行为不属于《关于清理回收企业欠缴社会保险费有关问题的通知》第6条规定不予批准上市的情形。

(2)银河磁体:中介机构的核查思路很取巧也很常规,就是以主管部门出具的证明文件作为公司已经全额缴纳社保和公积金的依据。但是有时候申报和公积金的缴纳是根据员工人数和基本工资水平进行估算的,如果差距不是很大可能不会被看出来;但是如果有明显的差距那么还是要把详细情况解释清楚的。银河磁体在二次反馈中还是承认没有为全体员工缴纳社保和公积金。社保未全额缴纳的原因一看就很牵强,而公积金的解释还是常规思路,就是农民工太多。后来该问题没有再追问,或许是后来大股东的承诺起了关键的作用,但是从投行实务上来讲,该律师的核查意见不值得推广。

(3)双林股份:其实在招股说明书中不单独披露社保和公积金金额是合乎规定的,或许是由于双林股份子公司过多的原因,会上对其这两个问题做了重点关注。并且从披露的资料来看,2006年和2007年公司社保和公积金几乎就没有缴纳而是从2008年才开始规范的,这或许也是会里重点关注的一个原因吧。

(4)豫金刚石:大股东利用自己的账户替发行人缴纳社保和公积金的做法比较特殊,值得关注;另外,公司大部分农民工员工还签署了自愿放弃缴纳公积金的声明,尽管是真实意思的表示但是总觉得是与法律法规相违背的。

(5)特锐德:以前提供住房补贴也是解释公积金的一个思路,另外提供职工宿舍也是一个思路,很多企业也采取了上述的方式。

(6)步步高:有一点很特殊,就是公司在申报期内并没有开始缴纳公积金,而是承诺从下一年开始缴纳,步步高于2008年4月14日过会,不知道公司在补一季报的时候会里有没有关注过公积金缴纳的问题,不过至少可以判断会里以前对该问题还是比较宽容的。

【思路总结】

一、IPO公司存在的住房公积金缴存问题

1. 从某一时点开始缴存,之前未按规定缴存

《住房公积金管理条例》(以下简称《条例》)要求新设立的单位应当自设立之日起30日内办理缴存登记手续,录用员工的,自录用之日起30日内办理缴存登记,并于每月发放职工工资之日起5日内缴存员工住房公积金。实践中,IPO公司很少执行上述规定,大部分均是在申报材料前某一时点开始缴存。

2. 缴费比例低于要求的比例

《条例》要求职工和单位住房公积金的缴存比例均不得低于职工上一年度月平均工资的5%,并允许各市适当提高缴存比例。现实中,各市通常会结合当地经济、社会发展情况,统筹兼顾各方面承受能力,确定不同的住房公积金缴存比例。

3. 缴费范围未包括全体员工

按照《条例》及相关规范文件,所有国家机关、国有企业、城镇集体企业、外商投资企业、城镇私营企业及其他城镇企业、事业单位、民办非企业单位、社会团体均应建立住房公积金制度。但是,根据住房和城乡建设部的统计,截至2008年年底,全国应缴住房公积金职工人数为11,184.05万人,实际缴存职工人数为7745.09万人,占比69.25%,住房公积金总体覆盖率仍偏低。以深圳为例,深圳户籍人口仅为200多万人,且深圳规定只为深圳户籍职工缴纳住房公积金,这就将很大比例的职工群体排除在制度之外。总部位于深圳或在深圳设有分、子公司的上市公司,无一例外地披露了由于深圳市政策的限制,以为非深圳户籍员工发放住房补助的形式代替缴纳住房公积金。

4. 历史上由他方(如控股股东、实际控制人)代替缴纳

按照《条例》及相关规范文件,用人单位的义务有两个:其一,设立住房公积金账户;其二,按时足额缴存住房公积金。因此,依法为职工开立账户并缴存住房公积金,既是职工的合法权益,也是单位应尽的义务。豫金刚石在开立独立的住房公积金账户之前,一直通过其控股股东河南华晶为其员工代为缴纳住房公积金,再将相关费用支付给河南华晶,故此期间豫金刚石员工的公积金名义缴纳主体是河南华晶,但实际承担者为豫金刚石。虽然豫金刚石这样做不符合《条例》及相关规定,但终究未对员工合

法权益造成损害，其性质也并非上面的三种严重情形。

二、监管对策及建议

1. 由于各地具体操作不尽相同，应首先核实和说明未能缴纳的原因，说明是否符合地方相关规定，提出明确的处理措施并予以披露；由保荐机构和发行人律师对该问题核查，并就是否构成重大违法行为及本次发行的法律障碍出具明确意见。

2. 在目前社会保障体系下，监管机构尚不宜将 IPO 公司完全合法合规执行住房公积金制度作为上市的必需条件，而应重视 IPO 公司对相关问题的解决措施，例如在允许补缴的情况尽可能补缴、控股股东、实际控制人出具承诺等。

3. 可考虑在 IPO 申报的《招股说明书》和《律师工作报告》中单独设置一章社会责任章节，要求保荐机构、律师对 IPO 公司履行为员工缴存社保、住房公积金等维护职工合法权益责任的情况进行详细核查。

4. 公司上市以后必须严格按照相关法规操作，将上市公司后续住房公积金制度执行情况、相关方承诺履行情况作为保荐机构持续督导的一项重要内容。

【参考法规】

一、社会保险法(人大常委会 2011 年修订)

(一)总则

……

第四条 中华人民共和国境内的用人单位和个人依法缴纳社会保险费，有权查询缴费记录、个人权益记录，要求社会保险经办机构提供社会保险咨询等相关服务。个人依法享受社会保险待遇，有权监督本单位为其缴费情况。

(二)基本养老保险

第十条 职工应当参加基本养老保险，由用人单位和职工共同缴纳基本养老保险费。无雇工的个体工商户、未在用人单位参加基本养老保险的非全日制从业人员以及其他灵活就业人员可以参加基本养老保险，由个人缴纳基本养老保险费。公务员和参照公务员法管理的工作人员养老保险的办法由国务院规定。

……

第十二条 用人单位应当按照国家规定的本单位职工工资总额的比例缴纳基本

养老保险费,记入基本养老保险统筹基金。职工应当按照国家规定的本人工资的比例缴纳基本养老保险费,记入个人账户。无雇工的个体工商户、未在用人单位参加基本养老保险的非全日制从业人员以及其他灵活就业人员参加基本养老保险的,应当按照国家规定缴纳基本养老保险费,分别记入基本养老保险统筹基金和个人账户。

……

第十四条 个人账户不得提前支取,记账利率不得低于银行定期存款利率,免征利息税。个人死亡的,个人账户余额可以继承。

……

第十六条 参加基本养老保险的个人,达到法定退休年龄时累计缴费满十五年的,按月领取基本养老金。参加基本养老保险的个人,达到法定退休年龄时累计缴费不足十五年的,可以缴费至满十五年,按月领取基本养老金;也可以转入新型农村社会养老保险或者城镇居民社会养老保险,按照国务院规定享受相应的养老保险待遇。

(三)基本医疗保险

第二十三条 职工应当参加职工基本医疗保险,由用人单位和职工按照国家规定共同缴纳基本医疗保险费。无雇工的个体工商户、未在用人单位参加职工基本医疗保险的非全日制从业人员以及其他灵活就业人员可以参加职工基本医疗保险,由个人按照国家规定缴纳基本医疗保险费。

……

第二十七条 参加职工基本医疗保险的个人,达到法定退休年龄时累计缴费达到国家规定年限的,退休后不再缴纳基本医疗保险费,按照国家规定享受基本医疗保险待遇;未达到国家规定年限的,可以缴费至国家规定年限。

(四)工伤保险

第三十三条 职工应当参加工伤保险,由用人单位缴纳工伤保险费,职工不缴纳工伤保险费。

第三十四条 国家根据不同行业的工伤风险程度确定行业的差别费率,并根据使用工伤保险基金、工伤发生率等情况在每个行业内确定费率档次。行业差别费率和行业内费率档次由国务院社会保险行政部门制定,报国务院批准后公布施行。社会保险经办机构根据用人单位使用工伤保险基金、工伤发生率和所属行业费率档次等情况,确定用人单位缴费费率。

第三十五条 用人单位应当按照本单位职工工资总额,根据社会保险经办机构确定的费率缴纳工伤保险费。

(五)失业保险

第四十四条　职工应当参加失业保险,由用人单位和职工按照国家规定共同缴纳失业保险费。

第四十六条　失业人员失业前用人单位和本人累计缴费满一年不足五年的,领取失业保险金的期限最长为十二个月;累计缴费满五年不足十年的,领取失业保险金的期限最长为十八个月;累计缴费十年以上的,领取失业保险金的期限最长为二十四个月。重新就业后,再次失业的,缴费时间重新计算,领取失业保险金的期限与前次失业应当领取而尚未领取的失业保险金的期限合并计算,最长不超过二十四个月。

第四十八条　失业人员在领取失业保险金期间,参加职工基本医疗保险,享受基本医疗保险待遇。失业人员应当缴纳的基本医疗保险费从失业保险基金中支付,个人不缴纳基本医疗保险费。

(六)生育保险

第五十三条　职工应当参加生育保险,由用人单位按照国家规定缴纳生育保险费,职工不缴纳生育保险费。

(七)社会保险费征缴

第五十七条　用人单位应当自成立之日起三十日内凭营业执照、登记证书或者单位印章,向当地社会保险经办机构申请办理社会保险登记。社会保险经办机构应当自收到申请之日起十五日内予以审核,发给社会保险登记证件。用人单位的社会保险登记事项发生变更或者用人单位依法终止的,应当自变更或者终止之日起三十日内,到社会保险经办机构办理变更或者注销社会保险登记。

第五十八条　用人单位应当自用工之日起三十日内为其职工向社会保险经办机构申请办理社会保险登记。未办理社会保险登记的,由社会保险经办机构核定其应当缴纳的社会保险费。自愿参加社会保险的无雇工的个体工商户、未在用人单位参加社会保险的非全日制从业人员以及其他灵活就业人员,应当向社会保险经办机构申请办理社会保险登记。国家建立全国统一的个人社会保障号码。个人社会保障号码为公民身份号码。

第五十九条　县级以上人民政府加强社会保险费的征收工作。社会保险费实行统一征收,实施步骤和具体办法由国务院规定。

第六十条 用人单位应当自行申报、按时足额缴纳社会保险费,非因不可抗力等法定事由不得缓缴、减免。职工应当缴纳的社会保险费由用人单位代扣代缴,用人单位应当按月将缴纳社会保险费的明细情况告知本人。无雇工的个体工商户、未在用人单位参加社会保险的非全日制从业人员以及其他灵活就业人员,可以直接向社会保险费征收机构缴纳社会保险费。

第六十一条 社会保险费征收机构应当依法按时足额征收社会保险费,并将缴费情况定期告知用人单位和个人。

第六十二条 用人单位未按规定申报应当缴纳的社会保险费数额的,按照该单位上月缴费额的百分之一百一十确定应当缴纳数额;缴费单位补办申报手续后,由社会保险费征收机构按照规定结算。

第六十三条 用人单位未按时足额缴纳社会保险费的,由社会保险费征收机构责令其限期缴纳或者补足。用人单位逾期仍未缴纳或者补足社会保险费的,社会保险费征收机构可以向银行和其他金融机构查询其存款账户;并可以申请县级以上有关行政部门作出划拨社会保险费的决定,书面通知其开户银行或者其他金融机构划拨社会保险费。用人单位账户余额少于应当缴纳的社会保险费的,社会保险费征收机构可以要求该用人单位提供担保,签订延期缴费协议。用人单位未足额缴纳社会保险费且未提供担保的,社会保险费征收机构可以申请人民法院扣押、查封、拍卖其价值相当于应当缴纳社会保险费的财产,以拍卖所得抵缴社会保险费。

(八)法律责任

第八十四条 用人单位不办理社会保险登记的,由社会保险行政部门责令限期改正;逾期不改正的,对用人单位处应缴社会保险费数额一倍以上三倍以下的罚款,对其直接负责的主管人员和其他直接责任人员处五百元以上三千元以下的罚款。

二、《住房公积金管理条例》(国务院 2002 年修订)

第十三条 住房公积金管理中心应当在受委托银行设立住房公积金专户。单位应当到住房公积金管理中心办理住房公积金缴存登记,经住房公积金管理中心审核后,到受委托银行为本单位职工办理住房公积金账户设立手续。每个职工只能有一个住房公积金账户。住房公积金管理中心应当建立职工住房公积金明细账,记载职工个人住房公积金的缴存、提取等情况。

第十四条 新设立的单位应当自设立之日起 30 日内到住房公积金管理中心办理住房公积金缴存登记,并自登记之日起 20 日内持住房公积金管理中心的审核文件,到受委托银行为本单位职工办理住房公积金账户设立手续。单位合并、分立、撤销、解散或者破产的,应当自发生上述情况之日起30日内由原单位或者清算组织到住房公积金管理中心办理变更登记或者注销登记,并自办妥变更登记或者注销登记之日起20日内持住房公积金管理中心的审核文件,到受委托银行为本单位职工办理住房公积金账户转移或者封存手续。

第十五条 单位录用职工的,应当自录用之日起30日内到住房公积金管理中心办理缴存登记,并持住房公积金管理中心的审核文件,到受委托银行办理职工住房公积金账户的设立或者转移手续。单位与职工终止劳动关系的,单位应当自劳动关系终止之日起30日内到住房公积金管理中心办理变更登记,并持住房公积金管理中心的审核文件,到受委托银行办理职工住房公积金账户转移或者封存手续。

第十六条 职工住房公积金的月缴存额为职工本人上一年度月平均工资乘以职工住房公积金缴存比例。单位为职工缴存的住房公积金的月缴存额为职工本人上一年度月平均工资乘以单位住房公积金缴存比例。

第十七条 新参加工作的职工从参加工作的第二个月开始缴存住房公积金,月缴存额为职工本人当月工资乘以职工住房公积金缴存比例。单位新调入的职工从调入单位发放工资之日起缴存住房公积金,月缴存额为职工本人当月工资乘以职工住房公积金缴存比例。

……

第二十条 单位应当按时、足额缴存住房公积金,不得逾期缴存或者少缴。对缴存住房公积金确有困难的单位,经本单位职工代表大会或者工会讨论通过,并经住房公积金管理中心审核,报住房公积金管理委员会批准后,可以降低缴存比例或者缓缴;待单位经济效益好转后,再提高缴存比例或者补缴缓缴。

……

第三十七条 违反本条例的规定,单位不办理住房公积金缴存登记或者不为本单位职工办理住房公积金账户设立手续的,由住房公积金管理中心责令限期办理;逾期不办理的,处1万元以上5万元以下的罚款。

三、《关于住房公积金管理若干具体问题的指导意见》(建设部、财政部、中国人民银行2005年修订)

1. 国家机关、国有企业、城镇集体企业、外商投资企业、城镇私营企业及其他城镇企业、事业单位、民办非企业单位、社会团体(以下统称单位)及其在职职工,应当按《住房公积金管理条例》(国务院令第350号,以下简称《条例》)的规定缴存住房公积金。

有条件的地方,城镇单位聘用进城务工人员,单位和职工可缴存住房公积金;城镇个体工商户、自由职业人员可申请缴存住房公积金,月缴存额的工资基数按照缴存人上一年度月平均纳税收入计算。

2. 设区城市(含地、州、盟,下同)应当结合当地经济、社会发展情况,统筹兼顾各方面承受能力,严格按照《条例》规定程序,合理确定住房公积金缴存比例。单位和职工缴存比例不应低于5%,原则上不高于12%。采取提高单位住房公积金缴存比例方式发放职工住房补贴的,应当在个人账户中予以注明。未按照规定程序报省、自治区、直辖市人民政府批准的住房公积金缴存比例,应予以纠正。

3. 缴存住房公积金的月工资基数,原则上不应超过职工工作地所在设区城市统计部门公布的上一年度职工月平均工资的2倍或3倍。具体标准由各地根据实际情况确定。职工月平均工资应按国家统计局规定列入工资总额统计的项目计算。

……

6. 单位补缴住房公积金(包括单位自行补缴和人民法院强制补缴)的数额,可根据实际采取不同方式确定:单位从未缴存住房公积金的,原则上应当补缴自《条例》(国务院令第262号)发布之月起欠缴职工的住房公积金。单位未按照规定的职工范围和标准缴存住房公积金的,应当为职工补缴。单位不提供职工工资情况或者职工对提供的工资情况有异议的,管理中心可依据当地劳动部门、司法部门核定的工资,或所在设区城市统计部门公布的上年职工平均工资计算。

……

9. 进城务工人员、城镇个体工商户、自由职业人员购买自住住房或者在户口所在地购建自住住房的,可以凭购房合同、用地证明及其他有效证明材料,提取本人及其配偶住房公积金账户内的存储余额。

……

14. 进城务工人员、城镇个体工商户和自由职业人员购买自住住房时,可按规定申请住房公积金贷款。

第三章　行政处罚

【是否曾经留过违规的案底】

□ 在中国要经营一家企业,那可要受到多达十几家主管部门的监管,有时候尽管是小心翼翼也总是免不了会出一些小差错。

□ 当然,犯了错并不可怕,只要勇敢面对并且及时改正,同时要让大家相信你以后不会再犯同样的错误就可以了。当然,这也要有一个原则,那就是你所犯罪过并不是很严重或者情有可原,不然上市那就需要等待一段时间了。

□ 本章内容小兵将与大家分享一些典型的主管部门处罚的专题内容:环保处罚、税务处罚、海关处罚、工商处罚、其他处罚。

■第一节　环保处罚解决之道

【重要提示】

★ 从国家战略层面来看是越来越重视环保问题,证券监管机构对于环保问题的重视也理应越来越严格,从这几年的规则发展轨迹就可以明确地看出来。

★ 如果企业在报告期内存在环保违规行为,那么首发上市通过审核的风险会较大;但是从下面的案例来看,如果只是轻微的环保处罚,在当地主管部门兜底的前提下中介机构能够解释得合情合理也是没有大问题的。

★ 值得注意的是,最新出台的《关于进一步规范监督管理严格开展上市公司环保核查工作的通知》中规定,在一年之内如果存在 10 万元以上环保罚款的情形则证监会不会受理企业的有关申请文件。

【案例情况】

一、澳洋科技(002172):小额处罚加群众投诉和媒体报道

(一)玛纳斯澳洋两次处罚情况

1. 处罚情况

玛纳斯澳洋自 2003 年成立以来,存在以下被处罚的情形:

(1)2003 年 10 月 27 日,新疆维吾尔自治区玛纳斯县环保局下发《环境监理处罚决定通知书》(环监罚字[2003]第 02 号),认为玛纳斯澳洋于 2003 年 10 月 12 日将超标生产废水对外排放,违反了《水污染防治法》的规定,并决定对其处以罚款 1 万元的处罚。

(2)2004 年 5 月 24 日,新疆维吾尔自治区环保局下发《环境监理行政处罚决定书》(新 2004 环罚字[2004]052 号),认为玛纳斯澳洋存在生产污水超标排放及不正常使用污染物处理设施的情形,违反了《环境保护法》、《水污染防治法》的规定,决定对其处以罚款 4 万元的处罚。

2. 被处罚原因

玛纳斯澳洋成立于 2003 年 4 月,2003 年 6 月收购原玛纳斯县棉浆粕厂后,立即对原玛纳斯棉浆粕厂环保设施进行技术改造,并取得了初步成效。但由于原环保处理设备较陈旧,运行不稳定,玛纳斯澳洋出现两次废水超标排放的情况,但因未酿成重大环境污染事故,环保部门视具体情节,给予处罚,共计罚款 5 万元,玛纳斯澳洋均已按时缴纳。

3. 整改情况

针对上述处罚,玛纳斯澳洋除按时缴纳罚款外,还积极采取多种措施,加大环保工作力度。玛纳斯澳洋一方面进行限产,减少废水排放量,原有环保处理设备经进一步技术改造后,提高了环保设施的运行稳定性。另一方面积极组织专家进行论证,确定了进一步治理方案,筹措资金投资建设废水排放管线工程和污水处理设施扩建工程,加强了污染治理工作。2004 ~ 2005 年筹措资金建成了日处理 5 万立方米的污水处理设施扩建工程和日排水规模 6 万立方米的 60 公里废水排放管线工程并投入运行,效果良好,生产废水经治理达标后通过 60 公里的管线排入玛纳斯县城北部沙漠,用于沙漠植被绿化、固沙。经采取上述措施后,玛纳斯澳洋已完成了废水治理整改任务。

2005 年 3 月 15 日,新疆维吾尔自治区环境保护局在对玛纳斯澳洋现场核查后,出

具了《关于对玛纳斯澳洋科技有限责任公司环境保护有关问题的批复》(新环控函[2005]89号),对玛纳斯澳洋整改情况予以确认。

4. 中介机构核查意见

经保荐人、发行人律师现场核查,认为:玛纳斯澳洋在设立初期因环保设施陈旧、运行不稳定,出现了两次废水超标排放的情况,但未酿成重大环境污染事故,环保部门视具体情节,给予一定处罚。除该两次超标排放外,玛纳斯澳洋"三废"处理后均能达标排放。而且,玛纳斯澳洋已经采取了及时、有效的整改措施,积极消除影响,并未造成重大后果,该等整改措施已经新疆维吾尔自治区环保局确认。自2004年5月24日以来,没有出现任何违反国家和地方有关环保法规行为,没有发生过任何重大环境污染事件,没有受过环保部门的处罚。

5. 环保部门核查意见

2007年3月23日,新疆维吾尔自治区环境保护局针对玛纳斯澳洋自2004年5月24日以来的环保情况,出具了《关于协助办理拟上市公司环保核查的复函》(新环控函[2007]99号):该公司"完成了废水治理整改任务。自2004年5月24日以来,没有出现任何违反国家和地方有关环保法规行为,没有发生过任何重大环境污染事件,没有受过环保部门的处罚"。

(二)环保投诉情况

1. 环保投诉问题

2006年之前,曾有群众投诉玛纳斯澳洋存在环保问题。

(1)关于群众反映的玛纳斯发电厂水井问题

2003年玛纳斯澳洋收购玛纳斯县化纤棉浆粕厂资产之前,原玛纳斯县化纤棉浆粕厂排放的废水对玛纳斯发电厂两口水井造成影响,曾遭到玛纳斯电厂投诉。2003年玛纳斯澳洋收购玛纳斯县化纤棉浆粕厂资产后,2004~2005年先后投入1亿余元用于废水治理,相关工程已于2005年建成,并经新疆维吾尔自治区环保局验收后投入运行。玛纳斯澳洋所生产废水经废水处理设施处理达标后,通过60公里管线排入沙漠废水水库。现经向玛纳斯电厂调查,该厂在用水井水样化验已经没有问题。

(2)关于群众反映的废气问题

玛纳斯澳洋粘胶短纤生产线投产后产生了工艺废气,主要污染物为硫化氢和二硫化碳,废气经冷凝回收装置处理达标后,通过120米高排气塔排入大气。但由于该类废气中仍含有一定量的硫化氢和二硫化碳,致使厂区周围空气带有异味。因此,玛纳斯澳洋曾遭到当地群众的投诉。

为进一步减少大气污染物排放量,减少对当地群众的影响,玛纳斯澳洋于2005~2006年投资500余万元,为其粘胶短纤生产线配套建设了废气燃烧处理设施,并经新疆维吾尔自治区环保局验收后投入运行。通过将硫化氢和二硫化碳气体收集燃烧后用碱液吸收,此举进一步减少了硫化氢和二硫化碳的排放。2006年以来,已经没有群众投诉此类问题。

(3)关于群众反映的沙漠废水水库问题

2005年,玛纳斯澳洋建成了日排水规模6万立方米的60公里废水排放管线工程并投入运行,处理达标后废水经废水排放管线排入沙漠废水水库。因此,有群众对沙漠废水水库的安全产生质疑,认为可能对沙漠地区地下水造成污染,且未来废水越积越多,存有决堤的可能性。

玛纳斯澳洋投资建设的60公里废水排放管线将处理达标后的废水排入沙漠废水水库,系经环保专家设计的创新行为。2004年6月,新疆维吾尔自治区环保局出具《关于玛纳斯澳洋科技有限公司室外排水工程环境影响报告表的批复》(新环监函[2004]269号),同意玛纳斯澳洋建设废水水库工程。该废水水库选址系利用沙漠中自然形成的洼地,玛纳斯澳洋特在废水水库选址地的开阔区域投资330万元建设了污水坝,从而形成废水库区,库区面积共一万余亩。该废水水库建设工程已于2005年通过自治区环保局验收合格后投入使用。废水达到三级标准后再通过管道排入沙漠废水水库。

由于废水水库系利用戈壁沙漠中自然形成的洼地,该地区地表系坚硬的盐碱地,废水不易渗透污染地下水;水库周围堤坝绝大多数是自然形成的小丘陵,也不会坍塌。而废水水库本身的库容也比较大,两个水库合计库容超过2000万立方米,目前玛纳斯澳洋实际排放废水量在日均3万立方米左右,全年废水排放量约1100万立方米。因新疆沙漠地区气候干燥,年平均蒸发量北疆多在1500~2300毫米之间,年均降水量110mm(数据出自新疆维吾尔自治区经济信息中心网站),故废水流进废水水库后,废水水库中每年蒸发水量将在900~1400万立方米。此外,因新疆地区气候变化较大,秋冬时节蒸发量较少,为进一步消除沙漠废水水库可能存在的隐患,同时也是为了有效利用水资源和退沙还林,玛纳斯澳洋采取了以下措施:

玛纳斯澳洋在沙漠废水水库通进了电线、置办喷灌设备,将废水水库的废水用于浇灌在沙里漠里种植的榆树、沙枣、胡杨、芨芨草、棉花等植物,同时对浇灌设施进行定期检查和维护,以确保浇灌的连续性,此举也将消耗部分水量。因此每年实际留在水库中的废水较为有限。据此,该水库的库容足够供长期使用,不会出现水库废水溢出或垮坝的情形。

2.中介机构核查意见

经保荐人、发行人律师现场核查,认为:玛纳斯澳洋受到的环保投诉所涉及三个问题,经玛纳斯澳洋与当地群众的多次沟通,已使当地群众了解了玛纳斯澳洋在环保上采取的措施和付出的努力。玛纳斯澳洋在群众投诉的问题上不存在环保违法情形。

3. 环保部门核查意见

2007 年 3 月 23 日,新疆维吾尔自治区环境保护局针对玛纳斯澳洋投诉问题的处理,出具了《关于协助办理拟上市公司环保核查的复函》(新环控函[2007]99 号):“根据国家环保总局环境监察局2005 年 12 月 15 日督察通知和新疆维吾尔自治区人民政府的批示,受新疆维吾尔自治区人民政府的委托,我局对群众反映玛纳斯澳洋环保问题进行了实地调查和监测。”

“2006 年 1 月 6 日,新疆维吾尔自治区环保局与昌吉回族自治州环保局、玛纳斯县委、县政府、群众代表在玛纳斯澳洋召开了环境污染治理情况通报会。经与会代表实地参观和讨论沟通,投诉的群众代表充分了解了玛纳斯澳洋各项治污措施,对玛纳斯澳洋改善环境付出的努力表示肯定和满意。该次会议消除了社会不良影响,有效地解决了群众对投诉问题的不满。截至目前,新疆维吾尔自治区环保局没有接到群众对玛纳斯澳洋的环境投诉”。

(三)媒体报道的管道破裂情况

2006 年春季,玛纳斯澳洋废水排放管线出现了突发破裂事件,但并未造成重大环境污染。

1. 管道破裂情况

为彻底解决环保问题,改善当地环境,玛纳斯澳洋于2004 年扩建了废水处理厂,修建了废水排放管线。为了防止废水在管道运输中出现渗漏污染沿线的地下水,玛纳斯澳洋采用了抗腐蚀、耐酸碱但密封性能好的玻璃钢管进行地下铺设,并尽可能地绕过村庄和农田。该排污管道全长近 60 公里,采用 DN1000 的纤维缠绕玻璃钢管单管输水,于 2004 年 7 月开工建设,2005 年 1 月投入试运行,2005 年 4 月通过项目竣工环境保护验收。

2006 年上半年,玛纳斯县规划土地平整,对部分管道沿线进行道路施工,由于压路机、挖掘机等施工机械的碾压,致使位于公路下方的部分管道出现破裂漏水情况。其中漏水影响较大的共两次。

(1)2006 年 2 月 23 日下午 18:30 左右,距玛纳斯澳洋厂址约 30 公里处管道发生破裂。管内污水沿附近的防洪渠、排碱沟外流。由于排碱沟长时间未用,周围农户倾倒垃圾及积雪造成沟内堵塞,废水溢出排碱沟并浸入附近农户住宅。

(2)2006 年 4 月 14 日晚 23:00 左右,距玛纳斯澳洋厂址约 25 公里处发生管道破裂。管内废水流向低洼地,淹没20余亩棉田。

2. 处理情况

该两次事件发生后,玛纳斯澳洋在玛纳斯县政府及当地环保部门指导下,采取了紧急处理措施:一是紧急停产,停止向废水排放管内排放废水;二是组织出动机械疏通防洪渠、排碱沟,及时为受影响农户排水;三是打开应急排放阀门,将管道内的积水排入玛纳斯河老河床并对漏点进行修复。

3. 对环境的影响

在管道抢修中,排至玛纳斯河老河床的管道内尾水已经经过处理,且水量不多,经自治区环保局监测和调查,饮用水和地下水水质达标,各项指标均符合《地下水质量标准》,未受到管道破裂事故的影响,受灾面积较小,未对环境造成重大污染;另外,玛纳斯澳洋采取了及时、有效的整改措施,积极消除影响,未造成重大后果。

4. 善后处理措施

事后,玛纳斯澳洋强化了环保管理,设置了环保领导工作小组,增加配备了管道巡查人员,制定了应急预案制度,采取了相应应急预案措施,以确保杜绝该类事件的发生。

一是成立相应的应急组织机构、健全管道的巡查、督察制度,并配备一定的应急装备(挖掘机、装载机、车辆、玻璃钢原辅料),并就应急组织机构进行阶段性的实战演练。二是更换了一公里长的破损较为严重的管道,并对部分地段的管道向道路外移2.5米,避开施工路段。三是在管道沿线戈壁滩修建了应急排放池,一旦出现管道破裂,暂时将管道内尾水排入应急排放池,以确保任何形式下废水不得排入玛纳斯河。四是加强了管道巡查制度,安排5个巡查员、3名督察员进行24小时巡查,严防管道破裂事件的发生。

5. 赔偿情况

事后,玛纳斯澳洋对浸水农户共计赔偿了20.2万元。

6. 相关媒体报道

玛纳斯澳洋管道破裂后,当地媒体于2006年5月底刊登了相关报道,但该部分报道与实际情况出入很大,存在很大程度的夸大和不实。

(1)关于媒体报道的“玛纳斯澳洋2003年被列位新疆十大不法排污企业”的问题。玛纳斯澳洋于2003年4月设立,同年6月收购玛纳斯浆粕厂的资产,8月才投入生产,而2003年7月玛纳斯澳洋即被列为自治区十大不法排污企业。因此,该称号实际所指应为原玛纳斯浆粕厂,并非指玛纳斯澳洋。

(2)关于媒体报道的“万亩良田被污”、“220万亩农田遭到污染”、“玛河水库因污水大面积鱼死亡”、“因为水质受到污染,下游水库的鱼类遭到了灭顶之灾,开始大面积的死亡”的问题。玛纳斯澳洋所在地的玛纳斯河下游没有玛河水库,只有夹河子水库。2006 年春季玛纳斯澳洋排污管破裂后,玛纳斯河和夹河子水库中的水质情况良好,既无异味,也无明显颜色,没有被污染痕迹,不存在“因污水大面积鱼死亡”现象。并且,该水库实际灌溉面积为 30 万亩农田,不可能存在“220 万亩农田遭到污染”的情况。

(3)关于媒体报道的“从今年 2 月起,澳洋科技就不断向玛河排污”、“玛纳斯澳洋通过暗管偷排未处理废水”、“污水充斥玛纳斯河”的问题。当地环保部门对玛纳斯澳洋进行了严格的环保监控,一是在 2006 年年初,要求玛纳斯澳洋安装了一套非常先进的在线检测系统,通过该系统,玛纳斯澳洋每天 24 小时的废水排放处理情况都得到完整的记录。环保部门通过调查该系统记录的数据,就能了解到企业废水处理情况。二是当地州、县环境监测站还会不定时地到企业抽检及巡查。2004 年 5 月以来,没有发现玛纳斯澳洋存在偷排漏排或者其他违反环保规定的情况。经保荐人、发行人律师实地考察,未发现“玛纳斯澳洋通过暗管偷排未处理废水”,玛纳斯河河水没有异味,也无污染颜色,不存在“污水充斥玛纳斯河”的现象。

(4)关于媒体报道的“因为污水,每亩棉花直接减产 100 公斤,60 亩地损失近 2 万元”、“棉田开始掉桃、掉蕾,棉苗的死亡率增加了,抗病性也减弱了”的问题。该媒体报道时间为 2006 年 5 月底,该地区棉花尚处于苗期(一般在每年 4 ~ 5 月),尚未结桃,不可能发生“棉田开始掉桃”的现象,更谈不上采摘(一般在每年 10 月),因此也根本不可能知道当年棉花会减产多少。由此可见,该媒体的相关报道违反了基本常识,是不真实的。

(5)关于媒体报道的“污水排至沙漠污染地下水”的问题。详见前述“关于群众反映的沙漠废水水库问题”。

7. 中介机构核查意见

经保荐人、发行人律师现场核查,认为:2006 年上半年玛纳斯澳洋发生的管道破裂事件系客观原因造成,且公司及时采取有效措施,未造成重大环境污染事故。有关媒体报道的重大环境污染和违法排污问题不存在。

8. 环保部门核查意见

(1)2007 年 6 月 5 日,国家环境保护总局对澳洋科技及玛纳斯澳洋、阜宁澳洋进行了环保核查,出具了《关于江苏澳洋科技股份有限公司上市环保核查情况的函》(环函[2007]212 号):“近三年该公司没有重大违反国家和地方有关环保法律法规的行为,没有发生重大污染事故,没有受过环保部门的重大处罚。”

(2)2007 年 3 月 23 日,新疆维吾尔自治区环境保护局针对玛纳斯澳洋 2006 年上半年管道破裂事件及媒体相关报道情况,出具了《关于协助办理拟上市公司环保核查的复函》(新环控函[2007]99 号):“该次抢修中,排至玛纳斯河的管道内尾水已经经过处理，且水量较小，未对水环境及被淹的20多亩农田造成严重污染。另一方面你公司采取了及时、有效的整改措施，积极消除影响，未造成重大后果。”

(3)2006年11月24日，昌吉回族自治州环境保护局针对该问题，出具了《关于玛纳斯澳洋科技有限责任公司环境污染治理情况的报告》(昌州环发[2006]148号)：“经自治区环保局监测和调查，自治区、昌吉回族自治州卫生部门鉴定，受灾地区居民饮用水和地下水水质达标，各项指标均符合《地下水质量标准》，未受到爆管事故的影响，受影响的棉田面积较小，未对环境造成污染。”“同时，相关媒体报道与污染事实出入很大”。

(4)2006年11月22日，玛纳斯县环境保护局针对该问题，出具了《关于玛纳斯澳洋科技有限责任公司环境污染治理情况的报告》(玛环字[2006]19号)：“造成的污染没有产生以上报道所反映的严重现象。”

(四)保荐机构、发行人律师结论意见

保荐机构、发行人律师经核查后，认为：澳洋科技本身包括阜宁澳洋不存在任何环保问题。澳洋科技控股子公司玛纳斯澳洋收购当地原玛纳斯县棉浆粕厂后，在环保问题上投入了很大的资金，态度积极，措施得当，获得当地环保主管部门的肯定。目前，玛纳斯澳洋生产经营活动完全符合国家有关环保法律、法规的规定。玛纳斯澳洋历史上虽受到两次环保处罚，但情节并不严重，不会对发行人本次发行、上市构成法律障碍。

二、永太科技(002326)：小额罚款关注

2006年1月4日，台州市环境保护局针对发行人“故意不正常使用水污染处理设施、废水超标排放”的行为，对发行人出具行政处罚听证告知书(台环听告字[2006]1号)，拟对发行人作出责令恢复正常使用水污染处理设施、罚款3万元的行政处罚。发行人于2006年3月7日向台州市环境保护局缴纳了上述罚款。

2006年6月2日，台州市环境保护局针对发行人“故意不正常使用水污染物处理设施、部分废水未经处理超标排放”的行为，对发行人出具行政处罚决定书(台环罚字[2006]23号)，对发行人作出责令恢复正常使用水污染处理设施、罚款6万元的行政处罚。发行人于2006年6月26日向台州市环境保护局缴纳了该笔罚款。

2006年10月13日，临海市环境保护局针对发行人“不正常使用废水污染处理设施、废水超标排放”的行为，对发行人出具行政处罚决定书(临环罚字[2006]57号)，对发行人作出责令恢复废水污染处理设施正常使用、罚款7万元的行政处罚。发行人于

2006 年 10 月 31 日向临海市环境保护局缴纳了该笔罚款。

为杜绝此类问题的发生，进一步加强环境保护工作，发行人进行了生态化改造整治。2006 年 12 月 9 日，临海市环境保护局邀请有关领导及专家组成验收组，就发行人生态化改造整治完成情况进行验收，并于 2006 年 12 月 11 日下发了临海市环境保护局《关于印发生态化改造整治验收意见的通知》（临环[2006]91 号），该意见认为："该公司重视环境保护工作，机构健全，制度完善，环保投入到位，改建、新建的'三废'处理设施处理能力能满足生产现状要求，排放达到了国家排放标准，并结合清洁生产审核对生产工艺进行了改进，生产装备水平有了大幅度提升，并建立了环保应急设施，车间布局更加合理，厂容厂貌发生了很大变化，同意通过生态化改造整治验收。"

此外，公司委托专业机构对厂区进行了重新规划，新的规划对区域划分清晰，消防、疏散通道合理，全厂实施清、污水分流。公司还专设了环保管理中心，负责公司的各项环保工作，并制订了一整套严格控制排污的环保制度和奖惩办法。目前公司执行的"三废"处理及排放指标均符合国家现行环保要求。

发行人律师认为，发行人针对上述行政处罚，均已经采取相应的整改措施，并已经通过相关部门的验收，此前不规范行为已经得到了规范，整改后发行人未再出现类似处罚，故上述行政处罚不会对发行人本次公开发行股票构成障碍。

保荐人认为，发行人已针对上述处罚进行了认真整改，并已经通过相关部门的整改验收，从整改完成至今未再发生类似事故，因此上述处罚不构成本次发行上市障碍。

针对发行人上述违法违规事项，作出相关处罚决定的临海市建设规划局、临海市国土资源局、临海市安全生产监督管理局、临海市环保局和台州市环保局分别出具证明，认定上述行为不构成重大违法行为。因此，发行人律师和保荐人认为，发行人在报告期因安全、环保、土地使用等问题曾被相关主管机构处罚过，但不构成情节严重，上述行政处罚不对发行人本次股票发行与上市构成障碍。

三、阳谷华泰（300121）：没有违规故意的 50 万元罚款

2009 年 4 月，阳谷县环保局认为华泰有限向外排放高浓度的化工废水，阳谷县环保局对华泰有限做出阳环罚字[2009]第 01 号《行政处罚决定书》，处罚决定为：责令华泰有限停产整治，并处罚款 50 万元。

公司具备独立完整的高浓度的化工废水处理技术和设施，具备与其生产经营相匹配的高浓度的化工废水处理能力。受处罚事件起因如下：2009 年 3 月自然人李某与公司分管环保人员沟通提出河北有一造纸厂，可使用公司废水发酵原料，运费由华泰有限负责，分管人员考虑到可以节约处理成本，同意由其运输公司废水至河北造纸厂，但

要求其将废水务必送至造纸厂,李某3月末4月初先后从公司运输两车废水,并未如其承诺将废水运至造纸厂,而是擅自将废水倾倒。环保部门发现后对华泰有限进行了处罚,相关部门对李某进行了拘留。

针对该处罚,2009年4月28日,阳谷县环保局出具《关于行政处罚决定书的说明》,认为:"(1)你公司已严格按照我局出具的阳环罚字[2009]01号的处罚决定缴纳了罚款并进行了停产整治,停产整治效果良好,我局已同意你公司于2009年4月28日重新恢复生产。(2)你公司本次'擅自转移危险废物,向水体排放高浓度的化工废水行为'不属于重大违法行为。"

事件发生后公司迅速采取了一系列措施,避免该类事件再次发生,具体措施如下:

(1)公司迅速召开了总经理办公会,分析事故原因,对相关责任人员给予了处分,并在全公司予以通报。

(2)进一步加强了内部控制,出台了有针对性的管控措施,各项措施运行良好,具体如下:

①进一步明晰了生产、环保、技术高管的环保责任以及问责制度。凡涉及环保安全方面的事项必须至少报经总经理办公会议审批同意,涉及董事会和股东大会的权限的按公司章程的规定办理。

②公司生产产生的废水一律使用公司的环保设施进行处理,不得委托外单位进行处理。

③对出入厂车辆增加一道审批许可环节。

④成立专门的领导小组,监督检查危险废物管理,保证工作有效进行。

⑤实行专门负责制,环保部长为负责人。

⑥修订了《废水管理制度》、《气味管理制度》、《危险废物管理制度》、《固体废物管理制度》、《噪声管理制度》等。

⑦新增《外包单位或人员造成的环境污染责任承担制度》。

⑧建设了环保应急池。

⑨制定危险废物处置应急预案。

⑩设置专门的危险废物仓库。

同时,2009~2010年投资近千万元,建设高浓度有机废水"四效"连续蒸发技术,公司年处理高盐废水能力可达到10万吨,处理能力可满足公司未来长期的发展需要。

保荐机构经过核查认为:

发行人拥有完整的污水处理设施且运转良好,具备高浓度的化工废水处理的能力,发行人日常对产生废水、废气等污染物处理均达到或优于国家规定的标准,环保处理水平处于行业领先地位。违法行为属发行人个别工作人员疏忽,轻信他人言论导致倾倒废水事件的发生，发行人没有主动倾倒废水的主观故意。

发行人没有直接实施违法行为，导致废水被随意倾倒的情形是由受托人造成的。该行为的发生属发行人执行环保内部规定不严格，管理缺失造成的。倾倒废水的行为次数有限、数量有限且没有造成严重的污染后果，没有给当地水体造成严重不良影响。发行人在违法事实发生后，积极进行了整顿，撤销了负责公司环保工作的领导职务，处罚了负有直接责任的具体工作人员。经过整理治理，阳谷县环境保护局出具了关于本次处罚的说明和相关证明文件，认定此次违法行为不属于重大违法行为。据此，保荐机构认为此次处罚不属于重大违法、违规行为，不构成发行人发行障碍。

发行人律师认为：

发行人上述行政处罚所涉事项不构成重大违法行为，理由如下：(1)发行人主观上无故意，只是在选任受托人上存在过错。发行人委托他人运输化工废水的初衷是降低成本、充分利用化工废水，但由于发行人选人不慎，受托人中途倾倒化工废水，造成一定的环境污染。发行人在选任受托人上存在过错。(2)发行人并未直接实施违法行为。向水体排放高浓度的化工废水行为系受托人所为，并非发行人所为。(3)上述违法行为未造成严重的危害。(4)处罚机关已出文认定上述行为不属于重大违法行为。2009年4月28日，阳谷县环境保护局向华泰有限出具《关于行政处罚决定书相关问题的说明》，认为："(1)你公司已严格按照我局出具的阳环罚字[2009]01号的处罚决定缴纳了罚款并进行了停产整治，停产整治效果良好，我局已同意你公司于2009年4月28日重新恢复生产。(2)你公司本次'擅自转移危险废物，向水体排放高浓度的化工废水行为'不属于重大违法行为。"综上，发行人的生产经营活动和拟投资项目符合有关环境保护的要求；发行人近三年一期不存在违反环境保护法律法规的重大违法行为，上述环保处罚不构成发行人本次发行的实质障碍。

四、南都电源(300068)：发行人和子公司的小额罚款

(一)发行人的环保处罚

2009年11月5日，因发行人研发及试生产零件清洗项目和酸洗钝化项目，杭州市余杭区环境保护局对其作出余环罚[2009]第5－1号《行政处罚决定书》，对发行人处以罚款5万元的处罚。发行人已经及时缴纳上述罚款，并已将上述零件清洗项目和酸洗钝化项目全部转由其他具备条件和资质的企业代为加工。

2010年2月23日，杭州市余杭区环境保护局出具《关于杭州南方特种泵业股份有限公司环境保护情况的证明》，证明发行人的环保符合国家和地方相关法律、法规及

标准。

2010年2月25日,杭州市余杭区环境保护局出具《关于杭州南方特种泵业股份有限公司环境监测情况的说明》,证明发行人生产过程中不产生工业废水和废气,且生活污水已纳入仁和镇污水市政主干管网送良渚污水处理厂处理。

2010年3月8日,杭州市余杭区环境保护局出具《关于杭州南方特种泵业股份有限公司行政处罚的情况说明》,证明发行人已经及时缴纳上述罚款,并立即停止上述项目的生产,未对周边环境造成重大、持续影响且整改迅速到位;因此该行为不属于重大违法行为。

2010年3月12日,杭州市环境保护局出具杭环函[2010]40号《关于杭州南方特种泵业股份有限公司上市环保审核意见的函》,确认发行人生产过程中能遵守国家和地方的法律法规,近三年以来未曾发生污染事故和污染纠纷以及信访上访案件;发行人本次申请上市募集的资金投资项目符合国家产业政策和环保投资导向,并已经按环境影响评价制度的要求办理相关手续。

(二)南丰铸造的环保处罚

2008年9月26日,因南丰铸造生产车间未配备相应的污染物防治设施,杭州市余杭区环境保护局对其作出余环罚[2008]第2-38号《行政处罚决定书》,对南丰铸造处以罚款5万元的处罚。南丰铸造已经及时缴纳上述罚款,并及时完成整改措施。

2009年8月12日,杭州市余杭区环境保护局出具编号为[2009]5-050号《杭州市余杭区环境保护局建设项目竣工环境保护验收意见》,对南丰铸造上述环保整改措施进行验收,并出具意见如下:验收检测期间,南丰铸造生产及治理设施运转正常,基本符合验收条件,同意通过验收。

2010年3月8日,杭州市余杭区环境保护局出具《关于杭州南丰铸造有限公司行政处罚的情况说明》,证明南丰铸造在受上述处罚后立即制定了整改方案,及时缴纳罚款并完成整改措施,于2009年8月通过该局组织的建设项目竣工环境保护验收(编号[2009]5-050号),未对周边环境造成重大、持续影响且整改迅速到位;因此该行为不属于重大违法行为。

2010年3月24日,杭州市余杭区环境保护局出具《关于杭州南丰铸造有限公司环境保护情况的证明》,证明南丰铸造近三年来没有污染事故和环境纠纷事件发生,没有严重环境违法行为和受严重环境行政处罚的情况,污染物达标排放。

保荐机构和发行人律师经核查后认为,根据杭州市余杭区环境保护局于2010年3月8日出具的两份情况说明,发行人及南丰铸造上述行为不构成重大违法行为,杭州市余杭区环境保护局对发行人及南丰铸造作出的行政处罚亦属于一般处罚，且发行人及南丰铸造已及时完善了整改措施，未再受到环境保护部门的其他处罚。因此上述两次行政处罚对发行人本次发行上市不构成实质性障碍。

五、福安药业(300194):罚款3万元的完善措施解释

2008年10月25日，重庆市环境保护局向子公司庆余堂下达渝环罚字[2008]31号《行政处罚决定书》，认定“庆余堂自2008年8月25日至9月2日期间在正常生产情况下，污水处理设施提升泵发生故障后未及时进行维修，直接排放未经完全处理的医药生产废水”，违反了《重庆市环境保护条例》第43条的相关规定，因此该局依据《行政处罚法》第23条和《重庆市环境保护条例》第104条的规定对庆余堂处以罚款3万元。

环保处罚对庆余堂生产经营的影响：在被重庆市高新区环保局告知污水处理设施提升泵发生故障后，庆余堂管理层高度重视，迅速组织人员查实事故原因、落实领导分工并立即启动“环境污染应急处理预案”，于2008年9月2日即组织人员对提升泵进行维修恢复以达到正常运转，并对生产和生活污水进行检测和清理，对液态和存储废弃物进行消毒清理，达到合格排放。2008年9月3日，庆余堂就维修情况向高新区环保局进行汇报，在环保部门验收合格后投入运行。期间，环保部门并未要求庆余堂停产整顿，庆余堂也一直正常进行生产；庆余堂作为制剂企业在故障期间排放的废水对环境影响相对较小，亦未造成人员伤亡和财产损失。因此，该行政处罚未对庆余堂生产经营造成不利影响。

环保处罚后，庆余堂采取了以下改进措施：第一，组织人力物力迅速修复损害设备，在环保部门验收合格后投入运行。第二，缴纳罚款并就事故原因及整改情况向高新区环保局进行了专门汇报。第三，加强环保管理，认真学习各项环保法律法规，规范企业环保设施运行管理工作，设置专人对环保设施运行情况进行监管，并负责对环保部门的工作联系。第四，对污水处理设备中易损设备和关键设备做好备品、备件的储备工作，确保污水处理设施的正常运转。同时定期对污水处理设备进行保养，对污水生化池、沉淀池进行清理，并增加对排污池的防雨、防漏和检查。第五，加强环保设施操作员工的素质建设，并委派他们接受了环保部门的培训教育，增强业务素质和法律意识。

2010年3月15日，重庆市环保局出具《确认函》，确认：庆余堂在污水处理设施出现故障期间排放的废水对环境影响相对较小，未造成人员伤亡和财产损失。在调查处理期间，庆余堂能够积极配合我局的调查并能及时采取补救措施，保证污水处理设施

正常运转。除此之外,庆余堂自设立以来一直严格遵守国家、地方有关环保方面的法律、法规和规章。我局认为上述行政处罚情节轻微,不属于重大环保违法违规行为,亦不会对庆余堂生产经营产生影响。

经保荐机构和发行人律师审慎核查,公司及控股子公司庆余堂的环保违法行为发生后,发行人及子公司能够积极查找事故原因,及时消除事故危害,最大限度地降低了事故损失,上述行政处罚未对发行人及子公司生产经营产生重大影响。同时,发行人及子公司能够吸取事故教训,并对主要危险源的管理和控制情况、应急预案的有效性、事故处理机制的适宜性、法律法规的遵守情况等进行了认真评估,制定了切合实际的改进措施并严格落实责任,进一步健全了防止违法违规行为发生的长效机制。2009年至今发行人及其子公司合法合规经营,未发生因违法、违规行为而受到行政处罚的情形。重庆市长寿区环保局、重庆市环境保护局也于2010年3月15日出具相关确认函,说明公司及控股子公司庆余堂受到的环保行政处罚情节轻微,不属于重大环保违法违规行为。故保荐机构和发行人律师认为上述行政处罚不构成重大违法事项且已经处理完结,不会对发行人造成潜在风险,不会对发行人上市造成实质性法律障碍。

六、雅致股份(002314):子公司一年两次被罚

2007年4月,深圳市宝安区环境保护局对金开利进行了环保检查,检查中发现金开利未经环保部门同意,擅自设置除油、表调、磷化、喷粉等工艺,且未落实配套的污染防治设施即投入生产,产生废水未经治理直接排放。经监测,该外排废水污染物浓度超过规定的排放标准。2007年7月4日,深圳市宝安区环境保护局对金开利下发了《行政处罚决定书》(深宝环罚字[2007]第602号),认定上述行为违反了《建设项目环境保护管理条例》第16条之规定,依据该条例第28条之规定,责令公司立即停止除油、表调、磷化、喷粉工艺生产,并决定处以罚款5万元。

2007年11月,深圳市宝安区环境保护局对金开利进行了环保检查,检查中发现金开利原污水处理设施正常使用期内出现老化现象,管道破裂、阀门密封胶干硬,致使生产产生的污水未能得到有效处理,不能达到国家相关标准,属于质量不合格工程。2008年1月16日,深圳市宝安区环境保护局对金开利下发了《行政处罚决定书》(深宝环罚字[2008]第10号),认为金开利"违反'三同时',用水泵将酸洗磷化车间清水槽废水抽至下水道直接排放",违反了《水污染防治法》,并决定处以罚款3万元的处罚。

一年内两次受到深圳市宝安区环境保护局的处罚,金开利管理层高度重视,组建了以总经理牵头的"环保综合治理领导小组"领导环境治理工作,并由质量控制部及工

业园区相关领导全程负责污水处理整改工程。按照编制的污水处理整改计划书,金开利首先拆除了出现质量问题致使污水排放不能达标的原废水净化处理工程,然后经严格挑选,确定了由有国家废水处理专业资质同时具有丰富环保工程施工经验的专业环保公司实施金开利污水处理整改工程。

金开利废水处理工程投资50万元,日处理废水30吨,设计方案及图纸由深圳市环境保护研究所审核并报环保局批准备案。污水处理工程完工后,金开利出水达到了广东省地方标准《水污染物排放限值》(DB4426—2001)的一级标准,符合国家环保相关规定。金开利于2008年4月22日获得深圳市宝安区环境保护局下发的《环境保护设施试运转通知书》,并于2008年4月获得该局下发编号为WS52966的《深圳市污染物排放临时许可证》。2008年6月通过深圳市宝安区环境保护局的验收,获得《深圳市污染物排放许可证》。目前,金开利由质量控制部专门负责日常环保跟踪监测工作,杜绝类似事件再次发生。

2008年6月4日,深圳市环境保护局出具《关于深圳市金开利环境工程有限公司环保守法情况的证明》(深环法证字[2008]第172号),认定2007年4月、2007年11月公司因废水超标两次被处罚,公司已经履行处罚决定并且采取有效措施整改,上述处罚行为情节轻微,不属于重大环保违法违规行为。

保荐人(主承销商)和发行人律师对发行人受到的环保处罚是否构成重大违法行为、是否构成情节重的行政处罚等的核查意见。

金开利的环保违法行为不构成重大违法行为,也不构成情节严重的行政处罚。主要理由和依据如下:(1)金开利的环保违法行为情节较为轻微,已经得到改正;(2)2008年6月4日,深圳市环境保护局出具《关于深圳市金开利环境工程有限公司环保守法情况的证明》(深环法证字[2008]第172号),“经审查,自2005年1月1日至目前,深圳市金开利环境工程有限公司在2007年4月、11月因废水超标两次被我局处罚,该公司已经履行处罚决定并且采取有效措施整改,上述两项被行政处罚情节轻微,不属于重大环保违法违规行为。除上述情况外,该公司在环境保护方面遵守了国家和地方法规的规定,没有其他违法和受环境行政处罚的情况”。

【案例评析】

1. 从国家战略层面来看是越来越重视环保问题,证券监管机构对于环保问题的重视也理应越来越严格,从这几年的规则发展轨迹就可以明确地看出来。

2.《首次公开发行股票并上市管理办法》第25条规定:“发行人不得有下列情形:……(二)最近36个月内违反工商、税收、土地、环保、海关以及其他法律、行政法规,受到行政处罚,且情节严重……”也就是说,首发要求发行人36个月内不得受情节严重的行政处罚,这也是我们常见的政府部门出具无违规证明的最初来源。至于何为情节严重,证监会的观点是只要是罚款(含)以上的行政处罚即为情节严重的行政处罚,但是出具行政处罚的行政机关书面认定不属于情节严重的行政处罚的除外,并且现在看来证监会主要开始参考并尊重当地主管部门的意见。也就是说,一般情况下主管部门认定不是情节严重的重大违法违规行为,证监会也会做出这样的判断。

3. 另外,判断企业的行政处罚情节是否严重除了考虑罚款金额之外还要综合考虑其他因素,如发行人的主观故意程度、社会影响程度、是否造成严重后果、是发行人本身还是下属公司、是否存在屡教不改的情况、发行人在问题之后的后续整改情况等。因此,在行政处罚上有的企业被处罚100万元以上可能都不是实质性障碍,但是有的处罚10万元或许问题就比较严重。

4. 具体到环保问题那自然是要更加严格把握。从上述的案例来看,一般的罚款金额均在10万元以下,只有阳谷华泰罚款金额为50万元而澳洋科技由于举报和媒体报道等问题而变得较为严重。至于金额较低的原因,一方面是在处罚之时企业一般会做一些工作保证金额不会太大,另一方面金额太大的环保处罚或许也是一条红线一般没人敢触碰。

5. 最新的审核政策是,环保问题无小事,如果在项目中遇到环保违规行为还要给予足够的重视,并且尽量穷尽核查手段:如实地考察环保设备运行情况、走访当地居民的意见、访谈主管环保部门的看法等,而不单纯以违规证明作为判断的依据。

6. 最后,值得注意的是,最新出台的《关于进一步规范监督管理严格开展上市公司环保核查工作的通知》中规定,在一年之内如果存在10万元以上环保罚款的情形则证监会不会受理企业的有关申请文件。

【参考法规】

一、《关于对申请上市的企业和申请再融资的上市企业进行环境保护核查的通知》(环发[2003]101号)

(一)核查对象

(1)重污染行业申请上市的企业;

(2)申请再融资的上市企业,再融资募集资金投资于重污染行业。

重污染行业暂定为:冶金、化工、石化、煤炭、火电、建材、造纸、酿造、制药、发酵、纺织、制革和采矿业。

(二)核查内容和要求

1. 申请上市的企业

(1)排放的主要污染物达到国家或地方规定的排放标准;

(2)依法领取排污许可证,并达到排污许可证的要求;

(3)企业单位主要产品主要污染物排放量达到国内同行业先进水平;

(4)工业固体废物和危险废物安全处置率均达到100%;

(5)新、改、扩建项目"环境影响评价"和"三同时"制度执行率达到100%,并经环保部门验收合格;

(6)环保设施稳定运转率达到95%以上;

(7)按规定缴纳排污费;

(8)产品及其生产过程中不含有或使用国家法律、法规、标准中禁用的物质以及我国签署的国际公约中禁用的物质。

2. 申请再融资的上市企业

除符合上述对申请上市企业的要求外,还应核查以下内容:

(1)募集资金投向不造成现实的和潜在的环境影响;

(2)募集资金投向有利于改善环境质量;

(3)募集资金投向不属于国家明令淘汰落后生产能力、工艺和产品,有利于促进产业结构调整。

(三)核查程序

申请上市的企业和申请再融资的上市企业应向登记所在地省级环保行政主管部门提出核查申请,并申报以下基本材料:(1)企业(含本企业紧密型成员单位)基本情况;(2)报中国证券监督管理委员会待批准的上市方案或再融资方案;(3)证明符合本规定第三条的相关文件;(4)企业登记所在地省级环保行政主管部门要求的其他有关材料。

省级环境保护行政主管部门自受理企业核查申请之日起,于30个工作日内组织有关专家或委托有关机构对申请上市的企业和申请再融资的上市企业所提供的材料进行审查和现场核查,将核查结果在有关新闻媒体上公示10天,结合公示情况提出核查意见及建议,以局函的形式报送中国证券监督管理委员会,并抄报国家环保总局。

火力发电企业申请上市和申请再融资应由省级环保部门提出初步核查意见上报国家环保总局。国家环保总局组织核定后,将核定结果在总局政府网站上公示10天,结合公示情况提出核查意见及建议,以局函的形式报送中国证券监督管理委员会。

对于跨省从事重污染行业生产经营活动的申请上市企业和申请再融资的上市企业,其登记所在地省级环境保护行政主管部门应与有关省级环境保护行政主管部门进行协调,将核查意见及建议报国家环保总局,由国家环保总局报送中国证券监督管理委员会。

二、《关于进一步规范重污染行业生产经营公司申请上市或再融资环境保护核查工作的通知》(环办[2007]105号)

(一)按照环发[2003]101号文件和2004年印发的《关于贯彻执行国务院办公厅转发发展改革委等部门关于制止钢铁电解铝水泥行业盲目投资若干意见的紧急通知》(环发[2004]12号)的规定,从事火力发电、钢铁、水泥、电解铝行业的公司和跨省从事环发[2003]101号文件所列其他重污染行业生产经营公司的环保核查工作,由我局统一组织开展,并向中国证券监督管理委员会出具核查意见。

上述公司申请环保核查的,应向我局提出核查申请,提交环发[2003]101号文件规定的有关资料及我局认为必要的其他材料,核查申请应同时抄报核查企业所在地省级环保局(厅)。我局按规定程序组织开展核查工作,相关省级环保局(厅)应向我局出具审核意见。

(二)需核查企业的范围暂定为:申请环保核查公司的分公司、全资子公司和控股子公司下辖的从事环发[2003]101号文件所列重污染行业生产经营的企业和利用募集资金从事重污染行业的生产经营企业。

(三)核查工作完成后,由我局统一进行公示,在我局网站和中国环境报上公示10天,同时在相关省级环保局(厅)、企业所在地地级及以上市级环保局的政府网站和地方主要媒体上公示10天。

三、《关于重污染行业生产经营公司IPO申请申报文件的通知》(发行监管函[2008]6号)

从事火力发电、钢铁、水泥、电解铝行业和跨省从事环发[2003]101号文件所列其他重污染行业生产经营活动的企业申请首次公开发行股票的,申请文件中应当提供国家环保总局的核查意见,未取得相关意见的,不受理申请。

四、《关于印发上市公司环保核查行业分类管理名录的通知》(环办函[2008]373号)

行业类别	类型
1. 火电	火力发电(含热电、矸石综合利用发电、垃圾发电)
2. 钢铁	炼铁(含熔融和还原)
	球团及烧结
	炼钢
	铁合金冶炼
	钢压延加工
	焦化
3. 水泥	水泥制造(含熟料制造)
4. 电解铝	包括全部规模、全过程生产
5. 煤炭	煤炭开采及洗选
	煤炭地下气化
	煤化工(煤制油、煤制气、煤制甲醇或二甲醚等)
6. 冶金	有色金属冶炼(常用有色金属、贵金属、稀土金属、其他稀有金属冶炼)
	有色金属合金制造
	废金属冶炼
	有色金属压延加工
	金属表面处理及热处理加工[电镀,使用有机涂层,热镀锌(有钝化)工艺]
7. 建材	玻璃及玻璃制品制造
	玻璃纤维及玻璃纤维增强塑料制品制造
	陶瓷制品制造
	石棉制品制造;耐火陶瓷制品及其他耐火材料制造
	石墨及碳素制品制造

续表

行业类别	类型
8. 采矿	石油开采
	天然气开采
	非金属矿采选（化学矿采选；石灰石、石膏开采；建筑装饰用石开采；耐火土石开采；黏土及其他土砂石开采；采盐；石棉、云母矿采选；石墨、滑石采选；宝石、玉石开采）
	黑色金属矿采选
	有色金属矿采选（常用有色金属、贵金属、稀土金属、其他稀有金属采选）
9. 化工	基础化学原料制造（无机酸制造、无机碱制造、无机盐制造、有机化学原料制造、其他基础化学原料制造）
	肥料制造（氮肥制造、磷肥制造、钾肥制造、复混肥料制造、有机肥料及微生物肥料制造、其他肥料制造）
	涂料、染料、颜料、油墨及其他类似产品制造
	合成材料制造［初级形态的塑料及合成树脂制造、合成橡胶制造、合成纤维单（聚合）体的制造、其他合成材料制造］
	专用化学品制造（化学试剂和助剂制造、专项化学用品制造、林产化学产品制造、炸药及火工产品制造、信息化学品制造、环境污染处理专用药剂材料制造、动物胶制造、其他专用化学产品制造）
	化学农药制造、生物化学农药及微生物农药制造（含中间体）
	日用化学产品制造（肥皂及合成洗涤剂制造、化妆品制造、口腔清洁用品制造、香料香精制造、其他日用化学产品制造）
	橡胶加工
	轮胎制造、再生橡胶制造
10. 石化	原油加工
	天然气加工
	石油制品生产（包括乙烯及其下游产品生产）
	油母页岩中提炼原油
	生物制油

续表

行业类别		类型
11. 制药		化学药品制造（含中间体）
		化学药品制剂制造
		生物、生化制品的制造
		中成药制造
12. 轻工	酿造	酒类及饮料制造（酒精制造、白酒制造、啤酒制造、黄酒制造、葡萄酒制造、其他酒制造）
		碳酸饮料制造、瓶（罐）装饮用水制造、果菜汁及果菜汁饮料制造、含乳饮料和植物蛋白饮料制造、固体饮料制造、茶饮料及其他软饮料制造；精制茶加工
	造纸	纸浆制造（含浆纸林建设）
		造纸（含废纸造纸）
	发酵	调味品制造（味精、柠檬酸、氨基酸制造等）
		有发酵工艺的粮食、饲料加工
		制糖
		植物油加工
13. 纺织		化学纤维制造
		棉、化纤纺织及印染精加工
		毛纺织和染整精加工
		丝绢纺织及精加工
		化纤浆粕制造
		棉浆粕制造
14. 制革		皮革鞣制加工
		毛皮鞣制及制品加工

五、《关于进一步规范监督管理严格开展上市公司环保核查工作的通知》(环办[2011]14号)

(一)规范上市环保核查工作程序

由环境保护部负责主核查的公司,应先取得相关省级环保部门的核查初审意见。省级环保部门出具的核查初审意见应主送环境保护部办公厅,同时抄送申请公司;在所有相关省级环保部门出具同意通过核查初审的意见后,环境保护部才受理公司的上市环保核查申请。

省级环保部门负责主核查的公司跨省生产的,主核查的省级环保部门应请相关省级环保部门协助核查,相关省级环保部门应向主核查的省级环保部门出具核查初审意见。

(二)严格上市环保核查工作时限

各级环保部门要进一步增强服务意识,努力提高上市环保核查工作效率,在规定时限内完成核查工作。

在收到公司提交的申请材料之日起10个工作日内,负责主核查的环保部门应作出是否受理的决定并及时告知申请公司。在受理之日起30个工作日内,负责核查初审的省级环保部门应向环境保护部或主核查省级环保部门出具核查初审意见。在受理之日起50个工作日内,负责主核查的环保部门应组织完成核查并出具核查意见。

(三)加强对企业环保违法行为的监督管理

一是对申请核查前一年内发生过严重环境违法行为的企业,各级环保部门应不予受理其核查申请,包括:发生过重大或特大突发环境事件,未完成主要污染物总量减排任务,被责令限期治理、限产限排或停产整治,受到环境保护部或省级环保部门处罚,受到环保部门10万元以上罚款等。本条规定自本通知发布之日起6个月后开始实施。

二是在核查过程中,公司仍存在以下违法情形尚未得到改正的,环保部门应退回其核查申请材料,并在6个月内不再受理其上市环保核查申请:违反环境影响评价审批和“三同时”验收制度;违反饮用水水源保护区制度有关规定,存在重大环境安全隐患;未完成因重金属、危险化学品、危险废物污染或因引发群体性环境事件而必须实施的搬迁任务。

三是严厉处罚弄虚作假行为。核查过程中,如发现公司存有弄虚作假、故意隐瞒重大违法事实的行为，各级环保部门应及时终止核查，且在1年内不再受理其上市环保核查申请。对于存有弄虚作假、故意隐瞒企业重大违法事实行为的上市环保核查技术咨询单位，省级及以上环保部门应予通报批评，并在2年内不再受理其编制的技术报告；环境保护部将撤销相关责任人员证书。

（四）加大对企业环境安全隐患的排查和整治力度

省级环保部门在核查过程中，要加大对企业环境安全隐患的现场排查和督促整改力度。尤其是对于涉重金属、危险化学品和尾矿库的企业，要安排经验丰富的人员加强现场检查，发现问题及时要求企业整改。对于存在重大环境问题的企业，须待其全部完成整改且经现场核实后，才可出具同意的核查初审意见或核查意见。

■第二节　税务处罚

一、汉钟精机（002158）：存在虚开增值税发票情况

公司曾在2003年度采购原材料过程中，将部分增值税发票向相关税务所申报进项税抵扣，后经税务核查上述增值税专用发票涉嫌虚开。根据上海市金山区税务局金山区分局于2004年6月26日联合下发之“沪税金十六处字[2004]第702号”《税务处理决定书》，主管税务机关认为，因汉钟机械与交易对方签订合同，并有货物入库凭证，存在真实交易，且专用发票注明的销售方名称、印章、货物数量、金额及税额等全部内容与实际相符；根据国税发[2000]187号文的有关规定，主管税务机关要求汉钟机械补缴增值税1,384,822.77元，并从滞纳税款之日起，按日加收滞纳税款万分之五的滞纳金，共24,264.07元。汉钟机械已按时足额向主管税务机关缴纳了增值税及滞纳金。

上海市工商行政管理局机场分局就汉钟机械上述增值税事宜进行调查，于2005年6月21日出具“沪工商机案处字[2005]第200200410066号”《行政处罚决定书》。该处罚决定书认为汉钟机械上述事项为“经销无合法来源的进出口商品”行为，给予汉钟机械476,543.71元罚款。汉钟机械已按时足额缴纳该罚款。

因公司相关人员没有察觉到上述增值税专用发票涉嫌虚开，存在失误，给公司造成一定损失。有鉴于此，公司采取了以下措施：（1）检讨事件发生的过程和原因，完善业务复核流程，从流程和制度上防范类似事情的发生；（2）聘请税务专家来公司培训，

强化公司员工的税务意识和法制意识,提高风险防范能力;(3)加强对上下游新老客户的调查,了解客户的资信和实力,从源头上降低类似事件发生的风险。上述措施的实施已收到良好的效果,自上述事件发生至今,公司再未发生类似的事件。

保荐人和律师认为:发行人的主管税务机关上海市金山区国家税务局和上海市地方税务局金山区分局未认定其违反相关法律法规,也未给予其行政处罚,仅要求其补缴增值税和滞纳金;发行人受到上海市工商行政管理局机场分局罚款的行政处罚不构成《首次公开发行股票并上市管理办法》第25条"最近36个月内违反工商、税收、土地、环保、海关以及其他法律、行政法规,受到行政处罚,且情节严重"的情形。

二、雅致股份(002314):由于会计处理不当导致税收处罚

(一)公司税收违法违规情况

深圳市南山区国家税务局于2007年12月10日作出深国税南处[2007]0122号《税务处理决定书》和深国税南罚处[2007]0418号《税务行政处罚决定书》,认定公司2004年度至2006年度期间存在以下税务违法事实:2004年度至2006年度期间,销售废料未申报纳税;2005年6月至2006年度期间,采取预收货款方式销售货物,没有在货物发出时确认销售收入并纳税申报;2004年度至2006年度期间,非应税项目用料未从进项税额中转出。根据《税收征收管理法》第63条的规定,追补公司少缴增值税3,618,801.65元,并对公司处以少缴税款0.5倍的罚款1,809,400.83元。

深圳市南山区国家税务局于2008年6月11日出具证明,证明发行人在2005年1月至2008年3月期间,无重大税收违法违章记录。

经核查,保荐人(主承销商)认为:上述应补缴税款、滞纳金和罚款公司均已缴纳,违法行为已得到纠正。无论从违法行为的情节还是从补缴税款的金额角度来看,发行人受到的税务处罚事项,不构成重大违法行为,也不构成情节重的行政处罚。主要理由和依据如下:(1)上述发行人少缴增值税的行为不属于公司及其财务人员的故意行为,主要是由财务人员会计核算的过失造成的,且该违法行为无论从应补缴增值税金额占公司各期实际已缴纳的增值税比例,还是对各期的净利润影响都较小。(2)深圳市南山区国家税务局出具的《税务行政处罚决定书》(深国税南罚处[2007]0418号),对发行人的罚款为少缴税款的0.5倍,该罚款属于《税收征管法》第63条规定:"……并处不缴或者少缴的税款百分之五十以上五倍以下的罚款"中的最低处罚。(3)根据深圳市南山区国家税务局于2008年6月11日出具的证明,"经查询税收征管信息系统,该公司在2005年1月至2008年3月期间,无重大税收违法违章记录"。

发行人律师认为：发行人于2007年12月10日受到的税务行政处罚不构成重大违法行为，且不构成情节严重的行政处罚。

另外，公司就少缴税款的具体原因和公司下一步的整改措施作了详细的介绍。

（二）反馈意见关注：关于发行人是否符合“最近三年财务会计文件无虚假记载”的发行条件的核查意见

保荐人（主承销商）对发行人进行了审慎核查，认为发行人最近三年财务会计文件无虚假记载。具体理由和依据如下：

根据最高人民法院《关于审理证券市场因虚假陈述引发的民事赔偿案件的若干规定》（法释[2003]2号）第17条第3款的规定，虚假记载是指信息披露义务人在披露信息时，将不存在的事实在信息披露文件中予以记载的行为。

（1）发行人因采用预收货款方式销售货物、没有在发出货物的当天确认销售收入并申报纳税而受到的税务行政处罚的原因是，发行人的财务人员对会计核算中的收入确认与税法规定的收入确认存在的差异理解错误，并非是发行人的会计核算的收入确认不真实。

（2）发行人的因出售废料问题、拆装用料问题而受到的税务行政处罚的原因是，发行人的财务人员由于专业水准存在瑕疵而产生的会计差错，并非是发行人的财务会计文件存在虚假记载。发行人律师认为：发行人符合《首次公开发行股票并上市管理办法》第25条规定的发行条件。

三、阳谷华泰（300121）：所得税和增值税罚款

（一）发行人受到的处罚

（1）阳谷县地方税务局稽查局于2007年10月24日至2007年12月22日对华泰有限2006年1月1日至2006年12月31日的情况进行检查，认为华泰有限存在以下行为：2006年6、7、8月收到财政补贴款109,325.00元，应查补企业所得税36,077.25元；2006年华泰有限对该纳税调整项目实际未申报缴纳，造成2006年度少申报缴纳企业所得税36,077.25元。阳谷县地方税务局为此出具了处罚意见，处罚意见决定：对华泰有限处以罚款18,038.63元，补交所得税36,077.25元。该罚款及补交所得税款华泰有限于2008年1月18日缴清。

（2）聊城市国家税务局稽查局于2008年12月10日至2009年6月9日对华泰有限2005年1月1日至2008年11月30日情况进行检查，发现华泰有限存在“赠送礼品

未做收入少计提增值税和顶账车当月销售未做收入少计提增值税"的行为。聊城市国家税务局因此要求阳谷华泰补缴增值税合计117,851.91元,并对阳谷华泰处以罚款58,935.00元。阳谷华泰已于2009年11月4日按照行政处罚决定书的要求补缴了税款并缴纳了罚款。

(二)子公司受到的处罚

聊城市国家税务局稽查局于2008年12月10日至2009年7月6日对进出口公司2006年4月19日至2008年11月30日情况进行检查,认为进出口公司存在2006年未按规定取得发票2569.00元,决定处以1000元的行政罚款。进出口公司于2009年10月将罚款缴清。

保荐机构核查后认为,发行人及其子公司在报告期内受到的税务局的处罚金额很小,均是由于公司工作人员疏忽所致,不构成重大违法违规行为,本事项对发行人上市不构成障碍。阳谷县国税局、地税局也已分别出具了证明,证明发行人报告期内依法纳税、不存在重大违法违规行为。聊城市国家税务局也已出具了证明,证明发行人及其子公司被聊城市国家税务局处罚所涉事项不属于重大违法行为。

发行人律师意见:阳谷县国税局、地税局分别出具《证明》,证明:发行人"自2006年1月1日以来,能遵守税收相关法律法规,依法纳税,不存在欠缴税收现象,不存在重大违反税收法规而被税务部门处罚的行为"。聊城市国税局出具了《关于税务行政处罚相关问题的说明》,认为发行人受到处罚所涉事项、进出口公司受到处罚所涉事项均不属于重大税收违法行为。根据发行人提供的资料,并经发行人律师核查,发行人及进出口公司已按要求缴纳以上罚款。综上所述,发行人律师认为,发行人和进出口公司受到的上述行政处罚金额较小且已终结,不构成发行人本次发行的实质障碍。

四、上海凯宝(300039):未履行代扣代缴义务及费用发票管理不合规

凯宝有限2006年度支付专家的讲课费等3,443,182元以及支付聘请的临时销售人员费用16,079,545元。公司对临时聘请销售人员费用中的11,963,760元代扣代缴个人所得税2,057,751.26元,其余未代扣代缴个人所得税。上海市地方税务局奉贤区分局于2008年7月10日出具沪地税奉处[2008]178号《税务处理决定书》及沪地税奉罚一[2008]186号《税务行政处罚决定书》,就以上违法事实对凯宝有限追征临时销售人员费用的个人所得税514,975.94元,并对未代扣代缴个人所得税的专家讲课费和临时销售人员费用处以共计808,397.09元罚款。上海市地方税务局奉贤区分局于2008

年8月13日出具《说明》,“我局2008年7月10日沪地税奉处[2008]178号《税务处理决定书》及沪地税奉罚一[2008]186号《税务行政处罚决定书》对凯宝有限的税务处罚属于涉及个人所得税的税务处罚决定,可由涉税个人承担”。凯宝有限已向相关责任人收回代缴的罚款。

凯宝有限2006年度列支的会务费、住宿费发票中发现假发票、不合法发票金额8,534,557元,上海市地方税务局奉贤区分局于2008年7月10日出具沪地税奉罚二[2008]109号《税务行政处罚决定书》,就以上违法事实决定对凯宝有限处以426,000元罚款。凯宝有限已按照《税务行政处罚决定书》的要求缴纳罚款。上海市地方税务局奉贤区分局于2008年8月13日出具《说明》:“我局2008年7月10日沪地税奉罚二[2008]109号《税务行政处罚决定书》所涉及的凯宝有限的违法行为系凯宝有限在会务费、住宿费支出的发票管理中的疏忽造成,经我局检查后企业已自查并纠正。该企业在2006年度的会务费、住宿费列支中的不合法发票情节轻微,不属于重大的行政处罚”。

上海市国家税务局和上海市地方税务局于2009年9月29日出具了《关于奉贤区税务局对上海凯宝药业有限公司税务处罚及上海凯宝药业股份有限公司三年一期依法纳税证明的认定函》,同意上海市地方税务局奉贤分局对于沪地税奉罚一[2008]186号《税务行政处罚决定书》、沪地税奉罚二[2008]109号《税务行政处罚决定书》所述对发行人处罚的认定,确认上述处罚不属于重大行政处罚。

保荐机构对发行人税务处罚所涉及事项的会计处理方法核查后发表如下意见:发行人已按照税务机关出具的意见对沪地税奉罚一[2008]186号相关涉税支出作了代收代付的会计处理;发行人针对沪地税奉罚二[2008]109号相关涉税支出计入当期营业外支出的会计处理是恰当的。

律师对发行人税务处罚事项核查后发表如下意见:发行人违反税收法规而受到税务机关行政处罚的情形不构成重大违法行为,不会对发行人资产状况、财务状况产生重大不利影响,不构成本次发行的法律障碍。

会计师对发行人税务处罚所涉及事项的会计处理方法核查后发表如下意见:

针对沪地税奉罚一[2008]186号相关涉税支出,根据税务机关意见,应将该等罚款列为代扣代缴个人款项核算,发行人已如实进行了相关会计处理。针对沪地税奉罚二[2008]109号相关涉税支出,发行人已将该等罚款计入营业外支出,会计处理是恰当的。

会计师对发行人假发票、不适当发票的处理结果核查后认为:发行人2006年度列支的会务费、住宿费发票中发现假发票、不合法发票金额8,534,557.00元,上述会计凭证的瑕疵并不改变交易的经济实质,发行人的费用真实发生,应当作为费用进行会计核算。此外上海市地方税务局奉贤区分局于2008年7月10日出具沪地税奉罚二[2008]109号《税务行政处罚决定书》,就以上违法事实决定对发行人处以426,000元罚款,由此发行人已经承担了该等费用所衍生的税务风险。因此,发行人将不合规发票作为费用处理的核算方法可以确认。

五、南方泵业(300145):申报前由于少计收入而补缴增值税

(一)发行人的税务处罚

2009年6月22日,因发行人相关人员工作疏忽,导致一笔水泵销售业务未做纳税申报处理,杭州市余杭区国家税务局对其作出余杭罚[2009]39号《税务行政处罚决定书》,要求发行人补缴增值税14,529.91元,并对发行人处罚款7264.96元。发行人已经及时补缴相关增值税并及时缴纳上述罚款。事后,发行人组织财务人员学习有关税法和财务会计的知识,进一步增强专业能力,自此,发行人未发生过类似违规行为。

2010年2月4日,杭州市余杭区国家税务局出具证明,证明发行人已经及时补缴相关增值税并及时缴纳上述罚款,未对国家税收造成严重危害,因此该行为不属于重大违法行为,该局对发行人作出的行政处罚亦不属于重大行政处罚。

(二)南丰铸造的税务处罚

2007年10月15日,因南丰铸造(当时企业名称为杭州余杭东塘之江铸造厂)将一笔非应税项目的采购业务申报抵扣进项税额及未健全企业仓库库存账,杭州市余杭区国家税务局对其作出余杭罚[2007]222号《税务行政处罚决定书》,要求发行人补缴增值税3099.24元,并对南丰铸造处增值税罚款1549.62元及因未健全仓库账罚款1000元。南丰铸造已经及时补缴相关增值税、健全仓库账并及时缴纳上述罚款。事后,南丰铸造组织财务人员学习有关税法和财务会计的知识,进一步增强专业能力,自此,南丰铸造未发生过类似违规行为。

2010年2月4日,杭州市余杭区国家税务局出具证明,证明南丰铸造已经及时补缴相关增值税、健全仓库账并及时缴纳上述罚款,未对国家税收造成严重危害,因此该行为不属于重大违法行为,该局对南丰铸造作出的行政处罚亦不属于重大行政处罚。

保荐机构和发行人律师经核查后认为,根据杭州市余杭区国家税务局于2010年2月4日出具的两份证明,发行人及南丰铸造上述行为不构成重大违法行为,杭州市余

杭区国家税务局对发行人及南丰铸造的行政处罚亦属于一般处罚；因此上述两次行政处罚对发行人本次发行上市不构成实质性障碍。

经保荐机构和发行人律师核查，除申请文件披露的处罚外，发行人及其子公司在报告期内不存在其他因违法违规被相关部门行政处罚的情形。

公司已依法建立健全股东大会、董事会、监事会、独立董事和董事会秘书制度。报告期内，公司及其董事、监事和高级管理人员严格按照《公司章程》及相关法律法规的规定开展经营，不存在重大违法违规行为，也不存在被相关主管机关处以重大行政处罚的情况。

经保荐机构和律师核查，发行人实际控制人直接或间接控制的关联公司金润投资、中泽投资、杭州之春、万达钢丝和江苏海杰德置业有限公司在报告期内不存在因违法违规而被相关部门行政处罚的情形。

六、特尔佳(002213)：报告期外的税收处罚

发行人近三年已依法建立健全股东大会、董事会、监事会、独立董事、董事会秘书制度，发行人董事、监事及高级管理人员严格按照公司章程及相关法律法规的规定开展经营。

2002 年至 2003 年期间，公司曾有情节较轻的税务违法事实，受到深圳市南山区国家税务局的行政处罚，《税务行政处罚决定书》于 2004 年 12 月 2 日下达。截至本招股说明书签署日，公司受到上述处罚的时间间隔已满 36 个月。

根据深圳市南山区国家税务局于 2004 年 12 月 2 日出具的深国税南处[2004]0125 号《税务处理决定书》以及深国税南罚处[2004]0400 号《税务行政处罚决定书》，该局对公司 2002 年 1 月 1 日至 2003 年 12 月 31 日期间的纳税情况进行了检查，认定公司在此期间存在下列税务违法事实：

(1)2002 年度以收款收据收取现金货款不做账不申报的方式，隐瞒销售收入，违反《增值税暂行条例》第 1 条的规定；

(2)售后维修部、开发部、在建工程领用自制半成品未作进项转出，违反《增值税暂行条例》第 10 条的规定；

(3)2002 年、2003 年取得项目填写不全(没有填写起止地点)的运费发票并申报抵扣进项税额，违反国税发[1995]192 号通知的规定。

因此该局决定：追补公司上述第(1)、(2)项少缴的增值税 421,098.74 元；追补上述第(3)项违法事实抵扣的进项税额 30,614.08 元；以上应缴税款合计 451,712.82 元，并加收滞纳金；同时依据《税收征收管理法》第 63 条的规定，处少缴税款 0.5 倍的罚款

210,549.37元。

对此发行人律师发表意见认为,“尽管上述税务处罚决定在2004年度做出,但相应的违法行为发生在2002年度、2003年度,并非在最近三年,并且已执行完毕,对发行人今后的财务状况不会产生影响,根据深圳市南山区国家税务局以及深圳市南山区地方税务局出具的上述证明、《审计报告》及发行人律师核查,发行人在最近三年能够依法纳税。”

根据深国税南处[2004]0125号《税务处理决定书》,发行人上述补缴的税款共计451,712.82元,系2002年度和2003年度两个年度累计的金额;深国税南罚处[2004]0400号《税务行政处罚决定书》依据《税收征管法》第63条规定对特尔佳有限公司处以少缴税款0.5倍的罚款,而《税收征管法》第63条对该类违法行为规定的罚款幅度为“不缴或少缴的税款百分之五十以上五倍以下”,深圳市南山区国家税务局系按照该条规定的最低额对特尔佳有限公司处以罚款,说明特尔佳有限公司的上述违法行为情节并不严重;深圳市南山区国家税务局已出具《关于深圳市特尔佳科技股份有限公司税务行政处罚事项的说明》,认为发行人的“以上税务违法事实情节较轻”。因此,本所律师认为,发行人上述在2002年度和2003年度的税务违法行为不属于“情节严重”的情形。

发行人律师认为,“发行人上述在2002年度和2003年度的税务违法行为对本次发行上市不构成法律障碍,不影响本次发行上市”。

保荐人认为,“发行人上述违法事实发生2002年度和2003年度,经核查2004年至2007年1~6月发行人的纳税申报情况以及深圳市国家税务局、地方税务局出具的相关依法纳税的证明文件,发行人最近三年及一期不再有税务违规行为。根据深圳市南山区国家税务局已出具的《关于深圳市特尔佳科技股份有限公司税务行政处罚事项的说明》,认为发行人的‘以上税务违法事实情节较轻’。因此,上述违法事实不属于‘情节严重’的情形,不构成本次发行上市的法律障碍”。

七、海利得(002206):因为假发票抵扣进项税额被处罚

2004年1月1日至今,海宁市国家税务局稽查局针对公司存在的如下两项违法违规行为进行了处罚。

(一)取得德州华威汽车运输有限公司提供的假发票

1. 违规事实

2005年1月,海利得在向山东海力化工有限公司购入PVC树脂过程中,取得由德

州华威汽车运输有限公司提供的假公路、内河货物运输业统一发票(代开)一份,发票号码为:00056306,运费为112,500元,已于2005年2月申报抵扣进项税额7875.00元。上述行为违反了《发票管理办法实施细则》第49条第2项的规定,属未按规定取得发票的行为。

2.受到处罚的情况

2006年10月26日,海宁市国家税务局稽查局出具了浙嘉宁国税稽罚[2006]102号《税务行政处罚决定书》,对上述违规事实处罚如下:“根据《中华人民共和国发票管理办法》第三十六条规定,对你公司的未按规定取得发票行为决定处以5000元的罚款。”

(二)取得上海耀东汽车运输有限公司开具的假发票

1.违规事实

2005年12月,海利得在销售货物给河北省宁晋县凤凰织带有限公司过程中,取得由上海耀东汽车运输有限公司开具的假公路、内河货物运输业统一发票(代开)一份,发票号码为:00598016,运费为5000元,已于当月申报抵扣进项税额350.00元。上述行为违反了《发票管理办法实施细则》第49条第2项的规定,属未按规定取得发票的行为。

2.受到处罚的情况

2007年1月16日,海宁市国家税务局稽查局出具了浙嘉宁国税稽罚[2007]9号《税务行政处罚决定书》,对上述违规事实处罚如下:“根据《中华人民共和国发票管理办法》第三十六条规定,对你公司的未按规定取得发票行为决定处以1000.00元的罚款。发行人已缴纳了罚款。”

(三)海宁市国家税务局稽查局关于上述两起行政处罚的说明

2007年4月23日,海宁市国家税务局稽查局出具了《关于对浙江海利得新材料股份有限公司作出的浙嘉宁国税稽罚[2006]102号及[2007]9号行政处罚的说明》,对上述两起税务行政处罚说明如下:“经我局调查,海利得公司在上述购销活动中,货物运输均由对方安排并提供运输发票,无证据表明海利得公司是通过非法手段获得虚假运输发票,根据《国家税务总局关于纳税人善意取得虚开的增值税专用发票处理问题的通知》(国税发[2000]187号)及《浙江省国家税务局转发国家税务总局关于纳税人取得虚开的增值税专用发票处理问题的通知》(浙国税征[1997]73号)的规定,我局认定海利得公司取得上述虚假运输发票的行为属善意取得,不定性为偷税,但属于《发票管理办法实施细则》第49条第2项'取得不符合规定的发票'的行为,鉴于金额较小,情节轻微,我局决定对海利得公司上述两起未按规定取得发票的行为分别处以5000元及1000元的罚款。特此说明。"

【案例评析】

1.首先需要明确的一点是,本节的部分内容可能与"税收瑕疵"专题研究中的部分内容存在重合,正是因为公司存在税收瑕疵才有可能导致行政处罚,所以两部分内容可以互相参照研习。尽管如此,两部分内容的解决思路完全不一致,一个是要怎样合理解释和解决已有的瑕疵,另一个是要针对公司的处罚行为做出一些解释和应对措施。

2.因税务问题被处罚的情形还比较普遍,不仅存在所得税被处罚的情形,也存在增值税问题被罚的情形,不过一般金额都不会很大。总结起来税务处罚的主要的原因有:(1)发票管理不规范:如虚开发票、收到假发票、发票与账务不符等;(2)会计处理不当:如多计了费用或者是少计了收入、部分业务不申报纳税或者故意隐瞒补贴款或其他非经常性收入不入账等;(3)其他情形:如未履行所得税的代扣代缴义务等。

3.解决的方式也有比较明确的原则和思路:(1)介绍被处罚的具体原因和背景;(2)最好该处罚在报告期外或者前期,而如果是上报前的一些处罚则要重点关注;(3)解释被处罚不是公司主观故意而是均有客观原因;(4)由主管部门专门就有关处罚出具证明,证明公司该处罚不属于重大违规处罚;(5)中介机构发表核查意见;(6)如果方便还可以介绍一下公司后续为了规范而采取的一些措施。值得注意的是,由于处罚都是一次性解决的也不会有后续的风险,因此股东承诺的事项倒并不一定需要。

4.雅致股份是被税务机关因为增值税问题罚款180万元,中介机构也解释这不是重大违法违规行为,其解释的理由虽然有些牵强,但是在小兵看来,这是最用心和最完善的一个方案了,可以适当借鉴。另外,雅致股份的反馈意见中还有这样的关注:请保荐人和发行人律师对发行人受到的税务处罚、环保处罚等是否构成重大违法行为、是否构成情节重的行政处罚等出具明确意见,并说明具体理由和依据;请保荐人和发行人律师结合发行人受到的税务处罚情况,请发行人是否符合"最近三年财务会计文件无虚假记载"的发行条件出具明确意见,并说明具体理由和依据。

■第三节 海关处罚

【重要提示】

★ 海关处罚的案例在首发上市的案例中并不是很常见,主要原因或许是海关出事一般就是大事,不是构成上市的实质性障碍就是没有在报告期内而没有披露。

★ 当然上述的情况也并非绝对,如果有些违规行为能够解释得合理到位并且能够得到主管海关的确认和支持,不存在重大的法律风险和纠纷,也是有可能得到审核人员的认可的。

★ 至于在其他方面的一些基本处理思路,海关处罚与其他的行政处罚瑕疵并没有太大的差异。

【案例情况】

一、浙江开山:免税设备违规转让被处罚金额较大

(一)海关处罚具体情况

开山控股于2006年及2007年在相关免表(海关免税证明)项下进口了磨床、三座标测量机、加工中心等9台(套)生产设备。由于经办人员对海关相关法律法规理解不够,对海关监管设备“移作他用”理解存在误区,开山控股将上述9台(套)设备进口后交由开山凯文螺杆使用并委托其加工产品。

2009年11月30日,杭州海关以《行政处罚决定书》(杭关缉违字[2009]113号)认定开山控股自进口后即将上述9台(套)海关监管设备交由开山凯文螺杆使用的行为违反了“减征或者免征关税进口的货物,只能用于特定地区、特定企业或者特定用途,未经海关核准并补缴关税,不得移作他用”的相关规定。依据《海关行政处罚实施条例》第18条第1款第1项、《海关总署关于印发〈海关行政处罚罚款幅度参照标准〉的通知》第7条规定,最终按照不到12%(含税)对开山控股科处520万元罚款。

开山控股已于2009年12月2日全额缴纳了520万元罚款。

(二)设备转让

2007年10月,开山控股向开山通用转让的9台(套)生产设备系海关监管设备。该等进口设备涉及的技术改造项目“年产5000套精密螺杆副生产线技改项目”、“年产500台KC系列露天潜孔钻车技改项目”均取得浙江省经济贸易委员会《国家鼓励发展的内外资项目确认书》(项目统一编号C23352901431和C23362900454),并向海关办理了进口设备免税手续。2007年10月31日,开山通用“年产1000台高效、节能整体式高风压露天潜孔钻车技改项目”也取得浙江省经济贸易委员会核发的《国家鼓励发展的内外资项目确认书》(项目统一编号C23371901138),可向海关办理进口设备免税手续。在海关监管年限内,开山控股将进口减免税货物转让给进口同一货物享受同等减免税优惠待遇的开山通用,根据《海关进出口货物减免税管理办法》第28条的相关规定,减免税货物转出方开山控股和转入方向海关申请办理了减免税货物结转手续。2007年12月29日,经中华人民共和国衢州海关审批,开山通用就受让开山控股的9台(套)进口设备办理了减免设备的结转手续。至此,开山通用受让开山控股海关监管设备已履行必要的项目审批和海关结转手续。

(三)解除海关监管

按照国家税务总局《关于进口免税设备解除海关监管补缴进口环节增值税抵扣问题的批复》(国税函[2009]158号)的相关要求,“进口减免税货物,应当由海关在一定年限内进行监管,提前解除监管的,应向主管海关申请办理补缴税款”。

2009年12月23日,公司向中华人民共和国衢州海关申请提前解除上述9台(套)进口免税设备的海关监管。经衢州海关核准,2010年1月12日开山控股补缴进口关税1,107,503.83元、滞纳金337,994.41元,补缴进口设备增值税2,225,244.55元、滞纳金681,206.76元。公司补缴进口关税1,775,702.28元,补缴进口设备增值税3,532,938.51元。

2010年1月26日,中华人民共和国衢州海关以2917100001号《海关进口减免税货物解除监管证明》,对公司受让的上述9台(套)设备准予解除海关监管。

公司申请提前解除上述9台(套)进口免税设备的海关监管并因此补缴进口关税及增值税不涉及违法违规。

(四)海关处罚对本次发行上市的影响

杭州海关已于2010年6月4日出具杭关外证[2010]47号证明,确认:“开山股份有限公司(现已更名为开山控股股份有限公司)因违反海关减免税设备有关监管规定,我关于二○○九年对其违规行为按照一般情节予以处罚,该违规行为不构成重大违法行为。"2010年11月8日,杭州海关再次就开山控股的行政处罚性质予以说明,确认"开山股份有限公司(现已更名为开山控股股份有限公司)因违反海关减免税设备有关监管规定,我关于2009年11月对其违规行为根据中华人民共和国海关总署署法发[2005]171号《海关总署关于印发〈海关行政处罚罚款幅度参照标准〉的通知》第七条规定,按照一般情节予以处罚,该违规行为不构成重大违法行为。"

保荐人、发行人律师认为,开山控股上述行政处罚不构成重大违法行为,具体分析如下:

第一,从行为性质上分析,开山控股将海关监管的进口减免税设备交由关联公司使用,违反的是《海关法》第86条第10项和《海关行政处罚实施条例》第18条第1款第1项"(一)未经海关许可,擅自将海关监管货物开拆、提取、交付、发运、调换、改装、抵押、质押、留置、转让、更换标记、移作他用或者进行其他处置的",是一种违反海关监管的行为,有别于违反《海关法》第82条、第83条规定的走私行为。

第二,从行为的社会危害程度分析,根据《海关行政处罚实施条例》第12条的规定,违反海关法及其他有关法律、行政法规和规章但不构成走私行为的,是违反海关监管规定的行为。一般情况下,走私违法行为会受到社会的广泛关注,并造成恶劣的社会影响,而在涉案金额相同的情况下,违反海关监管行为与走私行为相比,社会影响程度相对较小。

第三,从行为人的主观故意分析,开山控股出现上述违规行为,主要由于该公司相关人员对海关相关法律法规不了解,学习不够,把握不好,对海关监管设备"移作他用"理解也存在误区,误认为设备交由使用的企业是其实际控制的公司,系母子公司间的行为,不属于"移作他用"的范畴,开山控股违规行为非主观故意,且在接受调查和处理中能积极配合杭州海关、衢州海关两级海关的查处,并已及时按规定全额缴纳了处罚罚款。

第四,杭州海关对开山控股违规行为的定性和处罚,来源于法律、法规授权行使的职权。根据《海关行政处罚实施条例》第3条的规定,海关行政处罚由发现违法行为的海关管辖,也可以由违法行为发生地海关管辖。重大、复杂的案件,可以由海关总署指定管辖。衢州海关隶属于杭州海关,因其建关时间较短尚无稽查职能,杭州海关有权对开山控股的上述违规行为处以行政处罚,并有权对其依职权作出的行政处罚的定性、处罚的裁量权作出解释或说明。综上所述,保荐人、律师认为,开山控股的上述海关处罚不构成重大违法行为,不会对开山压缩机本次发行上市造成法律障碍。

二、大洋电机(002249):保税材料违规使用被处罚

(一)海关处罚基本情况

2007年7月9日,中山海关出具《进口及出口业务证明》,证明:中山大洋电机股份有限公司从2004年以来,除2006年11月3日因保税原材料违反海关监管规定,受到中山海关(中关缉违罚字[2006]145号)处罚并罚款220.80万元以外,截至本证明出具之日,该公司进出口经营活动均符合海关相关法律、法规规定,遵守执行海关进出口报关、关税、监管等方面的各项制度,亦未受到过海关的其他行政处罚。

根据中山海关出具的《行政处罚决定书》(中关缉违罚字[2006]145号),上述处罚涉及的情况如下:

"(1)2005年4月至6月,公司未经海关许可并补缴应纳税款,将保税货物8688台电机转让给国内客户,违反海关监管规定。该部分货物价值79,438.11元,漏缴税款15,385.45元。根据规定,未经海关许可,擅自将海关监管货物开拆、提取、交付、发运、调换、改装、抵押、质押、留置、转让、更换标记、移作他用或者进行其他处置的,可以'处货物价值5%以上30%以下罚款,有违法所得的,没收违法所得',公司被处以罚款0.8万元。

(2)2004年3月至2004年10月31日,公司在未到海关办理备案手续的情况下,擅自将保税原材料冷轧硅钢板1674.72吨交付给佛山市顺德区北滘镇风威钢铁开料厂加工,违反海关监管规定。2004年11月1日至2005年8月,公司在未经海关许可的情况下,擅自将保税原材料冷轧硅钢板5690.63吨交付给佛山市顺德区北滘镇风威钢铁开料厂加工,违反海关监管规定。该部分货物价值44,045,056.36元。公司已将上述保税原材料冷轧硅钢板加工成的保税货物全部运回,未造成漏缴税款的危害后果,且事后主动采取措施将尚未开割的保税原材料冷轧硅钢板653.29吨收回,减轻了危害后果,根据规定应当从轻处罚,公司被处以罚款220万元。

综上两项,公司被处以罚款220.8万元。"

2007年7月10日,中山海关出具《关于中山市大洋电机有限公司受到海关行政处罚问题的说明》,认为:"一、根据调查,我关认为,中山大洋的行为虽然违反了海关监管规定,但其违规行为是由于对海关有关监管规定的不熟悉所致,属于非主观故意造成的违规行为,并非主观故意的偷税、逃税行为。二、在调查过程中,中山大洋认错态度良好,积极配合海关的调查,并及时迅速地采取一系列有效措施纠正违规行为,未造成严重的危害后果。三、在收到海关的处罚决定书后,中山大洋按照决定书要求及时、足额地缴纳了罚款。综上所述,我们认为中山大洋的行为属于性质不严重的违法、违规行为。"

(二)处罚具体情况

公司对上述海关处罚情况的说明如下：

(1)事情经过。2004年,由于公司产品出口量增长较快,同时国内硅钢板货源较紧张,且国外硅钢板价格低于国内价格,故公司通过一般贸易方式和保税方式分别进口硅钢板,并同时安排在佛山市顺德区北滘镇风威钢铁开料厂切割开料。

公司从2004年3月到2005年8月,以保税方式进口的7365.35吨硅钢板(占2004年和2005年公司使用硅钢板总数量的13.52%),共分22笔报关单报关进口;并根据公司的生产用量需求,分19批发往风威钢铁开料厂加工,公司在发外加工过程中,对所有发外硅钢板分别按卷进行单独标识,开一卷运回一卷,经中山海关查验,所有发出的硅钢板已全部运回公司。

根据海关有关规定,外发加工海关监管的物料,须到海关进行发外加工备案并经其许可的情况下,才能到由保税监管区域外进行加工。

2006年前发行人发生海关处罚事项的内控缺陷在于:公司对进口料件的管理存在疏漏,进出口管理制度不够完善,保税物料在加工环节脱离了海关监管。由于相关人员对海关的有关监管规定不熟悉,将保税方式进口的硅钢板混同于公司其他按一般贸易方式进口的硅钢板一起发外加工。虽然加工回来的硅钢板仍用于生产出口产品,但保税物料在加工环节脱离了海关监管,违反了海关的监管规定。

(2)由于上述硅钢板在开料、电机生产等环节发生混料,公司误将保税方式进口的8.60吨硅钢板,用于生产在国内销售的8688台电机。

(3)后续653.29吨进口硅钢的处理情况。2005年8月剩余的653.29吨硅钢板,公司已全部及时从风威钢铁开料厂取回,并按照海关的规定进行了冻结。在海关对公司的上述违规行为处理完结后,公司在取得中山海关同意下,解冻该部分硅钢,并用公司自有的剪板机开料后用于生产电机,该部分电机已全部出口。

(4)公司的改进措施。从2005年8月下旬开始,针对进料加工环节出现的内控缺陷,公司通过外聘专门的咨询机构、派人参加外部培训,对包括公司高级管理人员在内的相关部门及人员进行进出口及加工贸易政策法规的全面培训及学习。公司对生产管理流程进行了全面检讨并进行了彻底的改善,制订了专门的进口业务及出口业务管理制度;设置专门岗位进行保税料件仓库、保税物料生产线的管理,运用SAP系统对进料加工物料涉及的销售订单、采购订单、生产订单进行全过程管理,以确保进料加工料件不被混料;另自2006年开始与海关合作建立了联网监管电脑系统(2006年开始实施,为当地企业第一批),对今后使用保税方式进口的原材料从进料、生产、销售进行全过程的跟踪与监督,以从根本上避免混料现象。

公司通过加强并改进内控管理、积极整改,中山海关在对公司进行再次检查时做出了中肯的评价,认为公司的整改取得成效,并继续保留公司A类监管企业的资格。

(5)目前国内钢铁的采购价格低于国际市场硅钢价格,从2005年8月后,公司未再使用保税方式进口硅钢板。

保荐人认为:2004年3月至2005年8月,发行人在未经海关许可的情况下,将保税进口的7365.35吨冷轧硅钢板交付给保税监管区域外的专业开料厂商进行开料加工,存在保税物资脱离海关监管的情况,同时上述保税硅钢板及加工成的保税货物已全部运回,未造成漏缴税款的危害后果;此外,2005年4月至6月,公司未经海关许可并补缴应纳税款,将保税硅钢板生产的8688台电机用于国内销售,发行人的上述违反海关监管规定的行为属于并非主观故意的偷税、逃税行为,同时发行人已及时采取了有效措施纠正违规行为,未造成严重的危害后果。在收到海关的处罚决定书后,发行人及时地缴纳了全部220.8万元的罚款,罚款金额占2006年净利润的3.95%。根据中山海关2007年7月9日、7月10日和2008年1月9日出具的有关证明,除受到上述处罚外,公司自2004年以来的进出口经营活动符合国家及地方有关海关监管法律的要求,未发现任何情节严重的违法违规行为。报告期内,保荐人认为发行人的上述违规行为不属于重大的违法违规行为,对公司的本次发行上市不构成障碍。

除上述情况外,公司近三年内不存在其他违法违规行为,也不存在其他被相关主管机关处罚的情况。

三、万昌科技(002581):由于报关税号不符导致处罚

2009年7月2日,淄博海关向公司下达《行政处罚决定书》(淄关缉违字[2009]16号),对公司罚款38,000元。该项处罚的原因系公司自2008年3月27日至2008年12月31日期间以一般贸易方式出口原甲酸三乙酯4票共计55,260千克,申报税号为2909190090,经淄博海关归类确认,原甲酸三乙酯应当归入税号29159000。公司的上述行为违反海关监管规定,淄博海关依法对公司罚款38,000元。2009年7月6日,公司履行上述处罚决定,缴纳罚款38,000元。

保荐机构认为:“报告期内,发行人因违法海关监管规定而被处以罚款38,000元,情节轻微,且发行人接受行政处罚后加强了出口业务管理,对出口业务税号归类进行了规范,之后未再出现类似行为,符合《首发办法》第25条的规定。”

发行人律师认为:“发行人上述违反海关监管规定的行为受到的行政处罚对本次公开发行股票并上市不构成影响。”

【案例评析】

1. 较之其他行政处罚行为，海关处罚相对少一些，主要存在于有进出口业务的企业；另外还有一个原因就是：或许是海关出事一般就是大事，不是构成上市的实质性障碍就是没有不在报告期内而没有披露。

2. 上述三个案例较为典型，基本代表了海关违规的三种情形：(1)免税进口的设备违规使用或者转让；(2)保税区材料用于保税区外以避税；(3)企业报关时报关手续主观或者客观出现错误。

3. 同其他行政处罚一样，对于海关违规行为也不能单纯以处罚金额作为定性的唯一依据，还是要参考多方面的因素。一方面，如果企业是由于对海关规则理解不清楚或者其他客观原因而出现的违规行为，那么一般算作情节较为轻微的；尽管有时候这可能也是企业和中介机构为自己开脱找的理由，不过只要是能够得到主管部门的认可，一般可以过关。另一方面，如果企业是明显的主观上违规的行为，那么情节相对比较严重，审核人员一般也会重点关注，在处理上相对要慎重些。

4. 当然，海关处罚解决思路与其他处罚行为并没有大的不同，无非就是：(1)详细解释事情的经过；(2)违规行为存在客观原因；(3)违规行为认定不存在重大违法违规行为；(4)尽管违规但是不构成实质性障碍；(5)一些保障措施保证不会再犯错误；(6)股东承诺等。

5. 最后说一下大洋电机的案例。小兵觉得公司将保税区产品外销到保税区外和将保税区产品拿到外边加工而受到受海关处罚的情况还是比较严重的，不仅被处罚了200万元的罚款而且是连犯两次；另外，中介机构对于没有主观逃税恶意的解释显然站不住脚，同时及时缴纳了罚款和税款也不是不存在违法违规的合理理由，因此该案例是否可推广适用值得探讨。不过，中介机构的一些处理和解释思路还是非常值得借鉴的。

■第四节 工 商 处 罚

【重要提示】

★ 尽管工商部门是与企业打交道最多的部门，不过在现有案例中有关工商处罚的情形并不多。

★ 从现有的一些案例来看,工商处罚的情形都比较轻微,当然换个角度说,如果工商处罚情形严重或许通过上市审核的机会也很小了。

一、永辉超市(601933):销售不合格产品

根据重庆市工商行政管理局于2009年6月25日出具的渝工商经处字[2009]10号《行政处罚决定书》,重庆市工商行政管理局认为,2007年12月至2009年1月23日期间,因供货商未提供部分腌腊制品的检验报告,以及供货商篡改检验结论及伪造检验报告,而重庆永辉没有严格审查供货商的资质,未认真履行索取检验报告的义务,进而致使不合格的腌腊制品得以流入市场,重庆永辉应对此承担相应法律责任。重庆市工商行政管理局据此责令重庆永辉改正,并没收腌腊制品8597.7公斤,并处罚款740,604.39元。

根据重庆市工商行政管理局于2010年2月11日出具的《关于重庆永辉超市有限公司行政处罚事项的说明》,重庆永辉已缴纳上述罚款,重庆市工商行政管理局认为重庆永辉销售不合格腌腊制品系由于供应商有意隐瞒、采取伪造文书等造成,而重庆永辉作为销售商未能查验把关而导致,重庆永辉无主观故意,且事后能主动启动召回机制,消除社会影响并积极配合调查,未造成严重后果,其不构成重大违法行为。

截至2010年3月底,重庆永辉根据供零合同的商品质量保证条款,已经向供货商追回全部上述损失。

发行人律师认为:重庆永辉的上述行为不构成重大违法行为,不会对公司资产状况、财务状况产生重大不利影响,不构成本次发行的法律障碍。

二、阳谷华泰(300121):违规销售商品

2009年6月阳谷县工商局履行检查发现华泰有限仓库存有"环己烯"共有400桶,经核对,根据国家公布《危险货物品名表》,"环己烯"属易燃易爆化学危险品。阳谷县工商局认为根据《危险化学品安全管理条例》第57条第1款第1项之规定,华泰有限属于未经批准或者未经工商登记注册,擅自从事危险化学品的生产、储存。对华泰有限决定处罚如下:(1)责令立即停止违法行为;(2)罚款人民币100,000元整。华泰有限于2009年7月将罚款缴清。

经保荐机构核查,华泰有限2005年取得的安全生产许可证即包含危险化学品"环己烯"一项,且该产品的生产一直是在安全监管部门监管下开展的。由于工作人员的疏忽未能及时办理工商变更登记,致使公司的营业范围未能包含危险化学品生产一项,在接受阳谷县工商局处罚后,华泰有限立即进行了工商变更登记,将营业范围变更

为包含危险化学品的生产事项。保荐机构认为华泰有限一直拥有安全生产监管部门颁发的包含“环已烯”生产权的安全生产许可证,只是未尽到及时办理工商变更登记义务,属于工作疏忽,不构成重大违法、违规行为。聊城市工商局也已出具证明,证明发行人在报告期内不存在重大违法、违规行为,本事项对发行人上市不构成障碍。发行人律师意见:经核查,发行人已经依法变更了经营范围并缴纳了罚款。聊城市工商局已出具了《证明》,证明发行人“自 2006 年 1 月 1 日以来,遵守工商管理相关法律法规,不存在重大违法行为”。

发行人律师认为,发行人已经按规定取得“环已烯”等危险化学品的生产许可,只是因工作疏忽未及时办理经营范围的工商变更登记,不属于重大违法行为。

【案例评析】

1. 尽管工商部门是与企业打交道最多的部门,不过在现有案例中有关工商处罚的情形并不多,究其原因主要在于:(1)工商部门目前对于企业的监督主要还是在于公司历史沿革的登记和备案,对于企业生产经营的关注并不多,尽管它有这样的职能。(2)工商部门现在的服务意识还算好,在很多问题的看法上主要还是从方便企业的角度去看,从另外一个角度来讲工商部门钻研业务的能力还不够。(3)就算是企业存在一些工商违规行为,一般情况下可能也就私了了,也不会形成正式的处罚决定;如果工商真要动真格,一般情况下就出大事了。

2. 其实,仔细想想,如果工商部门想大开杀戒还是有很多理由的,比如最典型的出资问题,工商局就会有很多处罚的理由,不过现实是,工商部门基本上不会关注。反过来讲,也正是因为如此,企业在准备上市的时候才会出现那么多与工商有关的问题。小兵个人的观点是,工商局在为企业大开方便之门的同时也应该加强一些责任意识。

3. 上述两个案例很典型,分别代表两种不同的工商行政处罚的情形,从上述案例来看,一般情况下工商处罚性质不会很严重,金额也不会很大。如果朋友们有更好的案例,欢迎继续补充。

■第五节 其他处罚情形

【重要提示】

★ 在本章的最后与大家分享一些并不是很常见的行政处罚的案例,供大家在项目实践中参考使用。

★ 其实,无论是怎样的行政处罚,从首发上市的角度来讲其解决思路都是大同小异的,但是每个企业的情况又千差万别,这就要求我们在工作中要具体问题具体分析,也只有在充分了解企业的情况之后才能筹划出最得体的解决方案,切不可生搬硬套。

★ 小兵所提到的案例仅是与大家交流或者给大家提醒,如果朋友们有更好的案例或思路,希望能够一起交流和分享。

一、永太科技(002326):土地违规处罚

2005年、2006年该公司处于快速发展期,生产规模增长较快,新增生产设备较多,由于工作中的疏漏导致多起环保、安全事故,事故发生后公司管理层非常重视,进行了认真的整改,通过了相关部门的验收,进一步完善了公司相关制度,并在随后的工作中认真贯彻执行,杜绝再次发生类似事故。有关具体情况如下:

(1)2003年公司因未经批准擅自占用19,704平方米国有土地建设厂房,临海市国土资源局于2005年10月19日作出《国土资源行政处罚决定书》,决定责令公司退还非法占用的土地、没收非法建筑物,并处罚款人民币197,040元。公司于2005年10月20日缴纳了该笔罚款,并根据国土资源局的要求依法补办了相关建设用地审批手续,依法取得了相应的土地使用权证。

(2)2005年公司未经批准擅自建设厂房、办公楼、宿舍、食堂等房屋建筑物,影响城市规划,临海市建设规划局于2006年6月22日作出《行政处罚决定书》,决定对公司罚款人民币7万元。公司于2006年6月23日缴纳了该笔罚款,并依法取得了上述房屋的所有权证。

发行人律师认为,经核查,上述处罚不构成重大行政处罚,且发行人已按相关规定缴纳了罚款,并于2006年取得上述土地的土地使用权证和房屋所有权证,故上述土地、房产不存在权利瑕疵,不会对发行人本次公开发行股票构成障碍。

二、万昌科技(002581):安全监管处罚

2010年8月19日,淄博市安全生产监督管理局向发行人下达《责令改正指令书》(淄安监管责改字[2010]第1073号),责令发行人对有关问题进行整改,并对原甲酸三甲酯生产装置三层未按规定设置固定式可燃气体报警仪问题给予行政处罚。

2010年8月30日,淄博市安全生产监督管理局向发行人下达《行政处罚决定书》(淄安监管罚字[2010]第1014号),发行人原甲酸三甲酯生产装置未按规定设置可燃气体报警仪的行为违反了《危险化学品安全管理条例》的规定,责令发行人限期改正,并决定给予发行人罚款18,000元的行政处罚。2010年9月7日,发行人履行上述处罚

决定，缴纳罚款18,000元。2010年9月16日，淄博市安全生产监督管理局向发行人下达《整改复查意见书》（淄安监管复查字[2010]第1065号），经对发行人整改情况进行复查，全部问题已按要求整改完毕。

保荐机构认为："报告期内，发行人因违反安全监管的有关规定而被处以罚款18,000元。发行人已对上述违法行为进行了纠正和整改，相关整改情况已得到了安全生产监督管理部门的认可和确认，且之后发行人未再发生类似违法行为，符合《首发办法》第二十五条的规定。"

发行人律师认为："发行人上述违反安全监管规定而受到行政处罚的行为对本次发行上市不构成重大影响。"

三、奇正藏药（002287）：质量及广告处罚

发行人已依法建立健全股东大会、董事会、监事会、独立董事、董事会秘书制度，自成立至今，发行人及其董事、监事和高级管理人员严格按照公司章程及相关法律法规的规定开展经营，不存在违法违规行为，也不存在被相关主管机关处罚的情况。发行人下属子公司甘南佛阁（2007年8月前为奇正集团的控股子公司）存在违反有关法规被处罚的情况，具体如下：

（一）产品质量问题受到的处罚

2004～2006年间，各地曾出现不同藏药产品厂家药品抽检不合格的事件，甘南佛阁也属于其中之一。

浙江金华、绍兴等地区药监局在对甘南佛阁生产的洁白丸药品进行抽检时，因丸粒存在重量差异而被认定为不符合规定，当地药监局对本批次药品按劣药处理并对相关药品经销商进行了行政处罚。2004～2006年，药品经销商受到的该类处罚累计21.59万元。此类处罚在经销商缴纳完毕后，由奇正集团对相关的经销商进行了相应补偿。此类事件发生后，公司为避免将来在产品质量上再发生问题，积极投资研发新设备并及时改进产品生产工艺，解决了丸重超标技术要求，其后未出现类似问题。

（二）广告违法问题受到的处罚

2006年，甘南佛阁生产的"二十五味珊瑚丸"在《东南快报》、《东南早报》、《海峡都市报》发布处方药广告，相关行政主管部门对违法广告给予违法公示的处理。

2007年7月31日，甘南佛阁因药品广告违法，被北京药监局以京药监市[2007]97号文暂停了其产品"痛风安（十五味乳鹏丸）"在北京的销售，随后对其进行了整改。

2007 年 8 月 21 日,北京药监局以京药监市[2007]101 号文恢复其在京销售。

尽管公司的子公司甘南佛阁由于药品质量问题和广告违法问题曾受到过行政处罚,但考虑到罚款金额较小,情节轻微,对社会未造成严重影响,不属于重大违法行为。

四、海利得(002206):新材料建设规划、安全生产、税务处罚

(一)海宁市规划建设局行政处罚

1. 违规事实

海利得在马桥街道中国经编科技园经编六路 2 号厂区内,于 2003 年 1 月开工建设的该公司三期 2#车间项目,在未经建设行政主管部门批准的情况下,擅自将规划批准的二层建设为三层。超批准建筑面积 1493.52 平方米,超规划批准面积的工程造价为 746,760 元人民币。该工程于 2003 年 9 月竣工并已投入使用。海利得的行为违反了《城市规划法》第 38 条和《浙江省实施〈中华人民共和国城市规划法〉办法》第 28 条、第 33 条之规定,属违反建设工程规划许可证的规定进行建设。

2. 受到处罚的情况

2006 年 9 月 11 日,海宁市规划建设局出具了海城监罚字[2006]第 054 号《处罚决定书》,对上述违规事实处罚如下:"本局现对你公司作出除以违法工程造价 6%,即人民币肆万肆千捌佰零伍元陆角整(44,805.60 元)罚款的行政处罚,并责令你公司按规定补办建设工程规划许可证。"发行人已缴纳了罚款并补办了建设工程规划许可手续。

(二)海宁市安全生产监督管理局行政处罚

1. 违规事实

2006 年 8 月 22 日,海利得东区原贴合车间在钢窗维修、更换施工时发生一起触电事故,外包施工人员吴培月从钢脚手架上往上攀爬时遭电击坠落至地面,经抢救无效于当日死亡。海利得将东区原贴合车间钢窗维修、更换工程发包给既无资质且不具备安全生产条件的吴培月个人施工,对钢窗维修、更换工程在施工时的安全生产工作未认真履行统一协调、管理职责。上述行为违反了《安全生产法》第 41 条第 1 款的规定。

2. 受到处罚的情况

2006 年 11 月 21 日,海宁市安全生产监督管理局出具了海安监(大队)行罚[2006]11 号《行政处罚决定书》,对上述违规事实处罚如下:"决定对你单位作出责令限期改正(责令你单位在收到行政处罚决定书后两个月内予以改正),并处一万元罚款的行政处罚。"发行人已缴纳了罚款,进行了整改,同时制定了《关于零星工程承包合同签订的若干规定》。

五、群兴玩具(002575):产品质量纠纷

公司建立了完善的质量体系,认真贯彻落实质量控制规章制度,严格监控各类质量事故,高度关注顾客满意度,不断提升产品竞争力,提高品牌价值。公司的产品取得了经销商、终端零售商、消费者以及第三方检测机构的认可。2010 年 6 月,公司被汕头市工商行政管理局评为"连续八年守合同重信用企业";2009 年,公司被汕头市消费者协会评为"承诺诚信单位";2010 年,公司被中国对外贸易经济合作企业协会评为"企业信用评级 AAA 级信用企业"。

报告期内,公司除因产品质量认证参与国家指定认证机构的产品质量检测外,公司还接受了各级质量技术监督部门、"3C"认证指定认证机构其他的定期与不定期抽样检测,,其中各级质量检测部门共 14 次检测,"3C"认证指定认证机构共 31 次监督抽样检测,在累计 45 次检测中,公司出现了一次产品质量检测问题。该次产品质量问题已得到及时有效整改,在公司整改完成后,汕头市质检局组织广东省质量监督玩具检验站(汕头)抽样复检,经检验产品合格,2010 年 9 月 15 日,广东省质量技术监督局对国家质检总局质量监督司报送粤质检便字[2010]593 号《关于群兴玩具股份公司产品情况的函》,批复确认公司已完成整改,2010 年 9 月 17 日,国家质量监督检验检疫总局确认公司完成整改事项。

同时,公司产品在流通领域被东莞市工商局、成都市工商局、广东省工商局等各级工商部门检测中发现部分型号存在质量问题,主要问题类别为"可预见的合理滥用试验后出现危险锐利尖端"及"标识和使用说明"问题,主要问题产品为几个型号的遥控车及玩具手机,虽然此两种问题为玩具企业中较普遍发生的质量问题,且问题型号产品在公司收入中占比较小,但公司高度重视所发现的产品问题,对相关问题及时进行整改,得到第三方检测机构检测合格后才恢复该型号产品的生产与销售,同时采取相关措施避免类似问题再次发生。由于上述问题并未发生重大质量纠纷,且及时得到有效整改,公司未受到相关部门的处罚。

2011 年 1 月 4 日,汕头市澄海区质量技术监督局证明,报告期内,公司遵守国家及地方有关产品技术质量方面的相关法律法规,没有因违反有关产品质量、技术标准等方面的政策、法律、法规和规范性文件而被处罚的情况。

2011 年 1 月 17 日,汕头市澄海区质量技术监督局证明,报告期内,公司所生产的产品均符合国家及行业的相关产品质量标准,没有因违反产品质量及技术监督管理有关的法律法规而受到处罚的情形,未接到任何单位和个人关于发行人产品质量的投诉或举报。

2011 年 1 月 17 日,汕头市澄海区工商行政管理局证明,报告期内,公司所生产的

产品符合市场监督管理的有关法律法规,未因产品质量问题而受到处罚,未收到任何单位和个人关于发行人产品质量的投诉或举报。

2011年1月17日,汕头出入境检验检疫局证明,报告期内,公司出口商品符合有关国家和地区的相关质量标准,没有因产品质量问题发生召回等情形。2011年1月17日,汕头市澄海区消费者委员会证明,报告期内,未收到过关于公司产品质量问题的投诉或举报。

2011年3月8日,汕头市质量技术监督局出具证明,报告期每年对公司进行产品质量抽检,抽检结果均符合相关产品质量技术标准,近三年公司未发生重大产品质量事故,能遵守国家及地方有关产品技术质量方面相关法律法规,没有因违反有关产品质量、技术标准等方面的政策、法律、法规和规范性文件而被处罚的情况。

2011年3月8日,广东省质量技术监督局出具证明,公司近三年没有因质量违法违规行为被其行政处罚的记录。

2011年1月15日,发行人出具《声明》:报告期内,公司产品不曾对儿童健康造成不利影响、未受过相关部门处罚,也不存在与产品质量相关的诉讼和投诉,并保证该等陈述及确认真实、准确。

综上所述,发行人有效建立并严格执行了产品质量内控制度,报告期未发生产品召回及其他重大产品质量事故;报告期所发生的"可预见的合理滥用试验后出现危险锐利尖端"及"标识和使用说明"等问题已经及时整改,并通过国家认可的第三方检测机构检测,未产生处罚情形。

保荐人及发行人律师核查认为:近三年公司能遵守国家及地方有关产品技术质量方面相关法律法规,未发生重大产品质量事故,没有因违反有关产品质量、技术标准等方面的政策、法律、法规和规范性文件而被处罚的情况。

【案例评析】

1.一个企业在生产经营过程中要受到诸多部门的监管,除我们最常见的工商、税务、土地、社保、环保等部门之外,进出口还有海关和外汇部门,特殊行业经营还有特殊监管部门等。行政主管部门对企业在生产经营过程中的违规行为进行的处罚,一般情况下我们将其认定为行政处罚。

2.在上面的案例中,我们分专题介绍了环保、税务、海关处罚等内容,除此之外,我们在本节还与大家分享了一些典型的行政处罚行为,如违规使用土地建设违章建筑、产品质量纠纷、广告处罚等。

3.关于行政处罚的案例,小兵已经从多个角度向大家简单介绍了该问题的处理思路,供大家参考。

第四章　特殊模式

【你是否能够与众不同】

□ 既然每个企业都有其具体的情况,那么别人有的问题或许你就没有,而你的有问题别人或许没有。

□ 这一章所提到的专题及案例并不是每个企业都能遇到,因为历史原因或者企业经营模式的不同而具有特殊性,但这些问题能够对某一类企业有很强的指导作用。

□ 本章内容主要与大家分享的是:劳务派遣、技术合作开发、现金结算、重大客户依赖、定向募集。

■第一节　劳务派遣问题解决之道

【重要提示】

★ 劳务派遣问题对于某些劳动密集型且用工具有明显季节性的产业来讲很常见,在实务中也具有一定的普遍性。

★ 劳务派遣仅是一种普通的企业用工方式而已,只是由于我国劳务派遣制度不完善且违规行为时有发生,才有必要在首发审核中关注劳务派遣本身的不规范会不会影响到拟上市主体的规范运行。

★ 从审核实践来看,劳务派遣问题一般情况下不会成为审核重点关注的事项,但需要将有关问题解释清楚。

【案例情况】

一、科斯伍德(300192)

(一)基本情况

公司根据发展的需要形成了系统的人力资源规划,随着公司的持续发展壮大,员工人数不断增加,近三年公司员工人数(计入劳动派遣人员)分别为220人、236人和258人。

为更有效保障用工需求,公司与苏州市宏创职业介绍人力资源开发有限公司(以下简称苏州宏创)于2009年9月29日和2010年12月30日分别签订了2份《劳务派遣合作协议》,约定苏州宏创根据公司劳务用工的需要,向公司派遣劳务人员;由苏州宏创为派遣人员参加社会保险;公司为相关派遣人员购买团体工伤综合保险;公司按照劳务派遣人数情况向苏州宏创支付管理费。各个报告期末,公司劳务派遣和在册员工的分布情况如下:

截止日	2010年12月31日	2009年12月31日	2008年12月31日
在册员工人数	145	181	220
劳务派遣人数	113	55	—
合计	258	236	220

(二)反馈意见关注

请在招股说明书中补充披露历年劳务派遣和在册职工的人数分布情况,请保荐机构和发行人律师就是否存在发行人部分在册正式员工转为劳务派遣员工的情况、劳务派遣员工的各项社会保险的缴纳情况以及发行人与其员工之间的劳动合同纠纷情况进行核查并发表核查意见。

发行人律师已查验了以下文件:

(1)发行人与苏州市宏创职业介绍人力资源开发有限公司(以下简称苏州宏创)于2009年9月29日和2010年12月30日分别签订的《劳务派遣合作协议》;

(2)苏州宏创《企业法人营业执照》(注册号为320507000035547号);

(3)苏州宏创《人力资源服务许可证》(编号为320507000006号);

(4)发行人在册人员花名册和劳务派遣花名册;

(5)发行人原在册后转为劳务派遣的人员,原与发行人签订的劳动合同;

(6)苏州宏创向发行人劳务派遣人员出具的《缴纳社保意向书》;

(7)苏州宏创实际派遣至发行人人员花名册及苏州宏创为该类人员缴纳社保的缴费记录;

(8)苏州市相城区劳动争议仲裁委员会出具的《证明》。

上述文件分别由发行人、苏州宏创及相关政府部门出具或提供,发行人律师已对以上文件的原件,采用书面审查的方式进行了查验,并制作了相关影印副本。发行人律师就发行人相关员工原在册后转为劳务派遣的原因采用与相关人员面谈的方式进行了查验,并制作了相关面谈笔录。经查验,均合法、合规、真实、有效。

发行人律师经查验后确认:

(1)根据自2009年9月末至2010年12月末发行人员工花名册和劳务派遣人员花名册,自2009年10月起,发行人原有部分在册员工已转为苏州宏创劳务派遣人员(以下简称A类派遣人员);此外,苏州宏创劳务派遣人员中还有大量属于苏州宏创自行招聘、再派遣至公司的人员(以下简称B类派遣人员)。各类劳务派遣人员变化情况如下:

单位:人

期间	2009/10/1 至 2009/10/30	2009/10/30 至 2009/12/31	2009/12/31 至 2010/6/30	2010/6/30 至 2010/12/31
A类派遣人员增加人数	58	0	24	1
A类派遣人员离职人数	0	4	31	15
B类派遣人员增加人数	1	0	97	67
B类派遣人员离职人数	0	0	42	43
期末劳务派遣总人数	59	55	103	113

(2)根据A类派遣人员原与公司签订的《劳动合同》,存在部分A类派遣人员属于先行在公司离职再由苏州宏创派遣至公司的劳务人员(此类人员以下简称A1);此外,还有部分A类派遣人员属于与公司签订的《劳动合同》到期终止后,自愿选择以劳务派

遣方式回到公司工作(此类人员以下简称A2)。

(3)报告期内,发行人共有83位A类派遣人员先后在公司工作;其中50位员工由于个人原因先后离开公司,截至2010年12月31日尚有33位A类派遣人员在公司工作。报告期内,A类派遣人员变化情况如下:

单位:人

期间	2009/10/1至2009/10/30	2009/10/30至2009/12/31	2009/12/31至2010/6/30	2010/6/30至2010/12/31
A1增加人数	48	—	19	—
A2增加人数	10	—	5	1
A类派遣人员离职人数	—	4	31	15
截止日A类派遣人员总人数	58	54	47	33

(4)发行人律师通过与尚在公司工作的A类派遣人员面谈,了解到相关人员系因其流动性较大,缴纳社保的意愿较低,不希望因缴纳社保而被公司代扣、代缴部分需个人支付的社保资金等原因而选择成为苏州宏创的员工。

(5)根据苏州宏创在苏州市相城区社会保险基金管理中心缴纳社会保险情况,苏州宏创从2010年2月开始为部分向发行人派遣的员工缴纳社会保险,其具体缴纳社会保险人数情况如下:

单位:人

2010年	1月	2月	3月	4月	5月	6月
缴纳人数	—	19	16	11	12	20
2010年	7月	8月	9月	10月	11月	12月
缴纳人数	19	20	17	17	18	18

苏州宏创具体缴纳险种包括:养老保险、医疗保险、失业保险、生育保险和工伤保险。

(6)根据苏州宏创向发行人劳务派遣人员出具的《缴纳社保意向书》,未缴纳社保人员系自愿放弃或个人自行缴纳相关社保。

(7)2011年1月21日,苏州市相城区劳动争议仲裁委员会出具《证明》:"苏州科斯伍德油墨股份有限公司在日常生产经营之中,劳动用工、劳动安全均符合《劳动法》

及其他相关法律、法规和规范性文件的规定。目前没有因违反有关劳动用工、劳动安全方面的法律法规和规范性文件而发生相应的劳动纠纷仲裁案件”。

综上，经发行人律师核查，发行人存在部分在册员工自愿转为劳务派遣员工的情况，苏州宏创已为部分劳务派遣人员缴纳了社会保险，发行人与其员工之间目前不存在劳动合同纠纷的情况。

二、元力股份（300174）

（一）基本情况概述

截至2010年6月30日，公司在册职工总人数为139人。为更好地提高企业的管理效率以及有效保障用工需求，公司在2008年开始选择以劳务派遣的方式招募部分对专业技术要求较低的生产岗位人员。截至2010年6月30日，公司通过劳务派遣方式招募的人员为277人。目前公司通过劳务派遣招募的员工均能符合公司的要求。

公司与南平新武夷劳务派遣服务有限公司签订《劳务派遣协议书》，南平新武夷劳务派遣服务有限公司持有福建省南平市工商行政管理局核发的注册号为350700100001404的《企业法人营业执照》，营业范围为：国内劳务派遣；岗位技能培训；劳动就业政策、人力资源信息咨询服务；劳动保障事务代理（以上经营范围凡涉及经营项目的，应在取得有关部门的许可后方可经营）。公司以及公司以劳务派遣形式用工，符合《劳动法》、《劳动合同法》等法律、法规的规定。

1. 在册职工社会保障情况

根据《劳动法》、《劳动合同法》等有关法律法规的规定，公司实行全员劳动合同制，员工按劳动合同规定享受权利和承担义务。公司已根据国家和地方政府的有关规定，为员工办理了基本养老、医疗、失业、工伤、生育等社会保险和住房公积金。

2. 劳务派遣人员的社会保障

截至2010年6月30日，派遣员工共有员工277名，派遣公司已按规定为276名员工缴纳社会保险手续；1名员工除养老保险（因超龄无法办理）外，其他四险均按规定缴纳。

保荐机构及发行人律师核查了南平新武夷提供的派遣员工明细表、工资发放的银行卡记录、缴纳社会保险的完税凭证并抽查了部分派遣人员的劳动合同，南平新武夷已经按照《劳务派遣协议书》的约定与派遣至发行人的派遣人员签署劳动合同、按时发放工资并负责代扣代缴派遣人员的各项社会保险。

保荐机构及发行人律师核查了发行人向南平新武夷按月支付派遣人员的工资、劳务派遣服务费以及社会保险费用的银行转账凭证和发票,保荐机构及发行人律师认为,发行人已经按照《劳务派遣协议书》的约定将派遣人员的工资、劳务派遣服务费以及包括工伤保险、医疗保险、养老保险、失业保险、生育保险在内的社会保险费用支付给南平新武夷,发行人不存在违反《劳动合同法》以及违反雇主购买社会保险义务的情形。

(二)反馈意见关注

请保荐机构和发行人律师结合新武夷劳务派遣公司合同义务的实际履行情况,对发行人是否存在违反《劳动合同法》、违反雇主购买社会保险义务的情形、发行人与新武夷劳务派遣公司是否存在关联关系发表核查意见。

1. 新武夷劳务派遣公司合同义务的实际履行情况

根据发行人与新武夷劳务派遣公司签订的《劳务派遣协议书》,明确约定由新武夷劳务派遣公司按照发行人的用工需求,负责推荐符合条件的派遣人员供发行人择优录用;新武夷劳务派遣公司负责与派遣人员签署劳动合同并负责代扣代缴派遣人员的各项社会保险;发行人将派遣人员的报酬款转账给新武夷劳务派遣公司,由新武夷劳务派遣公司扣缴个人所得税后分别支付到每个派遣人员的银行工资卡中,且不得低于当地当年年度最低工资标准;派遣人员享有与工作岗位内容相关的福利待遇;该协议还对劳务派遣服务费的结算、双方的权利和义务等内容予以明确约定。

报告期内,发行人的劳务派遣人员和当地平均工资对比情况如下表:

单位:元

项目	2007年	2008年	2009年	2010年上半年
当地法定最低工资	518	570	570	567
当地月平均工资	1435	1640	1835	N/A
劳务派遣人员月平均工资	—	1896	1901	2121

发行人自2008年采用以劳务派遣用工方式以来,劳务派遣人员的月平均工资与当地平均工资水平相当或高于当地平均工资水平,整体呈不断上升趋势。

发行人律师核查了新武夷劳务派遣公司提供的派遣员工明细表、工资发放的银行卡记录、缴纳社会保险的凭证并抽查了部分派遣人员的劳动合同,新武夷劳务派遣公司已经按照《劳务派遣协议书》的约定与派遣至发行人的派遣人员签署劳动合同、按时发放工资并负责代扣代缴派遣人员的各项社会保险。

2. 发行人是否存在违反《劳动合同法》、违反雇主购买社会保险义务的情形

截至2010年6月30日，派遣员工共有员工277名，派遣公司已按规定为276名员工缴纳社会保险手续；1名员工除养老保险（因超龄无法办理）外，其他四险均按规定缴纳。

发行人律师核查了发行人向新武夷劳务派遣公司按月支付派遣人员的工资、劳务派遣服务费以及社会保险费用的银行转账凭证和发票，发行人律师认为，发行人已经按照《劳务派遣协议书》的约定将派遣人员的工资、劳务派遣服务费以及包括工伤保险、医疗保险、养老保险、失业保险、生育保险在内的社会保险费用支付给新武夷劳务派遣公司，发行人不存在违反《劳动合同法》以及违反雇主购买社会保险义务的情形。

3. 发行人与新武夷劳务派遣公司是否存在关联关系

（1）根据新武夷劳务派遣公司的工商资料，新武夷劳务派遣公司成立于2006年7月6日，注册资本为56万元，股东为赵龙、林云和杨淇，持股比例分别为36%、37%和27%。

（2）根据新武夷劳务派遣公司及其股东赵龙、林云和杨淇的确认、发行人及其实际控制人卢元健、王延安的确认，新武夷劳务派遣公司及其股东与发行人及其实际控制人卢元健、王延安之间不存在关联关系。

发行人律师认为，发行人与新武夷劳务派遣公司不存在关联关系。

三、晨光生物（300138）

原材料采购的季节性导致了初加工生产的季节性。为有效保障用工需求，公司选择了劳务派遣方式作为招募车间生产等岗位人员的一种补充手段，并根据实际情况将劳务人员调整到各子公司、分公司相关岗位工作。目前，公司通过劳务派遣招募的员工均能符合岗位要求。公司与邯郸市聚德人力资源有限公司签有《劳动人员派遣协议书》。

在审核过程中，审核人员关注了如下问题：请发行人补充披露报告期内采取劳务派遣方式的具体情况，包括采用劳务派遣方式的时间、劳务派遣合同签订时间、签订周期以及相关权利义务内容、采用劳务派遣方式的员工数量及其占员工总数的比例、采用劳务派遣方式员工的薪酬支付方式、金额以及是否为劳务派遣员工缴纳社会保险及住房公积金。

（一）发行人季节性用工情况

经发行人律师核查，发行人原材料采购的季节性导致了初加工生产的季节性。在

加工生产旺季,发行人存在临时用工情况。临时用工由发行人统一招募,并根据实际情况将临时工调整到各子公司、分公司相关岗位工作。

2007~2009年度,发行人临时用工情况如下:

时间	2009年	2008年	2007年
平均人数	197	151	93
平均工作时间(月)	10.24	10.73	7.75
支付的薪酬总额(元)	3,952,304	2,724,838	905,434

发行人聘用的临时工全部为当地农民。报告期内,发行人没有发生临时用工产生的重大安全责任事故。

经核查,大多数情况下,发行人对临时用工按月足额发放工资;少数情况下,如临时工被派遣到新疆的子公司时,由于路途遥远及汇款不便等原因,根据临时工的要求按生产季(待临时工结束当期工作回到公司本部后)一次性发放当期工资。

(二)发行人采用劳务派遣的方式用工的情况

为规范用工制度,发行人在车间生产、门卫绿化等部分岗位上采用劳务派遣方式用工。2009年7月27日,发行人与邯郸市聚德人力资源有限公司(资质证号:职介证字冀介邯第030006号)签署《劳务人员派遣协议书》,具体内容如下:

1.协议双方合作事项

乙方(系指邯郸市聚德人力资源有限公司,下同)根据甲方(系指发行人,下同)需要,通过劳务输出,派遣人员到甲方工作;甲方通过劳务输入,安排乙方派遣人员工作。劳务人员为乙方员工,乙方与劳务人员签订劳动合同,发放工资并依法办理各项社会保险。

2.劳务派遣期限及岗位

该协议自2009年7月27日起生效,于2010年7月26日终止。劳务人员劳务期限与协议期限一致,期满经双方协商可续签。2010年7月,双方经协商一致同意在原协议基础上续签,期限为2010年7月27日至2011年7月26日。乙方向甲方派遣劳务人员,主要从事车间生产、门卫绿化等工作。

3.双方权利和义务

(1)甲方

①执行国家劳动标准,提供相应的劳动条件和劳动保护。

②告知被派遣劳动者的工作要求和劳动报酬。

③甲方有权依法确定劳务人员的工作时间、休假日、各类假期等，如需加班加点应当按照国家有关规定支付加班费。甲方有权监督乙方为派遣至甲方的劳务人员办理相关社会保险的情况。

④若因甲方生产性停待，自停待之日起甲方将停待派遣人员名单交与乙方，甲方继续支付停待期间员工的保险费和乙方的管理费，并按每人每月600元的标准支付员工基本生活费，该停待期限支付生活费以三个月为限。

⑤甲方若直接解除或辞退劳务人员（终止劳动关系），须提前10天通知乙方。甲方如延长劳务派遣期限须征得劳务人员同意后再通知乙方，乙方据此变更相应的劳务派遣协议条款及与劳务人员重新签订劳务协议书。

⑥协议规定的其他权利和义务。

(2)乙方

①乙方与派遣人员签订劳动合同30日内，按国家有关规定为派遣人员办理各项社会保险手续。

②乙方有权根据法律、法规及国家规定对甲方违法违约、侵害劳务人员权益的行为提出书面建议，情况属实的，甲方应予以改正。

③劳务人员在甲方工作期间引起的劳动争议由乙方依法处理，涉及甲方承担的费用由甲方负责。

④协议规定的其他权利和义务。

4.劳务报酬及相关费用的核定与结算

(1)劳动报酬

①乙方派遣至甲方的劳务人员在试用期的工资和试用期满后月工资以甲方的加盖公章并签字确认后的招工简章为准；双方约定的工资不得低于用工地区最低工资标准；甲方不得克扣或无故拖欠乙方劳务人员的工资。

②甲方支付给劳务人员的工资额应先由乙方员工确认签字后再由乙方员工支付给劳务人员。

(2)社会保险费

乙方需为派遣至甲方的劳务人员按有关规定投保各项社会保险；由乙方负责为劳务人员办理相关手续，缴费标准按照现行规定执行，保险费用由甲方负担。

(3)乙方管理费

乙方的管理费按照每月每人40元核算。

截至2010年6月30日，发行人共有员工537人，其中正式员工419人，劳务派遣员工118人，采用劳务派遣员工的数量员工总数的21.97%；劳务派遣人员的薪酬支付依照劳务派遣合同由劳务派遣人员确认签字后由发行人按月发放，劳动报酬以招工简章为准且不低于当地最低工资标准;发行人已将相关款项交付劳务派遣公司,由其依照劳务派遣合同为劳务派遣人员缴纳养老、医疗、工伤保险。

曲周县人事劳动和社会保障局出具《证明》,证明发行人自能够遵守国家及地方社会保障法律、法规、规章和规范性文件的规定,为其职工办理养老保险、工伤保险等社会保险手续并按时足额缴纳前述各项社会保险费,近三年及一期未发生违反社会保障法律、法规、规章和规范性文件的行为,未曾受到社保部门的行政处罚。

其后,曲周县人事劳动和社会保障局出具证明,认为发行人是一家管理规范化的民营企业,在员工招录、聘用上,能够认真遵守《劳动法》、《劳动合同法》等有关法律法规,没有非法用工和拖欠临时工工资等违规现象。

综上所述,发行人律师认为,发行人签署的《劳务派遣协议》内容齐备,权利义务约定明确,对合同双方均有法律约束力。发行人在部分岗位采用劳务派遣方式的用工制度符合公司的实际用工需要,符合《劳动法》、《劳动合同法》的规定。发行人劳务派遣用工方式不存在违法违规行为。

保荐机构经核查认为,发行人不存在非法用工的情形,发行人所采取的劳务派遣用工方式符合《劳动法》和《劳动合同法》等相关法律规定,不存在违法违规行为。

四、经纬电材(300120)

(一)基本情况概述

除公司正式员工外,为了更有效保障公司的生产经营和用工需求,公司还以劳务派遣方式作为公司生产人员的补充手段。截至2009年12月31日,公司劳务派遣员工人数为236人。公司与天津市联南劳动服务有限公司、天津市华一劳务服务有限公司、天津市众盛劳动服务有限公司三家劳务派遣公司签订《劳务派遣协议》。三家劳务公司均持有天津市工商局核发的营业执照,营业范围均含有劳务派遣等范围,开展劳务派遣业务符合法律法规要求。公司采用劳务派遣和正式员工相结合的方式用工,符合《劳动法》、《劳动合同法》等相关法律法规的规定。

公司的部分生产环节对操作人员的生产经验、生产技能及学历要求均不高,上岗培训时间不长,任职岗位均非核心技术环节,对生产的安全性和可靠性影响不大,如拔丝操作工、铜炉操作工、搬运工、叉车司机、保安等工种。同时,基于劳务派遣方式具有劳务管理便捷,提高企业管理效率;用工机动灵活,提高员工管理效率;降低管理成本,提高企业经济效益等诸多优点,公司根据实际经营情况,决定采取"劳务派遣"与"劳动合同工"相结合的方式解决企业用工问题。

公司的非核心技术岗位用工需求较大,如果直接面向社会招聘,则难以在短时间内招聘到大量工人满足上述岗位需求。劳务派遣公司拥有大量劳务人员,公司由其直接引入劳务派遣人员极大地降低了招聘成本。此外,当公司接到大额订单需要增加用工时,同样可以及时引入劳务派遣人员填补用工缺口,实现调节临时性人力需求的目的,降低招聘成本。劳务派遣人员与劳务派遣单位建立劳动关系;公司直接管理和安排劳动者从事劳动,但是与劳动者之间不建立劳动关系。

因此,公司只需负责劳务派遣人员的用工安排,其他诸如工资薪酬的发放、社会保险的代扣代缴、劳动合同的签订、续订及解除、相关问题和争议的处理等管理工作,全部由劳务派遣单位负责。从而采用劳务派遣的用工方式有效降低了公司管理成本。

目前,公司的管理人员、核心技术人员及重要岗位关键人员等均为公司在册的正式员工,且部分人员为公司股东,其稳定的工作关系为公司生产经营的稳定性提供了坚实的保障。

为了避免出现劳务派遣公司不能及时提供足够的劳务人员的情况,公司选择了具有丰富派遣经验和劳动力招募能力的劳务派遣公司,而且还与劳务派遣公司之间就劳动力招募工作建立了事前通报机制,每年会根据生产计划向劳务派遣公司通报年度用工总体计划,然后在实际需要用工时,提前1~2个月向劳务派遣公司通报具体需求。通过这种事前通报机制,劳务派遣公司可以根据年度用工总体计划和具体需求预先开展劳务人员的准备工作。这样,就可以确保在公司提出劳务用工需求时,及时满足公司的生产用工需要。从公司与劳务派遣公司合作至今,从未出现因劳务派遣公司提供劳务用工不及时而影响正常生产的情形。同时,为避免劳务派遣用工流动性较大对公司生产带来不利影响,公司在现有生产线的改造中,以及新投项目的建设中,尽量提高机械化程度,减少对人工的大量使用。在生产效率提高后,相同产量需要的生产工人也相应减少,以此确保生产规模扩大后不增加太多的生产工人,从而使公司对劳务用工的需求控制在可预见的合理的范围内。截至2009年年底,公司劳务派遣人员总数为236人,其中持续在公司工作1年以上的人员达到约70%的比重,具有一定的稳定性。

控股股东及实际控制人出具关于劳务派遣的《承诺》,承诺:“在公司首次公开发行股票前,如因天津市联南劳动服务有限公司、天津市华一劳务服务有限公司、天津市众盛劳动服务有限公司三家劳务派遣公司拖欠劳务人员工资等损害劳务人员情形导致公司须承担连带赔偿责任的,本人同意补偿公司的全部经济损失。”

发行人律师认为:发行人采取劳务派遣和直接聘用员工相结合的方式解决劳动用工问题,符合其实际经营特点,该等人员构成不会对发行人生产经营的稳定性、持续性造成不利影响。发行人实际控制人出具的承诺真实、有效,可以有效消除可能产生的法律风险。

保荐机构认为:公司采取"劳务派遣"与"劳动合同工"相结合的方式解决劳动用工问题,符合公司的实际经营情况,不会影响公司生产经营的稳定性和持续性。

(二)反馈意见关注

发行人以劳务派遣方式补充公司生产人员,劳务派遣员工总计231人。公司在册员工总数83人,公司为其缴纳了基本养老保险金、医疗保险金、工伤保险金、生育保险金、失业保险金。自2008年8月开始缴纳住房公积金,并补缴了2007年全年的住房公积金。请发行人说明并披露:(1)发行人劳务派遣员工人数大量超过在册员工人数的原因,该种人员构成是否对公司生产经营的稳定性、持续性存在不利影响;(2)公司目前缴纳各类社会保险的情况是否符合地方及相关规定的要求,是否已合法合规缴纳,对于2006年及以前年度未缴纳住房公积金是否符合法律法规及地方政府的要求,是否存在被追缴的风险。请保荐机构、律师核查并发表意见。

1. 发行人劳务派遣员工人数大量超过在册员工人数的原因,该种人员构成是否对公司生产经营的稳定性、持续性存在不利影响

根据发行人说明,发行人核心技术人员均为公司在册员工中的管理人员,有利于保证发行人生产经营所需技术发展的稳定性和持续性;发行人生产岗位人员技术、学历要求均不高,员工上岗培训时间亦不长;基于集中力量发展壮大企业生产经营规模的宗旨,结合劳务派遣用工优势与发行人的生产经营特点,发行人采取了在部分岗位上使用劳务派遣用工方式。

据发行人律师核查,发行人的管理人员、核心技术人员及重要岗位关键人员等均为发行人在册的正式员工,且部分人员为股东,该等人员构成有利于保持发行人生产经营的稳定性。截至2009年年底,发行人劳务派遣员工总数为236人,其中持续在发行人工作1年以上的人员达到约70%的比重,具有一定的稳定性。劳务派遣员工任职岗位均非发行人核心技术岗位,上岗培训时间亦不长。

2. 公司目前缴纳各类社会保险的情况是否符合地方及相关规定的要求,是否已合法合规缴纳,对于2006年及以前年度未缴纳住房公积金是否符合法律法规及地方政府的要求,是否存在被追缴的风险

据发行人律师核查,发行人员工的聘用和解聘均依据劳动法的规定办理。发行人按照国家和天津市有关劳动和社会保障的规定,为员工缴纳了基本养老保险金、医疗保险金、工伤保险金、生育保险金、失业保险金和住房公积金。近三年,基本养老保险金、医疗保险金、工伤保险金、生育保险金、失业保险金公司缴纳的比例分别为20%、9%、0.5%、0.8%、2%,符合国家和天津市有关劳动和社会保障的规定;发行人自2008

年开始为员工缴纳住房公积金,缴纳比例为11%,公司还为员工补缴了2007年度的住房公积金。

另据天津市人力资源和社会保障局和天津市住房公积金管理中心出具的关于发行人执行我国劳动法及其他相关法律、法规规定的劳动用工制度及缴纳住房公积金情况的证明,发行人目前缴纳的各类社会保险符合天津及相关规定的要求,已合法合规缴纳。

发行人2006年及以前年度未缴纳住房公积金不符合《住房公积金管理条例》和《天津住房公积金管理条例》的规定。根据该等法规的规定,发行人存在被追缴2006年及以前年度住房公积金的风险,但发行人实际控制人董树林、张国祥和张秋凤已出具《实际控制人关于公司住房公积金问题的承诺函》,承诺:如果公司住所地住房公积金管理部门要求公司对2006年(含)之前的住房公积金进行补缴,实际控制人将无条件按主管部门核定的金额无偿代公司补缴;如果公司因未按照规定为职工缴纳住房公积金而带来任何其他费用支出或经济损失,实际控制人将无条件全部无偿代公司承担。

综上,发行人律师认为,发行人采取劳务派遣和直接聘用员工相结合的方式解决劳动用工问题,符合其实际经营特点,该等人员构成不会对发行人生产经营的稳定性、持续性造成不利影响。发行人实际控制人出具的承诺真实、有效,可以有效消除可能产生的法律风险。发行人目前缴纳的各类社会保险符合法律及相关规定的要求,已合法合规缴纳。发行人未按照规定缴纳2006年度及以前年度住房公积金的情形不会对本次发行构成实质性障碍。

五、汉威电子(300007)

(一)基本情况概述

报告期内的员工人数及变化情况如下:截至2009年6月30日,公司在册正式员工为379人。为更有效保障用工需求,公司在2008年选择了劳务派遣方式作为公司招募生产人员的一种补充手段,以劳务派遣的方式来招募部分对专业技术要求较低的岗位人员。本公司对生产人员的主要要求为电子专业、中专以上学历、视力正常。对于没有工作经验的人员通过公司一周左右的培训即可上岗工作。

目前公司通过劳务派遣招募的员工均能符合公司的要求。2008年12月31日通过劳务派遣方式招募的人员为206人,2009年6月30日通过劳务派遣方式招募的人员为192人。

公司及子公司与河南升环劳务派遣有限公司签有劳务派遣协议,河南升环劳务派遣有限公司持有郑州市工商行政管理局核发的注册号为4101012300881的《企业法人营业执照》,营业范围为:劳务派遣(法律、法规规定应经审批而未获审批的,不得经营),并持有河南省劳动和社会保障厅核发的注册号为豫004《劳务派遣许可证书》。公司以及公司的子公司以劳务派遣形式用工,符合《劳动法》、《劳动合同法》等法律、法规的规定。

就发行人和炜盛电子使用河南升环劳务派遣有限公司派遣的劳务人员可能导致的连带赔偿责任风险,控股股东任红军作出如下承诺:"在股份公司首次公开发行股票前,如因河南升环劳务派遣有限公司拖欠劳务人员工资等损害劳务人员情形导致股份公司或郑州炜盛电子科技有限公司须承担连带赔偿责任的,本人同意补偿股份公司或郑州炜盛电子科技有限公司的全部经济损失。"

(二)反馈意见关注

发行人披露以劳务派遣的方式招募部分对专业技术要求较低的岗位人员。请保荐机构、律师核查发行人和劳务派遣公司之间签订的协议,协议双方的权利和义务,对发行人以劳务派遣方式的用工制度是否符合《劳动法》、《劳动合同法》的规定,是否存在潜在的法律风险明确发表意见。

1. 发行人律师的核查过程及具体工作

(1)核查河南升环劳务派遣有限公司的营业执照及劳务派遣许可证。

(2)核查发行人、炜盛电子对劳务人员的管理情况,包括劳务人员的选定、考核及监督劳务派遣公司发放工资等。

(3)向河南升环劳务派遣有限公司进行了核查,核实《劳务派遣协议》的履行情况,并取得劳务派遣公司给发行人出具有关不存在协议履行争议的《证明》。

2. 发行人与劳务派遣公司签署的劳务派遣协议

发行人及其全资子公司炜盛电子自2008年1月1日起与河南升环劳务派遣有限公司建立劳务派遣服务关系并签署了期限为一年的《劳务派遣协议》。协议期满后,发行人及其全资子公司炜盛电子于2009年1月1日分别与河南升环劳务派遣有限公司续签了《劳务派遣协议》,协议约定:劳务派遣公司按照发行人、炜盛电子的用工需要派遣劳务人员到发行人——炜盛电子处工作;劳务人员为劳务派遣公司的员工,劳务派遣公司与劳务人员签订劳动合同,发放工资并依法办理各项社会保险。《劳务派遣协议》还对派遣期限、劳务费用结算、双方的权利义务、违约责任等事项作了明确约定。

经核查,发行人——炜盛电子分别与劳务派遣公司按月对劳务人员具体名单、人数、工资数额予以核对确认,并监督发放劳务人员工资。劳务人员在领取工资后均已在工资发放表上签字确认。

河南升环劳务派遣有限公司于2009年8月24日出具《证明》,证实双方能全面履行《劳务派遣协议》,劳务人员的派遣管理工作正常,各期劳务费用已结算,不存在履约争议和纠纷。

发行人控股股东任红军出具《承诺函》,承诺"在股份公司首次公开发行股票前,如因河南升环劳务派遣有限公司拖欠劳务人员工资等损害劳务人员情形导致股份公司或郑州炜盛电子科技有限公司须承担连带赔偿责任的,本人同意补偿股份公司或郑州炜盛电子科技有限公司的全部经济损失。"

发行人律师认为,发行人签署的《劳务派遣协议》内容齐备,权利义务约定明确,对合同双方均有法律约束力。发行人在部分岗位采用劳务派遣方式的用工制度符合《劳动法》、《劳动合同法》的规定。根据《劳动合同法》,劳务派遣公司违法给劳务人员造成损害的,用工单位与劳务派遣公司承担连带赔偿责任,为此发行人采取监督发放工资等措施防止劳务派遣公司损害劳务人员的利益,有效防范可能出现承担连带赔偿责任的法律风险。此外,控股股东出具承诺,愿意承担可能由此发生的法律纠纷及经济损失,有效消除可能产生的法律风险。

六、中瑞思创(300078)

近三年,公司员工及劳务派遣人数变化情况如下:

时间	2009年12月31日		2008年12月31日		2007年12月31日	
类别	公司员工	劳务派遣	公司员工	劳务派遣	公司员工	劳务派遣
人数(人)	1019	0	223	787	806	0

发行人的前身中瑞有限及控股子公司思创安防、迪合电子、思越科技分别与淳安县新星劳务中介有限公司签订了《劳务派遣协议》,期限分别为2007年12月27日至2009年12月25日、2007年12月27日至2009年12月25日、2008年8月27日至2010年8月26日和2008年9月28日至2010年9月27日。在《劳务派遣协议》履行期间,公司依据生产经营的需要,接受劳务派遣,并通过淳安县新星劳务中介有限公司向劳务派遣人员支付工资、缴纳各项社会保险费。

因发行人实行劳务派遣用工制度在人员管理上带来不便,发行人及其子公司思创安防、迪合电子、思越科技于2009年12月31日与淳安县新星劳务中介有限公司签订了《关于终止劳务派遣的协议书》,双方于2009年12月31日终止劳务派遣关系,原劳务派遣人员全部由发行人及其子公司聘用,发行人及其子公司已与相关员工签订《劳动合同》。

经保荐机构和发行人律师核查,发行人的生产经营具有一定的季节性,考虑到方便人员招聘和节约成本等因素,发行人及其子公司自2007年年底开始在部分岗位实行劳务派遣用工制度。发行人及其子公司在部分岗位实行劳务派遣用工制度符合《劳动法》、《劳动合同法》等法律法规及相关政策的规定。

发行人全体股东承诺:若发行人及其子公司因2007年年底至2009年年底期间实行劳务派遣而产生补偿或赔偿责任,或被有关主管部门处罚的,由发行人现有全体股东按照持股比例承担相应的经济责任。

2007年12月开始,发行人及控股子公司思创安防、迪合电子和思越科技对车间的部分生产工人实行劳务派遣,通过淳安县新星劳务中介有限公司向生产工人支付工资和缴纳各项社会保险费,并将支付给生产工人的工资和各项社会保险费记入生产成本。发行人部分生产工人改为劳务派遣后,该部分工人缴纳的社会保险费比例有所降低,2008年和2009年1~6月通过劳务派遣降低生产成本分别为58.14万元和46.99万元,相对于发行人对应期间的营业利润4677.98万元和2177.34万元,占比很小,劳务派遣未对公司经营成果构成重大影响。

申报会计师经核查后认为:发行人的会计处理符合《企业会计准则》的相关规定。

发行人全体股东承诺:若发行人及其子公司因2007年年底至2009年年底期间实行劳务派遣而产生补偿或赔偿责任,或被有关主管部门处罚的,由发行人现有全体股东按照持股比例承担相应的经济责任。

七、三全食品(002216)

近几年来,公司根据发展规划,一直在进行员工结构调整,并根据发展需要进行人员增补,在市场调研、市场分析、产品推广、产品调研与开发等方向设置岗位和引进人员,突出市场导向,提高公司对市场的适应能力。截至2007年6月30日,本公司在册正式员工共计1648人,劳务用工4024人。

为了避免出现劳务派遣公司不能及时提供足够的劳务人员的情况,我公司选择了具有丰富派遣经验和劳动力招募能力的劳务派遣公司,而且还与劳务派遣公司之间就劳动力招募工作建立了事前通报机制,每年会根据生产计划向劳务派遣公司通报年度用工总体计划,然后在实际需要用工时,提前1~2个月向劳务派遣公司通报具体需求。通过这种事前通报机制,劳务派遣公司可以根据年度用工总体计划和具体需求预先开展劳务人员的准备工作。这样,就可以确保在我公司提出劳务用工需求时,及时满足我公司的生产用工需要。

从我公司与劳务派遣公司合作至今,从未出现因劳务派遣公司提供劳务用工不及时而影响正常生产的情形。尽管如此,我公司还是充分关注了劳动力供给与公司生产的关系。为了避免因劳动力供给不足给公司生产带来的不利影响,我公司在现有生产线的改造中,以及新投项目的建设中,更多地采用了全自动饺子加工机、汤圆加工机等生产设备,提高公司的机械化程度,减少对人工的大量使用。在生产效率提高后,相同产量需要的生产工人也相应减少,以此确保生产规模扩大后不增加太多的生产工人,从而使公司对劳务用工的需求控制在可预见的合理的范围内。

公司及公司分支机构、公司控制的公司作为用人单位,与员工签署的劳动合同符合《劳动法》、《劳动合同法》等法律、法规的规定。公司及公司分支机构、公司控制的企业,均不存在作为用人单位而未与劳动者签署劳动合同的情形;因为公司产品存在季节性影响,除与公司签订了劳动合同员工外,公司存在由河南升环劳务派遣有限公司派遣的劳务用工,该部分员工公司已经作为用工单位与河南升环劳务派遣有限公司签署了劳务派遣协议,约定作为被派遣劳动者的员工与河南升环签署劳动合同,并由河南升环派遣至用工单位,劳务派遣制员工的工资和社会保险由河南升环发放和办理。

公司以及公司控制的企业以劳务派遣形式用工,符合《劳动法》、《劳动合同法》等法律、法规的规定。但根据新《劳动合同法》的有关规定,劳务派遣单位违反《劳动合同法》的规定,给被派遣劳动者造成损害的,用工单位与劳务派遣单位承担连带赔偿责任。因此,存在因劳务派遣单位违反《劳动合同法》的规定而给被派遣劳动者造成损害,导致公司与劳务派遣单位承担连带赔偿责任的风险。

【案例关注】

1. 劳务派遣问题对于某些劳动密集型且用工明显具有季节性的产业来讲很常见,在实务中也具有一定的普遍性。

2. 劳务派遣仅是一种普通的企业用工方式而已,只是由于我国劳务派遣制度不完善且违规行为时有发生,才有必要在首发审核中关注劳务派遣本身的不规范会不会影响到拟上市主体的规范运行。尤其是在 2008 年新《劳动合同法》实施之后,随着对员工权益保护意识的逐渐提高,该问题越来越受到关注。

3. 从审核实践来看,劳务派遣问题尽管一般情况下不会成为审核的实质性障碍,但是还是会成为审核重点关注的事项,中介机构需要将有关问题解释清楚。从上述案例来看,该问题的解释主要就是在员工基本情况部门单列一个标题作出解释就好,而信息披露的思路基本一致,只是有的详细有的简略而已。

4.在上述案例中，三全食品和秀强股份可以看做是典型案例，一来因为劳务派遣员工较多，二来也是解释思路比较清晰完备，总结起来主要如下：(1)介绍劳务派遣员工情况。(2)介绍劳务派遣的原因，主要是与公司生产经营存在周期性有关。(3)与劳务派遣公司签署协议情况，甚至披露劳务派遣公司的基本情况以及协议的主要内容。(4)劳务派遣不会因为用工短缺而影响公司的正常生产经营，同时劳务派遣员工是非核心岗位员工，公司生产经营稳定。(5)劳务派遣员工的社保缴纳情况，一般情况下社保均是由派遣公司代缴的，但是一定要证明公司不存在通过劳务派遣来规避社保责任的情形。(6)中介机构发表意见，证明劳务派遣不违反《劳动合同法》，不存在违法违规行为。(7)股东承诺承担可能存在的连带责任。(8)有可能还可以披露如下内容：公司与劳务派遣公司不存在关联关系；劳务派遣费用情况等。

5.以下几个案例有一些特殊情况值得关注：

(1)科斯伍德：关注公司部分员工由正式员工变为派遣员工的情形，这种情形理应重点关注，律师也理应对此作重点解释，小兵觉得还应该解释该种变化不会导致公司员工工资水平降低和社保缴纳义务的履行。

(2)元力股份：鉴于创业板对于企业社保和公积金缴纳情况的要求要高于主板和中小板，该企业在介绍五险一金问题时根据在册员工和派遣员工分别进行了披露和解释，会里也重点关注劳务派遣是否违反雇主购买社会保险义务。

(3)经纬电材：存在劳务派遣员工大大超过公司在册员工的情形，尽管律师的解释得到了会里的认可，但是小兵认为该种模式存在较大的用工风险。

(4)中瑞思创：关于劳务派遣用工方式的原因大部分解释为方便企业管理，如果解释为节省运行成本则麻烦就会比较大，一来会有操纵利润的嫌疑，二来还要测算到底节省了多少成本以及占当期损益的比例。该案例可能就犯了这个错误，所以在解释原因时也要把握好分寸。其实，会里对企业是否会通过劳务派遣操纵利润还是很关注的，这也就是为什么在某些案例中要求中介机构核查劳务派遣公司与发行人之间是否存在关联关系的原因。

【参考法规】

一、《劳动合同法》[2007]

第五十七条　劳务派遣单位应当依照公司法的有关规定设立，注册资本不得少于五十万元。

第五十八条　劳务派遣单位是本法所称用人单位，应当履行用人单位对劳动者的义务。劳务派遣单位与被派遣劳动者订立的劳动合同,除应当载明本法第十七条规定的事项外,还应当载明被派遣劳动者的用工单位以及派遣期限、工作岗位等情况。劳务派遣单位应当与被派遣劳动者订立二年以上的固定期限劳动合同,按月支付劳动报酬;被派遣劳动者在无工作期间,劳务派遣单位应当按照所在地人民政府规定的最低工资标准,向其按月支付报酬。

第五十九条　劳务派遣单位派遣劳动者应当与接受以劳务派遣形式用工的单位(以下称用工单位)订立劳务派遣协议。劳务派遣协议应当约定派遣岗位和人员数量、派遣期限、劳动报酬和社会保险费的数额与支付方式以及违反协议的责任。用工单位应当根据工作岗位的实际需要与劳务派遣单位确定派遣期限,不得将连续用工期限分割订立数个短期劳务派遣协议。

第六十条　劳务派遣单位应当将劳务派遣协议的内容告知被派遣劳动者。劳务派遣单位不得克扣用工单位按照劳务派遣协议支付给被派遣劳动者的劳动报酬。劳务派遣单位和用工单位不得向被派遣劳动者收取费用。

第六十一条　劳务派遣单位跨地区派遣劳动者的,被派遣劳动者享有的劳动报酬和劳动条件,按照用工单位所在地的标准执行。

第六十二条　用工单位应当履行下列义务:(一)执行国家劳动标准,提供相应的劳动条件和劳动保护;(二)告知被派遣劳动者的工作要求和劳动报酬;(三)支付加班费、绩效奖金,提供与工作岗位相关的福利待遇;(四)对在岗被派遣劳动者进行工作岗位所必需的培训;(五)连续用工的,实行正常的工资调整机制。用工单位不得将被派遣劳动者再派遣到其他用人单位。

第六十三条　被派遣劳动者享有与用工单位的劳动者同工同酬的权利。用工单位无同类岗位劳动者的,参照用工单位所在地相同或者相近岗位劳动者的劳动报酬确定。

第六十四条　被派遣劳动者有权在劳务派遣单位或者用工单位依法参加或者组织工会,维护自身的合法权益。

第六十五条　被派遣劳动者可以依照本法第三十六条、第三十八条的规定与劳务派遣单位解除劳动合同。被派遣劳动者有本法第三十九条和第四十条第一项、第二项规定情形的,用工单位可以将劳动者退回劳务派遣单位,劳务派遣单位依照本法有关规定,可以与劳动者解除劳动合同。

第六十六条　劳务派遣一般在临时性、辅助性或者替代性的工作岗位上实施。

第六十七条　用人单位不得设立劳务派遣单位向本单位或者所属单位派遣劳动者。

二、《劳动合同法实施条例》[2007]

第二十八条 用人单位或者其所属单位出资或者合伙设立的劳务派遣单位，向本单位或者所属单位派遣劳动者的，属于劳动合同法第六十七条规定的不得设立的劳务派遣单位。

第二十九条 用工单位应当履行劳动合同法第六十二条规定的义务，维护被派遣劳动者的合法权益。

第三十条 劳务派遣单位不得以非全日制用工形式招用被派遣劳动者。

第三十一条 劳务派遣单位或者被派遣劳动者依法解除、终止劳动合同的经济补偿，依照劳动合同法第四十六条、第四十七条的规定执行。

第三十二条 劳务派遣单位违法解除或者终止被派遣劳动者的劳动合同的，依照劳动合同法第四十八条的规定执行。

三、《湖南省劳务派遣管理办法(试行)》

第三条 本办法所称劳务派遣，是指具有独立法人资格的机构将其职工派往其他单位提供劳务的劳动用工形式。

本办法所称劳务派遣机构，是指从事劳务派遣活动，取得劳务经营收入的机构。

本办法所称派遣员工，是指与劳务派遣机构建立了劳动关系，被派遣到其他单位从事生产管理活动，取得劳动报酬的劳动者。

本办法所称用人单位，是指接受劳务派遣机构的劳动力，来完成本单位的工作任务或工作安排的企业、事业等单位。

第十二条 用人单位实行劳务派遣用工应履行下列义务：

(一)履行与劳务派遣机构签订的劳务派遣合作协议，根据劳务派遣合作协议与派遣员工签订上岗协议；

(二)按劳务派遣使用协议约定及时足额向劳务派遣机构支付劳务派遣费用；

(三)保障派遣员工在本单位工作期间的劳动安全与卫生；

(四)按照劳务派遣合作协议约定，保障派遣员工党团组织、工会活动等各项社会权利。

第十三条 劳务派遣机构应当依法履行下列义务：

(一)核实用人单位合法资质和有关证明文件；

(二)依法与派遣员工签订劳动合同(约定劳务派遣机构和派遣员工的权利和义务、用工性质、社会保险、违约责任、解除合同的条件等内容)；

（三）为派遣员工办理基本养老保险等社会保险手续，按时足额交纳各项社会保险费；

（四）协助、指导派遣员工与用人单位签订上岗协议，并对上岗协议内容进行确认。上岗协议内容应包括工作期限、工作地点、工作岗位、工作要求、工时制度、休息休假、劳动条件、劳动纪律、劳动保护、劳动报酬、变更或解除协议的条件、违约责任以及其他需约定的事项等方面；

（五）及时办理有关用工手续；

（六）负责或协助用人单位对派遣员工进行技能培训；

（七）将派遣员工劳动人事档案委托政府公共职业介绍机构保管，协助解除劳动合同的员工办理社会保险接续手续和失业登记。

第十五条　用人单位实行劳务派遣用工不得有下列行为：

（一）与没有劳务派遣资格机构合作实行劳务派遣用工；

（二）超出劳务派遣合作协议约定使用派遣员工；

（三）将派遣员工再次派到其他单位务工；

（四）以暴力、胁迫或威胁手段使用派遣员工；

（五）其他侵害派遣员工合法权益的行为。

第十六条　劳务派遣机构从事劳务遣活动不得有下列行为：

（一）作为用人单位法律法规规定禁止从事的行为；

（二）以劳务遣为名与其他单位串通侵害派遣员工的合法权益；

（三）涂改、倒卖、出租、出借劳务派遣许可证，或者以其他形式非法转让行政许可；

（四）法律法规禁止实行劳务派遣的其他情形。

劳务派遣机构不得以承包、转包等方式交由其他未经批准的派遣机构或个人开展劳务派遣活动。

■第二节　技术合作开发

【重要提示】

★ 技术合作开发问题日益受到关注是从创业板的审核开始的，这当然也符合创业板企业的实际情况和会里的审核思路。

★ 技术合作开发问题首要解决的就是这种开发会不会存在潜在的产权纠纷,合同中对于费用支付和产权归属的约定要明确具体。

★ 根据现有案例来看,小兵的建议是:(1)要保证发行人合作开发的技术并不是核心技术,如果是核心技术不管合同怎么约定都是处于不确定状态;(2)发行人支付给合作方一部分资金,但是要约定最后的产权归发行人;(3)详细介绍合作开发对方的情况,解释对方确实具有技术开发能力且要求对方对技术归属作出明确的确认。

【案例情况】

一、沃森生物(300142):非核心技术合作开发

该公司在审核过程中,审核人员对技术合作开发关注以下问题:请发行人详细披露与长春华普、广州申益合作研发的保密措施、合同履行情况、对生产经营的影响、合同是否存在纠纷及潜在纠纷,并请保荐人、发行人律师发表明确意见。

目前,从资源应用属性上分类,公司主要采取以自主研发为主、充分利用外部技术资源进行合作开发的研发模式。公司在注重自主研发的同时,亦加强与国内外在疫苗研发方面具有核心专利的研究所、企业单位的合作,开发具有较高创新度的疫苗品种。截至本招股说明书签署日,公司已经签订的合作开发协议主要包括以下两个。

(一)技术合作基本情况

1.与长春普华的合作

公司为开发CpG佐剂增强型乙肝疫苗、CpG佐剂增强型狂犬病疫苗等新型疫苗,于2006年4月26日与长春华普生物技术有限公司签署《技术产品转让和合作开发合同》,充分利用长春华普生物技术有限公司在免疫强效剂方面的技术优势,共同开发CpG佐剂增强型乙肝疫苗、CpG佐剂增强型狂犬病疫苗。

该合同主要内容如下:(1)长春华普生物技术有限公司负责CpG佐剂增强型乙肝疫苗、CpG佐剂增强型狂犬病疫苗申报临床前药效学研究及CpG佐剂制备工艺研究;公司负责合作项目所涉的符合国家一类新药所需的全部抗原的相关研究并共同开展新药申报工作;负责本合作项目取得国家批准生产文件之后的全部生产和销售。(2)双方在中华人民共和国境内全面合作,国际合作地域由双方另行商定。合作期限自合同生效之日起至甲方所持有相关专利有效保护期结束为止。(3)长春华普生物技术有限公司负责本项目相关强效免疫核酸申报临床前药效学实验研究等相关资金投入;公司负责该合同所涉疫苗相关抗原的研究费用及申报费用,以及取得国家批准生

产文件后的生产和销售资金投入。

2. 与广州申益的合作

鉴于现有流感疫苗均需通过注射接种，接种程序较为复杂，公司为提高流感疫苗接种便利性，于 2006 年 1 月正式立项开发 PIKA 佐剂喷鼻流感疫苗，并于 2008 年 2 月 21 日与广州申益皮卡生物技术有限公司签署《技术产品转让和合作开发合同》，利用其在 PIKA 佐剂及其改良组成配方、衍生物和相关疫苗的专利权和使用权，合作开发 PIKA 鼻黏膜免疫流行性感冒裂解疫苗。

该合同主要内容如下：(1) 广州申益皮卡生物技术有限公司负责 PIKA 佐剂喷鼻流感疫苗临床前药效研究及 PIKA 佐剂工艺研究，并生产符合质量要求的皮卡佐剂；公司负责完成临床前研究及一、二、三期临床研究，并取得新药和生产证书，负责生产符合国家质量要求的最终疫苗产品。(2) 公司根据广州申益皮卡生物技术有限公司在该项目研究进度情况阶段性支付一定金额项目经费。

(二) 上述技术合作开发合同相关保密措施

(1) 2006 年 4 月 26 日，发行人与长春华普生物技术有限公司签署的《技术产品转让和合作开发合同》中包含了保密协议条款，保密条款的具体内容略。

(2) 2008 年 2 月 21 日，发行人与广州申益皮卡生物技术有限公司签署《技术产品转让和合作开发合同》的同时，亦签署了《技术合作保密协议》，对专有信息的界定、权利义务等进行了界定。

综合以上情况，发行人与技术合作对方签署的合作协议中包含了技术保密相关条款或附加技术保密协议，对合作双方保密信息的界定、保密的权利义务及保密期限均作了严格限定。截至目前，发行人与合作对方均能有效履行技术保密义务，未出现技术信息泄密的情形。

(三) 上述技术合作开发合同履行情况

发行人与长春华普生物技术有限公司的技术合作的乙肝疫苗已经完成临床研究申请，狂犬疫苗正在进行中试研究，上述研究项目设有专门的项目负责人进行项目管理，注册申报工作由项目管理部门承担。发行人与广州申益皮卡生物技术有限公司合作的 PIKA 喷雾流感疫苗项目目前正在进行前期项目研究阶段，对药效学等关键指标的研究工作在持续进行中。

综上，发行人与技术合作方的合同履行均保持正常状态，同时发行人根据合作协议中关于费用支付条款进行相应费用支付。

(四)上述技术合作开发合同对发行人生产经营的影响

根据发行人律师向发行人了解,长期以来,发行人坚持“产品升级换代”、“填补国内空白”的疫苗研发策略,但为了实现疫苗产品升级换代或开发出填补国内空白的疫苗,可能需要各种除了疫苗本身之外的其他相关技术(如佐剂技术)。发行人为了能更快开发出更好的疫苗产品,采取了较为开放的技术合作理念,目前分别与广州申益皮卡生物技术有限公司、长春华普生物技术有限公司签署技术合作协议,就PIKA佐剂及CpG佐剂进行技术合作。该等技术合作行为有利于发行人以更快的速度获取最优外部技术,加快相关疫苗研发,从而增强疫苗开发能力。

(五)发行人签署的上述技术合作开发合同不存在纠纷及潜在纠纷

为核查发行人签署的上述技术合作开发合同是否存在纠纷及潜在纠纷情况,发行人律师对发行人相关高管及研发部门主管人员进行了访谈,同时与合同对方进行了解,确信发行人上述技术合作开发合同处于正常履行过程之中,发行人与上述合同对方不存在纠纷及潜在纠纷。

2010年9月1日,发行人出具说明:“本公司与长春华普生物技术有限公司及广州申益皮卡生物技术有限公司分别签署的《技术产品转让和合作开发合同》目前履行正常,合作双方均按照合同约定履行相关权利义务,合作双方不存在信息泄密情况,不存在纠纷及潜在纠纷的情形。”

(六)中介机构核查意见

经核查,保荐机构及发行人律师认为:发行人为了能更快开发出更好的疫苗产品,采取了较为开放的技术合作理念,目前分别与广州申益皮卡生物技术有限公司、长春华普生物技术有限公司签署技术合作协议,就PIKA佐剂及CpG佐剂进行技术合作。该等技术合作行为有利于发行人以更快的速度获取最优外部技术,加快相关疫苗研发,从而增强疫苗开发能力。发行人签署的上述技术合作协议中约定了明确的保密条款或附加保密协议,且得到合同双方的严格执行;发行人技术合作协议目前履行正常,不存在纠纷及潜在纠纷的情形。

二、华中数控(300161):与实际控制人进行合作开发,重点关注独立性

在该企业的审核过程中,审核人员重点关注了如下问题:发行人实际控制人华中

科技大学下设国家数控系统工程技术研究中心，与发行人合作进行技术研发，且发行人董事长兼任该中心主任。请补充说明并披露发行人与华中科技大学进行技术合作的具体情况，合作开发的技术成果、具体应用情况、与发行人主要业务和核心技术的关系、是否存在纠纷或潜在纠纷以及发行人核心技术的来源，并结合上述情况及发行人董事长、其他董事、核心技术人员的兼职情况等情况，补充说明并披露报告期内发行人与实际控制人华中科技大学及其国家数控系统工程技术研究中心之间在技术研发、研发人员上是否独立，公司治理是否健全有效。

（一）发行人与华中科技大学进行技术合作的具体情况，合作开发的技术成果、具体应用情况、与发行人主要业务和核心技术的关系、是否存在纠纷或潜在纠纷以及发行人核心技术的来源

发行人律师收集了发行人和华中理工大学（华中科技大学）国家数控系统工程技术研究中心（以下简称工程中心）成立的相关资料，发行人与工程中心合作研发项目的有关资料，对发行人和工程中心的主要技术研发人员、财务人员进行访谈，取得了发行人及其主要技术研发人员对有关技术之间的关系和作用的说明，并审查了发行人与华中科技大学签署的《技术成果归属确认及许可使用合同》以及该合同签署过程的有关资料。

1. 华中数控有限及工程中心的成立情况

华中数控有限成立于 1994 年 10 月 18 日，由学校的下属企业华中理工大学机电工程公司、武汉四通高新技术产业股份有限公司及香港华润机械有限公司三方共同出资设立。而工程中心是由国家科技部 1999 年 11 月发文批准在原华中理工大学建立的，现为华中科技大学的下设机构，非独立法人。

2. 发行人独立拥有生产经营所需的核心技术

华中数控有限成立时及成立后，学校先后将“高性能数控系统的研究与开发”、“多坐标曲面加工的实时插补算法及系统”和“华中 I 型数控模拟实验系统及教学培训机床的研究开发”作为学校所属企业的出资投入华中数控有限。“高性能数控系统的研究与开发”、“多坐标曲面加工的实时插补算法及系统”在后续开发中，结合形成发行人华中 I 型高性能数控系统平台，历年来是发行人数控系统产品的技术基础。“华中 I 型数控模拟实验系统及教学培训机床的研究开发”后续演变形成“HED－21S 数控系统综合实验台”和“华中数控系列教学培训机床”两项专有技术，是发行人为教育实训基地提供应用软件和增值服务的技术基础。研发人员方面，华中数控有限成立后，技术创始人及主要研发人员陆续都已进入公司。

目前发行人生产经营所使用的核心技术均由发行人成立后自主研发形成,均为其自有技术;发行人生产、销售的产品也均由其自主开发形成。

为了保证发行人生产经营所用技术的权属清晰,发行人(乙方)与华中科技大学(甲方)于2009年7月24日签订了《技术成果归属确认及许可使用合同》,对于发行人自有核心技术的权属以及双方共有的技术权属进行了确认。

另外,在发行人(乙方)与华中科技大学(甲方)于2009年7月23日签订的《技术合作框架协议》中,双方特别约定:对于发行人与工程中心共同申请的项目,若是在发行人现有核心技术基础上进行的后续改进和开发,则所产生的新技术成果归属于发行人。以上约定保证发行人对核心技术的后续改进和开发拥有所有权。合作项目的范围包括该协议1.1款所约定的技术领域:(1)先进数控系统及装备技术;(2)伺服驱动及电机的设计、制造技术;(3)红外热成像技术;(4)CAD、CAM、NC软件技术。

3.发行人与华中科技大学合作技术开发情况

目前发行人使用的部分技术系由发行人与工程中心合作开发,为双方共有,该等技术均为非核心技术。

上述共有技术是用于生产若干专用机床产品配套软件。应用该类技术的产品在2007年、2008年与2009年销售收入仅分别占发行人收入的0.31%、0.46%和0.17%;即使丧失该部分技术的产权对发行人的业绩影响也较小。同时,若有需要,发行人也有能力独立开发这些技术。

发行人与华中科技大学于2009年7月24日签订的《技术成果归属确认及许可使用合同》对该等技术的范围予以确认,并明确发行人以无偿、独家许可的方式使用。该等共有专有技术清单如下:

序号	技术名称	技术成果归属方
1	齿条加工数控系统	武汉华中数控股份有限公司 华中科技大学
2	教学机器人	武汉华中数控股份有限公司 华中科技大学
3	激光加工数控系统	武汉华中数控股份有限公司 华中科技大学
4	数控仿形铣床	武汉华中数控股份有限公司 华中科技大学

续表

序号	技术名称	技术成果归属方
5	非圆齿扇加工数控系统	武汉华中数控股份有限公司 华中科技大学
6	工具磨床数控系统	武汉华中数控股份有限公司 华中科技大学
7	弯管机数控系统应用软件 V1.0	武汉华中数控股份有限公司 华中科技大学
8	火车轮对修磨数控系统应用软件	武汉华中数控股份有限公司 华中科技大学
9	梳槽机数控系统应用软件 V1.0	武汉华中数控股份有限公司 华中科技大学

《技术成果归属确认及许可使用合同》约定:“甲方同意乙方使用共有专有技术(以下简称合同技术),并无须向甲方支付任何费用;乙方有权为生产经营之目的而许可乙方的全资、控股或参股子公司使用合同技术;乙方有权使用合同技术及制造、销售和买卖使用合同技术生产的产品。”

同时甲方承诺:“(1)甲方保证在本合同签署前未将合同技术许可给任何第三方使用;(2)甲方保证甲方仅为教学和科研目的使用附件二所列合同技术及其改进但不会与乙方的业务发生商业上的任何竞争,不在与乙方所经营之产品相同、类似的产品上使用合同技术;(3)甲方保证除甲方以教学和科研目的使用外,在本合同签署后不将附件二所列合同技术及其改进再行许可给第三人使用,并承诺合同期内不将附件二所列合同技术转让及其改进提供给任何与乙方可能构成竞争的第三方持有或使用;(4)乙方无权将合同技术提供给除其全资、控股或参股子公司之外的第三方使用。”

4. 律师核查意见

发行人目前所使用的技术部分是在华中科技大学投入的专有技术的基础上研发产生的技术,部分是完全自主研发产生的技术,部分是与工程中心合作研发产生的技术。发行人与华中科技大学签署的《技术成果归属确认及许可使用合同》明确前两类技术归发行人独自享有,合作研发产生的技术归发行人与华中科技大学共同所有,且明确发行人以无偿、独家许可的方式使用,并清晰界定了共有技术后续开发的成果归属、知识产权申请等事项。其中发行人目前所使用的核心技术均由其自主研发产生,由其独自享有。根据发行人与华中科技大学签署的《技术合作框架协议》的约定,发行人与工程中心共同申请的项目,若是在发行人现有核心技术基础上进行的后续改进和开发,则所产生的新技术成果归属于发行人。因此,发行人对其所使用的技术均拥有合法使用权,并独立拥有核心技术。发行人与华中科技大学之间对发行人所使用的技术不存在权属争议、纠纷或潜在纠纷。

(二)报告期内发行人与实际控制人华中科技大学及其国家数控系统工程技术研究中心之间在技术研发、研发人员上是否独立,公司治理是否健全有效

发行人律师对发行人和工程中心的主要技术研发人员进行了访谈,核查了发行人高级管理人员和技术研发人员的劳动合同,了解发行人研发机构的设置、职能,核查了发行人主要技术的研发立项资料,审查了发行人与华中科技大学签署的《技术合作框架协议》以及该协议签署过程的相关资料,并取得了发行人的书面说明。

1. 发行人具有独立的研发能力

发行人的技术创始者和技术骨干在发行人成立后进入发行人成为管理者或研发人员;经过多年的发展,发行人培养了新的研发力量,形成了自己的研发队伍。目前,发行人能够独立研发生产经营所需的技术和产品,不依赖于第三方,具有独立的研发能力。

发行人目前的技术研发人员共计 174 人,占员工总数的比例达 40.47%。其中,拥有博士后学历的有 5 人,拥有博士学历的有 10 人,拥有硕士学历的有 57 人,拥有本科学历的有 57 人;拥有教授职称的有 7 人,拥有副教授职称的有 9 人,拥有工程师职称的有 43 人。

2. 发行人的人员独立

根据发行人律师核查,目前发行人总经理、副总经理、财务负责人和董事会秘书等高级管理人员没有在控股股东、实际控制人及其控制的其他企业中担任除董事、监事以外的其他职务,没有在控股股东、实际控制人及其控制的其他企业领薪;财务人员没有在控股股东、实际控制人及其控制的其他企业中兼职。发行人独立招聘员工,设有独立的劳动、人事、工资管理体系。因此,发行人的人员独立于实际控制人。

3.《技术合作框架协议》的主要内容

发行人(乙方)与华中科技大学(甲方)于 2009 年 7 月 23 日签订了《技术合作框架协议》,对技术合作范围、技术合作的方式、科研经费分配及费用承担、技术成果归属、知识产权申请、乙方的优先权等方面进行了规范和约定。主要内容如下:

(1)"技术合作范围",包括先进数控系统及装备技术;伺服驱动及电机的设计、制

造技术;红外热成像技术;CAD、CAM、NC 软件技术。

(2)甲方同意乙方与工程中心开展各种形式的合作,具体合作方式由乙方与工程中心共同商定。

(3)科研项目申请的第一申请人是发行人:对于上述约定的技术领域的项目,如乙方提出要求,应由乙方和工程中心联合申请科研项目立项,乙方为项目承担人(第一申请人);双方共同合作进行研究开发,并应签订共同研究开发具体实施协议,约定双方投入的人力、费用和其他资源。若拟申请立项的科研项目所涉及的技术是在乙方现有核心技术基础上进行的后续改进和开发,则该科研项目只应由乙方单独申请。

(4)甲方承诺将其未来自筹研究开发费用独立开发的前述约定领域内的技术成果(包括但不限于专利、专有技术、软件版权、阶段性成果)优先以独占许可使用的方式提供给乙方。乙方享有该等技术成果分许可的权利。

(5)双方合作进行研究开发和甲方向乙方提供技术支持的原则如下:甲方应根据乙方不时提出之请求或委托,与乙方合作开发或接受乙方之委托研究开发乙方生产经营所需的技术,双方应根据需要就各研究开发项目另行签订合作或委托开发合同;甲方应根据乙方不时提出之请求,向乙方提供技术咨询和技术服务,双方应根据需要就具体项目签订技术咨询合同和技术服务合同。

(6)技术成果归属的原则:乙方与工程中心共同申请的项目,该等项目开展过程中产生的技术成果,归属双方共有,乙方有权无偿使用;项目开展过程中若是在乙方现有核心技术基础上进行的后续改进和开发,则所产生的新技术成果归属于乙方。乙方委托甲方工程中心研发产生的技术成果,属于乙方所有。

在依据该协议进行的技术咨询和技术服务过程中,甲方利用乙方提供的技术资料和工作条件所完成的新的技术成果,属于甲方;但是乙方可依据该协议之规定优先取得无偿的独占许可使用权。乙方利用甲方的工作成果所完成的新的技术成果,属于乙方。

除法律另有规定或甲、乙双方另有约定外,其他依据该协议进行研究开发所产生的技术成果由甲乙双方共同拥有,乙方有权无偿使用。非经另一方同意,任何一方不得向第三方转让或许可使用该等技术成果,亦不得以该等技术成果申请专利或进行任何形式的版权登记。

在该协议的有效期内,双方均有权对依据该协议的安排进行研究开发而产生的技术成果进行后续改进和开发,所产生的新的技术成果属于改进开发方,另一方不得申请专利、进行软件版权登记、向第三方转让或许可使用。

甲方通过后续改进和开发获得的技术成果属于本协议所约定的技术成果的范围,乙方可依据该款之约定优先获得该等技术成果的独占许可使用权。

(7)为确保发行人的权益,双方还约定:甲方以独占使用许可方式许可乙方使用的技术成果一旦为乙方所使用,甲方保证不向任何第三方转让或许可实施该等技术成果。

对于甲方拥有的任何对在该协议规定领域内产生的技术成果或依据该协议进行的研究开发产生的技术成果的权益,乙方均享有在同等条件下的优先受让权。

4.律师核查意见

(1)发行人拥有自己独立的研发队伍,不依赖于第三方,具有独立的研发能力,能够独立研发生产经营所需的技术和产品。发行人与实际控制人华中科技大学及其工程中心之间在技术研发、研发人员上相互独立。

(2)目前发行人总经理、副总经理、财务负责人和董事会秘书等高级管理人员没有在控股股东、实际控制人及其控制的其他企业中担任除董事、监事以外的其他职务,没有在控股股东、实际控制人及其控制的其他企业领薪;财务人员没有在控股股东、实际控制人及其控制的其他企业中兼职。发行人独立招聘员工,设有独立的劳动、人事、工资管理体系。因此,发行人的人员独立于实际控制人。

(3)由于发行人与实际控制人华中科技大学及其工程中心之间在技术研发、研发人员上相互独立,发行人的人员独立于实际控制人,发行人的公司治理健全有效。

(三)补充反馈意见:请进一步说明发行人技术研发人员的独立性

为了进一步解释发行人的独立性,中介机构本次补充披露了如下内容:

(1)2009年,华中科技大学就避免与发行人发生同业竞争行为出具了承诺。

(2)研发人员的兼职情况。

①发行人拥有的174名技术研发人员中,有10名在实际控制人华中科技大学担任教师,同时在发行人处兼职,具体名单如下:

序号	姓名	与发行人的关系	与实际控制人的关系
1	李叶松	技术研发人员	教师
2	李　斌	技术研发人员	教师、校党委组织部长
3	唐小琦	技术研发人员	教师
4	彭芳瑜	技术研发人员	教师
5	王平江	技术研发人员	教师
6	周向东	技术研发人员	教师

续表

序号	姓名	与发行人的关系	与实际控制人的关系
7	杨建中	技术研发人员	教师
8	宋　宝	技术研发人员	教师
9	胡军辉	技术研发人员	教师
10	周会成	技术研发人员	教师

上述技术研发人员均在华中科技大学担任教师，在华中科技大学领取薪酬，并均在发行人处长期兼职，从发行人处领取奖金。除李斌以外，其他技术研发人员均未在华中科技大学担任党政职务。

②根据教育部2009年2月28日颁布的《教育部关于做好2009年度直属高校产业工作的意见》的规定，各校分管产业工作的校级领导可以担任学校资产公司董事长，其他校级领导原则上应逐步撤出在资产公司的兼职。今后，各校校级领导一律不得在资产公司以外的学校企业中兼职，已兼职的须于2009年6月底前撤出。此后，校级领导仍在资产公司以外的学校企业中担任职务的，应主动辞去学校党政领导职务。除作为技术完成人，各校领导干部不得通过奖励性渠道持有学校企业的股份。

李斌自2008年8月起担任学校党委组织部长，其是发行人的技术完成人，其取得发行人的股份均在其担任学校党委组织部长之前，组织部长并非校级领导，属于学校中层干部。

根据国务院国资委2008年9月16日颁布的国资发改革[2008]139号《关于规范国有企业职工持股、投资的意见》的规定，国有企业集团公司及其各级子企业改制，经国资监管机构或集团公司批准，职工可投资参与本企业改制，确有必要的，也可持有上一级改制企业股权，但不得直接或间接持有本企业所出资各级子企业、参股企业及本集团公司所出资其他企业股权。科研、设计、高新技术企业科技人员确因特殊情况需要持有子企业股权的，须经同级国资监管机构批准，且不得作为该子企业的国有股东代表。国有企业中已投资上述不得投资的企业的中层以上管理人员，自本意见印发后1年内转让所持股份，或者辞去所任职务。

在股权转让完成或辞去所任职务之前，不得向其投资企业增加投资。已投资上述不得投资的企业的其他职工晋升为中层以上管理人员的，须在晋升后6个月内转让所持股份。根据国务院国资委2009年3月24日颁布的国资发改革[2009]49号《关于实施〈关于规范国有企业职工持股、投资的意见〉有关问题的通知》的规定，企业中层以上管理人员是指国有企业的董事会成员、监事会成员、高级经营管理人员、党委（党组）领导班子成员以及企业职能部门正副职人员等。企业返聘的原中层以上管理人员或退休后返聘担任中层以上管理职务的人员亦在《规范意见》规范范围之内。

李斌自2008年8月起担任学校党委组织部长(中层干部),同时在发行人处任职并持有发行人的股权,不符合《关于规范国有企业职工持股、投资的意见》的精神。为规范上述情形,可以采取两种方案:一是李斌转让其持有的发行人股份;二是李斌辞去华中科技大学党委组织部长职务。李斌转让其持有的发行人的股份以后或辞去组织部长以后,将不违反《关于规范国有企业职工持股、投资的意见》的精神。

发行人董事长陈吉红曾担任发行人控股股东产业集团的副总经理,同时持有发行人的股权,也不符合《关于规范国有企业职工持股、投资的意见》的精神。目前陈吉红已经向产业集团董事会辞去副总经理职务,并已获得产业集团董事会的批准。陈吉红辞去产业集团副总经理职务以后,其持有发行人的股权,不违反《关于规范国有企业职工持股、投资的意见》的精神。

③根据教育部教技发[2005]2号《关于积极发展、规范管理高校科技产业的指导意见》的规定,各高校要鼓励科研人员和教职工积极参与科技成果转化和产业化工作,要在学校和产业之间建立开放的人员流动机制,实行双向流动。今后高校可根据实际需要向企业委派技术骨干和主要管理人员,这部分人员仍可保留学校事业编制。

上述技术研发人员为学校教师但长期在发行人处兼职,不与教育部教技发[2005]2号《关于积极发展、规范管理高校科技产业的指导意见》的规定相冲突。上述技术研发人员目前并非发行人的核心技术人员,且占发行人技术研发人员的比例较小,其在学校担任教师并在发行人处兼职不会影响发行人技术研发的独立性。

(四)风险因素:部分非专利技术的产权权属风险

公司的部分非专利技术是与华中科技大学共同所有,尽管公司已和华中科技大学签署了《技术成果归属确认及许可使用合同》,但鉴于协议约定存在着一定的局限性和滞后性,对该部分非专利技术的权利保护力度可能不够,因此公司该部分技术存在知识产权权属风险。但是,双方共有的非专利技术不属于公司的核心技术,即使华中科技大学终止合作,对发行人生产经营也不会产生重大不利影响。

三、东软载波(300183):核心技术为合作开发

发行人有6项正在申请的专利、7项非专利技术与上海海尔集成电路有限公司(以下简称上海海尔)合作开发,其中"SSC16XX系列电力线载波通信芯片"为发行人核心产品。审核人员在审核过程中关注了如下问题:请发行人对以下问题补充说明并披露,请保荐机构、律师核查并发表意见:发行人与上海海尔合作开发技术的背景、起始

时间、合作协议签订时间、协议主要内容、双方权利义务关系、合作方式、合作期限、费用承担、技术成果权属的分配方案,6 项专利于本次发行申报前集中申请的具体原因,发行人与上海海尔合作开发的技术与发行人主要业务的关系、对发行人主要业务发挥的实际作用,上海海尔同时作为发行人的供应商及技术合作方是否与发行人存在业务和利益上的冲突。

(一)与上海海尔技术研发合作领域说明

1. 从产品角度看与上海海尔合作研发技术与公司主要业务的关系

公司核心产品"SSC16XX 系列电力线载波通信芯片"是一款集成电路产品,由裸片和嵌入其中的载波通信软件两部分构成。公司的核心技术主要体现在嵌入式软件开发领域。而与上海海尔合作研发的技术是在裸片设计领域,裸片是存储嵌入式软件的载体。

公司之所以需要主导与上海海尔一同设计专用芯片,是为了给嵌入式软件提供一个更为契合的运行载体。公司是一家专业从事低压电力线载波通信技术研发的软件公司,与上海海尔合作芯片设计,公司负责对芯片内各部件规格、参数准确定义,保证公司设计的嵌入式软件在芯片上可以更稳定地运行,并力求最大可能地降低成本。而上海海尔是一家集成电路设计公司,负责根据公司提供的规格、参数,设计芯片内部电路,制成芯片版图,组织生产。

2. 从系统角度看与上海海尔合作研发技术与公司主要业务的关系

现代通信网络系统均遵从于国际标准化组织提出的开放系统互连(OSI)的七层网络体系参考模型,电力线载波通信系统也不例外。如从系统的角度看,只有物理层由公司与上海海尔合作研发,而自链路层至应用层全部由公司独立研发。

要在条件"严酷"、"恶劣"的低压电力线上实现可靠的数据传输,网络层设计是整个电力线载波通信系统最为核心的工作,也是产品性能优劣的决定性因素,公司产品之所以具有较高的可靠性和稳定性,并形成了市场份额优势,与公司网络层算法设计能力密不可分。与上海海尔合作研发的物理层,解决的是使用什么样的载体进行通信,物理层是基础,而链路层至应用层决定了电力线载波通信的最终实现。

3. 与上海海尔合作研发技术对公司主要业务发挥的实际作用

公司与上海海尔合作开发的技术,集中于芯片设计领域。芯片为公司嵌入式软件提供了一个适宜的运行环境。目前来看,使用公司与上海海尔合作研发的技术而生产的芯片,可以保证公司嵌入式软件产品性能稳定实现,并可有效防止公司产品被复制盗版。

(二)公司与上海海尔合作开发技术情况

1. 公司与上海海尔合作开发技术的背景及三代芯片合作协议内容说明

公司第二代载波通信芯片使用的是福建贝能提供的一款通用集成电路,该产品采购自美国微芯科技公司,性能较好但价格较高。并且由于该产品是一款通用芯片,保密措施不到位,导致有不良商家盗取公司嵌入式软件,市场上出现了复制盗版产品。

为提升公司产品保密性并追求更好的性价比,公司自2006年起由总工程师胡亚军先生牵头,主动接触了一批芯片设计厂家,包括国内的上海海尔、苏州中科集成电路设计中心、中科院计算所和欧美的ADI、CHIPCON等公司,寻求技术合作,开发一款定制芯片。

相比较而言,上海海尔的设计在抗干扰性等方面具备一定的技术优势,并且相比较欧美厂家,开发出的产品可以具备更优的性价比,因此,公司决定与上海海尔开展技术合作。

2007年8月7日,东软有限与上海海尔签署《青岛东软电脑技术有限公司SSC1630/SSC1631系列芯片委托开发合同》(SSC1630/SSC1631系列芯片指“裸片”)。该合同自2007年8月8日起开始正式执行,设计时间为13个月,到2008年9月10日止。

合同约定:

双方委派核心人员,牵头成立研发团队,在东软有限提供的SC1630/SSC1631芯片需求的相关规格文件的基础上,对东软有限SSC1630/SSC1631芯片进行设计。SSC1630/SSC1631开发完成后,东软有限独家负责SSC1630/SSC1631系列芯片的市场销售和售后服务,上海海尔保证以最优惠的价格供货,并负责控制SSC1630/SSC1631系列芯片的加工生产和芯片产品质量。

该项目产生的成果,东软有限开发的电子成果以及实施过程中所产生的所有技术版权均归东软有限所有,未经东软有限授权同意,上海海尔不得另作他用;上海海尔开发的电子成果以及实施过程中所产生的所有技术版权均归上海海尔所有,未经上海海尔授权同意,东软有限不得另作他用。双方共同保护彼此的技术机密,不得将商业秘密泄露给第三方。该合同金额总计人民币320万元整。

2. 公司与上海海尔四代芯片合作协议内容说明

本次发行募投项目之一的低压电力线通信网络系统技改项目中的基于窄带FSK/PSK的低压电力线载波抄表系统子项目,公司也将与上海海尔合作开展芯片设计。

2010年6月22日,公司与上海海尔签署《青岛东软载波科技股份有限公司

SSC1640 芯片合同》。该合同自 2010 年 6 月 22 日起开始正式执行，预计芯片设计时间需要 6～12 个月。

合同约定：

双方委派核心技术人员，牵头成立研发团队，在东软载波提供的 SSC1640 芯片需求的相关规格文件的基础上，针对东软载波 SSC1640 芯片进行设计。

SSC1640 芯片开发完成后，东软载波负责芯片的市场销售和售后服务，上海海尔负责控制 SSC1640 芯片的加工生产过程和产品质量，但 SSC1640 芯片只能以协商好的合理的价格独家销售给东软载波。

该项目产生的成果，东软有限开发的电子成果以及实施过程中所产生的所有技术版权均归东软有限所有，未经东软有限授权同意，上海海尔不得另作他用；上海海尔开发的电子成果以及实施过程中所产生的所有技术版权均归上海海尔所有，未经上海海尔授权同意，东软有限不得另作他用。双方共同保护彼此的技术机密，不得将商业秘密泄露给第三方。

上海海尔同意，若上海海尔由于各种原因营运不能继续时，为确保东软载波继续生产经营，东软载波有权以 25 万美元一次性购买本合同标的产品在台湾积体电路制造股份有限公司（以下简称台积电）的光罩直接使用权，由东软载波直接向台积电订购本合同标的产品。该合同金额总计人民币 207.4 万元整。

2010 年 7 月 9 日，公司与上海海尔签署《青岛东软载波科技股份有限公司 SSC1641 芯片合同》。该合同自 2010 年 7 月 9 日起开始正式执行，预计芯片设计时间需要 6～12 个月。合同主体内容与《青岛东软载波科技股份有限公司 SSC1640 芯片合同》基本一致。该合同金额总计人民币 121 万元整。

（三）公司与上海海尔 6 项专利于本次发行申报前集中申请的具体原因

公司与上海海尔共同申请的 6 项专利全部集中于芯片设计领域，申请专利的原因是加强知识产权保护，尤其是公司计划拓展境外市场，加强知识产权保护更为必要。

公司与上海海尔共同申请 6 项专利为公司日常经营需要，与本次发行申报时点无关。

（四）上海海尔同时作为公司的供应商及技术合作方与公司不存在业务和利益上的冲突

1. 上海海尔的业务模式决定了其既是公司的供应商也是技术合作方

上海海尔是一家集成电路设计公司，此类公司业务包括：提供定制芯片设计服务，协助公司组织芯片生产(在台积电完成),负责质量监理,再将加工完成的芯片售回给客户。这一类企业在国际上俗称 Fabless 公司(无生产线芯片设计公司)。

2. 不同的业务领域决定了上海海尔与公司不存在业务和利益上的冲突

第一,就业务合作目的和业务领域来说,公司与上海海尔进行技术合作的目的是寻求高质量的集成电路"裸片",上海海尔的业务位于公司的上游,其客户除了公司外,还包括青岛海尔等很多有集成电路需求的企业,与公司不存在业务和利益上的冲突;第二,上海海尔不具备电力线载波通信软件开发能力和产品市场推广能力,不具有独立进入低压电力线载波通信行业的技术实力;第三,如果上海海尔与第三方企业合作进入低压电力线载波通信行业,就芯片设计而言,公司与上海海尔共同申请了六项专利,根据双方约定,不得在未经另一方同意的情况下许可其他第三方使用,且公司嵌入式软件有软件著作权保护。

综上,发行人律师认为:上海海尔与发行人是正常的上下游业务关系,不存在业务和利益上的冲突。

(五)补充反馈:上海海尔实际从事的主要业务,发行人与上海海尔合作开发的技术与上海海尔主要业务的关系、对上海海尔主要业务发挥的实际作用,上海海尔使用上述合作开发技术的具体情况以及未来的计划安排,上海海尔未来使用上述合作开发技术对发行人的影响

1. 上海海尔从事的主要业务说明

上海海尔专注于研发设计高抗干扰、高可靠性的通用型及专用型集成电路产品并帮助客户提高系统性能、降低产品开发风险、减少系统总成本以及缩短产品研发时间,为各应用领域的客户提供芯片产品及后续服务。上海海尔除向公司提供载波通信芯片裸片外,主要向消费类电子和汽车电子领域的客户提供芯片。

2. 公司与上海海尔合作开发的技术与上海海尔主要业务的关系、对上海海尔主要业务发挥的实际作用

上海海尔此类 Fabless 公司,主要从事芯片设计,依靠芯片设计,协助客户组织生产或外协加工芯片获取利润。

公司与上海海尔合作开发的技术集中于芯片设计领域,属于上海海尔主营业务范畴。公司与上海海尔合作开发的技术是为了协助公司设计定制芯片,该技术对上海海尔发展其他客户并无作用。

双方也就合作研发中产生的部分技术共同申请了专利,并于 2010 年 2 月 1 日签署《协议书》约定,共同申请的专利在获得中华人民共和国国家知识产权局授权后,双方

作为专利之共同共有人,可以单独实施该六项专利,但不得在未经另一方书面同意的情况下许可其他第三方实施该专利,包括但不限于普通实施许可、独占实施许可及排他实施许可。

上述条款保证上海海尔在不被公司许可的情况下,不会利用与公司合作研发的专利为第三方开发载波通信芯片。

3. 上海海尔使用上述合作开发技术的具体情况以及未来的计划安排,上海海尔未来使用上述合作开发技术对公司的影响

上海海尔使用与公司合作开发技术主要用于设计电力线载波通信芯片,就上海海尔而言,除了公司外,没有其他电力线载波通信领域的客户。上海海尔使用上述合作开发技术与公司一起设计了多款芯片,未来双方计划保持这种业务合作关系,但随着公司嵌入式软件主体内容的升级换代,双方需要合作开发新的芯片,所应用的芯片设计技术也将有所不同。

上海海尔使用该技术的目的是设计供公司独家使用的产品,对公司业务没有负面影响。双方 2010 年 2 月 1 日签署《协议书》约定,“共同申请的专利在获得中华人民共和国国家知识产权局授权后,双方作为专利之共同共有人,可以单独实施该六项专利,但不得在未经另一方书面同意的情况下许可其他第三方实施该专利,包括但不限于普通实施许可、独占实施许可及排他实施许可”。

综上,发行人律师认为:上海海尔是一家芯片设计公司,其与发行人合作开发的技术仅是为了协助发行人设计芯片,上海海尔依靠替客户设计芯片、组织生产获取利润。未来双方还计划继续开展芯片设计合作,相关技术会不断更新。上海海尔使用与发行人合作开发技术的目的是设计供公司独家使用的产品,对公司业务没有负面影响。

(六)补充反馈:参照前述要求补充披露发行人与其他科研机构合作开发的具体情况,以及招股说明书披露的发行人正在从事和将要从事的研发课题是否为发行人独立自主研发

公司本着技术自主研发和多方合作的技术发展路线,加强相关高校和科研院所合作,加快技术进步和产品完善。

2008 年 5 月 10 日,东软有限与武汉大学签署《青岛东软 ES-IDE 开发平台委托开发合同》。公司 SSC1630/1631 芯片内部含有一颗微控制器(MCU),集成开发环境 IDE 可用于开发运行于 MCU 上的指令程序。IDE 包括编辑器、汇编器、C 编译器、仿真器和在线调试器等。武汉大学在该领域具有专长,特别是在 C 编译器研究和开发方面具

有独到之处。因此,公司与武汉大学签署了该协议。该合同自 2008 年 5 月 10 日起开始正式执行,到 2008 年 7 月 31 日止武汉大学向东软有限交付完毕所有产品。合同主要内容是设计针对东软有限芯片 SSC1630/1631 的集成开发环境。双方约定该项目产生的集成开发环境所有技术版权归东软有限所有,未经东软有限授权同意,武汉大学不得另作他用。武汉大学对项目完成中产生的学术研究成果具有非商业用途的使用权、论文发表权以及成果申报权,使用时,不应出现东软有限的名字。双方应共同保护彼此的技术机密,不得将商业机密泄露。该合同金额为人民币 20 万元整。

2009 年 3 月,东软有限与中国海洋大学签署三份《技术服务合同书》,委托中国海洋大学开展电力线通信网络的三个子课题研究,包括电力线通信能力评价模型、电力线通信网络拓扑结果图的绘制工具库、电力线通信网络链路层报文压缩算法的研究与实现。双方合作的背景是鉴于公司对中国海洋大学在电力线通信基础研究方面的优势认可,将电力线载波通信技术外围辅助性的课题交由中国海洋大学承担。三份合同有效期限自 2009 年 4 月 1 日至 2010 年 9 月 30 日,合同金额共计人民币 32 万元整。上述三份合同已于 2009 年 12 月全部履行完成,并已支付相应对价。

合同内容包括:探讨影响点对点通信能力的因素及其关系,建立合理指标体系用于测试和评价电力线点对点通信能力,实现电力线点对点通信能力测试系统;设计和集成有向图的快速二维绘制算法;针对东软有限电力线通信中使用的报文,研制报文压缩算法并且在东软有限 SSC1630 芯片的基础上实现压缩软件。双方约定,东软有限应提供履行合同所必需的相关数据、测试等的工作条件,完成配合事项,东软有限在未征得中国海洋大学书面许可前,不得将中国海洋大学为实施合同所使用的专有特殊技术、方法及资料向第三方泄露。中国海洋大学对项目完成中产生的学术研究成果具有非商业用途的使用权、论文发表权,双方共同保护彼此的技术机密,不得将商业机密泄露给第三方。

招股说明书披露的公司正在从事和将要从事的研发课题中电力线通信报文压缩技术、电力线通信能力评价模型及系统是在与中国海洋大学合作完成的课题基础上,针对公司第四代和第五代载波通信系统进一步完善。工频交流零点在电力线通信网络中的应用、电力线通信网络中的路由算法仿真系统、通用电力线通信网络平台建设三个课题由公司独立自主研发。

综上,发行人律师认为:

发行人正在从事和将要从事的研发课题中电力线通信报文压缩技术、电力线通信能力评价模型及系统是在与中国海洋大学合作完成的课题基础上,针对发行人第四代和第五代载波通信系统进一步完善。工频交流零点在电力线通信网络中的应用、电力线通信网络中的路由算法仿真系统、通用电力线通信网络平台建设三个课题由发行人独立自主研发。

（七）补充反馈：结合发行人核心产品"SSC16XX 系列电力线载波通信芯片"及其他技术的合作开发情况，说明并披露发行人在技术研发方面的独立性，发行人在技术研发上是否对上海海尔及其他技术合作方存在重大依赖及对发行人持续发展的影响，并作"重大事项提示"

公司与上海海尔的技术合作集中于芯片设计领域，与其他方的技术合作集中于载波通信系统辅助性研发工具的开发。公司作为一家软件企业，核心技术集中于嵌入式软件设计领域，公司在技术研发方面具备独立性。

1. 与上海海尔合作研发技术与公司技术研发独立性的关系

公司三大核心技术中，电力线通信网络与数据交换技术是公司在电力线载波通信领域的核心技术体系、电力线高精度同步和速率自适应扩频通信技术是公司在电力线载波通信领域的核心技术支撑点，而以公司为主导研发的"SSC16XX 系列电力线载波通信芯片"是公司整个电力线通信技术的一个硬件载体。公司的自主研发能力主要体现在嵌入式软件的研发领域，相关技术是实现电力线载波通信的核心。

公司的核心技术体现嵌入式软件开发方面，而且从系统的角度看，网络层才是实现电力线载波通信的关键，在嵌入式软件研发方面，公司是独立、自主研发。与上海海尔合作研发的"SSC16XX 系列电力线载波通信芯片（裸片）"是公司核心技术的载体，只是相比于苏州中科集成电路设计中心、中科院计算所和欧美的 ADI、CHIPCON 等公司，公司认为与上海海尔合作开发裸片，可以为自身软件运行提供更好环境，且有较好的性价比。

如上海海尔不继续与公司合作设计芯片，公司可以使用通用芯片，并且由于从事芯片设计的企业众多，公司可以快速找到合作伙伴，也可以通过扩大公司芯片设计团队，自行设计芯片。因此，公司在技术研发，尤其是嵌入式软件研发方面对上海海尔不存在重大依赖。

2. 与部分高校合作研发技术与公司技术研发独立性的关系

公司与武汉大学、中国海洋大学合作研发项目均属电力线载波通信技术外围辅助性的课题。ES-IDE 开发平台、电力线通信网络拓扑结果图的绘制工具库均是公司开发软件程序的一种工具。电力线通信能力评价模型是公司检测产品性能优劣的指标体系的一部分。电力线通信网络链路层报文压缩算法是公司三代通信系统链路层压缩技术的一部分。因此，辅助性研发课题的合作研发或委托研发，不影响公司技术研发独立性。

3. 公司在技术研发上对上海海尔及其他技术合作方存在的依赖关系及对公司持续发展的影响

上海海尔如不在芯片设计领域同公司合作研发,公司需要扩大芯片设计团队或寻找新合作伙伴从事芯片设计。一款专用芯片的开发需要6~12个月的时间,并需花费一定的费用,会对公司盈利能力构成一定的影响。而其他合作方(武汉大学、中国海洋大学),仅是协助公司开发电力线载波通信领域的辅助技术,且公司取得了研发成果使用权,在技术研发方面不存在依赖关系,对公司的持续发展不构成任何不利影响。

综上,发行人律师认为:发行人在技术研发方面具备独立性,发行人在技术研发上不存在对上海海尔及其他技术合作方的重大依赖。

(八)第二次反馈:发行人与上海海尔间合作情况的补充说明

1. 发行人与上海海尔合作背景及历程

(1)合作背景

发行人第二代载波通信芯片使用的是福建贝能提供的一款通用集成电路,该产品采购自美国微芯科技公司,性能较好但价格较高,并且由于该产品是一款通用芯片,保密措施不到位,导致有不良商家盗取公司嵌入式软件,市场上出现了复制盗版产品。

为提升公司产品保密性并追求更好的性价比,公司自2006年起由总工程师胡亚军先生牵头,主动接触了一批芯片设计厂家,包括国内的上海海尔、苏州中科集成电路设计中心、中科院计算所和欧美的ADI、CHIPCON等公司,寻求技术合作,开发一款定制芯片。

相比较而言,上海海尔的设计在抗干扰性等方面具备一定的技术优势,并且相比较欧美厂家,开发出的产品可以具备更优的性价比,因此,公司决定与上海海尔开展技术合作。

(2)合作历程

2007年8月7日,东软有限与上海海尔签署《青岛东软电脑技术有限公司SSC1630/SSC1631系列芯片委托开发合同》,合作研发公司第三代载波通信芯片。

2008年5月27日,东软有限与上海海尔签署第一笔载波通信芯片合同,采购量2.7万片,2008年7月,上海海尔开始向公司供货。2008年公司向上海海尔采购载波通信芯片72.65万片,占2008年载波通信芯片采购量的26.91%。经调试检测合格后,2009年起上海海尔成为公司载波通信芯片唯一供应商。

2010年6月22日,公司与上海海尔签署《青岛东软载波科技股份有限公司

SSC1640 芯片合同》。2010 年 7 月 9 日,公司与上海海尔签署《青岛东软载波科技股份有限公司 SSC1641 芯片合同》。

根据对发行人董事长崔健和上海海尔总经理张晓诗的访谈以及上海海尔出具的说明,目前双方合作关系稳定,2008 年以来,向东软有限所售产品业务收入占上海海尔营业收入的 40% 左右,发行人系上海海尔的重要客户之一。

2. 发行人向上海海尔支付的研发费用用途

根据对上海海尔总经理张晓诗的访谈,发行人与上海海尔签署《青岛东软电脑技术有限公司 SSC1630/SSC1631 系列芯片委托开发合同》、《青岛东软载波科技股份有限公司 SSC1640 芯片合同》、《青岛东软载波科技股份有限公司 SSC1641 芯片合同》,所支付的费用主要用于支付上海海尔研发人员费用及在台积电流片费用。

3. 关于上海海尔使用与发行人合作开发技术的具体情况以及未来的计划安排,上海海尔未来使用上述合作开发技术对发行人的影响

根据对上海海尔总经理张晓诗的访谈,上海海尔在与公司合作开发技术前,具备芯片设计能力,但没有独立设计过载波通信芯片(裸片)。目前上海海尔在电力线载波通信领域仅有发行人一家客户。

上海海尔是一家集成电路设计公司,公司业务包括:提供定制芯片设计服务,协助公司组织芯片生产(在台积电完成),负责质量监理,再将加工完成的芯片售回给客户。这一类企业在国际上俗称 Fabless 公司(无生产线芯片设计公司)。未来发行人与上海海尔计划保持这种业务合作关系。上海海尔与发行人合作开发技术的目的是设计供发行人独家使用的产品。上海海尔自身向下游延伸进入低压电力线载波通信领域的可能性很低:第一,发行人拥有具备独立研发低压电力线载波通信系统的能力和核心技术,并拥有知识产权保护,上海海尔目前没有从事该项业务,亦未取得相关的知识产权保护;第二,上海海尔没有覆盖电能表生产企业和电力公司的销售渠道;第三,双方在芯片设计领域研发的技术需要不断地升级换代;第四,低压电力线载波通信行业有很高的品牌壁垒,载波通信产品需通过电网公司的长期测试才能认证。

综上,发行人律师认为,上海海尔未来使用上述合作开发技术不会对发行人生产经营构成重大影响。

4. 发行人与上海海尔合作研发技术与公司技术研发独立性的关系

根据对发行人管理层的访谈,发行人拥有独立的研发体系,设有载波通信研发中心和系统研发中心,分别负责载波通信产品硬件设计及研发和载波通信系统的技术研究与改进创新。公司三大核心技术中,电力线通信网络与数据交换技术是公司在电力线载波通信领域的核心技术体系,电力线高精度同步和速率自适应扩频通信技术是公司在电力线载波通信领域的核心技术支撑点,这两大核心技术是实现电力线载波通信

的关键,全部由公司独立、自主研发。

与上海海尔合作研发的"SSC16XX 系列电力线载波通信芯片(裸片)"是公司核心技术的载体,相比其他集成电路设计公司,公司认为与上海海尔合作开发裸片,可以为自身软件运行提供更好环境,且有较好的性价比,有助于更好地展现公司的芯片集成技术。如上海海尔不继续与公司合作设计芯片,公司可以使用通用芯片,并且由于从事芯片设计的企业众多,公司可以快速找到合作伙伴,也可以通过扩大公司芯片设计团队,自行设计芯片。

综上,发行人律师认为,发行人在技术研发方面对上海海尔不存在依赖。

5. 发行人与上海海尔业务模式及对发行人业务独立性的影响

根据对上海海尔总经理张晓诗的访谈,上海海尔是一家集成电路设计公司,公司业务包括:提供定制芯片设计服务,协助公司组织芯片生产(在台积电完成),负责质量监理,再将加工完成的芯片售回给客户。这一类企业在国际上俗称 Fabless 公司(无生产线芯片设计公司)。

根据对发行人管理层的访谈,这种合作模式的优点在于:第一,上海海尔在集成电路设计领域有很强的技术背景,与客户合作开发芯片,可以为客户研发出满意的定制化产品;第二,公司如直接与台积电等晶圆代加工厂商合作,与上海海尔相比,晶圆用量少,没有规模采购优势,成本及供货及时性可能会受到影响,而通过上海海尔组织代加工,可以保证供货及时性和原材料质量。

综上,发行人律师认为,发行人与上海海尔的业务合作模式是一种国际通行的业务模式,由于与上海海尔业务领域相类似的企业非常多,发行人的原材料采购渠道可以有多种选择,且发行人也可以新聘集成电路设计团队,自行完成芯片设计,因此,发行人与上海海尔的上述合作模式不影响公司业务独立性。

四、双象股份(002395):共有专利人放弃部分权利

发行人与东华大学共同共有三项专利:超细旦聚氨酯短纤维(专利号 ZL200510023908.5)、超细旦聚氨酯长丝(专利号 ZL200510023909.X)、弹性非织造基布的起毛方法(专利号 ZL200510030543.9)。2008 年 1 月 20 日,发行人与东华大学就上述三项专利达成如下协议:

(1)东华大学作为以上三项专利共有人自愿放弃以下权利:①以生产经营为目的使用上述专利生产或者销售产品,②分享发行人以生产经营为目的使用上述专利生产或者销售产品获得的收益,③在专利产品或者该产品的包装上标明专利标记和专利号,④专利实施许可权及向除发行人以外的第三方转让专利权;

(2)发行人就东华大学自愿放弃权利并承担保密责任而向东华大学支付经济补偿费50万元。该协议经东华大学和发行人确认并加盖各自印章,并由各自的委托代理人签署。协议签署后,东华大学收到发行人支付的经济补偿费50万元。

发行人律师核查了专利权属证书、发行人与东华大学的协议、发行人支付经济补偿费的银行转账单以及东华大学向发行人开具的收到经济补偿款的发票。发行人律师经核查后认为,东华大学作为专利的共有权人,根据当事人意思自治原则有权处分自己的权利,且该处分行为不损害国家、集体或第三人利益,不违反《民法通则》、《合同法》等法律、行政法规的强制性规定;东华大学放弃协议中载明的各项权利,是其真实的意思表示,并受领了发行人的经济补偿。发行人和东华大学于2008年1月签订的协议合法有效,不存在纠纷或潜在的风险。

五、量子高科(300149):发行人申请专利是否存在纠纷

(一)基本情况概述

经核查,发行人于2009年11月28日与南宁奥立高签订了《技术服务合同》,就南宁奥立高参与以发行人为主的"采取固定化酶和葡萄糖氧化酶生产低聚果糖钙的方法(一种高纯度低聚果糖的制备方法)"项目申报、研发工作的相关事宜进行了约定。

根据发行人的确认并经发行人律师核查,目前上述合同正按照约定正常履行,南宁奥立高已如约完成了以发行人为专利权人的"一种高纯度低聚果糖的制备方法"的专利申请,并完成了相关技术的中试研究工作,发行人亦按照合同约定履行了付款义务。

根据上述《技术服务合同》第1条和第2条的相关规定,南宁奥立高因《技术服务合同》项下服务产生的劳动或技术成果的所有权均归属于发行人;南宁奥立高需在2009年3月底前参与并完成以发行人为专利权人的采用固定化酶和葡萄糖氧化酶生产低聚果糖钙的方法(又称:一种高纯度低聚果糖的制备方法)的发明专利申请工作;在2022年或相关专利有效期满前(以两者中时间较后者为准),南宁奥立高不得采用固定化酶和葡萄糖氧化酶生产低聚果糖钙的方法(又称:一种高纯度低聚果糖的制备方法)及相关技术为自己或发行人以外的第三人进行与合同约定相同的、相近或相关的工作。

经核查,发行人律师认为,发行人申请的"一种高纯度低聚果糖的制备方法"的发明专利系发行人基于《技术服务合同》所享有的合法权益,根据该等《技术服务合同》的内容以及双方的履约情况,发行人以前述制备方法申请专利不存在纠纷或潜在的

纠纷。

(二)反馈意见关注

1. 请发行人补充披露与广西奥立高签订的技术服务协议,该项技术合作的执行情况,发行人申请"一种高纯度低聚果糖的制备方法"的发明专利是否存在纠纷和潜在的纠纷

经核查,发行人于2009年11月28日与南宁奥立高签订了《技术服务合同》,就南宁奥立高参与以发行人为主的"采取固定化酶和葡萄糖氧化酶生产低聚果糖钙的方法(一种高纯度低聚果糖的制备方法)"项目申报、研发工作的相关事宜进行了约定。

根据发行人的确认并经发行人律师核查,目前上述合同正按照约定正常履行,南宁奥立高已如约完成了以发行人为专利权人的"一种高纯度低聚果糖的制备方法"的专利申请,并完成了相关技术的中试研究工作,发行人亦按照合同约定履行了付款义务。

根据上述《技术服务合同》第1条和第2条的相关规定,南宁奥立高因《技术服务合同》项下服务产生的劳动或技术成果的所有权均归属于发行人;南宁奥立高需在2009年3月底前参与并完成以发行人为专利权人的采用固定化酶和葡萄糖氧化酶生产低聚果糖钙的方法(又称:一种高纯度低聚果糖的制备方法)的发明专利申请工作;在2022年或相关专利有效期满前(以两者中时间较后者为准),南宁奥立高不得采用固定化酶和葡萄糖氧化酶生产低聚果糖钙的方法(又称:一种高纯度低聚果糖的制备方法)及相关技术为自己或发行人以外的第三人进行与合同约定相同的、相近或相关的工作。

经核查,发行人律师认为,发行人申请的"一种高纯度低聚果糖的制备方法"的发明专利系发行人基于《技术服务合同》所享有的合法权益,根据该等《技术服务合同》的内容以及双方的履约情况,发行人以前述制备方法申请专利不存在纠纷或潜在的纠纷。

2. 请发行人补充披露在使用"用固定化果糖基转移酶生产蔗果低聚糖的方法"的发明专利进行研发生产时,是否存在与广西大学相关权利和义务的约定,发行人使用该项技术是否存在纠纷和潜在纠纷,发行人是否具有独立的研发能力

(1)关于发行人与广西大学的权利义务约定

经核查,发行人目前与广西大学共同拥有的"用固定化果糖基转移酶法生产低聚果糖的方法"的专利系发行人从南宁奥立高处购买取得。

发行人在使用"用固定化果糖基转移酶法生产低聚果糖的方法"的专利技术时与

广西大学的权利义务约定如下：发行人在与南宁奥立高、广西大学（两者在合同中统称为甲方）达成的《专利权转让合同》第 4 条中约定："著录变更后，甲方同意由江门量子高科生物工程有限公司全权负责 01128345.9 专利的实施工作，包括专利的独占实施权、许可实施权、标志权、请求保护权、质押权的行使，甲方不再行使上述权利。"

2010 年 6 月 1 日，广西大学出具了"同意由江门量子高科生物股份有限公司享有专利号为 ZL01128345.9 的、用固定化果糖基转移酶法生产蔗果低聚糖的方法专利的独占实施权、许可实施权、标志权、请求保护权、质押权等权利，我方不再行使前述权利"的《确认函》。

经核查，发行人律师认为，发行人对"用固定化果糖基转移酶法生产低聚果糖的方法"的专利技术所享有的独占实施等权利系发行人基于《专利权转让合同》所享有的合法权益，该等合法权益已经得到广西大学确认，发行人使用该项技术不存在纠纷和潜在纠纷。

（2）关于发行人具有独立的研发能力

结合发行人拥有的核心技术和主要储备技术的来源、演变过程、在实际业务中的作用，发行人律师认为，发行人具有独立的研发能力。

六、鸿路钢构（002541）：技术许可协议

1. 发行人分别与合肥工业大学签订了两份《技术转让（专利实施许可）合同》，与赵自柱、孙善骏各签订了一份《专利独家许可合同》，经上述专利权人许可实施其相关专利技术。上述合同均已经过国家知识产权局备案，许可类型均为独占许可。

2. 上述合同中，对许可范围、许可期限、实施方式、后续技术开发及相关权利归属、双方权利义务等内容均已作出明确约定。截至本《补充法律意见书》出具之日，发行人与各合作方之间合作关系良好，未因该等合同的履行而发生任何纠纷。

根据《专利法》及《专利法实施细则》、《合同法》的相关规定，发行人律师认为：

（1）上述合同中的许可方均为相关专利技术的专利权人，专利权权属不存在争议，许可期限未超出专利保护期，各许可方均具备签订许可合同的主体资格。

（2）上述《专利许可合同》中，对专利许可的有关具体事项、双方的权利义务均已作出明确约定，符合《合同法》第 324 条关于技术合同条款内容的规定，不存在因合同内容约定不明而导致纠纷的可能性。

（3）上述合同均以书面方式订立，并已经过国家知识产权局备案，符合《专利实施许可合同备案管理办法》的规定，依法应当受到法律保护。

（4）合同中有关后续研发成果归双方共同所有，取得专利权后由发行人独占使用

的约定,符合《合同法》第340条关于“合作开发完成的发明创造,除当事人另有约定的以外,申请专利的权利属于合作开发的当事人共有”的规定以及《合同法》第354条关于“当事人可以按照互利的原则,在技术转让合同中约定实施专利、使用技术秘密后续改进的技术成果的分享办法”的规定。

综上,发行人律师认为,发行人与合肥工业大学、赵自柱、孙善骏签订的《专利许可合同》形式合法,合同内容完备,双方权利义务明晰,不存在潜在纠纷。

【案例评析】

1. 技术合作开发协议在IPO审核过程中并没有禁止性的规定,但肯定是很敏感的问题,一般情况下预审员在反馈意见中都会详细询问有关情况并关注重点问题。技术合作开发问题日益受到关注是从创业板的审核开始的,这当然也符合创业板企业的实际情况和会上的审核思路。

2. 总结起来,该问题会上的主要关注事项以及应对思路如下:

(1)为什么要进行技术合作开发,一般也就是企业精力不够或者为提高效率之类的原因;

(2)签署协议的主要内容,将协议的主要条款进行披露,尤其是关注保密条款的签署,这是会上关注的重点;

(3)合同的履行情况,如技术研发进度、费用支付情况以及专利申请情况等内容;

(4)合同是否存在纠纷及潜在纠纷,还是主要关注技术上的纠纷,如合作开发的技术权属归属问题肯定是重点关注的,一般情况下是要归拟上市公司所有;

(5)合同对公司的生产经营影响如何,一般都是解释合作开发的技术均不是公司的核心技术,也就不会对公司的生产经营产生重要影响,即使合作出现意外也不会削弱公司的盈利能力。

(6)关注是否存在通过技术合作开发而进行利益输送的行为,尤其是企业在与某些科研院所进行合作,而公司的创始人也出身于该科研院所的时候,同时还会关注公司的核心技术来源。

(7)如果公司的技术合作开发较多,那么还会关注公司的研发人员和核心技术是否具有独立性,公司治理是否完善。

3. 从上述会里关注的重点问题我们可以基本了解该问题的处理思路,那就是详细披露并且解释清楚到位就好,而不一定要去清理。因为该种技术合作开发协议作为企业日常经营过程中的一种策略,在保证企业核心技术稳定且盈利能力不会受到影响的前提下是应该允许甚至是鼓励的,从资本市场审核规则角度来讲,也应该顺应这样的理念。

■第三节　现金结算模式和个人账户收款

【重要提示】

★ 随着我国首发上市的企业越来越多,一些以前并不常见但是现在越来越普遍的经营模式受到了普遍关注。

★ 最近几年农业类上市的企业较多,而跟该行业有着不可分割联系的现金收款及会计凭证不全的问题成为这类企业上市必须要解决的问题。现金收款问题在一些代理营销模式下也非常普遍,或许随着一些连锁经营类上市企业的增多,该类模式面临的问题也会越来越普遍。

★ 下面收集的两个案例小兵认为较为典型,代表了上述两种特殊的经营模式,算是抛砖引玉吧,欢迎大家继续补充案例并探讨有关问题。

【案例情况】

一、同花顺(300033):个人账户收款

在公司直接向个人客户销售的模式下,产品单价较低,客户主要为证券市场的个人投资者,数量庞大。为了方便客户付款,客户可以通过银行向公司账户转账或上门支付现金,还可以通过首信、快钱、支付宝等网上支付平台支付。

另外,为了能实时查询客户的付款情况,使客户付款后能立即享受公司提供的服务,公司还在中国建设银行、中国农业银行、中国工商银行以销售经理个人名义开立了专用于货款结算的收款账户。该银行卡和密码由公司财务部指定专人分开保管。客户确定购买时,将货款存入收款账户,财务部指派专人在每个工作日从销售经理结算卡中提取货款,提款时保管银行卡和保管密码专人必须同时到场方可提取,提取后将该款项与当天的现金收款一起存入公司账户,财务部根据银行出具的收款凭据开具发票。由自然人代收的款项所有权属于公司,且当天划入公司账户,在实际执行中没有对公司的资金安全产生重大不利影响,但为了进一步控制风险,公司于2009年6月注销了上述三个账户,并将上述三个账户中的全部余额取出缴入公司账户。

(一)法律问题的关注

请发行人就曾以销售经理个人名义开立专用于货款结算的收款账户问题补充披露从2008年开始采取个人账户收款方式的原因,与2009年逐步减少通过个人账户收款比例对发行人经营成果的具体影响,与销售经理及其配偶签署的《代收款协议书》签订及废止、代收款账户注销、账户余额转回,代收款账户注销后是否存在潜在法律纠纷,通过个人账户用于货款结算是否存在所得税被追缴的风险,账户注销后发行人收款情况等。请保荐机构、律师对上述情况予以核查并发表明确意见。

1.2008年开始采取个人账户收款方式的原因

对于金融资讯及数据服务产品,公司采取直接向个人客户销售的模式。自2007年起,公司金融资讯及数据服务产品销量剧增,付费用户数量增加。同时考虑到客户主要为证券市场中的个人投资者,付款的便利性和服务开通的及时性对于个人客户的购买决策有重大影响。2008年2月,发行人分别在中国建设银行、中国农业银行、中国工商银行以发行人销售经理个人名义开立了专用于货款结算的收款账户。

以该等账户收取个人客户货款,具有如下优点:(1)方便客户付款:在现有银行结算体系下,向公司账户转账存在对公业务受营业时间、网点和到款及时性的限制,网上银行支付存在部分客户没有开通网上银行支付功能的现实问题。公司委托销售经理通过个人账户代收销售款可解决无法通过前述两种方式付款的客户的付款问题,最大程度上增加了客户付款的方便性。(2)提升服务质量,控制销售风险:客户通过此付款方式付款,款项基本实时到账,公司确认后即为客户开通产品服务,提升服务质量,较好地控制销售风险。

2.2009年逐步减少通过个人账户收款比例

委托销售经理以其个人账户代收销售款,带来了对该等账户和该部分现金资产管理的难度和相关风险。自2009年2月起,发行人已在销售过程中重点推荐、引导客户通过向公司账户转账或通过网上银行支付的方式付款,逐步减少个人收款账户的收款金额。

经发行人确认,公司2009年1~6月期间,通过销售经理个人账户收款的情况如下表所示。

单位:万元

	2009年1月	2009年2月	2009年3月	2009年4月	2009年5月	2009年6月
个人账户收款	394.54	686.43	230.78	305.05	307.68	189.05
个人客户收款	753.49	1434.65	1118.2	1354.12	1031.63	1438.26
占比	52.36%	47.85%	20.64%	22.53%	29.82%	13.14%

2009年2月至5月期间,通过公司的积极引导,个人账户收款金额占比下降,而个人客户收款金额未有明显降低。2009年6月公司注销了个人收款账户,当月个人客户收款金额没有发生重大不利变化;公司逐步减少个人账户收款比例,并于2009年6月注销了个人收款账户,对发行人经营成果没有产生重大不利影响。

3.代收款行为引致的相关风险

为了能实时查询个人客户的付款情况,使个人客户付款后能立即享受公司提供的服务,发行人与销售经理及其配偶签署了《代收款协议书》,委托销售经理临时代公司收取个人用户通过直接汇款方式支付的款项。为履行受托义务,销售经理提供了三个个人账户专门代公司收取款项。协议已明确约定销售经理提供的个人账户仅用以代公司收取约定款项之用。除此之外,销售经理不得利用该等个人账户进行其他任何形式的存储、结算。销售经理也已确认该等个人账户上的所有资金,无论其来源如何,均视为公司所有。个人账户代收全部款项及该等款项产生的利息收入全部归公司所有。为明确账户资金的权属以及双方的权利义务关系,2008年12月28日,发行人与销售经理及其配偶签订《代收款协议》,明确约定代收款账户资金及利息收入归公司所有。2009年6月16日,发行人与销售经理及其配偶签订《代收款协议之终止协议》,双方就代收款事宜权利义务关系终止。

发行人于2009年6月16日注销了销售经理在中国农业银行开立的代收款账户,于2009年6月19日注销了销售经理在中国工商银行、中国建设银行开立的代收款账户。截至注销日,中国农业银行、中国工商银行、中国建设银行代收款账户余额分别为51,352.28元,18,831.40元,40,681.86元。发行人于注销日将上述全部款项分别转存至发行人中国农业银行、中国工商银行、中国建设银行账户。

保荐机构认为:"代收款账户注销后,公司销售经理及其配偶出具承诺函,承诺其与公司的代收款协议终止,就账户资金与公司不存在任何权属纠纷,故公司与销售经理及其配偶就代收款事宜不存在潜在法律纠纷。"

发行人律师认为:"本所律师核查了公司销售经理及其配偶签署的《代收款协议书》及《代收款协议书之终止协议》,该等协议对三个个人账户的用途、款项归属等内容约定清晰,协议合法、有效。根据公司与销售经理及其配偶共同确认,并经本所律师核查,《代收款协议书》及《代收款协议书之终止协议》的签署及其履行、三个个人账户资金的归属、账户余额的转回、账户的注销以及账户注销后不存在法律纠纷或潜在纠纷。”

4. 通过个人账户用于货款结算不存在所得税被追缴的风险

经发行人确认,并经发行人律师核查公司及销售经理的银行对账单,销售经理三个个人账户中的款项能够在每个工作日存入公司账户。财务部根据银行出具的收款凭据开具发票,并且在上述三个个人账户注销前,销售经理已将三个个人账户中的全部余额划入公司指定的账户。据此,发行人律师认为公司委托销售经理代为收取的款项已经如实在公司财务中反映,发行人不存在利用个人账户收款逃避纳税义务的情形,不存在因此被追缴企业所得税的风险。

此外,《代收款协议书》已明确约定销售经理提供个人账户是代公司收取款项,三个个人账户的全部资金均属于公司所有,并非销售经理的个人收入。且销售经理提供个人账户代收款项是无偿的,并未因此取得任何收入。据此,发行人律师认为销售经理提供三个个人账户代收款项行为并未取得任何个人收入,不存在因此被追缴个人所得税的情形。

保荐机构认为:公司通过个人账户用于货款结算不存在所得税被追缴的风险。《代收款协议书》已明确约定销售经理提供个人账户是代公司收取款项,该等个人账户的全部资金均属于公司所有,并非销售经理的个人收入,且销售经理提供个人账户代收款项是无偿的,并未因此取得任何收入,销售经理不存在被追缴个人所得税的情形。

发行人律师认为:公司委托销售经理代为收取的款项已经如实在公司财务中反映,发行人不存在利用个人账户收款逃避纳税义务的情形,不存在因此被追缴企业所得税的风险。销售经理提供三个个人账户代收款项行为并未取得任何个人收入,不存在因此被追缴个人所得税的情形。

5. 账户注销后的收款情况

代收款账户注销后,公司收款方式为:(1)通过公司账户接受客户汇款(网上支付与银行汇款);(2)通过首信易、快钱、支付宝第三方网上支付平台收款;(3)在公司经营现场接受客户缴款。另经公司与中国建设银行反复沟通,2009 年 6 月 20 日,中国建设银行开通了公司账户非工作日的速汇通业务,公司建行账户可在非工作日接受客户汇款。

经发行人确认,2009 年 6 ~ 8 月,发行人个人客户销售收款金额情况如下:

项目	6月份		7月份		8月份	
	金额(万元)	比例(%)	金额(万元)	比例(%)	金额(万元)	比例(%)
第三方网上支付平台	566.29	39.37	737.82	37.95	636.85	40.07
公司账户收款	682.92	47.48	1206.50	62.05	952.66	59.93
个人账户收款	189.05	13.14	—	—	—	—
公司现场接受客户缴款	—	—	—	—	—	—
合计	1438.26	100	1944.32	100	1589.51	100

6. 是否违反《公司法》第 172 条的解释

《公司法》第 172 条规定:“对公司资产,不得以任何个人名义存储。”

杭州核新与销售经理及其配偶签署的《代收款协议书》第 3 条已明确约定,销售经理应当在收到代收款项当日,一次性将收到的全部款项划入公司指定账户。经抽样核查公司及销售经理三个个人账户的银行对账单,三个个人账户收到的款项也能在每个工作日存入公司账户。

综上,发行人律师认为,销售经理提供三个个人账户的行为是履行其在《代收款协议书》项下代收款项义务的一种方式,三个个人账户收到的款项也能在每个工作日存入公司账户。从性质上判断,该等行为属于代收款行为,并不以存放为目的,实质上并不违反《公司法》第 172 条“对公司资产,不得以任何个人名义存储”的规定。

(二)会计问题的关注

请申报会计师说明发行人通过个人账户收款确认收入的时点、相应的会计处理方法及实施的审计程序,并就相关会计处理是否符合《企业会计准则》规定发表明确意见。

申报会计师在 2008 年审计工作的基础上经过进一步核查,认为公司不存在 2008 年提前确认收入的情况,公司通过个人账户收款的会计处理符合《企业会计准则》规定。

二、雏鹰农牧(002477):主要为现金结算模式

(一)公司产品销售现金结算比例较高

1. 客观原因解释

公司销售的现金结算比例较高,2007年、2008年、2009年、2010年1~6月,销售的现金结算比例分别为96.89%、96.83%、61.02%、5.72%,具体客观原因如下:

(1)公司主要经销商和中间商以自然人身份依赖其近亲属组织经营活动

公司合作的外部经销商和中间商基本依赖其近亲属组织经营活动,不通过设立公司制的组织形式开展生猪贸易,主要由最终销售客户的性质和要求决定。商品仔猪和二元种猪的最终销售客户决定其以自然人形式组织经营。大型养殖企业都拥有种猪自主繁育体系,一般较少大批量外购种猪和商品仔猪。公司的商品仔猪、二元种猪全部通过经销商销售给养殖产业链较短的农民养殖合作社和中小养殖户。这些最终客户由于规模较小,对经销商或中间商没有开具发票等规范性要求。公司部分禽类产品客户也具有以上特点。

(2)公司对大部分客户采取"款到发货、货款两清"的销售政策

股份公司成立之前,公司对大部分客户采取了"款到发货、货款两清"的销售政策,因此历年应收账款占销售收入的比例相对较低。公司制定"款到发货、货款两清"的销售政策一方面是因为公司产品品质有保证,受客户欢迎;另一方面是公司面对自然人客户和小规模法人经销商,比一般企业更加重视货款无法回收风险,以加强控制,同时减少扩张过程中的资金压力。

(3)公司产品活体销售的特点决定现金结算比例较高

公司客户多数上门取货,生猪、家禽等活体一旦验货装车,客户就急于发车。原因是:活体产品运输时间越长,产品损耗越大。但公司为防范货款回收风险,对大多客户要求其将款项结清后发车。这种情况下,客户如果通过银行转账的方式结算,由于转账时滞原因,公司无法立即查询货款到账情况。因此,现金结算成为买卖双方的现实选择。

(4)公司客户取货时间经常发生在晚间、周末等银行对公业务不营业时间

公司的客户多为自然人,其作息时间由其自行安排,普遍存在周末、夜间前来取货的情况。夜间取货的原因是:公司销售的生猪、家禽都属于活体产品,温度、日照等因素会影响其质量及成活率,为避免夏季日间强烈光照,公司产品经常夜间发货。

(5)国内肉猪屠宰企业的主要货源仍为散养农户,其建立了向自然人采购生猪的

采购结算体系

屠宰企业生猪收购量较大,而国内规模养殖企业较少,其目前主要采购对象仍为散养户,因此建立了符合自然人中间商和农户结算习惯的现金结算方式,因此公司2007 年、2008 年也主要通过自然人中间商将产品出售给屠宰企业。2009 年,公司产品销售规模逐渐加大,与其建立了稳定的购销关系,主要通过银行转账结算。

(6)农村金融网点较少

公司产品发货、结算大都发生在农村,农村金融网点较少,客户前往银行或信用社转账不便利。

2. 股份公司设立后,对销售结算政策进行了调整,现金结算比例大幅下降

2007 年、2008 年,公司销售的现金结算比例较高,均超过了 96%。2009 年公司通过调整销售结算政策,销售的现金结算比例降为 61.02%,下降幅度较大;股份公司成立后,2009 年 8~12 月,现金结算比例为 42.77%。

2009 年 8~12 月,公司产品销售现金结算情况:

单位:万元

项目	商品仔猪	二元种猪	商品肉猪	种蛋	鸡苗	肉鸡	其他	合计	占同期营业收入比例(%)
现金	2624.48	3688.68	845.50	2659.86	566.33	625.56	82.84	11,093.25	42.77
银行转账	4543.68	1223.78	8140.38	649.72	147.56	138.14	—	14,843.25	57.23
合计	7168.16	4912.46	8985.88	3309.58	713.88	763.70	82.84	25,936.50	100.00

2009 年度销售结算情况如下:

单位:万元

项目	商品仔猪	二元种猪	商品肉猪	种蛋	鸡苗	肉鸡	其他	合计	占本期营业收入比例(%)
现金	10,302.24	7647.17	3838.41	7102.95	1119.04	1582.93	330.24	32,222.98	61.02
银行转账	5411.85	1460.53	12,286.55	987.36	296.08	138.14	—	20,580.49	38.98
合计	15,714.09	9107.70	16,124.96	8090.31	1715.10	1721.07	330.24	52,803.47	100.00

股份公司设立后(2009 年 8~12 月),公司要求销售部门严格执行《货币资金管理制度》、《销售与收款管理制度》等内部控制制度。通过采取新的销售和结算政策,公司现金结算比例大幅下降,具体情况如下:

针对商品肉猪的法人客户,公司根据信誉度及采购量,给予其一定账期,但要求其将全部销售款项以汇票或银行转账的方式结算。

针对其他小规模法人和自然人客户,公司对信誉较好且与公司关系稳定的客户,要求其通过银行转账的方式进行结算;其他上门取货客户提货时,财务人员与客户一起到结算银行将其货款提出后,同时存入公司账户;公司送货到外地客户,要求其办理银行结算卡留存公司财务部并签署授权使用的委托书,其验货并在公司发货单上签字后,将货款存入其银行卡,公司财务处接到通知后刷卡转账。

公司将以上销售和结算政策改变后,采取让客户逐渐适应的方式,银行转账比例逐渐提升。公司将根据实际情况,通过逐步筛选客户和引导的方式,持续降低现金结算比例。

在制度建设方面,公司制定了《货币资金管理制度》、《销售与收款管理制度》;在机构设置方面,公司内部审计部门,定期对销售部门的内控执行情况进行监督、检查和明细考核,对执行不达标的责任人按照内控制度进行处罚。

3.2010年,公司销售现金结算比例继续降低

2010年1~6月,公司严格执行股份公司成立后制定的各项销售和结算政策,销售现金结算比例持续降低,由2009年全年的61.02%、2009年8~12月的42.77%进一步降低为5.72%。

4.公司销售收取现金的内控管理

公司销售农产品的对象大多为自然人,现金交易量大,导致公司现金管理内控风险较大。公司财务处实行明确的岗位分工与授权,明确财务部门各岗位的职责权限,建立严格的授权审批制度;财务处设立两名出纳,分别收取生猪产品销售款项和禽类产品销售款项,并定期轮岗;公司会计与出纳每日核对,确保账实相符;公司营销处每日与财务处核对单据,确保账实相符;公司审计部定期和不定期进行审计;公司为接触现金的业务员建立了担保人制度,防范其收款风险。

为销售业务员提供担保的人需具备的条件包括:一般要求是自然人且为当地户籍;具备一定的资金实力,拥有房屋、土地等实物资产或货币存款;诚实守信,具有良好的信用;过去未发生过因担保事项给公司带来损失的情况。

根据担保人出具的《担保书》,若相关业务员于公司受聘期间因其故意或过失行为(包括私自侵占或挪用客户货款等),给公司造成任何经济损失的,担保人自愿就其造成的全部经济损失承担的连带赔偿责任。

5.公司产品销售的发票开具情况

由于公司销售产品均为初级农产品,销售不缴纳增值税,对应的销售所得也不缴纳所得税,因此不涉及相关税项缴纳,同时大部分中小客户均不要求公司开具发票;其

他中小法人客户，其均按照向农户采购自行开票进行账务处理，因此，股份公司设立前销售发票开具比例较低。

2007年公司对外销售产品均未开具发票；2008年公司小部分商品肉猪产品销售对外开具发票，占营业收入比例为3.30%；2009年股份公司成立后规范了未开票行为，2009年8～12月，公司所有销售均对外开具普通发票，开票率100%，使得全年开具发票收入占营业收入比例上升到61.02%；2010年1～6月，公司所有销售均对外开具发票。公司产品销售未开具发票的情况下，财务处根据经客户签字的发货单和出库单，作为销售收入实现的凭证。

目前，公司《销售与收款管理制度》规定，所有对外销售必须对外开具发票，对执行不达标的责任人采取相应的处罚。

发行人实际控制人侯建芳先生已承诺，若发行人因2009年8月以前存在销售未开具发票的行为而遭受处罚或产生损失，侯建芳愿意承担全部责任，并承担发行人的全部经济损失，且无须发行人支付任何对价。

经核查，保荐机构认为：发行人已就2009年8月以前存在部分销售未开具发票行为向税务主管机关作了说明并改正，该行为对发行人经营的合法性不构成重大不利影响；以上行为经改正后，不再影响发行人财务制度的规范性。

（二）公司材料采购现金结算比例高

1. 公司采购结算情况

2007年、2008年、2009年、2010年1～6月，公司采购现金结算比例分别为89.31%、85.58%、41.94%、26.94%；其中玉米采购现金结算比例分别为98.53%、99.88%、54.53%、7.10%，其他采购现金结算比例分别为84.17%、77.96%、34.08%、32.76%。

公司采购款项结算中现金结算比例较大，主要原因是公司采购对象对现金交易存在偏好，主要包括以下两种情况：

一是向种植农民采购玉米，其要求现金结算。玉米采购是公司采购饲料原料的主要内容，主要方式仍是农户送货上门。公司设立供应处，根据市场行情挂牌玉米采购价格，每周七天接待种植户，农户自行将其玉米运送至公司供应处。由于农村金融机构网点少及种植户交易习惯，其要求公司予以现金结算。

二是向法人供应商采购豆粕、预混料等，公司与供应商签订采购合同后，供货商按照合同将货物运送至公司供应处。由于供货商中的中小经营户较多，其偏好交货后立即现金结算，这样有利于公司采购到“质优价廉”的原料及药品。这部分客户，公司大部分采取现金结算，部分供货商进行赊购，余款通过银行转账支付，或其下次送货时支付现金。

2. 股份公司成立后,加强内部控制,公司采购结算情况

公司在2007年、2008年的扩张期内,采购方面主要以追求性价比最大为原则,通过现金结算有利于公司采购到“质优价廉”的饲料原料。2009年,随着公司采购规模的扩大,供应商结构逐渐稳定,提高法人供应商比例和增加“赊购”比例的条件逐渐成熟。2009年7月,股份公司成立后,公司为加强采购的内部控制管理,逐渐提高法人采购比例,减少现金结算比例。

2009年玉米采购的现金结算比例由2007年和2008年的98.53%、99.88%下降至54.53%,其中2009年8~12月,现金采购比例下降为48.44%。2009年除玉米采购外,其他采购的现金结算比例由2007年和2008年的84.17%、77.96%下降至34.08%,其中2009年8~12月,现金结算比例大幅降至18.40%。

2009年公司根据不同的采购内容,分别采取了以下相应采购和结算政策:

一是玉米采购。2009年,公司与东北地区的法人供应商签订长年供货合同,降低种植户采购比例和现金结算比例。东北地区的玉米供应量大,适合大规模采购,并且可以利用公司拥有的与京广铁路线相连接的铁路专用线。这部分客户公司统一要求采用银行转账或银行汇票结算。

二是其他原料和药品采购。这部分采购对象基本都是法人供应商,但之前大多是中小供应商。公司逐渐确定部分经营规模大的法人供应商长期合作,并要求给予一定账期,并通过银行转账或银行汇票结算。对于不愿改变现金交易和提供发票的供货商,公司逐渐取消对其采购。

在制度建设方面,公司制定了《货币资金管理制度》、《采购与付款管理制度》;在机构设置方面,公司董事会下设内部审计部门,定期对公司采购制度执行情况进行检查和明细考核,要求现金采购比例逐渐降低,对执行未达标的情况予以处罚。

3. 2007~2009年,公司原材料采购货款结算情况

经过加强采购结算管理,股份公司成立以来的2009年8~12月,公司原材料采购结算情况中现金比例明显下降,具体情况如下:

单位:万元

项目	饲料类原材料			药品	种猪	种鸡苗	合计	占当期采购总金额比例(%)
	玉米	豆粕	其他					
现金	4037.50	738.41	782.42	770.43	12.00	62.50	6403.26	30.21
银行转账	4298.09	3362.87	3149.53	2297.49	1550.70	130.97	14,789.65	69.79
合计	8335.59	4101.28	3931.95	3067.92	1562.70	193.47	21,192.91	100.00

2009 年,公司采购结算情况如下:

单位:万元

项目	饲料类原材料			药品	种猪	种鸡苗	合计	占当期采购总金额比例(%)
	玉米	豆粕	其他					
现金	7402.10	2303.98	855.17	2509.59	1442.19	293.21	14,806.23	41.94
银行转账	6171.92	4634.30	4129.72	3340.53	2060.70	157.22	20,494.39	58.06
合计	13,574.02	6938.28	4984.89	5850.12	3502.89	450.43	35,300.62	100.00

2008 年,公司采购结算情况如下:

单位:万元

项目	饲料类原材料			药品	种猪	种鸡苗	合计	占当期采购总金额比例(%)
	玉米	豆粕	其他					
现金	9284.13	6180.93	5602.52	1380.30	—	431.58	22,879.46	85.58
银行转账	11.20	302.30	1261.67	2280.14	—	—	3855.31	14.42
合计	9295.33	6483.23	6864.19	3660.44	—	431.58	26,734.77	100.00

2007 年,公司采购结算情况如下:

单位:万元

项目	饲料类原材料			药品	种猪	种鸡苗	合计	占当期采购总金额比例(%)
	玉米	豆粕	其他					
现金	6458.95	3008.80	4131.26	1433.56	973.79	354.01	16,360.37	89.31
银行转账	96.18	610.21	622.13	629.21	—	—	1957.73	10.69
合计	6555.13	3619.01	4753.39	2062.77	973.79	354.01	18,318.10	100.00

公司未来对采购供应商的进一步优化,公司采购的现金结算比例将逐年下降。

4.2010年,公司原材料采购货款结算情况

2010年1~6月,公司严格执行股份公司成立后制定的各项采购和结算政策,采购现金结算比例持续降低,由2009年全年的41.94%进一步降低为26.94%。具体情况如下:

单位:万元

项目	饲料类原材料			药品	种猪	种鸡苗	合计	占当期采购总金额比例(%)
	玉米	豆粕	其他					
现金	258.11	—	3862.25	189.92	—	—	4318.43	26.94
银行转账	3378.95	2508.97	4817.93	976.93	20.00	9.10	11,711.88	73.06
合计	3637.06	2508.97	8680.18	1166.85	20.00	9.10	16,030.31	100.00

5.公司采购现金的管理办法及风险防范措施

公司采购对象大多为玉米种植户及小规模法人,现金结算量大,导致采购中使用现金量较大。财务处建立了完整有效的现金内控管理,设立了玉米采购出纳和其他产品采购出纳,并定期轮岗;会计和出纳每日对账,确保账实相符;公司物管处、供应处、财务处每日将单据进行对账,确保采购核算和收到原料相一致。

6.报告期内,原材料采购发票开具情况

2007年、2008年、2009年、2010年1~6月,公司采购金额未开具或未取得发票占采购金额比例为74.95%、64.42%、5.28%、0%。在玉米采购方面,2007年、2008年,公司采购玉米未开具农产品收购发票,2009年度未开具收购发票或未取得发票占玉米采购金额13.64%;在其他采购方面,2007年、2008年,公司采购中未取得发票占当期采购比例分别为61.53%、44.97%,2009年全部取得发票;2010年1~6月,公司所有采购全部取得或开具发票。

股份公司设立以来,公司要求法人供应商必须提供发票,否则逐渐取消向其采购;向农户收购玉米的情况,公司全部向农户开具农产品收购发票。因此,2009年8~12月、2010年1~6月,公司对外采购全部索取或开具了发票。

2007年、2008年及2009年8月以前,公司向种植户采购玉米的比例较高,未向其开具收购发票;公司原有农产品法人供应商,部分为中小经营企业,且大多为农产品初级加工企业,多数不愿提供发票。公司主要依据经供货商签字的验质单、磅票、入库单做为自制凭证,进行账务处理。报告期内,公司的药品供应商都完整提供了发票。

报告期内,公司采购发票开具情况如下:

单位:万元

项目	饲料类原材料			药品	种猪	种鸡苗	合计	占当期采购总金额比例(%)
	玉米	豆粕	其他					
2010年1~6月								
农产品收购发票	1463.49	—	—	—	—	—	1463.49	8.31
发票取得	3636.72	2508.97	8644.80	1070.23	240.00	38.20	16,138.92	91.69
自制凭证	—	—	—	—	—	—	—	
合计	5100.21	2508.97	8644.8	1070.23	240.00	38.2	17,602.41	100.00
2009年度								
农产品收购发票	9645.90	—	—	—	—	—	9645.90	25.90
发票取得	2796.36	7459.03	5297.34	6266.72	3393.71	421.56	25,634.72	68.82
自制凭证	1964.96	—	—	—	—	—	1964.96	5.28
合计	14,407.22	7459.03	5297.34	6266.72	3393.71	421.56	37,245.58	100.00
2008年度								
农产品收购发票	—	—	—	—	—	—	—	—
发票取得	—	2011.12	3326.02	3418.43	—	47.47	8803.04	35.58
自制凭证	8747.56	3872.11	2938.17	—	—	384.11	15,941.95	64.42
合计	8747.56	5883.23	6264.19	3418.43	—	431.58	24,744.99	100.00
2007年度								
农产品收购发票	—	—	—	—	—	—	—	—
发票取得	47.00	774.12	1436.58	2141.48	—	—	4398.78	25.05
自制凭证	6203.93	2594.89	3066.81		973.92	324.13	13,163.95	74.95
合计	6250.93	3369.01	4503.39	2141.48	973.92	324.13	17,562.73	100.00

【案例评析】

1.随着我国首发上市的企业越来越多,一些以前并不常见但是现在越来越普遍的经营模式受到了关注。最近几年农业类上市的企业较多,而跟该行业有着不可分割联系的现金收款及会计凭证不全的问题成为这类企业上市必须要解决的问题。而现金收款问题在一些代理营销模式下也非常普遍，或许随着一些连锁经营类上市企业的增多，该类模式面临的问题也会越来越普遍。上述两个案例小兵认为较为典型，代表了上述两种特殊的经营模式，算是抛砖引玉吧，欢迎大家继续补充案例并探讨有关问题。

2. 同花顺案例的主要关注问题：(1)或许，同花顺遇到的情况在以后拟上市的企业中会越来越普遍，因为现在上市企业主要是传统产业，上下游均为法人因此在账户设立方面一般不会存在问题。随着很多商业模式创新的企业出现，在会计处理上我们会遇到更多的挑战。比如一些电子商务的企业，一些创新农业的企业等。(2)会里对该问题还是保持了重点关注，当然个人代替企业收款的风险谁都不会忽视，并且同时关注了收入确认的时点问题，是否存在提前收入的情况；另外，预审员还是很专业的，竟然能够提出关于《公司法》第172条的问题。当然，反馈意见问得很细致，律师的回复也是很全面很到位，给我们提供了研究该类问题的一个很好的案例。(3)其实，单纯就该问题而言，如果企业能够建立一定的监控措施，且在企业确认收到钱之后才开业务开发票那么公司承受的风险还是很小的，在会计处理上也应该给予更多的宽容。本案例是在最后进行了清理，虽然企业认为对企业的销售没有任何影响，但是小兵对此持怀疑态度，既然没有影响为什么当初采用这种方式呢，中间仅仅间隔一年时间而已。小兵个人观点是，是不是一定要清理呢，能不能在维持现状的情况下采取一系列行之有效的控制措施呢？

3. 雏鹰农牧案例的主要关注问题：(1)农业一直是我国重点支持的产业，资本市场的态度同样是鼓励做大做强的农业企业发行上市，只是因为我国农业类企业自身存在的诸多问题，导致我国农业类上市企业数量与我国农业大国的身份极其不符。(2)随着我国资本市场的日益成熟，以及我国企业家对企业上市认知的日益理性和成熟，可以预见在不远的将来会有越来越多的农业类企业实现首发上市的夙愿。而农业类企业的现金结算问题是一个企业首发上市的重点和难点，从这个意义上来讲，雏鹰农业在该方面问题的处理值得借鉴。(3)该案例的处理思路简要总结如下：①现金结算占比很高的客观原因，这些原因对于企业农业企业其实同样适用，可是拿过来直接用。②自股份公司成立之后，公司对现金结算问题做了系统性整改，事实证明比例是逐年降低，在上会前成功降至一个会里认为可以接受的水平，那就是在30%以下。③现金结算对应直接问题就是不开发票的问题，因为农业类企业一般不会有增值税和所得税，因而不开发票倒是不会存在偷逃税款的问题，但是公司收入确认的真实性问题倒是值得探讨。在该案例中，在后续整改措施中企业加大了开发票的比例并且也是提高到了一个很高的程度，但是对于报告期内收入真实性的问题却没有解释，不过这也的确是个很难解释的问题。④公司针对现金结算的问题专门制定了一系列的内部控制管理制度。

⑤股东承诺。(4)由于该公司销售和采购均存在极高的现金结算比例,因此,中介结构分两个部分做了重点解释。另外,公司对该问题存在的风险做了重大风险提示。

■第四节　重大客户依赖解决之道

【重要提示】

★ 判断公司是否构成重大客户依赖主要把握两点:(1)是互相依赖还是企业单独的依赖;(2)如果是单独依赖那么依赖的是谁?

★ 如果依赖的是国有大型企业(如中移动、中石油、国家电网)等,那么不会成为障碍甚至还会成为加分项,理由是这几大国企已经代表了一个行业,企业依赖的已经不是企业了;如果依赖的是小型企业甚至是不知名或者来历不明的企业,那么问题就严重多了。

★ 如果依赖的企业是大型的跨国公司呢？那就不会有国内大国企那么可靠,会里至少会怀疑两点:(1)人家有可能随时看不上境内企业随时甩了我们;(2)是不是存在抱大腿傍名牌的情形。

【案例情况】

一、实益达(002137)

(一)公司对前五名客户销售情况

单位:万元

客户	2006 年	2005 年	2004 年
营业收入	48,218.00	49,774.50	27,058.46
对前五名销售收入	47,641.30	49,774.50	26,986.05
占营业收入比例	98.80%	100.00%	99.73%
对飞利浦销售收入	40,085.63	49,328.46	24,789.11
占营业收入比例	83.13%	99.10%	91.61%

近三年,占公司销售比例超过50%的客户为飞利浦,其向公司下订单的下属公司包括遍布全球的北京飞利浦、香港飞利浦、上海飞利浦、匈牙利飞利浦、景华丰飞利浦、新加坡飞利浦等公司,上述对飞利浦销售收入已将其合并计算。

(二)飞利浦简介

荷兰皇家飞利浦电子公司创立于1891年,总部位于荷兰阿姆斯特丹,是世界上最大的电子公司之一,在《财富》杂志全球电子企业排名中名列第十位,在欧洲名列榜首。其2004年的销售额达303亿欧元,业务涉及六十多个领域——从消费电子到家庭小电器,从安全系统到照明产品。

飞利浦是世界三大顶尖消费电子产品公司之一,其科技创新专长是举世公认的,其开发的光碟产品包括可录DVD机、超级音响光盘(SACD)机、数码电视系统和机顶盒。飞利浦是世界领先的DVD机供应商之一,个人电脑显示器市场的领导者,特别是在平面液晶(LCD)显示器的商业和消费者应用领域全球领先。

飞利浦早在1920年就进入了中国市场,1985年在中国内地设立第一家合资企业。目前,飞利浦已成为中国电子行业最大的投资合作伙伴之一,至2005年年底累计投资总额超过40亿美元,在中国建立了32家合资及独资企业(15家合资,17家独资),共有18,000多名员工。2002年飞利浦因在华营业额和出口创汇额在全国外商投资企业中双双排名第一位而获中国外商投资企业协会颁发的年度“双高企业特殊贡献奖”。此后,飞利浦在华营业额和出口创汇额持续名列前茅,2005年飞利浦中国的销售额达到30亿欧元,比2004年增长15%,占飞利浦全球销售额的10%。

在过去的3年里,飞利浦消费电子年均增长速度高达30%,在电视、DVD、家庭影院等主要市场中的份额均有显著的增长。2006年,飞利浦消费电子业务占到飞利浦全球总营收的40%左右。飞利浦消费电子全球总裁兼CEO浦鲁迪2007年3月接受《南方日报》记者专访时表示,作为飞利浦的起家产业,飞利浦消费电子在全球市场的业务很成功,目前仍然占到集团总收入的四成,因此消费电子未来仍将是飞利浦的重要支柱产业。未来飞利浦消费电子将主要集中在四大业务领域发展,即平板电视、视听音响(主要是可录DVD、家庭影院、MP3、MP4等)、家庭网络以及相关上游配套元器件生产。

根据中益康数据调查显示,在中国可录DVD机市场上,飞利浦以40%的市场占有率遥遥领先,市场销量持续第一。

(三)公司是飞利浦的全球"优选供应商"

1. 优选供应商(Preferred Suppliers)

飞利浦将其供应商按合作紧密程度由低到高分为四类:商业供应商、合作供应商、优选供应商、伙伴供应商,其中 EMS 供应商属于优选供应商。公司 1998 年开始与北京飞利浦公司合作,1999 年经过飞利浦优选供应商资格认定,成为飞利浦全球 EMS 供应商中的一员。2005 年 6 月,公司通过飞利浦跨事业部审核,成为飞利浦全球四家 EMS 跨事业部供应商中的一员(其他三家是捷普、四海、艾科泰,均为世界前 10 大 EMS 公司),意味着公司已具有为飞利浦照明、消费类电子、家庭小家电和个人护理、医疗等事业部提供 EMS 服务的资格。优选供应商与品牌商之间是一种相互依存、共同发展的关系。

2. "优选供应商"必须具备的条件

根据飞利浦对供应商的资格审核标准,"优选供应商"需在:(1)综合信息;(2)领导力;(3)市场与客户服务;(4)项目管理;(5)创新、研发、工程技术;(6)软件;(7)采购;(8)生产;(9)质量;(10)供应链、物流;(11)信息技术;(12)可持续发展;(13)财务;(14)人力资源管理;(15)供应链安全保障;(16)飞利浦相关事业部的特定审核要求 16 个方面通过严格的审核,作为"优选供应商"中的 EMS 供应商,上述 16 个项目的审核标准与飞利浦供应商评级中最高级的"伙伴供应商"相同,即需经过最严格的资格审核。通常,飞利浦每年进行一次较大规模的资格审核。通过审核则继续有订单,如审核未通过,则根据不良项目的严重性要求供应商限期内提交解决对策并限整改,再次审核如仍不能通过则取消供货资格。

3. "优选供应商"与品牌商之间的相互依存关系

出于竞争和长期发展的需要,品牌商通常需要与制造服务商建立和保持稳定的合作,基于以下原因,双方在长期合作的过程中逐渐形成了相互依存的关系。

第一,EMS 行业在国内仍然属于新兴行业,达到公司生产规模和制造能力的国内企业屈指可数,而能够符合飞利浦要求并被审核通过的企业就更少;目前公司与飞利浦合作的主要业务是消费类电子,消费类电子市场价格竞争较为激烈,而公司在这一方面具有较明显的优势;公司服务的灵活性和快速的反应能力,在与国际顶级 EMS 公司的竞争中已显现出明显优势。因此,成为顶级品牌商的长期合作伙伴门槛较高。

第二,为保持和扩大全球市场份额,满足消费国在产品质量、技术、安全等方面的严格标准,品牌商需要与供应商长期合作,以保证其优质稳定的产品供应链。

第三,EMS 供应商凭借制造服务优势,在产品设计、工艺技术等方面与品牌商有深度的参与和合作;品牌商对优选供应商的审核严格而漫长,每更换一次供应商都将影响其经营而且会付出较大的成本。

第四,就像 EMS 供应商需要品牌商一样,品牌商也需要与最具竞争力的 EMS 企业合作,以降低成本和提高自身竞争力,品牌商之间也同样存在对优质制造资源的争夺,这有利于公司维护和拓展与品牌商的长期合作关系。

(四)公司与飞利浦之间的业务规模有望进一步扩大

1. 公司在飞利浦娱乐类消费电子生产厂中所占份额情况

飞利浦全球娱乐类消费电子生产厂主要包括香港飞利浦、匈牙利飞利浦、巴西飞利浦和阿根廷飞利浦以及 2004 年第二季度以前的北京飞利浦(其后北京飞利浦关闭,业务转移至香港飞利浦),其中巴西飞利浦和阿根廷飞利浦均生产可录 DVD、家庭影院之外的其他娱乐类消费电子产品。

根据飞利浦向公司提供的数据,2004 ~ 2007 年,公司在飞利浦各娱乐类消费电子生产厂中可录 DVD 控制、家庭影院和普通 DVD 控制板的份额如下:

生产厂	主要产品	EMS 供应商	2007 年	2006 年	2005 年	2004 年
香港飞利浦	普通 DVD 板 可录 DVD 板 家庭影院板	实益达	100%	37%	59%	3%
		捷普	—	63%	39%	28%
		艾科泰	—	—	2%	69%
		合计	100%	100%	100%	100%
匈牙利飞利浦	可录 DVD 板 家庭影院板	实益达	100%	40%	26%	1%
		捷普	—	60%	68%	56%
		艾科泰	—	—	6%	43%
		合计	100%	100%	100%	100%
北京飞利浦	普通 DVD 板	实益达	—	—	—	100%

2. 公司现已成为飞利浦可录 DVD 和家庭影院唯一 EMS 供应商

飞利浦可录 DVD、家庭影院产品控制板的 EMS 供应商,在 2004 年主要是全球 EMS 排名前十位的美国捷普和芬兰艾科泰,2005 年及 2006 年 1 ~ 11 月则主要是公司和捷普,2006 年 11 月以后公司成为飞利浦可录 DVD 和家庭影院唯一 EMS 供应商。具体原因如下:

技术日新月异、市场调整节奏快是终端电子产品市场的显著特点。飞利浦等国际高端电子品牌厂商为适应市场变化甚至引导市场,需要经常对产品结构、型号进行调整,因而对 EMS 供应商在柔性生产、信息沟通效率、及时交货和快速响应方面要求越来越高。作为世界顶级 EMS 企业,艾科泰和捷普在技术、生产设备、质量保证体系和人员管理方面投资巨大,内部构架较复杂,因而其决策速度较慢,在灵活性方面与实益达相比有一定差距。例如,在产销旺季需要加班加量的时候,由于不需要经过冗长的审批流程,原材料采购效率也较高,公司的采购和生产管理流程能够很好地适应这种订单变化,并且不会增加额外成本,因而报价相对较低,具有竞争力。综上,考虑到反应速度、成本方面等原因,艾科泰和捷普分别于 2005 年年初和 2006 年年末放弃了可录 DVD 和家庭影院控制板产品,而是专注于批量更大、单价更高的高档电视领域。

(五)公司作为飞利浦可录 DVD、家庭影院唯一 EMS 供应商具有较高稳定性

从飞利浦全球主要供应商的布局结构分析,公司作为飞利浦最重要的 EMS 供应商之一,在消费电子产品领域(主要是可录 DVD、家庭影院产品)的核心地位在相当长时间内将不会改变。分析如下:

1. 是由飞利浦消费电子产品全球布局决定的

飞利浦消费电子产品事业部主要生产厂的全球布局结构如下:

生产厂	主要产品	主要产品销售地域
香港飞利浦	普通 DVD、可录 DVD、家庭影院等娱乐类消费电子产品	美国、澳大利亚、新西兰、韩国、中国以及东盟的越南、新加坡、印尼、马来西亚等国家和地区
匈牙利飞利浦	可录 DVD、家庭影院等娱乐类消费电子产品和电视产品	欧洲
墨西哥飞利浦	高档电视和酒店电视产品	北美
比利时飞利浦、波兰飞利浦	高档电视产品	欧洲
巴西飞利浦、阿根廷飞利浦	娱乐类消费电子产品(不含可录 DVD、家庭影院)	南美

目前,香港飞利浦和匈牙利飞利浦生产可录 DVD、家庭影院所用的 PCBA 控制板

均由公司提供。从飞利浦消费电子产品全球布局以及飞利浦向公司出具的确认函可以认定,公司是飞利浦可录DVD、家庭影院全球唯一EMS供应商。

2. 是由飞利浦对主要EMS供应商的分工决定的

目前,飞利浦在全球共有4家跨事业部供应商,除实益达外,其余三家分别为美国捷普、四海和芬兰艾科泰,各自分工如下:

(1)捷普通过其在匈牙利、比利时设立的工厂,主要为飞利浦高档电视产品提供EMS服务;

(2)四海通过其马来西亚工厂,为飞利浦机顶盒产品提供EMS服务,通过其美国和英国工厂为飞利浦医疗电子产品部提供EMS服务;

(3)艾科泰通过其在中国大陆设立的工厂,为飞利浦高档电视产品提供EMS服务,主要销售对象为飞利浦在墨西哥的工厂;

(4)实益达主要为飞利浦娱乐类消费电子产品提供服务,制造的PCBA控制板主要销往香港飞利浦、匈牙利飞利浦及其下属工厂。

由上述飞利浦主要工厂布局状况及供应商分工情况分析,飞利浦在全球范围内选择EMS供应商有着合理并且长远的计划安排,四家跨事业部供应商之间在地域及产品方面分工明晰且不存在直接竞争:捷普和艾科泰占有飞利浦高档电视产品所有市场份额;四海主要为飞利浦机顶盒产品事业群和医疗电子产品部提供产品和服务;实益达则主要专注于为娱乐类电子产品提供EMS服务。

此外,实益达与飞利浦合作时间已有7年多,以决策迅速、反应灵活和产品质量稳定可靠得到飞利浦的充分认可。因此,公司认为在可录DVD和家庭影院产品方面,公司作为飞利浦全球唯一EMS供应商的状况在相当长的时间内将会保持稳定。

(六)公司与飞利浦合作稳定性的具体保障措施

经过7年多的合作,公司与飞利浦目前的合作状况不论深度还是广度均大大超越从前,合作规模由几千万人民币到2006年的四个亿,2007年还有较大增长;合作领域由单一的普通DVD产品到可录DVD、家庭影院、播放器、MP4、MP3、照明产品等多个品种,由消费电子产品逐步拓展到照明电子、小家电产品,合作关系从“优选供应商”资格到成为飞利浦全球四家跨事业部EMS供应商中之一。长期良好的合作经历是公司与飞利浦未来更大规模和更深层次继续合作的坚实基础,而双方合作稳定性的具体保障措施,包括如下方面:

1. EMS业务模式决定了公司与飞利浦之间是一种相互依存的关系

首先,EMS业务模式是在电子制造行业“全球分工”和“制造业务外包”的背景下产生和发展的。在电子制造行业的全球供应链上，各厂商均集中资源于最具核心竞争力的价值区域，同一供应链上各厂商必须具有高度的跨国协作和价值链协作能力，才能形成供应链上强有力的一环。公司凭借在“制造”方面的核心竞争力，在我国内资企业中脱颖而出，经过飞利浦严格的审核而率先加入其全球供应链，说明公司已具备加入世界“高端产业链条”的能力和经验。电子制造行业的全球供应链一经形成，就具有极强的稳定性，这也决定了提供制造服务的 EMS 供应商与品牌商的合作具有天然稳定性。

其次，EMS 供应商不同于一般商品供应商，除提供制造业务外，还提供产品设计、工程、测试以及物料采购等一系列服务；其产品是电子产品的核心部件——PCBA 控制板，因此 EMS 供应商对于任何品牌商来说都是核心供应商，前期资格认定需要一到两年的长期严格审核和多次产品认证，这也决定了品牌商不可能随意更换 EMS 供应商。事实上，品牌商即使要更换 EMS 供应商也会有一到两年的过渡期，而与新的 EMS 供应商的磨合对品牌商来说具有很大的风险，因此双方的合作关系一旦确立即非常稳固。另一方面，目前国内符合飞利浦要求的 EMS 公司屈指可数，且就实益达与飞利浦的合作状况看，双方的合作只会越来越紧密，合作规模只会越来越大。

最后，公司所具有的独特优势决定了双方合作可以长期稳定。实益达目前主要产品集中在消费电子领域，正是在这一以产品快速更新换代为特征的领域，实益达具备了其他顶级 EMS 供应商所不具备的“灵活”、“快速”等突出优势，同时又具备了其他内资企业所不具备的规模生产和与国际高端品牌商长期合作的经验。公司的突出优势和业务经验，已使公司成为品牌商不会轻易放弃的“优质制造资源”，这也决定了公司与飞利浦的合作可以长期稳定。

2. 业务合作的法律保障

为使公司与飞利浦之间的合作具有法律保障，公司于 2004 年 5 月 1 日与香港飞利浦签署一份《采购协议》，协议约定除非一方提出终止协议，该协议长期有效。该份协议由飞利浦公司荷兰总部统一拟定，由于其授权香港飞利浦对实益达 EMS 业务进行管理，因此该协议由香港飞利浦直接与公司签署。根据飞利浦惯例，作为飞利浦跨事业部 EMS 供应商之一的实益达在向飞利浦其他企业和其他事业部供货时，也参照这份协议执行。因此，实益达与飞利浦的合作关系具有有效法律保障。

（七）公司自主进行各类产品的生产和销售

由于公司生产经营具有“定制生产”和“订单生产”的特点，即按客户订单的要求，公司自行采购原材料，以自有生产设备组织生产，并将合格产品直接销售给客户，且直接向客户收款。以主要客户飞利浦为例,公司接受飞利浦的订单所生产的PCBA控制板只能销售给飞利浦,而不会销售给其他客户,因为定制产品(PCBA控制板)并不能用于其他客户的产品上。

对于飞利浦以外的其他客户,公司同样采取“定制生产”和“订单生产”的方式进行。虽然飞利浦为公司主要客户,但飞利浦并未限制本公司为其他客户提供EMS服务。而实际上,公司曾经为包括青岛海尔等国内厂家提供DVD整机加工组装服务,业务开展期间及结束后,公司并未收到来自飞利浦的任何质疑或者其他表示约束、限制的意思表达。

国际高端电子品牌厂商在选择其核心供应商时,均非常关注供应商是否具有为同行业、同级别企业服务的经验和经历。因此,飞利浦等国际高端电子品牌厂商不会约束或者限制其供应商为其他企业提供EMS服务,而且此类经验和经历将会成为供应商进入全球电子制造产业链的优势。例如,富士康国际同时为两大著名手机生产商诺基亚和摩托罗拉的EMS供应商,美国捷普同时为飞利浦和惠普的EMS供应商。

(八)公司向飞利浦购买部分原材料用于生产的情况

1. 飞利浦未向公司和百华科技销售过任何整机产品

近三年,飞利浦未向公司和百华科技销售任何整机产品,公司和百华科技也未代理或经销过任何飞利浦整机产品。

2. 公司向飞利浦购买部分原材料用于生产的情况

公司生产为飞利浦产品配套的PCBA控制板,部分电子元器件等原材料由飞利浦提供,即公司向飞利浦采购该等原材料,公司向飞利浦采购物料原因如下:

(1)飞利浦每周通过CALL OFF(飞利浦的内部订单)形式向供应商发放订单,如飞利浦临时减少订单或把订单日期延后而此时供应商用于生产该产品的物料已购买入库,造成该部分物料消耗不完的,飞利浦就需要负责购回此部分物料。飞利浦将此部分物料购回后,转卖给其他有需求的供应商。

(2)部分国际性大供应商给予不同客户信用期限不同,对于部分供应商,公司需要采用预先付款或货到付款方式才可以购买到部分物料,但是他们通常会给予飞利浦公司一定账期,因此飞利浦根据公司需求,先向该等供应商购买,再以同样价格转卖给公司,并给予公司60天账期,以帮助公司缓解资金周转压力。

近三年,公司向飞利浦购买原材料具体情况如下:

单位:万元

采购对象	原材料类别	2006 年	2005 年	2004 年
香港飞利浦	阻容件	73.03	17.27	138.72
	接插件	310.42	39.51	192.39
	二三极管	129.66	20.83	99.98
	IC	2628.22	3346.02	366.63
	PCB	129.10	4.51	50.09
	VFD	183.34	2.12	99.14
	小计	3453.77	3430.26	946.95
北京飞利浦	接插件	—	—	42.88
	IC	—	—	11.51
	二三极管	—	—	0.18
	小计	—	—	54.57
飞利浦半导体有限公司(注)	IC	856.50	1864.75	—
	小计	856.50	1864.75	—
合计		4310.27	5295.01	1056.09

注:飞利浦于 2006 年 9 月将飞利浦半导体有限公司对外出售,该公司于 2006 年 11 月更名为 NXP Semiconductors HongKong Ltd,目前仍是本公司主要供应商之一。

(九)公司在其他业务领域和对飞利浦以外其他客户开拓情况

由于生产规模和资金实力所限,在成长初期,公司将有限的资源集中,服务于一到两家核心客户,是多数世界顶级 EMS 公司的共同经验。随着公司业务规模和技术实力逐步增强,公司从 2005 年开始积极开拓新客户和新业务,并根据公司制订的“一对一定制服务”原则于 2006 年 7 月设立第一、第二事业部,分别负责公司与核心客户飞利浦之间以及公司与飞利浦以外其他客户之间的产品项目跟踪、目标采购及相关产品制造服务,各事业部均独立设置项目、采购、物料、工程、开发等部门。公司与包括通用电气、德尔福(全球最大的汽车零部件供应商)、Enseo、连营科技、Telular telecom、Kidde、威德米勒等在内的其他国际型客户的合作近两年已陆续展开。

1. 与通用电器的合作

公司于 2005 年 8 月顺利通过通用电气公司工业及消费品部门的审核,双方洽谈的合作领域较为广泛,主要包括白色家电、安防系统、工业用 UPS(不间断电源)及工业电动机车等多个方面。2006年开始为其小样试生产,预计公司本部将于2007年开始为通用电气白色家电产品提供PCBA控制板,而无锡实益达则于2007年上半年开始为通用电气照明产品提供PCBA控制板。

2. 无锡实益达与德尔福的合作

无锡实益达2007年3月启用自建新厂房后,在拓展客户方面取得较大进展,其中之一便是于2007年4月与无锡德尔福大星电子有限公司(DDW)确定合作关系,无锡实益达将为其提供包括汽车中控门锁、前灯、雾灯及雨刮器等电子产品在内的四大类共24个型号PCBA控制板。目前,双方已完成产品的前期生产及测试,并已进入产品价格谈判的阶段,一旦产品价格协商确定,即可进行产品生产,预计2007年无锡实益达将收到来自德尔福大星的产品订单约1000万美元。无锡德尔福大星电子有限公司(DDW)是于2003年由美国德尔福(DELPHI)公司与韩国大星(DAESUNG)公司共同兴建的外资企业,该公司致力于汽车电子的研制与生产,主要为通用汽车韩国公司及韩国现代汽车提供零部件产品。

美国德尔福是世界最大的汽车零部件供应商,世界500强企业之一,2006年德尔福全球销售额约为264亿美元,其产品包括动力总成、安全、转向、热交换、控制与防盗系统、电气/电子系统、车内娱乐技术等,通用汽车和福特汽车为其全球主要客户。德尔福于1993年开始正式在中国开展业务,目前在中国设立了17家经济实体(包括生产企业、技术研发中心和贸易公司等),在中国生产40多种汽车零部件,为几乎所有在中国的主要整车厂供货。同时,德尔福的在华企业还大批量出口欧美及亚洲。2006年,德尔福亚太区销售额19.2亿美元,较2005年增长47%。

与无锡德尔福大星电子有限公司合作的开始,意味着公司已正式进入汽车电子产品领域,间接成为通用汽车和现代汽车相关电子产品的供应商,而美国德尔福广泛的全球客户基础和巨大的营业额,也是未来公司与其展开更广泛、更大规模合作的基础。

3. 与其他客户的合作

公司与Wintech、Enseo、全美等公司的合作已在2006年下半年展开,2006年仅6个多月这三家公司(不包括其他小客户)合计销售收入已达到7060.43万元,占公司全年主营业务收入的14.71%。

4. 公司在其他业务领域开拓情况

从2006年11月开始,公司主要客户飞利浦将其在消费电子领域(主要是可录DVD、家庭影院,不含电视)原向另一主要EMS供应商的订单全部转移给本公司,因此在2007年公司本部可录DVD、家庭影院系列控制板业务规模将大幅增长。根据公司2007年年初收到的飞利浦订单,MP3和MP4控制板将在2007年实现1亿~2亿元的收入,成为公司又一主要产品。此外,公司本部在2007年预计将获得飞利浦电视事业部在酒店电视综合媒体播放器控制板方面约4000万元人民币的订单。除飞利浦外，2007年公司本部将获得连营科技液晶电视控制板超过1亿元的订单，加上Enseo、通用电气、Telular telecom、Kidde等公司的订单，2007年公司本部除飞利浦以外的其他订单将占公司总收入的比重约为30%。

公司控股子公司无锡实益达2007年将开始批量生产照明产品控制板，预计其可获得的较大订单包括飞利浦照明约为人民币8000万元、通用电气约为4000万元。预计到2008年，公司飞利浦以外的其他客户收入占公司总收入的比重将进一步提高到40%左右。

上述订单表明，公司在积极开拓其他产品领域（如液晶电视、照明、汽车电子等）和开拓飞利浦以外其他客户方面均已取得重大进展，进入新的产品领域和获得更多国际性客户的认可将使公司保持快速发展。

二、宝莫股份（002476）

（一）重要风险提示

1. 产品主要应用领域集中的风险

聚丙烯酰胺是全球使用量最大的水溶性高分子化合物，具有“百业助剂”、“工业味精”之称，应用范围非常广泛。2008年全球聚丙烯酰胺的总消费量约84万吨，中国消费量约33万吨。在国际市场上（除中国外），聚丙烯酰胺主要应用领域非常集中，主要应用在造纸业和水处理业两大领域。2008年两大领域消费量占聚丙烯酰胺产量的80%，尤其是在美国，用于这两大领域的消费量达到了85%。目前，中国已成为聚丙烯酰胺第一大生产国和第一大消费国，聚丙烯酰胺已在油田三次采油中作为驱油剂得到了广泛应用，近年来在水处理、造纸、纺织等领域的应用逐渐扩大。国内聚丙烯酰胺市场结构与国际市场存在较大差别，2008年中国消费聚丙烯酰胺32.86万吨。其中：三次采油18.8万吨，占57%；水处理业7.06万吨，占21%；造纸业5.5万吨，占17%。我国聚丙烯酰胺消费集中在油田三次采油领域，受国际石油价格和国家能源战略的影响很大，而且三次采油技术发展不排除在未来出现革命性突破，会对公司未来发展产生一定风险。

2. 客户集中度较高的风险

我国聚丙烯酰胺消费主要集中在三次采油领域，陆地石油开采基本上由中石化、中石油两大集团控制，中石油和中石化下属的大庆油田和胜利油田聚丙烯酰胺用量占全国三次采油聚丙烯酰胺总用量的80%以上。

多年来,公司致力于采油专用聚丙烯酰胺的研发和生产,已掌握适用于不同油藏地质条件的产品质量要求,并进行了7次大的技术改进和更新换代,产品质量可靠,被中石化列为一级战略供应商,与中石化形成了牢固的合作关系。2007年、2008年、2009年对中石化的销售收入占公司全部销售收入的比例分别达到84.06%、74.07%、77.48%,公司存在客户集中度较高的风险。

为拓展市场、扩大公司业务领域,进一步提高公司竞争力,从2005年开始公司加大了阴离子型聚丙烯酰胺系列化产品的开发,并于2007年9月正式投产阳离子型聚丙烯酰胺,公司产品系列品种不断丰富、客户趋于多元化。

(二)重要客户依赖的解释

1. 公司是中石化胜利油田三次采油产品长期优秀供应商

胜利油田是中石化下属专业采油企业,其采油专用聚丙烯酰胺基本由公司、胜利油田环通化工合成材料厂、盛立化工、北京恒聚、新纪元和东营万达化工有限公司供应,公司占有胜利油田近50%的市场份额。

(1)驱油用聚丙烯酰胺是高度专业化产品

石油开采,特别是油田三次采油是国内聚丙烯酰胺最大的消费市场,目前占整个聚丙烯酰胺市场的60%左右。在三次采油市场,中石油大庆油田和中石化胜利油田是应用聚合物驱油最广泛的油田,两家每年三次采油聚合物用量占国内三次采油聚丙烯酰胺总用量的80%以上。

中石化胜利油田与国内其他油田相比,油藏条件比较特殊,地层温度高、地层水矿化度高,原油黏度高,综合含水率高,大孔道较为普遍,是国内地质条件最为复杂、开采难度最大的油田之一。在胜利油田高温高矿化度油藏条件下应用聚合物化学驱采油技术时,需要研制开发适用于胜利油田特殊油藏条件的专门化产品,普通聚丙烯酰胺难以满足要求,主要表现在以下四个方面:①温度较高时,普通聚丙烯酰胺水解严重;②地层温度超过75摄氏度后,随着地层温度升高,水解聚丙烯酰胺沉淀形成加快;③高温、高盐易导致水解聚丙烯酰胺从水溶液中沉淀出来,并且水解度越高这种现象越显著;④溶液黏度对温度和盐度非常敏感,在高温、高盐环境中溶液的黏度保留率很低。

(2)公司是三次采油用聚丙烯酰胺高端产品生产商

公司十多年来在产品服务油田的基础上,深入了解中石化胜利油田的复杂地质条件,利用新型合成技术和工艺路线,对生产装置进行不断改进,进一步提高产品分子量,改善产品耐温抗盐性能,提高了产品与胜利油田采出污水的配伍性能。在公司成立的十多年中,针对不同油藏地质条件研究开发出了三种油田用聚丙烯酰胺,并对产品进行了7次大的技术改进,目前主要向胜利油田供应针对复杂地质条件下采油的高端产品,技术指标优于其他供应商。

近年来随着国际石油价格节节攀升,高温高盐油藏的开采越来越具有经济性,三次采油动用油藏的地质条件也越来越复杂,这对聚丙烯酰胺产品的分子量、耐温抗盐性能和溶解性的要求越来越高。公司针对需要研发取得的成果主要有:

①提高分子量:公司在筛选合适引发体系的基础上,通过改进丙烯酰胺单体的精制工艺,优化聚合和干燥工段的工艺参数,利用改进的均聚后水解工艺,在工业生产中合成了分子量达到3500万的产品,达到国际国内领先水平。

②提高耐温抗盐性能:公司产品在提高分子量的同时,通过分子设计,使分子主链树枝状化,提高单个分子的水化体积,从而提高产品在高温高盐条件下的增黏能力。通过选择功能单体,针对不同的油藏条件,合成不同的耐温抗盐产品,提高了产品应用过程中的适应能力。

③提高溶解性:公司自成立以来不断改善产品溶解性能,特别是近两年来,对产品的溶解性控制方面取得了比较大的进展。

(3)公司是中石化的一级战略供应商

中石化对三次采油用助剂供应商建立了严格的市场准入和评估程序,在市场准入上对申请加入的供应商提出了严格要求。在评估程序上,油田三次采油助剂进入市场需经过严格的评估程序:技术认可→生产线抽样→主要指标复核→综合性能对比评价→专家审议→现场试注→注入产品主要指标复查→专家评议→申请准入→纳入三次采油助剂管理。中石化在对三次采油用助剂供应商控制准入的基础上,还对供应商实行分级控制管理,根据所采购物资的重要程度、市场环境,对不同类型的供应商制定不同的管理策略。多年来,公司产品质量稳定,信誉良好,赢得了客户好评,被中石化认定为战略供应商,与中石化结成了长期稳定的战略伙伴关系。

2. 公司与中石化合作前景广阔

(1)公司新型产品优势将更加突出

随着国内油田三次采油的不断发展,三次采油的油藏条件日益复杂和苛刻,对驱油用聚丙烯酰胺的要求不断提高。胜利油田在二类油藏三次采油的基础上,计划对三类油藏进行开采,需要适用于三类油藏的驱油用新型耐温抗盐阴离子聚丙烯酰胺。

公司投入大量资金进行多年艰苦的研发工作,成功地掌握了生产Ⅲ型聚丙烯酰胺的前加碱水解工艺和后加碱水解工艺,产品分子量高,黏弹性好,产品黏度达到20MPA. S以上。经检验,产品各项指标均满足或高于油田用新型聚丙烯酰胺的指标要求。公司Ⅲ型聚丙烯酰胺从2005年开始进行试注,2006年大批量在胜利油田胜利采油厂和孤东采油厂进行试注,取得了比较理想的效果。从2008年起,Ⅲ型聚丙烯酰胺将逐渐替代目前大规模应用的Ⅱ型聚丙烯酰胺成为胜利油田三次采油的主要助剂。随着胜利油田三类油藏快速开发,Ⅲ型聚丙烯酰胺需求将迅速增长,公司在新型产品上的优势将更加突出。

(2)公司与中石化之间将形成日趋紧密的合作双赢关系

中石化从业务战略高度出发,越来越倾向于设立较高的市场准入门槛,与有研发生产实力的企业建立起长期稳定的合作关系,从投用油田地质储量条件、聚丙烯酰胺产品指标确定、新产品研发、现场试注、产品评价等多方面进行信息共享和合作。因此,中石化与本公司之间将形成更加紧密的合作双赢关系。

(3)中石化胜利油田"十一五"规划

截至2007年,胜利油田共实施三次采油项目33个,累计动用地质储量3.56亿吨,累积增油量1453万吨。三次采油区块动用地质储量占胜利油区的7.8%,产量占总采油量的12.4%,三次采油已成为胜利油田稳产的主要措施之一。"十一五"期间,根据2008年1月胜利油田"十一五"油气硬稳定工作计划对原"十一五"规划做出的调整,为了确保三次采油增油效果,减缓产量递减,一方面要加快覆盖剩余一、二类储量;另一方面要利用高油价有利条件,优化方案实施,延长注聚单元注聚段塞,扩大二元驱规模并优选油藏条件相对较好的三类油藏注聚。"十一五"三次采油将覆盖地质储量13,860万吨,投入聚合物干粉22.9万吨,确保"十一五"期间阶段增油775万吨,比原规划多增油110万吨。同时,要开展三次采油新区先导试验,为"十二五"做好技术储备。据此,公司相信未来油田三次采油用聚丙烯酰胺产品使用范围和规模将进一步扩大。

三、东方嘉盛

(一)对IT行业依赖的风险

由于IT行业国际化程度和业务外包比例高,对供应链管理服务需求较大,因此,公司目前的客户群以IT行业为主。近几年,随着公司拓展其他行业业务逐步取得成效,但IT行业客户目前仍是公司最主要的客户,公司的发展与IT行业的发展息息相关,对IT行业仍存在一定的依赖。

IT行业发展随全球经济发展波动较大,国内IT行业是最早与国际接轨的行业之一,国内IT产品的核心部件大多依赖进口,而产成品又大量出口,2008年下半年金融危机的爆发和中国经济发展的减速使得国内IT市场需求开始减速;2009年,随着全球经济的逐渐转暖和中国经济的企稳复苏,国内IT市场又迅速复苏,IT行业和经济周期表现出较强的关联性。因此,公司业务亦受到这一因素的影响,来自 IT 行业的收入会随着经济周期出现波动。

(二)对主要客户依赖的风险

由于对供应链管理服务存在需求的企业多数为大型企业,而公司又致力于为全球性优秀企业提供服务,因而公司服务对象大多为世界 500 强企业及行业龙头企业,客户比较集中。报告期,公司对前五大客户的营业收入及比例如下表所示:

单位:万元

项目	2010 年 1~6 月		2009 年		2008 年		2007 年	
	金额	占比	金额	占比	金额	占比	金额	占比
营业收入	261,134.37	100.00%	853,173.22	100.00%	730,697.51	100.00%	744,255.11	100.00%
对前五大客户的营业收入	250,910.49	96.08%	837,910.14	98.21%	717,588.80	98.21%	728,765.82	97.92%
其中:对惠普的营业收入	242,647.90	92.92%	826,504.55	96.87%	698,565.41	95.60%	718,040.82	96.48%

报告期,公司对前五大客户的备考营业收入及比例如下表所示:

单位:万元

项目	2010 年 1~6 月		2009 年		2008 年		2007 年	
	金额	占比	金额	占比	金额	占比	金额	占比
营业收入	7603.85	100.00%	17,392.99	100.00%	13,098.24	100.00%	11,939.21	100.00%
对前五大客户的营业收入	5430.65	71.42%	12,717.92	73.12%	6938.62	52.90%	8448.39	70.76%
其中:对惠普的营业收入	2643.15	34.76%	7173.82	41.25%	3606.46	27.53%	5873.39	49.19%

上述两表显示,公司对主要客户存在一定程度的依赖,特别是对惠普存在依赖,若主要客户的经营情况和资信状况发生变化,将在一定程度上影响公司的经营业绩。近年来,虽然公司通过不断拓展新客户新行业,逐步降低对惠普的依赖程度,但公司经营对主要客户仍存在一定程度的依赖。

（三）发审委否决意见

报告期内，你公司向前五大客户提供服务而取得的备考收入占备考收入总额的比例分别为：70.76%、52.90%、73.12%、71.42%，且服务协议采用一年一签的形式，未来能否持续稳定获得主要客户的服务合同具有不确定性。上述事项对你公司持续盈利能力构成重大不利影响。上述情形不符合《首次公开发行股票并在创业板上市管理暂行办法》第 14 条第 6 款的有关规定。

四、蒙发利

（一）单一客户份额较高的风险

HOMEDICS 是个人保健、健康和舒缓产品领域的全球品牌商，在按摩器具领域经营 HoMedics、ObusForme（2008 年年末收购）、The Sharper Image（2008 年年末获授权使用）等市场领先品牌。该集团分销渠道覆盖北美、西欧、大洋洲及南非等区域市场 60 多个国家或地区的 5 万多个零售终端，市场份额领先。

2007 年度、2008 年度和 2009 年度，发行人向 HOMEDICS 的销售额占同期主营业务收入比重分别为 47.97%、49.41% 和 45.32%，比例略有下降但销售额持续增长。

自 2004 年年末开始合作以来，由于双方通过 PRMS 模式实现了共赢，HOMEDICS 快速成为发行人最大的单一客户。历年详细合作情况如下：

发行人向 HOMEDICS 销售		2009 年	2008 年	2007 年	2006 年	2005 年
销售金额（万美元）		8348.80	8214.32	6906.00	5194.59	1816.82
零售价格	9.99～49.99 美元	46.41%	41.66%	53.11%	75.57%	76.71%
	9.99～149.99 美元	29.17%	33.43%	39.40%	22.35%	18.52%
	199.99～399.99 美元	24.42%	24.53%	5.95%	—	—

自 2005 年开始，发行人充分发挥研发优势，针对消费者潜在需求，与 HOMEDICS 共同策划了一系列畅销产品，形成了零售价位覆盖 9.99～399.99 美元区间的全系列按摩小电器产品组合。

HOMEDICS 凭借产品组合丰富的优势，终端销售规模持续增强，已逐渐成为北美、大洋洲市场多数终端零售店内的主要按摩器具产品品牌，并正在快速进入欧盟市场分销渠道。同时，发行人产品策划能力进一步增强，在全部 10 个关键零售价位均实现了向 HOMEDICS 年供货量超过 100 万美元，其占 HOMEDICS 按摩器具产品的采购份额则从 2005 年的 40% 左右增加至 2009 年的 90% 以上。

2008 ~ 2009 年，HOMEDICS 与发行人强强联合，重点拓展欧洲市场，共同克服了全球金融危机的冲击。

单位：万美元

项目	2009 年		2008 年		2007 年金额
	金额	同比增长	金额	同比增长	
北美地区	5519.15	-5.57%	5844.64	-7.92%	6347.35
欧洲地区	2336.16	22.51%	1906.95	485.05%	325.94
其他地区	493.49	6.65%	462.73	98.85%	232.71
对 HOMEDICS 销售合计	8348.80	1.64%	8214.32	18.94%	6906.00

截至 2010 年 6 月 24 日，发行人已接到 HOMEDICS 发出的 2010 年订单 3987.80 万美元，其中北美市场订单为 1833.16 万美元，较上年同期下降 5.41%；欧洲市场订单为 1812.90 万美元，较上年同期增长 40.04%，整体增长趋势明显。

发行人律师认为："发行人在 HOMEDICS 供应商中具有较高地位，在按摩器具类产品方面，发行人与 HOMEDICS 相互依赖，不存在发行人单方面依赖 HOMEDICS 的情况。"

保荐机构认为："发行人与 HOMEDICS 通过长期的 PRMS 合作，业已形成了互相依赖的紧密合作关系，不存在单方依赖性。同时，单一客户份额较高不会对发行人持续发展形成实质性障碍。"

随着全球经济逐渐开始复苏，消费者信心逐渐恢复，发行人与 HOMEDICS 的合作空间仍将继续保持稳步增长。同时，发行人亦着力于拓展其他年度订单规模超过 500 万美元的大客户群体并取得了良好进展，预计 HOMEDICS 占发行人业务总额的比例将保持下降趋势。但是，单一客户份额过高仍可能给本公司经营带来一定风险，如果发行人与 HOMEDICS 的合作关系不能持续，或者 HOMEDICS 经营发生重大变化，将对发行人经营及业绩造成重大影响。

（二）发行人单一最大客户 HOMEDICS 的详细资料

HOMEDICS 系由 Alon Kaufman（现任公司 CEO）、Ron Ferber（现任公司总裁）于 1987 年 4 月创立于美国密歇根州（MECHIGAN）。自成立以来，该公司一直是家族控制的非公众公司，资产规模、经营业绩一直未曾公开披露过。

自成立以来，HOMEDEDICS 一直主营个人保健、健康和舒缓产品，迄今已发展成为按摩器具(Massager)、舒缓(Sensory)、安睡(Sleep)、测重及血压计(Health & Diagnostics)及家居环境领域的全球领导企业。HOMEDEDICS 及其控股或参股企业拥有 HoMedics、Taylor、Salter、ObusForme、PowerMat 等知名品牌,同时获得授权在指定产品领域使用 The Sharper Image、Black and Decker、Polaroid 等领先品牌。目前 HOMEDEDICS 拥有 250 个以上产品种类。

HOMEDICS 的产品主要来自于亚洲地区的供应商,并以中国为主。发行人目前是 HOMEDICS 按摩器具产品的主要供应商,供应份额已达到 90%。此外,在其他产品种类方面,得益于 HOMEDICS 广泛的渠道网络,查氏科技公司、优盛医学、安迅电子、元升集团、际诺斯、深圳万德仕、世达科技、正威集团、亿辉电子等大中型制造商均是 HOMEDICS 的主要供应商。

HOMEDICS 在北美、英国、澳大利亚及南非市场的市场份额一直领先。2006 年,HOMEDICS 开始在英国市场以外建设欧洲市场的分销渠道,并在 2008 ~ 2009 年获得了渠道网络的快速发展。在发行人供货的按摩器具领域,欧洲业务的高速成长较好地弥补了北美市场的不利影响。

(三)发行人与 HOMEDICS 的合作情况

发行人自 2004 年争取到与 HOMEDICS 的合作机会后,最初产品为 BK - 125 等简单的小电机按摩产品。发行人在保证产品质量稳定、交货及时的同时,针对零售价位 9.99 美元的按摩小电器产品缺乏新颖性的状况,采用 PRMS 模式与 HOMEDICS 共同策划,并于 2005 年 7 月推出 PM - 30 系列产品。PM - 30 系列产品上市当年,发行人供货规模达到 520 万美元,该系列产品累计供货规模超过 2000 万美元。通过多年 PRMS 模式合作,发行人与 HOMEDICS 的合作产品已逐渐扩展为覆盖 9.99 ~ 399.99 美元区间的同行业最完整的按摩小电器产品系列,并在全部 10 个关键零售价位实现了年供货量超过 100 万美元。

自 2004 年年末合作以来,发行人对 HOMEDICS 的历年销售情况如下:

项目	2009 年	2008 年	2007 年	2006 年	2005 年
销售金额(万美元)	8348.80	8214.32	6906.00	5194.59	1816.82
9.99 ~ 49.99 美元	46.41%	41.66%	53.11%	75.57%	76.71%
99.99 ~ 149.99 美元	29.17%	33.43%	39.40%	22.35%	18.52%
199.99 ~ 399.99 美元	24.42%	24.53%	5.95%	—	—

随着发行人供货规模的持续增长,发行人占 HOMEDICS 按摩器具产品的采购份

额从2005年的40%左右增加至2009年的90%以上。

发行人会计师出具了专项说明，认为："审计证据支持公司与HOMEDICS间销售业务的真实。公司收入确认有原始凭据的有效支持，符合企业会计准则要求。"

保荐机构认为："发行人与HOMEDICS之间的销售业务是真实客观的。"

（四）金融危机后HOMEDICS的经营情况，及对公司销售的影响

由于HOMEDICS是家族控制的非公众公司，发行人不能获得其金融危机后的经营业绩信息。但是在原来除英国以外渠道网络几乎空白的欧洲市场，HOMEDICS自2006年开始拓展渠道合作伙伴，逐渐形成了新业务增长点。在欧洲市场渠道网络快速成长的支持下，2008～2009年HOMEDICS与发行人共同在欧洲市场实现了按摩器具业务的快速发展，较好地克服了全球金融危机对北美市场业务的冲击。

单位：万美元

项目	2009年		2008年		2007年金额
	金额	同比增长	金额	同比增长	
北美地区	5519.15	-5.57%	5844.64	-7.92%	6347.35
欧洲地区	2336.16	22.51%	1906.95	485.05%	325.94
其他地区	493.49	6.65%	462.73	98.85%	232.71
对HOMEDICS销售合计	8348.80	1.64%	8214.32	18.94%	6906.00

截至2010年6月24日，发行人已接到HOMEDICS发出的2010年订单3987.80万美元，其中北美市场订单为1833.16万美元，较上年同期下降5.41%；欧洲市场订单为1812.90万美元，较上年同期增长40.04%，整体增长趋势明显。

（五）报告期内公司与HOMEDICS所签合作协议的期限

2006年2月25日，发行人与HOMEDICS签订了《国际购销协议》，协议期限自2006年3月1日至2010年2月28日。

2010年1月18日，发行人与HOMEDICS重新签订了《国际购销协议》，协议期限自2010年1月21日至2014年1月20日，其他主要条款均未变化。

（六）发行人与HOMEDICS的合作关系

2007年度、2008年度和2009年度，发行人向HOMEDICS的销售额在持续增长的同时，占同期主营业务收入比重分别为47.97%、49.41%和45.32%，略有下降，主要原

因是发行人亦正在着力拓展其他年度订单规模超过500万美元的大客户群体并取得了良好进展,预计HOMEDICS占发行人业务总额的比例将保持下降趋势。

发行人律师认为:"发行人在HOMEDICS供应商中具有较高地位,在按摩器具类产品方面,发行人与HOMEDICS相互依赖,不存在发行人单方面依赖HOMEDICS的情况。"

保荐机构认为:"发行人与HOMEDICS通过长期的PRMS合作,业已形成了互相依赖的紧密合作关系,不存在单方依赖性。同时,单一客户份额较高不会对发行人持续发展形成实质性障碍。"

(七)发审委审核意见

报告期内,发行人产品销售存在单一客户比例较大的情形,构成发行人未来盈利能力的重大不确定性。发审委认为,上述情形与《首次公开发行股票并上市管理办法》(证监会令第32号)第37条的规定不符。

【案例评析】

1. 重大客户依赖问题一直是投行实务界一个永恒的话题,每年上会的该类企业很多,有顺利通过的也有惨遭否决的。总结起来,判断公司是否构成重大客户依赖主要把握两点:(1)是互相依赖还是企业单独的依赖;(2)如果是单独依赖那么依赖的是谁?如果依赖的是国有大型企业(如中移动、中石油、国家电网)等,那么不会成为障碍甚至还会成为加分项,理由是该类企业已经代表了一个行业而不再单纯是一个企业了;如果依赖的是小型企业甚至是不知名或者来历不明的企业,那么问题就严重多了,很有可能被人怀疑是关联交易或者利益输送。

2. 还有一种情况,如果依赖的企业是大型的跨国公司呢?小兵觉得不会有国内大国企那么可靠,会里至少会怀疑两点:(1)人家有可能随时看不上境内企业随时甩了我们;(2)是不是存在抱大腿傍名牌的情形。因此,从这个角度来看,尽管已经过去多年但是实益达的解释思路依旧值得我们借鉴。

3. 实益达解释重大客户依赖的案例后来成为经典案例,其对于依赖飞利浦的解释思路也一直被人称道,总结起来主要有以下几个方面:(1)飞利浦在该业务领域全球市场份额很大,我不依赖不行。(2)公司是飞利浦全球优选供应商,说明公司产品质量过硬且飞利浦也依赖我,是相互依存的关系。(3)公司与飞利浦的合作继续保持稳定且有望进一步扩大,并且分不同角度解释这种稳定性是合理的和可预期的。(4)公司未来正在拓展企业应用行业和客户并且已经初见成效。

4. 宝莫股份也存在这个问题,其解释思路主要就是两个方面:其一,公司产品很好,是中石化的优秀供应商,且这样供应关系因为产品的优越而稳定;其二,公司与中石化未来的合作会更广阔且合作关系不会随意变更,不会存在因重大客户变更对公司生产经营产生的重要影响。小兵认为上述解释并不能消除风险,从招股书披露情况来看,山东宝莫不论是国内还是国外都不是做该类产品最好的,不能排除中石化合作关系终止的可能,且没有披露采购合同的签署年限等问题。另外,不仅销售上依赖中石化甚至连采购都存在依赖情况。公司使用的进口丙烯腈主要通过委托中石化国际事业部代为采购,公司通过中石化国际事业部代为采购丙烯腈的金额,以及占当期采购商品的比例如下:2007 年 13.40%、2008 年 8.11%、2009 年 27.39%。当然,很有可能因为人家依赖的是中石油而没有被重大关注,虽然投资者质疑很多。

5. 另外,重大客户依赖的定价公允性也是一个重要关注的问题,毕竟小企业面对大企业很有可能被欺负,甚至因为价格谈不拢合作关系随时发生变化的风险。宝莫股份对于定价公允性问题也做了解释。(1)采购价格公允性方面:本公司直接参与进口价格的谈判工作,由中石化国际事业部代理签订采购,中石化国际事业部加收 1% 代理费。中石化国际事业部长期从事化工材料的大宗进出口业务,凭借其渠道和规模采购优势,本公司可以降低从国外直接进口的采购成本;在丙烯腈供应紧张时,保障了公司生产原材料的及时供应。此外,委托采购方式为公司提供了更多的采购渠道,方便公司根据丙烯腈价格变动趋势合理确认采购方案。保荐机构认为,经过对公司丙烯腈采购情况和国内权威机构发布的丙烯腈价格信息进行对比分析,公司委托中石化国际事业部采购的丙烯腈价格是公允的。(2)销售价格方面:中石化通过与合格供应商联合谈判的方式来议定聚丙烯酰胺的交易价格。中石化在确定采购量和指标规格后,召集入网的合格生产供应商进行协商和谈判,综合考虑主要原材料丙烯腈价格、供应商生产成本、产品质量指标等因素,商定产品价格,定价过程符合市场化定价原则,所以聚丙烯酰胺的交易价格是公允的。经核查,保荐人、会计师认为:公司和中石化之间销售定价是公允的。

6. 被否决两家企业均为 2010 年最新的案例,尽管公布的审核意见主要是因为重大客户依赖被否决,但是更深层次的原因可能是公司盈利能力不足和抗风险能力不强,从而导致对大客户的依赖存在重大不确定性。显然,这样的问题靠中介机构的努力并不能消除,因而尽管中介机构均对客户依赖做了重大风险提示并做了解释,但是并没有打消审核人员的疑虑。

7. 从上可以判断,重大客户依赖一直都不是首发上市的实质性障碍但也是一个重要的审核风险,项目组一般对该类企业会相当谨慎,因为这直接影响到会里对于企业独立性和持续盈利能力的判断,而这两个方面恰恰是首发上市审核的重中之重。

8.较之客户重大依赖,供应商的重大依赖更加普遍,如果存在可能主要是行业特性所决定的,比如药企的药材供应或者化工企业某类原材料的供应等。如果行业有该类特性,那么主要解释行业特点以及保持稳定性和持续性的理由是可以的,如果企业独立于行业的整个模式那么风险就是非常大,甚至很难被认可。如果尝试解释,则同样有如下几个方面:(1)依赖于单一供应商的理由;(2)是否存在关联关系;(3)市场上是否存在其他供应商,为什么不选择其他家;(4)交易价格是否公允,是否存在利益输送;(5)发行人对供应商是否有主动权;(6)是否存在降低依赖度的选择性以及是否存在降低依赖度的措施。

【思路总结】

感谢土哥投行博客的总结,下表为重大客户依赖案例的不完全统计:

对比案例	依赖客户	主营业务	备注
神州泰岳	中国移动	飞信	
无限讯奇	中国移动	12580	
无限立通	中国移动	139邮箱	
高阳科技	中国移动	12590语音杂志、手机钱包	
华星创业	中国移动	网络测试优化服务	
恒信移动	中国移动	移动定制机手机卖场	现主要为河北移动业务
国民科技	中国移动	手机支付	
世纪鼎利	中国移动 中国联通 中国电信	TD-SCDMA室内和室外测试分析系统、CDMA路测分析系统、GSM路测分析系统	
日海通讯	中国移动 中国联通 中国电信	通讯网络物理链接设备	
万邦达	中国石油 中国神华	煤化工水处理	
广电运通 御银股份	各大银行	ATM机	
高峰石油	中国石油 中国石化	石油钻采工具	被否
山东宝莫	中国石化	三次采油产品	主要是胜利油田

续表

对比案例	依赖客户	主营业务	备注
山东墨龙	中国石油 中国石化	采油机械	二次上会
武汉凡谷	华为	移动射频器件	
立讯精密	富士康	二次代工	老板出身于富士康
宏泰矿业	宝钢集团	铁矿石销售	被否
西安隆基	无锡尚德	硅材料	
实益达	飞利浦	线路板贴牌	典型成功案例
徐州燃控	各大电气公司	锅炉制造	
易联众	政府部门	管理软件	

【参考法规】

一、首次公开发行股票并上市管理办法[2006]

第三十七条　发行人不得有下列影响持续盈利能力的情形：

(一)发行人的经营模式、产品或服务的品种结构已经或者将发生重大变化，并对发行人的持续盈利能力构成重大不利影响；

(二)发行人的行业地位或发行人所处行业的经营环境已经或者将发生重大变化，并对发行人的持续盈利能力构成重大不利影响；

(三)发行人最近1个会计年度的营业收入或净利润对关联方或者存在重大不确定性的客户存在重大依赖；

(四)发行人最近1个会计年度的净利润主要来自合并财务报表范围以外的投资收益；

(五)发行人在用的商标、专利、专有技术以及特许经营权等重要资产或技术的取得或者使用存在重大不利变化的风险；

(六)其他可能对发行人持续盈利能力构成重大不利影响的情形。

二、公开发行证券的公司信息披露内容与格式准则第 1 号——招股说明书(2006 年修订)

第四十四条　发行人应根据重要性原则披露主营业务的具体情况,包括:

(一)主要产品或服务的用途;

(二)主要产品的工艺流程图或服务的流程图;

(三)主要经营模式,包括采购模式、生产模式和销售模式;

(四)列表披露报告期内各期主要产品(或服务)的产能、产量、销量、销售收入,产品或服务的主要消费群体、销售价格的变动情况;报告期内各期向前五名客户合计的销售额占当期销售总额的百分比,如向单个客户的销售比例超过总额的 50% 或严重依赖于少数客户的,应披露其名称及销售比例。如该客户为发行人的关联方,则应披露产品最终实现销售的情况。受同一实际控制人控制的销售客户,应合并计算销售额;

(五)报告期内主要产品的原材料和能源及其供应情况,主要原材料和能源的价格变动趋势、主要原材料和能源占成本的比重;报告期内各期向前五名供应商合计的采购额占当期采购总额的百分比,如向单个供应商的采购比例超过总额的 50% 或严重依赖于少数供应商的,应披露其名称及采购比例。受同一实际控制人控制的供应商,应合并计算采购额。

■第五节　定向募集问题解决之道

【重要提示】

★ 定向募集公司是 20 世纪 90 年代历史的产物,现在已经不可能存在,但是对于某些历史上曾有定向募集行为且准备首发上市的企业来讲,这个问题又不得不去面对。

★ 在我们的审核实践中,企业的历史沿革问题都是要求要详细披露并且不能存在瑕疵,但是同样也不能因为历史问题而不允许企业上市,因此该问题并不会造成首发上市的实质性障碍。

★ 定向募集规范的基本原则是:对未经批准擅自发行的内部职工股及 1993 年 7 月 1 日后违反有关规定超比例发行的内部职工股,可采取发行人回购、法人收购等方式进行清理。如果是 1994 年 6 月 19 日之前合规发行的内部职工股,可以采取集中托管的方式进行规范。

【案例情况】

一、太阳电缆(002300):最新案例被重点关注

发行人是在原国有企业南平电缆厂整体改制的基础上,由南平电缆厂作为主发起人,联合工行信托和武夷信托作为共同发起人,以定向募集方式设立的股份有限公司。

(一)内部职工股的具体情况

1. 内部职工股的审批及发行情况

1994年5月12日,福建省经济体制改革委员会以闽体改[1994]057号《关于同意设立福建南平电缆股份有限公司的批复》同意南平电缆厂、工行信托和武夷信托共同作为发起人,以定向募集方式设立福建南平电缆股份有限公司,公司股本总额为4000万股,其中,内部职工股为100万股,占股本总额的2.5%;内部职工限于南平电缆厂1994年5月的在册职工。

1994年6月18日,南平电缆厂召开职工代表大会,审议通过了《关于我厂改制为福建南平电缆股份有限公司内部职工股募集方案的决议》,确定内部职工股的认购范围为南平电缆厂1994年5月30日前在册的正式职工及离退休职工;认购原则为按照职工在公司所任职务的高低、所承担责任的大小确定不同的认购限额,其中,正厂级3000股,副厂级2300股,厂助级1900股,正科级1600股,副科级1200股,正式职工工龄20年以下(含20年)600股,20年以上至30年(含30年)700股,30年以上至35年(含35年)800股,35年以上900股,离休职工400股,退休职工300股;若有余额,追加给在册的正式职工;职工在限额内自愿认购;凡已申请调出、辞职和办理停薪留职手续及死亡的人员不能认购内部职工股;认购时间为自1994年6月18日至6月22日。据此,南平电缆厂职工以每股1.58元以现金方式认购内部职工股936,700股,经福建华兴会计师事务所核查验证并出具闽华兴所(94)股验字第18号《验资报告》确认:内部职工股认股款1,479,986元,系由公司职工以现金投入,其中:认股936,700股,按1.58:1认股,其面值部分列入“股本”科目,溢价部分计543,286元,列“资本公积”科目。

1994年6月29日,福建省经济体制改革委员会以闽体改[1994]075号《关于同意福建南平电缆股份有限公司变更股本总额及股权结构的批复》同意发行人对股本总额及股权结构进行调整,调整后的股本总额为3809万股,其中,内部职工股为93.67万股,占股本总额的2.46%。

2. 内部职工股转让、继承和股份变动情况

发行人设立后内部职工股在三年内除因继承发生股权变更外，未发生转让情况，其中有 8 位持股职工去世，其所持内部职工股由其继承人继承。

自发行人设立满三年后至本招股说明书签署日，发行人内部职工股共发生 508 人（次）转让，内部职工股转让的受让人在受让股份时均为发行人的内部职工，此外有 26 位持股职工去世，其所持内部职工股由其继承人继承。

2003 年 4 月 23 日经发行人 2002 年度股东大会审议通过，发行人以资本公积金向全体股东每 10 股转增 4 股。本次转增后，发行人内部职工股由 93.67 万股增至 131.138万股，占转增后股本总额 5332.6 万股的 2.46%。

2005 年 9 月 20 日经发行人 2005 年临时股东大会审议通过，发行人以资本公积金向全体股东每 10 股转增 0.4730126 股。本次转增后，发行人内部职工股由 131.138 万股增至 137.3409 万股，占转增后股本总额 10,000 万股的 1.37%。

3. 内部职工股的托管情况

发行人自设立后至 2007 年 7 月，内部职工股由发行人管理而未进行托管。2007 年 7 月 16 日，发行人与兴业证券签订了《内部职工股集中托管协议》，发行人委托兴业证券南平滨江中路证券营业部对其内部职工股进行集中托管。发行人的内部职工股股东共有 982 人，合计持有内部职工股 137.3409 万股已全部在该营业部集中托管。

发行人内部职工股前十大股东的持股情况如下：

序号	内部职工股股东姓名	持股数量（股）	持股比例（%）
1	林焕明	6686	0.0067
2	郑延红	6657	0.0067
3	潘　琳	5660	0.0057
4	吴必峰	5278	0.0053
5	林美琴	5102	0.0051
6	张光毅	5073	0.0051
7	周良增	4663	0.0047
8	蔡水南	4487	0.0045
9	黄孝平	4340	0.0043
10	马奇凤	4311	0.0043
	于文蕴	4311	0.0043

4. 发行人董事、监事、高级管理人员、核心技术人员及上述人员近亲属持有内部职工股情况

发行人董事、监事、高级管理人员、核心技术人员持有内部职工股情况详见第八节“二、董事、监事、高级管理人员、核心技术人员持股情况(一)直接持股情况”。发行人董事、监事、高级管理人员、核心技术人员近亲属持有内部职工股情况详见第八节“二、董事、监事、高级管理人员、核心技术人员持股情况(三)董事、监事、高级管理人员、核心技术人员近亲属持有公司股份情况”。

(二)内部职工股核查情况

经保荐人、发行人律师核查发行人设立时的《内部职工股持股花名册》和南平电缆厂1994年5月《职工工资计算表》,参与认购发行人内部职工股的1474名认购人均为当时在南平电缆厂工作并在劳动工资花名册上列名的正式职工或离退休职工。根据原国家经济体制改革委员会于1993年7月1日发布的《定向募集股份有限公司内部职工持股管理规定》(体改委[1993]114号)第5条规定:“公司向内部职工募集的股份,只限于以下人员购买和持有:(一)公司募集股份时,在公司工作并在劳动工资花名册上列名的正式职工;(二)公司派往子公司、联营企业工作,劳动人事关系仍在本公司的外派人员;(三)公司的董事、监事;(四)公司全资附属企业的在册职工;(五)公司及其全资附属企业在册管理的离退休职工。”发行人内部职工股的发行符合《定向募集股份有限公司内部职工持股管理规定》的要求。

经保荐人、发行人律师核查,自发行人于1994年7月11日设立后至1997年7月11日,在此三年期间内发行人共有8名持股职工死亡,其所持内部职工股由其继承人继承,除此之外,发行人内部职工股在发行人设立后三年内未发生转让行为;自发行人设立满三年后至本招股说明书签署日,发行人共有26名持股职工死亡,其所持内部职工股由其继承人继承;此外,发行人内部职工股共发生了508人(次)转让行为。经核查发行人提供的受让方的工资表、离退休证明等材料,受让方在受让内部职工股时均为发行人的在册职工或离退休职工,内部职工股受让方均符合《定向募集股份有限公司内部职工持股管理规定》的要求。经过上述内部职工股转让或继承后,发行人现有内部职工股股东982人,其中,在职职工450人,离休职工5人,退休职工195人,离职人员318人;另有14人为外部人员,系通过继承方式取得发行人内部职工股。

经保荐人、发行人律师核查,发行人自设立后至2007年7月,内部职工股由发行人管理而未进行托管。根据原国家经济体制改革委员会发布的《定向募集股份有限公司内部职工持股管理规定》(体改生[1993]114号)第13条规定“股权证不得交内部职工

个人持有,由公司委托省级、计划单列市人民银行认可的证券经营机构集中托管”;第 24 条规定“内部职工转让股份,须经公司委托的证券经营机构办理过户手续,并开具转让收据”,由于发行人在 2007 年 7 月之前并未在证券经营机构办理内部职工股的集中托管手续,不符合《定向募集股份有限公司内部职工持股管理规定》的相关规定。为此发行人于 2007 年 7 月办理了内部职工股集中托管,发行人内部职工股在本次托管前未进行托管的问题已经得到纠正;同时发行人内部职工股按照《定向募集股份有限公司内部职工持股管理规定》进行集中托管已得到福建省人民政府确认,现已不存在违规情况。

对于发行人内部职工股自发行后至 2007 年 7 月内部职工股未托管期间内部职工股的转让和继承,保荐人、发行人律师核查了发行人设立时的内部职工股股东名册以及自设立时起至 2007 年 7 月内部职工股托管前所发生的内部职工股转让和继承情况,对于发生内部职工股转让的,转让双方签署了《内部职工股转让登记表》,并承诺“转让行为是转让双方真实的意思表示,无虚假或隐瞒;因转让行为产生的任何争议由转让双方自行负责”;对于因内部职工股股东死亡而发生继承的,继承人提交了被继承人死亡的证明、继承人与被继承人之间继承关系的证明等材料。2008 年 3 月 26 日,福建省人民政府出具闽政函[2008]21 号《福建省人民政府关于补充确认福建南平太阳电缆股份有限公司内部职工股有关情况的函》,确认发行人内部职工股的转让、交易符合国家法律法规。

保荐人认为,发行人于 1994 年 7 月设立时起至 2007 年 7 月内部职工股托管前所发生的内部职工股转让和继承虽未在证券经营机构办理过户手续,但由于发行人已根据当事人提供的有效凭证,在发行人《内部职工股持股花名册》上办理了变更登记手续,并经当事人双方重新登记确认上述内部职工股转让和继承事宜,上述内部职工股转让和继承不存在纠纷或潜在纠纷,2007 年 7 月发行人在证券经营机构办理了内部职工股的集中托管手续,并且发行人内部职工股上述转让和继承已得到福建省人民政府的确认。因此上述问题不会构成本次发行上市的法律障碍。

发行人律师认为,自发行人于 1994 年 7 月设立时起至 2007 年 7 月内部职工股托管前所发生的内部职工股转让和继承虽未在证券经营机构办理过户手续,但由于发行人已在其《内部职工股持股花名册》上办理了变更登记手续,上述内部职工股转让和继承不存在纠纷或潜在纠纷;并且,发行人已于 2007 年 7 月在证券经营机构办理了内部职工股的集中托管手续,并已得到福建省人民政府的确认,上述问题不构成本次发行上市的法律障碍。

保荐人和发行人律师已对公司内部职工股股份持有人进行逐一核查,确认公司内部职工股托管所有人与实际持有人情况一致。

(三)福建省人民政府对内部职工股的确认情况

发行人1994年定向募集设立时,内部职工股未超比例、超范围发行。根据公司法、国务院国发[1995]17号文,国家体改委、国家国资局体改生[1995]117号文和国家体改委、国家工商局、国家国资局体改生[1996]122号文的有关精神,1996年12月,福建省人民政府以闽证体改[1996]17号《关于确认福建南平电缆股份有限公司规范工作的批复》确认公司为定向募集方式设立的股份有限公司,公司股本为3809万股,其中,国有股2858万股,法人857.33万股,内部职工股93.67万股,公司已按《公司法》进行了规范,规范工作符合国务院及有关部委的要求。

2007年11月26日,福建省人民政府出具闽政函[2007]128号《福建省人民政府关于确认福建南平太阳电缆股份有限公司内部职工股有关情况的函》,确认发行人内部职工股的审批、发行、托管均符合国家法律法规。

2008年3月26日,福建省人民政府出具闽政函[2008]21号《福建省人民政府关于补充确认福建南平太阳电缆股份有限公司内部职工股有关情况的函》,确认发行人内部职工股的转让、交易符合国家法律法规。

(四)保荐人、发行人律师的核查意见

1. 保荐人关于内部职工股的核查意见

保荐人经核查认为:发行人内部职工股的审批、发行、转让、托管、确认情况属实,发行人内部职工股已在兴业证券股份有限公司南平滨江中路营业部全部集中托管,发行人内部职工股的发行、转让、交易和托管不存在违法违规情况。

2. 发行人律师关于内部职工股的核查意见

发行人律师经核查认为:发行人内部职工股的发行、转让、交易中不存在违法违规情况;发行人内部职工股目前已按照有关规定进行集中托管并已得到福建省人民政府确认,不存在违法违规情况。

(五)关于内部职工股的承诺

发行人控股股东太顺实业及主要股东厦门象屿、福建和盛、南平国投承诺:若因发行人内部职工股存在的1994年7月至2007年7月的未托管状态,而造成发行人遭受任何损失或面临任何风险,概由太顺实业、福建和盛、厦门象屿和南平国投四方共同对该等损失或风险承担连带责任。

发行人内部职工股名册请见本招股说明书附件1:《福建南平太阳电缆股份有限公

司内部职工股名册》。

(六)反馈意见关注:请发行人列表披露内部职工股股东的名单、持股数量及身份证号码,请保荐人和发行人律师对公司股份持有人逐一核查,并就托管所有人与实际持有人是否一致出具意见;请保荐人和律师对内部职工股发行、转让、交易和托管中是否存在违法违规情况发表核查意见,并提供福建省人民政府关于发行人内部职工股转让和交易情况的确认意见

1. 关于内部职工股的托管所有人与实际持有人是否一致

根据福建省经济体制改革委员会闽体改[1994]057号《关于同意设立福建南平电缆股份有限公司的批复》和闽体改[1994]075号《关于同意福建南平电缆股份有限公司变更股本总额及股权结构的批复》,发行人于1994年7月设立时,公司职工共计1474人参与出资认购内部职工股93.67万股。根据2003年4月23日发行人2002年度股东大会决议,发行人以资本公积金向全体股东按每10股转增4股的比例实施转增股本,本次转增后,发行人内部职工股从93.67万股增至131.138万股。根据2005年9月20日发行人2005年临时股东大会决议,发行人以资本公积金向全体股东按每10股转增0.4730126股的比例实施转增股本,本次转增后,发行人内部职工股从131.138万股增至137.3409万股,占发行人现有股本总额10,000万股的1.37%。

自发行人于1994年7月设立后至本补充法律意见书出具日,公司共有34名持股职工因死亡而由其继承人继承内部职工股,此外,公司内部职工股共发生了508人(次)转让行为。

2007年7月16日,发行人委托兴业证券股份有限公司南平滨江中路证券营业部对其内部职工股进行集中托管,该营业部于2007年12月12日出具了《内部职工股托管证明》,确认截至2007年9月30日发行人内部职工股股东共有982人,合计持有内部职工股137.3409万股,已全部在该营业部集中托管。2008年3月,兴业证券南平滨江中路证券营业部再次出具了《内部职工股托管证明》,确认发行人的内部职工股已全部在该营业部集中托管。

发行人律师会同保荐人对发行人设立时的内部职工股股东名册以及自设立时至今所发生的内部职工股转让和继承情况逐一进行了核查,对于发生内部职工股转让的,转让双方提交了《内部职工股转让登记表》,并承诺"转让行为是转让双方真实的意思表示,无虚假或隐瞒;因转让行为产生的任何争议由转让双方自行负责";对于因内部职工股股东死亡而发生继承的,继承人提交了被继承人死亡的证明、继承人与被继承人之间继承关系的证明等材料。经过上述核查,发行人律师认为,发行人内部职工股的托管所有人与实际持有人是一致的。

2. 关于内部职工股发行、转让、交易和托管中是否存在违法违规情况

(1)根据福建省经济体制改革委员会闽体改[1994]075 号《关于同意福建南平电缆股份有限公司变更股本总额及股权结构的批复》,发行人设立时的股本总额为 3809 万股,其中,内部职工股为 93.67 万股,占股本总额的 2.46%,不高于 2.5%。根据发行人设立时的《内部职工股持股花名册》和南平电缆厂 1994 年 5 月《职工工资计算表》,参与认购发行人内部职工股的 1474 名认购人均为当时在南平电缆厂工作并在工资花名册上列名的正式职工或离退休职工。发行人向内部职工募集股份时印制了股权证,并未印制股票。发行人律师认为,发行人内部职工股发行的比例、范围及方式符合《定向募集股份有限公司内部职工持股管理规定》的要求,不存在违法违规情况。

(2)自发行人于 1994 年 7 月 11 日设立后至 1997 年 7 月 11 日,在此三年期间内共有 8 名持股职工因死亡而由其继承人继承内部职工股,除此之外,发行人内部职工股未发生转让行为。自发行人设立满三年后至本补充法律意见书出具日,发行人共有 26 名持股职工因死亡而由其继承人继承内部职工股,另外,发行人内部职工股共发生了 508 人(次)转让行为。经核查发行人提供的受让方的工资表、离退休证明等材料,受让方在受让股份时均为发行人的在册职工或离退休职工。2008 年 3 月 26 日,福建省人民政府出具闽政函[2008]21 号《福建省人民政府关于补充确认福建南平太阳电缆股份有限公司内部职工股有关情况的函》,确认发行人内部职工股的转让、交易符合国家法律法规。发行人律师认为,发行人内部职工股的转让、交易行为符合《定向募集股份有限公司内部职工持股管理规定》的要求,不存在违法违规情况。

(3)发行人于 1994 年向内部职工募集股份时印制了股权证,但未及时委托证券经营机构对内部职工股进行集中托管,内部职工股历次发生转让时均是由发行人在其《内部职工股持股花名册》上办理变更登记手续。2007 年 7 月 16 日,发行人委托兴业证券南平滨江中路证券营业部对其内部职工股进行集中托管,该营业部于 2007 年 12 月 12 日出具了《内部职工股托管证明》,确认截至 2007 年 9 月 30 日发行人内部职工股股东共有 982 人,合计持有内部职工股 137.3409 万股,已全部在该营业部集中托管。2007 年 11 月 26 日,福建省人民政府出具闽政函[2007]128 号《福建省人民政府关于确认福建南平太阳电缆股份有限公司内部职工股有关情况的函》,确认发行人内部职工股的审批、发行、托管均符合国家法律法规。2008 年 3 月,兴业证券南平滨江中路证券营业部再次出具了《内部职工股托管证明》,确认发行人的内部职工股已全部在该营业部集中托管。

综上,发行人律师认为,发行人内部职工股的发行、转让、交易中不存在违法违规

情况;发行人内部职工股目前已按照有关规定进行集中托管并已得到福建省人民政府确认,不存在违法违规情况。

(七)第二次反馈关注:请保荐人和律师核查发行人内部职工股在2007年托管前的转让是否合法合规,转让手续是否完备

根据原国家经济体制改革委员会发布的《定向募集股份有限公司内部职工持股管理规定》(体改生[1993]114号)第13条规定:"股权证不得交内部职工个人持有,由公司委托省级、计划单列市人民银行认可的证券经营机构集中托管。"第24条规定:"内部职工转让股份,须经公司委托的证券经营机构办理过户手续,并开具转让收据。"

发行人律师对发行人于1994年7月设立时的内部职工股股东名册以及自设立时起至2007年7月内部职工股托管前所发生的内部职工股转让和继承情况进行了核查。对于内部职工股发生转让的,转让双方均向发行人提交了《内部职工股转让登记表》,并承诺"转让行为是转让双方真实的意思表示,无虚假或隐瞒;因转让行为产生的任何争议由转让双方自行负责";对于因内部职工股股东死亡而发生继承的,继承人向发行人提交了被继承人死亡的证明、继承人与被继承人之间继承关系的证明等材料。上述内部职工股的历次转让和继承均已由发行人在其《内部职工股持股花名册》上办理了变更登记手续。但由于发行人在2007年7月之前并未在证券经营机构办理内部职工股的集中托管手续,上述内部职工股转让和继承均未在证券经营机构办理过户手续,不符合《定向募集股份有限公司内部职工持股管理规定》的相关规定。

2007年7月16日,发行人与兴业证券股份有限公司签订了《内部职工股集中托管协议》,发行人委托兴业证券南平滨江中路证券营业部对其内部职工股进行集中托管。

福建省人民政府分别于2007年11月26日、2008年3月26日出具了闽政函[2007]128号《福建省人民政府关于确认福建南平太阳电缆股份有限公司内部职工股有关情况的函》和闽政函[2008]21号《福建省人民政府关于补充确认福建南平太阳电缆股份有限公司内部职工股有关情况的函》,确认发行人内部职工股的审批、发行、托管、转让、交易符合国家法律法规。

综上,发行人律师认为,自发行人于1994年7月设立时起至2007年7月内部职工股托管前所发生的内部职工股转让和继承虽未在证券经营机构办理过户手续,但由于发行人已在其《内部职工股持股花名册》上办理了变更登记手续,上述内部职工股转让和继承不存在纠纷或潜在纠纷;并且,发行人已于2007年7月在证券经营机构办理了内部职工股的集中托管手续,并已得到福建省人民政府的确认,上述问题不构成本次发行上市的法律障碍。

(八)第三次反馈关注:请保荐人及发行人律师核查发行人目前内部职工股股东身份是否符合《定向募集股份有限公司内部职工持股管理规定》

1. 关于发行人内部职工股的设置和审批

(1)1994 年 5 月 12 日,福建省经济体制改革委员会以闽体改[1994]057 号《关于同意设立福建南平电缆股份有限公司的批复》同意南平电缆厂、工行信托和武夷信托共同作为发起人,以定向募集方式设立福建南平电缆股份有限公司,公司股本总额为4000 万股,其中,内部职工股为 100 万股,占股本总额的 2.5%;内部职工限于南平电缆厂 1994 年 5 月的在册职工。

(2)1994 年 6 月 18 日,南平电缆厂召开职工代表大会,审议通过了《关于我厂改制为福建南平电缆股份有限公司内部职工股募集方案的决议》,确定内部职工股的认购范围为南平电缆厂 1994 年 5 月 30 日前在册的正式职工及离退休职工;认购原则为按照职工在公司所任职务的高低、所承担责任的大小确定不同的认购限额,其中,正厂级3000 股,副厂级 2300 股,厂助级 1900 股,正科级 1600 股,副科级 1200 股,正式职工工龄 20 年以下(含 20 年)600 股,20 年以上至 30 年(含 30 年)700 股,30 年以上至 35 年(含 35 年)800 股,35 年以上 900 股,离休职工 400 股,退休职工 300 股;若有余额,追加给在册的正式职工;职工在限额内自愿认购;凡已申请调出、辞职和办理停薪留职手续及死亡的人员不能认购内部职工股;认购时间为自 1994 年 6 月 18 日至 6 月 22 日。根据发行人内部职工股股东名册,发行人设立时,公司职工共计 1474 人出资认购内部职工股 93.67 万股。

(3)1994 年 6 月 29 日,福建省经济体制改革委员会以闽体改[1994]075 号《关于同意福建南平电缆股份有限公司变更股本总额及股权结构的批复》同意发行人对股本总额及股权结构进行调整,调整后的股本总额为 3809 万股,其中,内部职工股为 93.67万股,占股本总额的 2.46%。

2. 关于发行人内部职工股的发行范围

经核查发行人设立时的《内部职工股持股花名册》和南平电缆厂 1994 年 5 月《职工工资计算表》,参与认购发行人内部职工股的 1474 名认购人均为当时在南平电缆厂工作并在劳动工资花名册上列名的正式职工或离退休职工。根据原国家经济体制改革委员会于 1993 年 7 月 1 日发布的《定向募集股份有限公司内部职工持股管理规定》(体改委[1993]114 号)第 5 条规定:“公司向内部职工募集的股份,只限于以下人员购买和持有:(一)公司募集股份时,在公司工作并在劳动工资花名册上列名的正式职工;

(二)公司派往子公司、联营企业工作,劳动人事关系仍在本公司的外派人员;(三)公司的董事、监事;(四)公司全资附属企业的在册职工;(五)公司及其全资附属企业在册管理的离退休职工。”发行人律师认为,发行人内部职工股的发行范围符合《定向募集股份有限公司内部职工持股管理规定》的要求。

3. 关于发行人内部职工股的演变

(1)自发行人于1994年7月11日设立后至1997年7月11日,在此三年期间公司共有8名持股职工死亡,其所持内部职工股由其继承人继承,除此之外,发行人内部职工股在发行人设立后三年内未发生转让行为。

(2)自发行人设立满三年后至今,公司共有26名持股职工死亡,其所持内部职工股由其继承人继承,此外,发行人内部职工股共发生了508人(次)转让行为。经核查发行人提供的受让方的工资表、离退休证明等材料,受让方在受让内部职工股时均为发行人的在册职工或离退休职工。

(3)根据2003年4月23日发行人2002年度股东大会作出的关于资本公积金转增股本的决议,发行人以资本公积金向全体股东按每10股转增4股的比例实施转增股本。本次转增后,发行人内部职工股由93.67万股增至131.138万股。

(4)根据2005年9月20日发行人2005年临时股东大会作出的关于资本公积金转增股本的决议,发行人以资本公积金向全体股东按每10股转增0.4730126股的比例实施转增股本。本次转增后,发行人内部职工股由131.138万股增至137.3409万股,占发行人现有股本总额的1.37%。

4. 关于发行人目前内部职工股股东身份的确认

根据发行人的说明并经发行人律师适当核查,经过前述内部职工股转让或继承后,发行人现有内部职工股股东982人,其中,在职职工450人,离休职工5人,退休职工195人,离职人员318人;另有14人为外部人员,系通过继承方式取得发行人内部职工股。

综上,在发行人设立时参与认购内部职工股的1474名认购人均为当时在南平电缆厂工作并在劳动工资花名册上列名的正式职工或离退休职工,符合《定向募集股份有限公司内部职工持股管理规定》的要求;自发行人设立后至本补充法律意见书出具日,公司内部职工股共发生了508人(次)转让行为,受让方在受让内部职工股时均为发行人的在册职工或离退休职工,公司另有34名持股职工因死亡而由其继承人继承内部职工股。发行人律师认为,发行人目前内部职工股股东身份符合《定向募集股份有限公司内部职工持股管理规定》的要求。

（九）第四次反馈：请保荐人及发行人律师核查发行人内部职工股发行后到本次托管前的未托管状态是否存在法律风险，对保荐人、发行人律师原核查意见发行人内部职工股不存在违法违规结论是否存在影响，如存在法律风险明确承担责任主体

1. 关于发行人内部职工股发行后到本次托管前的未托管状态是否存在法律风险，对发行人律师原核查意见有关发行人内部职工股不存在违法违规的结论是否存在影响

经福建省经济体制改革委员会闽体改[1994]057 号《关于同意设立福建南平电缆股份有限公司的批复》和闽体改[1994]075 号《关于同意福建南平电缆股份有限公司变更股本总额及股权结构的批复》批准，发行人在设立时发行内部职工股 93.67 万股，占发行人设立时股本总额 3809 万股的 2.46%。自发行人内部职工股发行后至 2007 年 7 月，发行人内部职工股未进行集中托管。2007 年 7 月 16 日，发行人与兴业证券股份有限公司签订了《内部职工股集中托管协议》，发行人委托兴业证券南平滨江中路证券营业部对其内部职工股进行集中托管。福建省人民政府分别于 2007 年 11 月 26 日、2008 年 3 月 26 日出具了闽政函[2007]128 号《福建省人民政府关于确认福建南平太阳电缆股份有限公司内部职工股有关情况的函》和闽政函[2008]21 号《福建省人民政府关于补充确认福建南平太阳电缆股份有限公司内部职工股有关情况的函》，确认发行人内部职工股的审批、发行、托管、转让、交易符合国家法律法规。

发行人律师认为，自发行人内部职工股发行后至本次托管前存在的内部职工股未托管状态不符合《定向募集股份有限公司内部职工持股管理规定》的要求；发行人于 2007 年 7 月办理了内部职工股集中托管，发行人内部职工股在本次托管前未进行托管的问题已经得到纠正，不应构成本次发行上市的法律障碍；发行人内部职工股目前已按照有关规定进行集中托管并已得到福建省人民政府确认，已不存在违法违规情况。此外，在发行人律师于 2008 年 3 月 31 日出具的《补充法律意见书（之一）》中，发行人律师对发行人内部职工股托管情况的核查结论为："发行人内部职工股目前已按照有关规定进行集中托管并已得到福建省人民政府确认，不存在违法违规情况。"该核查结论是针对发行人内部职工股目前已办理集中托管的情况而作出，因此，上述内部职工股未托管状态对该核查结论不存在影响。

2. 关于发行人内部职工股发行后到本次托管前的未托管状态如存在法律风险的有关责任主体问题

发行人的前四大股东太顺实业、福建和盛集团有限公司（以下简称和盛集团）、厦

门象屿集团有限公司(以下简称象屿集团)和福建省南平市国有资产投资经营有限公司(以下简称南平国投)于 2008 年 7 月 15 日分别出具《承诺函》,太顺实业、和盛集团、象屿集团和南平国投承诺:若因发行人内部职工股存在的未托管状态而造成发行人遭受任何损失或面临任何风险,概由太顺实业、和盛集团、象屿集团和南平国投共同对该等损失或风险承担连带责任。据此,发行人律师认为,发行人内部职工股发行后到本次托管前的未托管状态如存在法律风险,有关责任主体为太顺实业、和盛集团、象屿集团和南平国投。

(十)第五次反馈:请保荐人、发行人律师核查 1998 年南平电缆股份公司申报公开发行股票时发行人内部职工股的托管情况

根据发行人于 2008 年 7 月 30 日出具的《情况说明》,经福建省证券委员会闽证委[1998]03 号《福建省证券委员会关于推荐福建南平电缆股份有限公司公开发行股票的报告》同意,发行人曾于 1998 年向中国证监会申报过首次公开发行股票预选申请材料,当时发行人与福建证券交易中心就内部职工股托管事宜达成了意向,发行人计划在预选申请材料获得中国证监会批准后正式办理内部职工股托管手续,但由于该次发行申请未能获得中国证监会批准,因此,发行人最终未在福建证券交易中心正式办理内部职工股托管手续。

发行人律师认为,发行人内部职工股未及时办理托管手续不符合《定向募集股份有限公司内部职工持股管理规定》的要求,但鉴于发行人内部职工股已于 2007 年 7 月按照有关规定进行了集中托管,并已得到福建省人民政府闽政函[2007]128 号《福建省人民政府关于确认福建南平太阳电缆股份有限公司内部职工股有关情况的函》和闽政函[2008]21 号《福建省人民政府关于补充确认福建南平太阳电缆股份有限公司内部职工股有关情况的函》的确认,发行人内部职工股托管问题已经得到妥善解决,因此,该问题不应构成本次发行上市的法律障碍。

二、烟台氨纶(002254):超范围超比例发行

(一)发行人内部职工股的审批及发行情况

1993 年 3 月 17 日,烟台市体改委以烟体改[1993]43 号文批准原烟台氨纶厂以定向募集方式进行股份制改造。根据该批复,公司股本总数为 7000 万股,其中国家股 2500 万股,向社会企事业法人及内部职工定向募集 4500 万股。

1993 年 3 月 21 日,原烟台氨纶厂与中国人民建设银行山东信托投资公司烟台办

事处签署了《委托募集股权证协议书》,委托该办事处为主承销商以全额包销方式按1.6元/股的价格向社会企事业法人及内部职工发行4500万股,承销期为1993年3月27日至1993年4月27日。公司(筹)于1993年3月22日在《烟台日报》刊登了招股意向书。截至1993年4月27日,定向募集资金净额7174.18万元(扣除发行费用25.82万元)股款全部到位。烟台市审计师事务所于1993年5月8日出具了烟审验字[1993]第213号验证报告对此予以验证,股本金全部到位。

定向募集过程中,由于当时股份制处于试点阶段,公司筹委会及承销商对国家有关法律法规理解不够,加上多数企业对股份制改革认识不足等原因,定向募集发行的4500万股股票全部由包括内部职工在内的自然人认购。发行人定向募集股份并设立时存在内部职工股超范围、超比例发行的问题,形成内部职工股4500万股,占发行人设立时总股本的64.29%,超过《股份有限公司规范意见》中规定的定向募集公司内部职工认购的股份不得超过公司股份总额的20%的规定;在设立审批的程序方面亦存在一定瑕疵。1993年5月10日,烟台市经济体制改革委员会以烟体改函[1993]3号对公司股本结构予以确认,同意公司股本结构为国家股2500万股,内部职工股4500万股。

(二)内部职工股交易和过户情况

公司内部职工股未进行过任何形式的挂牌交易活动,但存在内部职工股股东通过托管机构进行过户的情况。由于内部职工股超范围发行,致使内部职工股的过户超出了内部职工的范围。1994年10月26日至1999年11月10日在烟台市股权证托管中心托管期间,公司内部职工股共发生过户2586笔,涉及内部职工股12,607,600股,占公司内部职工股总数的28.02%;1999年11月10日以后在山东证券登记有限责任公司(现更名为山东产权登记有限责任公司),截至2007年6月11日的托管期间,公司内部职工股共发生过户393笔,涉及内部职工股2,305,550股,占公司内部职工股总数的5.12%。

(三)内部职工股的托管情况

1.1993年定向募集时内部职工股最大11名持有人情况:

股东名称	持股数量(万股)	占设立时总股本的比例(%)
朱喜明	50	0.71
张扬	50	0.71
徐万春	42.5	0.61

续表

股东名称	持股数量(万股)	占设立时总股本的比例(%)
柳玉兰	40	0.57
李　霞	40	0.57
张　蔚	40	0.57
于　珊	40	0.57
王少龙	40	0.57
于通美	40	0.57
王秀珍	40	0.57
李淑珍	40	0.57

2. 本次发行前托管的内部职工股情况

(1)本次发行前托管的内部职工股最大十一名持有人情况

股东名称	持股数量(万股)	占发行前总股本的比例(%)
徐万春	42.5	0.45
柳玉兰	40	0.43
李　霞	40	0.43
张　蔚	40	0.43
于　珊	40	0.43
王少龙	40	0.43
于通美	40	0.43
李向党	40	0.43
孙显梅	40	0.43
刘福臣	40	0.43
李淑珍	40	0.43

(2)本次发行前托管的内部职工股股东名册

根据山东产权登记有限责任公司出具的《关于烟台氨纶股份有限公司内部职工股确认情况的说明》,截至2007年6月6日,公司托管的内部职工股数量为4488.95万股,占公司内部职工股的99.75%,内部职工股股东的名册见本招股说明书附录。

3. 托管单位变化的情况及原因

1994年10月26日公司与烟台市股权证托管中心签署《股票(股权证)托管协议书》,公司内部职工股在烟台市股权证托管中心集中托管。

1996年11月4日,烟台市股权证托管中心向山东省经济体制改革委员会出具了烟登记[1996]5号《关于烟台氨纶股份有限公司股权证集中托管的证明》,证实公司内部职工股自1994年11月1日起集中托管于该中心,截至1996年11月1日,公司内部职工股托管总数为4494.64万股,总户数9457户,占应托管总股数的98.9%。

为了加强对非上市股份有限公司进行统一监管、做好分红派息等工作,山东省经济体制改革委员会1999年4月12日下发了鲁体改企字[1999]第40号文《关于各地股权证服务中心股票托管移交工作的通知》,要求在山东省各市地县股权证服务中心已进行托管的股票(在济南、淄博、青岛三家产权交易所柜台交易的股票,不在此范围内)一律到山东证券登记有限责任公司办理转托管手续。

1999年11月10日,公司与山东证券登记有限责任公司签署了《股权证托管协议书》,公司国家股和内部职工股在山东证券登记有限责任公司集中托管。

4. 本次发行前内部职工股的托管情况

根据山东产权登记有限责任公司出具的《烟台氨纶股份有限公司股票集中托管情况证明》(鲁产登字[2007]3号),截至2007年6月6日,公司国有法人股和内部职工股已按规定全部集中托管于山东产权登记有限责任公司,实际托管数量占应托管数量的100%;根据山东产权登记有限责任公司出具的《关于烟台氨纶股份有限公司内部职工股确认情况的说明》和《股东名册》,截至2007年6月6日,在山东产权登记有限责任公司确认股东身份的本公司内部职工股股东共计9253户持有内部职工股4488.95万股,占公司内部职工股总股数的99.75%,上述确认股东身份的股份托管的持有人和实际持有人一致。

2004年4月26日,山东省人民政府出具《山东省人民政府关于报送烟台氨纶股份有限公司内部职工股发行及股票托管等有关情况的函》(鲁政字[2004]316号),对发行人内部职工股情况进行了说明,发行人的全部股票已由山东产权登记有限责任公司集中托管完毕,确认股东身份的内部职工股股东持有股数占内部职工股总数的99.58%,发行人内部职工股发行、股票托管情况属实,未发现发行人的内部职工股问题存在潜在问题及风险隐患,并对上述情况承担相应责任。

2007年6月13日,山东省人民政府再次出具《山东省人民政府关于烟台氨纶股份有限公司内部职工股发行及股票托管等有关情况的函》(鲁政字[2007]90号),对发行人内部职工股的发行、根据《公司法》进行规范、内部职工股的托管等情况进行了说明,根据山东产权登记有限公司《烟台氨纶股份有限公司股票集中托管情况证明》(鲁产登字[2007]3号)及《关于烟台氨纶股份有限公司内部职工股确认情况的说明》,截至2007年6月6日,公司股票已经山东省产权登记有限责任公司集中托管完毕,确认股东身份的内部职工股股东持有的股数占内部职工股总数的99.75%,确认发行人内部职工股的发行、托管情况属实,未发现存在潜在问题及风险隐患,对因内部职工股可能出现的问题,省政府将积极协调、妥善处理。

(四)内部职工股的清理、规范和确认

1.集中托管

根据原国家经济体制改革委员会《关于清理定向募集股份有限公司内部职工股持股不规范做法的通知》(体改生[1993]115号)规定的对超范围、超比例发行的内部职工股清理的方式,1994年10月公司将内部职工股集中托管在烟台市股权证托管中心。

2.根据《公司法》规范确认

根据国务院《关于原有有限责任公司和股份有限公司依照〈中华人民共和国公司法〉进行规范的通知》(国发[1995]17号)的要求,公司进行了自查并申请确认和重新登记。1997年3月,山东省经济体制改革委员会以鲁体改函字[1997]22号《关于同意确认烟台氨纶股份有限公司的函》对公司予以重新确认,同时山东省人民政府向公司颁发了鲁政股字[1997]17号《山东省股份有限公司批准证书》。

3.山东省人民政府对公司内部职工股情况的确认

2004年4月26日,山东省人民政府出具《山东省人民政府关于报送烟台氨纶股份有限公司内部职工股发行及股票托管等有关情况的函》(鲁政字[2004]316号),对公司内部职工股的发行、根据《公司法》进行规范、内部职工股的托管等情况进行了说明,确认公司内部职工股的发行、托管情况属实,未发现存在潜在问题及风险隐患,并承担相应责任。

2007年6月13日,山东省人民政府再次出具《山东省人民政府关于烟台氨纶股份有限公司内部职工股发行及股票托管等有关情况的函》(鲁政字[2007]90号),对发行人内部职工股的发行、根据《公司法》进行规范、内部职工股的托管等情况进行了说明,确认发行人内部职工股的发行、托管情况属实,未发现存在潜在问题及风险隐患,对因内部职工股可能出现的问题,省政府将积极协调、妥善处理。

(五)发行人律师关于内部职工股的意见

发行人内部职工的审批、发行、演变、托管情况属实。发行人已根据《公司法》进行了规范,并已由山东省经济体制改革委员会以鲁体改函字[1997]22号《关于同意确认

烟台氨纶股份有限公司的函》对发行人予以重新确认。

发行人内部职工股超比例、超范围的问题是在特定环境下产生的。发行人已根据《关于立即制止发行内部职工股不规范做法的意见》和《关于清理定向募集股份有限公司内部职工持股不规范做法的通知》的精神，将国有法人股和内部职工股由山东产权登记有限责任公司全部集中托管。持有发行人内部职工股总股数 99.75% 的股东已办理确权手续，已确认股东身份的内部职工股股东与实际持有人一致。发行人律师认为，发行人内部职工股不存在纠纷及潜在隐患。

山东省人民政府出文对内部职工股的情况进行说明，对发行人内部职工股的发行、规范、增资、股票集中托管等情况进行了核查，确认发行人的全部股票已由山东产权登记有限责任公司集中托管完毕，确认股东身份的内部职工股股东持有股数占内部职工股总数的 99.75%，未发现发行人的内部职工股问题存在潜在问题及风险隐患。

发行人律师认为，发行人内部职工股超比例、超范围的问题不会构成本次股票发行与上市的法律障碍。

(六)保荐人(主承销商)关于内部职工股的意见

保荐人(主承销商)经核查后认为，发行人内部职工股的审批、发行、演变、托管、确认情况属实。发行人内部职工股的批准、发行上虽然存在某些瑕疵，但在发行人设立运营后均依法得到了规范确认。发行人股票已在山东产权登记有限责任公司全部集中托管，内部职工股的托管确认率超过 95%。持有发行人内部职工股总股数 99.75% 的股东已办理确权手续，其股份托管持有人和实际持有人一致，发行人不存在因送股、转股、配股带来的变相增加内部职工股的行为，发行人内部职工股的批准、发行、托管不存在潜在问题和风险隐患，其演变真实、有效，发行人内部职工股问题不构成本次公开发行的障碍。

2004 年 4 月 26 日，山东省人民政府出具《山东省人民政府关于报送烟台氨纶股份有限公司内部职工股发行及股票托管等有关情况的函》(鲁政字[2004]316 号)，对公司内部职工股的发行、根据《公司法》进行规范、内部职工股的托管等情况进行了说明，该文件表明，经山东省人民政府审查，发行人内部职工股的发行、托管情况属实，未发现存在潜在问题及风险隐患。鉴于上述情况，省政府对发行人内部职工股发行及股票托管等情况予以确认，并承担相应责任。2007 年 6 月 13 日，山东省人民政府再次出具《山东省人民政府关于烟台氨纶股份有限公司内部职工股发行及股票托管等有关情况的函》(鲁政字[2007]90 号)，对发行人内部职工股的发行、根据《公司法》进行规范、内部职工股的托管等情况进行了说明，确认发行人内部职工股的发行、托管情况属实，未发现存在潜在问题及风险隐患,对因内部职工股可能出现的问题,省政府将积极协调、妥善处理。

三、九鼎新材(002201):内部职工股全部转让清理

江苏九鼎新材料股份有限公司的前身为南通华泰股份有限公司,成立于1994年6月30日,系江苏省经济体制改革委员会苏体改生[1994]290号文批准、以定向募集方式设立的股份有限公司,并在江苏省工商行政管理局登记注册。1995年9月更名为江苏九鼎集团股份有限公司,2005年5月更名为江苏九鼎新材料股份有限公司(以下简称九鼎新材)。

(一)公司设立时内部职工股的审批及发行情况

1994年5月22日,根据江苏省体改委苏体改生[1994]290号文《关于同意设立南通华泰股份有限公司的批复》,公司设立时股本总额为1200万元,每股面值1元,计1200万股。发起人认购901.7万股,占股本总额的75.1%;募集股份298.3万股,占股本总额的24.9%,其中公司内部职工股募集198.3万股,占股份总额的16.6%。

根据公司发起人协议及江苏省体改委以苏体改生[1994]290号文《关于同意设立南通华泰股份有限公司的批复》的相关内容,除玻纤厂以实物资产出资以外,其他股东均应以货币资金出资。但在约定的出资期限内,除玻纤厂外,公司168名内部职工股股东及其他股东均未以自有资金出资,公司设立时的出资均为玻纤厂以评估后的经营性净资产1200万元垫付。

(二)本次发行前的内部职工股托管情况

公司设立时前十名内部职工股股东名单:

姓名	持股数(股)	持股比例(%)	工作单位
顾清波	80,000	0.67%	本公司
刘　敏	50,000	0.42%	本公司
姜　鹄	50,000	0.42%	本公司
徐振铎	50,000	0.42%	本公司
朱谦信	50,000	0.42%	本公司
徐　荣	50,000	0.42%	本公司

续表

姓名	持股数(股)	持股比例(%)	工作单位
胡　林	50,000	0.42%	本公司
顾泽波	20,000	0.17%	本公司
严　英	20,000	0.17%	本公司
马志忠	20,000	0.17%	本公司

由于公司设立时内部职工股股东的出资由玻纤厂垫付,内部职工股东实际上没有真正出资购买该等股份,随后几年中也一直没有履行相关的出资义务,因此公司未按照相关的规定对公司内部职工股进行集中托管和托管确认手续。

(三)内部职工股的清理

由于公司设立时正处在股份制企业试点阶段,企业缺乏相关的发行经验,使内部职工股发行在实际发行中存在以下不规范的情形:(1)内部职工股超比例发行:根据江苏省体改委苏体改生[1994]290 号文的批复,公司设立时内部职工股比例占股本总额的 16.6%,不符合国家体改委 1993 年 7 月 3 日发布的《定向募集股份有限公司内部职工持股管理规定》中“定向募集公司内部职工认购的股份总额,不得超过公司股份总额的百分之二点五”的规定,存在超比例发行的情况;(2)内部职工股股东出资不规范:公司设立时,玻纤厂代公司内部职工股股东认缴了相应股份,内部职工股股东在随后几年中也一直没有履行相关的出资义务;(3)由于公司内部职工股股东未履行相关的出资义务,故公司未按相关规定对内部职工股进行集中托管和托管确认手续。

对此,公司对上述内部职工股的不规范行为进行了规范及清理:2000 年 5 月 6 日,公司股东大会做出决议,与会股东代表一致同意公司 168 名内部职工将其所持有的全部股份共 198.3 万股转让给玻纤厂。2000 年 5 月 10 日,公司 168 名内部职工股股东与玻纤厂签署了《股份转让协议书》,根据该协议,公司职工股股东将其持有的公司股份 198.3 万股以每股人民币 1 元的价格一次性全额转让给玻纤厂,股份转让金共 198.3 万元;股份转让后,玻纤厂行使公司股东权利,承担相应义务,公司的收益与风险自此与职工股股东无关。2001 年 6 月 25 日,公司在江苏省工商行政管理局完成了工商变更登记。

(四)省政府关于对公司内部职工股有关问题的说明

2006 年 9 月 21 日,江苏省人民政府办公厅以苏政办函字[2006]89 号文《省政府办公厅关于确认江苏九鼎新材料股份有限公司内部职工股有关问题的函》对内部职工股有关问题进行了确认："九鼎股份设立之初内部职工股设置、发行、托管和出资等方面存在的不规范问题，该公司已于2001年根据当时相关法律、法规进行了清理和纠正，基本不存在潜在隐患。"

（五）中介机构关于内部职工股的意见

1. 发行人律师的意见

发行人律师认为：九鼎新材内部职工股在审批、发行、托管及出资等方面存在不规范的问题，由于九鼎新材内部职工股股东已于2001年6月将他们持有的全部股份转让给集团公司，因此，九鼎新材内部职工股已清理完毕。

2. 发行人保荐机构（主承销商）关于内部职工股的意见

保荐机构对发行人内部职工股问题进行核查后认为：公司内部职工股在审批、发行、出资及托管等方面存在着超比例发行、内部职工股股东出资不规范及未集中托管等不规范的行为；公司在设立运营后通过重新规范登记及公司内部职工股股东将其持有公司股权转让给玻纤厂的方式，于2001年6月完成对内部职工股的清理和纠正；江苏省人民政府办公厅已于2006年9月21日以苏政办函字[2006]89号文《省政府办公厅关于确认江苏九鼎新材料股份有限公司内部职工股有关问题的函》对内部职工股有关问题进行了确认；因此，公司内部职工股问题不存在潜在纠纷及隐患，对公司首次公开发行股票不构成实质性障碍。

四、恒邦股份（002237）：内部职工股存在转让后全部清理

1994年2月18日，经牟平县体改委牟经改[1994]4号文件批准，公司由原牟平县黄金冶炼厂发起、以定向募集方式设立。1997年6月26日，山东省经济体制改革委员会以鲁体改函字[1997]98号（随文颁发鲁政股字[1997]77号《山东省股份有限公司批准证书》）对公司进行了规范确认。

（一）内部职工股审批及发行情况

1994年2月6日，牟平县体改委以牟经改[1994]4号文批准公司由原牟平县黄金冶炼厂发起，以定向募集方式设立，股本总额设置为4000万元，其中：发起人股3000万元，内部职工股1000万元。

据此批复，原牟平县黄金冶炼厂以经牟平县审计师事务所评估（牟审所评[1994]第12号）的净资产3000万元，按1∶1比例折合发起人股3000万股，同时，公司向内部

职工定向发行了1000万股,发行价格1元/股,公司466名职工参与了认购。牟平县审计师事务所以牟审所验字[1994]第11号对公司实收资本进行了验证。

公司设立时,由于当时的历史原因,导致出现内部职工股发行超比例的情况。1997年6月26日,山东省经济体制改革委员会以鲁体改函字[1997]98号确认公司由原牟平县黄金冶炼厂发起、以募集方式设立,公司股份总数为4000万股,每股面值1元,其中:牟平县黄金工业总公司持有发起人法人股3000万股,占股份总数的75%;内部职工股1000万股,占股份总数的25%。

(二)内部职工股托管情况

1. 规范确认托管

根据国务院国发[1995]17号文和山东省人民政府鲁政发[1995]126号文关于对原有股份有限公司依照《公司法》进行规范的要求,公司委托山东证券登记有限责任公司对内部职工股进行了托管,山东证券登记有限责任公司于1997年3月26日出具了《牟平县东方冶炼股份有限公司股权证集中托管情况证明》(鲁证登字[1997]第37号),证明公司内部职工股股权证已按规定集中托管于山东证券登记有限责任公司,由466名内部职工持有。

2. 股权转让托管

2003年公司内部职工股全部转让给恒邦集团时,办理工商登记变更手续前,山东产权登记有限责任公司根据要求对公司内部职工股进行了托管,并于2004年1月8日出具了《山东恒邦冶炼股份有限公司股票集中托管证明》(鲁产登字[2004]1号),证明公司内部职工股1000万股已全部托管在山东产权登记有限责任公司,由339名内部职工持有。

3. 集中托管及变更情况证明

2007年9月17日,山东产权登记有限责任公司出具了《山东恒邦冶炼股份有限公司股票集中托管及变更情况证明》(鲁产登字[2007]4号),对公司前述托管及变更情况进行了说明。截至目前,公司已不存在内部职工股。

(三)内部职工股转让和清理情况

公司内部职工股未进行过任何形式的挂牌交易情况,但在清理前存在协议转让的情况。

1. 2002年部分内部职工股转让

2002年11月7日,王信恩等10名自然人分别与部分内部职工签署协议,受让了

131 名内部职工持有的内部职工股400 万股,转让价格以2002 年7 月25 日烟台市牟平区国有资产管理局确认的公司整体资产评估结果(每股净资产0.89 元)为基准,协商确定为1 元/股,转让价款合计400 万元。本次内部职工股转让经公司2001 年第二次临时股东大会审议通过,并经山东省体改办鲁体改企字[2002]89 号批复同意。

本次部分内部职工股转让后,内部职工股数量不变,持有人数减少为339 人。

2.2003 年内部职工股清理

2003 年10 月22 日,公司339 名内部职工股股东与恒邦集团签署协议,将1000 万股内部职工股全部转让给恒邦集团,转让价格协商确定为1 元/股。本次内部职工股转让经公司2003 年第三次临时股东大会审议批准,并经山东省体改办鲁体改企字[2004]2 号批复同意,股权转让资金的支付情况经烟台中山有限责任会计师事务所烟台中山会内验字[2003]137 号验资报告验证。

本次股权转让后,公司不再存在内部职工股,内部职工股得到了彻底清理。

3.省政府意见

2007 年9 月20 日,山东省人民政府以鲁政字[2007]164 号文件对公司内部职工股的批准、发行、托管、清理等情况进行了确认,认为公司内部职工股的批准、发行、托管、清理等情况属实,未发现存在潜在问题及风险隐患。

4.发行人律师意见

发行人律师经核查后认为:发行人内部职工股的批准和发行比例虽然存在一些瑕疵,但在公司设立运营后均依法得到了规范处理。发行人内部职工股的批准、发行、托管、清理工作不存在潜在问题和风险隐患,其托管和清理合法、合规、真实、有效。因此,上述瑕疵对发行人本次股票发行上市不构成法律障碍。

5.保荐人意见

国联证券经核查后认为:公司设立时,由于当时的历史原因,导致出现内部职工股发行超比例的情况,现已得到彻底清理,且股本演变的过程均履行了相应的决策程序,并经政府相关部门批准,目前已不存在潜在问题及风险隐患。

五、全聚德(002186):内部职工之间转让没有构成社会化

(一)公司设立情况

根据《定向募集股份有限公司内部职工持股管理规定》、《关于股票发行工作若干规定的通知》等文件的规定,公司内部职工股从公司新股发行之日起,期满三年方可上市流通。

公司原名为北京全聚德烤鸭股份有限公司，是经北京市经济体制改革委员会《关于批准设立北京全聚德烤鸭股份有限公司的批复》（京体改委字[1993]第200号）文件批准，于1994年6月16日由全聚德集团作为主发起人，联合上海新亚（集团）股份有限公司、中国宝安集团股份有限公司、中国华侨旅游侨汇服务总公司、北京市综合投资公司及北京华北电力实业总公司等共同发起，采取向社会法人及内部职工定向募集方式设立的股份有限公司。2005年1月26日，公司更名为中国全聚德（集团）股份有限公司。

（二）发行人内部职工股的发行和托管情况

1. 内部职工股的审批和发行情况

公司是经北京市经济体制改革委员会《京体改委字[1993]第200号》文批准，按照《股份有限公司规范意见》和其他有关规定以定向募集方式设立的股份有限公司。公司总股本为7000万股，其中向内部职工募集175万股，占公司股本总额的2.5%，符合国家有关规定。

（1）内部职工股发行的比例、范围及方式

北京兴华会计师事务所以[1994]京会兴字第65号《验资报告》对公司内部职工股的发行情况进行了审验。公司设立时，全体股东实际认购7000万股，内部职工股实际认购175万股。内部职工股的发行符合国家体改委《定向募集股份有限公司内部职工持股管理规定》和《京体改委字[1993]第200号》文要求，不存在超比例发放情况。

公司设立之初，公司控股股东中国北京全聚德烤鸭集团公司（以下简称全聚德集团）拟将前门店、和平门店、王府井店三个烤鸭店的经营性净资产和人员都投入新组建的股份公司，因此，三个烤鸭店的职工都参与了内部职工股的认购。而公司设立时，王府井店正在进行翻建，因此未将王府井店的资产和人员投入公司。因此，公司设立时认购内部职工股的人除经重组进入公司的员工外，还包括当时尚未重组进入公司的北京王府井全聚德烤鸭店的员工。

（2）内部职工股演变情况

1997年，公司根据京体改发[1996]7号《关于北京市原有有限责任公司和股份有限公司依照〈中华人民共和国公司法〉进行规范的实施意见》和北京市人民政府办公厅《关于同意北京全聚德烤鸭股份有限公司重新登记的通知》（京政办函[1997]55号）对公司内部职工股进行了规范并重新登记。经北京市人民政府办公厅《关于同意北京全聚德烤鸭股份有限公司重新登记的通知》（京政办函[1997]55号）确认，公司内部职工股为175万股，占股本总额的2.5%。

1997 年 3 月 13 日,公司 1996 年年度股东大会审议通过了向全体股东以 10∶8 的比例配股的增资扩股方案。本次配股在实际实施过程中,13 家法人股东放弃了 1732 万股配股权,其他法人股东认购 538 万股,内部职工按配股比例认购 140 万股。1998 年 7 月 20 日,北京市人民政府办公厅下发了《关于同意北京全聚德烤鸭股份有限公司增资扩股的通知》(京政办函[1998]107 号文件),同意公司增资扩股 3556 万股,每股面值 1 元,认购价格为 1.5 元/股,本次增资扩股后公司股份总数为 10,556 万股,股本总额 10,556 万元。其中由 22 家法人持有 10,241 万股,占股本总额的 97.01%,由内部职工持有 315 万股,占股本总额的 2.98%。本次增资扩股中,由于 13 家法人股东放弃部分配股权,因此,内部职工股占公司总股本的比例由 2.5%提高到 2.98%。

在此次增资扩股过程中,全聚德集团以北京全聚德王府井店的资产认购,北京全聚德王府井店的资产和职工相应地进入公司,其职工成为公司的员工,因此,前述部分内部职工股持有者是北京全聚德王府井店员工而非公司内部职工的问题通过此次增资扩股得到了解决。

1998 年 9 月 8 日,北京市中润达审计事务所对公司此次增资扩股出具了[1998]润审验字第 1—15 号验资报告书。

(3)对内部职工股的确认

2001 年 11 月 30 日,北京市人民政府以专函对公司内部职工股的规范工作进行了确认,认为公司内部职工股的发行符合《定向募集股份有限公司内部职工持股管理规定》(国家体改委 1993 年 7 月 1 日发布)的规定,并按照《股份有限公司规范意见》的要求进行了集中托管。1998 年配股后由于部分法人股东放弃配股权,公司内部职工股占公司总股本的比例达 2.98%。公司内部职工股已集中托管于北京证券登记有限公司。公司成立于原国家体改委《关于清理定向募集股份有限公司内部职工股不规范做法的通知》发布之后,不需参加内部职工股清理工作。

2002 年 8 月 2 日,北京市人民政府以《北京市人民政府关于确认北京全聚德烤鸭股份有限公司内部职工股有关情况的函》(京政函[2002]60 号)确认经市政府有关部门对公司内部职工批准、发行、托管及清理等情况进行审查,未发现违法违规行为。

(4)内部职工股发生过的转让和交易情况

根据 2001 年 11 月 21 日北京证券登记有限公司出具的股东名册,当时公司内部职工股持有人共有 1135 人,持有 315 万股,占公司总股份的 2.98%。(注:股东名册中人数为 1136 人,经核实,因其中一人重复登记,实际人数为 1135 人)2001 年集中托管登记以后,由于部分内部职工股持有人去世、自公司离职等股东个人原因,发生部分职工股持股人变化的情况。

经核查,自 2001 年 11 月 21 日北京证券登记有限公司出具公司股份托管的股东登记名册后至2007年6月11日，由于部分内部职工股持有人去世、自公司离职等股东个人原因，期间发生69次内部职工股持有人变动，具体情况如下：

①在上述内部职工股持有人变动中，内部职工股持有人合计出让或退股139,111股，该等股份中122,019股已转由公司其他职工继受取得。

②根据公司的说明和提供的资料，2001年公司股份集中托管之前，公司将26位自公司离职或者去世的内部职工股持有人所持有的股份按照退股进行处理，并将相应股份转给公司其他职工。事后公司已取得其中15位原持股人的同意，并已向该15位原持股人支付相应股款；其余11位持股人因无法取得联系仍未获得该等原持股人的同意。2007年3月，公司将2001年后陆续退股的内部职工股持股人退出的股份中的17,092股，按照前述11位原持股人原拥有的股份数量向该11位原持股人予以返还。2007年4月，前述11位持股人中，公司与一人（戴惠敏）取得联系，戴惠敏已签订协议，将所持股份予以转让。

公司内部职工股发生的转让交易，只限于在公司内部职工之间，未出现内部职工股社会化的情形。

2. 本次发行前内部职工股的托管情况

（1）内部职工股托管情况

1994年4月19日，北京证券登记有限公司与公司筹建处签订了《内部股权证登记管理协议书》，北京证券登记有限公司分别于1994年4月19日和1996年11月8日出具了《内部股权证登记托管证明书》。

为规范公司内部职工股的托管工作，公司于2001年6月20日与北京证券登记公司签署了《北京全聚德烤鸭股份有限公司股份托管协议书》，对公司的全部股份（包括内部职工股）进行集中托管，北京证券登记公司出具了《北京全聚德烤鸭股份有限公司股份集中托管情况证明》，证明公司股票已按规定集中托管于北京证券登记公司，并全部冻结，股份托管符合上市要求，公司自设立以来，内部职工股股份变动未发现有违规现象。

根据北京市国有资产监督管理委员会、北京市发展和改革委员会以及北京市工商行政管理局2007年1月19日发出的《市国资委、市发展改革委、市工商局关于加强本市非上市股份有限公司国有股权登记管理的通知》（京国资发[2007]3号），北京市已有的国有参控股非上市股份有限公司，须在前述通知发布之日起三个月内到北京股权登记管理中心办理股权托管登记手续。

根据前述相关规定，2007年3月23日，公司与北京股权登记管理中心签订了《股权托管协议书》并重新办理了股权托管登记手续。2007年6月11日，北京股权登记管理中心有限公司出具《股权托管登记证明》："内部职工股由1110名自然人持有。本中心通过审核中国全聚德(集团)股份有限公司所提交的所有材料,认为北京市嘉源律师事务所出具的《关于中国全聚德(集团)股份有限公司股份变动情况的法律意见书》所述属实。中国全聚德(集团)股份有限公司股票已经按规定集中托管于本中心,股权托管符合本中心的要求。”

(2)内部职工股前 10 名股东的持股情况

序号	股东姓名	持股数(股)	占内部职工股的比例(%)	是否全部托管
1	姜俊贤	64,000	2.03	是
2	邢　颖	52,000	1.65	是
3	付卫红	50,000	1.59	是
4	李瑞宗	40,000	1.27	是
5	王义仁	32,086	1.02	是
6	杨宗满	32,000	1.02	是
7	朴学东	29,419	0.93	是
8	张　健	26,000	0.83	是
9	姜卫东	23,857	0.76	是
10	施炳丰	22,000	0.70	是
	合计	371,462	11.79	是

【案例评析】

1. 新公司法颁布之后,现有发行审核政策只对两种股东超过 200 人的情形亮了绿灯,一种是定向募集,另一种是城商行的特批,不过对于城商行股东问题已经越来越收紧,所以定向募集就成为一种特例。

2. 定向募集问题在 20 世纪 90 年代公司制改造时还是很普遍的,且很多公司都在 1994 年进行了处理。从审核实践来看,定向募集问题会里会重点关注,但是一般情况都不会成为首发障碍,而会里关注的重点无非就是是否存在潜在纠纷和法律风险。

3. 对于定向募集的解释思路,基本情况如下:(1)详细介绍内部职工股的审批和发行情况;(2)详细核查内部职工股转让的情况,关注程序是否合规,是否存在潜在纠纷;(3)详细介绍内部职工股的托管情况,如果托管单位存在变更的,需要介绍历次变更情况;尤其是要详细介绍发行人最后一次的托管情况,因为这是防止纠纷最后的防火墙,并且需要证明股份托管人与实际持有人一致以防止纠纷；内部职工股的托管确认率要达到95%以上；(4)省级人民政府对定向募集问题的确认文件；(5)中介结构发表核查意见。

4. 上述是定向募集问题的一般思路，上述案例有的还存在一些特殊之处：(1)太阳电缆反馈意见对该问题做了重点关注，并且还需要就该问题有责任承担主体因而需要股东做出承诺。(2)烟台氨纶尽管存在超比例和超范围发行内部职工股的情形，但由于是历史问题最后也没有成为障碍。(3)全聚德还证明了一点，就是公司内部职工股发生的转让交易，只限于在公司内部职工之间，未出现内部职工股社会化的情形。

5. 允许定向募集问题在新公司法背景下首发上市，那也是"历史问题历史看"审核思路最重要的体现，企业存在的历史问题是我国经济体制发展变化的结果，不应由企业来买单。

6. 定向募集处理的基本原则是：对未经批准擅自发行的内部职工股及1993年7月1日后违反有关规定超比例发行的内部职工股，可采取发行人回购、法人收购等方式进行清理。如果是1994年6月19日之前合规发行的内部职工股，可以采取集中托管的方式进行规范。另外，尽管《股票发行审核标准备忘录第11号——关于定向募集公司申请公开发行股票有关问题的审核要求》已经废止，但是对于该问题的处理该文还具有很大的参考价值。

【思路总结】

一、关于内部职工股的发行

(1)内部职工股的发行依据定向募集公司应根据1992年5月15日国家体改委颁布的《股份有限公司规范意见》及1993年7月1日国家体改委颁布的《定向募集股份有限公司内部职工持股管理规定》等的有关规定发行内部职工股。

(2)内部职工股的发行比例。

①1992年5月15日国家体改委发布《股份有限公司规范意见》至1993年4月3日国务院办公厅转发国家体改委等部门《关于立即制止发行内部职工股不规范做法意见的紧急通知》(国办发[1993]22号文)下发期间，发行内部职工股须经批准且比例不得超过总股本的20%。

②1993年7月1日国家体改委发布《定向募集股份有限公司内部职工持股管理规定》至1994年6月19日国家体改委发文禁止再批准设立定向募集公司期间，内部职工股占总股本的比例不能高于2.5%。

(3)关于定向募集公司暂停审批和停止审批的规定。

①1993年4月3日国务院办公厅下发国办发[1993]22号文至1993年7月1日国家体改委发文规范内部职工持股期间,暂缓审批有内部职工持股的定向募集公司。

②1994年6月19日国家体改委发布《关于立即停止审批定向募集股份有限公司并重申停止审批和发行内部职工股的通知》以后,停止审批定向募集股份有限公司。

二、关于违规内部职工股的处理

1. 处理标准

(1)1992年5月15日至1993年4月3日,对于超比例发行内部职工股的公司,审核人员应审核省级人民政府出具的文件,该文件应说明内部职工股的发行和规范过程及公司在内部职工股发行中存在的问题,并承担相应责任。

(2)1993年4月3日至1993年7月1日,对于擅自批准成立的由内部职工持股的定向募集公司,审核人员应审核省级人民政府出具的文件,该文件应对内部职工股的发行及规范情况进行说明,对违规行为作出检讨,并承担责任。

(3)1993年7月1日至1994年6月19日发行的内部职工股,审核人员应要求对超过总股本2.5%的部分或未经批准发行的内部职工股进行清理,同时要求公司提供有关清理款项的发放凭证,注册会计师应对款项的发放情况进行验证。

(4)1994年6月19日以后审批的内部职工股,审核人员应要求公司全部清理完毕。

(5)个人以个人或法人名义认购的定向募集公司法人股,即使后来有关部门将其确认为内部职工股的,仍应视同为法人股。

2. 清理方式

对未经批准擅自发行的内部职工股及1993年7月1日后违反有关规定超比例发行的内部职工股,可采取发行人回购、法人收购等方式进行清理。如果是1994年6月19日之前合规发行的内部职工股,可以采取集中托管的方式进行规范。

3. 托管

(1)根据1993年7月5日国家体改委发布的《关于清理定向募集股份有限公司内部职工持股不规范做法的通知》(体改生[1993]115号)的规定,内部职工股要由主管部门认可的证券经营机构实行集中托管,不得在社会上转让,进行交易。

(2)在申请股票发行上市时,证券经营机构应当出具托管证明。

(3)省级人民政府应对企业(包括中央企业)内部职工股的托管情况出具确认文件,保证内部职工股已全部集中托管。

4.申报及披露要求定向募集公司在申请公开发行股票时应做到：

(1)提供清理内部职工股的相关法律文件，包括发行人股东大会决议、公告、股份过户登记证明及其他相关法律文件。

(2)发行人律师对有关内部职工股的审批、发行、托管、清理进行核查验证，并对发行和清理的真实性、合法性及是否存在潜在纠纷发表法律意见。

(3)公司应在招股说明书中按要求对内部职工股问题进行充分披露。

【参考法规】

一、股份有限公司规范意见(1992年5月15日体改生[1992]31号)

第七条　公司可以采取发起方式或募集方式设立。

募集方式包括定向募集和社会募集两种。采取定向募集方式设立，公司发行的股份除由发起人认购外，其余股份不向社会公众公开发行，但可以向其他法人发行部分股份，经批准也可以向本公司内部职工发行部分股份。采取社会募集方式设立，公司发行的股份除由发起人认购外，其余股份应向社会公众公开发行。

采取发起方式设立和定向募集方式设立的公司，称为定向募集公司；采取社会募集方式设立的公司，称为社会募集公司。定向募集公司在公司成立一年以后增资扩股时，经批准可转为社会募集公司。

第二十四条第三款　个人股为社会个人或本公司内部职工以个人合法财产投入公司形成的股份。

一个自然人所持股份(不含外国和我国香港、澳门、台湾地区所持投资)不得超过公司股份总额的千分之五。定向募集公司内部职工认购的股份，不得超过公司股份总额的百分之二十。

社会募集公司的本公司内部职工认购的股份，不得超过公司向社会公众发行部分的百分之十。由定向募集公司转为社会募集公司者，超过此限时不得再向内部职工配售股份。

社会募集公司向社会公众发行的股份，不少于公司股份总数的百分之二十五。国家另有规定的除外。

第二十五条　公司的股份采取股票形式。但定向募集公司应以股权证替代股票(下同)。

定向募集公司不得发行股票，社会募集公司不得发行股权证。

第三十条 股东可以按照国家有关规定和公司章程的规定转让股份，并可以赠与（公有股份不可赠与）、继承和抵押，但不得违反以下规定：

（一）定向募集方式设立的公司，其股权证按其原持有人身份，可在法人之间以及公司内部职工之间转让，本公司内部职工持有的股权证要严格限定在本公司内部，不得向公司以外的任何人发行和转让。以上两种方式设立的定向募集公司在公司成立一年以后，增资扩股时如需转为社会募集公司，扩大股份的认购和转让范围，应按照国家规定的审批权限并按第三十四条的规定，经批准后方可进行，同时应换发股票；

……

（五）公司内部职工的股份（除去职和死亡者的股份外），在公司配售后三年内不得转让；

……

二、《定向募集股份有限公司内部职工持股管理规定》（1993年7月3日体改生［1993］114号）

第二条 定向募集股份有限公司是指不向社会公开发行股票，只对法人和公司内部职工募集股份的股份有限公司（本规定以下简称公司）。

设立公司应按《股份有限公司规范意见》的规定办理。

第五条 公司向内部职工募集的股份，只限于以下人员购买和持有：

（一）公司募集股份时，在公司工作并在劳动工资花名册上列名的正式职工；

（二）公司派往子公司、联营企业工作，劳动人事关系仍在本公司的外派人员；

（三）公司的董事、监事；

（四）公司全资附属企业的在册职工；

（五）公司及其全资附属企业在册管理的离退休职工。

第六条 下列人员不得购买和持有公司向内部职工募集的股份：

（一）公司法人股东单位（包括发起单位）的职工；

（二）公司非全资附属企业及联营单位的职工；

（三）公司关系单位的职工；

（四）公司外的党政机关干部；

（五）公司外的社会公众人士；

（六）根据国家法律、法规，禁止购买和持有公司股份的其他人员。

第七条 公司向内部职工募集股份，应当印制股权证，不得印制股票。

第十八条 公司实行内部职工持股，应当按照《股份有限公司规范意见》及国家有关规定，中央企业、地方企业分别向国家体改委或省、自治区、直辖市以及计划单列市政府的体改部门报送有关文件，经批准后方可实施。

第二十条 公司增加内部职工持股额，应当按照《股份有限公司规范意见》和国家有关扩股增资的规定报批。

第二十二条 内部职工持有的股份在公司配售三年内不得转让，三年后也只能在内部职工之间转让，不得在社会上转让交易。

第二十三条 内部职工持有的股份，在持有人脱离公司、死亡或其他特殊情况下，可以不受转让期限限制，转让给本公司其他内部职工，也可以由公司收购。

第二十四条 内部职工转让股份，须经公司委托的证券经营机构办理过户手续，并开具转让收据。

第二十五条 内部职工股的转让价格或公司收购价格，应以公司每股净资产额为基础，由转让、收售双方协商确定。公司委托的证券经营机构可通过提供参考价格给予指导。

第二十七条 公司委托的证券经营机构须对内部职工持有的股份在本规定限定范围内的转让负责。

第二十八条 定向募集公司内部职工认购的股份总额，不得超过公司股份总额的百分之二点五。

第二十九条 内部职工持股的定向募集公司转为社会募集公司时，应按《股票发行与交易管理暂行条例》规定的审批程序办理。内部职工持有的股份从配售之日起，满三年后才能上市转让。

三、关于立即制止发行内部职工股不规范做法的意见（1993年4月3日国办发[1993]22号）

1. 内部职工持股的定向募集股份有限公司，要继续按规定要求进行试点。为了进一步搞好试点工作，国家体改委将尽快下发《定向募集股份有限公司职工持股管理规定》（以下简称《规定》），各省、自治区、直辖市人民政府和国务院有关部门要按照《规定》的要求，对不规范的做法进行清理，在本地区和本部门要清理工作结束以前，对新要求成立内部职工持股的定向募集股份有限公司要暂缓审批。

2. 各地要严格执行《股份制企业试点办法》和《股份制企业规范意见》的规定，定向募集股份有限公司内部职工持有的股份，采用记名股权证形式，不得印制股票。本公司内部职工持有的股权证要严格限定在本公司内部；不得向公司以外的任何个人发行和转让。公司内部职工的股份，在公司配售后三年内不得转让，三年后也只能在内部职工之间转让。定向募集股份有限公司经批准转为社会募集股份有限公司,原内部职工股份从配售之日起未满三年的,也不得上市交易。根据有关规定,未经国务院主管部门批准,定向募集股份有限公司不得擅自转为社会募集股份有限公司。

3. 自本通知下发之日起,各地要立即采取措施。尽快将发放在个人手中的定向募集股份有限公司的内部职工股股权证,由公司委托国家认可的证券经营机构集中托管。未实行集中托管的定向募集股份有限公司,不得转为社会募集股份有限公司。

4. 任何机关、团体、部队、企事业单位和个人不得利用职权索取和非法购买企业内部职工股,也不得以法人(含社团法人)名义购买法人股后分发给个人。

5. 凡已经出现内部职工股权证非法交易的地方,当地人民政府要组织有关部门立即采用坚决而又稳妥的措施,加以制止和取缔。

6. 对违反本通知和国家有关规定的定向募集股份有限公司,要进行严肃查处,今后一律不得转为社会募集股份有限公司。

四、《国家体改委关于清理定向募集股份有限公司内部职工持股不规范做法的通知》(1993年7月5日体改生[1993]115号)

(一)清理的范围和内容凡已经实行内部职工持股的企业,都必须按照本通知和《定向募集股份有限公司内部职工持股管理规定》(以下简称《规定》)进行认真清理

清理的具体内容是:

1. 未经地方政府和国务院有关部门批准,企业擅自决定发行的内部职工股;

2. 经过地方政府和国务院有关部门批准,超过《股份有限公司规范意见》内部职工股的比例和超出《规定》限定的范围发行的内部职工股;

3. 违反《股份有限公司规范意见》进行交易的内部职工股。

(二)清理的组织和程序

这次清理工作由国家体改委负责组织领导。各省、自治区、直辖市及计划单列市体改部门或政府指定的其他部门和国务院有关部门负责具体组织实施。

清理工作采取由下而上、分级负责的原则。第一步,先由企业按照本通知要求自行清理,并将清理中查出的问题及处理结果写出报告,报各省、自治区、直辖市、计划单列市体改部门或政府指定的部门;中央所属企业报主管部门。第二步,地方体改部门

或政府指定的部门和中央企业主管部门根据自查上报企业的材料,逐户进行审核验收;各地区、各有关部门清理工作结束后要写出书面报告,报送国家体改委。各地区、各有关部门的清理工作,原则上要在八月底结束,具体时间自行安排。在未完成审核验收前,不得恢复定向募集股份有限公司内部职工持股试点审批工作。

(三)清理中若干问题的处理

今后内部职工持股的股份制试点均按《规定》的要求进行,对现有问题按以下办法处理:

1. 凡未经地方政府和国务院有关部门批准,擅自进行内部职工持股试点的企业,对其发行的内部职工股,可由企业按发行时的价格加银行同期存款利息退还现金,也可按审批权限批准转为企业债券。

2. 在国办发[1993]22 号文下发以后,地方政府和国务院有关部门违反上述文件规定批准进行内部职工持股试点的企业,必须按发行时的价格加同期存款利息全部退还给职工。同时要追究当事人责任。

3. 超过《股份有限公司规范意见》规定的比例和超出《规定》限定的范围发行内部职工股的企业,其个人股要登记造册,并送审批机关备案;发行的股权证,要由主管部门认可的证券经营机构实行集中托管,不得在社会上转让,进行交易。

4. 符合转为社会募集股份有限公司条件的,按《股票发行与交易管理暂行条例》规定的审批程序办理。

(四)要加强对清理工作的组织领导

各地方和各部门要提高对这次清理工作重要性的认识,以积极的态度,认真组织领导。这项工作涉及一些人的切身利益,政策性强,各地方和各部门要积极宣传清理工作的意义,严格把握政策界限,认真协调好有关方面的关系,认真做好思想工作;对在清理过程中出现的问题,要及时疏导,及时解决,遇到特殊情况和问题要及时报告。

五、《关于立即停止审批定向募集股份有限公司并重申停止审批和发行内部职工股的通知》(1994 年 6 月 19 日)

《国务院关于继续加强固定资产投资宏观调控的通知》(国发明电[1994]1 号)(以下简称《通知》)明确规定:"国家体改委正会同国家计委、国家经贸委抓紧制定对企业发行内部职工股实行规范化管理的办法,在新办法出台前,暂停内部职工股的审批和发行工作。"但一些地方和部门不执行《通知》规定,仍以设立定向募集股份有限公司等形式,批准企业募集内部职工股。有些地方和企业使用违规募集的资金乱上项目,扩大固定资产投资规模,影响了当前国家金融秩序的稳定。经国务院同意,特通知如下:

1. 自本通知下发之日起,各地方、各部门立即停止审批定向募集股份有限公司。

2. 各地方、各部门必须严格执行《通知》规定,立即停止内部职工股的审批和发行。

3. 有关地方、部门和企业要认真做好善后工作。对违反上述规定的,要追究有关地方、部门领导人的责任。

六、《关于股票发行工作若干规定的通知》(1996 年 12 月 26 日证监[1996]12 号)

(六)关于职工股上市问题。

原定向募集公司经批准转为社会公开募集公司的,其内部职工股,从新股发行之日起,期满三年方可上市流通。

凡采取募集设立的股份公司,本公司职工可按不超过社会公众股百分之十的比例认购股票,但人均不得超过5000股。公司在上报申请材料时,须报送经当地劳动部门核准的职工人数和职工预约认购股份的清单,中国证监会将对其材料进行核查。发行结束后,发行公司及主承销商须在十五日内向中国证监会报送发行情况的报告。

七、关于定向募集公司申请公开发行股票有关问题的审核要求(2002 年 4 月 17 日股票发行审核标准备忘录[2002]第 11 号)

(一)关于定向募集公司的审批

1. 根据1992 年5 月15 日国家体改委等五部委发布的《股份制企业试点办法》及国家体改委发布的《股份有限公司规范意见》的规定,股份公司(包括定向募集公司)的组建,由国家体改委或省、自治区、直辖市体改部门牵头,会同有关部门审批。

2. 根据1993 年7 月1 日国家体改委发布的《定向募集股份有限公司内部职工持股管理规定》的规定,公司实行内部职工持股的,中央企业、地方企业分别向国家体改委或省、自治区、直辖市以及计划单列市政府的体改部门报送有关文件,经批准后方可实施。

3. 定向募集公司应根据1995 年7 月3 日国发[1995]17 号《国务院关于原有有限责任公司和股份有限公司依照〈中华人民共和国公司法〉进行规范的通知》等文件的规

定,在1996年12月31日前完成规范工作。股份公司在依照《公司法》进行规范后,应经省、自治区、直辖市人民政府确认,并依法进行重新登记。

4. 定向募集公司的批准文件必须包含公司的股本结构等内容。

(二)关于内部职工股的发行

1. 内部职工股的发行依据定向募集公司应根据1992年5月15日国家体改委颁布的《股份有限公司规范意见》及1993年7月1日国家体改委颁布的《定向募集股份有限公司内部职工持股管理规定》等的有关规定发行内部职工股。

2. 内部职工股的发行比例

(1)1992年5月15日国家体改委发布《股份有限公司规范意见》至1993年4月3日《国务院办公厅转发国家体改委等部门关于立即制止发行内部职工股不规范做法意见的紧急通知》(国办发[1993]22号文)下发期间,发行内部职工股须经批准且比例不得超过总股本的20%。

(2)1993年7月1日国家体改委发布《定向募集股份有限公司内部职工持股管理规定》至1994年6月19日国家体改委发文禁止在批准设立定向募集公司期间,内部职工股占总股本的比例不能高于2.5%。

3. 关于定向募集公司暂停审批和停止审批的规定

(1)1993年4月3日国务院办公厅下发国办发[1993]22号文至1993年7月1日国家体改委发文规范内部职工持股期间,暂缓审批有内部职工持股的定向募集公司。

(2)1994年6月19日国家体改委发布《关于立即停止审批定向募集股份有限公司并重申停止审批和发行内部职工股的通知》以后,停止审批定向募集股份有限公司。

(三)关于违规内部职工股的处理

1. 处理标准

(1)1992年5月15日至1993年4月3日,对于超比例发行内部职工股的公司,审核人员应审核省级人民政府出具的文件,该文件应说明内部职工股的发行和规范过程及公司在内部职工股发行中存在的问题,并承担相应责任。

(2)1993年4月3日至1993年7月1日,对于擅自批准成立的有内部职工持股的定向募集公司,审核人员应审核省级人民政府出具的文件,该文件应对内部职工股的发行及规范情况进行说明,对违规行为作出检讨,并承担责任。

(3)1993年7月1日至1994年6月19日发行的内部职工股,审核人员应要求对超过总股本2.5%的部分或未经批准发行的内部职工股进行清理,同时要求公司提供有关清理款项的发放凭证,注册会计师应对款项的发放情况进行验证。

(4)1994年6月19日以后审批的内部职工股,审核人员应要求公司全部清理完毕。

(5)个人以个人或法人名义认购的定向募集公司法人股,即使后来有关部门将其确认为内部职工股的,仍应视同为法人股。

2. 清理方式

对未经批准擅自发行的内部职工股及1993年7月1日后违反有关规定超比例发行的内部职工股,可采取发行人回购、法人收购等方式进行清理。

3. 托管

(1)根据1993年7月5日国家体改委发布的《关于清理定向募集股份有限公司内部职工持股不规范做法的通知》(体改生[1993]115号)的规定,内部职工股要由主管部门认可的证券经营机构实行集中托管,不得在社会上转让,进行交易。

(2)在申请股票发行上市时,证券经营机构应当出具托管证明。

(3)省级人民政府应对企业(包括中央企业)内部职工股的托管情况出具确认文件,保证内部职工股已全部集中托管。

4. 申报及披露要求定向募集公司在申请公开发行股票时应做到

(1)提供清理内部职工股的相关法律文件,包括发行人股东大会决议、公告、股份过户登记证明及其他相关法律文件。

(2)发行人律师对有关内部职工股的审批、发行、托管、清理进行核查验证,并对发行和清理的真实性、合法性及是否存在潜在纠纷发表法律意见。

(3)公司应在招股说明书中按要求对内部职工股问题进行充分披露。

(四)关于进行场外非法股票交易的"下柜企业"

对于曾进行场外非法股票交易的"下柜企业"的审核标准,根据国办发[1998]10号《国务院办公厅转发证监会关于清理整顿场外非法股票交易方案的通知》的规定处理。

第三部分 财务会计

本部分将为大家主要介绍如下内容：

◇ 企业合并：资源整合是否能够让人信服。

◇ 会计处理：企业账本是否能够让人明白。

第一章 企业合并

【资源整合是否能够让人信服】

□ 资源整合更有利于企业发展战略的执行和资源的充分利用,而企业合并是资源整合的一项非常重要的手段。

□ 但是企业合并至少要让人信服:你为什么要企业合并?你合并的企业是不是个好企业?你合并之后是否能够发展好这个企业?等等。

□ 本章内容将主要为大家介绍如下几种企业合并的形式及关注要点:非同一控制下企业合并、同一控制下企业合并、吸收合并。

■第一节 非同一控制下合并解决之道

【重要提示】

★ 鉴于非同一控制下的合并往往被人质疑是为上市而拼凑业绩,所以从审核政策上从来都是从严把握,并且对于重组的规模也有严格的标准限制。

★ 至于标准,尽管至今没有一个明确的规范性文件作出规定,但是在实务中对于该问题的把握已经非常成熟。值得注意的是,这个标准一般情况下很难有突破,建议在实务中严格执行,如果突破了一个标准就只能多运行一段时间了。

★ 因此,为了尽量缩短企业申报上市的周期,企业的重组尤其是非同一控制下的重组要尽量提早完成,这样可以最大限度地降低重组的标准,以缩短运行时间的要求。

【案例情况】

一、世纪鼎利(300050)

(一)收购鼎力发展

1. 鼎利发展主要业务

鼎利发展成立于2000年6月1日,其业务定位是为系统设备厂商供应无线网络测试优化产品。该公司先后通过了华为、摩托罗拉、北方电讯等电信系统设备厂商的供应商资格认证。由于系统设备厂商在2007年以前对无线网络测试优化产品采购较少,因此该公司业务规模较小。

2. 鼎利发展历史沿革

鼎利发展成立时注册资本为50万元。其中,叶明出资30万元,叶滨出资15万元,珠海经济特区香洲鼎利通信器材公司出资5万元。2000年9月,叶明将其所持有的60%股权,以原始出资额作价30万元全部转让给王耘。2001年2月,鼎利发展将未分配利润250万元转增注册资本至300万元。

2007年9月27日,经广东省珠海市香洲区人民法院[2007]香民二初字第972号《民事判决书》依法确认:珠海经济特区香洲鼎利通信器材公司为股东叶滨的挂名持股者,鼎利发展股东为王耘和叶滨,出资比例分别为60%和40%。

依据该判决并经珠海市工商行政管理局核准,2007年11月5日该公司办理了变更登记手续,同时领取了注册号为440400000031959的《企业法人营业执照》。

3. 收购前鼎利发展的财务状况

公司于2007年12月收购了鼎利发展的全部股权。鼎利发展资产总额、营业收入和利润总额占重组前一个会计年度(2006年)数据的占比情况如下:

单位:元

项目	鼎利发展	本公司	比例
资产总额	13,912,067.82	65,101,790.70	21.37%
营业收入	4,849,765.00	53,828,429.39	9.01%
利润总额	(525,405.77)	18,943,634.27	2.77%

4. 收购价格的确定方法

鼎利发展聘请开元信德会计师事务所对其截至2007年11月30日的财务报表审

计。开元信德会计师事务所于 2007 年 12 月 10 日出具了信德特审报字[2007]第 690 号《审计报告》。根据该审计报告,鼎利发展截至 2007 年 11 月 30 日的净资产为 10,461,604.97元。该净资产是按照新企业会计准则冲减了应付福利费余额 1,778,185.72元后的数据。

为保护公司全体股东利益,发行人与鼎利发展股东王耘、叶滨协商,股权收购价格在鼎利发展经审计净资产 10,461,604.97 元的基础上,调减了原冲减的应付福利费余额 1,778,185.72 元,即以 10,461,604.97 元扣减 1,778,185.72 元后的 8,683,419.25 元作为鼎利发展股权的收购价格。

该收购价格以经审计的净资产值为基础,经双方协商确定,定价原则、定价方式公平合理,符合发行人及全体股东的利益。同时,上述收购形成的合并价差1,778,185.72 元所占公司当年净利润的比例低于 10%,对发行人业绩影响较小,且计入非经常性损益。

5. 收购鼎利发展的程序

为彻底消除同业竞争,同时丰富公司的客户群结构,扩大业务经营规模,拓展业务渠道及共享软件系统的研发成果,公司根据章程规定,收购鼎利发展股权事项由公司独立董事提前审议认可后,提交公司第一届董事会第三次会议审议通过。在公司董事会审议该项议案时,关联董事叶滨、王耘依据有关法规及《公司章程》的规定回避了表决。

鼎利发展 2007 年 12 月 14 日召开的股东会审议通过由发行人收购其全部股权。

2007 年 12 月 14 日,公司与鼎利发展的股东王耘及叶滨分别签订《股权转让协议书》,王耘、叶滨将其所持有的 60% 和 40% 股权分别作价 521.01 万元、347.33 万元转让给公司。2007 年 12 月 28 日,鼎利发展完成了有关本次股权转让的工商变更登记手续。本次收购完成后,鼎利发展成为公司的全资子公司。

王耘和叶滨因本次股权转让所得分别应缴纳的个人所得税 68.20 万元和 45.47 万元已由鼎利发展代扣代缴。

6. 对公司经营情况及经营模式的影响

(1)消除同业竞争,规范运作

通过全资收购鼎利发展,彻底消除了同业竞争,实现了在同一管理层控制下相似业务的相互补充,为公司规范运作创造了条件,有利于公司长期稳定发展。

(2)本次收购对公司业务模式的影响

鼎利发展与本公司属同一业务领域,但主要客户不同。本次收购前,公司主要向移动运营商提供无线网络优化测试分析系统及优化服务,主要客户为中国移动、中国联通、中国电信等;鼎利发展主要为系统设备厂商供应无线测试、基站容量测试等设备,拥有华为、摩托罗拉、北方电讯等电信系统设备厂商的供应商资格。通过收购鼎利发展,公司拓展了客户群,进入华为、摩托罗拉、北方电讯等电信系统设备厂商的供应商体系,公司客户群进一步扩大。客户群的拓宽增加了公司新的业务增长点,增强了公司抗风险能力,提高了综合竞争力,但并未改变公司的业务模式。

(二)收购世源信通

1. 世源信通的基本情况

世源信通成立于2007年6月1日,注册资本为250万元,其中,刘洪兴出资146.25万元,黄海长出资78.75万元,张健明出资25.00万元。世源信通主要从事通信网络中A、Abis等接口的信令采集及分析系统的开发,其业务为公司所从事业务向同一产业链的进一步延伸。目前该公司软件产品尚处于研发阶段,尚未形成大规模的业务收入。

2. 世源信通资产总额、营业收入和利润总额占重组前一个会计年度数据的百分比

单位:万元

主要项目	世源信通（2008年或2008年年末）	公司(2008年或2008年年末公司合并数)	占比
营业收入	69.71	13,665.42	0.51%
利润总额	9.97	4565.91	0.22%
总资产	281.39	16,157.08	1.74%

世源信通营业收入、利润总额及总资产分别占公司2008年的比重远小于20%,对公司经营状况影响较小。

3. 此次收购对公司经营情况及业务模式的影响

公司主要产品为移动通信无线测试优化系统,主要集中于手机与基站无线子系统之间的无线接口(在GSM系统中为Um接口,以下为GSM系统的示意图)。而世源信通自成立以来一直从事基站无线子系统与交换网络子系统之间的A接口、基站无线子系统内部的Abis接口等的信令采集及分析系统研发,在相关技术与经验上有较为丰富的积累。

通过对世源信通增资,该公司获得了研发资金支持,将加快项目研发进度。未来提供从硬件到软件的Abis接口智能无线网优技术解决方案,同时运营商未来几年在该项目的投资将十分可观,使世源信通面临着较好的市场前景。由于公司在无线网络优化行业中与移动运营商的密切合作关系,更能赢得移动运营商在该项目的市场份额。

因此,通过收购世源信通,公司产品线将拓展至移动通信网络A、Abis等接口网络优化测试分析产品,扩大公司市场范围,增强公司的市场竞争力,形成公司经营业绩新

的增长点。

本次收购不会改变公司的业务模式。

4. 收购世源信通的程序

经公司第一届董事会第五次会议审议通过以及被收购公司股东会同意,公司以增资方式收购世源信通。2009 年 1 月 21 日,公司与世源信通签订了增资扩股协议,以 2008 年 10 月 31 日为评估基准日,经开元资产评估有限公司评估后的股东权益 311.33 万元为基础确定本次增资价格,公司单方增资 468 万元,其中 375 万元计入注册资本,93 万元计入资本公积。

2009 年 2 月 6 日,经北京市工商行政管理局核准,世源信通办理了本次增资的变更登记手续,同时领取了注册号为 110108010237702 的《企业法人营业执照》。本次增资完成后,公司持有世源信通 60% 股权,世源信通成为公司的控股子公司。

5. 评估值与账面值存在较大差异的原因

本次评估情况具体如下:

单位:万元

主要项目	审计后的账面价值	评估值	评估增值	增值率
总资产	231.65	350.22	118.57	51.18%
其中:流动资产	62.13	62.13	0	0
开发支出	151.21	270.24	119.03	78.72%
固定资产	2.95	2.49	(0.46)	(15.59%)
长期待摊费用	15.36	15.36	0	0
净资产	192.76	311.33	118.57	61.51%

评估值与账面值差异主要受公司开发支出评估增值的影响。该项评估增值的原因为:

世源信通开发支出正处于研制及试验阶段的 ANOS 网络优化系统,该系统为世源信通独立自主开发的拥有完全知识产权的专有技术。该项技术于 2007 年 12 月 7 日取得了信息产业部通信计量中心和信息产业部北京电话交换设备质量监督检验中心出具的检验报告,报告编号为:02 - 07 - HJ0763,检验表明该公司智能数据采集卡(SmartE1)检验合格;2008 年 1 月 22 日取得了中国泰尔实验室出具的检验报告,报告编号为:01 - 08 - MQ0008,检验结果表明,该公司生产的数字交叉连接设备(SmartDS32)检验合格。运用该项技术生产的数字交叉连接设备于 2008 年 6 月 2 日取得了中华人民共和国工业和信息化部颁发的电信设备进网许可证,许可证号编号:

12-8067-800893。该部分产品所有模块(硬件及软件)均为世源信通开发完成,为一项拥有完全知识产权的专有技术。该项资产评估采用倍加系数法,评估增值119.03万元,增值率为78.72%。

6.收购世源信通合并收入的计算过程及递延所得税负债形成的原因

(1)合并收入的计算过程

产生合并收入主要是由评估基准日和合并购买日不同所导致。

根据会计准则的规定,对于非同一控制下的企业合并,合并中取得的有关资产、负债应按其在购买日的公允价值计量,企业合并成本大于合并中取得可辨认净资产公允价值的份额部分确认为商誉,企业合并成本小于合并中取得可辨认净资产公允价值的份额部分计入合并当期损益。公司以2009年1月31日为合并购买日,增资完成后的账面净资产为677.87万元,经调整后的净资产公允价值为796.44万元,具体如下:

单位:万元

主要项目	公允价值	账面价值	增值
流动资产	526.54	526.54	—
固定资产	3.46	3.92	(0.46)
无形资产(注)	305.33	186.29	119.03
其他非流动资产	14.49	14.49	—
资产合计	849.82	731.25	118.57
负债合计	53.38	53.38	—
净资产	796.44	677.87	118.57

注:无形资产为开发支出转入,2009年1月结转为无形资产。

由于公司占世源信通60%股权,产生合并收入为796.44万元×60%-468万元=9.86万元。

(2)递延所得税负债形成的原因

公司合并购买日资产公允价值为849.82万元,计税基础(资产的原账面值)为731.25万元,差异118.57万元产生应纳税暂时性差异,按合并方税率15%计算,形成递延所得税负债17.79万元。由于无形资产的摊销年限和固定资产折旧年限均为5年,递延所得税负债按5年摊销,合并购买日至2009年9月应摊销8个月,报告期内已摊销17.79万元÷(5×12)×8=2.37万元,故2009年9月30日递延所得税负债为17.79万元-2.37万元=15.41万元。

7.保荐机构和申报会计师核查意见

保荐机构核查后认为,公司收购世源信通依据开元资产评估有限公司评估后股东权益为基础确定的增资价格公允,公司收购世源信通能够共享其在移动通信网络 A、Abis 等接口的技术与经验积累及研发成果,拓展本公司的产品覆盖范围,加快对新技术的应用,有效增强公司的市场竞争力。

开元信德核查后认为,发行人以经评估的公允价值作为企业合并收购价的基础,合并收入的计算和会计处理与《企业会计准则第 20 号——企业合并》的要求一致;发行人将合并产生应纳税暂时性差异作为递延所得税负债,并在可辨认资产的使用期限内转销,计算和会计处理符合《企业会计准则第 18 号——所得税》和《企业会计准则第 20 号——企业合并》的规定。

二、新宙邦(300037)

为了进一步理顺股权关系、避免同业竞争并减少关联交易,以及实现主营业务整体发行上市、降低内部管理成本等目的,公司先后于 2008 年 7 月、8 月收购了南通宙邦高纯化学品有限公司 20% 及 49% 的股权。上述资产重组完成后,南通宙邦成为公司的全资子公司。

(一)本次重组前,被重组方南通宙邦的基本情况

南通宙邦于 2006 年 4 月 19 日经通州市发改委及通州市对外贸易经济合作局以通外经[2006]0196 号文批准,由新宙邦有限、宙邦化工(香港)和南通江海合资设立。南通宙邦于 2006 年 4 月 19 日取得江苏省人民政府颁发的商外资苏府资字[2006]64129 号台港澳侨投资企业批准证书,并于 2006 年 5 月 8 日取得江苏省通州市工商行政管理局颁发的企合通总副字第 000001 号企业法人营业执照。南通宙邦成立时注册资本 1000 万元,各股东均以货币资金出资,分两期投入。其中,新宙邦有限出资 310 万元,占注册资本 31%;宙邦化工(香港)出资 490 万元(以等值港币现汇投入),占注册资本 49%;南通江海出资 200 万元,占注册资本 20%。南通宙邦位于江苏省通州市平潮镇,主营业务为铝电解电容器化学品的生产和销售,该主营业务与公司的铝电解电容器化学品部分业务相同。2007 年年末南通宙邦资产总额 2685.11 万元、净资产 1434.64 万元,2007 年度营业收入 4518.07 万元、净利润 457.57 万元。

(二)本次重组过程

1. 收购南通江海持有的南通宙邦 20% 股权

经新宙邦有限 2008 年 3 月 10 日股东会决议授权,新宙邦有限于 2008 年 3 月 23 日与南通江海签订《股权转让协议》,受让其持有的南通宙邦 20% 的股权,受让价格为

420万元。2008年5月7日,通州市对外贸易经济合作局以《关于同意南通宙邦高纯化学品有限公司股权转让及修改合同、章程的批复》(通外资[2008]63号)批准上述股权转让。本次股权转让后,公司持有南通宙邦51%股权,宙邦化工(香港)持有49%股权。南通宙邦于2008年6月3日完成了工商变更登记。2008年4月25日,深圳新宙邦根据协议向南通江海支付股权转让款1,263,597.65元;2008年7月16日,深圳新宙邦根据协议支付股权转让款2,081,234.37元,累计支付款项3,344,832.02元,超过总价款的50%,根据谨慎性原则及重要性原则,自2008年8月1日起将南通宙邦纳入合并报表范围;2008年10月14日,深圳新宙邦将剩余股权转让款855,167.98元全部支付完毕。

本次股权转让经双方谈判协商定价。转让定价主要考虑了南通宙邦的盈利状况、地域优势、发展潜力以及本公司整合主营业务整体发行上市、降低管理成本、提高企业规模效益等因素。

2.收购宙邦化工(香港)持有的南通宙邦49%股权

经公司2008年5月20日董事会及临时股东大会决议通过,公司与宙邦化工(香港)签订《股权转让协议》,受让其持有的南通宙邦49%的股权,受让价格为港币8,671,928.00元。2008年6月5日,通州市对外贸易经济合作局以通外资[2008]95号《关于同意南通宙邦高纯化学品有限公司变更企业类型、撤销批准证书的批复》批准上述股权转让。本次股权转让后,本公司持有南通宙邦100%股权,南通宙邦企业类型由外商合资企业变更为内资企业。南通宙邦于2008年6月20日完成了工商变更登记,并领取了320683400000002号企业法人营业执照。截至2008年8月25日,公司已将本次股权收购价款全部支付完毕。根据谨慎性原则及重要性原则,2008年8月1日至2008年8月31日期间归属于49%的损益计入少数股东损益,自2008年9月1日起将49%股权的损益计入"归属于母公司所有者的净利润"。

本次股权转让定价以中华财务会计咨询有限公司于2008年3月20日出具的中华评报字[2008]第027号《宙邦化工(香港)有限公司拟转让所持有的南通宙邦高纯化学品有限公司股权项目资产评估报告书》的评估结果为依据。该资产评估报告书以2007年12月31日作为本次资产评估基准日,对南通宙邦全部资产和负债进行的整体评估。在本次资产评估基准日,南通宙邦经审计的净资产值为人民币14,346,409.82元,评估值为人民币16,572,232.25元,评估增值2,225,822.43元,增值率为15.51%。本次股权转让价格按整体评估值计算,49%股权作价为人民币8,120,393.80元,根据《股权转让协议》约定的以2007年12月28日中国人民银行公布的外汇基准结汇价折算,人民币8,120,393.80元折合为港币8,671,928.00元。重组完成后,公司100%控股南通宙邦。

(三)本次重组的性质

根据《企业会计准则》、证监法律字[2007]15号文等相关法规的规定,公司2008年3月收购南通江海持有南通宙邦20%的股权从而实现51%控股合并为非同一控制下的企业合并,而后收购南通宙邦剩余的49%股权属于收购少数股东权益。

(四)对比分析非同一控制下合并、同一控制下合并、不收购南通宙邦69%股权三种情形在报告期对发行人财务的影响

公司按照企业会计准则的规定,分别按照非同一控制下合并、同一控制下合并、若不收购南通宙邦69%股权三种情形,测算了上述收购事项对在报告期内对公司财务的影响。

综上,按照非同一控制下企业合并与同一控制下企业合并对公司申报期内收入总额影响数为-45,478,995.85元,占申报期内收入总额-6.49%;申报期内成本总额影响数为-26,351,508.16元,占申报期内成本总额-5.14%;申报期内利润总额的影响数为-5,517,506.88元,占申报期内利润总额-4.67%;申报期内归属于母公司净利润总额影响数为-2,764,468.42元,占申报期内归属于母公司净利润总额-2.64%;申报期内扣除非经营性损益后的归属于母公司净利润总额影响数为-2,764,468.42元,占申报期内扣除非经营性损益后的净利润总额-3.16%。

按照非同一控制下企业合并与不收购情况对公司申报期内收入总额影响数为8,241,133.37元,占申报期内收入总额1.18%;申报期内成本影响总额影响数为2,980,753.15元,占申报期内成本总额0.58%;申报期内利润总额的影响数为392,170.70元,占申报期内利润总额0.33%;申报期内归属于母公司净利润总额影响数为78,376.12元,占申报期内归属于母公司净利润总额0.07%;申报期内扣除非经营性损益后的净利润总额影响数为78,376.12元,占申报期内扣除非经营性损益后的净利润总额0.09%。

(五)收购南通宙邦69%的股权对公司财务状况及未来发展的影响

1.本次重组对公司财务状况的影响

南通宙邦在重组前一个会计年度末的资产总额及前一个会计年度的营业收入、利润总额与公司相应项目的对照情况如下表:

单位:万元

项目	重组方:深圳新宙邦	被重组方:南通宙邦	被重组方/重组方
资产总额	13,644.71	2685.11	19.68%
营业收入	20,141.07	4518.07	22.43%
利润总额	2994.50	457.57	15.28%

由上表可知,2008 年 7 月公司非同一控制下合并南通宙邦对公司财务状况影响较小,不会对公司主营业务的连续性造成影响。

2. 本次重组对公司未来发展的影响

彻底避免了同业竞争并实质性地减少了关联交易,有利于进一步优化治理结构、确保规范运作,有利于提高拟上市公司质量并保护中小投资者的合法权益。

3. 非同一控制下形成的商誉

单位:万元

项目	2009-6-30	2008-12-31
非同一控制下合并南通宙邦形成商誉	91.91	91.91

三、金运激光(300220)

公司设立至今发生的收购行为是收购实际控制人梁伟以代持方式设立的盛兴业软件 100% 股权。除此以外,公司未进行过其他资产重组。

(一)盛兴业软件概况

1. 盛兴业软件设立情况

金运有限拥有较强的软件研发能力,在生产过程中主要使用自行开发生产的软件产品。基于国家对软件产业的相关税收优惠政策,金运有限的实际控制人梁伟拟新设软件公司专门为金运有限提供软件产品。为此,梁伟于 2006 年 3 月 30 日出资 50 万元,委托李建平(梁伟的姐夫)、王丹梅(金运有限营销总监)及竺一鸣(金运有限职员)设立盛兴业软件。盛兴业软件于 2006 年 3 月 31 日成立,注册资本为 50 万元。自设立之日起至 2008 年 10 月 23 日,盛兴业软件登记在册的股东与股权结构为:

股东名称	出资额(万元)	出资比例
李建平	40	80%
王丹梅	5	10%
竺一鸣	5	10%
合计	50	100%

盛兴业软件自设立以来,其产品全部销售给金运激光,所有收入均来源于金运激光。

2. 盛兴业软件股权代持情况

(1)梁伟对盛兴业软件出资但由其他股东代为持有其股份的原因

根据财政部、国家税务总局、海关总署《关于鼓励软件产业和集成电路产业发展有关税收政策问题的通知》(财税[2000]25 号),自 2000 年 6 月 24 日起至 2010 年年底以前,对增值税一般纳税人销售其自行开发生产的软件产品,按 17% 的法定税率征收增值税后,对其增值税实际税负超过 3% 的部分实行即征即退政策。但根据财政部、国家税务总局《关于增值税若干政策的通知》(财税[2005]165 号),嵌入式软件不属于财税[2000]25 号规定的享受增值税优惠政策的软件产品(后财税[2006)174 号文又规定分别核算成本的情形可享受增值税即征即退政策,且明确财税[2006]174 号文件自财税[2005]165 号文件发布之日起执行)。基于对上述税收法规变化的个人认识,金运有限实际控制人梁伟提供资金,委托李建平、王丹梅及竺一鸣以其三人名义设立盛兴业软件,专属从事与金运激光产品配套软件的生产和销售。

(2)盛兴业软件设立时股东出资的资金来源

根据银行业务记录,盛兴业软件设立时股东出资的资金系梁伟提供,以李建平、王丹梅、竺一鸣三人的名义存入盛兴业软件设立时的验资临时账户。对上述事项,李建平、王丹梅、竺一鸣均已书面确认。

因此,盛兴业软件系由梁伟实际出资并委托李建平、竺一鸣及王丹梅代为持股设立的公司。

(二)收购盛兴业软件 100% 股权的情况

1. 收购盛兴业软件的目的

盛兴业软件业务为向金运有限提供软件产品及技术服务,产品全部销售给金运有限;主要人员办公场所为无偿方式使用金运有限所在的办公场所;其历年实现的经营成果均来源于与金运有限的关联交易。由此可见,其存在完全依赖于金运有限。此外,盛兴业软件提供的软件为专门用于金运有限产品的激光切割相关专业软件,也构成金运有限产品的重要组成部分。

为实现业务体系完整、减少关联交易、消除同业竞争、理顺股权关系、确保规范运作,金运有限拟收购盛兴业软件,将盛兴业软件的业务纳入金运有限。

2. 收购盛兴业软件定价依据及公允性、合并日的确认时点

(1)收购盛兴业软件定价依据及公允性

盛兴业软件为金运有限提供软件产品及相应的技术服务,在业务上与金运有限具有直接相关性。为保障公司的利益,梁伟愿意按照盛兴业软件的注册资本50.00万元转让给金运有限。因此,金运有限收购盛兴业软件的价格未损害发行人的利益,有利于减少关联交易、提升发行人经营效益、优化公司治理、确保规范运作。

(2)合并盛兴业软件的时点

根据《企业会计准则》及相关规定,"购买日是购买方获得对被购买方控制权的日期,即企业合并交易进行过程中,发生控制权转移的日期"。具体条件包括:

①企业合并合同或协议已获股东大会等内部权力机构通过。金运有限于2008年10月6日通过股东会决议,决定收购盛兴业软件100%的股权。同日,根据梁伟的意见,盛兴业软件登记在册的三名股东召开股东会将盛兴业软件100%的股权按照出资额转让给金运有限;经盛兴业软件股东会同意后,金运有限分别与李建平、王丹梅及竺一鸣签署《股权转让合同》,收购其持有的盛兴业软件100%股权,收购价款为盛兴业软件注册资本50万元。

②按照规定,合并事项需要经过国家有关主管部门审批的,已获得相关部门的批准。该合并事项无须经过国家有关主管部门的审批。

③参与合并各方已办理了必要的财产权交接手续。2008年10月23日,武汉市工商局核准了盛兴业软件的工商变更登记,颁发了新的《企业法人营业执照》,盛兴业软件成为金运有限的全资子公司。

④购买方已支付了购买价款的大部分(一般应超过50%),并且有能力、有计划支付剩余款项。2008年10月17日,李建平、王丹梅及竺一鸣收到金运有限支付的款项,并将转让款全部归还梁伟。

⑤购买方实际上已经控制了被购买方的财务和经营政策,享有相应的收益并承担相应的风险。盛兴业软件成为金运有限全资子公司,李建平、王丹梅及竺一鸣均已承诺不会对盛兴业软件的股权主张任何权利。金运有限控制了盛兴业软件的财务和经营政策,享有相应的收益并承担相应的风险。

因此,公司合并盛兴业软件的时点为2008年10月23日。

3. 收购盛兴业软件对发行人的影响

盛兴业软件被收购前一年度即2007年的财务状况和经营成果如下：

单位:元

资产负债简表		利润简表	
项目	2007.12.31	项目	2007年度
流动资产合计	10,287,868.02	营业总收入	7,504,273.50
非流动资产合计	234,793.16	营业利润	1,150,427.36
资产合计	10,522,661.18	利润总额	2,935,726.53
流动负债合计	1,602,034.61	净利润	2,935,726.53
非流动负债合计	—		
负债合计	1,602,034.61		
股东权益合计	8,920,626.57		
负债和股东权益总计	10,522,661.18		

盛兴业软件2007年12月31日的资产构成主要为应收公司软件销售款832.00万元;2007年度的营业总收入均来自对金运有限的软件产品销售。

公司收购盛兴业软件前一会计年度两家公司的财务指标对比情况如下：

单位:元

2007年度/2007年度12月31日	盛兴业软件	金运有限	比例
资产总额	10,522,661.18	31,711,435.26	33.18%
营业收入	7,504,273.50	44,993,549.45	16.68%
利润总额	2,935,726.53	3,195,634.57	91.87%

如扣除关联交易,则公司收购盛兴业软件前一会计年度两家公司的财务指标对比情况如下：

单位:元

2007年度/2007年度12月31日	盛兴业软件	金运有限	比例
资产总额	2,202,661.18	31,711,435.26	6.95%
营业收入	—	44,993,549.45	—
利润总额	—	3,195,634.57	—

注:上述盛兴业软件资产总额、营业收入及利润总额为扣除关联交易后的数据。由于盛兴

业软件自成立之日起所有收入均来源于金运有限,因此扣除关联交易后,收购前一会计年度盛兴业软件的资产总额占金运有限相应项目的比例仅为6.95%,营业收入及利润总额的相应比例均为0。

本次收购之后,金运有限成为盛兴业软件的控股股东,梁伟成为盛兴业软件的法定代表人及执行董事,理顺了盛兴业软件的股权关系,优化了公司治理结构,规范了盛兴业软件与金运有限的关系,彻底解决了关联交易问题,消除了潜在的同业竞争,实现了业务体系的独立完整。截至本招股说明书签署日,金运有限收购盛兴业软件完成后至今运行已满24个月,运行情况良好。

(三)盛兴业软件被收购前后的经营情况

1. 盛兴业软件被收购前后的独立性

并购前后,盛兴业软件在机构、人员、研发、财务、资产方面均独立于公司。

2. 盛兴业软件的软件研发情况

盛兴业软件被收购前后软件产品的来源、具体内容、用途、研发成本及定价的依据是盛兴业软件于2006年申请注册了五项具备自主知识产权的软件产品,并申请了五项软件著作权。

(四)盛兴业软件并购的会计处理调整及相关事项

(1)2008年10月23日,金运有限收购盛兴业软件100%股权,基于盛兴业软件系由金运有限实际控制人梁伟实际出资并委托李建平、王丹梅及竺一鸣代为持股设立的公司,金运有限收购盛兴业软件按照《企业会计准则第20号——企业合并》中"同一控制下的企业合并"进行会计处理,金运有限收购盛兴业软件的价格为盛兴业软件出资额50.00万元,而合并日盛兴业软件的净资产值为10,041,222.34元,该合并导致金运有限(母公司)合并日资本公积金增加9,541,222.34元。在同一控制下企业合并的处理方式情况下,金运有限截至2008年12月31日经审计的账面净资产为32,004,728.66元,折为股份公司的股本2600万股,净资产折股后的余额6,004,728.66元转为资本公积。

(2)基于谨慎性原则,发行人将金运有限2008年10月23日收购盛兴业软件的会计处理由"同一控制下的企业合并"追溯调整为"非同一控制下的企业合并",该调整导致股份公司整体变更审计基准日时的净资产减9,541,222.34元,为22,463,506.32元,与折股数2600.00万元产生差额3,536,493.68元。2010年9月11日,发行人召开2010年第二次临时股东大会就因上述会计处理调整引致的净资产折股差额补足事宜进行审议,并通过《关于股东以现金补足因会计处理引致的净资产折股差额的议案》,

同意由股份公司各发起人股东按照持股比例用现金补足因会计处理引致的净资产折股差额3,536,493.68元。

(3)2010年10月22日,立信大华出具《武汉金运激光股份有限公司截至2010年9月30日注册资本实收情况的专项审核报告》(立信大华核字[2010]2334号),确认截至2010年9月30日,发行人的发起人股东已以货币形式出资缴纳了上述净资产折股差额3,536,493.68元,发行人的注册资本2600.00万元已缴足,其中净资产出资22,463,506.32元、货币出资3,536,493.68元。

发行人保荐机构认为:上述折股净资产的差额系由会计处理方法的调整所致,且各发起人股东已按持股比例补足该等差额,发行人的注册资本已足额缴纳,未损害发行人或其债权人的利益,上述情形不会对发行人本次公开发行造成实质性不利影响。

发行人律师认为:上述折股净资产的差额系由会计处理方法的调整所致,未损害发行人或其债权人的利益,发行人持续运作,且各发起人股东已按持股比例补足因会计处理方法调整而产生的差额,上述情形不会对发行人本次公开发行造成实质性不利影响。

四、联发股份(002394)

为了减少公司与关联方之间的关联交易,避免同业竞争,并且整合公司的产业链,经公司董事会讨论决议,于报告期内收购了联发热电60%的股权、联发制衣75%股权、淮安纺织74%股权、海安棉纺100%的股权、联发印染100%的股权,收购价格均以评估后净资产为依据经协商后作价。

(一)收购目的

收购的根本目的是避免同业竞争,减少和规范关联交易,整合公司的产业链,扩大公司的生产规模,提高公司的抗风险能力。

收购联发热电,一方面可以减少和规范关联交易;另一方面可以解决公司的供电、蒸汽及污水处理问题,完善公司的生产辅助系统。

收购联发制衣和海安棉纺公司,首先,可以减少和规范关联交易;其次,公司整合产业链、向上下游发展战略的需要,可以打造公司从棉花纺纱——色织布生产——成衣缝制的完整产业链,理顺色织布上下游的关系,刺激主导产品业务增长,扩大公司的生产规模;最后,通过收购,可以壮大公司的资产规模,提高公司的资产质量,提升公司的抗风险能力。收购淮安纺织公司,第一,可以避免同业竞争,解决与公司色织布生产的竞争问题;第二,由于淮安纺织公司的原料采购和产品销售依赖公司,因此可以减少和规范关联交易;第三,可以扩大公司的生产规模,提高公司的竞争实力。收购联发印染公司,第一,联发印染建成投产后可能要与公司发生坯布采购关联方交易,收购后可以减少公司潜在的关联方交易;第二,可以拓宽公司产品种类,提高公司的竞争实力。

(二)非同一控制下合并——收购南通联发热电有限公司60%的股权

1. 非同一控制下合并的认定

在2005年7月联发热电公司成立时,联邦国际纺织有限公司[UNI-CONCEPT (TEXTILE) LIMITED]持有其70%的股权,联发集团持有其30%的股权;在2007年7月2日,联邦国际纺织公司将其70%股权转让给辉誉企业有限公司(SUN FAME ENTERPRISE LIMITED)。由于在被收购之前,外方股东一直持有其70%股权,联发集团作为参股方,不能控制联发热电,因此,收购联发热电被认定为非同一控制下的合并。

2. 收购的批准情况

2007年7月10日,港联纺织董事会做出决议,收购南通联发热电有限公司60%的股权。2007年7月12日,港联纺织与联发集团、辉誉企业有限公司签署了《股权转让协议》,分别受让上述二家公司所持有的联发热电30%、30%的股权,股权受让价格共计14,879,622.00元。

2007年7月12日,联发热电召开董事会议,同意联发集团将30%转让给港联纺织,同意辉誉企业有限公司将30%股权转让给港联纺织。

上述股权转让已经海安县对外贸易经济合作局以海外经贸[2007]166号文批准,联发热电已取得江苏省人民政府换发的中华人民共和国台港澳侨投资企业批准证书,工商变更手续于2007年7月18日办理完毕。公司于2007年8月8日支付上述全部受让价款。

五、爱尔眼科(300015)

(一)2007年5月公司同一控制下合并哈尔滨爱尔

为了避免同业竞争,减少关联交易,更好地壮大公司业务,在2007年整体变更设立股份公司前,公司合并了哈尔滨爱尔。具体情况如下:

哈尔滨爱尔由陈邦先生和郭宏伟先生于2007年4月4日共同出资成立,注册资本为1000万元,其中陈邦先生持股比例为60%,郭宏伟先生持股比例为40%。

2007年5月30日,陈邦先生与长沙爱尔眼科医院集团签订协议,将所持有哈尔滨爱尔600万股权（占注册资本的60%）转让给后者。根据湖南华维联合会计师事务所出具的湘华维评报字[2007]第013-1号资产评估报告，截至2007年5月31日，哈尔滨爱尔经评估后的净资产为569.18万元，以此为基础确定转让价格，按照60%的股权比例计算，转让价格为341.51万元。本次股权转让后，哈尔滨爱尔股权结构为：长沙爱尔眼科医院集团占60%的股份，郭宏伟先生占40%的股份。

本次合并完成之后，哈尔滨爱尔的董事会成员、主要高管人员均未发生变化，保持了管理的持续性和经营的稳定性，其主营业务不仅没有受到任何不利的影响，而且有利于公司的规范运行，完善了公司的战略布局。

截至2007年12月31日，哈尔滨爱尔的总资产为1773.01万元，2007年度实现营业收入634.56万元，利润总额-685.66万元。总资产占本公司2007年年末合并报表总资产的比重为4.95%，营业收入和利润总额分别占本公司2007年合并报表营业收入和利润总额的比重为2.02%和-14.32%。

（二）2007年7月公司非同一控制下合并沈阳爱尔

1.沈阳爱尔历史沿革

沈阳爱尔由李秀楠女士、陈邦先生和李晖女士（李力先生的妹妹）于2005年8月19日共同出资成立，注册资本为1298万元，其中李秀楠女士持股比例为70%，陈邦先生持股比例为24%，李晖女士持股比例为6%。

2007年7月，为规范运作、解决同业竞争，发行人拟合并沈阳爱尔。由于发行人当时的股东为陈邦先生、李力先生和万伟先生，同时，李力先生为公司总经理，郭宏伟先生为公司副总经理。为便于发行人的股东简单化、规范化，且考虑管理层的实际运营工作及激励效应，同时，考虑到李秀楠女士和郭宏伟先生系夫妻关系；李晖女士和李力先生系兄妹关系，在他们之间转让股权简单、便于运作且无纠纷或潜在纠纷，因此，在自愿、友好协商的基础上，2007年7月4日，李秀楠女士将所持有沈阳爱尔908.60万股权（占注册资本的70%）以每股1.00元转让给郭宏伟先生；李晖女士将所持沈阳爱尔77.88万股权（占注册资本的6%）以每股1.00元转让给李力先生。

随后，2007年7月10日，陈邦先生、郭宏伟先生和李力先生与发行人签订协议，分别将其所持沈阳爱尔24%、70%和6%的股权转让给后者。根据湖南华维联合会计师事务所出具的湘华维评报字[2007]第013-2号资产评估报告，截至2007年5月31日，沈阳爱尔经评估后的净资产为1617.78万元，以此为基础确定转让价格，按照24%、70%和6%的股权比例分别计算，转让价格分别为388.27万元、1132.44万元、97.07万元。本次股权转让后，沈阳爱尔成为发行人的全资子公司，达到了发行人合并沈阳爱尔的目的。

2.2007年7月发行人合并沈阳爱尔,其会计处理方式应适用“非同一控制下的企业合并”,并进行相应的会计处理

就2007年7月发行人合并沈阳爱尔的会计处理方式,保荐人、发行人律师、武汉众环会计师事务所有限责任公司经过核查,发表如下意见:

(1)自沈阳爱尔成立至2007年7月10日发行人合并沈阳爱尔之前,陈邦先生仅直接持有沈阳爱尔24%的股权,并非沈阳爱尔的控股股东,陈邦先生在沈阳爱尔的股权比例无法对沈阳爱尔股东会决议的形成产生重大影响,也不具备能够实际支配沈阳爱尔行为的权力。

(2)虽然2005年6月8日李秀楠女士与陈邦先生签订了《合作协议》、2005年9月1日李秀楠女士、陈邦先生和李晖女士签订了《备忘录》,李秀楠同意沈阳爱尔成立后,授权并同意由陈邦先生负责该医院营运管理,并具有相应的决策权限。但是,沈阳爱尔《公司章程》中均没有作出由陈邦实际决定公司股东会和执行董事决定的安排,2007年7月之前沈阳爱尔的历次股东会均由各股东按照其自己的意愿独立行使表决权,陈邦先生对沈阳爱尔股东会决议和执行董事决定的形成不能产生实质影响。

(3)核查结论:根据证监法律字[2007]15号文、《企业会计准则》及其配套法规的相关规定,2007年7月公司合并沈阳爱尔的行为,应适用“非同一控制下企业合并”,并进行相应会计处理。

3.本次非同一控制下合并沈阳爱尔对公司经营业务和财务状况的影响

(1)对公司经营业务的影响

本次合并不仅解决了同业竞争问题,有利于发行人的规范运作,而且为发行人带来了沈阳地区的市场基础和患者渠道等无形资产,公司连锁医院的网络布局得到进一步优化,有利于未来业绩的提升。

(2)对公司财务状况的影响

合并前一年年末沈阳爱尔的资产总额、营业收入和利润总额占公司相应项目的比例如下:

单位:元

项目	2006年12月31日资产总额	2006年度营业收入	2006年度利润总额
沈阳爱乐	21,907,326.91	26,078,757.94	-40,406.61
本公司	333,048,099.62	191,188,834.90	19,169,834.14
占本公司的比例	6.58%	13.64%	-0.21%

由上表可知,2007 年 7 月本公司非同一控制下合并沈阳爱尔对公司财务状况影响较小,不会对公司主营业务的连续性造成影响。

【案例评析】

1. 根据有关发行审核政策,非同一控制下的合并在运行时间上的要求是:(1)发行人收购非同一控制下相同、相似产品或者同一产业链的上下游的企业或资产:①三个测试指标任何一个超过 100%,运营 36 个月;②三个测试指标在 50% ~100%之间,运营 24 个月;③三个测试指标在 20% ~50%之间,运营 1 个会计年度;④三个测试指标均小于 20%,不受影响。(2)发行人收购非同一控制下非相关行业企业或资产,证监会担心发行人捆绑上市后续管理困难:①三个测试指标任何一个超过 50%,运营 36 个月;②三个测试指标在 20% ~50%之间,运营 24 个月;③三个测试指标小于 20%,不受影响。值得注意的是,由于《首次公开发行股票并在创业板上市管理暂行办法》已经规定企业应当经营一种主营业务,因而上述第二套标准并不适用于创业板。

2. 上述审核政策尽管至今没有以明确的规则予以公布,但是在审核实践中已经普遍适用。与此相对应的是同一控制下的合并,同一控制下的合并根据《证券法律期货意见第 3 号》的规定,如果三个指标超过 100%,则需要运行一个完整会计年度,如果均没有超过 100%则没有运行时间的要求。也正因如此,企业在进行合并时会主动向同一控制下的合并上靠拢,但是在审核实践中对于同一控制下合并的认定有着严格的标准,如果理由不够充分那么在审核过程中很有可能被要求调整为非同一控制下的合并,据了解这类情形最近一段时间并不鲜见。对于同一控制下的合并最简单的认定标准就是:收购方和被收购方均由同一人持有 51%以上的股权,其他具体认定标准问题,我们将会另文论述。

3. 非同一控制下合并在处理时重点关注的事项:(1)关注实施非同一控制下合并的原因和必要性;(2)关注收购对象的历史沿革、主营业务和财务状况等信息;(3)关注相关指标是否超过规定的标准从而需要运行一段时间,计算指标时可以扣除两公司关联交易金额;(4)非同一控制下收购是否履行了必要的程序;(5)有关合并的会计处理是否符合会计准则的规定;(6)由于非同一控制下合并之后需要合并报表,因此合并日也就是合并报表时点的确定也是一个技术问题,需要给出详细的理由。

4. 非同一控制下的合并一般以评估值定价。合并中取得的有关资产、负债应按其在购买日的公允价值计量,企业合并成本大于合并中取得可辨认净资产公允价值的份额部分确认为商誉,企业合并成本小于合并中取得可辨认净资产公允价值的份额部分计入合并当期损益。

5. 鉴于非同一控制下的合并往往被人质疑是为上市而拼凑业绩,所以从审核政策上从来都是从严把握,并且对于重组的规模也有严格的标准限制。因此,为了尽量缩短企业申报上市的周期,企业的重组尤其是非同一控制下的重组要尽早完成,这样可以最大限度地降低重组的标准,以缩短运行时间的要求。

6. 上述案例中比较典型的几个问题:

(1)新宙邦:将收购20%的股权界定为非同一控制下的合并从而控股51%,其后收购49%的股权认定为收购少股股权权益。个人总觉得这样的界定是存在问题的,明显是规避了非同一控制下合并的问题,尽管20%和49%的股权分属于不同的所有者。也正是因为这样,中介机构对比分析了非同一控制下合并、同一控制下合并、不收购南通宙邦69%股权三种情形在报告期对发行人财务的影响,这应该也是反馈意见所问到的问题。

(2)金运激光:最典型的在于以代持原因认定为同一控制下合并的理由没有被审核人员认可从而最后调整为非同一控制下的合并;另外,由于在同一控制下合并时增加了母公司的资本公积,因而调整为非同一控制下合并时资本公积冲回导致整体变更时存在出资不实的情形,后来股东还以货币资金补足了出资。

■第二节　同一控制下合并解决之道

【重要提示】

★ 中国企业家很喜欢四处投资以证明自己家大业大,在首发上市时将控股股东或实际控制人控制的其他资产或业务重组到上市主体内是解决发行人关联交易和同业竞争且增强发行人独立性的重要途径。

★ 基于上述的事实,审核政策对于同一控制下的合并要求较为宽松,因为要求宽松所以实务中就有向政策寻租的动机。在此需要说明的是,认定同一控制下的企业合并必须要有充足的理由,不然一律会被认定为非同一控制下的合并而被从严要求。

★ 鼓励同一控制下的合并并不意味着没有原则地胡拼乱凑,主要还是鼓励企业将主营业务及其相关的资产进行整合,一些无关的资产甚至会伤害到现有资产运行的一些资产也可以适当考虑剥离或者维持现状。

【案例情况】

一、安居宝(300155):收购之后注销

为整合实际控制人下属的安防业务,集中发行人各项优势资源,同时避免同业竞争和减少关联交易,发行人前身安居宝有限于2007年11月收购实际控制人张波先生控股的广州市易视通讯网络技术有限公司并于2008年12月依法将其注销。

(一)易视通讯的历史沿革情况

1. 易视通讯设立情况

易视通讯成立于2003年8月28日,由张波、张频、张瑞斌、黄伟宁共同出资组建,注册资本100万元,出资方式全部为现金;法定代表人为张波;易视通讯成立初期主要从事网络通讯设备产品及其软件的开发、设计和销售,2006年开始主要从事楼宇对讲及智能家居软件的开发。

2. 易视通讯2005年股权变动情况

2005年1月18日,张波、张频与高静迟签订《股东转让出资合同书》,约定张波将其原出资额3万元转让给高静迟,转让价格为3万元;张频将其原出资额2万元转让给高静迟,转让价格为2万元。上述转让事宜经易视通讯2005年1月18日召开的股东会决议同意,并于2005年1月28日办理工商变更登记手续。

3. 易视通讯2007年股权变动情况(安居宝有限收购易视通讯)

2007年11月7日,张波、张频与安居宝有限签订《股东转让协议》,约定张波将其持有易视通讯47%的股权转让给安居宝有限,转让价格为47万元,张频将其持有易视通讯33%的股权转让给安居宝有限,转让价格为33万元。上述转让事宜经易视通讯2007年11月17日召开的股东会决议同意,并于2007年11月21日办理工商变更登记手续。本次股权变动后的股权结构如下:

股东	出资额(万元)	持股比例
安居宝有限	80	80%
张瑞斌	10	10%
黄伟宁	5	5%

收购前,张波、张频合计持有易视通讯80%的股权。自易视通讯成立以来,在重大经营决策等方面,张频均与张波保持一致行动。并且,自易视通讯成立以来,张波一直

担任易视通讯的董事长、总经理,综合其对公司股东会、董事会决议的实质影响、对董事和高级管理人员的提名及任免所起的作用等因素,张波能够实际决定和实质影响易视通讯的经营方针、决策,易视通讯为张波实际控制的企业。根据《企业会计准则第20号——企业合并》,参与合并的企业在合并前后均受同一方或相同的多方最终控制且该控制并非暂时性的,为同一控制下的企业合并。易视通讯被发行人收购后至2008年12月注销前,张波作为发行人的实际控制人,仍为易视通讯的实际控制人。发行人自成立时起,张波一直为其实际控制人。因此发行人认为其与易视通讯在合并前后均受张波最终控制且该控制并非暂时性,根据《企业会计准则第20号——企业合并》将此次收购认定为同一控制下企业合并。

易视通讯收购前一年(2006年)年末总资产、营业收入和利润总额占发行人相应项目的比重如下:

单位:万元

科目	易视通讯2006年(末)数据	安居宝2006年(末)数据	占比
总资产	236.47	3567.80	6.63%
营业收入	108.36	—	—
利润总额	-5.80	-128.09	4.53%

4.易视通讯规范运作情况

易视通讯依法设立,按当时公司法建立有相应的公司治理结构,在存续期间,合法经营,不存在违法违规行为或被行政处罚的情形。

2010年5月6日,广州市工商局出具了证明:广州市易视通讯网络技术有限公司(注册号:4401062010648)是2003年8月28日在我局登记注册的企业,于2008年12月26日注销。在我局企业信用记录系统中,注销前3年内暂未发现有违反工商行政管理法律、法规的经营行为记录。

2010年5月6日,广州市天河区国家税务局第五税务分局出具了纳税情况证明(天国税证A字[2010]第10001号):广州市易视通讯网络技术有限公司(纳税人识别号:440106753469161),于2008年12月1日依法在我分局办理注销税务登记手续。企业正常连续经营期间(2003~2008年),没有发现税务违法行为。

2010年1月5日,广州市天河区地方税务局出具了纳税证明:广州市易视通讯网络技术有限公司自2003年至2008年的经营期间按期缴税,未发现税务违法行为。

2010年5月7日,广州市环境保护局出具了《关于广东安居宝数码科技股份有限公司环保核查情况的函》(穗环证字[2010]56号):广州市易视通讯网络技术有限公司自成立至注销期间未有因违反国家和地方环境保护法律、法规受到处罚的记录。

2010 年 5 月 4 日,广州市天河区劳动保障监察大队出具了证明:广州市易视通讯网络技术有限公司开业至今,能遵守国家有关劳动和社会保障政策、法律、法规、规章及各级政府相关规定。近三年中在劳动和社会保障未有过违法、违规行为,未受到任何有关劳动和社会保障方面的行政处罚。

2010 年 5 月 13 日,广州市质量技术监督局出具了证明:广州市易视通讯网络技术有限公司在近三年的生产经营过程中,我局未发现其有违反国家有关产品质量技术监督方面法律法规的行为。

5. 易视通讯 2008 年注销

2008 年 10 月 10 日,易视通讯召开股东会一致同意将易视通讯予以注销,并由张波、张瑞斌、黄伟宁、高静迟成立清算组。2008 年 10 月 28 日,易视通讯在《新快报》刊登了清算公告。根据 2008 年 12 月 20 日清算组出具的清算报告,所有债权债务关系清理完毕,清算后的剩余财产按股东投资比例分配,员工全部转至安居宝有限工作。

2008 年 12 月 1 日,广州天河区国家税务局穗天国税五通[2008]138825 号核准注销国税税务登记;2008 年 12 月 19 日,广州天河区地税务局穗地税核准字[2008]003449 号核准注销地税税务登记;2008 年 12 月 26 日,广州市工商行政管理局天河分局核准注销登记([2008]穗工商销字第 30264 号);2008 年 12 月 29 日,广州市组织机构代码管理中心核发了注销组织机构代码和代码证注销通知书。

(二)收购和注销易视通讯对发行人的影响

1. 发行人收购和注销易视通讯的目的

2006 年开始,易视通讯主要从事楼宇对讲系统和智能家居系统的软件开发、设计和销售,是广东省信息产业厅认定的软件企业,拥有多项计算机软件著作权,发行人前身安居宝有限主要从事楼宇对讲系统和智能家居系统的设计、生产和销售及部分产品软件的开发、研制,为整合实际控制人下属的安防产业,形成楼宇对讲系统和智能家居系统软件和硬件研发、设计、生产和销售完整的业务体系,提升发行人的综合竞争力,同时避免同业竞争和关联交易,经发行人前身安居宝有限股东一致同意,于 2007 年 11 月收购了张波、张频合计持有易视通讯 80% 的股权。

收购完成后,安居宝有限持有易视通讯 80% 股权并纳入合并报表范围,其他少数股东张瑞斌、黄伟宁、高静迟(均为易视通讯高级管理人员)合计持有 20% 股权。考虑到易视通讯在业务上仅仅为发行人提供楼宇对讲系统和智能家居系统的软件产品,为集中、统一调配发行人的研发资源,提升管理效率,同时为进一步减少与发行人的交易成本和降低管理成本,2008 年 10 月 10 日,经易视通讯股东会决议,同意将易视通讯予以注销,原易视通讯人员全部并入安居宝有限。易视通讯于 2008 年 12 月 29 日依法注销。

2. 发行人收购和注销易视通讯的影响

(1)有利于避免同业竞争和关联交易

易视通讯经营范围为网络通讯设备产品及其软件的开发、设计和销售,与发行人存在同业竞争,其生产的软件产品大部分销售给发行人,因此存在较大的关联交易。收购并注销易视通讯,将其业务纳入发行人体系,有利于避免与发行人的同业竞争和关联交易。

(2)有利于形成发行人完整的业务体系,集中优势资源,提升研发实力

通过收购和注销易视通讯,将其研发体系纳入发行人,可以集中发行人的研发优势资源,形成软、硬件研发、设计、生产和销售完整的业务体系,提升发行人的综合竞争实力。此外,注销易视通讯,有利于发行人高级管理人员、核心技术人员集中精力发展发行人的业务,有效降低其管理成本。

(3)有利于提升发行人的经营业绩

安居宝有限和易视通讯实际控制人均系张波先生。安居宝有限收购易视通讯80%股权系同一控制下的企业合并。收购易视通讯并将其纳入发行人合并报表范围,有利于提升发行人的经营业绩,2007 年度(收购易视通讯当年),安居宝有限母公司报表经审计的净利润为 4,327,843.87 元,合并报表归属于母公司净利润为10,430,332.38元。收购并注销易视通讯,减少了与易视通讯的交易(采购软件产品)环节,提升了发行人的综合毛利率,2007 年度安居宝有限母公司的综合毛利率为32.65%,合并报表的综合毛利率为48.00%。

易视通讯注销前销售收入主要来源于对关联方安居宝有限、科技公司的软件产品销售,注销前,其最近一年及一期的主要财务数据(经审计)(省略)。

(4)易视通讯注销时业务、资产、人员的处置

2008 年 11 月 30 日易视通讯公司的总资产和净资产均为 12,116,774.76 元。由于发行人在年底备货和支付供应商采购款,对营运资金需求较大。为缓解发行人营运资金的需求压力,在易视通讯最终注销完毕时间不确定的情况下,易视通讯 12 月在注销前向股东分配股利 7,606,304.97 元。

2008 年 12 月 20 日,易视通讯将 4,510,469.79 元剩余财产向股东按其投资比例分配。

易视通讯注销后剩余财产 451.05 万元,其中货币资金 306.75 万元、固定资产净值144.30 万元,固定资产大都为线路板模具、测试设备及办公设备,其中部分货币资金和

模具、检测设备分配给发行人,剩余货币资金和办公设备分配给其他个人股东。相关税费已由易视通讯代扣代缴。

易视通讯注销后,其原有与楼宇对讲系统有关的研发体系全部由安居宝有限承接。

易视通讯注销后,其人员全部进入安居宝有限。

综上所述,发行人收购并依法注销易视通讯有利于避免同业竞争和关联交易,减少交易和管理成本;有利于集中实际控制人下属的优势资源,提升发行人综合竞争力。

发行人律师和保荐人经核查后认为:发行人于2007年12月收购易视通讯的行为符合法律、法规和规范性文件的规定,已履行必要的法律手续,合法、有效。易视通讯于2008年12月注销已履行必要的法律手续,不存在引致潜在纠纷的情形。

二、安利股份(300218):定价依据为评估值

(一)具体内容及履行的法定程序

为增强公司业务独立性,消除关联交易,2008年1月30日,公司召开2008年第一次临时股东大会,决定受让安利科技和香港敏丰分别持有的安利化工40%和11%股权,转让定价依据为截至2007年12月31日安利化工净资产评估值。

2008年1月31日,安徽国信资产评估有限责任公司出具皖国信评报字[2008]第106号《资产评估报告书》,截至2007年12月31日,安利化工净资产账面值为2525.36万元,调整后账面值为2524.27万元,评估值为2914.74万元。

2008年2月16日,安利股份与安利科技、香港敏丰分别签订了《股权转让协议》,以人民币1165.90万元和320.62万元的价格分别受让安利科技、香港敏丰持有的安利化工40%和11%的股权。

2008年3月28日,合肥市对外贸易经济合作局签发了《关于同意合肥安利化工有限公司股权变更的批复》(合外审[2008]23号),批准同意上述股权转让事项。同日,安徽省人民政府向安利化工换发了《中华人民共和国外商投资企业批准证书》(商外资皖府资字[1994]0413号)。

2008年3月31日,安利化工在合肥市工商行政管理局办理了工商变更登记手续。

(二)收购安利化工的影响

按照《证券期货法律适用意见第3号》的要求,计算安利化工资产总额、营业收入和利润总额占发行人重组前一个会计年度数据见下表:

单位:万元

项目		2007 年度	关联交易影响数	扣除后金额	安利化工占安利股份比例
资产总额	安利股份	29,027.02	—	29,027.02	25.55%
	安利化工	7417.53	—	7417.53	
营业收入	安利股份	66,732.19	7217.11	59,515.08	0.44%
	安利化工	21,912.74	21,653.08	259.66	
利润总额	安利股份	2639.36		2639.36	18.93%
	安利化工	499.74		499.74	

安利化工营业收入扣除21,653.08万元,系安利化工销售给发行人的树脂原材料;安利股份营业收入扣除的7217.11万元为安利股份销售给安利化工的可回收利用的DMF原材料及辅助材料。

安利化工主要从事聚氨酯树脂的生产销售业务,属于公司所处合成革行业同一产业链的上游,业务范围与公司互为补充。本次收购前,安利化工与公司同属安利科技控股子公司(同一实际控制人),公司收购安利化工后,整合了同一控制下PU合成革产品生产相关业务,增强了公司业务的独立性,同时消除了关联交易,本次重组未导致公司主营业务发生重大变化。

(三)采取同一控制下方式合并安利化工的理由

发行人于2008年6月收购了安利化工51%股权,收购前安利化工股权结构为安利投资持股40%,合肥兴泰控股集团持股35%,香港敏丰持股25%。本次收购安利投资所持有的40%股权以及香港敏丰所持有的股权11%,发行人持有安利化工51%的股权,采用同一控制下方式合并的理由如下:

(1)发行人和安利化工均受安利投资的控制。鉴于:①安利投资系发行人第一大股东,安利投资中签署《一致行动人协议书》、采取一致行动的五位自然人股东姚华胜、姚和平、王义峰、杨滁光、陈茂祥担任了发行人主要的高管职位、占据了发行人四名董事席位,是安利投资和发行人的实际控制人,安利投资对发行人具有实际控制的影响;②自2006年安利投资受让合肥安利集团公司持有的安利新材料前身安利化工40%的股权成为安利化工的第一大股东,至2008年6月实施本次收购,安利化工的9个董事席位一直由安利投资的5位实际控制人姚华胜、姚和平、王义峰、杨滁光、陈茂祥占据其中的5席,安利投资对安利化工也具有实际控制的影响。因此,发行人和安利化工均受安利投资的控制。

(2)2008年发行人收购安利化工之前,合并双方系受相同的主要股东控制。其中发行人本身的主要股东包括安利投资持有发行人32%的股权,香港敏丰持有发行人24%的股权。而上述股东同时在安利化工持有超过50%的权益,其中安利投资持有安利化工40%的股权,香港敏丰持有安利化工25%的股权。因上述两家公司的主要股东控股情况基本相同,因此,符合同一控制下合并双方受共同控制的相关条件。

(3)安利化工系发行人生产聚氨酯合成革的主要配套原材料生产单位。报告期内安利化工生产的聚氨酯树脂除极少数量对外销售外,均为发行人的生产提供配套。因此,安利化工的生产、经营和管理活动均系受发行人实际控制下的统一管理和经营活动。

(4)鉴于上述实际控制关系、受相同主要股东控制、上下游经营配套关系和实际生产经营管理的统一性,本次合并采用同一控制下合并的方式进行会计处理。本次合并采用同一控制下合并的处理方式后,有利于更加全面、真实地反映报告期内发行人的经营业绩和资产经营、管理的效率,更加符合实质重于形式的原则。

保荐机构、发行人律师和申报会计师认为:安利新材料的前身安利化工系发行人的配套原材料生产企业,其生产经营管理活动、重大事项决策均与发行人保持协同运作,并受相同的控制人控制;此次发行人采用同一控制下方式合并安利化工符合《企业会计准则第20号——企业合并》的相关要求,有利于更加全面地反映发行人的实际经营情况,符合实质重于形式的原则;发行人合并安利化工前与安利化工的交易定价具备公允性和合理性;发行人收购安利化工系按照评估价值定价,定价合理;相关重组事项已按照《证券期货法律适用意见第3号》的要求进行计算。

(四)合并前与安利新材料的交易及与第三方交易价格的比较

1.2007年度及2008年度,发行人与安利新材料之间存在买卖原材料的情形

包括发行人向安利新材料销售原材料和安利新材料向发行人销售原材料。上述内部交易中除安利新材料销售给安利股份的树脂是安利新材料公司的产品、DMF是安利股份生产回收的副产品且是安利新材料的主要原材料外,其他交易物均为内部调拨或代购的辅助生产材料。上述辅助材料调剂、燃料、在双方交易时均采用成本价的方式定价。上述两家企业在报告期内所得税率相同,净资产收益率相当,不存在内部利润的转移情形。

2. 主要交易产品价格的比较

(1)树脂

由于安利新材料生产的聚氨酯树脂具有一定的特殊工艺,上述存在一定差异的产品主要选取的是市场中性能接近产品的采购价格。经过比较分析,收购前发行人从安利化工采购原料的价格与市场上同类原料的价格相近,交易价格公允。

(2)DMF

DMF是安利股份生产的副产品,同时也是安利化工生产聚氨酯树脂的原材料,发行人将生产过程中回收的DMF销售给安利化工,定价依据为市价原则。通过安利化工从发行人购入的DMF与从第三方公司采购的DMF的价格进行对比分析,价格相近,关联交易价格公允。

(五)收购安利化工的作价是否公允,评估增值原因及其合理性

收购安利化工的转让定价依据为截至2007年12月31日安利化工净资产评估值,安徽国信资产评估有限责任公司接受委托,出具的皖国信评报字[2008]第106号《安徽安利科技投资集团有限公司及香港敏丰公司拟转让其所持有的合肥安利化工有限公司股权项目资产评估报告》。评估增值3,904,701.40元,其中:土地使用权评估增值2,251,059.01元、增值率为257.26%。主要原因是:(1)被评估宗地的位置优越,交通便捷,紧邻合肥市经济技术开发区,有邻近合肥市的区位优势。(2)近年来合肥市的经济有了较快的发展,土地需求日益增加,地价有了较大幅度的上涨。

房屋建筑物评估增值1,157,482.91元,增值率为18.74%,主要原因是:(1)安利化工大部分房产是在1996年至2002年建造的,评估基准日与建造时相比市场的建材价格、人工成本均有较大幅度的上涨,评估时的房屋建筑物重置全价是按评估现时条件建造被评资产所需的全部成本确定,造成评估比账面价值有较大的增值。(2)财务折旧年限与评估的经济寿命年限差异造成评估价值比账面净值增加。机器设备评估增值349,210.44元。增值率为3.11%。主要因为:部分国产设备的现行重置成本较购置时有一定的增长,同时由于财务折旧年限与评估的经济寿命年限差异造成评估价值比账面净值增加。

本次收购安利化工股权及定价事宜经安利化工董事会、发行人董事会及股东大会审议表决并通过,且关联董事和关联股东在表决过程中均已回避,故收购安利化工股权事宜的程序合法合规。

综上,发行人收购安利新材料具有相应的定价依据,评估增值和交易价格是合理和公允的。

(六)安利化工报告期内财务报表、生产经营和业绩情况、合并安利化工对合并报表的影响,以及安利化工的主要客户、产品、毛利率、生产和研发模式、业务模式、核心技术、主要竞争对手等情况,安利化工的业务与发行人业务的关系,收购安利化工对发行人主营业务和业务模式的影响

1. 安利化工报告期内的财务报表

单位:元

项目	2010 年度	2009 年度	2008 年度
一、营业收入	315,842,676.99	198,159,276.98	223,752,390.26
减:营业成本	276,253,622.79	170,113,680.45	205,438,848.42
营业税金及附加	39,223.05		
销售费用	635,091.81	576,272.49	368,973.05
管理费用	25,059,841.06	20,119,029.20	11,159,963.63
财务费用	2,010,228.16	1,890,556.28	1,322,192.37
资产减值损失	127,141.79	-234,092.23	113,859.75
二、营业利润(亏损以"-"填列)	11,717,528.33	5,693,830.79	5,348,553.04
加:营业外收入	680,085.46	1,676,822.00	452,300.00
减:营业外支出	15,052.23	880.00	21,498.26
三、利润总额(亏损以"-"填列)	12,382,561.56	7,369,772.79	5,779,354.78
减:所得税费用	707,639.73	291,813.47	776,460.06
四、净利润(净亏损以"-"填列)	11,674,921.83	7,077,959.32	5,002,894.72

报告期内安利新材料主要从事聚氨酯树脂的研发生产,2008 年、2009 年产能为 2 万吨左右,2010 年技改产能提高至 2.5 万吨,其产品绝大部分为发行人提供配套。

2. 合并安利新材料对合并报表的影响

对2008年1~6月合并报表的影响 单位:元

项目	合并数	母公司	对合并报表影响数
一、营业收入	328,834,633.82	352,975,888.38	-24,141,254.56
减:营业成本	287,841,798.09	318,902,497.97	-31,060,699.88
营业税金及附加	—	—	
销售费用	10,684,695.17	10,540,210.62	144,484.55
管理费用	13,106,027.90	9,983,603.15	3,122,424.75
财务费用	-1,129,997.34	-1,674,571.59	544,574.25
资产减值损失	1,053,319.20	1,046,956.20	6363.00
二、营业利润(亏损以"-"填列)	17,278,790.80	14,177,192.03	3,101,598.77
加:营业外收入	2,011,700.00	1,712,100.00	299,600.00
减:营业外支出	9070.10	9070.10	—
三、利润总额(亏损以"-"填列)	19,281,420.70	15,880,221.93	3,401,198.77
减:所得税费用	2,959,945.16	2,382,033.29	577,911.87
四、净利润(净亏损以"-"填列)	16,321,475.54	13,498,188.64	2,823,286.90

3. 安利新材料的主要客户、毛利率、生产和研发模式、业务模式、核心技术、主要竞争对手等情况,安利新材料的业务与发行人业务的关系,收购安利化工对发行人主营业务和业务模式的影响

(1)主要客户、毛利率

安利化工的主要客户是安利股份,主要为安利股份提供树脂原材料,主要产品及毛利率情况如下:

单位:元

项目	收入	成本	毛利率
2010年度	233,225,616.77	204,330,366.01	12.39%
2009年度	145,937,704.28	123,946,754.02	15.07%
2008年度	145,392,981.20	131,468,600.13	9.58%

(2)生产和研发模式

安利化工以生产经营聚氨酯树脂为主,自主研发、自行生产,产品是生产聚氨酯合成革的主要原材料,主要为其母公司安利股份进行配套。

生产上主要是"以销定产"的生产管理模式,订单式生产。受产能限制,公司主要研发生产技术含量、附加值相对较高的革用树脂,特别是母公司安利股份所需要的高功能性、生态环保性等要求高的中高档革用树脂,为其配套,确保安利股份的生态功能性聚氨酯合成革的使用。根据安利股份生产合成革产品的需要所下的订单,自行组织研发、采购原材料、组织生产,所生产的聚氨酯树脂按照市场公允原则定价,大部分直接销售给安利股份,特别是安利股份提出的有高物性、多功能性等特殊性要求的个性化专用树脂,全部直接销售给安利股份,不对其他外部客户销售。

研发上主要是以自主创新为主,消化吸收创新、集成创新和产学研合作创新并存的研发模式,致力于中高档聚氨酯合成革专用树脂的研发、生产。一方面,建立了专门的树脂实验室和研发团队,实验室占地近千平方米,实验、分析检测设备仪器齐全先进,原值近600万元。现有专业研发人员23人,其中本科学历以上人员占43.48%,中级职称以上人员占21.74%,研发团队专业、敬业。另一方面,密切与合肥工业大学、中国科技大学、安徽大学、中科院合肥物质科学研究院等高校院所以及同国内外著名同行企业,如日本NPU、三井、三菱、美国陶氏、德国巴斯夫等公司进行技术合作和技术交流,以提高公司技术创新能力,加强本公司的技术创新能力。

近年来公司研发成果显著,其中有高耐曲折、高耐磨性、高剥离聚氨酯树脂3项安徽省高新技术产品,高弹性、易压纹聚氨酯树脂等3项安徽省新产品,低模量、超柔软、高强度、高剥离聚氨酯树脂1项安徽省重点新产品。拥有1项发明专利和3项实用新型专利,2项发明专利和3项实用新型专利已获授予专利权通知书,另有7项发明专利申请权。

(3)业务模式

①营销模式:直销为主。由于公司产品主要是为母公司安利股份配套,所以所生产的聚氨酯树脂,按照市场公允性原则定价,基本全部直销给安利股份。

②采购模式:自主采购。公司设有独立的供应部和专门的供应人员,建立了比较健全的采购网络,根据订单及生产计划,自行组织采购原材料,具体采购时实行阳光下竞争采购、货比三家,由供应部采取统一批量的形式向原材料供应商进行采购。

(4)核心技术

多年来,通过自主研发,安利化工形成了一批具有自主知识产权的核心技术。

(5)主要竞争对手

国内生产聚氨酯树脂规模较大的企业主要包括:太仓旭川化学有限公司(年产量

约为 15 万吨）、浙江华峰合成树脂有限公司（年产量约为 15 万吨）、上海汇得树脂有限公司（年产量约为 10 万吨）、江苏德发树脂有限公司（集团年产量约为 10 万吨）、苏州富仁化工有限公司（年产量约为 2 万吨）。

（6）与发行人的业务关系

安利化工主要从事聚氨酯树脂的生产销售业务，处合成革行业同一产业链的上游，业务范围与发行人互为补充。本次收购前，安利化工与公司同属安利科技控股子公司（同一实际控制人），公司收购安利化工后，整合了同一控制下 PU 合成革产品生产相关业务，增强了公司业务的独立性，同时消除了关联交易，规范了法人治理结构，本次重组未导致发行人主营业务和业务模式发生重大变化。

（七）香港敏丰在发行人收购安利新材料时未将所持股份全部转让，仍持有安利新材料 14% 的股权的原因

根据香港敏丰出具的说明及查阅安利新材料的工商登记资料、董事会决议、发行人与香港敏丰签订的《股权转让协议》等资料，香港敏丰未全部转让安利新材料股权的原因如下：

作为安利新材料的创始股东，香港敏丰在向发行人转让 11% 股权之前，一直持有安利新材料 25% 的股权，同时香港敏丰对安利新材料的发展前景看好，希望在协助发行人完成对安利新材料的控股合并的前提下，保留安利新材料的部分股权以获取一定的投资收益，因此香港敏丰仅向发行人转让所持安利新材料 11% 的股权，未将全部 25% 的股权转让给发行人。

经核查，保荐机构、发行人律师认为：香港敏丰未向发行人转让全部股权系发行人与香港敏丰在平等、自愿的前提下协商一致的结果，且本次股权转让已经履行了必要的法律手续，股权转让行为合法、有效，不违反我国相关法律、法规的规定。

（八）关于发行人收购安利新材料是否履行相关程序、工商变更登记时间以及是否履行纳税义务的核查

1. 关于发行人收购安利新材料履行的相关程序及工商变更登记时间的核查

根据发行人的说明及安利新材料（前身为安利化工）的董事会决议、股权转让协议等资料，并经中介机构核查，为增强发行人业务独立性，消除关联交易，经安利新材料董事会决议通过，并经发行人与安利投资（前身为安利科技）、香港敏丰协商一致，发行人与安利投资、香港敏丰分别签订了《股权转让协议》，以经评估后的安利新材料每股净资产值为依据，分别受让安利投资、香港敏丰持有的安利新材料 40%、

11%的股权,成为安利新材料的控股股东。发行人收购安利新材料51%的股权,履行了如下程序:

(1)2008年1月30日,安利股份召开2008年度第一次临时股东大会,同意以2007年12月31日为基准日,以安利新材料经评估后的每股净资产为转让价格,分别受让安利投资、香港敏丰持有的安利新材料40%、11%的股权,关联股东回避表决。安利新材料于同日召开董事会,决议通过上述股权转让事宜。

(2)2008年1月31日,安徽国信出具了《资产评估报告书》(皖国信评报字[2008]第106号),经评估,截至2007年12月31日,安利新材料净资产账面值为2525.36万元,调整后账面值为2524.27万元,评估值为2914.74万元。

(3)2008年2月16日,安利股份与安利投资、香港敏丰分别签订了《股权转让协议》,以人民币1165.90万元和320.62万元的价格分别受让安利投资、香港敏丰持有的安利新材料40%、11%的股权。

(4)2008年3月28日,合肥市对外贸易经济合作局签发了《关于同意合肥安利化工有限公司股权变更的批复》(合外审[2008]23号),批准同意上述股权转让事项。同日,安徽省人民政府向安利新材料换发了《中华人民共和国外商投资企业批准证书》(商外资皖府资字[1994]0413号)。

(5)根据安利新材料的工商登记资料,2008年3月31日,安利新材料依法在合肥市工商行政管理局办理了工商变更登记手续,并领取了注册号为340100400001370的企业法人营业执照。

2.关于发行人购买安利新材料股权过程中,纳税义务方是否履行纳税义务的核查

(1)因香港敏丰系非居民企业,根据《企业所得税法》及其实施条例的规定,发行人是香港敏丰转让股权所得应纳税款的扣缴义务人,应按照应纳税所得额乘以10%的税率向税务部门代为缴纳。根据发行人提供的《企业所得税扣缴报告表》、安徽省肥西县国家税务局《税收通用缴款书》(200710皖国缴电0156354号),发行人已于2008年5月16日将经安徽省肥西县国家税务局核定的应代扣代缴的税款缴纳完毕,根据发行人的记账凭证及银行结汇单,香港敏丰已于2008年6月19日将代扣代缴税款支付给发行人。

(2)因安利投资系在国内注册的企业法人,根据国家税务总局《关于企业股权投资业务若干所得税问题的通知》(国税发[2000]118号)与《关于企业股权转让有关所得税问题的补充通知》(国税函[2004]390号)的规定,企业股权投资转让所得应并入企业的应纳税所得,然后依法缴纳企业所得税,故安利投资无须单独就本次股权转让所得缴纳企业所得税。同时根据安利投资提供的2008年度经合肥市高新技术产业开发区国家税务局确认的《中华人民共和国企业所得税年度纳税申报表》(A类),安利投资

已将转让安利新材料股权所得作为投资收益在其应纳税所得额中进行申报缴纳。根据合肥市高新技术产业开发区国家税务局于2011年1月出具的证明,证明安利投资2007年度、2008年度、2009年度、2010年度,均依法足额按时缴纳税款,不存在因违反税收法律、法规和规范性文件的要求而受到税收处罚的情形。

经核查,保荐机构及发行人律师认为:发行人收购安利新材料的股权已经履行了相关的法律程序,并依法进行了工商变更登记,同时纳税义务方已依照有关法律法规履行了纳税义务。

(九)关于发行人收购安利新材料是否涉及主营业务的变化、是否符合创业板发行条件的核查

根据发行人与安利新材料的说明及工商登记资料,并经保荐机构和律师核查,安利新材料与发行人在报告期内属于同一控制权人——安利投资控制下的企业,同时安利新材料主要从事聚氨酯树脂的生产销售,提供了发行人生产合成革所需的聚氨酯树脂这一主要原材料,因此,从产业链的角度讲,安利新材料系发行人生产合成革的上游供应商。故发行人收购安利新材料51%的股权,不仅不涉及发行人主营业务的变化,还整合了处于安利投资同一控制下的PU合成革产品生产产业链上的相关业务,有效减少了发行人的关联交易,增强了发行人的独立性,符合中国证监会《〈首次公开发行股票并上市管理办法〉第十二条发行人最近3年内主营业务没有发生重大变化的适用意见——证券期货法律适用意见第3号》的规定。

经核查,保荐机构及发行人律师认为:发行人收购安利新材料51%的股权后不涉及发行人主营业务的变化,符合《首次公开发行股票并在创业板上市管理暂行办法》规定的发行条件。

三、福安药业(300194):收购公司每股净资产低于1元

报告期内,为避免同业竞争、减少关联交易、整合控股股东医药类资产、打造上下游一体化的抗生素制药企业,发行人前身福安有限于2009年7月分别收购生物制品100%和庆余堂75.30%的股权,本次收购为同一控制下的企业合并,具体收购情况如下:

(一)发行人收购生物制品和庆余堂股权

1.概况

2009年7月2日,福安有限召开股东会同意发行人收购汪璐等22名自然人持有

的生物制品100%的股权,并收购汪天祥、汪红雨、徐科一、蒋晨、黄涛、叶强合计所持庆余堂75.30%的股权。2009年7月,福安有限分别与生物制品22名股东签订《股权转让协议》,汪璐等22名自然人将持有的生物制品100%的股权转让给福安有限。2009年7月,福安有限分别与庆余堂股东汪天祥、汪红雨、徐科一、蒋晨、黄涛、叶强签订了《股权转让协议》,收购汪天祥等6人合计所持庆余堂75.30%的股权。通过上述股权收购,生物制品和庆余堂成为福安有限的全资或控股子公司。

2. 发行人收购生物制品100%股权

(1)大信会计师于2009年7月18日出具《专项审核报告》(大信专字[2009]3－0008号),截至2009年5月31日,生物制品经审计的净资产为4,298,810.60元。湖北民信资产评估有限公司于2009年7月20日出具《资产评估书》(鄂信评报字[2009]第051号),生物制品股东全部权益于评估基准日2009年5月31日所表现的公允市场价值为439.95万元,每份出资额公允市场价值为0.43995元。

(2)2009年7月23日,生物制品召开股东会,全体股东一致同意将持有的生物制品全部股权转让给福安有限,转让价格根据生物制品2009年5月31日为基准日的评估结果确定,全体股东相互放弃各自的优先购买权。

(3)2009年7月,福安有限与生物制品股东签订《股权转让协议》,汪璐等22名自然人将持有的生物制品100%的股权转让给福安有限,每份出资额转让价为0.43995元。

3. 发行人收购庆余堂75.30%股权

(1)根据大信会计师于2009年7月18日出具《专项审核报告》(大信专字[2009]3－0007号),截至2009年5月31日,庆余堂经审计的净资产为24,291,675.99元。湖北民信资产评估有限公司于2009年7月20日出具的《资产评估书》(鄂信评报字[2009]第050号),庆余堂股东全部权益于评估基准日2009年5月31日所表现的公允市场价值为2975.76万元,每份出资额公允市场价值为1.0423元。

(2)2009年7月5日,庆余堂召开股东会,一致同意汪红雨、徐科一、叶强分别将所持庆余堂18.21%、3.50%和1.05%的股权转让给福安有限,高晓昆、汪红雨分别将所持庆余堂3.50%、6.48%的股权转让给张卫锋,交易双方协商确定每份出资额转让价格为1元,全体股东相互放弃各自的优先购买权;2009年7月22日庆余堂召开股东会一致同意汪天祥、蒋晨、黄涛分别将所持庆余堂48.69%、2.80%、1.05%的股权转让给福安有限,参照庆余堂以2009年5月31日为基准日的评估结果,交易各方协商确定每份出资额转让价格为1元;全体股东相互放弃各自的优先购买权。

4. 发行人将收购生物制品、庆余堂股权按照同一控制下企业合并的原则进行会计核算的原因

本次重组前、后相关业务组织架构情况

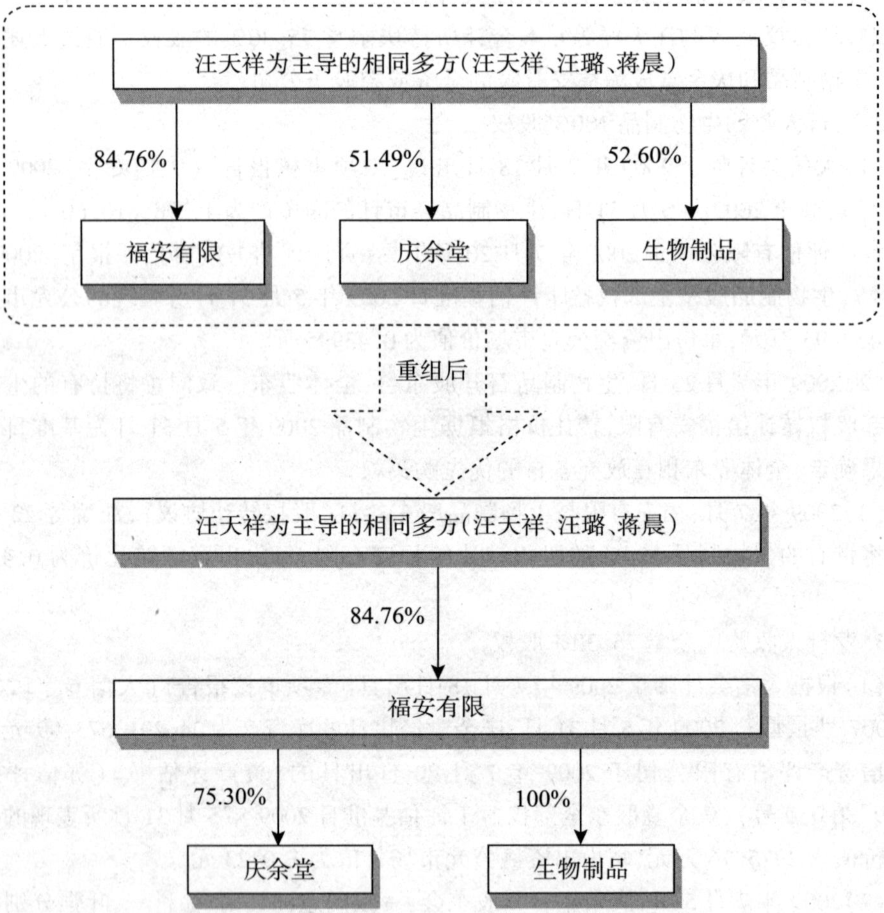

(1)收购庆余堂按同一控制下企业合并进行会计核算的原因

本次合并前,庆余堂和福安有限均受以汪天祥为主导的相同多方(汪天祥、汪璐、蒋晨)控制,并且该控制并非暂时性的(持续时间均达一年以上)。本次合并后以汪天祥为主导的相同多方通过控股福安有限间接控制庆余堂 75.30% 的股权,即本次合并前后庆余堂和福安有限均受以汪天祥为主导的相同多方(汪天祥、汪璐、蒋晨)控制。具体情况如下:

①本次合并前后,庆余堂均受汪天祥、汪璐和蒋晨构成的相同多方控制,且汪天祥占据主导地位,具体情况如下:

合并前股权结构		合并后股权结构	
股东名称	持股比例	股东名称	持股比例
汪天祥	48.69%	福安有限[注]	75.30%
蒋晨	2.80%	其他股东	24.70%
其他股东	48.51%	—	—
合计	100%	合计	100%

注:合并后汪天祥、汪璐、蒋晨作为相同多方系通过控股福安有限(比例为84.76%)实现对庆余堂的控制(比例为75.30%)。

首先,自2008年4月至2009年7月发行人收购庆余堂之前,汪天祥直接持有庆余堂48.69%的股权,为庆余堂第一大股东;同时,蒋晨为汪天祥的创业伙伴,亦持有庆余堂2.80%的股权。以汪天祥为主导的相同多方(汪天祥、汪璐、蒋晨)合计持有庆余堂51.49%的股权。

其次,2008年4月至今,汪天祥及其提名的蒋晨、黄涛一直担任庆余堂董事,在庆余堂历次董事会会议上蒋晨、黄涛与汪天祥的意见均保持一致;作为庆余堂的股东,蒋晨、黄涛在庆余堂历次股东会上与汪天祥的表决意见均保持一致。故自2008年4月以汪天祥为主导的相同多方(汪天祥、汪璐、蒋晨)有权任命庆余堂董事会的多数成员,并在董事会中占多数表决权。

最后,2008年4月至今,汪天祥一直担任庆余堂董事长和法定代表人,并于2008年4月至2009年1月期间担任庆余堂经理(2009年1月后提名黄涛担任庆余堂经理至今),全面负责公司的生产经营和财务管理。蒋晨作为庆余堂董事,亦参与庆余堂经营管理重大事项的讨论和决策。故自2008年4月以汪天祥为主导的相同多方已对庆余堂的财务和经营政策实现控制。

②本次合并前后以汪天祥为主导的相同多方(汪天祥、汪璐和蒋晨)拥有福安有限半数以上表决权。

首先,2006年1月至2008年7月,汪璐为生物制品控股股东,并将其股东权利授予汪天祥。2006年1月至2008年7月,福安有限控股股东为生物制品。汪璐自2006年1月至2009年7月通过股权转让及增资方式控股生物制品。在此期间,汪璐支付的股权收购和增资款均来自汪天祥,并于2006年1月将其拥有的生物制品股东权利授予汪天祥。同时,生物制品的财务、经营政策及多数董事和高级管理人员亦由汪天祥决定或提名。

其次,汪天祥自2008年9月起成为发行人控股股东,并通过后续增资将控股比例提高至61.52%,维持实际控制人地位至今。2008年7月,汪天祥筹划将其持有的医药类资产上市,由于生物制品作为药品流通企业规模较小,主营业务处于亏损状态;而福安有限由于主导产品氨曲南原料药业务的快速增长,经营业绩稳步上升。因此,汪天祥等股东逐步形成了以福安有限作为主体改制上市的想法。2008年8月至2008年12月,发行人通过一次股权转让和三次增资的连续交易行为实现了以福安有限为主体改制上市、自然人股东直接持股并由汪天祥直接控制的目的。

最后,汪璐、蒋晨作为相同多方,在汪天祥的主导下与其共同拥有福安有限半数以上表决权。汪璐系汪天祥唯一的子女,参与发行人经营管理重大事项的讨论和决策,对发行人决策有一定影响力;并且自2006年1月起一直间接或直接持有发行人的股权。蒋晨为汪天祥创业伙伴,历任生物制品董事长助理、福安有限常务副总经理,自2007年4月起一直间接或直接持有发行人的股权;自2008年8月起担任公司总经理、董事;在财务、经营决策和高级管理人员提名等方面与汪天祥保持一致。

(2)收购生物制品按同一控制下企业合并的原因

本次参与合并的双方福安有限和生物制品在合并前后均受以汪天祥为主导的相同多方(汪天祥、汪璐和蒋晨)最终控制且该控制并非暂时性的(持续时间均达一年以上)。具体情况详见前文“收购庆余堂按同一控制下企业合并进行会计核算的原因”中的相关说明。

综上,本次参与合并的双方福安有限和生物制品在合并前后均受以汪天祥为主导的相同多方(汪天祥、汪璐和蒋晨)最终控制且该控制并非暂时性的。因此,公司将本次合并按照同一控制下企业合并的原则进行会计核算符合《企业会计准则第20号——企业合并》和《企业会计准则第33号——合并财务报表》的相关规定。

(3)中介机构关于上述股权收购的核查情况

保荐机构核查了庆余堂、生物制品的股权结构历史演变情况,发行人、庆余堂、生物制品股东会和董事会会议资料,生物制品、庆余堂董事和高管人员任免资料,并对蒋晨、汪天祥进行了访谈。在此基础上,保荐机构对发行人将收购庆余堂和生物制品按同一控制下企业合并的原则进行会计核算原因进行了核查分析。经审慎核查,保荐机构认为:2009年7月发行人收购庆余堂和生物制品前后,福安有限、庆余堂、生物制品均受以汪天祥为主导的相同多方(汪天祥、汪璐和蒋晨)最终控制且该控制并非是暂时性的。因此,发行人将2009年7月收购庆余堂、生物制品的交易按照同一控制下企业合并的原则进行会计核算符合《企业会计准则第20号——企业合并》和《企业会计准则第33号——合并财务报表》的相关规定。

申报会计师核查了庆余堂、生物制品的股权结构历史演变情况,汪天祥对庆余堂、生物制品股东会决议和董事会决议的影响,对生物制品、庆余堂董事的提名情况,蒋晨与汪天祥的陈述，蒋晨在发行人、庆余堂、生物制品股东会及董事会表决情况。经审慎核查，申报会计师认为：鉴于汪璐自2006年1月起将所拥有的生物制品股东权利授予汪天祥，并且蒋晨为汪天祥的创业伙伴，作为相同多方共同持股庆余堂、生物制品。2009年7月发行人收购庆余堂、生物制品，合并各方均受以汪天祥为主导的相同多方控制，具体情况如下：①庆余堂自2008年4月至2009年7月收购前受以汪天祥为主导的相同多方（汪天祥、汪璐和蒋晨）控制（控股比例为51.49%），并且该控制非暂时性（持续时间达一年以上）。本次收购后以汪天祥为主导的相同多方通过福安有限控制庆余堂75.30%的股权，即收购前后庆余堂均受相同多方控制。②生物制品自2006年1月至2009年7月收购前受以汪天祥为主导的相同多方（汪天祥、汪璐和蒋晨）控制（控股比例为52.60%），并且该控制非暂时性（持续时间达一年以上）。本次收购后以汪天祥为主导的相同多方通过福安有限控制生物制品100%的股权，即收购前后生物制品均受相同多方控制。因此，发行人将2009年7月收购庆余堂、生物制品的交易按照同一控制下企业合并的原则进行会计核算符合《企业会计准则第20号——企业合并》和《企业会计准则第33号——合并财务报表》的相关规定。

（二）本次重大资产重组对发行人的具体影响

1.重大资产重组前发行人与生物制品、庆余堂的关系

（1）股权方面：三方同受以汪天祥为主导的相同多方最终控制

本次重组前，福安有限、庆余堂和生物制品同受以汪天祥为主导的相同多方（汪天祥、汪璐、蒋晨）最终控制；本次重组完成后，生物制品成为福安有限的全资子公司，庆余堂成为福安有限的控股子公司。

（2）管理方面：三方同受汪天祥、蒋晨等构成的核心管理层管理

虽然福安有限、庆余堂和生物制品管理层人员不尽相同，但三家公司都受汪天祥、蒋晨等构成的核心管理层控制经营，重大财务和经营决策统筹考虑。

（3）业务方面：三方构成抗生素行业上下游关系

本次重组前，福安有限与庆余堂、生物制品的核心业务均为氨曲南的生产、销售，其中本公司核心业务为氨曲南原料药的生产、销售，庆余堂核心业务为氨曲南制剂的生产，生物制品作为药品流通企业核心业务为总经销庆余堂生产的氨曲南制剂，三方形成了氨曲南原料药生产—制剂生产—制剂销售的业务架构。

2.重大资产重组对发行人的具体影响

（1）消除同业竞争，彻底解决关联交易，有利于公司规范运作

本次重组前，福安有限与庆余堂、生物制品在产业链上存在上下游关系，构成同业

竞争。庆余堂所需氨曲南原料药系向福安有限采购,所生产的氨曲南制剂由生物制品总经销,三者构成关联交易。本次重组消除了同业竞争,彻底解决了发行人与庆余堂、生物制品的关联交易问题。

(2)完善公司业务结构,实现产业链纵向一体化

本次重组使福安有限业务范围涵盖了抗生素医药中间体生产、抗生素原料药生产、抗生素制剂生产、抗生素制剂销售等各个环节,业务结构更加完整,有利于实现产业链纵向一体化。

(3)对发行人财务状况及经营业绩的影响

根据《企业会计准则第20号——企业合并》和《企业会计准则第33号——合并财务报表》及其解释的相关规定,公司收购庆余堂、生物制品股权属于同一控制下的企业合并。在编制合并报表时,应视同参与合并各方在最终控制方开始实施控制时即以目前的状态存在,即提供比较报表时,应对前期的比较报表进行调整;发行人在编制比较报表时分别从2008年4月1日、2007年1月1日起将庆余堂、生物制品纳入合并财务报表范围,并在抵消报告期内部交易及往来项目后编制了申报报表。

合并前一年(末)及合并当年庆余堂、生物制品的资产总额、营业收入和利润总额占发行人相应项目的比例如下(剔除关联交易影响后):

单位:万元

项目	资产总额		营业收入		利润总额	
	2009/12/31	2008/12/31	2009年	2008年	2009年	2008年
庆余堂	6192.08	5003.06	5180.20	3349.58	-7.31	-204.15
生物制品	1772.29	3570.71	8613.45	5767.40	997.37	-165.70
被重组方合计	7964.37	8573.77	13,793.65	9116.98	990.06	-369.85
发行人(重组方)	22,808.46	11,720.57	18,659.18	10,547.19	6902.60	3934.10
被重组方合计/重组方	34.92%	73.15%	73.92%	86.44%	14.34%	-9.40%

3. 中介机构关于本次重大资产重组是否导致发行人最近两年主营业务发生变化的核查意见

保荐机构经核查后认为，发行人报告期内的资产重组消除了同业竞争，减少了关联交易，增强了发行人资产的独立性和完整性。被重组进入的资产与发行人重组前的业务具有较大的相关性，且公司实施收购庆余堂、生物制品股权时，庆余堂、生物制品重组前一年年末的合计资产总额未超过公司重组前一年年末资产总额，庆余堂、生物制品重组前一年度的营业收入或利润总额未超过公司重组前一年度的营业收入或利润总额，本次重大重组后发行人符合《首次公开发行股票并在创业板上市管理暂行办法》第 13 条关于发行人最近两年内主营业务没有发生重大变化的规定。

发行人律师经核查后认为，发行人报告期内的资产重组消除了同业竞争，减少了关联交易，增强了发行人资产的独立性和完整性。被重组进入的资产与发行人重组前的业务具有较大的相关性，且公司实施收购庆余堂、生物制品股权时，庆余堂、生物制品重组前一年年末的合计资产总额未超过公司重组前一年年末资产总额，庆余堂、生物制品重组前一年度的营业收入或利润总额未超过公司重组前一年度的营业收入或利润总额，本次重大重组后发行人符合《首次公开发行股票并在创业板上市管理暂行办法》第 13 条关于发行人最近两年内主营业务没有发生重大变化的规定。

发行人申报会计师经核查后认为，通过对公司资产重组相关过程及《首次公开发行股票并在创业板上市管理暂行办法》等相关法律法规的分析，发行人报告期内的资产重组消除了同业竞争，减少了关联交易，增强了发行人资产的独立性和完整性，未导致发行人主营业务发生重大变化，符合《首次公开发行股票并在创业板上市管理暂行办法》第 13 条关于发行人最近两年内主营业务没有发生重大变化的规定。

（三）被重组方生物制品与庆余堂的历史沿革

做了与发行人同等详尽的披露；并对历史沿革有关问题做了核查和清理。

四、丽鹏股份（002374）：未将收购股权看作重大资产重组

股份公司设立前及设立后，未发生过重大资产重组，仅先后两次受让关联企业的股权，具体情况如下：

（一）2007 年 7 月受让成都海川制盖有限公司 46.8% 的股权

2002 年 9 月 24 日，山东丽鹏包装有限公司和罗田等 10 名自然人出资设立了成都海川制盖有限公司，该公司注册地址为四川省蒲江县工业集中发展区，注册资本为 500

万元,其中山东丽鹏包装有限公司以实物和土地使用权出资共计266万元,占注册资本的53.2%,其余10名自然人股东以货币资金出资共计234万元,占注册资本的46.8%,主营业务是防伪瓶盖的生产与销售。

为进一步加强对成都海川的控股权并减少关联交易,2007年7月20日,成都海川制盖有限公司召开股东会,股东一致同意将所持成都海川个人股权全部转让给发行人。截至2007年6月30日,成都海川制盖有限公司的总资产为4493.59万元,净资产为544.81万元,2007年1~6月营业收入为2258.65万元,净利润为15.73万元(未经审计)。经协商,发行人与成都海川制盖有限公司股东罗田、于善彬、王风刚、曹琼英、袁萍、闫晓东、孙永辉、林云峰、李由、林波分别签订股权转让协议,与原出资额等价受让其分别持有的成都海川制盖有限公司20%、7%、6%、5%、1.6%、1.6%、1.6%、1.6%、1.2%、1.2%合计46.8%的股权,转让价款分别为人民币100万元、35万元、30万元、25万元、8万元、8万元、8万元、8万元、6万元、6万元,合计为人民币234万元。2007年8月27日,发行人将股权转让价款全部支付给上述转让人。成都海川制盖有限公司已办理了此次股权转让的工商变更登记。

另外,2009年5月8日转让成都海川46.8%股权的转让方罗田、于善彬、王风刚、曹琼英、袁萍、闫晓东、孙永辉、林云峰、李由和林波书面确认:“我等于2007年7月将所持成都海川制盖有限公司共计46.8%的股权全部转让予山东丽鹏包装有限公司,转让价格为我等与山东丽鹏包装有限公司根据成都海川制盖有限公司账面净资产及经营情况经自愿、平等协商确定,股权转让价款已全部收讫。该等股权转让的转让价格合理、意思表示真实、不存在纠纷或潜在纠纷。”

本次股权转让完成后,成都海川制盖有限公司成为本公司的全资子公司。

发行人律师认为,发行人受让成都海川自然人股权的转让系转让方与受让方双方真实意思表示,转让价格系双方协商确定,发行人收购上述股权的行为履行了法律规定的内部决策手续,支付了全部股权转让价款,并依法办理了工商变更登记。据此,该等股权转让价格公允,程序完备,不存在潜在纠纷。

保荐机构认为,发行人受让成都海川自然人股权的转让系转让方与受让方双方真实意思表示,转让价格系双方协商确定,发行人收购上述股权的行为履行了法律规定的内部决策手续,支付了全部股权转让价款,并依法办理了工商变更登记,且转让成都海川46.8%股权的转让方罗田、于善彬、王风刚、曹琼英、袁萍、闫晓东、孙永辉、林云峰、李由和林波书面确认:“我等于2007年7月将所持成都海川制盖有限公司共计46.8%的股权全部转让予山东丽鹏包装有限公司,转让价格为我等与山东丽鹏包装有限公司根据成都海川制盖有限公司账面净资产及经营情况经自愿、平等协商确定,股权转让价款已全部收讫。该等股权转让的转让价格合理、意思表示真实、不存在纠纷或潜在纠纷。”据此，该等股权转让价格公允，程序完备，不存在潜在纠纷。

（二）2007年7月受让大冶市劲鹏制盖有限公司100%的股权

1. 受让大冶劲鹏100%股权的基本情况

2001年7月19日，孙世尧与于志芬分别以货币资金30万元和20万元出资设立了大冶市劲鹏制盖有限公司，该公司注册地址为湖北省大冶市城北开发区七里界村四组，注册资本为50万元，主营业务是铝防伪瓶盖的生产与销售。

截至2007年6月30日，大冶劲鹏的总资产为361.02万元，净资产为70.48万元，2007年1～6月营业收入为356.17万元，净利润为-15.86万元（未经审计）。

为消除同业竞争与减少关联交易，2007年7月3日，发行人与大冶市劲鹏制盖有限公司股东孙世尧、于志芬签订股权转让协议，约定将孙世尧、于志芬分别持有的公司60%、40%合计100%的股权，以人民币50万元转让给山东丽鹏包装有限公司；2007年7月5日，大冶市劲鹏制盖有限公司召开股东会审议通过决议，原股东孙世尧、于志芬将所持公司全部股份转让给山东丽鹏包装有限公司；2007年8月14日，发行人将股权转让价款全部支付给上述转让人。大冶市劲鹏制盖有限公司已办理了此次股权转让的工商变更登记。

2009年5月8日，转让大冶劲鹏100%股权的转让方孙世尧和于志芬书面确认：“我等于2007年7月将所持大冶市劲鹏制盖有限公司共计100%的股权全部转让予山东丽鹏包装有限公司，转让价格为我等与山东丽鹏包装有限公司以大冶市劲鹏制盖有限公司账面净资产为参考，根据经营情况经自愿、平等协商确定，按注册资本50万元作价转让，股权转让价款已全部收讫。该等股权转让的转让价格合理、意思表示真实、不存在纠纷或潜在纠纷。”

本次股权转让完成后，大冶市劲鹏制盖有限公司成为本公司的全资子公司。发行人律师认为，发行人受让大冶劲鹏制盖有限公司自然人股权的转让系转让方与受让方双方真实意思表示，转让价格系双方协商确定，发行人收购上述股权的行为履行了法律规定的内部决策手续，支付了全部股权转让价款，并依法办理了工商变更登记，据此，该等股权转让价格公允，程序完备，不存在潜在纠纷。

保荐机构认为，发行人受让大冶劲鹏自然人股权的转让系转让方与受让方双方真实意思表示，转让价格系双方协商确定，发行人收购上述股权的行为履行了法律规定的内部决策手续，支付了全部股权转让价款，并依法办理了工商变更登记，且转让大冶劲鹏100%股权的转让方孙世尧和于志芬书面确认：“我等于2007年7月将所持大冶市劲鹏制盖有限公司共计100%的股权全部转让予山东丽鹏包装有限公司，转让价格为我等与山东丽鹏包装有限公司以大冶市劲鹏制盖有限公司账面净资产为参考,根据经营情况经自愿、平等协商确定,按注册资本50万元作价转让,股权转让价款已全部收讫。该等股权转让的转让价格合理、意思表示真实、不存在纠纷或潜在纠纷。”据此,该等股权转让价格公允,程序完备,不存在潜在纠纷。

2. 受让大冶劲鹏100%股权对公司的影响

发行人2007年7月受让大冶劲鹏100%股权,属同一控制下企业合并。大冶劲鹏2006年年末的资产总额、2006年度的营业收入、2006年度的利润总额占发行人相应项目的比例见下表:

单位:元

项目	被重组方重组前一会计年度末数额	发行人重组前一会计年度末数额	占比例
资产总额	4,176,828.28	234,429,697.82	1.78%
营业收入总额	6,891,964.53	221,838,441.89	3.11%
利润总额	147,300.54	17,102,126.46	0.86%

从上表可见,被重组方重组前一个会计年度末的资产总额或前一个会计年度的营业收入或利润总额均未达到或超过重组前发行人相应项目的20%。

根据企业会计准则的规定,发行人在本次同一控制下企业合并中取得的资产和负债,按照合并日大冶劲鹏的账面价值计量。发行人取得的净资产账面价值与支付的合并对价的差额28,418.32元,调整发行人的资本公积。同时发行人编制了合并日的合并资产负债表、合并利润表、合并现金流量表。发行人2007年度合并利润表包括发行人及大冶劲鹏自合并当期期初至合并日所发生的收入、费用和利润。大冶劲鹏在合并前实现的净利润,在合并利润表中单列“被合并方在合并前实现的净利润”项目反映。2007年度合并现金流量表包括发行人及大冶劲鹏自合并当期期初至合并日的现金流量。

本次重组的被重组方自报告期期初起即与发行人受同一公司控制权人控制,且被重组进入发行人的业务与发行人重组前的业务相同,采用的重组方式为发行人收购被重组方股权方式,符合《证券期货法律适用意见第3号》的相关规定,本次重组完成后发行人主营业务没有发生重大变化。

由于大冶劲鹏的资产与业务规模相对较小,2006年年末的资产总额、2006年度营业收入和利润总额占公司相应项目的比例分别为1.78%、3.11%和0.86%,因此收购大冶劲鹏对公司当期的财务状况与经营成果的影响很小,但从长远来看,公司此次收购大冶劲鹏 100% 股权，对公司带来了积极的影响，体现在：

（1）消除了控股股东与本公司之间的同业竞争；

（2）有效减少了关联交易；

（3）使公司铝防伪瓶盖业务布局进一步得以完善，有利于公司有效拓展以湖北为核心的华中地区业务，符合公司的长远发展战略。

五、日科化学（300214）：夫妻共同财产可作为同一控制的认定

2008 年 12 月公司控股合并了日科新材料，具体情况如下：

（一）日科新材料历史沿革

【具体内容略】

（二）合并前日科新材料与日科有限之间的关系

1. 合并性质的确定

张莉于 2010 年 8 月 30 日出具了《关于持有山东日科新材料有限公司股权若干事项的说明》，其股权投资款来源于家庭共有财产；在其持有日科新材料股权期间，生产经营决策等由赵东日决定，其本人不参与日科新材料的生产与经营；在其作为日科新材料大股东期间，赵东日任日科新材料之执行董事，其本人任监事，日科新材料实际由赵东日所控制。

日科化学与日科新材料同受赵东日所控制，且日科新材料所从事的业务与日科化学所从事的业务有相关性、日科新材料成立时就受赵东日控制，日科化学收购日科新材料系日科化学为避免同业竞争、减少关联交易、优化公司治理、确保规范运作的业务整合，依据《证券期货法律适用意见第 3 号》之规定，日科化学的主营业务没有发生变化。日科有限与日科新材料之间的控股合并属于同一控制下的合并，合并前日科有限与日科新材料之间的关系如下：

事项	合并前双方关系
股权方面	合并前日科有限和日科新材料同受赵东日控制。
管理方面	日科有限和日科新材料在同一实际控制人控制下执行统一的生产经营管理策略。

续表

事项		合并前双方关系
业务方面	经营范围	日科有限和日科新材料同样经营 PVC 塑料改性剂业务。
	品牌	日科有限和日科新材料均使用相同品牌对外销售。
	研发	日科有限拥有客户服务中心、塑料改性工程技术研究中心和客户互动研发中心,日科新材料拥有新材料研发中心。
	原材料采购	日科新材料设采购部,大额原材料采购计划由日科有限统一协调。
	生产	日科新材料拥有生产经营必备的厂房、机器设备等,拥有独立的产品生产能力。
	销售	日科有限与日科新材料采用基本相同的销售模式和销售策略,销售队伍部分重叠。
	财务管理	日科有限和日科新材料各自设立了独立的财务部门,各自独立进行财务收支和经营核算。

2. 合并前一会计年度相关财务数据比较

日科有限与日科新材料的控股合并于 2008 年完成,2007 年日科有限与日科新材料的资产总额、营业收入与利润总额对比情况如下:

单位:元

项目	资产总额	营业收入	利润总额
①日科新材料	71,607,214.30	102,737,071.53	-272,085.74
②日科有限	139,953,714.51	266,739,525.65	11,604,652.77
比重=①/②	51.16%	38.52%	-2.34%

注:以上数据为山东天恒信有限责任会计师事务所审计数,其中日科新材料数据为合并数,已经合并了下属全资子公司日科塑胶、日科贸易和日科监理。

3. 日科新材料合并前与发行人及各关联方的交易情况

日科新材料成立至被公司收购前,日科新材料与公司、公司大股东、实际控制人、实际控制人控制的关联企业之间的货物及服务交易情况如下表所示:

单位:元

年度	销售方	采购方	商品购销	加工费
2006 年 1~12 月	本公司	日科新材料	2,037,153.08	—
2007 年 1~12 月	本公司	日科新材料	8,626,070.45	—
	本公司	日科塑胶	7,760,095.26	—
	本公司	日科贸易	7,758,329.07	—
	合计		24,144,494.78	—
2008 年 1 月 1 日至合并日	本公司	日科塑胶	25,465,738.42	—
	本公司	日科贸易	35,983,206.71	—
	日科新材料	日科贸易	8,646,503.62	—
	日科新材料	本公司	997,148.75	—
	日科新材料	本公司	—	3,056,410.27
	本公司	日科新材料	—	2,764,017.09
	本公司	日科塑胶	—	2,378,948.31
	合计		70,095,448.75	8,199,375.67

2006~2007 年由于日科新材料产能不足,因此向公司采购部分 ACR 抗冲加工改性剂,2008 年日科新材料新建生产线投产,向日科贸易销售部分 ACR 抗冲加工改性剂和 ACM 低温增韧剂,此外公司部分产品通过日科塑胶和日科贸易对外销售;2008 年日科新材料与公司发生的加工费 3,056,410.27 元系加工 ACR 抗冲加工改性剂的费用,公司与日科新材料发生的加工费 2,764,017.09 元系加工 ACM 低温增韧剂的费用,与日科塑胶发生的加工费 2,378,948.31 元系加工 ACR 抗冲加工改性剂的费用。

日科新材料成立至被公司收购前,日科新材料与公司大股东、实际控制人、实际控制人控制的关联企业之间的借款情况如下表所示:

单位:元

对象	2006 年		2007 年		2008 年	
	其他应收款	其他应付款	其他应收款	其他应付款	其他应收款	其他应付款
本公司	12,948,804.84	—	—	11,193,901.60	—	35,787,278.91
日科贸易	—	—	5640.00	974,000.00	—	—
赵东日	—	—	—	1,889,003.00	—	—

注:上述借款均为流动资金拆借。

目前日科新材料主要以生产ACR抗冲加工改性剂、ACM低温增韧剂产品为主。经山东天恒信审计,2008年、2009年和2010年日科新材料分别实现营业收入9368.73万元、12,141.52万元和19,202.25万元,净利润455.38万元、1342.65万元和1964.93万元。

经核查,山东天恒信认为:日科新材料与发行人大股东、实际控制人、实际控制人控制的关联企业之间的交易真实反映了交易双方购销商品,提供和接受劳务以及资金往来情况。

(三)控股合并程序

2008年12月,为避免同业竞争,扩大业务规模,日科有限控股股东赵东日经与公司其他股东协商同意由日科有限按原始出资额收购日科新材料全部股权,日科新材料成为日科有限的全资子公司。

2008年12月11日,日科新材料股东会通过决议,同意:赵东日将其持有的人民币800万元出资(占注册资本40%)转让给日科有限,张莉将其持有的人民币1200万元出资(占注册资本60%)转让给日科有限。

同日,赵东日与日科有限签订《股权转让协议》,将其持有的人民币800万元出资(占注册资本的40%)转让给日科有限,转让价格为人民币800万元;张莉与日科有限签订《股权转让协议》,将其持有的人民币1200万元出资(占注册资本的60%)转让给日科有限,转让价格为人民币1200万元。

2008年12月26日,日科新材料办理了工商变更登记,出资结构变更如下:

股东名称	出资额(万元)	出资方式	出资比例
日科有限	2000	货币、无形资产	100%

(四)合并日的确定

根据《企业会计准则》及其相关规定,合并日为被合并方的净资产或生产经营决策的控制权转移给合并方的日期。由于山东日科新材料有限公司于2008年12月26日在潍坊市工商行政管理局办理了工商变更登记手续,并领取了注册号为370726228017007的《企业法人营业执照》,2008年12月30日,日科有限支付了2000万元的股权转让款。自2008年12月30日起,被合并方山东日科新材料有限公司的资产和生产经营决策的控制权转移至合并方日科有限,因此2008年12月30日被确定为此次合并的合并日。

(五)控股合并的影响

1. 消除同业竞争,完善公司独立性,有利于公司规范运作

控股合并前日科有限及日科新材料均从事 PVC 塑料改性剂的生产和销售,双方同时存在半成品加工业务联系,主营业务构成同业竞争。控股合并后消除了同业竞争,有利于公司的规范运作。

2. 有效整合资源,扩大公司业务规模

控股合并日科新材料后,公司的产能规模得到进一步提升,业务体系更加完整,将日科新材料的新材料研发中心纳入公司的研发体系,使公司具备配方设计、产品设计、高分子合成核塑料加工的完整技术链,为公司产品结构的调整和升级打下良好的基础。

3. 对公司财务状况及经营业绩等方面的影响

合并日日科有限与日科新材料的总资产、净资产数据对比如下表所示:

单位:万元

项目	合并日总资产	合并日净资产
日科新材料	12,156.97	2300.84
日科有限	23,906.83	15,035.05
日科新材料占日科有限比例	50.85%	15.30%

通过控股合并,增强了公司的经营实力,2007 年日科新材料处于发展初期,经营业绩欠佳,随着 2008 年新生产线的投产,日科新材料的发展进入良性轨道,为公司的经营业绩做出了重要的贡献。

日科新材料最近三年经营业绩状况如下表所示:

单位:万元

项目	2010－12－31/2010 年	2009－12－31/2009 年	2008－12－31/2008 年
总资产	8704.12	7038.91	7317.05
净资产	5732.35	3767.42	2424.77
营业收入	19,202.25	12,141.52	9368.73
利润总额	2302.00	1571.81	598.29
净利润	1964.93	1342.65	455.38

注:以上数据为经山东天恒信审计的日科新材料母公司报表数。

4. 对公司发行上市的影响

经核查,保荐机构认为,日科新材料系依法设立并有效存续的有限公司;发行人合并日科新材料程序符合相关法律、法规的规定,不存在纠纷及潜在纠纷;日科化学通过收购日科新材料实现了业务整合,有利于发行人避免同业竞争、减少关联交易、优化公司治理、确保规范运作;日科新材料自设立至被日科化学收购时,一直受日科化学实际控制人赵东日所控制,日科新材料所从事的业务与日科化学有相关性,日科化学收购日科新材料符合《〈首次公开发行股票并上市管理办法〉第十二条发行人最近 3 年内主营业务没有发生重大变化的适用意见——证券期货法律适用意见第 3 号》之相关规定;收购前一会计年度,经审计的日科新材料总资产额超过了日科有限经审计总资产额的 50% 但未超过 100%,营业收入和利润总额均未超过日科有限的 50%,发行人会计师、发行人律师已依照《证券期货法律适用意见第 3 号》的规定,履行了相应工作职责并提交了相应文件;报告期内,日科化学的主营业务没有发生变化。

北京康达认为:日科新材料系依法设立并有效存续的有限公司;发行人合并日科新材料程序符合相关法律、法规的规定,不存在纠纷及潜在纠纷;日科新材料自设立至 2008 年 12 月被发行人收购时,实际控制人一直为赵东日,发行人合并日科新材料属于同一控制下相同业务的重组,适用《〈首次公开发行股票并上市管理办法〉第十二条发行人最近 3 年内主营业务没有发生重大变化的适用意见——证券期货法律适用意见第 3 号》;发行人主营业务没有发生重大变化,符合《首次公开发行股票并在创业板上市管理暂行办法》的相关要求。

六、天晟新材(300169):分两次收购 100% 股权

2007 年 6 月,发行人收购了关联方常州新祺晟 90% 股权,常州新祺晟又收购发行人关联方上海新祺晟 100% 股权,最后发行人收购常州新祺晟剩余 10% 股权。

同一控制下股权收购图

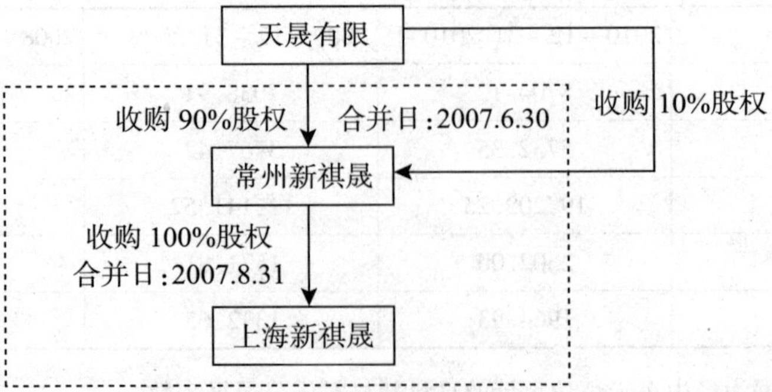

事项	合并日	转让款支付时间	办理工商变更时间	准予单位
天晟有限控股合并常州新祺晟(90%)	2007.6.30	2007.6.28	2007.5.24	常州工商行政管理局天宁分局
常州新祺晟控股合并上海新祺晟	2007.8.31	2007.8.30	2007.6.13	上海市工商行政管理局虹口分局
天晟有限收购常州新祺晟剩余10%股权	—	2008.4.18	2008.4.29	常州工商行政管理局天宁分局

(一)被收购公司简介

发行人实施股权收购之前,常州新祺晟、上海新祺晟都是发行人实际控制人吕泽伟、孙剑、吴海宙控制的公司,即天晟有限的关联公司。各公司的历史沿革情况详见"六、发行人控股、参股子公司情况"。

(二)收购原因

1. 发行人控股合并常州新祺晟的主要原因

(1)常州新祺晟所从事业务与发行人业务有相关性。发行人主要从高分子发泡材料的研发、生产与销售,产品以各类软质发泡材料和高分子结构泡沫材料以及其后加工产品为主。而常州新祺晟主要从事以软质发泡材料为主要原料的后加工产品的生产与销售,产品为各种空调系列、电视系列、手机系列、汽车系列高分子产品。其实质是发行人产品的精密加工,是对发行人业务的延伸。经过几年的投入与发展,常州新祺晟在高分子发泡材料加工产品方面已具有较强的竞争优势和突出的行业地位。收购常州新祺晟后,有利于发行人形成集高分子发泡材料研发、生产、精密加工、销售和技术服务于一体的完整产业链,可向客户提供高分子发泡材料方面整体解决方案。

(2)常州新祺晟与发行人是属于同一实际控制人控制下的两个法人主体,将常州新祺晟整体收购进入发行控制下,可以理顺常州新祺晟与发行人及其发行人股东之间的产权与利益关系,从而使发行人的组织框架更加清晰合理。

(3)发行人收购常州新祺晟后,可以有效地减少发行人及其子公司与常州新祺晟在研究成果转让,产品销售等方面的关联关系,避免潜在的同业竞争。

2. 常州新祺晟控股合并上海新祺晟的主要原因

上海新祺晟与常州新祺晟业务关联度比较强,主要从事高分子发泡材料精密加工产品的上海地区销售,性质相当于常州新祺晟的销售部门,因此考虑由常州新祺晟控股合并上海新祺晟,而非由发行人直接控股合并。这样使发行人的业务体系更加完整、清晰,更有利于发挥公司之间业务协同效应。

(三)收购程序

1. 天晟有限控股合并常州新祺晟(90%)

2007年5月17日,天晟有限临时股东大会决议,受让原常州新祺晟股东吕泽伟、孙剑、吴海宙、徐奕、沈曦合计90%的股权,转让价格为1元/单位出资额,合计270万元,合并日为2007年6月30日。

2. 常州新祺晟控股合并上海新祺晟

2007年5月30日,上海新祺晟股东会决议,将吕泽伟、孙剑、吴海宙、徐奕和沈曦五位股东持有的股权转让给常州新祺晟,转让价格为1元/单位出资额,并于2007年8月支付全部股权转让款,合并日确定为:2007年8月31日。

3. 天晟有限收购常州新祺晟剩余10%股权

2008年3月30日,常州新祺晟股东会决议,吕泽伟、孙剑、吴海宙、徐奕和沈曦五位股东将合计持有的剩余10%股权全部转让给天晟有限,转让总价款为175万元,并于2008年3月支付全部股权转让款,合并日确定为:2008年3月31日。

参照《〈首次公开发行股票并上市管理办法〉第十二条发行人最近3年内主营业务没有发生重大变化的适用意见——证券期货法律适用意见第3号》,以上一系列同一控制下股权收购可以看做公司在12个月内连续对同一资产或相关资产购买,有关重大资产重组标准应该按累计数计算。

公司名称	资产总额(万元) 2006年12月31日	营业收入(万元) 2006年度	利润总额(万元) 2006年度
常州新祺晟	3048.78	4391.59	323.31
上海新祺晟	1230.79	2472.83	547.16
天晟有限(合并)	8953.25	16,313.47	1219.48
占比	47.80%	42.08%	71.38%

(四)关于发行人收购常州新祺晟的说明

1. 发行人分两次收购常州新祺晟股权的原因

在确定实际控制人控制的企业整体上市时,最初认为发行人收购常州新祺晟90%

的股权即可以完全控制常州新祺晟，但是由于常州新祺晟的少数股权属于控股股东，为避免发行人与控股股东共同持有子公司股权发生利益冲突，规范子公司股权结构，发行人于2008年3月30日又收购了常州新祺晟余下的10%股权，使其成为发行人的全资子公司。

2. 两次收购价格存在差异的原因

2007年5月，发行人收购常州新祺晟90%的股权，转让价格为1元/单位出资额。2008年3月，天晟有限收购了其他股东在常州新祺晟10%股权，常州新祺晟成为天晟有限全资子公司。其股权收购价格确定过程如下：

2008年3月，常州新祺晟股东会通过决议，用资本公积1450万元和未分配利润1050万元转增股本至2800万元。转让前常州新祺晟股权结构如下：

股东	出资额(万元)	占注册资本比例
天晟有限	270	90%
其他股东	30	10%
合计	300	100%

常州新祺晟以公积金1450万元转增资本，公司注册资本由300万元增加到1750万元。公积金转增股本后股权结构如下：

股东	出资额(万元)	占注册资本比例
天晟有限	1575	90%
其他股东	175	10%
合计	1750	100%

(五)同一控制下资产重组前后发行人主要业务、产品和资产的变化情况

1. 发行人主要业务、产品的变化情况

常州新祺晟主要从事高分子发泡材料的精密加工业务，主要产品包括空调系列、电视系列、手机系列、汽车系列的垫片、膜片等高分子发泡材料精密加工产品。上海新祺晟的主要业务为在上海地区销售常州新祺晟的产品。收购前后主要业务变化情况

如下:

名称	收购前	收购后
业务	塑料、橡胶发泡业务	增加了高分子发泡材料的精密加工业务
产品	发泡塑料、发泡橡胶原板及瑜伽垫、野营垫、地板胶等简单加工产品	增加了空调系列、电视系列、手机系列、汽车系列的垫片、膜片等高分子发泡材料的精密加工产品

2. 发行人资产的变化情况

各被收购方合并日的资产负债表数据情况如下:

单位:万元

事项	合并日	合并日被合并方资产负债表数据		
		总资产	净资产	固定资产
天晟有限控股合并常州新祺晟 90% 股权	2007.6.30	4006.07	1277.56	352.29
常州新祺晟控股合并上海新祺晟 100% 股权	2007.8.31	953.05	747.40	2.38

七、东软载波(300183):并购员工的方式实现同一控制下合并

公司于 2008 年 11 月 30 日以聘用所有员工的方式对同一控制下的青岛莱客软件有限公司进行了业务合并。为保持相关利润指标的可比性以及让投资者更为全面地了解公司的成长性,本着实质重于形式的原则,公司将莱客软件纳入合并范围,编制了合并财务报表。

2008 年 11 月,东软有限通过聘用受同一实际控制人控制的公司——青岛莱客软件有限公司的所有员工的形式,对莱客软件进行了同一控制下的业务合并。上述合并不涉及股权、资产等所有权份额的转移,但实质上东软有限聘用了莱客软件所有员工后合并了莱客软件的所有业务,此后莱客软件不再从事任何业务,工商主管部门于 2009 年 6 月 5 日核准其注销申请。

(一)莱客软件成立背景及基本情况

1. 莱客软件设立背景及原因

在从事主营业务过程中,东软有限股东发现低压电力线载波通信技术方面缺乏统一的行业标准和国家标准,而该项标准是非常必要的。股东拟成立独立的软件公司,

从事该项标准及相关软件的研发和推广，而该软件为平台软件与原东软有限的嵌入式软件有所不同。因此为了更加清晰地区分各类软硬件产品，便于税收征管要求，东软有限当时的股东决定设立莱客软件，并拟以东软有限为首个客户，计划不断扩大客户群至整个低压电力线载波通信行业内的公司。

鉴于东软有限已在行业内形成一定知名度，为使莱客软件在东软有限所在细分行业内业务推广更加顺畅，东软有限当时的股东经协商，决定以各自的配偶作为莱客软件的股东，出资成立莱客软件。

2. 莱客软件的设立和注销情况

2006 年 3 月 7 日，莱客软件设立，注册资本为 100 万元，各股东均以现金出资，股东名称、出资额、股权比例及出资来源如下：

序号	股东姓名	出资额(万元)	比例(%)	出资来源
1	于广娣	25.00	25.00	均为家庭多年收入及积蓄
2	刘 荣	25.00	25.00	
3	张亚梅	25.00	25.00	
4	廖 玮	25.00	25.00	
	总 计	100.00	100.00	

2006 年 2 月 24 日，青岛信永达会计师事务所有限公司出具青永达会内验字[2006]第 027 号《验资报告》，确认莱客软件注册资本为 100 万元。

2006 年 3 月 7 日，青岛市工商行政管理局崂山分局向莱客软件核发了 3702122808069 号《企业法人营业执照》，莱客软件办公场所为青岛市崂山区松岭路 169 号软件园；法定代表人于广娣；经营范围为软件开发、销售；集成电路设计；集成电路销售；注册资本为 100 万元；实收资本为 100 万元。莱客软件自设立时起至注销日止，注册资本及股权结构均未发生变化。

东软有限于 2008 年 11 月承接了莱客软件的所有业务和人员，莱客软件之后便不再从事任何业务，没有继续存续的必要，2009 年 3 月 16 日，莱客软件召开股东会，经全体股东一致审议，决议同意注销公司，2009 年 6 月 5 日，青岛市工商行政管理局崂山分局核发企注核第 370212228080696 号《企业注销核准通知书》，准予莱客软件注销。莱客软件注销前与东软有限不存在应收应付账款。注销前莱客软件清偿了全部债务，对于剩余财产由莱客软件的四名自然人股东按照出资比例进行分配并履行了缴税义务。

3. 莱客软件实际控制人

莱客软件于 2006 年 3 月 7 日设立，其自设立至注销期间的股权结构及股东身份如下：

序号	股东姓名	出资额(万元)	比例(%)	股东身份
1	于广娣	25.00	25.00	胡亚军先生的配偶
2	刘　荣	25.00	25.00	王锐先生的配偶
3	张亚梅	25.00	25.00	崔健先生的配偶
4	廖　玮	25.00	25.00	范仲立先生的配偶
	总　计	100.00	100.00	

鉴于(1)莱客软件的四名自然人股东与东软有限的四名自然人股东为夫妻关系,莱客软件股东出资资金来源于家庭积蓄,主要是东软有限四名自然人股东多年来的工作收入和经营所得;(2)东软有限属于低压电力线载波通信行业,而莱客软件研发的软件也应用于低压电力线载波通信行业,东软有限的四名自然人股东在从事东软有限的主营业务中发现从事低压电力线载波通信标准及相关软件产品的研发具有极大的商业机会,为独立发展该标准和产品而成立了莱客软件;(3)莱客软件设立时,其部分技术人员来自东软有限;莱客软件设立后,东软有限为其唯一客户,莱客软件对东软有限具有一定的依存性;(4)莱客软件的四名自然人股东从未从事过电力线载波通信方面的相关业务,莱客软件自设立起一直由东软有限的四名自然人股东实际经营管理,具体表现在:莱客软件公司规划和重大经营决策及管理层选择实际均由东软有限当时四名股东做出,莱客软件主要管理层和技术人员来自东软有限;(5)莱客软件的股东出具了书面说明,确认自设立起一直由东软有限的四名自然人股东实际经营管理的事实。

综上,莱客软件的实际控制人为东软有限的四名自然人股东,即崔健、胡亚军、王锐、范仲立。

4. 莱客软件报告期内员工构成情况如下

莱客软件成立时员工7人,6人来自东软有限,另外1人为法人代表于广娣。莱客软件实际管理工作由东软有限四位自然人股东负责。随着业务的发展,莱客软件2007年陆续补充了4名技术人员,其中1名来自东软有限,3名为外聘人员。莱客软件自设立起至合并时员工构成情况如下:

年度	技术人员	管理人员	财务人员	合计
2006年	5	1	1	7
2007年	9	1	1	11
2008年	9	1	1	11

5. 莱客软件经营的合法合规性

（1）莱客软件设立及出资的合法性

莱客软件由于广娣、刘荣、张亚梅、廖玮 4 名自然人各自以其家庭多年收入和积蓄出资设立，股东的出资业已经青岛信永达会计师事务所有限公司以青永达会内验字［2006］第 027 号《验资报告》审验，公司于 2006 年 3 月 7 日取得青岛市工商行政管理局崂山分局核发的《企业法人营业执照》。

莱客软件自设立至注销之日，注册资本及股权结构均未发生变化。莱客软件注销前通过了青岛市工商行政管理局崂山分局的历年年检。

（2）莱客软件的业务经营的合法性

莱客软件经依法核准的经营范围为软件开发、销售；集成电路设计；集成电路销售。实际从事的业务为低压电力线载波通信系统标准的研发及相关软件产品的研发和销售，与经核准的经营范围项下的业务相同，不存在超越经营范围经营的情况，注销前不存在影响持续经营的法律障碍。

2010 年 8 月 5 日，青岛市工商行政管理局崂山分局出具证明，确认青岛莱客软件有限公司系依据中华人民共和国法律法规合法注册，履行了法定程序，并取得《企业法人营业执照》（注册号：3702122808069）。2009 年 6 月 5 日，经青岛市工商行政管理局崂山分局核发的企注核第 370212228080696 号《企业注销核准通知书》核准，青岛莱客软件有限公司注销。青岛莱客软件有限公司自成立以来至合法注销之日，严格按照国家法律法规规定履行工商登记备案制度，遵守各项工商行政管理法规，依法经营，没有因违反工商行政管理法规而受到处罚的情形。

莱客软件自设立至注销期间未进行过出口业务，因此不存在被海关处罚的情形；莱客软件主要从事软件开发和销售工作，不涉及工业污染，因此不存在被环保部门处罚的情形；由于莱客软件自设立至注销仅有东软有限一家客户，在存续过程中，未出现因质量问题而产生纠纷的情形，因此不存在被质监部门处罚的情形。因此莱客软件在工商、环保、质监等业务方面不存在违法违规情形。

（3）莱客软件纳税合法性

【内容略】

6. 莱客软件报告期内实际从事的主要业务及与发行人的关系

报告期内莱客软件的主要业务为专业从事低压电力线载波通信系统标准的研发及相关软件产品的研发和销售；主要产品为 PLC 路由器软件产品和 PLC 节点通信软件。莱客软件于 2006 年 5 月取得了 PLC 节点通信软件和 PLC 路由器软件的软件产品登记证书；2006 年 10 月取得了 PLC 节点通信软件和 PLC 路由器软件的软件著作权登记证书，上述两种软件产品之前未在东软有限使用。

莱客软件的业务模式为以低压电力线载波通信系统标准研发为基础,基于客户的需求进行相关软件开发,向客户提供授权并收取软件技术使用费和持续的技术服务。

莱客软件提供的产品是通过软件的形式提供给客户,因此软件开发是生产经营的重要环节。软件开发过程中包括:客户调研、需求分析、开发设计、代码编写、内容添加、系统测试等步骤。其中除一般软件开发的设计、编码、测试三大关键环节外还包含本行业所特有的内容添加环节。

报告期内莱客软件与公司的主要业务关系为2007年至2008年11月,东软有限向莱客软件采购PLC节点通信软件和PLC路由器软件。

莱客软件提供的PLC节点通信软件和PLC路由器软件是标准的平台软件,功能在于为东软有限的电力线载波通信软件提供一个二次开发平台,从而进一步完善电力线载波通信软件的通信功能,优化电力线载波方式的信息传输效果。

7.莱客软件独立性分析

(1)业务独立性分析

莱客软件的主要业务为专业从事低压电力线载波通信系统标准的研发及相关软件产品的研发和销售;主要产品为PLC路由器软件产品和PLC节点通信软件,东软有限为莱客软件唯一客户,因此莱客软件业务的销售方面严重依赖东软有限。

(2)资产完整性分析

莱客软件合法拥有独立的生产经营场所、专用设备、无形资产等资产。莱客软件对其所有资产拥有所有权或使用权,并实际占有和支配该资产。

(3)人员独立性分析

莱客软件与员工独立签订劳动合同,莱客软件设立初期员工人数为7人,6人来自东软有限,随着业务快速发展,补充了4名技术人员,其中1人来自东软有限。

2008年合并时员工总数为11人,业务合并时均于2008年11月30日与东软有限签订了劳动合同。

(4)机构独立性分析

莱客软件具有独立的生产经营和办公机构,与东软有限不存在混合经营、合署办公的情况。

(5)财务独立性分析

莱客软件有专门的财务人员进行会计核算,具有规范的财务会计制度,公司拥有独立的银行账户,依法独立纳税,年末由会计师事务所进行审计。

(二)收购莱客软件的原因

为了实现主营业务整合、降低管理成本、完善产业链、减少关联交易,东软有限决定合并莱客软件。

2008 年 11 月 30 日,东软有限通过聘用莱客软件全部员工的形式,合并了莱客软件的全部业务。本次合并不涉及股权、资产等所有权份额的转移,东软有限聘用了莱客软件员工后合并了莱客软件的所有业务,不涉及交易对价及款项支付问题。本次合并前,莱客软件共有员工 11 名,均与东软有限签订了劳动合同。莱客软件在本次合并后不再从事任何业务,工商管理部门于 2009 年 6 月 5 日准予注销。

企业合并可以通过吸收合并、收购股权、收购资产等方式进行,本次合并未采用股权收购的合并方式,主要原因是为了简化合并程序、减少合并成本。由于莱客软件为软件类公司,企业固定资产规模及负债均较小,且东软有限为莱客软件的唯一客户,因此本次合并采取了通过直接聘用员工的方式,减少了东软有限的合并成本、省却了跨区合并的复杂程序(两家公司地处青岛市内不同的地区),有助于东软有限生产经营的正常运作。合并完毕后,东软有限整体的供产销业务均未受到影响。

(三)认定为同一控制下业务合并的依据

1. 东软有限和莱客软件为同一实际控制的依据

报告期初至东软有限合并莱客软件全部业务时,东软有限股权架构如下:

序号	股东姓名	出资额(万元)	比例(%)
1	崔　健	477.00	25.00
2	胡亚军	477.00	25.00
3	王　锐	477.00	25.00
4	范仲立	477.00	25.00
	总　计	1908.00	100.00

莱客软件于自设立至注销期间的股权结构与及股东身份如下:

序号	股东姓名	出资额(万元)	比例(%)	股东身份	实际控制人
1	于广娣	25.00	25.00	胡亚军先生的配偶	胡亚军
2	刘　荣	25.00	25.00	王锐先生的配偶	王锐
3	张亚梅	25.00	25.00	崔健先生的配偶	崔健
4	廖　玮	25.00	25.00	范仲立先生的配偶	范仲立
	总　计	100.00	100.00		

莱客软件的实际控制人结构与东软有限的实际控制人结构自报告期初(2007 年 1 月 1 日)至 2008 年 11 月业务合并时完全一致,因此东软有限与莱客软件两家公司自报告期初至业务合并时均受同一实际控制人控制。

保荐机构认为,莱客软件自成立至注销时均受自然人崔健、胡亚军、王锐、范仲立控制,莱客软件股权的实际控制人结构与东软有限的实际控制人结构自报告期初 2007 年 1 月 1 日至 2008 年 11 月业务合并时均完全一致,因此东软有限与莱客软件两家公司自报告期初至业务合并时均受同一实际控制人控制。

2. 合并日的确定

根据《企业会计准则应用指南》的规定,同时满足下列条件的,通常可认为实现了控制权的转移:(1)企业合并合同或协议已获股东大会等通过;(2)企业合并事项需要经过国家有关主管部门审批的,已获得批准;(3)参与合并各方已办理了必要的财产权转移手续;(4)合并方或购买方已支付了合并价款的大部分(一般应超过 50%),并且有能力、有计划支付剩余款项;(5)合并方或购买方实际上已经控制了被合并方或被购买方的财务和经营政策,并享有相应的利益、承担相应的风险。

因系聘用受同一实际控制人控制的公司所有员工的形式进行业务合并,不涉及条件(1)、(2)、(4)之规定。东软有限于 2008 年 11 月 30 日与莱客软件的所有人员签订了劳动合同,作为研发型企业,人员是最主要的生产资料,东软有限聘用了莱客软件的所有人员后,具备了原莱客软件的投入、研发和产出的能力,符合条件(3)之规定。且截至 2008 年 11 月 30 日,莱客软件与东软有限的所有交易均履行完毕,莱客软件已停止所有主营业务相关的经营活动,相关业务已进入东软有限主体,东软有限享有该业务相应的利益、承担相应的风险,符合条件(5)之规定。因此,合并日确定为 2008 年 11 月 30 日。

3. 合并时莱客软件的基本财务数据

莱客软件报告期初至合并日的基本财务状况如下:

单位:元

项目	2008 年 1~11 月	2007 年
营业收入	29,307,692.77	22,645,299.06
净利润	23,172,098.04	23,640,075.39
经营活动产生的现金流量净额	47,142,833.42	-2,659,072.18

(四)报告期内莱客软件与东软有限之间的交易情况

莱客软件与东软有限之间的交易为东软有限向莱客软件采购 PLC 节点通信软件、

PLC 路由器软件等。

(五)合并莱客软件业务前后,东软有限主营业务及经营模式未发生重大变化

1. 主营业务未发生重大变化

由于上述合并过程中,东软有限采取的方式仅为聘用了莱客软件的所有员工,因此东软有限资产、负债均未发生变化。合并完毕后,东软有限的销售毛利率和净利率较合并前有较大幅度上升,但合并前后的最近两年主营业务未发生重大变化。原因如下:

(1)东软有限主营业务内容未发生变化,主营产品仍然是低压电力线载波通信产品,2007 年、2008 年、2009 年上述产品营业收入占全年营业收入的比重分别为 87.85%、96.27%和 93.92%;

(2)东软有限采用聘用所有员工的方式完成了上述合并,东软有限的业务链进一步充实,构建了更为完善的业务结构,整体经营业绩相应提升,销售毛利率和净利率上升。

本次人员合并符合《证券期货法律适用意见第 3 号》"关于发行人报告期内存在对同一公司控制权人下相同、类似或相关业务进行合并情况的,视为主营业务没有发生重大变化的条件"的规定:

①被合并方莱客软件自报告期期初(2007 年 1 月 1 日)起即与东软有限受相同股东控制。符合其第 1 条"被重组方应当自报告期期初起即与发行人受同一公司控制权人控制"的规定。

②莱客软件主要从事电力线载波通信平台软件的研发、生产、销售业务,其开发的软件产品全部销售给东软有限,上述软件为东软有限的电力线载波抄表系统的开发平台软件之一,因此两者业务具有完全相关性。符合第 2 条"被重组进入发行人的业务与发行人重组前的业务具有相关性(相同、类似行业或同一产业链的上下游)"的规定。

2. 经营模式未发生重大变化

东软有限主营业务为低压电力线载波通信产品的研发、生产、销售和服务,利润主要来源于主营业务。在载波通信软件研发、载波通信芯片的裸片采购及成品销售方面均为独立运行,莱客软件提供的 PLC 节点通信软件和 PLC 路由器软件是标准的平台软件,功能在于为东软有限的载波通信芯片的内置通信软件提供二次开发的平台。

2008 年 11 月,东软有限以承接业务和人员的方式合并了莱客软件的所有业务,并将莱客软件研发的 PLC 节点通信软件 1.0 及 PLC 路由器软件 1.0 进行了升级并取得

了升级后的PLC节点通信软件2.0及PLC路由器软件2.0的软件著作权和软件产品登记证书。本次合并有利于东软有限提高产品综合性能和持续盈利能力,因系同一控制下业务合并,且莱客软件仅有东软有限一家客户,故不构成经营模式发生重大变化。

(六)本次重组的影响

1.对东软有限业务的影响

东软有限主营业务为低压电力线载波通信产品的研发、生产、销售和服务,利润主要来源于主营业务。在载波芯片内置通信软件研发、载波通信芯片的裸片采购及成品销售方面均为独立运行;莱客软件提供的PLC节点通信软件和PLC路由器软件是标准的平台软件,功能在于为东软有限的载波通信芯片的内置通信软件提供二次开发平台。

2008年11月30日,东软有限以聘用莱客软件全体员工的形式对莱客软件进行同一控制下的业务合并,合并后将莱客软件PLC节点通信软件1.0及PLC路由器软件1.0进行了升级,并取得了升级后的PLC节点通信软件2.0及PLC路由器软件2.0的软件著作权和软件产品证书。因此业务合并有利于东软有限提高产品综合性能和持续盈利能力。

2.对东软有限财务的影响

莱客软件和东软有限2007年年末(业务合并前一个会计年度末)的资产总额、营业收入、利润总额数据(扣除双方关联交易后的口径计算)如下:

单位:万元

项目	东软有限	莱客软件	莱客软件数据/东软有限数据
营业收入	6312.16	—	—
利润总额	2657.61	174.21	6.56%
资产总额	8822.94	1093.02	12.39%

2008年11月业务合并后,东软有限本身的主营业务成本降低,销售毛利率提高,经营活动净现金流量和净利润有大幅提升。

3.对东软有限规范运作的影响

合并莱客软件业务有效地减少了东软有限与莱客软件间的关联交易,增强了公司核心竞争力。

本次重组完成后,东软有限的实际控制人、管理层、主营业务均未发生变化,东软有限构建了更为完善的业务结构,整体经营业绩相应提升。

【案例评析】

1. 根据最新的发行审核政策,会里一直强调鼓励同时重点关注发行人的资产完整性和业务独立性,为了实现这样一个基本的目标,发行人申报之前的一些股权调整和业务重组也就变得非常普遍,尤其是同一控制下的企业合并。说白了,同一控制下的企业合并也就是控股股东、实际控制人将发行人体外资产装给发行人的过程,这显然更加符合会里的审核政策。

2. 至于同一控制下的企业合并的有关处理政策已经相对比较成熟。从法律上讲,有《证券期货法律适用意见第 3 号》可以作为依据;从会计处理上来讲,更没有任何问题,会计准则有明确的规定,只是注意一点,同一控制下企业合并产生的子公司期初至合并日的当期净损益作为非经常性损益列示。

3. 规则层面的东西在此就不再赘述,小兵简单总结一下会里在审核同一控制下合并时的主要关注点。从上述案例分析来看,会里对该问题的审核思路也已经比较明确且非常清晰,从业人员在做项目时同样可以从以下几个思路来设计有关方案并解决有关问题:(1)企业合并的背景和原因;(2)被合并方的历史沿革、规范运行等基本情况,关注拟上市公司是不是把一个烂摊子收到上市公司,通过这种方式大股东可以侵占上市公司的利益;(3)合并方和被合并方之间的关联交易情况;(4)论证是否符合同一控制下企业合并的条件;(5)论证被合并方在体量上占合并方的比重,以确定合并后的运行时间;(6)企业合并之后对发行人生产经营的影响,是否能够增强发行人的盈利能力,是否导致主营业务发生变更,董事和高管是否发生重大变化从而触发发行条件。

4. 值得注意的一点是,同一控制下的企业合并并不一定就是股权收购,还有可能是人员或者业务重组,这也是一种企业合并。在上述案例中我们就见到了这样的案例,其解释的理由也值得借鉴,主要就是为了简化程序和节约成本。当然,这样的处理方式有一个前提,就是资产重组的规模不是很大,如果像某些发行人的业务重组规模非常大、对象非常多,那么采取整体股权收购的方式或许是比较简便的。发行人的情况都是具体的且是千变万化的,我们在做方案时也要具有灵活性,这也是做中介机构给客户服务时的一个基本原则。

5. 同一控制下企业合并的案例非常多,小兵在诸多案例中择取了上述案例,争取每个案例都能够代表一种比较典型的情形,重复的案例就不再赘述,以减少论述的篇幅。案例之所以典型就在于有一些与普通案例存在差异的地方,上述案例的特殊之处简要总结如下:

(1)安居宝:收购股权之后一年内将该子公司进行了注销,重点关注为什么要注销,是否存在潜在的违规行为或者纠纷。

(2)安利股份:股权收购的定价依据为评估值,重点关注以此作为定价依据的原因,如果被收购方净资产有大幅增值的话更需要重点关注,因为评估值与账面值之间的差额是要冲减发行人的资本公积甚至是留存收益,会里会担心大股东是否会以此来损害和侵占发行人的利益。

(3)福安药业:收购的子公司已经是净资产评估值低于注册资本,那么发行人收购这样一个亏损公司的必要性和合理性就会受到重点怀疑。

(4)丽鹏股份:没有将收购100%股权的行为在信息披露上认定为重大资产重组,或许是由于本次收购规模较小,也或许是由于该案例较早当时没有严格要求。

(5)日科化学:同一控制下合并最基本的判断标准就是某控制人共同持有收购方和被收购方51%以上股权,而本案例是控股股东持有被收购方40%股权而其妻子持有60%股权。中介机构的解释思路具有一定的借鉴性,从最后的判断来看,审核人员还是认可了夫妻财产可以认定为同一控制下财产的性质。

(6)天晟新材:收购同一控制下一家公司100%的股权却分两步进行,第一次收购90%而第二次收购10%,审核人员也关注到这个问题,解释是当时觉得90%就已经足够控制了,后来觉得少数股东权益也非常纠结就全部收购了。从这个角度来讲,同一控制下合并尽量就是收购100%股权之后成为全资子公司,任何留在外面的一点少股股权都会被重点关注。

(7)东软载波:为了节约成本和时间,该案例仅将员工等资产进行了平移而不是收购股权,审核政策是认可类似方式的同一控制下企业重组的,这是一个典型的案例。

【参考法规】

一、《企业会计准则——企业合并》之同一控制下的企业合并

第五条 参与合并的企业在合并前后均受同一方或相同的多方最终控制且该控制并非暂时性的,为同一控制下的企业合并。同一控制下的企业合并,在合并日取得对其他参与合并企业控制权的一方为合并方,参与合并的其他企业为被合并方。合并日,是指合并方实际取得对被合并方控制权的日期。

第六条 合并方在企业合并中取得的资产和负债,应当按照合并日在被合并方的账面价值计量。合并方取得的净资产账面价值与支付的合并对价账面价值(或发行股

份面值总额)的差额,应当调整资本公积;资本公积不足冲减的,调整留存收益。

第七条　同一控制下的企业合并中,被合并方采用的会计政策与合并方不一致的,合并方在合并日应当按照本企业会计政策对被合并方的财务报表相关项目进行调整,在此基础上按照本准则规定确认。

第八条　合并方为进行企业合并发生的各项直接相关费用,包括为进行企业合并而支付的审计费用、评估费用、法律服务费用等,应当于发生时计入当期损益。为企业合并发行的债券或承担其他债务支付的手续费、佣金等,应当计入所发行债券及其他债务的初始计量金额。企业合并中发行权益性证券发生的手续费、佣金等费用,应当抵减权益性证券溢价收入,溢价收入不足冲减的,冲减留存收益。

第九条　企业合并形成母子公司关系的,母公司应当编制合并日的合并资产负债表、合并利润表和合并现金流量表。合并资产负债表中被合并方的各项资产、负债,应当按其账面价值计量。因被合并方采用的会计政策与合并方不一致,按照本准则规定进行调整的,应当以调整后的账面价值计量。合并利润表应当包括参与合并各方自合并当期期初至合并日所发生的收入、费用和利润。被合并方在合并前实现的净利润,应当在合并利润表中单列项目反映。合并现金流量表应当包括参与合并各方自合并当期期初至合并日的现金流量。编制合并财务报表时,参与合并各方的内部交易等,应当按照《企业会计准则第33号——合并财务报表》处理。

■第三节　吸收合并解决之道

【重要提示】

★ 公司法规定了两种公司合并的模式,分别是吸收合并和新设合并,两种模式从程序上来讲并没有本质的区别,只是吸收合并在实务中更常见一些。

★ 由于新设合并就相当于公司的新设,从首发上市的角度来讲业绩不能连续计算所以一般不会采取该方式;而吸收合并在进行一些小规模的资产重组时可以采用,因不会对首发上市条件和周期产生重大影响而应用较为广泛。

★ 值得注意的是,吸收合并运行时间的判断标准参考企业合并的相关标准执行。

【案例情况】

一、百润股份(002568):吸收合并上海百润福德

2007年10月30日,经公司股东会决议及百润福德股东会决议同意,公司以换股方式吸收合并百润福德。本次吸收合并的详细情况如下:

(一)百润福德的主营业务

百润福德的主营业务为乳化香精及其他香精的生产和销售。

(二)百润福德的历史沿革

1.2000年1月公司设立

百润福德原名上海麦克斯百润香精香料有限公司(以下简称麦克斯百润),系由公司与澳大利亚 The Product Makers(Australia)Pty. Limited 公司共同出资组建的中外合资企业。麦克斯百润设立时的注册资本为20万美元,股东双方分别以货币资金出资10万美元。麦克斯百润的设立业经上海市南汇县人民政府[1999]286号《南汇县人民政府关于同意合资建办"上海麦克斯百润香精香料有限公司的批复》批准,并领取了上海市人民政府颁发的外经贸沪汇合资字[1999]1445号《中华人民共和国外商投资企业批准证书》。2000年1月5日麦克斯百润在上海市工商行政管理局南汇分局登记设立。2000年1月20日,上海佳华会计师事务所对上述股东的出资情况进行了审验,并出具了佳业字[2000]0057号验资报告。

2.2000年7月增资

经于2000年7月25日召开的麦克斯百润董事会决议同意,并经南汇县人民政府南府[2000]226号《南汇县人民政府关于同意上海麦克斯百润香精香料有限公司增资的批复》同意,麦克斯百润决定将注册资本由原来的20万美元增加至30万美元,新增的10万美元注册资本全部由公司出资。该次增资完成后,公司持有麦克斯百润66.67%的出资额,外方持有33.33%的出资额。2000年9月12日,上海申洲会计师事务所有限公司对上述变更注册资本的情况进行了审验,并出具了沪申洲报字[2000]第2738号验资报告。2000年9月19日,该次增资完成了工商变更登记手续。

3.2004年7月外资转内资

2004年7月6日,经麦克斯百润股东会决议同意,麦克斯百润外方股东 The Product Makers(Australia)Pty. Limited 公司与公司股东陆斌签订股权转让协议,前者将

其持有的麦克斯百润33.33%的出资额全部转让予陆斌,转让价款合计2,127,975.14元。该次股权转让后,外方股东不再持有麦克斯百润股权。2004年5月25日,上海市南汇区人民政府出具《上海市南汇区人民政府关于同意上海麦克斯百润香精香料有限公司股权转让由外资企业转为内资企业的批复》(南府外复[2004]117号),同意上述股权转让方案。麦克斯百润自设立至该次转让前的会计年度均未盈利,未享受过外商投资企业"两免三减半"的税收优惠。

该次股权转让完成后,麦克斯百润的股东为有限公司及自然人陆斌,注册资本由30万美元按当时汇率变更为人民币248.37万元。2004年7月23日上海新汇会计师事务所对上述股权转让后股东的出资情况进行了审验,并出具了汇验内字2004第2310号验资报告。2004年7月29日,麦克斯百润完成了外资企业转为内资企业的工商变更登记手续。

4.2005年1月更名、增资

2004年12月15日,麦克斯百润股东会作出决议,同意公司名称由"上海麦克斯百润香精香料有限公司"更名为"上海百润福德香精香料有限公司";同时将公司的注册资本由248.37万元增加到1000万元。

2005年1月6日,上海新汇会计师事务所对上述新增资本的实收情况进行了审验,并出具了汇验内字2005第017号验资报告。2005年1月19日,该次公司更名及增资完成了工商变更登记手续。

5.2006年股权转让

2006年3月25日,百润福德股东会作出决议,同意有限公司将其持有的百润福德60%的出资额即600万元,平价转让予自然人刘晓东、陆斌、柳海彬及杜宇红,合计转让价款600万元,该次股权转让款均已支付完毕。

2006年10月8日,百润福德完成了上述股权转让事宜的工商变更登记手续。

6.2007年3月股权转让

2006年12月29日,百润福德股东会作出决议,同意陆斌将其持有的百润福德24%的出资额即240万元,以百润福德2006年年末经审计的净资产为定价依据,转让予自然人刘晓东、柳海彬及杜宇红,转让价款均为2,435,064.66元,该次股权转让款均已支付完毕。

2006年3月14日,百润福德完成了上述股权转让事宜的工商变更登记手续。

7.2007年10月股权转让

2007年6月20日,百润福德股东会作出决议,同意杜宇红将其持有的百润福德30%的出资额300万元,以百润福德2007年6月月末的账面净资产为定价依据,转让予自然人刘晓东,股权转让款11,406,298.92元已支付完毕。

2006年10月26日,百润福德完成了上述股权转让事宜的工商变更登记手续。

(三)百润福德的财务状况及经营业绩

本次吸收合并前三年,百润福德财务状况及经营业绩如下表所示:

单位:元

资产负债表项目	2007年12月31日	2006年12月31日	2005年12月31日
资产总额	34,552,547.65	40,691,668.72	26,909,750.72
负债总额	20,402,158.11	10,253,360.47	7,501,228.53
净资产	14,150,389.54	30,438,308.25	19,408,522.19
损益表项目	2007年1~12月	2006年1~12月	2005年1~12月
营业收入	34,378,972.21	36,284,287.80	24,282,914.58
利润总额	13,194,502.77	16,973,575.15	10,645,870.13
净利润	12,400,348.48	16,534,899.37	10,350,638.72

上表所列示的2005年度、2006年度财务数据经上海申洲大通会计师事务所有限公司(原名上海申洲会计师事务所有限公司)审计,2007年度财务数据经立信会计师事务所审计。

(四)本次吸收合并的具体方案和内容

根据吸收合并双方于2007年10月3日签订的《吸收合并协议》,本次吸收合并系以换股的方式实施,吸收合并日为2008年3月31日,换股比例为1∶1,即百润福德原股东以其持有的百润福德1000万元出资额认缴有限公司新增的1000万元出资额。本次换股前,有限公司与百润福德的股东构成及各股东持股比例完全一致。合并后百润福德的债权债务以及与其经营业务相关的行政许可权利由公司承继。有关本次合并的公告于2007年10月30日刊登于上海《文汇报》。2008年4月24日,上海南汇区国家税务局出具“注销税务登记通知书(沪国税南八[2008]000001号)”,准予百润福德注销税务登记。2008年4月30日,上海市工商行政管理局南汇分局出具“准予注销登记通知书”,准予百润福德注销工商登记。

此次吸收合并前后,有限公司的股东结构及持股情况如下表所示:

单位:万元

股东名称	原出资额	合并后增加额	变更后出资额	出资比例(%)
刘晓东	2040	680	2720	68
柳海彬	960	320	1280	32
合　计	3000	1000	4000	100

2008 年 4 月 3 日,上海申洲大通会计师事务所有限公司就上述吸收合并及增加注册资本情况进行了审验,并出具了沪申洲大通[2008]验字第 209 号验资报告。

2008 年 4 月 30 日,有限公司完成了上述增资事宜的工商变更登记手续,并领取了变更后的《企业法人营业执照》。

(五)本次吸收合并的原因及对公司生产经营的影响

本次吸收合并前,有限公司与百润福德的控股股东及实际控制人相同,且两者的经营范围及业务也相近。为消除同业竞争、减少关联交易,公司决定吸收合并百润福德。

由于本次合并前,百润福德实际从事的业务与公司基本相同,本次合并扩大了公司的主营业务规模,提升了公司的整体竞争力。本次合并前后公司的实际控制人及股东结构未发生变化,管理层也未发生变化。

由于本次合并属于同一控制下的企业合并,本次公开发行申报财务报告期初,即 2008 年 1 月 1 日,公司已将百润福德纳入申报合并报表范围。

百润福德 2007 年年末总资产、2007 年实现的营业收入和利润总额与公司相应指标的占比情况如下表所示:

单位:元

项目	资产总额	营业收入	利润总额
百润福德	34,552,547.65	34,378,972.21	13,194,502.77
有限公司(母公司)	141,809,771.98	48,029,575.40	23,704,854.42
占比	24.37%	71.58%	55.66%

上述百润福德财务指标引自立信会计师事务所有限公司出具的信会师报字[2010]第 25291 号《关于对上海百润香精香料股份有限公司申报财务报表与原始财务报表差异的鉴证意见》中的申报报表数据。

上表中数据显示,百润福德 2007 年年末资产总额与公司同期末相应指标相比,不超过 50%;百润福德 2007 年实现的营业收入、利润总额与公司相应指标相比超过

50%,但不超过100%。发行人吸收合并百润福德后已运行超过一个完整会计年度。

(六)合并报表范围变化

报告期内新增合并单位1家,原因为:2007年10月30日,经公司股东会决议及百润福德股东会决议,同意公司以换股方式吸收合并百润福德,换股比例为1∶1,即百润福德原股东以其持有的百润福德1000万元出资额换取公司新增的1000万元出资额。合并后公司存续,百润福德依法予以注销,吸并日为2008年3月31日,2008年4月百润福德注销,吸收合并完成。由于该吸收合并系同一控制下吸收合并,根据《企业会计准则第20号——企业合并》规定,将百润福德2008年1~3月利润表、现金流量表纳入2008年度合并报表范围。

(七)2008年4月增加注册资本

此次吸收合并前后,有限公司的股东结构及持股情况如下表所示:

单位:万元

股东名称	原出资额	合并后增加额	变更后出资额	出资比例(%)
刘晓东	2040	680	2720	68
柳海彬	960	320	1280	32
合　计	3000	1000	4000	100

2008年4月3日,上海申洲大通会计师事务所有限公司就上述吸收合并及增加注册资本情况进行了审验,并出具了沪申洲大通[2008]验字第209号验资报告。

(八)增加资本公积

2008年3月,公司吸收合并百润福德,按照新企业会计准则,按照同一控制下合并的方法进行追溯调整,增加2008年年初资本公积10,000,000.00元。截至2010年12月31日,公司资本公积为823,170.01元,其构成为2008年有限公司以净资产折股整体变更设立股份公司后的剩余净资产823,170.01元。

二、光线传媒(300251):吸收合并北京光线电视

2003年10月20日,光线传媒吸收合并北京光线电视传播有限公司,注册资本由300万元增至500万元。

(一)基本方案

2003 年 4 月 21 日,光线传媒召开股东会会议,全体股东一致同意吸收合并北京光线电视传播有限公司(以下简称北京光线电视),吸收合并后的存续公司为光线传媒,北京光线电视依法办理注销登记手续,其全部资产、业务及人员由光线传媒承继;同意合并双方签署《吸收合并协议》,并在《北京晚报》发布合并公告。

2003 年 4 月 21 日,北京光线电视召开股东会会议,全体股东一致同意光线传媒吸收合并北京光线电视,吸收合并后的存续公司为光线传媒,北京光线电视依法办理注销登记手续,其全部资产、业务及人员由光线传媒承继;同意合并双方签署《吸收合并协议》,并在《北京晚报》发布合并公告。

2003 年 4 月 26 日、2003 年 5 月 6 日和 2003 年 5 月 16 日,光线传媒和北京光线电视三次在《北京晚报》发布合并公告。

2003 年 7 月 22 日,北京京都会计师事务所有限责任公司出具北京京都审字[2003]第 0753 号和北京京都审字[2003]第 0755 号《审计报告》,对光线传媒与北京光线电视为本次吸收合并编制的 2000 年度、2001 年度、2002 年度、2003 年 1 ~ 6 月的资产负债表、利润表、现金流量表进行了审计。

2003 年 9 月 1 日,光线传媒召开股东会会议,全体股东一致同意吸收合并北京光线电视;吸收合并后的存续公司为光线传媒,北京光线电视依法办理注销登记手续,其全部资产及相关的所有业务、合同、财产、债权、债务、权利、义务、利益等均由光线传媒承继,其全部员工归属光线传媒,由光线传媒安置;确认吸收合并后存续公司光线传媒注册资本为 500 万元;由于吸收合并双方经审计的每股净资产值存在较大差异,同意调整股权结构,股东王洪田将其持有的 6% 的股权让渡给股东杜英莲。

2003 年 9 月 1 日,光线传媒与北京光线电视签署《吸收合并协议》,杜英莲与王洪田签署《股权调整协议书》。

2003 年 9 月 29 日,北京光线电视被北京市工商局怀柔分局核准注销。

2003 年 10 月 12 日,北京京都会计师事务所有限责任公司出具北京京都验字[2003]第 0042 号《验资报告》。至此,公司吸收合并完成后累计注册资本为 500 万元。至此,公司吸收合并完成后累计注册资本为 500 万元。

(二)资本公积

2008 年年末的资本溢价包括两部分,其一,2007 年收购子公司北京传媒之光广告有限公司、北京光线影业有限公司、北京光线易视网络科技有限公司、北京光线明星报刊发行有限公司等其他少数股东股权,少数股东股权权益大于收购价格,形成1674.69万元资本溢价。另外,2007年之前,公司吸收合并北京光线电视传播有限公司成立时产生股东投资溢价4.67万元。

三、朗源股份(300175):吸收合并广源食品

为消除同业竞争,解决关联交易,进一步增强公司的综合竞争力,2007年12月,广源果蔬以吸收合并方式收购广源食品全部股权,此次收购属于同一控制下的资产重组,具体情况如下:

(一)此次吸收合并的基本情况

1. 被合并方广源食品的简要情况

吸收合并前,广源食品注册资本为50万美元,其中广源果品出资额为35万美元,占注册资本的70%,加拿大安肯国际顾问公司出资额为15万美元,占注册资本的30%,其经营范围为:种植、加工销售、储存梨、苹果及果品、果脯。其设立及历史沿革情况如下:

(1)1998年3月,广源果品与加拿大安肯国际顾问公司在龙口签署《关于合资设立龙口广源食品有限公司的协议》。

(2)1998年5月25日,烟台外经局出具烟外经贸[1998]144号《关于颁发外商投资企业龙口广源食品有限公司批准证书的批复》,批准由广源果品与加拿大安肯国际顾问公司共同出资设立广源食品,广源食品投资总额为70万美元,注册资本为50万美元,其中,广源果品出资35万美元,占注册资本的70%,加拿大安肯国际顾问公司出资15万美元,占注册资本的30%;经营范围为"种植、加工、存储梨、苹果等果品及果脯(不含出口许可证管理商品),并销售公司自产产品"。1998年5月25日,广源食品取得了山东省人民政府核发的《中华人民共和国外商投资企业批准证书》(外经贸鲁府烟字[1998]0266号)。

(3)1998年6月1日,广源食品取得了国家工商总局核发的《中华人民共和国企业法人营业执照》(企合鲁烟总副字第003816号1/0)。

(4)1998年8月10日,龙口市审计事务所出具了龙审所外字[1998]5号《验资报告》,验证1998年8月7日,广源食品已经收到股东投入的出资人民币414万元(折合50万美元)。

广源食品自设立之日至2007年12月18日被吸收合并同时注销之日期间,没有发生股权变更事宜。

2. 吸收合并前两公司的关系

广源果蔬吸收合并广源食品100%股权属于同一控制下的资产重组，此次吸收合并前，广源果蔬与广源食品之间的关系如下：

事项		收购前双方关系
股权		吸收合并前，广源果品持有广源食品70%的股权，戚大广先生持有广源果品100%的股权，为广源食品的实际控制人；广源贸易持有广源果蔬75%的股权，戚大广先生持有广源贸易60%的股权，为广源果蔬的实际控制人。因此，此次收购前广源食品和广源果蔬为同一实际控制下的企业。
管理		吸收合并前，戚大广先生为广源食品董事长，且广源食品重大决策均由戚大广先生制定；戚荣妮女士为广源果蔬董事长，戚大广为总经理，广源果蔬重大决策均由此二人制定，且二人为父女关系，同时两公司外方股东均不参与日常生产经营活动决策。
业务方面	主管业务	吸收合并前，广源食品和广源果蔬均主要从事鲜果和果干果脯的加工销售，两公司主营业务基本相同。
	品　牌	吸收合并前，两公司产品均使用“广源”品牌。
	采　购	吸收合并前，广源食品与广源果蔬共同采购部门和采购渠道。
	生产销售	广源食品生产流程和工艺与广源果蔬基本一致，虽然独立进行对外销售，但其销售市场与广源果蔬基本相同。
	财务管理	两公司各自设立了独立的财务部门，独立进行财务收支和经营核算。

3. 本次吸收合并的背景

广源食品成立于1998年6月1日，系由1995年12月5日成立的广源果品和外方股东加拿大安肯国际顾问公司合资设立，实际控制人为戚大广先生，成立之初主要从事果干、果脯类产品的加工出口，随着广源食品国外市场的不断开拓以及主要客户群的建立，“广源”品牌在国际市场已经具备了一定的影响力，同时，由于国外鲜果市场的需求不断增加，戚大广先生决定利用“广源”品牌在国际市场的影响力，在从事果干果脯产品出口经营的同时，逐步开展生产加工鲜果并对外出口的业务。

由于鲜果生产加工需要引进设备、工艺并铺建采购和销售渠道，需加大投资规模，而原外方股东加拿大安肯国际顾问公司由于自身原因难以继续增加投资，因此，戚大广先生于2002年3月26日与外方股东LIM KHIOK KHIE合资建立了广源果蔬，主要从事鲜果的加工出口业务。

广源果蔬成立后，依托“广源”品牌的市场号召力和外方股东的资金实力，取得了较快的发展速度，同时，由于两公司实际控制人和经营决策的一致性，资源和工艺技术等实现优势互补,广源果蔬果干果脯类产品也取得了较快的发展,截至本次吸收合并前,两公司业务模式和采购、销售渠道已基本相同。

(二)此次吸收合并所履行的法律程序

合并方广源果蔬于2007年9月16日召开董事会,同意公司以吸收合并方式收购广源食品。

被合并方广源食品于2007年9月16日召开董事会,同意与广源果蔬合并。

2006年9月17日,广源果蔬和广源食品签署了《吸收合并协议》;同日,广源贸易、广源果品、加拿大安肯国际顾问公司与LIM KHIOK KHIE共同签署了《中外合资经营烟台广源果蔬有限公司合同》。根据上述协议和合同约定:吸收合并后公司名称为烟台广源果蔬有限公司,吸收合并前两公司债权债务由存续公司继承,合并后公司性质为"中外合资企业",注册资本530万美元。合并后公司经营范围为:种植加工、储存水果、蔬菜、坚果、果仁及其深加工产品(不含国家出口许可和配额管理的商品),加工配套塑料纸箱包装制品,并销售公司上述自产产品;合并后公司经营期限为50年;公司法定地址为山东省龙口高新技术产业园区。

2007年11月30日,烟台市对外贸易经济合作局出具了烟外经贸[2007]432号《关于烟台广源果蔬有限公司吸收合并龙口广源食品有限公司的批复》,批准了公司上述变更事项。

2007年11月30日,山东省人民政府核发了《中华人民共和国外商投资企业批准证书》(商外资鲁府字[2002]0340号)。

2007年12月26日,广源果蔬取得了烟台市工商行政管理局颁发的《企业法人营业执照》(注册号:370681400001629号)。

2009年8月7日,中喜会计师事务所有限责任公司出具中喜验字[2009]第01030号《验资报告》,补充确认此次吸收合并的注册资本已按时到位。

(三)此次吸收合并方案及股权变化情况

根据广源果蔬和广源食品董事会决议及双方签署的吸收合并协议,合并后的广源果蔬各方股东所占股权比例以截至2007年8月31日合并前各方股东在广源果蔬和广源食品所享净资产审计值为依据予以确定。

根据山东国信会计师事务所有限公司出具的国信会审字[2007]第1218号及国信会审字[2007]第1209号《审计报告》,截至2007年8月31日。

广源食品和广源果蔬经审计的账面净资产值如下:

单位:万元

	净资产账面值
广源果蔬	5124.36
广源食品	416.83

吸收合并后广源果蔬股权结构如下:

序号	股东	出资金额(万美元)	出资比例(%)
1	龙口市广源贸易有限公司	359.764	67.88
2	LIM KHIOK KHIE(外资股东)	119.939	22.63
3	龙口市广源果品有限责任公司	35.192	6.64
4	加拿大安肯国际顾问公司(外资股东)	15.105	2.85
合计		530	100

(四)注册资本530万美元确定依据

对外贸易经济合作部、国家工商行政管理局发布的《关于外商投资企业合并与分立的规定》第11条规定,“股份有限公司之间合并或者公司合并后为有限责任公司的,合并后公司的注册资本为原公司注册资本额之和”。

广源果蔬及广源食品均系外商投资企业,适用上述规定。2007年9月17日,广源果蔬与广源食品签署《吸收合并协议》时,广源果蔬注册资本为480万美元,广源食品注册资本为50万美元。根据上述规定,广源果蔬吸收合并广源食品之后,作为存续主体的广源果蔬的注册资本为吸收合并前两公司注册资本之和,即530万美元。

(五)2006年、2007年广源果蔬与广源食品之间的关联交易情况

(1)关联采购(广源果蔬向广源食品采购)。

(2)关联销售(广源果蔬向广源食品销售)。

除上述关联交易外,2006~2007年广源果蔬与广源食品未发生其他关联交易。

广源果蔬与广源食品之间发生关联交易主要是由于两公司的实际控制人均为戚大广先生,而且均主要从事鲜果和果干果脯的加工销售,主营业务基本相同,两公司之间会在原料和产成品上进行调配,以满足生产销售的需要。2007年11月,广源果蔬吸收合并广源食品后,彻底消除了两公司之间的同业竞争和关联交易问题。

(六)此次吸收合并的意义

1. 消除同业竞争,解决关联交易,增强公司实力

此次吸收合并前,广源果蔬和广源食品经营范围均包括鲜果和果干果脯的加工和销售,两公司共用采购渠道,生产和销售同质化程度高,销售市场相同,存在较为明显的同业竞争,通过此次吸收合并,彻底消除了广源果蔬与广源食品之间的同业竞争,整合了双方产供销体系,业务规模和市场份额得到进一步扩大,股东资金支持进一步加强,公司盈利能力不断增强,实现了“1 + 1 > 2”的双赢局面;同时,此次吸收合并还彻底解决了两公司间的关联交易问题,有利于公司规范发展,壮大公司整体实力。

2. 完善公司业务结构,凸显竞争优势

此次吸收合并前,两公司在鲜果加工和果干果脯加工领域各有侧重,此次吸收合并完成后,公司业务结构更加合理、完善,实现了鲜果和干果协同发展、相互促进的局面,成为公司较为稳定的两大利润来源,保障了公司经营业绩的稳定性;同时,此次吸收合并有利于公司扩展原有产业链优势,进一步丰富“公司 + 协议基地 + 标准化”的种产销一体化业务模式,整合原有采购和销售渠道,集中客户资源,增强规模竞争优势。

3. “鲜果 + 干果”冷链共享,提高产品竞争力

由于公司建有国内规模最大、设备最先进的低温保鲜库和气调库,多年来积累了丰富的保鲜、仓储经验,此次吸收合并有利于公司将鲜果保存技术更好的应用于果干果脯类产品中,实现“鲜果 + 干果”共享模式,一方面提高了公司低温保鲜库和气调库的利用率;另一方面通过实践探索出一套果干果脯类产品低温保质的核心参数和控制指标,成功实现了鲜果和干果的冷链共享,延长了产品的保质期,降低了经营风险,提高了产品竞争力。

(七)吸收合并行为对公司资产和经营业绩的影响

广源果蔬与广源食品吸收合并基准日为2007年8月31日,合并前一年(2006年)双方主要财务数据对比如下:

单位:元

	2006年12月31日			2006年度	
	总资产	总负债	净资产	营业收入	净利润
广源食品	125,681,984.11	100,826,837.62	24,855,146.49	118,490,943.10	8,483,109.38
广源果蔬	100,999,908.50	61,576,434.91	39,423,473.59	132,720,018.94	9,209,943.26
占广源果蔬相应比例	124.44%	163.74%	63.05%	89.28%	92.11%

注:上述财务数据已经中喜审计,并为扣除内部销售和内部往来的金额。

此次吸收合并前，广源食品资产负债率较高，但营业收入和净利润水平保持良好，通过此次吸收合并，虽然使得公司整体资产负债率有所增加，但营业收入和净利润水平等经营业绩指标则有较大程度的提升，公司盈利能力得到进一步增强。

广源食品2006年、2007年已纳入申报期财务报表范围(2006年度财务数据包含在2009年申报材料中)，发行人会计师对其进行了正常的审计。广源食品2007年度与2006年度相比净资产及营业收入均有较大幅度下降，原因如下：

2006年度审计后净资产为24,855,146.49元，2007年度审计后净资产4,554,260.28元，较2006年度下降81.68%，主要原因为2007年度分配所致，分配金额为17,900,000.00元。

2006年度审计后营业收入金额为118,490,943.10元，2007年度审计后营业收入金额为92,085,840.26元，较2006年度下降27.73%，减少原因为2007年吸收合并，将业务移至广源果蔬所致。

由于重组前一年(2006年)年末广源食品总资产超过广源果蔬的100%，根据相关规定，发行人重组后需运行一个完整的会计年度方可申报。截至本招股书签署日，本公司重组后已运行一个完整的会计年度。

(八)此次吸收合并对公司发行上市的影响

发行人律师认为：本次吸收合并有利于发行人消除同业竞争和解决关联交易，履行了必要的法律及政府审批手续，并经公司登记机关核准变更登记，是合法、有效的，且未导致广源果蔬主营业务发生变更。

发行人保荐机构认为：本次吸收合并属于同一实际控制下的资产重组，有利于发行人消除同业竞争和解决关联交易，整合业务资源，提高主营业务的核心竞争力，收购程序合法、合规，且距离首次申报已运行超过一个完整会计年度，不构成本次发行上市的障碍。

(九)企业所得税优惠政策发生变化的风险

公司改制以前为外商投资企业，企业所得税享受自进入获利年度起“两免三减半”的优惠政策，根据龙国税函[2008]33号文件批复，公司自2007年度起进入获利年度，2007年度和2008年度免交企业所得税；本公司2007年吸收合并的龙口广源食品有限公司为外商投资企业，根据龙国税函[2003]3号文件批复，龙口广源食品有限公司2002年度起进入获利年度，2002、2003年度免交企业所得税，2004、2005、2006年度减半征收企业所得税。

四、明牌珠宝(002574):吸收合并华鑫珠宝

为进一步整合实际控制人拥有黄金饰品、铂金饰品及镶嵌饰品的研发、设计、生产与销售并实现公司资产的独立性和完整性,日月星珠宝在2007年进行了吸收合并华鑫珠宝及收购明牌首饰与黄金饰品生产有关的主要经营性资产和负债,具体情况如下:

(一)华鑫珠宝基本情况

华鑫珠宝成立于2002年9月28日,吸收合并前的《企业法人营业执照》注册号为企合浙绍总字第002163号,注册资本为102.88万美元,住所为浙江省绍兴县福全镇,经营范围为生产、加工、销售、铂金珠宝饰品。

在此次吸收合并前,华鑫珠宝实际从事的主要业务为钻石镶嵌饰品的研发、设计、生产和销售。根据浙江东方会计师事务所有限公司出具的《审计报告》(浙东会审[2007]1416号),截至2007年10月31日,华鑫珠宝总资产为38,304.78万元,净资产为10,465.11万元。

(二)华鑫珠宝设立以来股本变化及验资情况

1. 华鑫珠宝设立

2002年9月13日,绍兴县对外贸易经济合作局出具了《关于同意浙江绍兴华鑫珠宝首饰有限公司合同、章程的批复》[绍县外经贸(审)字第[2002]121号],同意日月集团、菊岛株式会社、安井贸易株式会社共同成立合资经营企业浙江绍兴华鑫珠宝首饰有限公司,注册资本为102.88万美元,其中日月集团出资72.02万美元,占注册资本的70.00%,以人民币折合美元投入;菊岛株式会社出资15.43万美元,占注册资本的15.00%,以美元现汇投入;安井贸易株式会社出资15.43万美元,占注册的15.00%,以美元现汇投入。

2002年9月17日,华鑫珠宝取得了浙江省人民政府颁发的《中华人民共和国外商投资企业批准证书》(外经贸浙府资绍字[2002]01740号)。2002年9月28日,华鑫珠宝取得了绍兴市工商行政管理局颁发的《企业法人营业执照》,注册资本为102.88万美元。

华鑫珠宝成立时全部股东均采用现金出资,其中日月集团采用人民币出资折合美元计算;菊岛株式会社、安井贸易株式会社采用美元出资。2002年11月7日、2002年12月11日绍兴宏泰会计师事务所有限公司分别出具了绍宏会验字[2002]第751号、绍宏会验字[2002]第838号《验资报告》,对日月集团、菊岛株式会社、安井贸易株式会

社的出资进行了审验,具体情况如下:

序号	出资额(万美元)	出资方	出资时间	验资报告字号
第 1 期	72.02	日月集团	2002.10.28	绍宏会验字[2002]第 751 号
第 2 期	15.43	菊岛株式会社	2002.12.10	绍宏会验字[2002]第 838 号
	15.43	安井贸易株式会社	2002.12.10	
合计	102.88			

2002 年 12 月 13 日,华鑫珠宝取得了绍兴市工商行政管理局换发的《企业法人营业执照》,注册资本为 102.88 万美元,实收资本为 102.88 万美元。华鑫珠宝设立时的股权结构如下:

股东名称	实缴出资额(万美元)	出资比例(%)
日月集团	72.02	70.00
菊岛株式会社	15.43	15.00
安井贸易株式会社	15.43	15.00
合计	102.88	100.00

2. 华鑫珠宝股权转让

2005 年 1 月 11 日,华鑫珠宝召开董事会,同意菊岛株式会社和安井贸易株式会社向永盛国际转让其持有的华鑫珠宝的全部股权(各占注册资本的 15.00%,总计 30.00% 的股权),日月集团对上述股权转让放弃优先购买权。

2005 年 1 月 28 日,菊岛株式会社、安井贸易株式会社、永盛国际签订了《股权转让协议》,约定菊岛株式会社、安井贸易株式会社向永盛国际转让各自持有的华鑫珠宝的全部股权,转让价均为 15.43 万美元。

2005 年 2 月 24 日,绍兴县对外贸易经济合作局出具了《关于同意"浙江绍兴华鑫珠宝首饰有限公司"转让股权及调整董事会成员的批复》〔绍县外经贸(审)字第[2005]16 号〕,同意菊岛株式会社、安井贸易株式会社将其分别持有的华鑫珠宝 15.43 万美元出资额全部按原值转让给永盛国际。次日,华鑫珠宝取得浙江省人民政府换发的商外资浙府资绍字[2002]01740 号《中华人民共和国台港澳侨投资企业批准证书》。

2005 年 4 月 20 日,华鑫珠宝取得了绍兴市工商行政管理局换发的《企业法人营业执照》。此次股权转让后,华鑫珠宝的股权结构如下:

股东名称	实缴出资额(万美元)	出资比例(%)
日月集团	72.02	70.00
永盛国际	30.86	30.00
合计	102.88	100.00

(三)吸收合并履行的相关程序

2007年10月25日,日月星珠宝和华鑫珠宝分别召开董事会:一致同意日月星珠宝吸收合并华鑫珠宝。日月星珠宝和华鑫珠宝自做出吸收合并决议之日起10日内通知了相关债权人。

2007年10月31日、11月9日、11月16日,日月星珠宝和华鑫珠宝在《浙江日报》刊登了《绍兴日月星珠宝首饰有限公司及浙江绍兴华鑫珠宝首饰有限公司合并公告》。

2007年11月25日,日月星珠宝、华鑫珠宝分别召开董事会,同意日月星珠宝吸收合并华鑫珠宝的议案。同日,日月星珠宝与华鑫珠宝签订了《吸收合并框架协议书》,双方决定以2007年12月1日为合并日,自该日起,华鑫珠宝的相关资产、负债、业务经营活动及相关权益均由日月星珠宝全面承接,相关的经营管理控制权自2007年12月1日起完全归属日月星珠宝。

2007年12月18日,日月星珠宝和华鑫珠宝分别召开董事会,双方会议均同意日月星珠宝吸收合并华鑫珠宝,并约定以日月星珠宝和华鑫珠宝截至2007年10月31日的净资产值为基准,确定日月集团和永盛国际在合并后公司的出资额及持股比例。同日,日月星珠宝与华鑫珠宝签订了《吸收合并协议》,约定日月星珠宝吸收合并华鑫珠宝后,日月星珠宝存续,华鑫珠宝解散,合并后日月星珠宝注册资本变更为1752.88万美元,根据永盛国际和日月集团对日月星珠宝和华鑫珠宝出资所对应的净资产值(以日月星珠宝和华鑫珠宝截至2007年10月31日的经审计净资产值为准)确定永盛国际出资974.25万美元,占合并后日月星珠宝55.58%的股权,日月集团出资778.63万美元,占合并后日月星珠宝44.42%的股权。同日,日月集团与永盛国际签署了《合资经营绍兴日月星珠宝首饰有限公司之合同》和《绍兴日月星珠宝首饰有限公司章程》。

此次吸收合并前,日月星珠宝和华鑫珠宝经浙江东方会计师事务所有限公司审计的截至2007年10月31日的净资产情况如下:

股东情况	日月星珠宝		华鑫珠宝	
	净资产(万元)	占比(%)	净资产(万元)	占比(%)
日月集团	3798.52	26.06	7325.58	70.00
永盛国际	10,777.53	73.94	3139.53	30.00
合计	14,576.05	100.00	10,465.12	100.00

2007年12月20日,绍兴县对外贸易经济合作局出具了《关于同意绍兴日月星珠宝首饰有限公司吸收合并浙江绍兴华鑫珠宝首饰有限公司的批复》〔绍县外经贸(审)字第[2007]182号〕,同意日月星珠宝吸收合并华鑫珠宝。

2007年12月21日,绍兴县对外贸易经济合作局出具了绍县外经贸(审)字第[2007]183号《关于同意浙江绍兴华鑫珠宝首饰有限公司终止合同、章程的批复》,同意华鑫珠宝终止合同、章程,注销批准证书。

2007年12月22日,绍兴长风联合会计师事务所有限公司出具了绍长风会验字[2007]第222号《验资报告》对上述吸收合并予以验证,截至2007年12月21日,日月星珠宝吸收合并华鑫珠宝后的注册资本为1752.88万美元,实收资本为1752.88万美元。

2007年12月27日,绍兴市工商行政管理局出具《企业注销通知》(NO:001064号),核准华鑫珠宝注销,同日,日月星珠宝在绍兴市工商行政管理局办理了工商变更登记手续,并领取了新的营业执照。本次吸收合并后,日月星珠宝的股权结构如下:

股东名称	出资额(万美元)	出资比例(%)
日月集团	778.63	44.42
永盛国际	974.25	55.58
合计	1752.88	100.00

北京市君致律师事务所律师认为,日月星珠宝吸收合并华鑫珠宝行为,已履行了必要的法律手续,获得了相关部门的批准,并以经审计的净资产值为基础确定各股东的出资比例,公平合理,该行为符合法律法规和规范性文件的规定,合法有效。发行人吸收合并华鑫珠宝属于同一控制权人下相同、类似或相关业务进行的重组,发行人主营业务没有发生重大变化。

保荐机构财通证券认为,日月星珠宝吸收合并华鑫珠宝以双方经审计的净资产值为基础确定吸收合并后日月星的股权结构合理,该吸收合并已履行相关法律手续并获得了相关部门的批准,发行人吸收合并华鑫珠宝属于同一控制权人下相同、类似或相关业务进行的重组,且上述吸收合并完成后发行人运行已超过一个会计年度,发行人的主营业务未发生重大变化。

(四)对公司业务、实际控制人、管理层及经营业绩的影响

公司通过吸收合并华鑫珠宝,将华鑫珠宝拥有的钻石镶嵌饰品业务纳入公司的业务体系中,消除了与实际控制人控制的华鑫珠宝之间的同业竞争和关联交易。此次吸收合并后,公司主营业务由原先的铂金饰品的生产与销售扩大为铂金饰品、钻石镶嵌饰品的生产与销售。通过吸收合并华鑫珠宝,公司的整体实力得到提升,注册资本由合并前的1650.00万美元增至合并后的1752.88万美元。

完成上述重大资产重组后,公司的实际控制人虞阿五和虞兔良未发生变化。发行人吸收合并华鑫珠宝后,一方面增强了自身整体实力,另一方面也提升了公司的管理能力,对公司的发展起到了积极作用。发行人在吸收合并华鑫珠宝和收购明牌首饰与黄金饰品生产有关的主要经营性资产和负债后,按照"人随资产走"的原则,将原明牌首饰和华鑫珠宝的经营管理人员纳入日月星珠宝的管理层,增强了公司的经营管理能力,也为公司后续发展提供了人才保障。

上述重大资产重组对公司的生产经营产生了积极作用。公司通过吸收合并华鑫珠宝和收购明牌首饰与黄金饰品生产有关的主要经营性资产和负债,进一步完善了产品结构,提升了盈利水平,增强了抵御风险的能力。

保荐机构认为,在报告期内发行人进行的重大资产重组属于同一控制下的企业或业务合并,发行人符合《证券期货法律适用意见第3号》和《首次公开发行股票并上市管理办法》的相关规定和要求,报告期内主营业务未发生重大变化;发行人对重大资产重组的会计处理亦符合《企业会计准则》等法规的相关规定。

【案例评析】

1.从投行实务案例来看,资产重组最常见的方式是通过股权调整进行企业合并,而通过吸收合并的方式进行重组的案例并不多见。公司法规定了两种公司合并的方式,分别是吸收合并和新设合并,没有人采取新设合并的方案。当然,首先要明确的是吸收合并是会计上所讲的企业合并的一种,同样适用企业合并相关会计准则。

2.至于吸收合并比股权转让好在哪里,至今没有一个明确的定论,比较主流的观点是说吸收合并在税收筹划上比较有利。个人认为,如果是同一控制下的企业合并,吸收合并并没有体现出什么优势,而如果是非同一控制下的合并,吸收合并如果满足

特殊性重组而可以免税的话,或许比较有利。不过这个问题,小兵一直还没有一个明确的结论。

3. 关注吸收合并几个比较重要的问题:(1)公司法规定了吸收合并的一个基本法律程序,这些基本条件必须要满足,如果涉及外资的话还需要经贸部门的批准。(2)合并后的公司注册资本一般为合并方和被合并方注册资本相加,会计师出具验资报告。(3)合并方和被合并方股东在合并方新公司的出资比例可以根据经审计双方持有的净资产额进行换算;在一方的资产增值比较大的情况下,拿评估值作为换算出资的依据个人觉得要慎重;另外,如果合并方和被合并方两者股东和出资比例都完全相同,那就没有这个问题了,直接相加就可以了。(4)吸收合并也是一种企业合并,也需要根据企业会计准则及相关解释的规定区分同一控制下企业合并或非同一控制下合并严格进行会计处理和专业判断。(5)一般情况下合并方为上市主体,会里对被合并方的历史沿革、规范运行、经营业绩、关联交易等问题与同一控制或非同一控制下企业合并一样同等关注。

4. 吸收合并从法律程序上与企业合并有一些相同之处,比较特别且值得注意的地方是。(1)合并方和被合并方做出同意吸收合并的决议。(2)自做出吸收合并决议之日起十日内通知债权人。(3)在当地报纸上公告三次,一般是每周一次。(4)如果没有异议,双方签署吸收合并协议,并确定好吸收合并日;吸收合并日非常重要,自该日起合并方全面接管被合并方经营。(5)确定双方分配股权投资比例的依据以及审计基准日。(6)会计师出具验资报告,对新公司的出资情况进行审核验证。(7)办理工商变更登记手续。

【参考法规】

《公司法》[2006]

第一百七十三条 公司合并可以采取吸收合并或者新设合并。

一个公司吸收其他公司为吸收合并,被吸收的公司解散。两个以上公司合并设立一个新的公司为新设合并,合并各方解散。

第一百七十四条 公司合并,应当由合并各方签订合并协议,并编制资产负债表及财产清单。公司应当自作出合并决议之日起十日内通知债权人,并于三十日内在报纸上公告。债权人自接到通知书之日起三十日内,未接到通知书的自公告之日起四十五日内,可以要求公司清偿债务或者提供相应的担保。

第一百七十五条 公司合并时,合并各方的债权、债务,应当由合并后存续的公司或者新设的公司承继。

第一百八十条 公司合并或者分立,登记事项发生变更的,应当依法向公司登记机关办理变更登记;公司解散的,应当依法办理公司注销登记;设立新公司的,应当依法办理公司设立登记。

第二章　会计处理

【企业账本是否能够让人明白】

□ 每家企业都有自己的账本，企业的买卖内容和管理模式各不相同，因此企业的账本也各不相同。

□ 账本差异可以有，但是糊涂的账万万不能有，企业的财务处理不仅要规范而且要让别人看得明白并且相信这就是真实合理的。

□ 本章内容将主要为大家介绍如下财务处理问题解决之道：违规票据融资、评估调账、会计差错、股份支付。

■第一节　违规票据融资解决之道

【重要提示】

★ 如果企业存在以无真实贸易背景的承兑票据融资的行为，那就是比较严重的违规问题而不管金额多大，因为从某种层面上来说这就是做假账。

★ 当然，我们也应该理解企业发展过程中尤其是早期所面临的融资困境，高利贷都有企业愿意冒险，有更加低廉成本的融资渠道企业为何不去尝试呢？因此，从中国具体政策环境来考虑，一般情况下该问题如果能够解释清楚原因并且情有可原，是可以得到认可的。

★ 至于解决措施，除了在信息披露方面要谨慎、全面之外，最基本的两个原则是一定要明确并且让审核人员相信：(1)以前违规的票据已经全部清偿；(2)保证以后绝对不再犯。

【案例情况】

一、大东南(002263)

(一)招股说明书的披露

大东南招股书在公司治理章节以“发行人在报告期内违法违规行为情况”的标题,阐述了发行人于2005～2007年期间与控股子公司存在开具无真实贸易背景的银行(商业)承兑汇票,尔后通过银行贴现获得融资的情形。

报告期发行人由于公司经营规模扩大,采购规模相应扩大,为了充分利用商业信用及降低财务费用起见,公司部分采购采用票据方式。另外公司出于节约融资费用的目的,在报告期存在与关联方(控股子公司等)之间开具无真实贸易背景的银行(商业)承兑汇票,尔后通过银行贴现获得融资的情形。

2007年12月31日,发行人应付票据中有5200万元为公司已通过背书贴现,用于公司生产经营周转,公司于2007年12月31日前足额向银行存入了该部分票据的保证金5200万元。截至2008年3月10日,该部分票据已完成解付。

2007年发行人逐步规范票据行为,2007年10月1日至今,没有新发生与关联方之间开具无真实贸易背景承兑汇票的行为。

发行人与其控股子公司等关联方之间上述不规范使用票据的行为虽然违反《票据法》第10条“票据的签发、取得和转让,应当遵循诚实信用的原则,具有真实的交易关系和债权债务关系。票据的取得,必须给付对价,即应当给付票据双方当事人认可的相对应的代价”的规定,但其目的是节约融资费用,所融通的资金均用于正常生产经营,并未用于其他用途。

报告期发行人不存在逾期票据及欠息情况,均已经按照《票据法》及相关票据制度及时履行了票据付款义务且未造成任何经济纠纷和损失。

2007年12月31日剩下的5200万无真实贸易背景的承兑汇票,发行人已于2007年12月31日前向银行存入100%的保证金,截至2008年3月10日,上述票据已完成解付。银行不存在票据到期后因公司未能偿还借款而产生的风险,发行人及其控股子公司不规范使用票据行为并未给相关银行造成任何实际损失,发行人不会因不规范使用票据的行为对相关银行承担赔偿责任。

同时,发行人的董事及高级管理人员未从中取得任何个人利益,不存在票据欺诈行为,亦未因过往期间该等不规范使用票据的行为受到过任何行政处罚,今后亦不会因此受到行政处罚。根据《票据法》第 103 条“有前条所列行为之一,情节轻微,不构成犯罪的,依照国家有关规定给予行政处罚”的规定发行人不规范使用票据的行为不属于《票据法》第 103 条所述行为之一,所以发行人及其控股子公司不会因不规范使用票据行为受到行政处罚,今后亦不会因此受到行政处罚。

根据《刑法》第 194 条“有下列情形之一,进行金融票据诈骗活动,数额较大的,处五年以下有期徒刑或者拘役,并处二万元以上二十万元以下罚金;数额巨大或者有其他严重情节的,处五年以上十年以下有期徒刑,并处五万元以上五十万元以下罚金;数额特别巨大或者有其他特别严重情节的,处十年以上有期徒刑或者无期徒刑,并处五万元以上五十万元以下罚金或者没收财产”的规定,发行人不规范使用票据行为不属于该条款规定的任何行为之一,不构成犯罪,不会受到刑事处罚。

如浙江大东南包装股份有限公司因曾开具无真实交易背景的承兑汇票而被有关部门处罚,由控股股东承担有关责任。

发行人控股股东大东南集团承诺:如浙江大东南包装股份有限公司因曾开具无真实交易背景的承兑汇票而被有关部门处罚,由控股股东承担有关责任。自 2008 年 1 月 1 日以后,公司再不发生开具无真实商业交易背景的承兑汇票情况。如上市后,再发生上述情况,将由公司控股股东向除控股股东及其关联股东外的其他股东按违规票据的发生额进行赔偿。

发行人已对过往期间不规范使用票据的行为采取了积极的补救措施和一系列整改措施以确保该等情况不再发生,该等措施已取得成效。

经核查,发行人律师认为:发行人与其控股子公司等关联方之间过往期间所发生的不规范使用票据的行为对本次发行上市不构成实质性障碍。

发行人除上述违规票据行为外,报告期不存在其他违法违规行为,也不存在被相关主管机关处罚的情况。

(二)反馈意见补充说明

申请人及其关联企业相互开具承兑汇票没有真实的商业交易依据且金额较大,违反相关法律规定。

根据《审计报告》并经发行人律师适当核查,截至 2007 年 12 月 31 日,发行人应付票据中有 5200 万元为公司通过背书贴现取得相关款项并用于公司生产经营周转,公司于 2007 年 12 月 31 日前足额向银行存入了该部分票据的保证金 5200 万元。截至 2008 年 3 月 10 日,5200 万元承兑汇票已完成解付,公司不存在逾期票据及欠息情况。

此外,针对发行人过往期间所发生的不规范使用票据的行为,发行人亦通过聘请专业的内控机构协助其建立内控机制等一系列整改措施逐步规范此类行为以确保该等情况不再发生。2007 年 10 月 1 日至今,发行人没有新发生开具无真实贸易背景承兑汇票的行为。

根据发行人的说明并经发行人律师适当核查,发行人不存在逾期票据及欠息情况,相关票据均已经按照《票据法》及相关票据制度及时履行了票据付款义务且未造成任何经济纠纷和损失;发行人的董事及高级管理人员未从中取得任何个人利益,不存在票据欺诈行为,亦未因过往期间该等不规范使用票据的行为受到过任何行政处罚;发行人已对过往期间不规范使用票据的行为采取了积极的补救措施和一系列整改措施以确保该等情况不再发生,截至本补充法律意见书出具之日,票据问题已全部解决。

综上,发行人律师认为,发行人与其控股子公司等关联方之间过往期间所发生的不规范使用票据的行为对本次发行上市不构成实质性障碍。

二、万里扬(002434)

(一)招股说明书披露

1. 额外开具票据金额

报告期内,公司为方便经营、降低经营成本,与部分供应商在正常的购销往来外,还额外开具了一定量的票据。具体情况如下:

单位名称	开票金额(万元)		
	2009 年	2008 年	2007 年
供应商	—	—	2200.00
其中:背书后用于支付货款	—	—	—
背书后用于取得资金	—	—	2200.00
无采购关系单位	—	1500.00	—
合计	—	1500.00	2200.00

2. 额外开具票据的方式和用途

(1)向供应商额外开具票据:公司向银行提供与供应商签订的采购合同和发票,向银行申请开具银行承兑汇票。公司取得银行开具的票据后,存在以下两种情况:第一种是供应商将票据背书后交回给公司,公司再背书给其他单位用于支付采购货款或预付货款;第二种是公司将票据交付给供应商后,供应商将背书后的票据交回给公司,公司再背书给其他单位,并向其他单位按照票据面值扣除一定利息后的金额收取资金。

(2)向无采购关系单位开具票据:公司为了降低资金成本,向银行申请开具银行承兑汇票,银行在信用额度内为公司开具票据,公司将此票据交给无采购关系单位,对方按票面金额扣除一定的贴现息后将资金汇至公司。

3. 额外开具票据的目的和相关内部控制

根据发行人解释并经保荐机构、会计师及发行人律师适当核查,发行人额外开具票据是为解决公司资金紧张和降低财务费用以及为方便支付货款而进行的行为,公司开具和使用票据均按照公司内部财务制度的规定报经相关部门审批。

2008 年,公司管理层对该不规范行为进行深刻检讨,采取一系列有效措施,并强化内部控制,严格票据业务的审批程序,责成内部审计部门强化对票据的内部审计,杜绝上述现象再次发生。截至 2008 年年末,公司与票据相关的内部控制制度较完善,并得到有效执行。

公司开具和使用票据均按照公司内部财务制度的规定报经相关部门审批,与供应商之间并未有上述业务相关的约定条款,且均在银行授予公司的授信额度范围内。公司自 2008 年 4 月起再未开具无真实交易背景的票据。截至 2008 年 9 月月底所有票据融资行为都已结束,公司不存在逾期票据及欠息情况。

4. 目前额外开具票据情况

发行人自 2008 年 4 月起已无开具不存在真实交易背景的票据的行为。目前,所有融资票据行为都已履行完毕,公司不存在逾期票据及欠息情况。

5. 额外开具票据对公司财务的影响

若公司不采用票据融资而全部采用银行贷款,则相应的利息支出及其对公司当年的利润影响情况如下:

项目	2009 年	2008 年	2007 年
当年多开的票据金额(万元)	—	1500.00	2200.00
平均 1 年期贷款利率	—	9.71%	6.81%
若全部采用银行贷款的利息支出(万元)	—	50.98	52.44
实际支付利息(万元)	—	56.45	53.28
对当年利润影响(万元)	—	-5.47	-0.84

注:上表中 1 年期贷款利率为按当年人民币贷款基准利率变动的算术平均数计算,其中 2008 年为基准利率上浮 30%;计算利息时本金扣除票据保证金 30%。

由上表可见,万里扬股份采取票据方式相对于使用银行贷款方式所产生的利息费用相差无几,采用票据方式融资并未能节约利息成本,故公司停止利用票据融资不会对公司带来重大财务影响。

6. 控股股东、实际控制人的承诺

公司股东万里扬集团和实际控制人黄河清、吴月华承诺:"如果该事项对公司造成损失,本公司(本人)愿全额承担该项损失。"

7. 公司董事会和股东大会对额外开具票据的意见

公司董事会和股东大会在讨论上述票据融资行为后认为:

(1)公司开具不存在真实交易背景的票据的行为与《票据法》的有关规定不符,该行为不规范,但上述融资票据均已履行完毕,相应融资款项皆已归还,不存在纠纷或潜在的纠纷,且公司控股股东万里扬集团和实际控制人黄河清先生、吴月华女士均已出具承诺,愿全额承担因该事项对公司可能招致的损失,故公司和股东利益未受损害。

(2)责成相关人员深入学习《票据法》,提高认识。

(3)强化内部控制,责成财务部门修订相关制度,严格票据业务的审批程序;责成内部审计部门强化对票据的内部审计,并加强与各中介机构的沟通和协调。

(4)严格考核,加大惩罚力度,彻底杜绝该类行为。

8. 中介机构对额外开具票据的意见

(1)保荐机构认为:公司开具不存在真实交易背景的票据的行为与《票据法》及《内部会计控制规范——基本规范(试行)》的有关规定不符,该行为不规范;但上述融资票据均已履行完毕,相应融资款项皆已归还,不存在纠纷或潜在的纠纷;发行人未因该等事项受到行政处罚,且《票据法》对前述行为也未有行政处罚的规定;公司控股股东万里扬集团和实际控制人黄河清先生、吴月华女士均已出具承诺,愿全额承担因该事项对公司可能招致的损失,故公司和股东利益未受损害,对本次发行不构成实质性障碍。

(2)会计师认为:公司出于解决资金紧张、经营方便和降低资金成本的目的,在2007年至2008年3月期间陆续发生了上述票据融资行为,不符合财政部《内部会计控制规范——基本规范(试行)》和《票据法》等相关规定。但因所开具的票据均已到期承兑付款,公司及时履行了票据付款义务且未造成任何经济纠纷和损失,不存在逾期票据及欠息情况;公司的董事及高级管理人员未从中取得任何个人利益,开具的票据均在银行授予公司的授信额度范围内,不存在票据欺诈行为,亦未因过往期间该等不规范使用票据的行为受到过任何行政处罚,且《票据法》对前述行为也未有行政处罚的规定。2008年4月起,公司已对过往期间不规范开具和使用票据的行为采取了积极的补救措施和一系列整改措施,完善并确保该等情况不再发生,因此,公司上述行为虽然违规,但情节较轻,且已得到纠正,不会对本次公开发行构成实质性障碍。

(3)发行人律师认为:发行人在报告期内开具的部分票据的确存在不规范之处。现发行人已对该行为进行了自查及纠正,该等票据义务均已履行完毕,相应款项均已归还;不存在纠纷或潜在纠纷,并得到了控股股东及实际控制人对此事项承担全部损失的承诺;发行人未因该等事项受到行政处罚,且《票据法》对前述行为也未有行政处罚的规定。因此,发行人在报告期内不规范使用票据的行为不会对本次发行上市构成实质性障碍。

(二)反馈意见补充披露

在审核过程中,审核人员关注了如下问题:关于报告期内公司额外开具发票的具体情况,以及公司目前是否还有开具不存在真实交易背景的票据的行为,公司内部会计控制制度是否完善,公司与供应商之间有何约定条款;该等行为是否合法合规、是否存在收到有关部门处罚的风险、是否构成本次公开发行的障碍等问题。(反馈意见第1条)

(1)根据发行人《公司治理情况的自查报告》、浙江天健会计师事务所出具的《关于公司首发申请文件反馈意见中有关财务状况的说明》,并经发行人律师核查,公司在报告期内开具票据的具体情况如下:

单位:人民币(元)

开票对象	2006 年	2007 年	2008 年
供应商	28,534,231.18	22,000,000.00	
其他单位	60,000,000.00		15,000,000.00
小计	88,534,231.18	22,000,000.00	15,000,000.00

(2)经发行人律师核查,发行人在报告期内存在不合规开具票据的情形。其原因主要是为了及时支付货款,向银行申请开具了备用性质的票据以便履行付款义务,该些票据的开具实际用于支付真实背景的交易往来;同时也是基于降低公司财务费用的考虑。发行人的前述情形不尽规范,但系本着促进企业发展之目的,也未损害公司及第三方的权益。发行人与供应商之间不存在设计票据融资的约定条款。

(3)经发行人律师核查,前述所有不规范操作的票据均已经按照票据法及有关规定按时履行完毕,不存在纠纷或潜在纠纷,也未对金融机构等相关方产生任何实际损害。

(4)发行人股东万里扬集团和实际控制人黄河清、吴月华已作出承诺:如果该事项对公司造成损失,愿全额承担该损失。

(5)依据发行人《公司治理情况自查报告》的陈述,并经发行人律师核查,发行人已对报告期内不规范使用票据的行为进行了自查并采取了一系列的整改措施,完善了公司的内控制度,以确保该等情况不再发生。

综上,发行人律师认为:发行人在报告期内开具的部分票据的确存在不规范之处。现发行人已对该行为进行了自查和纠正,该等票据已经履行完毕,相应款项均已归还;不存在纠纷或潜在纠纷,并得到了控股股东及实际控制人对此事项承担全部损失的承诺;发行人未因该等事项收到行政处罚,且票据法对前述行为也没有行政处罚的规定。因此,发行人在报告期内不规范使用票据的行为不会对本次发行上市构成实质性的障碍。

三、西泵股份(002536)

报告期内发行人无真实交易背景票据融资的情况如下:

2007年度,公司及子公司未发生无真实交易背景的票据融资行为。2008年度、2009年度和2010年1~6月,公司及子公司各期发生的无真实交易背景的票据融资发生额及期末余额情况如下:

单位:万元

	开票方	收票方	2010年1~6月	2009年	2008年
对内部公司	西泵股份	飞龙铝制品	12,560.00	28,571.24	12,200.00
	飞龙铝制品	西泵股份		2000.00	
	南阳零部件	飞龙铝制品		2500.00	
对外部公司	南阳零部件	西峡县海洋矿冶有限公司		2000.00	
	飞龙铝制品	西峡县海洋矿冶有限公司		1000.00	
	西泵特铸	中兴废旧物资回收有限公司	4000.00	2000.00	4850.00
发生额合计			16,560.00	38,071.24	17,050.00
期末余额			9560.00	9000.00	10,800.00

(一)无真实贸易对象具体情况

上述外部公司具体情况如下:

1. 西峡县海洋矿冶有限公司

企业名称为西峡县海洋矿冶有限公司，成立于 2001 年 12 月 29 日，法定代表人陈海洋，注册资本 50 万元，经营范围为炼钢辅料的生产和销售。截至 2009 年 12 月 31 日，资产总计 414.10 万元，负债总计 353.75 万元，2009 年度销售收入 2610.96 万元，净利润 2.25 万元。

2. 中兴废旧物资回收有限公司

企业名称为西峡县中兴废旧物资回收有限公司，成立于 2004 年 1 月 9 日，法定代表人田中青，注册资本 30 万元，经营范围为废旧物资购销。截至 2009 年 12 月 31 日，资产总计 69.75 万元，负债总计 39.65 万元，2009 年度销售收入 61.15 万元，净利润 -1.14万元。

（二）对公司财务的影响

报告期内发行人无真实交易背景的票据融资行为对公司财务的影响如下：

1. 对发行人财务费用的影响

报告期内，发行人及子公司共发生无真实交易背景的票据融资 71,681.24 万元，共支付贴现利息 1057.76 万元，剔除保证金利息收入 618.79 万元，加上支付的正常贷款利息 1525.17 万元，财务费用为 1964.14 万元；如果按照无优惠的贷款利率测算，贷款利息支出应为 2314.35 万元，二者相差 350.21 万元。

2. 对发行人融资金额的影响

报告期内，发行人及子公司利用敞口银行承兑汇票和足额银行承兑汇票取得融资情况如下：

单位：元

	2010 年 1～6 月	2009 年	2008 年	合计
敞口银行承兑汇票发生额	80,000,000.00	99,000,000.00	86,000,000.00	265,000,000.00
对应敞口票据融资额	40,000,000.00	49,500,000.00	43,000,000.00	132,500,000.00
足额银行承兑汇票发生额	85,600,000.00	281,712,400.00	84,500,000.00	451,812,000.00
对应贷款融资额	48,000,000.00	318,000,000.00	65,000,000.00	431,000,000.00
总计	165,600,000.00	380,712,400.00	170,500,000.00	716,812,400.00

发行人在办理足额银行承兑汇票业务中不能获取额外融资额度，而办理敞口银行承兑汇票业务则可以获取额外融资。报告期内，发行人通过敞口银行承兑汇票业务累

计取得 13,250 万元融资,因所办理敞口票据期限均为半年,贴现资金半年需要解付,所以前述融资额相当于 13,250 万元的 6 个月短期借款。发行人相应年份的营业收入总额为 181,637.62 万元,即使没有取得前述敞口票据的贴现资金,对发行人正常经营也不会产生较大影响。

3. 对发行人资产负债率的影响

发行人最近三年一期母公司资产负债表中的应付票据均为发行人开具给飞龙铝制品的承兑汇票余额,票据融资对资产负债率的影响见下表:

单位:元

	2010/6/30	2009/12/31	2008/12/31	2007/12/31
应付票据	60,000,000.00	73,680,000.00	78,000,000.00	33,000,000.00
其中:融资性应付票据	55,600,000.00	70,000,000.00	78,000,000.00	0
负债合计	430,297,504.38	448,501,841.49	415,936,433.62	326,198,773.81
负债和股东权益合计	653,113,931.95	647,235,417.64	586,741,410.39	484,818,459.22
资产负债率	65.88%	69.30%	70.89%	67.28%
扣除票据融资后的资产负债率	62.71%	65.57%	66.43%	67.28%

因发行人报告期各期末资产、负债金额较大,票据融资余额对资产负债率的影响有限。

截至 2010 年 7 月 28 日,发行人无真实交易背景的票据融资余额已全部到期解付,报告期内不存在逾期及欠息情况,未发生任何经济纠纷和损失。自 2010 年 3 月 5 日起,公司及子公司未再开具无真实交易背景的票据。

《票据法》第 10 条规定:"票据的签发、取得和转让,应当遵循诚实信用的原则,具有真实的交易关系和债权债务关系。票据的取得,必须给付对价,即应当给付票据双方当事人认可的相对应的代价。"发行人及其子公司开具没有真实贸易背景的银行承兑汇票进行票据融资的行为违反了《票据法》第 10 条的规定,但不属于《票据法》第 102 条、第 103 条规定的票据欺诈行为,也不属于《刑法》第 194 条规定的金融票据诈骗活动。

2010 年 3 月 24 日,公司及子公司承诺:将认真学习并深刻理解《票据法》及相关行政法律法规,并在日常经营活动中自觉遵守《票据法》中规定的内容,制定更为严格的票据办理程序,全面规范本公司各种票据行为,不做没有真实交易背景的票据。

2010 年 3 月 24 日,发行人实际控制人及控股股东承诺:如发行人及其子公司因曾进行无真实贸易背景的票据融资行为而被有关部门处罚或被第三方追究任何形式的责任,由实际控制人及控股股东共同承担处罚结果或责任,保证发行人及其子公司不会因此遭受任何损失。

发行人已采取了一系列措施以确保该等情况不再发生,具体包括:一是深入学习《票据法》,使相关业务人员提高认识;二是强化内部控制,严格票据业务的批准程序;三是进一步树立诚信意识;四是严格考核,加大奖罚力度,彻底杜绝该类行为。目前该等措施已取得成效。

鉴于:(1)上述票据融资款项均已按期偿还,未发生票据承兑违约及欠息情况,发行人及其子公司不会因此对相关银行承担赔偿责任;(2)发行人及其子公司和没有真实贸易背景的相对方均已就上述没有真实贸易背景的票据融资行为进行了说明,并确认双方没有因此而发生的债权债务关系,不存在纠纷或潜在纠纷;(3)上述票据融资行为主要用于生产经营,并非以非法占有为目的,骗取银行资金,不属于票据欺诈行为或金融票据诈骗活动,发行人的董事及高级管理人员和发行人及其子公司亦未因该不规范使用票据行为受到过任何行政或刑事处罚;(4)发行人及其子公司均已承诺以后将严格按照《票据法》使用票据,不再发生类似行为;(5)发行人实际控制人及控股股东承诺:如发行人及其子公司因曾进行无真实贸易背景的票据融资行为而被有关部门处罚或被第三方追究任何形式的责任,由实际控制人及控股股东共同承担处罚结果或责任,保证发行人及其子公司不会因此遭受任何损失。

发行人律师认为:发行人及其子公司在报告期发生的不规范使用票据的行为对本次发行上市不构成实质性法律障碍。

保荐机构认为:发行人及其子公司在报告期发生的不规范使用票据的行为对本次发行上市不构成实质性法律障碍。

四、爱仕达(002403)

2007 年,为解决资金紧张,公司通过控股子公司湖北爱仕达电器向多家银行进行了票据融资。具体的方式为:公司与湖北爱仕达电器签订正常的采购合同后,凭对方开具的发票复印件和合同,分别在不同的银行中开具承兑汇票,而其中部分汇票没有真实的交易背景。湖北爱仕达电器将超过公司正常采购额的承兑汇票贴现后,其中大部分转到公司账上,其余部分由湖北爱仕达电器使用。报告期内,公司融资性票据情况如下:

单位:万元

类别	2007 年度
承兑汇票发生额	44,491.55
其中:融资性汇票发生额	9002.03
占发生额的比例	20.23%
承兑汇票期末余额	8922.75
其中:融资性汇票余额	1437.00
占期末余额的比例	16.10%

2007 年下半年开始,公司逐步规范了票据行为,2007 年 9 月至今没有新发生与湖北爱仕达电器之间开具无真实贸易背景承兑汇票的行为。截至 2008 年 2 月 5 日,2007 年年末融资性承兑汇票余额 1437.00 万元已全部到期,公司已全额支付了相应款项。

2007 年,公司利用票据融资 9002.03 万元,节约利息支出 43.64 万元,公司因票据融资而节约的利息支出已计入了当年的非经常性损益。

公司采取上述融资行为,均在银行授予公司的授信额度范围内,上述融资票据行为均已履行完毕。从 2007 年 9 月起,公司已停止上述不规范行为,公司承诺今后将严格按照票据法的有关规定执行,不再发生类似的行为。

2007 年,公司利用票据融资 9002.03 万元,节约利息支出 43.64 万元,公司因票据融资而节约的利息支出已计入了当年的非经常性损益,计入其他符合非经常性损益定义的损益项目。其根据是:根据中国证券监督管理委员会《公开发行证券的公司信息披露解释性公告第 1 号——非经常性损益》(2008 年修订)对非经常性损益定义的规定:指与公司正常经营业务无直接关系,以及虽与正常经营业务相关,但由于其性质特殊和偶发性,影响报表使用人对公司经营业绩和盈利能力做出正常判断的各项交易和事项产生的损益。鉴于票据融资的性质特殊和偶发性,故将票据融资利息支出与按银行同期存贷款利率差异的利息支出列为非经常性损益。

公司控股股东爱仕达集团,实际控制人陈合林、林菊香、陈文君、陈灵巧承诺:如因公司于 2007 年 9 月 1 日前的票据融资行为而导致公司形成损失,承诺人愿全额承担该项损失。如在 2007 年 9 月 1 日以后公司再次发生票据融资行为,承诺人愿向其他股东按违规票据的发生额进行赔偿。

保荐人认为:发行人及其控股子公司湖北爱仕达电器之间的不规范使用票据进行融资的行为目的是节约融资费用,所融入资金均用于正常生产经营,且均及时履行了票据付款义务,不存在票据逾期或欠息情况。截至 2008 年 2 月 5 日,发行人及其控股子公司不再发生开具无真实贸易背景承兑汇票的行为,所有融资性承兑汇票均已完成解付,未造成任何经济纠纷或损失。发行人已对过往期间不规范使用票据的行为采取了积极的补救措施和一系列整改措施以确保该等情况不再发生,该等措施已取得成效。发行人在报告期内的不规范使用票据行为虽然不符合《票据法》第10条的规定,但不属于《刑法》第194条、《票据法》第102条所述行为,不构成本次发行上市的实质性障碍。

发行人律师认为:公司与其控股子公司等关联方之间上述不规范使用票据的行为虽然不符合《票据法》第10条"票据的签发、取得和转让,应当遵循诚实信用的原则,具有真实的交易关系和债权债务关系。票据的取得,必须给付对价,即应当给付票据双方当事人认可的相对应的代价"的规定,但其目的是节约融资费用,所融入的资金均用于正常生产经营,并未用于其他用途。报告期公司不存在逾期票据及欠息情况,均已经按照《票据法》及相关票据制度及时履行了票据付款义务且未造成任何经济纠纷和损失。截至2008年2月5日,所有融资性质的票据均已完成解付。银行不存在票据到期后因公司未能偿还借款而产生的风险,公司及其控股子公司不规范使用票据行为并未给相关银行造成任何实际损失,公司不会因不规范使用票据的行为对相关银行承担赔偿责任;同时,公司的董事及高级管理人员未从中取得任何个人利益,不存在票据欺诈行为,亦未因过往期间该等不规范使用票据的行为受到过任何行政处罚,今后亦不会因此受到行政处罚。

发行人律师认为:发行人不规范使用票据的行为不属于《票据法》第103条所述行为,所以发行人及其控股子公司不会因不规范使用票据行为受到行政处罚,今后亦不会因此受到行政处罚。

发行人律师认为:发行人不规范使用票据的行为不属于《刑法》第194条、《票据法》第102条所述行为,不构成犯罪,不会受到刑事处罚。

经发行人律师核查:发行人已对过往期间不规范使用票据的行为采取了积极的补救措施和一系列整改措施以确保该等情况不再发生,该等措施已取得成效。经核查,发行人律师认为:发行人与其控股子公司等关联方之间过往期间所发生的不规范使用票据的行为对本次发行上市不构成法律障碍。

五、东方日升(300118)

2006年发行人前身日升电器在发展过程中出现了资金短缺、融资难的问题。2006年10月发行人建设了电池片生产线,加大了经营过程中的资金需求,为了缓解短期资金周转的压力,日升电器在没有真实交易背景的情况下于2006年9月向关联方宁波双宇和飞轿造漆分别开具了1000万元和300万元以中国银行宁海支行为付款行的应付票据,于2006年10月向关联方宁波双宇开具了700万元以中国银行宁海支行为付款行的应付票据。开票后宁波双宇和飞轿造漆将票据背书转让予日升电器,日升电器持该票据向农村信用社贴现融资,将融资款项全部用于公司的经营活动中,缓解了资金周转压力。

上述2006年9月开具的1300万元应付票据承兑到期日为2007年3月28日,承兑到期时,中国银行宁波分行从日升电器承兑汇票保证金账户扣款650万元(开票时缴存票面金额50%的保证金),从日升电器银行账户扣款650万元;2006年10月开具的700万元应付票据承兑到期日为2007年4月10日,承兑到期时,中国银行宁波分行从日升电器承兑汇票保证金账户扣款350万元(开票时缴存票面金额50%的保证金),从日升电器银行账户扣款350万元。

在上述到期日,日升电器均及时履行了相关票据义务,不存在逾期票据及欠息情况,不存在潜在纠纷事项。

发行人实际控制人林海峰于2009年10月承诺:"日升电器在没有真实交易背景的情况下,分别于2006年9月、2006年10月向关联方宁波双宇太阳能股份有限公司开具了1000万元和700万元的银行承兑汇票,于2006年9月向关联方宁波市飞轿造漆有限公司开具了300万元的银行承兑汇票,并使用上述票据向银行进行贴现。本人承诺,针对上述在没有真实交易背景下开具票据及使用相关票据向银行贴现的行为,如需承担任何责任,由本人承担。"

针对上述没有真实交易背景的开票行为,中国人民银行宁海县支行于2010年3月15日出具《说明》:"发行人前身日升电器在没有真实交易背景的情况下,分别于2006年9月、2006年10月向宁波双宇开具了1000万元人民币和700万元人民币的应付票据,于2006年9月向飞轿造漆开具了300万元人民币的应付票据,开票后,宁波双宇和飞轿造漆将该票据背书转让日升电器,由日升电器持该票据向农村信用社进行票据贴现。上述票据贴现到期后,日升电器及时履行了相关票据义务,不存在票据逾期及欠息情况。针对日升电器上述三笔无真实交易背景的票据贴现问题,我支行未进行任何形式的处罚,今后亦不予以追究。"

经核查,保荐机构和发行人律师认为:上述票据融资产生的债权债务均已履行完毕,未产生任何经济纠纷,也未因上述行为给银行及其他权利人造成任何实际损失,因而不存在潜在纠纷。发行人前身历史上曾发生的以开具无真实交易背景的银行承兑汇票进行票据融资的行为,虽违反了《票据法》、《票据管理实施办法》以及《支付结算办法》等相关规定,但不属于发行人及其直接负责的主管人员和其他直接责任人员应当被追究刑事责任的行为,亦不属于发行人的董事、监事或高级管理人员应当被追究刑事责任的行为;发行人未因此受到任何行政处罚,亦不存在任何可预见的被追究行政责任的情形。发行人已承诺未来不会利用开具无真实交易背景票据的方式进行融资;发行人控股股东、实际控制人林海峰承诺,如因发行人因历史上的该等票据融资行为而使发行人承担赔偿等责任,将由其本人承担一切赔偿责任。因而,上述票据融资行为未对发行人及其股东利益造成损害,对本次首发不构成实质性障碍。

六、乾照光电(300102)

2007 年,公司开始营业,资本规模较小,和银行尚未建立稳定的业务合作关系,资金比较紧张,融资渠道有限。为拓宽融资渠道,降低财务费用,2007 年和 2008 年,公司开具了无真实贸易背景的银行承兑汇票 1850.00 万元,所融资金全部用于公司生产经营周转。

报告期内,公司开具的无真实贸易背景票据情况如下:

单位:万元

项目	2008 年	2007 年
开具金额	250.00	1600.00
期末余额	250.00	1600.00

2008 年,公司资金紧张情况得到缓减,开始规范票据融资行为。2008 年,公司仅于 8 月 14 日开具 250.00 万元无真实贸易背景的票据。自 2008 年 8 月 15 日起,公司未再开具无真实贸易背景的票据。

公司过往期间不规范使用票据的行为虽然违反《票据法》第 10 条“票据的签发、取得和转让,应当遵循诚实信用的原则,具有真实的交易关系和债权债务关系。票据的取得,必须给付对价,即应当给付票据双方当事人认可的相对应的代价”的规定,但其目的是拓宽融资渠道,节约融资费用,所融通的资金均用于正常生产经营,且上述票据已按期解付完毕,不存在逾期及欠息情况,未造成任何经济纠纷和损失。公司及公司董事、高级管理人员未因过往期间该等不规范使用票据的行为受到过任何行政处罚。

公司承诺:自 2008 年 8 月 15 日至承诺函出具之日(2010 年 1 月 18 日),公司严格依据票据管理相关法律法规开具所有票据,不存在违反票据管理相关法律法规的行为(包括开具无真实贸易背景的票据等行为);承诺函出具之日后,公司将严格按照票据管理相关法律法规进行票据行为;公司不会从事或参与任何违反票据管理相关法律法规的票据行为。

公司实际控制人邓电明、王向武、王维勇承诺:如发行人因曾开具无真实交易背景的承兑汇票的行为而被有关部门处罚,或因该等行为而被任何第三方追究任何形式的法律责任,由邓电明、王向武、王维勇承担一切法律责任;邓电明、王向武、王维勇自愿承担发行人因该等行为而导致、遭受、承担的任何损失、损害、索赔、成本和费用,并使发行人免受损害。

发行人律师认为:发行人与第三方之间过往期间所发生的不规范使用票据的行为不构成重大违法行为,对本次发行与上市不构成实质障碍。

保荐机构认为:发行人报告期内前述不规范使用票据行为不构成重大违法行为,对本次发行与上市不构成实质障碍。

七、中超电缆(002471)

2007年,为解决资金紧张问题,公司存在向子公司江苏冲超开具无贸易背景的银行承兑汇票,再由江苏冲超将承兑汇票贴现获取现金的情形,具体情况如下表所示:

单位:万元

项目	2010年1~6月	2009年度	2008年度	2007年度
无贸易背景承兑汇票发生额	0	0	0	7400.00
江苏冲超将承兑汇票贴现融资发生额	0	0	0	7264.80
无贸易背景承兑汇票对应保证金金额	0	0	0	3800.00

从2008年1月起,公司已停止上述不规范行为。截至2008年12月31日,公司无贸易背景承兑汇票5450万元已完成解付,发行人不存在逾期票据及欠息情况。

发行人2007年发生的不规范使用票据的行为,已经通过聘请上市辅导机构、律师、会计师等协助建立内控机制逐步规范。2008年1月至今,发行人未再发生开具无真实贸易背景承兑汇票的行为。公司承诺今后将严格执行票据法的有关规定,不再发生此类行为。实际控制人杨飞承诺:"如果该事项对公司造成损失,本人愿全额承担该项损失。"

发行人律师核查意见:"针对发行人过往期间所发生的不规范使用票据的行为,发行人通过聘请专业的内控机构协助其建立内控机制等一系列整改措施逐步规范此类行为以确保该等情况不再发生,截至本律师工作报告出具之日,不规范使用的问题票据已全部解决。2008年1月至今,发行人没有新发生开具无真实贸易背景承兑汇票的行为。

发行人上述不规范使用票据的行为虽然违反《票据法》等相关规定,但其所融通的资金均用于正常生产经营，并未用于其他用途。根据发行人的说明并经本所律师核查，发行人不存在逾期票据及欠息情况，相关票据均已经按照《票据法》及相关票据制度及时履行了票据付款义务且未造成任何经济纠纷和损失；发行人的董事及高级管理人员未从中取得任何个人利益，不存在票据欺诈行为，亦未因过往期间该等不规范使用票据的行为受到过任何行政处罚。

综上，发行人律师认为：根据现有法律规定，发行人上述不规范使用票据的行为不存在处罚或其他潜在问题或风险。发行人过往期间所发生的不规范使用票据的行为对本次发行上市不构成实质性障碍。”

保荐机构核查意见：发行人上述的融资行为与票据法的规定不符，但鉴于：

(1)上述的票据已履行完毕，相应的融资款项皆已归还，不存在纠纷或潜在的纠纷；(2)从2008年以后，发行人已停止上述不规范行为；(3)公司承诺今后将严格按照票据法的有关规定执行，不再发生类似的行为，对于该事项可能对公司造成的损失，公司实际控制人出具了专项承诺。

综上，本保荐机构认为：发行人以往开具的无真实贸易背景承兑汇票已按期解付，不存在处罚或其他潜在问题或风险，发行人上述不规范行为已得到规范，对本次公开发行上市不构成重大影响。

八、玉龙管业

(一)基本情况

报告期初公司曾存在开具没有真实交易背景的银行承兑汇票的情况，具体方式包括：(1)通过控股子公司玉龙精密向不同银行进行票据融资，即玉龙钢管与玉龙精密签订正常的购销合同后，由玉龙钢管向玉龙精密分别在不同的银行中开具承兑汇票或由玉龙精密向玉龙钢管在不同的银行中开具承兑汇票，致使部分汇票没有真实的交易背景，收到汇票的一方将超过正常购销额的承兑汇票贴现。(2)当玉龙精密对外采购而开具票据的信用额度不足时，由玉龙钢管向玉龙精密开具承兑汇票，玉龙精密收到承兑汇票后，背书转让给材料供应商用于原材料的采购；反之，当玉龙钢管对外采购而开具票据的信用额度不足时，由玉龙精密向玉龙钢管开具承兑汇票，玉龙钢管收到承兑汇票后，背书转让给材料供应商用于原材料的采购。

报告期内，公司银行承兑汇票情况如下：

单位:万元

项目	2010年1~6月	2009年度	2008年度	2007年度
承兑汇票发生额	31,786.07	88,047.74	57,310.00	81,770.00
其中:无真实交易背景汇票	0	0	0	5600.00
占发生额比例	0	0	0	6.85%
承兑汇票期末金额	31,786.07	46,563.92	19,655.00	29,780.00
其中:无真实交易背景汇票	0	0	0	0
占期末余额比例	0	0	0	0

其中,各期没有真实交易背景的银行承兑汇票的情况如下:

单位:万元

银行名称	2010年度		2009年度		2008年度		2007年度	
	发生额	期末余额	发生额	期末余额	发生额	期末余额	发生额	期末余额
深圳发展银行	0	0	0	0	0	0	3000	0
兴业银行	0	0	0	0	0	0	500	0
招商银行	0	0	0	0	0	0	2100	0
合计	0	0	0	0	0	0	5600	0

由上表可得知,报告期内,公司开具没有真实贸易背景的汇票余额为0,仅2007年开具没有真实贸易背景汇票发生额为5600万元,占该年应付票据发生额的6.85%。公司采取上述融资行为,均在银行授予公司的授信额度范围内,上述融资票据行为都已履行完毕。从2007年4月起,公司已停止上述不规范行为,公司承诺今后将严格按照票据法的有关规定执行,不再发生类似的不规范行为。主要措施包括:(1)加强对《票据法》和国家有关票据管理的相关规定的学习,掌握票据管理的相关政策;(2)强化公司内部控制,严格执行票据业务的批准程序;(3)在实际运作中加强与保荐人、会计师等中介机构的沟通,进一步提高规范运作的意识和责任感;(4)对相关业务人员进行严格考核,加大奖罚力度,彻底杜绝该类行为。

公司实际控制人唐永清、唐志毅、唐维君、唐柯君承诺:"若股份公司和/或玉龙精密产生任何法律纠纷,发起人承担所有责任并赔偿股份公司和玉龙精密因此遭受的损失,且无须股份公司和玉龙精密支付任何对价。"

保荐人认为:"发行人报告期内的部分票据融资行为违反了《票据法》的有关规定,

存在不规范之处,但鉴于:(1)公司的上述融资行为是为了满足生产经营需要,降低融资成本,所融资之款项均用于生产经营活动,不具有任何欺诈或非法占有目的。(2)上述的融资性票据公司已履行完毕,相应的融资款项皆已归还,不存在纠纷或潜在的纠纷,公司及其控股子公司不规范使用票据行为并未给相关银行造成任何实际损失,公司不会因不规范使用票据的行为对相关银行承担赔偿责任。从2007年4月以后,公司已停止上述的不规范行为。(3)上述融资行为不属于我国《票据法》和《刑法》规定应当处予以行政处罚或刑事处罚的违法行为,在报告期内公司未因其票据融资行为遭受行政处罚或刑事处罚,今后也不会遭受该等处罚。(4)公司已承诺以后将严格按照票据法的有关规定执行,不再发生类似的行为,公司实际控制人唐永清、唐志毅、唐维君、唐柯君已承诺对可能因票据融资受处罚对公司造成的损失进行赔偿,上述票据融资不会对公司利益造成不利影响。公司上述不规范的行为不构成违反《票据法》的重大违法行为,不构成本次发行上市的法律障碍。"

发行人律师认为:"发行人的上述融资行为违反了《票据法》第10条的规定,即'票据的签发、取得和转让,应当遵循诚实信用的原则,具有真实的交易关系和债权债务关系',该行为不规范,但是基于以下原因和分析,发行人的上述融资行为不构成违反《票据法》的重大违法行为,不构成本次发行上市的法律障碍。

(1)发行人的上述融资行为主观目的是满足生产经营需要,降低融资成本,不具有任何欺诈或非法占有目的,其所融资之款项是用于生产经营活动。

(2)从2007年4月起,发行人及其控股子公司玉龙精密已停止上述不规范融资行为。发行人已经根据《票据法》规定及其在有关票据上的承诺全部履行了上述票据项下的票据付款义务且未造成任何纠纷和经济损失,没有给社会造成危害和实际损失。在2007年年末、2008年年末和2009年年末,发行人没有真实交易关系的票据余额为零。

(3)发行人的上述融资行为不属于我国《票据法》和《刑法》规定应当处以行政处罚或刑事处罚的违法行为。

(4)发行人已承诺今后将严格按照《票据法》的有关规定执行,不再发生类似的不规范行为。发行人股东和实际控制人唐永清、唐志毅、唐维君、唐柯君已承诺,若发行人和/或玉龙精密上述票据融资行为遭受任何损失、受到任何行政处罚或产生任何法律纠纷,发行人的实际控制人承担所有责任并赔偿发行人和玉龙精密因此遭受的损失,且无须发行人和玉龙精密支付任何对价。"

(二)审核意见

《关于不予核准江苏玉龙钢管股份有限公司首次公开发行股票申请的决定》(证监

许可[2010]1248号):你公司招股说明书披露,报告期内存在开具没有真实交易背景的银行承兑汇票、向股东和管理层及部分员工借款且金额较大,关联交易决策程序未完全履行,董事变动频繁等情况。由于上述情形,难以判断你公司是否能够规范运行。

【案例评析】

1. 企业发展过程中尤其是早期大都会面临融资困境,高利贷都有企业愿意冒险,有更加低廉成本的融资渠道,企业为何不去尝试呢?因此,从中国具体政策环境来考虑,一般情况下该问题如果能够解释清楚原因并且情有可原,是可以得到认可的。这也是很多拟IPO企业上市前规范整改过程中经常出现的问题。

2. 首先明确的是,票据融资的违规行为并不一定构成首发上市的实质性障碍,其基本的处理原则是:(1)该不规范行为尽量控制在报告期期初,最好是第一年,否则会导致因公司财务处理不规范和内部控制薄弱而被否决(万里扬因在报告期的第二年仍然存在票据融资行为,从而被证监会重点关注);(2)票据融资行为金额不能过大,从案例来看一两千万元还是很容易被认可的;当然,像大东南和中超电缆超过五千万元的风险就会比较大,至少从解决措施上要下更多的工夫。换句话说,如果票据融资金额真的非常大,那么在实务中建议一定放在报告期期初甚至是期外。

3. 至于该问题的处理思路,总结起来如下:(1)应付票据金额及时归还,且公司和控股股东保证以后绝对不会再犯;(2)解释票据融资行为是由于公司前期发展资金紧张不得已而为之;(3)因票据融资节省的财务费用如果金额较大建议计入非常性损益;(4)承兑的银行出具证明,证明企业不存在重大违法违规行为;(5)控股股东和实际控制人承诺承担一切可能的损失并且保证以后不再犯;(6)中介机构核查意见,证明该行为尽管与票据法等规则相违背,但是不会导致受到刑事处罚;如果再详细些,还可以证明董监高不会因此而受到刑事处罚从而影响其任职资格;建议会计师就该事项以及财务规范性做专项说明。值得注意的是,上述处理思路是小兵认为的比较完备的一套措施,如果企业票据融资行为不是很严重,可以适当简化。

4. 具体到细节,票据融资行为的解释一般会在管理层讨论与分析之应付票据部分做解释,也有的企业在公司违法违规行为部分做解释(如大东南),小兵建议前者。另外,对于该问题证监会的关注重点是公司是否会因此受到处罚以及是否构成上市障碍。

5. 大东南已经成为中国资本市场的一段传奇,从被否到取消审核再到上市,坎坎坷坷多年,最后终于有了一个好的结果。其实违规票据的问题在第一次申报时已经在申报期末进行了完全的清理,可是大东南在最后一次申报材料时,会里反馈意见的第一条还是对票据违规问题的关注。另外，西泵股份案例还详细介绍了该违规融资对公司财务状况的影响，应该也是反馈要求披露，小兵个人觉得这个思路非常好，也更能定性反映这种票据融资行为对企业生产经营以及盈利能力的影响。

【思路总结】

1. 银行承兑汇票 Bank's Acceptance Bill（BA）是商业汇票的一种，是由在承兑银行开立存款账户的存款人出票，向开户银行申请并经银行审查同意承兑的，保证在指定日期无条件支付确定的金额给收款人或持票人的票据。对出票人签发的商业汇票进行承兑是银行基于对出票人资信的认可而给予的信用支持。

2. 票据贴现（Discounting Bills of Exchange）是指在持票人需要资金时，将持有的未到期商业汇票，通过背书的方式转让给银行，银行在票据金额中扣除贴现利息后，将余款支付给贴现申请人的票据行为。贴现既是一种票据转让行为，又是一种银行授信行为。银行通过接受汇票而给持票人短期贷款，汇票到期时，银行就能通过收回汇票金额而冲销贷款。如果银行到期不获票据付款，则可以向汇票的所有债务人行使追索权。

3. 票据贴现就其性质而言是银行的一项授信业务，银行实际上是通过贴现的方式给持票人以贷款。但与一般贷款不同的是，由于贴现银行是通过背书方式取得票据的票据权利人，所以出票人、收款人、背书人、承兑人和保证人均对该贷款（票据金额）承担连带责任，这样，最大限度地保证了这种短期贷款的资金安全。

【参考法规】

一、《中华人民共和国票据法》

第十条 票据的签发、取得和转让，应当遵循诚实信用的原则，具有真实的交易关系和债权债务关系。票据的取得，必须给付对价，即应当给付票据双方当事人认可的相对应的代价。

二、《中华人民共和国刑法》

第一百九十四条 有下列情形之一，进行金融票据诈骗活动，数额较大的，处五年以下有期徒刑或者拘役，并处二万元以上二十万元以下罚金；数额巨大或者有其他严重情节的，处五年以上十年以下有期徒刑，并处五万元以上五十万元以下罚金；数额特别巨大或者有其他特别严重情节的，处十年以上有期徒刑或者无期徒刑，并处五万元

以上五十万元以下罚金或者没收财产:

(一)明知是伪造、变造的汇票、本票、支票而使用的;

(二)明知是作废的汇票、本票、支票而使用的;

(三)冒用他人的汇票、本票、支票的;

(四)签发空头支票或者与其预留印鉴不符的支票骗取财物的;

(五)汇票、本票的出票人签发无资金保证的汇票、本票或者在出票时作虚假记载,骗取财物的。

使用伪造、变造的委托收款凭证、汇款凭证、银行存单等其他银行结算凭证的,依照前款的规定处罚。

■第二节　评估调账解决之道

【重要提示】

★ 评估调账问题在实务中较为普遍,主要是由于企业相关人员对有关规则不清楚或理解错误而导致的,该种瑕疵没有掩盖或者解释的机会,只能是日后付出同样甚至更高的代价来弥补和解决,企业从中根本得不到任何好处。换句话说,从首发上市的角度来讲,中介机构绝对不会建议企业进行评估调账的。

★ 根据最新企业会计准则的历史成本原则及相关规定,持续经营的公司是不允许部分资产评估调账的,因为这违背了资产的历史成本原则。那么资产整体变更呢?比如通过评估进行企业改制或者我们常说的整体变更为股份公司呢?

★ 国有企业或者集体企业改制进行评估调账没有任何问题,这是有关规则的应有之义;从现有审核政策来讲,整体变更也是允许评估调账的,只是不能连续计算业绩而已,理由是会里认为整体变更属于变更了公司形式,不能算是持续经营的公司。

【案例情况】

一、新都化工(002539):整体变更调账

(一)新都化工设立时的资产评估情况

根据四川华衡资产评估有限公司2004年11月21日出具的川华衡评报[2004]127

号《资产评估报告》,成都市新都化工(集团)有限公司资产评估的具体情况如下:

1. 主要资产项目的评估方法

(1)长期投资:对控股的长期投资,首先对控股的被投资企业进行整体评估,确定被投资企业净资产价值,然后以评估后的被投资企业净资产及投资比例确定评估值;对非控股的长期投资,根据被投资企业评估基准日账面净资产值及投资比例确定评估值。

(2)房屋建筑物:采用重置成本法。

(3)设备及车辆:评估方法采用重置成本法。

(4)土地使用权:本次评估报告土地使用权采用四川川地地产评估事务所有限公司出具的(四川)川地[2004](估)字第096－1号《土地估价报告》和(四川)川地[2004](估)字第096－3号《土地估价报告》的土地使用权评估结果。评估方法采用基准地价系数修正法。

2. 评估结果

评估结果如下:

单位:万元

项目	账面价值	评估价值	增减值	增值率
流动资产	10,786.78	10,948.56	161.78	1.50%
长期投资	2619.00	6020.50	3401.50	129.88%
固定资产	895.73	1311.68	415.95	46.44%
其中:在建工程	124.01	124.01	—	0.00%
建筑物	326.28	688.93	362.65	111.15%
设备	445.44	498.74	53.30	11.97%
无形资产	752.00	1803.82	1051.82	139.87%
其中:土地使用权	736.44	1786.32	1049.88	142.56%
其他资产	308.25	308.25	—	0.00%
资产总计	15,361.75	20,392.80	5031.05	32.75%
流动负债	8656.49	8656.49	—	0.00%
长期负债	77.75	77.75	—	0.00%
负债总计	8734.24	8734.24	—	0.00%
净资产	6627.51	11,658.57	5031.06	75.91%

公司本次评估前,资产账面价值为6627.51万元,评估价值为11,658.57万元,评估增值5031.06万元,评估增值率为75.91%。评估增值幅度较大的为:(1)长期投资评估增值3401.50万元,增值率为129.88%。主要原因是公司控股子公司应城市新都化工2宗土地及应城复合肥的1宗土地按照基准地价系数修正法评估增值。(2)固定资产项下的建筑物增值362.65万元,增值率111.15%。主要原因系公司的房屋建筑物按照重置成本法评估增值。(3)公司无形资产中的土地使用权评估增值1049.88万元,增值率为142.56%。主要原因系新都公司本部拥有的5宗土地使用权按照基准地价系数修正法评估增值。

3.评估增值资产情况

其中应城市新都化工有限责任公司增值资产明细列示如下:

单位:万元

项目	账面价值	评估价值	增减值	增值率(%)
流动资产	2148.32	2282.87	134.55	6.26
长期投资	42.94	199.95	157.01	365.65
固定资产	4179.05	5050.72	871.67	20.86
其中:在建工程	406.96	406.96	0.00	0.00
建筑物	370.92	1238.64	867.72	233.94
设备	3401.16	3405.12	3.96	0.12
无形资产	276.42	2302.07	2025.65	732.82
其中:土地使用权	276.42	2302.07	2025.65	732.82
其他资产	47.35	13.27	-34.08	-71.97
资产总计	6694.08	9848.88	3154.80	47.13

其中应城市新都化工复合肥有限责任公司增值资产明细列示如下:

单位:万元

项目	账面价值	评估价值	增减值	增值率(%)
流动资产	2645.83	2756.27	110.44	4.17
固定资产	609.33	692.73	83.40	13.69
其中:在建工程	12.00	12.00	0.00	0.00
建筑物	166.11	251.92	85.81	51.66

续表

项目	账面价值	评估价值	增减值	增值率(%)
设备	431.22	428.81	-2.41	-0.56
无形资产	133.95	683.85	549.90	410.53
其中:土地使用权	133.95	683.85	549.90	410.53
资产总计	3389.11	4132.85	743.74	21.94

评估增值的主要原因系新都公司账面资产按历史成本法计价,截至评估基准日由于市场环境发生变化,新都公司及其子公司持有的长期资产特别是固定资产及土地的市场价值得到较大幅度的提升,导致评估产生较大的增值。

4. 后续使用情况

新都公司经股份制改制后,上述资产由新都化工继续使用。在后续经营过程中,部分固定资产因折旧年限已到期、技术改造等原因已处置或更新,截止 2010 年 9 月 30 日,具体情况如下:

单位:万元

公司	项目	评估价值	已核销资产评估价值	尚在使用资产评估价值
新都化工	固定资产	1311.68	303.19	1008.49
	无形资产	1803.82		1803.82
应城市新都化工有限责任公司	固定资产	5050.72	1292.44	3758.28
	无形资产	2302.07		2302.07
应城市新都化工复合肥有限公司	固定资产	692.73	234.15	458.58
	无形资产	683.85		683.85
合计	固定资产	7055.13	1829.78	5225.35
	无形资产	4789.74		4789.74

5. 评估调账有关税收的财务处理

按照财政部、国家税务总局《关于企业资产评估净增值有关所得税处理问题的通知》(财税字[1997]77号)、财政部、国家税务总局《关于企业资产评估增值有关所得税处理问题的补充通知》(财税[1998]50号)及会计准则和税法相关规定，公司根据实际情况选用了据实逐年调整的方法对应纳税所得额进行调整。

鉴于该部分评估增值的折旧与摊销并不能在税前扣除，新都化工按资产价值与计税基础之间的差异计算递延所得税负债。在进行年度所得税汇算时，将该部分不能在税前抵扣的折旧与摊销在计算应税所得额中扣除，同时调整期末的递延所得税负债。

经核查，西南证券认为，新都化工在以评估值进行调账并变更设立股份公司时，对评估增值部分应交所得税的会计处理符合会计准则及税法相关规定。

(二)新都化工股本形成及验资

2004年年末，随着复合肥市场的进一步复苏，公司为进一步做大做强，考虑到扩大公司注册资本规模后，有利于公司向银行争取提高贷款额度，获取公司发展急需的资金，公司股东拟以经评估的净资产出资，整体变更设立股份有限公司。

2005年6月20日，四川省人民政府以川府函[2005]118号《四川省人民政府关于同意成都市新都化工(集团)有限公司变更设立为成都市新都化工股份有限公司的批复》同意成都市新都化工(集团)有限公司变更设立为成都市新都化工股份有限公司。注册资本为11,658万元，由宋睿、牟嘉云等自然人和成都市思瑞丰投资有限公司共同持有。

2005年6月25日，成都市新都化工(集团)有限公司召开股东会，形成如下决议：

(1)审议通过公司整体变更设立股份公司，名称由“成都市新都化工(集团)有限公司”变更为“成都市新都化工股份有限公司”。

(2)审议通过成都市新都化工(集团)有限公司依据四川华衡评估有限公司[2004]127号《评估报告书》，以2004年10月31日为基准日，将经评估后的净资产116,585,653.42元人民币其中的11,658万元按以1∶1比例折股方式变更为股份有限公司的股份11,658万股，剩余5,653.42元人民币计入资本公积。

(3)各股东自愿以其在成都市新都化工(集团)有限公司中缴纳的出资和享有的权益，作为股份有限公司的发起人股份。

2005年7月18日，四川省工商行政管理局核发了成都市新都化工股份有限公司的《企业法人营业执照》，注册号：5101004000026976。成都市新都化工(集团)有限公司的股东变更为成都市新都化工股份有限公司发起人，并按原持股比例继续持股，具体持股情况如下表：

序号	股东名称	持股数量(股)	持股比例	出资形式
1	宋睿	65,284,800	56.00%	净资产
2	牟嘉云	32,642,400	28.00%	净资产
3	成都市思瑞丰投资有限公司	13,989,600	12.00%	净资产
4	覃琥玲	2914,500	2.50%	净资产
5	尹辉	1748,700	1.50%	净资产
合计		116,580,000	100.00%	—

以上出资已经由四川华信(集团)会计师事务所有限责任公司出具的川华信验[2004]30号《验资报告》审验。依据该报告,截至2004年10月31日止,已收到全体股东缴足的注册资本合计人民币11,658万元。出资方式为该五位股东拥有的原公司2004年10月31日业经评估后的净资产投入。其中:牟嘉云出资人民币32,642,400元,占注册资本的28%,宋睿出资人民币65,284,800元,占注册资本的56%,覃琥玲出资人民币2,914,500元,占注册资本的2.5%,尹辉出资人民币1,748,700元,占注册资本的1.5%,成都思瑞丰投资有限公司出资人民币13,989,600元,占注册资本的12%。

二、通裕重工(300185):评估增值的误操作

(一)禹城通裕机械有限公司的成立

2002年5月24日,司兴奎等23名自然人向禹城市工商行政管理局申请设立禹城通裕机械有限公司,并于2002年5月25日取得《企业法人营业执照》。通裕有限设立时的注册资本为596.80万元,由司兴奎等23名自然人以现金方式出资(出资资金为23名自然人个人自有资金),德州大正有限责任会计师事务所禹城分所于2002年5月24日出具了禹会验[2002]40号《验资报告》。

(二)禹城通裕机械有限公司增资、分立及更名为山东通裕机械有限公司

1.2002年7月增资及分立

根据通裕有限2002年6月16日股东会决议,司兴奎等23名自然人将所购买的原禹城通裕集团公司的资产(含负债)增资通裕有限,同时分立成立禹城通裕铸造有限公司(以下简称通裕铸造),增资及分立评估基准日为2002年5月31日。

德州大正有限责任会计师事务所临邑分所为增资及分立事宜进行了评估,并于

2002 年 7 月 5 日出具德大正临评报字[2002]第 07 号《资产评估报告》,截至 2002 年 5 月 31 日,通裕有限净资产评估值为 52,344,687.04 元。

通裕有限 23 名股东对该评估的净资产按出资比例(通裕有限持股比例)扣除通裕有限注册资本 596.8 万元后,进行同比例(1∶7.77)分配(因保留两位小数产生部分尾数差异),同时由张继森、高庆东、石爱军和刘翠花 4 名股东以固定资产 202 万元(含其所持有的通裕有限出资额 23 万元及增资净资产 179 万元)分立另设禹城通裕铸造有限公司。

分立后,通裕有限剩余净资产 5031.2 万元,由 19 名自然人股东以其中 4457.4 万元净资产对通裕有限进行增资(扣除其所持有的通裕有限原出资额 573.80 万元),增资完成后通裕有限注册资本由 596.8 万元增加至 5031.2 万元,上述增资已经德州大正有限责任会计师事务所禹城分所于 2002 年 7 月 22 日出具禹会验[2002]62 号《验资报告》予以验证。

此外需要说明的是,通裕有限在实施分立行为时,并未履行通知债务人、取得债权人同意、公告程序,但鉴于债权债务已在公司正常生产经营过程中履行完毕,因此不存在潜在纠纷或法律风险。2009 年 12 月 7 日,禹城市工商局出具书面说明:通裕有限该次分立已经股东会做出决议,并按照德大正临评报字[2002]第 07 号《资产评估报告》载明的资产清单实施分立,通裕有限分立前的债务由分立后的两家公司承担连带责任,不存在损害债权人利益的情况亦无潜在纠纷,已经禹城市工商局进行分立登记予以认可,公司在禹城市工商局登记期间,不存在因违反工商登记法律法规可能受到行政处罚的情形。

2002 年 7 月 21 日,经通裕有限股东会审议通过,"禹城通裕机械有限公司"更名为"山东通裕机械有限公司"。

发行人律师认为,通裕有限在实施分立时未能按照当时有效的《公司法(99 修正)》的相关规定履行通知债权人及公告法律程序的情形,未影响通裕有限分立及通裕铸造设立的有效性,且不会使通裕有限的该次分立及通裕铸造的设立存在潜在的法律纠纷或风险,不够成本次发行上市的障碍。

2. 山东省禹城通裕集团公司改制情况

(1)改制过程

司兴奎等 23 名自然人本次增资及分立的资产涉及其购买的山东省禹城通裕集团公司(以下简称禹城通裕集团公司)的产权。该公司原系集体企业,于 2001 年进行改制,2002 年 5 月注销。相关具体情况说明如下:

禹城通裕集团公司系经禹政办发[1994]80 号文批准于 1994 年 5 月 20 日在禹城市工商局登记设立的集体企业,隶属于禹城市房寺镇人民政府(以下简称房寺镇政府),主营业务为锻件及铸铁件、通用机械、非标准设备制造,销售。

2001年11月2日,经禹城市房寺镇人民政府房政发[2001]11号文《房寺镇政府关于对禹城通裕集团公司改制申请报告的批复》的批准,原则同意禹城通裕集团公司关于企业改制的申请报告。

2001年,经德州大正有限责任会计师事务所评估并出具德大正评报字[2001]第11号《资产评估报告书》,截至2001年11月30日,禹城通裕集团公司资产(当时尚未取得土地使用权,故该次资产评估及买断集体资产不含土地使用权)评估价值为97,078,025.49元,负债评估价值为90,568,964.08元,净资产评估价值为6,509,061.41元。禹城市国资局以禹国资评字[2002]第1号文对该评估结果进行了确认,并注明账面土地使用权价值1,751,726.51元,面积120亩,在评估报告中未作列示,本次改制中关于土地使用权一事,另行解决。

禹城市经济体制改革办公室于2002年3月18日下发《关于同意禹城通裕集团公司改制的批复》(禹改发[2002]12号),同意对禹城通裕集团公司进行改制,由司兴奎等23名自然人以428万元买断禹城通裕集团公司企业产权,产权转让收入交房寺镇政府。

2002年4月11日,禹城市房寺镇人民政府与司兴奎(代表23名自然人)签订了《山东禹城通裕集团公司产权出售合同》,房寺镇政府将禹城通裕集团公司的全部产权转让给司兴奎。根据德州市委市政府《关于进一步搞好企业改革的意见》(德发[1998]6号)和禹城市深化企业改革领导小组《关于深化企业改革的配套政策》(禹企改发[1999]3号)文件规定,司兴奎等23名自然人受让禹城通裕集团公司全部产权的价格计算方式为:在企业净资产中冲减原欠职工养老保险金92.72万元和一次性缴纳受让款20%优惠111.636万元后(余额446.54万元),最终协商确定为428万元。禹城通裕集团公司的上述改制方案已经职工代表大会审议通过。

公司就上述禹城通裕集团公司改制程序的合法合规性在申请山东省人民政府予以确认的过程中,德州市人民政府认为房寺镇政府及禹城市体改办在改制过程中确定的产权转让价格428万元低于改制集体企业评估净资产减去原欠职工养老保险金及一次性缴纳产权转让价款折扣后的余额,该部分优惠依据不充分,要求司兴奎等23名受让禹城通裕集团公司股权的自然人补缴差额185,501.41元。2010年6月19日,上述23名自然人向禹城市房寺镇财政所缴纳了185,501.41元禹城通裕集团公司改制净资产转让差额,并由禹城市房寺镇财政所开具收据。

2010年9月27日,山东省人民政府出具了《关于对山东禹城通裕集团公司改制予以确认的批复》(鲁政字[2010]233号)确认山东禹城通裕集团公司改制符合当时的法律、法规及相关规定,未发现集体资产流失和职工权益受损等情形。

(2)司兴奎等23名自然人购买原禹城通裕集团公司的资产(含负债)增资通裕有限的原因

①禹城市体改办的指导

禹城市体改办在指导集体企业改制过程中,政策上更倾向于由最终的产权受让方以自然人身份直接受让改制企业产权,而非由受让方先成立有限责任公司并以该公司名义受让改制集体资产,以避免最终的产权受让方借有限责任公司的有限责任制度逃避改制责任、逃避改制债务甚至变卖私分改制资产。由改制受让方以自然人身份直接受让改制资产、承担改制义务并使得受让改制资产的自然人承担第一位的改制资产受让方义务,有利于强化相关自然人的责任感,从而确保改制后企业的稳定经营,维护股东、职工和债权人等各方主体的根本利益。

②未能先行成立通裕有限的原因

A 当时改制是一个反复且持续时间较长的事情,存在时间及其政策上的不确定性,若采取在禹城通裕集团公司改制未完成前先出资设立有限责任公司的方式参与改制,将会产生有限责任公司设立时出资规模有待根据改制产权出售定价结果确定以及改制受让方在最终改制方案确定前即先行出资等情况,一旦改制工作无法顺利完成,产权受让方不得不重新解散清算新成立的公司,不符合参与改制各受让方的改制思路和需要。

B 在禹城通裕集团公司完成改制并注销前,其他投资者不得申请使用包含"通裕"字样的企业名称,因此在禹城通裕集团公司改制完成前,若司兴奎等23名自然人拟新设立企业受让改制整体产权,该新设立公司的企业名称将不得使用"通裕"字样,因此将影响禹城通裕集团公司在改制前后经营与业务的连贯性和稳定性,不利于改制后新成立的企业接续禹城通裕集团公司进行生产经营。

C 司兴奎等23名自然人经讨论后一致认为自然人购买方式更有利于将每位参与受让禹城通裕集团公司改制资产的投资者的利益紧密结合在一起,强化每一位参与改制的受让方所承担的共同责任和义务。

(3)2002年6月增资来源是司兴奎等23名自然人将所购原禹城通裕集团公司全部产权按份以增资方式投入公司

①根据禹城通裕集团公司的改制方案,禹城通裕集团公司改制时,其整体产权以一次性买断方式出售给司兴奎等23名自然人,该等自然人另行以货币方式共同出资设立通裕有限。

②通裕有限设立时23名股东共同以货币方式出资596.8万元,其自设立(2002年5月25日)至股东增资评估基准日(2002年5月31日)期间,并未承接除股东出资外的任何资产或开展任何生产经营活动,因此截至增资评估基准日2002年5月31日通

裕有限净资产仍为596.8万元,不存在自有资产评估增值的情形。

③司兴奎等23名股东于2009年11月13日出具《股东确认书》,对原股东会决议中所作描述做出说明,确认该次增资的资产为司兴奎等23名自然人按照通裕有限出资比例享有的禹城通裕集团公司全部产权。

(4)原禹城通裕集团公司剩余资产、业务、人员处置情况

根据禹城市体改办先后下发的《关于山东禹城通裕集团公司改制方案的批复》(禹改发[2001]5号)及《关于同意山东禹城通裕集团公司改制的批复》(禹改发[2002]12号),2002年4月11日,司兴奎代表23名自然人与房寺镇政府签订《产权出售合同》,约定司兴奎等23名自然人出资一次性买断禹城通裕集团公司的全部产权(不包括土地使用权),承担原企业全部债务(包括欠缴的养老保险),具体资产及负债范围将比照相关资产评估报告确定。司兴奎等23名自然人买断改制企业产权后,将其以增资方式整体投入新成立的通裕有限,由通裕有限最终承继了禹城通裕集团公司的改制资产(包括相应负债)以及改制资产所涉及的自改制审计基准日至增资置入通裕有限期间的期间损益(其中包括未纳入改制范围并在改制基准日后以出让方式取得的一宗国有土地的使用权)。

与此同时,新成立的通裕有限承接了禹城通裕集团公司的业务,在其改制资产基础上继续从事相同生产经营活动。因此,禹城通裕集团公司改制后,不存在未置入通裕有限的剩余资产,亦不存在剥离在外的其他业务。

针对禹城通裕集团公司原职工的安置事项,根据禹城市体改办的相关批复及《产权出售合同》,禹城通裕集团公司改制前在册员工360人,由司兴奎等23名自然人全员负责安置,并负责缴纳欠缴的养老保险。通裕有限成立后,上述禹城通裕集团公司的员工与其资产一并由通裕有限承接,通裕有限与上述员工重新签订了《劳动合同》,不存在未得到安置的禹城通裕集团公司员工或其他损害职工合法权益的情形。

鉴于禹城通裕集团公司已经如前所述对其全部资产(包括负债)、业务及人员的安置和交接做出安排,经禹城市工商局核准,于2002年5月25日依法注销。

(5)中瑞岳华验字[2009]第307号《验资复核报告》所涉及保留意见事项对发行人的具体影响以及该事项是否可能导致股东出资不实

德州大正临邑分所于2009年12月16日出具书面说明,确认其于2002年7月5日出具的德大正临评报字[2002]第07号《资产评估报告》之评估范围包括截至2002年5月31日通裕有限的全部资产和负债及司兴奎等23名自然拟增资投入通裕有限的禹城通裕集团公司产权涉及的全部资产、负债;该评估报告所载评估结果同时应用于通裕有限该次增资与分立两项经济行为,其中在该评估结果的基础上调减原归属于通裕有限的596.8万元后余额4457.4万元为该次股东增资资产的价值。2010年6月9日,北

京国友大正资产评估有限公司出具国友大正评报字[2010]第126号《资产评估复核报告》,确认除明确说明的事项外,“《资产评估报告书》的格式及叙述的内容基本符合《资产评估报告基本内容与格式的暂行规定》(财评字[1999]91号)规定及《国有资产评估管理办法》的规定;评估基准日的选择适当;评估所依据的法律法规和政策合理;评估方法的应用恰当,评估过程步骤符合规范惯例的要求,评估结果公允”。

中瑞岳华验字[2009]第307号《验资复核报告》的保留意见只是对作为增资依据的评估报告的评估目的补充说明。

经核查,保荐机构、发行人律师及申报会计师认为,司兴奎等23名自然人因按照禹城市体改办的指导意见及先行设立公司的可操作性不强等原因,直接购买了原禹城通裕集团公司的资产(含负债),并按份以增资方式投入通裕有限,通裕有限承接了原禹城通裕集团公司全部资产、业务及人员。中瑞岳华[2009]第307号《验资复核报告》中的保留意见事项不会致使通裕有限股东的该次增资存在出资不实的情形。

3.本次增资及分立的评估及其复核

(1)资产评估情况

2002年7月5日,德州大正有限责任会计师事务所临邑分所出具了德大正临评报字[2002]第07号《资产评估报告》,评估基准日为2002年5月31日,通裕有限净资产评估值为52,344,687.04元。

(2)评估情况说明

①房屋建筑物评估情况

评估方法:评估组在向企业询问和了解的基础上,根据资产登记表、建筑物总平面图、工程施工图,逐项进行现场勘察,核实建筑面积和数量,了解建筑物的使用情况、产权证明、装饰、水电配套、自然磨损和损坏情况以及维修保养情况。然后,向当地政府部门了解当地建安工程定额标准,有关定额调整系数,工程造价信息及企业工程预决算资料和城市建设税费。最后,根据不同类型建筑物,寻找典型代表,然后根据待评估资产与典型工程造价差异系数进行修正,最后求得重置价值。

②机器设备评估情况

评估方法:设备类资产评估主要采用重置成本法,即在持续使用的前提下,以重新购置该项资产的现行市值为基础确定重置价值,同时通过现场调查和综合技术分析确定相应损耗后的成新率,据此计算评估值。其计算公式为:设备评估值 = 设备重置完全价值 × 综合成新率。

经评估,机器设备共计170台套,调整后账面净值34,509,760.92元,评估后净值73,066,350元,评估增值38,556,589.08元,增值率111.73%。评估增值的主要原因是评估报告中大部分机器设备原为通用机加工设备,为扩大设备的加工能力,企业对部分设备进行了技术改造,如将原来的普通车床改装为车、镗、钻、数控等多用途的专用设备,并配备了专用的工艺装备。

(3)评估复核情况

北京国友大正资产评估有限公司于 2010 年 6 月 9 日出具了国友大正评报字[2010]第 126 号《关于德州大正有限责任会计师事务所临邑分所出具的德大正临评报字[2002]第 07 号〈禹城通裕机械有限公司资产评估报告书〉资产评估复核报告》。复核结论为:"《资产评估报告书》的格式及叙述的内容基本符合《资产评估报告基本内容与格式的暂行规定》(财评字[1999]91 号)规定及《国有资产评估管理办法》的规定;评估基准日的选择适当;评估所依据的法律法规和政策合理;评估方法的应用恰当,评估过程步骤符合规范惯例的要求,评估结果基本公允。"

(三)2008 年 4 月股权转让及增资

2008 年 3 月 30 日,通裕有限股东会通过增资及股权转让决议,22 名自然人股东向深圳市连浩进出口有限公司(以下简称深圳连浩,2008 年 4 月 28 日该公司更名为深圳市秉浩投资有限公司,以下简称深圳秉浩投资)转让其持有的合计 408.35 万元人民币出资,同时深圳连浩以货币资金向公司增资 591.65 万元,通裕有限注册资本增加至 12,591.65 万元。深圳连浩受让股权及增资的价格均为每股出资 7 元。上述增资已经德州大正会计师事务所禹城分所出具禹会验字[2008]020 号《验资报告》验证。

(四)2008 年 4 月股东货币出资及相关认定

1.2008 年 4 月出资基本情况

2008 年年初,通裕有限在引入投资者过程中,对历史沿革及历次股东出资事项进行了梳理,由于当时审计工作尚未全面深入进行,新投资者深圳秉浩投资认为通裕有限 2002 年 7 月增资及分立过程中的增资系对通裕有限当时资产进行评估调账而来,不符合相关财务会计制度,因此在 2008 年 3 月 30 日的股东会中,为避免股东之间对过往出资方式合法合规性问题存在争议或顾虑,并充分考虑新投资者高溢价增资的情况,为引入投资者工作顺利推进,全体股东同意"原 23 名自然人股东自愿以自有货币资金置换上述资本公积转增的出资,即将原评估增值部分的资产调回原值,上述以增资部分计入资本公积所转增的注册资本,改由原 23 名自然人以货币方式出资,视同原 23 名自然人在历史上以货币资金方式进行出资",但同时确认该等置换出资的行为未对公司利益造成实际损害、在置换出资前相关股东已经享有的权益或作出的决议均合法有效。

上述决议作出后,原23名股东按照股东会决议的要求向通裕有限缴纳了出资,中瑞岳华会计师事务所有限公司就上述置换出资事项进行验证并出具了中瑞岳华验字[2008]第2157号《验资报告》。此后,通裕有限就该事项向工商登记主管部门山东省工商局出具书面说明,并进行了相应的工商变更登记。

2.2009年12月6日股东会对2008年4月股东出资行为的认定

随着公司改制上市计划的逐步推进及2009年新进投资者聘请的会计师事务所对公司进行的尽职调查工作的深入,当年的实际情况是,2002年7月股东增资的处理并非对"公司资产进行评估调账而来",而是司兴奎等23名自然人将其自房寺镇政府受让的集体企业原禹城通裕集团公司全部产权(含2001年11月至2002年5月期间净资产变化)以增资方式投入公司。

为此,通裕有限股东会于2009年12月6日作出决议,全体相关股东(包括2002年7月增资及分立时的股东及其后公司新增股东)一致认为2008年3月30日股东会决议对2002年7月增资来源的理解不准确,不符合当时实际情况,该次增资的来源并非对"资产进行评估调账而来",而是司兴奎等23名自然人将其自房寺镇政府受让的集体企业原禹城通裕集团公司全部产权按份以增资方式投入公司,同时公司在增资的基础上进行分立。尽管如此,全体相关股东一致确认司兴奎等23名自然人2008年4月更换出资的行为不改变股东原有出资方式,其等已经缴纳的4434.40万元全额计入资本公积科目,留存公司并由全体股东共享,因上述处理而发生的税务负担(不论是公司或股东个人的纳税义务)均由现有全体股东按照出资比例分担,公司已就上述事项在山东省工商行政管理局办理完工商变更登记手续。

(五)反馈意见关注:2002年7月通裕有限增资的来源

(1)通裕有限设立时23名股东共同以货币方式出资596.8万元,其自设立(2002年5月25日)至股东增资评估基准日(2002年5月31日)期间,并未承接除股东出资外的任何资产或开展任何生产经营活动,因此截至增资评估基准日2002年5月31日通裕有限净资产仍为596.8万元,不存在自有资产评估增值的情形。

(2)德州大正临邑分所于2009年12月16日出具书面说明,确认其于2002年7月5日出具的德大正临评报字[2002]第07号《资产评估报告》之评估范围包括截至2002年5月31日通裕有限的全部资产和负债及司兴奎等23名自然拟增资投入通裕有限的禹城通裕集团公司产权涉及的全部资产、负债;该评估报告所载评估结果同时应用于通裕有限该次增资与分立两项经济行为,其中在该评估结果的基础上调减原归属于通裕有限的596.8万元后余额4457.4万元为该次股东增资资产的价值。

(3)2010年6月9日,北京国友大正资产评估有限公司出具国友大正评报字[2010]第126号《资产评估复核报告》,确认除明确说明的事项外,“《资产评估报告书》的格式及叙述的内容基本符合《资产评估报告基本内容与格式的暂行规定》(财评字[1999]91号)规定及《国有资产评估管理办法》的规定;评估基准日的选择适当;评估所依据的法律法规和政策合理;评估方法的应用恰当,评估过程步骤符合规范惯例的要求,评估结果公允”。

(4)中瑞岳华于2009年11月20日出具中瑞岳华验字[2009]第307号《验资复核报告》,确认股东用以增资的资产为净资产;中瑞岳华于2010年9月28日出具《中瑞岳华反馈专项说明》,进一步确认“2002年6月增资来源是司兴奎等23名自然人将所购通裕集团全部产权按份以增资方式投入公司”。

三、奥克股份(300082):现金补足资产评估增值的虚增部分

2000年1月1日,公司的前身辽阳奥克化学有限公司设立,注册资本人民币100万元,其中李玉洁等28个自然人以货币资金95万元出资,辽阳奥克化学品公司以“奥克”商标作价5万元出资。辽阳会计师事务所为公司设立出具辽市会师验字[1999]第494号《验资报告》。

2002年1月,辽阳奥克化学品公司将其出资5万元转让给朱建民等22名股东,公司以经辽阳智达资产评估事务所评估的“奥克”商标增值部分作价271.46万元增加注册资本。辽阳智达资产评估事务所为此出具辽智资评字[2002]第002号《资产评估报告书》,该商标评估后的价值为276.46万元,评估增值271.46万元。

2003年8月1日,辽阳天亿会计师事务所有限责任公司出具辽阳天亿会师评字[2001]第040号《辽阳奥克化学有限公司拟了解资产现行价值的资产评估报告书》,对公司所拥有的位于辽阳市宏伟区东环路29号的2宗土地使用权和10栋房屋建筑物及其他建筑物进行评估,评估结果合计为1038.1165万元。其中土地评估价值为782.4455万元,账面价值为202.083821万元,评估增值580.361679万元,房屋建筑物评估价值为255.671万元,账面价值为66.032679万元,评估增值189.638321万元,合计评估增值770万元。公司依据该评估结果调整资产账面价值,增值部分计入资本公积,并以此资本公积转增注册资本。本次资本公积转增注册资本涉及的股东、转增金额等具体情况如下表:

序号	股东	资本公积来源(万元)		转增金额(万元)
		土地使用权	房屋建筑物	
1	朱建民	101.76	33.25	135.01
2	刘兆滨	62.74	20.50	83.24
3	董振鹏	65.83	21.51	87.34
4	仲崇纲	48.64	15.89	64.53
5	沈　毅	34.37	11.23	45.60
6	黄　伟	22.54	7.36	29.90
7	宋恩军	10.35	3.38	13.73
8	杨　波	25.95	8.48	34.43
9	刘　爽	15.63	5.11	20.74
10	梁　军	17.10	5.59	22.69
11	王树博	16.88	5.52	22.40
12	韩桂荣	11.32	3.70	15.02
13	葛　婷	14.43	4.72	19.15
14	朱宗将	7.90	2.58	10.48
15	仲崇利	12.30	4.02	16.32
16	张素兰	8.39	2.74	11.13
17	金连海	13.115	4.285	17.40
18	富　扬	7.39	2.42	9.81
19	赵会男	6.91	2.26	9.17
20	喻绍硕	7.73	2.52	10.25
21	王惠忠	6.56	2.15	8.71
22	程　宝	20.705	6.765	27.47
23	孙玉德	15.84	5.17	21.01
24	白　刚	6.53	2.13	8.66
25	宫德仁	12.97	4.24	17.21
26	高雨虹	6.48	2.12	8.60
合计		580.36	189.64	770.00

(一)公司以自有资产评估增值部分增加注册资本事项

2002年1月,公司以经辽阳智达资产评估事务所评估的“奥克”商标增值部分增加注册资本,该次增资涉及22名股东(具体金额已如前述);2003年9月,公司以土地使用权和房屋建筑物评估增值部分形成的资本公积增加注册资本,该次增资涉及26名股东(具体金额已如前述)。

公司2002年、2003年两次以资产评估增值额增加注册资本,作为评估的标的物实际上均属于公司自有资产,根据财务会计制度的相关规定,不能再次进行评估并作为股东的出资重新增加注册资本。实际上2002年、2003年公司的两次增资均为虚增,当时的股东并未履行相应的出资义务。

经咨询会计师等相关专业人员,公司及相关股东认识到上述虚增注册资本行为不符合会计准则的相关规定。为了纠正上述不规范行为,经全体股东一致同意,2005年12月,各股东以现金方式依法补足了其各自应履行的出资义务。2009年7月,公司和上述两次虚增资本事项涉及的所有股东为此出具专项说明,深圳南方民和会计师事务所有限责任公司为本次现金补足出具深南审阅报字[2009]第SY011号《审阅报告》。

(二)中介机构对上述事项的意见

1.保荐机构意见

辽阳奥克化学有限公司2002年、2003年以自有资产进行评估增加注册资本的行为,不符合相关规定。但该情形已经辽阳奥克化学有限公司及其股东自行纠正,且经南方民和会计师出具的《审阅报告》予以验证,确认截至2005年12月,奥克有限已足额收到各股东认缴的注册资本合计人民币1041.46万元。至此,以上不规范情形已经消除,其注册资本已经足额缴纳。相关不规范行为没有损害相关债权人的利益,也没有损害其他股东利益,且该公司已规范运行3个会计年度以上,该不规范情形不构成本次公开发行股票及上市的实质障碍。

2.律师意见

辽阳奥克化学有限公司2002年1月及2003年9月两次以自有资产进行评估作价作为股东出资的行为存在瑕疵,不符合相关规定。但该情形已经公司及其股东自行纠正,没有损害奥克有限债权人的利益。此外,发行人已经规范运行3个会计年度,奥克有限成立及变更过程中的上述不规范情形不会对发行人本次公开发行股票及上市构成实质性障碍。

四、皖通科技(002331):评估调账解决之道

2000年12月18日,经皖通发展股东会决议通过,决定对公司进行增资扩股,注册资本由300万元增至2000万元,其中资本公积向全体股东转增700万元,同时安徽皖通高速公路股份有限公司现金增资1000万元。

(一)增资的背景和初衷

为贯彻落实中共中央、国务院《关于加强技术创新,发展高科技,实现产业化的决定》(中发[1999]14号)文件精神,1999年11月6日,安徽省人民政府出台了《安徽省人民政府关于进一步扶持高新技术产业发展的若干规定》(皖政[1999]48号)。2000年8月1日,安徽省科技厅、省工商局印发《安徽省人民政府〈关于进一步扶持高新技术产业发展的若干规定〉第一条、第十三条和第二十条实施办法的通知》规定"为鼓励技术创新、高新技术成果转化为生产力,科研机构、高等学校和科研人员可以采取多种方式转化高新技术成果,创办高新技术企业,发展高新技术产业。以高新技术成果向有限责任公司或非公司制企业入股的,其作价金额可达到公司注册资本的35%,另有约定的除外","高新技术成果由国家或省科技主管部门认定,其作价金额可由有资质的评估机构评估,也可由投资各方约定。"

安徽皖通科技发展有限公司(以下简称皖通发展)作为高新技术企业、安徽省科研单位,能够享受鼓励高新技术成果作价出资等相关政策。该公司发展高速公路信息系统集成业务的核心软件系统为非专利技术"皖通高速综合信息系统"。该非专利技术由公司自主研发,于2000年4月申报了国家级火炬计划项目(项目批准文号:国科发计字[2000]111号),并取得了安徽省科技厅颁发的高新技术成果证书。由于当时该非专利技术没有账面价值,全体股东认为未能全面公允地反映公司的资产价值。因此,皖通发展全体股东同意,以高新技术成果作价入股。同时,为适应公司业务发展的需要,做大做强公司主业,经各股东同意,公司大股东安徽皖通高速公路股份有限公司再增加现金投资1000万元。

(二)增资的过程

2000年12月18日,经皖通发展股东会决议通过,决定对公司进行增资扩股,注册资本由300万元增至2000万元,其中以资本公积向全体股东转增700万元,同时安徽皖通高速公路股份有限公司现金增资1000万元。

本次增资的具体做法为:皖通发展将其所拥有的非专利技术"高速公路综合信息

管理系统”进行评估，经安徽正信会计师事务所出具的皖正信评字[2000]132号《资产评估报告书》确定，评估结果为750万元。皖通发展将上述无形资产按评估价值入账，增加了无形资产及资本公积各750万元，并用该资本公积按股东持股比例向全体股东转增实收资本700万元；同时，安徽皖通高速公路股份有限公司投入现金1000万元。

2000年12月22日，安徽正信会计师事务所出具了皖正信验字[2000]第945号《验资报告》对本次增资进行验证。本次增资后皖通发展注册资本变更为2000万元。

2001年3月1日，皖通发展聘请安徽国信资产评估有限责任公司对安徽正信会计师事务所出具的皖正信评字[2000]132号《资产评估报告书》进行复核，并出具了皖国信评验报字[2001]第102号《评估验证报告书》，评估结果调整为819万元，皖通发展根据评估结果增加了公司无形资产和资金公积各69万元。

经核查，皖通高速以现金1000万元增资的部分已经到位，但是本次用以增资的无形资产“高速公路综合信息管理系统”属非专利技术，其所有权人为皖通发展，而皖通发展为公司法人，具有独立的法人财产权。因此，皖通发展的各股东将属于公司法人的无形资产评估增值部分作为增资，该部分增资存在出资不到位的情形。

上述无形资产已于2003年摊销完毕，皖通发展由于上述无形资产摊销而实际影响所得税的金额，已于2006年从未分配利润中扣除，转入应交税金，目前已缴纳完毕。

（三）核查意见

对于此次通过评估无形资产增加资本公积并转增股本的行为和影响，保荐机构、发行人律师及会计师认为：

（1）上述行为发生时，皖通发展的控股股东为皖通高速，所有股东均一致同意了此次转增股本的决议。同时，在转增股本时是按照当时股东的持股比例进行转增的，所有股东均按持股比例获得了相应的股份，各股东均没有异议，也不会由此产生任何纠纷。

（2）由于皖通发展通过无形资产评估增值部分调账，其业绩不能连续计算，但由于此次增资发生在2000年，距股份公司本次申请公开发行股票已有八年之久，无须计算当时的业绩。因此，此次增资对股份公司本次发行上市的实质条件不产生影响。

（3）2000年12月用于增资的无形资产已于2003年摊销完毕，皖通发展由于上述无形资产摊销而实际影响所得税的金额，已经于2006年从未分配利润中扣除，转入应交税金，目前该笔税金已缴纳完毕。由于皖通发展已经整体变更设立为股份公司，股份公司设立时，系按照安徽皖通科技发展有限公司截至2006年12月31日经审计的净资产值，按1∶1的折股比例折为股份公司的股本总额。因此，2000年的增资扩股不会对变更设立股份公司基准日时的净资产值产生影响,不存在损害公司利益的情形,不存在上市后损害社会公众股股东权益的情形,也不会构成本次公开发行的障碍。

同时,合肥市工商局对此行为已出具《情况说明》,"2000 年 12 月,安徽皖通科技发展有限公司到我局申请办理工商变更登记手续。我局审阅了其提供的资料,依法为该公司办理了变更登记。我局不会对该公司的此次增资行为进行行政处罚"。

同时,王中胜等 26 名现有股东已共同承诺:"今后如因涉及安徽皖通科技发展有限公司 2000 年 12 月无形资产增资事宜而导致安徽皖通科技股份有限公司及未来的股东有任何的法律或财务风险,相应的责任将全部由我等 26 名自然人股东共同承担。"

五、晨光生物(300138):出资不实的关注

(一)2005 年土地评估增值的情况

2005 年河北晨光拟以土地使用权抵押向银行申请 1200 万元 1 年期流动资金贷款。

2005 年 8 月 21 日,邯郸华信地产咨询有限公司曲周分公司对河北晨光土地进行评估,并出具土地估价报告。河北晨光以土地估价报告为依据,按评估值对土地原值进行了调整,分别调增无形资产和资本公积 19,368,032.45 元。具体评估明细如下:

单位:元

地块坐落	面积(平方米)	评估值	账面原值	评估增值	报告编号
县工业小区一分干渠南侧	26,408.00	5,941,800.00	1,363,179.91	4,578,620.09	曲地价字[2005]第 021 号
曲周县城工业区周宝路 1 号	20,478.85	6,143,655.00	223,461.00	5,920,194.00	曲地价字[2005]第 022 号
曲魏路东胡进口西北角	26,520.00	2,386,800.00	272,000.00	2,114,800.00	曲地价字[2005]第 023 号
凤城路北	7141.90	4,820,779.00	992,091.05	3,828,687.95	曲地价字[2005]第 024 号
小河道工业区	16,874.67	3,796,800.00	871,069.59	2,925,730.41	曲地价字[2005]第 025 号
合计	97,423.41	23,089,834.00	3,721,801.55	19,368,032.45	

（二）2007 年土地评估账面价值作为资本公积转增股本的基本情况

根据中瑞岳华出具的中瑞岳华专审字［2010］第 0019 号《晨光生物科技集团股份有限公司注册资本实收情况审核报告》，2007 年河北晨光天然色素有限公司增加注册资本 4200 万元，其中，股东货币出资 20，413，623. 35 元，资本公积金转增 21，760，676. 65元。资本公积金转增 21，760，676. 65 元中包含河北晨光根据评估价值调增土地账面价值所形成的资本公积金 19，368，032. 45 元。

（三）发行人土地评估增值并以土地评估账面价值作为资本公积金转增股本不符合相关规定

根据《企业会计制度》（财会［2000］25 号）第 11 条第 10 项规定："企业的各项财产在取得时应当按照实际成本计量。其后，各项财产如果发生减值，应当按照本制度规定计提相应的减值准备。除法律、行政法规和国家统一的会计制度另有规定者外，企业一律不得自行调整其账面价值。"因此，发行人 2005 年以土地评估调账的行为不符合前述规定。

（四）发行人对土地评估账面价值作为资本公积金转增股本事项予以规范

2009 年 7 月，发行人对土地评估账面价值作为资本公积金转增股本事项予以规范，将该土地评估增值部分作为重大会计差错追溯调整计入其他应收款中应收股东的款项。

2009 年 7 月 25 日，发行人召开 2009 年第四次临时股东会，同意土地评估增值部分由卢庆国等 49 名股东按照出资比例用货币资金予以规范。根据《晨光生物科技集团股份有限公司注册资本实收情况审核报告》，发行人已于 2009 年 7 月 31 日之前（含 7 月 31 日）收到 49 名股东缴纳的相应款项。

公司 2005 年 8 月土地评估并调账的行为，是对土地评估增值会计处理的理解有误而造成的会计差错，且距离 2007 年资本公积金转增股本时间较长，并非为转增股本而作的会计处理，不存在出资不实的主观故意；该次资产评估调账没有影响各股东的实际股权结构，没有影响公司的持续经营和公司债权人的利益，未造成不利影响。且 2009 年发行人股东已按照当时的出资比例用货币对该事项予以规范。根据以上所述，发行人律师认为，发行人土地评估增值并以土地评估账面价值作为资本公积转增股本的事项不属于出资不实的情形，该事项对发行人本次发行上市不会构成实质性法律障碍。

六、郑煤机(601717):国企改制的评估调账

(一)2002年改制成立国有独资公司

2002年9月25日,河南省人民政府出具《关于郑州煤矿机械厂改制为国有独资公司的批复》(豫独批[2002]3号),批复同意郑州煤矿机械厂(以下简称郑煤机有限)整体改组为国有独资公司,河南省人民政府为公司出资人,河南省煤管局对公司的国有资产实施监督管理。

2002年11月1日,郑煤机有限第十届三次职工代表大会审议通过了《郑州煤矿机械厂建立现代企业制度实施方案》及《郑州煤矿机械集团有限责任公司章程》。

2002年11月6日,郑煤机有限取得了郑州市工商行政管理局核发的《企业法人营业执照》,注册号为4101001102205。

本次改制的评估及验资情况如下:

2002年3月20日,河南兴业会计师事务所出具了兴业资评字[2002]第01号《资产评估报告》,以2001年11月30日为基准日的郑煤机有限的申报净资产为-3706.98万元,调整后净资产为-3718.94万元,净资产评估值为27,948.27万元(其中包括土地使用权33,726.65万元),评估增值31,667.21万元,其中土地使用权增值29,320.38万元。

此次资产评估详细结果如下表所示:

项目	账面价值	调整后账面值	评估价值	增减值	增值率%
流动资产	24,921.55	26,441.29	26,332.49	-108.79	-0.41
长期投资	725.99	220.91	215.73	-5.18	-2.35
固定资产	9893.25	9903.50	41,684.69	31,781.18	320.91
在建工程	1413.28	1413.28	1261.42	-151.86	-10.75
建筑物	2293.89	2291.79	4707.90	2416.10	105.42
设备	1792.17	1792.17	1988.73	196.56	10.97
土地	4406.27	4406.27	33,726.65	29,320.38	665.42
固定资产清理	-12.35				
递延资产					

续表

项目	账面价值	调整后账面值	评估价值	增减值	增值率%
其他资产					
资产总计	35,540.79	36,565.70	68,232.91	31,667.21	86.60
流动负债	33,708.00	37,482.28	37,482.28		
长期负债	5539.77	2802.35	2802.35		
负债总计	39,247.78	40,284.64	40,284.64		
净资产	-3706.98	-3718.94	27,948.27	31,667.21	

此次改制经评估的净资产值为27,948.27万元,评估增值31,667.21万元,其中土地使用权由4406.27万元增值至33,726.65万元,增值29,320.38万元。公司将其中的2606万元转至实收资本,其余计入资本公积金,实收资本增至10,000万元。2002年10月10日,河南兴业会计师事务所出具了兴业验字[2002]第11号《验资报告》,验证郑煤机有限注册资本由7394万元增加到10,000万元。2002年3月19日,国家发展计划委员会和财政部联合发文(计投资[2002]438号)将郑煤机有限等18家单位使用的国家投资公司基建基金委托贷款的债权债务全部划转到河南省,并要求河南省将其转为国家资本金。2002年12月31日,郑煤机有限进行账务调整,将国家投资公司基建基金委托贷款4,166,466.66元转为实收资本,计入国家资本金科目,账务调整后实收资本变为104,166,466.66元。郑煤机有限未就上述事项申请工商变更登记,2006年9月11日,河南省财政厅对郑煤机有限清产核资结果确认批复(豫财办资[2006]21号)中明确郑煤机有限的国家资本为10,416.65万元。

2002年改制为国有独资公司以来公司实现了扭亏为盈,四年经营情况如下:

单位:万元

项目	2002年	2003年	2004年	2005年
收入	26,688	38,915	67,662	122,504
利润总额	1600	2087	2374	7136
资产总额	68,390	78,579	93,866	122,572
净资产	30,610	32,807	34,937	37,526

(二)2006年国有独资公司改制及变更为国有控股公司

为实现产权多元化,建立规范的现代企业制度,完善法人治理结构,2006年郑煤机有限由国有独资公司改制为国有控股公司。经有关部门的批复,本次改制进行了清产核资、资产评估和期间利润转为出资,并经河南省煤管局批准预留了改制相关费用,最终确定了国有股东出资额。同时,郑煤机有限员工通过工会设立了百斯特公司,百斯特公司向郑煤机有限进行增资,实现了员工通过百斯特公司间接持股。本次改制完成后,郑煤机有限注册资本变更为8070万元,其中,河南省人民政府持有51%的股权,百斯特公司持有49%的股权。本次改制的具体情况如下:

1. 改制的批复

2006年5月25日,河南省省属国有企业改革工作联席办公会议出具[2006]2号文件同意对公司实施产权制度改革,批复河南省煤管局负责对郑煤机有限进行清产核资、审计、评估等工作,并结合实际情况,制定改制实施方案。

根据《河南人民政府关于进一步明确河南省省属国有企业改革工作联席办公会议工作职能批复》(豫政文[2008]95号),河南省省属国有企业改革工作联席办公会议是于2006年设立的,由河南省国资委牵头,其他有关部门参加的负责河南省省属企业改制审批工作的办公会议。河南省省属国有企业改革工作联席办公会议日常工作由河南省国资委负责。

2006年6月20日,河南省煤管局出具豫煤财[2006]590号文件批复改制范围包括郑煤机有限及所属辅业单位。

2. 国有资本形成过程

(1)清产核资

2006年8月8日,河南华夏会计师事务所有限公司出具豫华夏会审字[2006]第142号清产核资《专项审计报告》。经审计,截至2006年5月31日,郑煤机有限(包括郑煤机有限本部及其所属单位液压公司、运输公司、物业公司、综机公司、职工医院、幼儿园)资产负债的清查数为:总资产164,277.99万元,负债116,371.71万元,少数股东权益2948.20万元,所有者权益44,958.08万元;河南华夏会计师事务所有限公司审核确认符合清产核资申报条件的资产损失为1280.54万元。

2006年9月11日,河南省财政厅对郑煤机有限清产核资结果确认进行了批复(豫财办资[2006]21号),同意核销资产损失1224.09万元;认定合并口径资产总额为163,053.90万元(包括土地价值33,726.65万元)、负债总额116,371.71万元、少数股东权益2948.20万元、国家所有者权益43,733.99万元(其中:国家资本10,416.65万元)。2006年9月18日,河南省煤管局进行了相同确认批复。

(2)资产评估

2006年8月12日,河南中兴会计师事务所有限公司出具了豫兴评报字[2006]第11037号《资产评估报告》,评估范围包括郑煤机有限本部、液压公司、运输公司、物业管理公司、综机公司、职工医院、幼儿园，评估基准日为2006年5月31日。经评估，郑煤机有限净资产评估价值43,223.18万元、减值510.8万元。河南省国资委于2006年9月30日对上述资产评估结果予以备案。

此次资产评估详细结果如下表所示：

单位：万元

项目	账面价值	调整后账面值	评估价值	增减值	增值率
流动资产	113,512.98	112,779.18	110,818.30	-1960.88	-1.74%
长期投资	—	—	—	—	—
固定资产	50,439.33	49,949.03	51,432.76	1483.73	2.97%
在建工程	1228.60	1228.60	1228.60	—	—
建筑物	2876.21	2876.21	4099.36	1223.16	42.53%
设备	45,629.80	45,629.80	45,890.37	260.57	0.57%
无形资产	325.69	325.69	292.03	-33.65	-10.33%
土地使用权	—	—	—	—	—
其他资产	—	—	—	—	—
资产总计	164,277.99	163,053.90	162,543.09	-510.80	-0.31%
流动负债	112,207.69	112,207.69	112,207.69	—	—
长期负债	4164.02	4164.02	4164.02	—	—
负债总计	116,371.71	116,371.71	116,371.71	—	—
少数股东权益	2948.20	2948.20	2948.20	—	—
净资产	44,958.08	43,733.98	43,223.18	-510.80	-1.17%

针对该评估报告北京六合正旭资产评估有限公司出具复核意见（六合正旭评核字[2010]第002号）如下："改制评估机构评估后（豫兴评报字[2006]第11037号评估报告书）郑煤机评估基准日的净资产账面值44,958.08万元，清产核资调整后账面值43,733.98万元；评估价值43,223.18万元。

改制评估机构采用了评估合并报表方式对郑煤机的净资产进行了列示，但未根据被投资企业的评估结果调整少数股东权益金额，造成郑煤机评估后净资产减少418.55万元；由于改制评估机构计算错误，造成原材料评估价值增加185.03万元，从而造成郑煤机评估后净资产增加185.03万元；两项合计造成郑煤机评估值减少233.52万元。

经评估复核后郑煤机评估基准日净资产评估价值为43,456.70万元，较改制评估机构评估后净资产评估值43,223.18万元增加233.52万元,增加比例为0.54%。

通过实施上述复核程序,我们认为除上述事项造成郑煤机净资产评估值减少233.52万元的影响外,该评估报告书所涉及的经济行为合法,评估机构与评估人员的资格合法有效,评估基准日的选择适当,评估所依据的法律法规和政策合理,评估方法的应用基本恰当,评估报告的格式符合国家有关法规与规定的要求。"

(3)改制审计评估基准日至2006年9月期间实现利润的审计

2006年10月9日,河南华夏会计师事务所有限公司出具了豫华夏会审字[2006]第155号《审计报告》,经审计,郑煤机有限2006年6月至9月的净利润为1694万元。

(4)改制费用

根据河南省煤管局《河南煤炭工业局直属企业改制整体方案》(豫煤财[2006]73号),并经河南省煤管局的专项批复(豫煤财[2006]884号),郑煤机有限按规定预留相关改制费用7074.8万元,其中,内部退养职工安置费4673.11万元、离退休职工的统筹外补差2193.85万元、工伤职工安置费261.84万元。郑煤机有限改制费用的预提经过了河南省劳动和社会保障厅审核。

(5)国有划拨土地处置

2006年6月20日,河南省煤管局(豫煤财[2006]590号)批复郑煤机有限产权制度改革中国有划拨土地依照国家相关政策处置。2006年10月8日,河南省煤管局(豫煤财[2006]884号)批复同意郑煤机有限占用的国有土地可按有关规定有偿使用,并确认郑煤机有限结余的国有净资产4115.8万元(不含土地使用权价值)。郑煤机有限自2007年12月31日原始财务报表不再将土地使用权价值列入企业资产。

本次改制国有资本变动情况,如下表所示:

<table>
<tr><th colspan="2">事项</th><th>金额(万元)</th><th>国有资本变动(万元)</th></tr>
<tr><td colspan="2">改制前实收资本</td><td></td><td>10,416.65</td></tr>
<tr><td rowspan="4">清产核资</td><td>所有者权益账面数</td><td>41,143.48</td><td rowspan="4"></td></tr>
<tr><td>所有者权益清查数</td><td>44,958.08</td></tr>
<tr><td>同意核销资产损失</td><td>1224.09</td></tr>
<tr><td>确认国家所有者权益</td><td>43,733.99</td></tr>
<tr><td rowspan="2">资产评估</td><td>净资产评估价值</td><td>43,223.18</td><td rowspan="2"></td></tr>
<tr><td>其中土地价值</td><td>33,726.65</td></tr>
<tr><td colspan="3">资产评估后国有资本价值(含土地使用权价值)</td><td>43,223.18</td></tr>
</table>

续表

<table>
<tr><th colspan="2">事项</th><th>金额(万元)</th><th>国有资本变动(万元)</th></tr>
<tr><td>期间利润</td><td>2006 年 6 ~ 9 月净利润</td><td>1694.07</td><td>+1694.07</td></tr>
<tr><td colspan="3">国有资本小结(含土地使用权价值)</td><td>=44,917.25</td></tr>
<tr><td rowspan="4">改制费用</td><td>内部退养职工安置费</td><td>4673.11</td><td></td></tr>
<tr><td>离退休职工的统筹外补差</td><td>2193.85</td><td></td></tr>
<tr><td>工伤职工安置费</td><td>261.84</td><td></td></tr>
<tr><td>小计</td><td>7074.80</td><td>-7074.80</td></tr>
<tr><td colspan="3">国有资本合计(含土地使用权价值)</td><td>37,842.45</td></tr>
<tr><td colspan="3">国有资本合计(不含土地使用权价值)</td><td>4115.80</td></tr>
</table>

注:期间利润数为经河南省煤管局(豫煤经[2007]3 号)确认的数值。

(三)评估调账冲回及恢复

2007 年 9 月 21 日,经郑煤机有限 2007 年第一次临时股东会决议同意,并分别经河南省财政厅(豫财办[2007]177 号)、河南省国资委(豫国资评价[2007]13 号)和河南省煤管局(豫煤经[2007]1003 号)批复确认,郑煤机有限将 2006 年改制资产评估增值的 1884 万元冲回,调整到 2006 年清产核资的审计值,由此导致的差额 1884 万元由全体股东按股权比例以分红所得现金弥补。资产评估减值部分也调整到 2006 年清产核资的审计值,并计提相应的减值准备。因上述调整而受到影响的固定资产折旧等科目也相应进行了调整。

2009 年 12 月,经 2009 年第二次临时股东大会同意并分别经河南省国资委(豫国资评价[2009]112 号)、河南省财政厅(豫财企业[2009]140 号)和河南省工业和信息化厅(豫工信[2009]363 号)批准,为纠正 2007 年评估调账冲回的会计差错,还原 2006 年评估调账后的财务结果,公司将 2007 年评估调账冲回的会计处理进行了还原,同时,原由全体股东弥补的 1884 万元计入资本公积金,由现有全体股东共享。

恢复改制评估调账的影响如下:

单位:万元

项目	2009年	2008年	2007年
评估调账对固定资产原值的影响	-8192.04	-8274.42	-8477.28
评估调账对累计折旧的影响	-8974.01	-9246.74	-9580.94
评估调账对资本公积的影响	1883.98	1883.98	1883.98
对期初留存收益的影响:			
年初未分配利润	-951.32	-842.30	819.74
对盈余公积的影响	122.39	134.50	109.84
合计	-828.93	-707.80	929.58
对利润分配的影响:			
对本年净利润的影响:	-193.78	-121.13	246.60
提取法定盈余公积	-19.38	-12.11	24.66
确认评估值后影响利润分配	0.00	0.00	1883.98
合计	-174.40	-109.02	-1662.04

保荐机构认为:发行人2006年改制成为国有控股公司时按评估值建账,符合法律和相关会计准则规定,且经过了有权机构和部门的批准,程序完备;2007年冲回评估调账虽履行了一定程序,但不符合会计准则规定;2009年发行人恢复2006年改制时的资产评估值,符合会计准则要求,且履行了必要的法律程序,合法有效。自2006年改制设立国有控股有限责任公司以来,发行人持续经营时间已在三年以上,符合《首次公开发行股票并上市管理办法》对发行人主体资格的要求。

发行人律师认为:自2006年评估调账后业绩可以连续计算,且至今已满三年,符合《首次公开发行股票并上市管理办法》对发行人主体资格的要求。

发行人会计师认为:发行人2009年调整后的结果符合企业会计准则及相关规定,是恰当和合理的。

七、信隆实业(002105):评估增值冲回补缴所得税

1994年公司以资本公积转增资本,注册资本由港币1650万元增至港币5000万元,出资额业经深圳深信会计师事务所深信验字[1994]第315号《验资报告》验证,股东为香港利田。公司于1994年5月19日办理了注册资本变更登记。

本次增资系根据深圳南方审计事务所南评字[1994]第063号评估报告,将调账计入资本公积金(固定资产评估增值)48,541,449.79元中的26,860,536.61元(折合港

币22,963,365.70元)转增资本。上述增资行为不符合《企业会计准则》及关于改变固定资产原值条件的相关规定,公司于2000年1月31日进行更正处理,冲减固定资产原值48,541,449.79元,并补交相应纳税期间因多提折旧而少交的所得税288,866.85元,同时香港利田以对公司债权补足增资扩股部分。

【案例评析】

1. 评估调账问题在实务中较为普遍,主要是由于企业相关人员对有关规则不清楚或理解错误而导致的,该种瑕疵没有掩盖或者解释的机会,只能是付出同样甚至更高的代价来弥补和解决,企业从中根本得不到任何好处。换句话说,从首发上市的角度来讲,中介机构绝对不会建议企业进行评估调账的。

2. 根据最新企业会计准则的历史成本原则及相关规定,持续经营的公司是不允许部分资产评估调账的,因为这违背了资产的历史成本原则。那么资产整体变更呢?比如通过评估进行企业改制或者我们常说的整体变更为股份公司呢?国有企业或者集体企业改制进行评估调账没有任何问题,这是有关规则的应有之义;从现有审核政策来讲,整体变更也是允许评估调账的,只是不能连续计算业绩而已,理由是会里认为整体变更属于变更了公司形式,不能算是持续经营的公司。至于什么是企业改制,2009年的《国有资产管理办法》给了一个解释,可以作为参考。

3. 根据国有资产管理有关办法,为了防止国有资产流失,国有企业改制时是必须要进行资产评估并根据评估值来调账的。当然,评估调账之后业绩是不能连续计算的,需要运行三年之后才可以,如郑煤机的案例。当然,大的国企是可以特批的,比如中国中铁。《国有资产评估管理办法施行细则》第50条和《股份有限公司国有股权管理暂行办法》第12条的规定可以看做目前国有、集体企业在股份制改组时进行资产评估并调账的主要法律依据。

4. 还有一种情况,如果非国资的企业要进行改制,在原公司注销而新设立公司的情况下也是可以评估调账的,当然如果增值会涉及股东的所得税问题。

5. 如果是持续经营的有限公司或股份公司,一般情况下是不允许评估调账的。其道理也比较好理解:如果允许的话,股东很轻易地就可以将企业的注册资本做大,那么企业的注册资本充实性很难得到保证。从已有的案例来看,中介机构也是一致承认持续经营中的评估调账虽然并不违背公司法等有关首发上市的法规但是违背会计准则基本原则,并且将该种不规范行为认定为出资不实,解决方式要么将增值部分冲回去然后股东补足出资,要么股东直接补足出资。需要注意的是,由于评估增值多计折旧导致前期少缴纳的所得税,一般情况要补齐。皖通科技中中介机构也承认出资不到位的事实,不过鉴于离申报期已经很远,其摊销完毕的解释也有理有据,值得借鉴,而晨光生物案例会里直接反馈该种情形是否造成出资不实。

6.下面就上述案例中体现的一些典型情况进行总结:

(1)新都化工:小兵视野中这是第一个关于有限公司整体变更时根据评估值进行折股的案例。从审核的一些痕迹来看,会里并没有过多关注,看来只要能够持续运行三年且当时的评估没有问题,会里还是认可这种方式的。当然,鉴于属于比较敏感的话题,在信息披露上要尽量没有漏洞或缺失。

(2)通裕重工:这个案例也很有意思,本来是规规矩矩地以收购的净资产出资,结果引入的投资者给认定是自有资产评估增值转增股本,于是股东补足了出资4000多万元,也就是这一个插曲,因为是否属于自有资产评估而被审核人员狂轰滥炸。尽管最后中介机构为股东平了反,但是补足的出资已经不可退回,只能作为资本公积金大家一起分享了。当时与一些律师交流,认定这就是第一个评估增值不用补足出资的案例,那位律师的理解略有偏颇。其实,通裕重工增资的一家企业存在自有资产评估增值的情形,最后股东还是以货币补足了出资。两者相比可以明确看出来,对于该问题的审核政策并没有发生变化。

(3)奥克股份:该案例是一个比较典型的案例且性质比较严重,由于仅仅是评估增值了部分财产,所以不认定为评估调账也没有问题。另外,该案例股东以现金补足出资之后运行了三年,已经基本消除了障碍,中介机构发表了意见。值得注意的一点是,对于该补足出资行为发行人审计机构重新出具了《审阅报告》,这个也是很新鲜的。

(4)皖通科技:尽管年代已经久远,会里还是对该问题给予了重点关注,不仅反馈意见第一条就提到该问题,且是三次提到该问题,律师也是三次出具补充法律意见对该问题进行了解释。从最终的信息披露文件可以看出,中介结构对该问题的披露也是不厌其烦,从背景到过程再到最后问题的解决事无巨细,这也反映了会里的态度。

【参考法规】

一、《企业会计准则解释第2号》

企业购买子公司少数股东拥有对子公司的股权应当如何处理？企业或其子公司进行公司制改制的,相关资产、负债的账面价值应当如何调整？

答:(一)母公司购买子公司少数股权所形成的长期股权投资,应当按照《企业会计准则第 2 号——长期股权投资》第四条的规定确定其投资成本。

母公司在编制合并财务报表时,因购买少数股权新取得的长期股权投资与按照新增持股比例计算应享有子公司自购买日(或合并日)开始持续计算的净资产份额之间的差额,应当调整所有者权益(资本公积),资本公积不足冲减的,调整留存收益。

上述规定仅适用于本规定发布之后发生的购买子公司少数股权交易,之前已经发生的购买子公司少数股权交易未按照上述原则处理的,不予追溯调整。

(二)企业进行公司制改制的,应以经评估确认的资产、负债价值作为认定成本,该成本与其账面价值的差额,应当调整所有者权益;企业的子公司进行公司制改制的,母公司通常应当按照《企业会计准则解释第 1 号》的相关规定确定对子公司长期股权投资的成本,该成本与长期股权投资账面价值的差额,应当调整所有者权益。

二、《国有资产评估管理办法施行细则》

第五十条　国有资产管理行政主管部门确认的净资产价值应作为国有资产折股和确定各方股权比例的依据。注册会计师对准备实行股份制企业的财务和财产状况进行验证后,其验证结果与国有资产管理行政主管部门确认的资产评估结果不一致需要调整时,必须经原资产评估结果确认机关同意。国有资产占有单位改组的股份有限公司发行 B 种股票,若由外方注册会计师查验账目,其查验结果与国有资产管理行政主管部门确认的资产评估结果不一致需要调整时,也要由原资产评估结果确认机关审核同意。

三、《股份有限公司国有股权管理暂行办法》

第十二条　国有资产严禁低估作价折股,一般应以评估确认后净资产折为国有股的股本。如不全部折股,则折股方案须与募股方案和预计发行价格一并考虑,但折股比率(国有股股本/发行前国有净资产)不得低于65%。这两个法规均明确要求国有、集体企业在股份制改组时进行资产评估并调账,也是我们目前进行评估调账的主要法律依据。

四、《企业会计制度》(财会[2000]25 号)

第十一条(十)项　企业的各项财产在取得时应当按照实际成本计量。其后,各项财产如果发生减值,应当按照本制度规定计提相应的减值准备。除法律、行政法规和国家统一的会计制度另有规定者外,企业一律不得自行调整其账面价值。

五、《中华人民共和国企业国有资产法》

第三十九条 本法所称企业改制,是指:(1)国有独资企业改为国有独资公司;(2)国有独资企业、国有独资公司改为国有资本控股公司或者非国有资本控股公司;(3)国有资本控股公司改为非国有资本控股公司。

■第三节 会计差错调整

【重要提示】

★ 财务规范程度的不同以及专业人士对于某些会计政策的理解不同等都会造成原始财务报表和申报财务报表的差异,这其中就有可能是会计差错,因此在投行实务中会计差错非常普遍。

★ 会计差错尽管普遍但是并非没有原则,如果仅是一些理解偏差或者客观原因造成的差错,一般是能够得到认可的,比如会计科目入账错误等;如果是隐瞒收入、核算差错等有作假账嫌疑的会计差错,则审核的风险就很大。

★ 从定量分析的角度来看,如果会计差错有合理理由并且金额不是很大,对发行人的生产经营没有重大影响,则没有实质障碍;如果金额较大且没有合理的解释,则审核政策非常明确认定发行人报告期内的财务基础非常不规范,甚至可能影响到发行条件。最后,不论怎样,有一点需要明确:会计差错调整尽量留在报告期期初最好就是第一年,至少有两年规范运行的时间留给审核人员审核。

【案例情况】

一、金灵通(300091):成本重新计算调增利润

公司2006年及以前年度成本核算尚不规范,期末存货盘点账实不符,存在多转成本的情况。2007年申报会计师审计后,对成本核算进行规范并对前期成本做审计调整。其中相关科目说明如下:

(1)调减原材料重复估价列支的成本:公司2006年度及以前年度将原材料重复暂估、重复结转成本,对此会计差错进行审计调整。

(2)无须支付的应付款项转入当期损益。

①无须支付的应付账款共74户,合计金额为73.78万元,主要原因为:供应商已不存在,无法支付应付账款;供应商所供材料存在质量问题的扣款;挂账时间较长的小额尾款。

②无须支付的预收账款共47户,合计金额为231.14万元,主要原因为:因客户取消合同,已收取的预收款按合同规定不再返还;挂账时间较长无须返还的小额尾款。

(3)补提固定资产折旧:公司2006年度及以前年度计提的累计折旧计算错误,对此进行审计调整。

(4)按坏账准备会计政策调整补提坏账准备:公司原始报表中2006年以前年度未执行坏账准备政策、未计提坏账准备,2006年度按5‰计提坏账准备。申报会计师审计时,在2006年度按照应收款项的信用风险特征重新计提坏账准备(属于会计政策变更),对2006年以前年度计提的坏账准备追溯调整。

2006年及以前年度,由于公司会计核算尚不够规范,2007年公司聘请南京立信永华会计师事务所有限公司进行审计,对以前的会计差错和会计核算差异进行调整,产生上述纳税调整事项,应补缴2006年及以前年度企业所得税合计金额为803.76万元。公司已于2008年5月自查补缴,并得到南通市地方税务局认可,未加收滞纳金。

二、日发数码(002520):税收优惠政策补税而会计差错调整

2007年4月,公司委托浙江天健会计师事务所有限公司对2006年度财务报表进行审计,经审计对公司2006年财务报表的期初数及以前年度损益进行了追溯调整,由此调增公司2005年度所得税费用3,691,366.47元,调整后2005年度实际所得税费用为5,002,530.06元,其中母公司所得税费用4,540,041.88元,子公司上海日发所得税费用为462,488.18元。母公司2005年度实际已经申报缴纳所得税款1,357,486.71元,据此主动对上述调整事项进行所得税纳税申报和二次清缴,补缴2005年度所得税款3,182,555.17元;子公司上海日发2005年度实际已经申报缴纳所得税546,477.52元,多缴83,989.34元在以后年度抵免。

2007年4月,经新昌县地方税务局《关于同意减免浙江日发数码精密机械股份有限公司2006年度企业所得税的批复》(新地税发[2007]49号)同意,减免公司2006年度企业所得税3,610,757.60元。保荐人和律师进场后,在尽职调查中发现,根据《关于下岗失业人员再就业有关税收政策问题的通知》(财税[2002]208号)和《关于下岗失业人员再就业有关税收政策问题的通知》(财税[2005]186号)等文件规定,安置下岗、失业、富余人员减免企业所得税的优惠政策截止日期为2005年12月31日,并由比例

减免调整按人数定额减免。保荐人和律师尽职调查后认为公司在2006年不适合享受上述优惠政策。公司自查后向新昌县地方税务局主动进行了申报。2007年12月，根据新昌县地方税务局《关于撤销新地税发[2007]49号文件的通知》(新地税发[2007]120号)，认为公司不适宜享受2006年度安置下岗、失业、富余人员减免企业所得税政策，公司于2007年12月补缴2006年度已享受所得税减免3,610,757.60元，同时公司对该事项作为会计差错更正进行了调整。

公司上述所得税补缴事宜是公司在经过审计自查后主动申报进行的二次清缴。浙江省新昌县地方税务局于2008年8月5日确认，鉴于公司已足额补缴上述税款，将不再对公司于上述年度内未足额申报纳税的事项予以处罚。公司不存在因此受到行政处罚及相关的法律风险。

三、中原内配(002448)：调整之后有向好的影响

公司及全资子公司铸造公司在办理2007年度企业所得税汇算清缴时，由于暂未取得河南省地方税务局关于技术改造国产设备投资抵免企业所得税的批准，按照会计准则及相关文件规定在计算企业所得税时未进行所得税抵免。公司在取得河南省地方税务局的上述批准后，按照相关规定及上述批准，公司及全资子公司铸造公司在2007年度技术改造国产设备投资可抵免企业所得税10,326,558.34元。

该等差错更正事项对2007年度会计报表的影响如下：

单位：元

项目	更正前金额	更正金额	更正后金额
合并资产负债表			
应交税费	12,905,367.71	-10,275,534.63	2,629,833.08
盈余公积	18,973,260.67	124,327.83	19,097,588.50
未分配利润	70,629,223.95	10,162,263.64	80,791,487.59
少数股东权益	1,251,894.17	-11,056.84	1,240,837.33
合并利润表			
所得税费用	30,398,071.52	-10,275,534.63	20,122,536.89
净利润	53,912,264.81	10,275,534.63	64,187,799.44
归属于母公司股东的净利润	53,922,186.85	10,286,591.47	64,208,778.32
少数股东收益	-9922.04	-11,056.84	-20,978.88

四、塔牌集团(002233):补提减值准备

公司以前年度未严格按《企业会计制度》的规定计提资产减值准备,在编制本申报财务报表时,公司逐项分析了资产是否存在减值迹象。对于存在减值迹象的资产计算其可回收金额,并与账面价值比较,为此补提了2005年年初坏账准备5,963,510.06元,补提了2005年年初的固定资产减值准备37,028,864.45元,补提了2005年年初的在建工程减值准备7,603,613.00元,冲减了2005年年初多计提的应付工资3,107,474.20元,调增2005年年初少计提的所得税1,025,466.49元,该等会计差错更正的累计影响数为48,513,979.80元,采用追溯调整法,调减2005年年初未分配利润48,513,979.80元,其中:调减2005年年初归属于母公司股东权益41,900,563.98元,调减2005年年初少数股东权益6,613,415.82元。

五、脉山龙信息:重要否决公司

创业板发审委在审核中关注到,你公司存在以下情形:

报告期内,申请人发生重大会计差错更正,调减2007年度并计入2008年度主营业务收入1182.6万元,占当期主营业务收入的比例分别为21.8%、13.12%;调减2007年度并计入2008年度净利润517.7万元,占当期净利润的比例分别为42.49%、40.06%,且该调整事项发生在申请人变更为股份公司之后,说明申请人会计核算基础工作不规范,内部控制制度存在缺陷。上述情形不符合《首次公开发行股票并在创业板上市管理暂行办法》第20条、第21条的有关规定。

【案例评析】

1. 财务规范程度的不同以及专业人士对于某些会计政策的理解不同等都会造成原始财务报表和申报财务报表的差异,这其中就有可能是会计差错,因此在投行实务中会计差错非常普遍。

2. 会计差错尽管普遍但是并非没有原则,如果仅是一些理解偏差或者客观原因造成的差错,一般是能够得到认可的,比如会计科目入账错误等;如果是隐瞒收入、核算差错等有做假账嫌疑的会计差错,则审核的风险就很大。

3. 从定量分析的角度来看,如果会计差错的原因有合理理由并且金额不是很大,对发行人的生产经营没有重大影响,则没有实质障碍;如果金额较大且没有合理的解释,则审核政策非常明确认定发行人报告期内的财务基础非常不规范,甚至可能影响到发行条件。最后,不论怎样,有一点需要明确:会计差错调整尽量留在报告期期初最

好就是第一年,至少有两年规范运行的时间留给审核人员审核。

4. 金灵通的案例比较典型,主要是由于存货、应收账款入账、折旧以及坏账准备等问题出现会计差错而做了调整,尽管金额并不是很大,但是涉及的会计科目还是比较多的。公司由于有关调整补缴了部分企业所得税,由于并不存在少计销售收入的问题,所以不存在少缴纳增值税销项税额的问题。

5. 由日发数码的案例可以判断,一般情况下会计差错调整都会影响到公司当期所得税费用的问题,而反过来看,如果公司存在补税的问题,那么在会计处理上也应当按照会计差错进行处理。

6. 中原内配的案例告诉我们,会计差错有时候也不一定就是坏事,并且该案例的差错调整是有理有据并且是稳健的,理应值得鼓励。并且,公司在会计差错调整之后提升了公司的盈利能力,对公司是有利的。

7. 当然,一般情况下会计差错更正都会导致发行人原始报表和申报报表之间的差异,而如果该差异过大会在审核中有较大的风险,因为审核人员会质疑企业在报告期内的财务制度不规范。在现有案例中很少有金额较大的会计差错,主要有两个原因:(1)如果存在那么企业很有可能要等待一段时间,待该差错在报告期之外后再申报材料;(2)如果带着金额较大的会计差错强行申报,那么被否决的可能性也非常大。

【思路总结】

一、前期差错重要性的判断

重要的前期差错,是指足以影响财务报表使用者对企业财务状况、经营成果和现金流量做出正确判断的前期差错。不重要的前期差错,是指不足以影响财务报表使用者对企业财务状况、经营成果和现金流量做出正确判断的前期差错。前期差错的重要性取决于在相关环境下对遗漏或错误表述的规模和性质的判断。前期差错所影响的财务报表项目的金额或性质,是判断该前期差错是否具有重要性的决定性因素。一般来说,前期差错所影响的财务报表项目的金额越大、性质越严重,其重要性水平越高。

企业应当严格区分会计估计变更和前期差错更正,对于前期根据当时的信息、假设等作合理估计,在当期按照新的信息、假设等需要对前期估计金额作出变更的,应当作为会计估计变更处理,不应作为前期差错更正处理。

二、前期差错更正的会计处理

会计差错产生于财务报表项目的确认、计量、列报的会计处理过程中,如果财务报表中包含重要差错,或者差错不重要但是故意造成的(以便形成对企业财务状况、经营成果和现金流量等会计信息某种特定形式的列报),即应认为该财务报表未遵循企业会计准则的规定进行编报。在当期发现的当期差错应当在财务报表发布之前予以更正。当重要差错下一期间才被发现时,就形成了前期差错。

企业应当采用追溯重述法更正重要的前期差错,但确定前期差错累积影响数不切实可行的除外。追溯重述法,是指在发现前期差错时,视同该项前期差错从未发生过,从而对财务报表相关项目进行更正的方法。

(一)不重要的前期差错的处理

对于不重要的前期差错,企业不需调整财务报表相关项目的期初数,但应调整发现当期与前期相同的相关项目。属于影响损益的,应直接计入本期与上期相同的净损益项目;属于不影响损益的,应调整本期与前期相同的相关项目。

(二)重要的前期差错的处理

对于重要的前期差错,企业应当在其发现当期的财务报表中,调整前期比较数据。具体地说,企业应当在重要的前期差错发现当期的财务报表中,通过下述处理对其进行追溯更正:(1)追溯重述差错发生期间列报的前期比较金额;(2)如果前期差错发生在列报的最早前期之前,则追溯重述列报的最早前期的资产、负债和所有者权益相关项目的期初余额。对于发生的重要前期差错,如影响损益,应将其对损益的影响数调整发现当期的期初留存收益,财务报表其他相关项目的期初数也应一并调整;如不影响损益,应调整财务报表相关项目的期初数。在编制比较财务报表时,对于比较财务报表期间的重要的前期差错,应调整各该期间的净损益和其他相关项目,视同该差错在产生的当期已经更正;对于比较财务报表期间以前的重要的前期差错,应调整比较财务报表最早期间的期初留存收益,财务报表其他相关项目的数字也应一并调整。

确定前期差错影响数不切实可行的,可以从可追溯重述的最早期间开始调整留存收益的期初余额,财务报表其他相关项目的期初余额也应当一并调整,也可以采用未来适用法。当企业确定前期差错对列报的一个或者多个前期比较信息的特定期间的累积影响数不切实可行时,应当追溯重述切实可行的最早期间的资产、负债和所有者权益相关项目的期初余额(可能是当期);当企业在当期期初确定前期差错对所有前期的累积影响数不切实可行时,应当从确定前期差错影响数切实可行的最早日期开始采用未来适用法追溯重述比较信息。

需要注意的是,为了保证经营活动的正常进行,企业应当建立健全内部稽核制度,保证会计资料的真实、完整。对于年度资产负债表日至财务报告批准报出日之间发现的报告年度的会计差错及报告年度前不重要的前期差错,应按照《企业会计准则第29号——资产负债表日后事项》的规定进行处理。

■第四节　股份支付解决之道

【重要提示】

★ 股份支付说白了就是企业以股权的形式而不是以常见的货币形式给员工发工资或奖金。股份支付的相关处理规则在企业会计准则中早就明确规定,只是一直没有在发行审核过程中严格执行,今年下半年突然风声收紧,据会里解释是认为执行股份支付的条件已经成熟了。

★ 当然,尽管准则已经明确,但是该准则如何适用,怎样适用的问题一直还饱受争议,其中最典型的两个问题是:(1)拟上市企业在什么时间将股权授予员工才适用股份支付准则;(2)股权公允价值与授予价值之间的差额计入当期损益,那么这个对发行人盈利能力产生重大影响的公允价值到底如何确定?

★ 除此之外,小兵觉得股份支付准则的执行还有一个很重要的参考因素,那就是企业的员工薪酬水平与行业平均水平的比较。如果某企业的员工薪酬畸低而同时又以较低价格授予员工部分股权,那么就是典型的以股权支付工资的情形;该种情形如果不进行股份支付处理,则发行人就利用这个政策通过少支付员工工资而虚增了部分利润。

【案例情况】

一、瑞和装饰:根据准则做出会计处理

2009年7月24日,瑞和有限(瑞和装饰前身)股东会通过决议,同意瑞展实业将所持有的瑞和有限20%股权以2400万元价格转让给邓本军等47位公司管理层及员工,将所持有的瑞和有限10%股权以2000万元价格转让给嘉裕房地产。2009年7月26日,瑞展实业与前述股权受让方签订《股权转让协议》;2009年7月28日,深圳市公证处对前述《股权转让协议》进行了公证。

招股书称“由于实施股权激励增加管理费用1600万元，导致2009年管理费用大幅高于2008年及2010年水平”。而2009年度该公司归属于母公司净利润只有1461万元，又据非经常损益表，1600万元股权支付费用是经常性费用，扣非后该公司归属于母公司净利润是1400万元；很明显，该宗股权激励费用确认依据是同期PE入股价格和股权激励价格差：2000/10% ×20% -2400 = 1600（万元）。这导致2009年度盈利水平较2008年出现大幅下滑。

单位：万元

项目	2010年	2009年	2008年
营业收入	101,216.79	68,349.26	50,647.38
营业利润	7785.14	2087.24	3702.53
利润总额	7808.13	2164.23	2683.89
净利润	6031.02	1461.37	2208.19

二、新筑股份（002480）：公允价值并非PE入股价格

2008年10月，公司部分非国有股东向公司中高级管理人员48人合计转让1,959,705股股份。

如此计算，新筑股份每股股份支付确认费用为5.23元，该公司在股权激励之前以资本公积金转增200万股，注册资本增至7000万元，然后再以每股1元转让方式向管理层实施股权激励，据招股书披露：

2007年8月30日，公司召开临时股东大会审议通过关于增资扩股的议案。2007年9月，德润投资出资2000万元，兴瑞投资出资4000万元，自然人夏晓辉出资4000万元，谢超出资3000万元对公司进行增资，以预期公司2007年的业绩乘以10倍市盈率定价，增资价格为10元/股，公司注册资本增加1300万元，增至6800万元，溢价11,700万元计入资本公积。

一年前PE入股价格就达到10元/股，尽管之后有资本公积转增股本200万股行为，但即使考虑摊薄效应，PE入股价也有9.7元/股，故该公司5.23元/股股份支付价格显然不是根据PE入股价格，但招股书也没有披露定价过程，且将股份支付费用1026万元列入非经常性费用，该公司2008年度归属于母公司净利润为8512万元，股份支付费用又计入非经常性损益，故对其业绩影响较小。

三、风范股份（601700）：管理费用在员工服务期内摊销

2009年5月25日，实际控制人范建刚与谢佐鹏签订《股权转让协议》，鉴于谢佐鹏

所转让的专利技术对公司业务具有积极的推动作用,并考虑到在其加入公司后作为核心技术人员对公司今后业务技术提升的影响与贡献,根据协议股东范建刚将其持有的1%的常熟铁塔(常熟风范电力设备股份有限公司改制前身)股权以一元的价格转让予谢佐鹏。随后常熟铁塔进行了盈余公积转增,转增后谢佐鹏持有常熟铁塔102万股权。

2009年7月4日,常熟铁塔又进行了股权转让,并进行了增资扩股:实际控制人范建刚以每1元注册资本3.80元的价格向钱维玉转让600万注册资本,同意吸收赵金元等35位自然人及浙江维科成为公司新股东,增资的价格为每1元注册资本3.80元。

常熟风范将实际控制人范建刚以1元价格转让1%股权给谢佐鹏作为股份支付处理,股份数量102万(盈余公积转增后谢佐鹏的持股数),以7月4日增资价格3.8元作为公允价值,确认资本公积金387.6万元,同时确认一项资产(其他非流动资产),在谢佐鹏的工作合同期(5年)内分期摊销。

四、大金重工(002487):认可股份支付但没有做会计处理

而2010年上市的大金重工(002487)存在与瑞和装饰相似的股份支付行为,但没有确认股份支付费用:

2009年8月13日,大金有限公司召开董事会,同意苏荣宝先生将所持大金有限公司450万元的出资,占注册资本比例为26.01%,以8000万元的价格转让予贵普控股;阜新金胤将所持大金有限公司99.994万元的出资,占注册资本比例为5.78%,以100万元的价格转让予阜新鑫源;阜新金胤将所持大金有限公司86.50万元的出资,占注册资本比例为5.00%,以86.5万元的价格转让予阜新隆达。

2009年8月19日,各方签署了《股权转让协议》。阜新金胤此次股权转让的原因:(1)阜新金胤的股东张智勇先生为更好地管理其对外投资,将其所持阜新金胤7.80%的股权转让予金鑫先生,阜新金胤将其所持大金有限公司5.78%的股权转让予张智勇先生独资的公司阜新鑫源,即将其通过阜新金胤间接持有的大金有限公司的出资转移至阜新鑫源。(2)为了增强大金有限公司高管团队的凝聚力,发挥人才的积极性,激励高管更好地服务于大金有限公司,使其与大金有限公司的长期发展紧密联系起来,阜新金胤将其所持大金有限公司5%的股权转让予金鑫先生控股、其他高管参股的阜新隆达。

苏荣宝先生将所持股权转让予贵普控股的对价,以标的股权所对应的公司2008年年底净资产2.5倍市净率为参考,确定转让价款为8000万元。根据阜新金胤分别与阜新鑫源、阜新隆达签署的股权转让协议,此次股权转让均系以原始出资额转让。

参照PE定价,大金重工要确认8000/26.01%×(5.78%+5%)-100-86.5=

3129(万元),而大金重工2009年度归属于母公司净利润只有9448万元,确认股份支付费用对该公司当期损益影响重大。

【案例评析】

1.股份支付说白了就是企业以股权的形式而不是以常见货币的形式给员工发工资或奖金。股份支付的相关处理规则在企业会计准则中早就明确规定,只是一直没有在发行审核过程中严格执行,今年下半年突然风声收紧,据会里解释是认为执行股份支付的条件已经成熟了。在2011年保代培训中,发行部有关领导均对股份支付问题做了表态,看见会里对在拟上市公司中推行该准则决心还是很大的。但是,对于该问题,中介机构的态度截然相反,会里在各大会计师事务所的调研结果也并不是很乐观,这就是为什么现在大家争论比较多的原因。

2.当然,尽管准则已经明确,但是该准则如何适用,怎样适用的问题一直还饱受争议,其中最典型的问题是:(1)拟上市企业在什么时间将股权授予员工才适用股份支付准则;(2)股权公允价值与授予价值之间的差额计入当期损益,那么这个对发行人盈利能力产生重大影响的公允价值到底如何确定;(3)由于股份支付确认的管理费用是否可以在一定期间内摊销呢?

3.目前得到的基本情况是:(1)大股东存量转让、员工增资持有股份不论是通过持股公司还是直接持有,两种情形均要执行股份支付准则。(2)如果是同一次入股价格不一致的,肯定要执行准则;如果不是同一次,最稳妥方式就是间隔六个月以上。(3)公允价值确定:如果有PE投资,那么以PE入股价格,如果有多个价格的,个人觉得以最高为准;如果没有投资的,那么以每股净资产为准,更有会计师建议以评估值溢价10%作为公允价值。(4)参照"期权成本应在经常性损益中列支"的规定,IPO股权支付费用列入经常性损益应该没有争议,但是不论是非损还是经常性损益对发行条件都没有任何影响。(5)确认股份支付从会计处理上是借管理费用,贷资本公积,对发行人的净资产没有任何影响,因此不会存在因股份支付而导致整体变更时出资不实的情况。

4.最后,小兵觉得股份支付准则的执行还有一个很重要的参考因素,那就是企业的员工薪酬水平与行业平均水平的比较。如果某企业的员工薪酬畸低而同时又以较低价格授予员工部分股权,那么就是典型的以股权支付工资的情形;该种情形如果不进行股份支付处理,则发行人就利用这个政策通过少支付员工工资而虚增部分利润。

【思路总结】

一、交易实质

目前,在IPO企业中存在着对高管、核心技术人员实施股权激励的情况,主要形式有两种:一种是大股东将其持有的IPO企业股份以较低价格转让给高管、核心技术人员;另一种是高管、核心技术人员以较低的价格向IPO企业增资。

第一种形式的股权激励的交易实质是IPO企业接受了股权激励对象(高管和核心技术人员)提供的服务,但由其股东支付了接受服务的对价。正如《国际财务报告准则第2号——以股份为基础的支付》在其结论基础第19~20段提到的:在一些情况下,可能一个主体并不直接向雇员直接发行股份或股份期权。作为替代,一个股东(或股东们)可能会向雇员转让权益性工具。在这种安排下,一个主体接受了由其股东支付的服务。这种安排在实质上可以视为两项交易——一项交易是主体在不支付对价的情况下重新获得权益性工具,第二项交易是主体接受服务作为向雇员发行权益性工具的对价。第二项交易是一个以股份为基础的支付交易。因此,理事会得出结论,主体对股东向雇员转让权益性工具的会计处理应采用和其他以股份为基础的支付交易同样的方法。

对于第二种形式的股权激励,由于高管、核心技术人员用较低的价格向IPO企业增资,导致其他股东原来享有IPO企业的权益被稀释,因此其交易实质与第一种形式是相同的,即服务由IPO企业享有,买单则归股东。

二、会计准则

(一)第一种形式的股权激励

1.在财政部2010年7月14日印发的《企业会计准则解释第4号——固定资产》中规定:企业集团(由母公司和其全部子公司构成)内发生的股份支付交易,应当按照以下规定进行会计处理:(1)结算企业以其本身权益工具结算的,应当将该股份支付交易作为权益结算的股份支付处理;除此之外,应当作为现金结算的股份支付处理。结算企业是接受服务企业的投资者的,应当按照授予日权益工具的公允价值或应承担负债的公允价值确认为对接受服务企业的长期股权投资,同时确认资本公积(其他资本公积)或负债。(2)接受服务企业没有结算义务或授予本企业职工的是其本身权益工具的,应当将该股份支付交易作为权益结算的股份支付处理;接受服务企业具有结算义务且授予本企业职工的是企业集团内其他企业权益工具的,应当将该股份支付交易作为现金结算的股份支付处理。

2. 从《企业会计准则第 4 号——固定资产》的规定来看,国内准则也将大股东低价转让 IPO 企业股份给高管、核心技术人员这一交易作为股份支付来处理。

3. 此外,在中国证监会会计部于 2009 年 2 月 17 日印发的《上市公司执业企业会计准则监管问题解答》[2009]第 1 期中也规定:上市公司大股东将其持有的其他公司的股份按照合同约定价格(低于市价)转让给上市公司的高级管理人员,该项行为的实质是股权激励,应该按照股份支付的相关要求进行会计处理。根据《企业会计准则第 11 号——股份支付》及应用指南,对于权益结算的涉及职工的股份支付,应当按照授予日权益工具的公允价值计入成本费用和资本公积,不确认其后续公允价值变动。

(二)第二种形式的股权激励

对于第二种的股权激励,其完全符合相关规则关于股份支付的定义,不再赘述。

三、公允价值

1. 按照 PE 投资者入股的价格:如果没有 PE 投资者或者说多次 PE 投资的价格不一致根据哪个价格呢?没有 PE 投资那就再找别的标准,如果是多次投资价格不一致,你是按照投资的最高价格还是离员工入股时间最近的价格呢?就算是公允价值没有了争议,那么战略投资价格就公允吗?因为在外部投资者进入 IPO 企业时,会给企业提供帮助或附带一些条件,提供帮助的情况如外部投资者为企业的 IPO 提供咨询服务、引入主要供应商作为企业股东以保障原材料的供应等;附带条件的情况如对赌条款、业绩承诺、IPO 失败的退出条款等。而这些帮助或者附带条件在很大程度上影响了其增资价格的高低。因此,将外部投资者的进入价格作为公允价值也不一定合适。

2. 按照账面每股净资产:这个观点好像并没有得到很多人的认可,由于目前的会计准则采用的是以历史成本为主的计量属性,一般情况下,账面每股净资产不能反映每股市场价值,因此以账面每股净资产作为公允价值可能不妥当。不过从股权转让个人所得税的角度,税务局纳税调整的价格标准就是每股净资产。当然,如果没有 PE 投资价格的话,那就选择每股净资产的评估值。

3. 按照每股净资产评估值:在确定资产公允价值的实务操作中,很多情况下会依赖评估。因此将每股净资产的评估值作为公允价值,不失为一种方法;但由于评估值仅仅是交易双方确定价格的依据,从理论上讲并非一种严格意义上的公允价值。但是,是不是需要对该价格的确定进行专项评估?如果需要,那么评估的模型怎样确定呢,采用的评估方法(重置成本法和收益法)不同,评估结果亦会存在较大差异,从而导致IPO企业会根据结果去选择评估方法,存在较大的操纵空间。采用发行人整体变更时的评估报告是否合适?如果评估搞搞较之账面净资产增值率并不高是否合理?

4. 采用估值模型:对于估值模型,国内尚无运用的先例,也无成熟的估值模型可以参考。这个几乎就没有可行性,采用的话只会更加混乱。

四、是否摊销

1. 根据《企业会计准则第11号——股份支付》第5条规定:授予后立即可行权的换取职工服务的以权益结算的股份支付,应当在授予日按照权益工具的公允价值计入相关成本或费用,相应增加资本公积。

2. 目前拟上市公司股权激励主要采取存量转让和增量发行两种方式,都不属于股票期权范畴,即使是属于限制性股票,按照会计准则规定,股份支付费用也是直接进入当期损益。但是,上市公司实施股权激励的有关费用是可以在激励期间进行摊销的,那么如果公司与股权激励对象约定服务年限,如股权转让后若干年内不能离职,其涉及的股份支付费用是在授予日一次计入费用,还是在服务年限内分摊?

五、面临困难

1. 公允价值难以取得

如上所述,由于其公允价值难以取得,导致可计量性存在较大问题。而根据《企业会计准则——基本准则》,可靠计量是确认会计要素(资产、负债、收入、费用)的先决条件。因此,要将股份支付的会计处理运用于IPO企业的股权激励事项,首要问题是解决其可计量性问题,即公允价值如何确定的问题。如果这一问题不能得到很好的解决,对IPO企业股权激励事项采用股份支付进行会计处理将会存在很大问题。

2. 比较容易进行规避

如果对IPO企业股权激励事项采用股份支付的会计处理,IPO企业有办法通过修改价格条款(如提高合同转让价格,但实际转让价格要低于合同转让价格),来规避确认股份支付的费用;或者说PE入股价格实际很高但是入账价格很低的方式来规避。因此,如果强行规定IPO企业的股权激励事项采用股份支付处理,实际意义也不大。

六、几点建议

1. 如果以评估后的每股净资产作为公允价值,鉴于评估方法不同导致评估结果会存在较大差异,建议能明确评估方法,以减少企业操纵的空间。此外,还建议规定评估值与转让价之间差距幅度。

2. 如果采用外部投资者进入价格作为公允价值，建议明确向员工低价转让股份（低价增资）与外部投资者进入（转让或增资）的时间间隔，如果时间间隔过长，就不能以外部投资者进入价格作为公允价值。例如，如果两者时间间隔超过三个月，就不能采用以外部投资者进入价格作为股份支付处理的公允价值。

3. 如果股权激励涉及的费用很小，基于会计核算的重要性原则，可以不按照股份支付进行会计处理。

七、几个问题

1. 如果股权激励事项涉及申报期之前，是否需要进行追溯调整呢？因为追溯会影响可供分配利润的金额。

2. 有些外部投资者进入，可能会对企业的 IPO 提供咨询，有些外部投资者可能是企业的主要供应商，会给企业带来稳定、优惠的原材料供应。按照股份支付准则，对于该等交易亦应按照股份支付进行处理。如果将股权激励作为股份支付处理，那么对于该等外部投资者的进入是否也应考虑按照股份支付处理？

3. 如果大股东低价转让的对象不是 IPO 企业高管，而是与 IPO 企业同属一个集团的其他公司高管，算不算股份支付？某些观点认为应该不算，因为 IPO 企业并未接受同属一个集团的其他企业高管的服务，不符合股份支付的定义。

4. 如果大股东（自然人）、大股东亲属（原非股东、也是高管）和其他高管（原非股东）同时低价增资，是否全部股东都适用于股份支付？

5. 如果 3 月管理层以每股 1 元进行增资，同年 11 月以每股 5 元引进战略投资者，在次年以每股 10 元再次引入战略投资者，这种情况下，原先的管理层增资要确认为股权支付吗？

图书在版编目（CIP）数据

企业上市解决之道.2,案例延伸与对策分析/投行小兵著. -- 北京:法律出版社,2012.1(2021.12 重印)
ISBN 978-7-5118-2699-2

Ⅰ.①企… Ⅱ.①投… Ⅲ.①上市公司-基本知识-中国 Ⅳ.①F279.246

中国版本图书馆 CIP 数据核字(2011)第 219708 号

企业上市解决之道 2:
案例延伸与对策分析
QIYE SHANGSHI JIEJUE ZHIDAO 2:
ANLI YANSHEN YU DUICE FENXI

投行小兵 著

策划编辑 薛 晗
责任编辑 薛 晗
装帧设计 乔智炜

出版发行 法律出版社
编辑统筹 法商出版分社
责任校对 晁明慧
责任印制 胡晓雅
经　　销 新华书店

开本 710 毫米×1000 毫米 1/16
印张 42.75 **字数** 777 千
版本 2011 年 12 月第 1 版
印次 2021 年 12 月第 8 次印刷
印刷 三河市龙大印装有限公司

地址:北京市丰台区莲花池西里 7 号(100073)
网址:www.lawpress.com.cn
投稿邮箱:info@lawpress.com.cn
举报盗版邮箱:jbwq@lawpress.com.cn

销售电话:010-83938349
客服电话:010-83938350
咨询电话:010-63939796

书号:ISBN 978-7-5118-2699-2　　**定价**:99.00 元

凡购买本社图书,如有印装错误,我社负责退换。电话:010-83938349